자유의 폭력

인문정신의 탐구 27

자유의 폭력

자유의 최대화와 폭력의 최소화를 위한 철학적 성찰

박구용 지음

도서출판 길

지은이 **박구용**(朴龜龍)은 1968년 전북 순창에서 태어나 전남대 철학과를 졸업했다. 같은 대학교 대학원에서 헤겔 철학을 주제로 석사 학위를 받았으며, 독일 뷔르츠부르크 대학에서 Freiheit, Anerkennung und Diskurs: Die Moral- und Rechtsphilosophie des deutschen Idealismus und deren Aktualität in Habermas' Diskurstheorie로 박사 학위를 받았다. 독일관념론과 비판이론의 지평에서 법철학, 사회철학, 정치철학, 예술철학, 도덕철학, 교육철학에 관한 다수의 논문을 발표했다.
저서로 『우리 안의 타자: 인정과 인권의 철학적 담론』(철학과현실사, 2003), 『포스트모던 칸트』(공저, 문학과지성사, 2006), 『5·18 그리고 역사』(공저, 도서출판 길, 2008), 『촛불, 어떻게 볼 것인가』(공저, 울력, 2009), 『프랑크푸르트학파의 테제들』(공저, 사월의책, 2012), 『부정의 역사철학: 역사상실에 맞선 철학적 도전』(도서출판 길, 2012), 『문파, 새로운 주권자의 이상한 출현』(메디치미디어, 2018) 등이 있으며, 역서로는 『정신철학』(G. W. F. 헤겔, 공역, 울산대학교출판부, 2000), 『도구적 이성 비판: 이성의 상실』(막스 호르크하이머, 문예출판사, 2006/2022)이 있다.
'자유의 최대화, 폭력의 최소화'를 모티프로 한겨레신문과 경향신문에서 오랫동안 칼럼니스트로 활동했으며, 교사와 여성 관련 시민사회 단체의 교육 활동에도 전념하고 있다. 현재 광주(光州) 시민자유대학과 전남대 철학과 교수로 있다.

인문정신의 탐구 27

자유의 폭력 자유의 최대화와 폭력의 최소화를 위한 철학적 성찰

2022년 12월 10일 제1판 제1쇄 발행
2023년 1월 20일 제1판 제2쇄 발행
2023년 5월 31일 제1판 제3쇄 발행
2023년 9월 30일 제1판 제4쇄 발행
2024년 2월 15일 제1판 제5쇄 발행
2024년 4월 15일 제1판 제6쇄 발행

2024년 7월 5일 제1판 제7쇄 인쇄
2024년 7월 15일 제1판 제7쇄 발행

지은이 | 박구용
펴낸이 | 박우정

기획·편집 | 이승우
전산 | 한향림

펴낸곳 | 도서출판 길
주소 | 06032 서울 강남구 도산대로 25길 16 우리빌딩 201호
전화 | 02) 595-3153 팩스 | 02) 595-3165
등록 | 1997년 6월 17일 제113호

ⓒ 박구용, 2022. Printed in Seoul, Korea

ISBN 978-89-6445-263-9 93100

이 책의 기획은 매우 단순한 질문에서 시작되었다. '자유의 적(敵)' (enemy of freedom)은 누구(무엇)인가? 일상에서 만나는 사람에게 물어본다. "당신은 지금 자유롭습니까?", "당신은 더 많은 자유를 원합니까?" 사람들은 더 많은 자유를 원하지만 현실에서는 자유롭지 않다고 말한다. "누가(무엇이) 당신을 자유롭지 못하게 하나요?" '가족, 직장, 돈, 체면, 생계' 등의 대답이 나온다. 나는 좀더 도발적으로 묻는다. "그럼 당신은 '자유의 적'이 누구(무엇이)라고 생각하나요?"

'자유의 적'이란 표현을 대부분의 사람들은 낯설어한다. 우선 '적'이란 말이 자극적이다. 적이 생기고 더구나 그 적을 의식하면 자유롭지 않다. 그래서인지 대부분의 사람들은 '자유의 적'에 대한 물음 앞에서 주저한다. 반면에 극우적 정치 지향성을 가진 사람들은 '자유의 적'을 적시하고 공격한다. 심지어 이들은 "자유의 적에게는 자유가 없다"[1]라는 섬뜩한 선전 선동조차 서슴없이 한다.

---

1 이동복·박진·심재철·정희경·박창곤·구홍서·강용원·김동주, 『자유의 적에게는 자유가 없다』, 도서출판 be, 2005 참조.

자유의 적에게는 자유가 없다고 생각하는 사람들은 오랫동안 자유의 이름으로 자유를 파괴해 왔다. 저들에게 자유는 자신들이 범한 죄를 감추거나 혹은 부당하게 취한 이득을 정당화하는 마술적 도구이다. 자국민을 착취하고 살해하며 식민 제국에 부역한 자들은 자신들의 과오를 은폐하면서 동시에 정적을 제거하기 위한 수단으로 오랫동안 자유 개념을 사용해 왔다. 나는 무엇보다 이들에 의해 오염된 자유 개념을 철학적으로 정화하고자 한다.

자유는 켜켜이 쌓인 희생자들의 주검 위에 피어난 아름다운 개념이다. 자유는 인류의 역사에서 최고의 찬사와 최대의 동의를 받은 개념이다. 그만큼 소중하고 가치 있는 개념이지만 여전히 왜곡되거나 악용되는 경우가 많다. 왜곡과 악용의 사례는 차고 넘친다. 가장 최근에 확인할 수 있는 사례는 코로나바이러스감염증-19(COVID-19)에 대한 대응에서 발견할 수 있다.

자유의 뜻은 기준과 맥락, 그리고 주체에 따라 달라질 수 있다. 그러니 자유의 의미 지평은 의미를 새길 수 있는 존재의 수만큼 넓다고 말할 수 있다. 최소한 지금 지구에는 78억 7,500만 명의 사람이 살아가니 그 수만큼의 자유의 뜻이 있다고 볼 수 있다. 이런 다원성을 사실로서 인정하면서 동시에 그 기초 위에 학문과 정치적 담론에서 형성되어 온 자유 개념을 다음의 두 가지 — 첫째, 타인, 집단, 사회, 국가로부터 간섭받지 않는 자유, 둘째, 집단, 사회, 국가를 구성하고 운영하는 데에 참여하는 자유 — 로 나누어 볼 수 있다. 본문에서 자세하게 살펴보겠지만, 자유는 두 가지 지평이 융합하면서 만들어진 개념이고 이념이다. 그런데 1970년 이후 담론을 지배해 온 신자유주의가 내세우는 자유에는 첫 번째 것만 있고 두 번째 것은 없다. 놀랍게도 현재 북미와 유럽 사람들은 신자유주의가 내세우는 첫 번째의 자유에만 목을 매고 있다. 그들은 코로나-19 같은 위기 상황에 맞서 함께 저항하고 연대하는 두 번째의 자유에 대한 의식을 잃어버린 것처럼 행동한다. 저들은 자유의 이름으로 사회적 거리 두기나 마스크 착용을 거부한다. 이들이 말하는 자유에는 두 번째 것은 없고, 단지 첫 번째 것만 있다. 이런 방식으로 자유를 축소·환원하는 것도 자유의 왜곡이고 악용이다.

두 번째 것은 없는 첫 번째의 자유만을 앞세우는 사람들은 집단이나 사회만이 아니라 국가나 정부도 자유의 적으로 간주한다. 이들은 주권자로서의 자유를 외면하고 인권으로서의 자유만을 노래한다. 이들은 코로나-19에 맞서기 위해 정부가 요구하는 집합 금지를 '자유를 제한하는 터무니없는 조치'(absurde freiheitsbeschränkende Maßnahme)[2]라고 비판하면서 폭력 시위를 선동하고 동참한다. 자유 개념의 의미 지평을 개인적 권리 혹은 인권으로 축소·환원하는 이들의 논리와 행위에서 자유의 적은 다름 아닌 자유, 곧 사회적이고 정치적이면서 상호 주관적인 자유이다.

자유의 적에 대한 물음은 곧바로 그 자유를 말하는 사람이나 집단이 누구인지에 대한 물음으로 나아가야 한다. 자유는 존재하는 하나의 객관적 세계가 아니다. 자유는 그것을 말하는 사람과 집단에 따라 그 의미 지평이 다른 사회적 이념이다. 특히 정치적 담론에서 자유는 전쟁을 일으키는 쪽과 그 전쟁에 반대하는 쪽이 다 같이 내세우는 이념이기도 하다. 이처럼 자유는 누구의 말인지에 따라 그것의 적과 동지도 다르다.[3]

누구나 피하고 싶은 것이 있다. 억압, 공포, 배제, 감금, 무시, 구속, 가난, 빈곤, 착취, 질병, 불안, 불행이 그것들이다. 피하고 싶은 것, 그것으로부터 자유롭고 싶다. 그러니 '자유의 적'은 '모든 인간이 피하고 싶어 하는 것'일 수 있다. 죽음, 욕망, 무지, 전쟁으로부터 자유롭고 싶다면, 이것들 또한 '자유의 적'일 수 있다.

하지만 자유로울 수 없는 것에 얽매이면 부자유만 커진다. 생물학적 죽음으로부터의 자유는 성취될 수 없다. 욕망으로부터의 자유는 해탈이

---

2 André Krouwel, "Die Polterdemokratie", in: *Internationale Politik und Gesellschaft*, 2021. 2. 8.
3 조지 레이코프, 나익주 옮김, 『자유 전쟁: '자유' 개념을 두고 벌어지는 진보와 보수의 대격돌』, 프레시안북, 2009 참조.

아니라 질병이다. 반면에 무지와 전쟁은 극복할 수 있다. 억압, 배제, 무시뿐만 아니라 가난과 착취 역시 극복 가능하다. 심지어 불행까지도 극복할 수 있다. 그러나 이때의 극복은 모두 상대적이다. 억압이 없는 삶은 상상하기 어렵다. 가난 극복의 절대적 기준은 없다. 시대와 맥락에 따라 다르다. 맥락을 초월해 자유가 완전히 실현된다는 것은 불가능하다.

억압은 자유의 적이다. 무시도 자유의 적이다. 가난도 자유의 적이다. 분명한 말인데 추상적이다. 구체성이 없다. 인격성이 없다. 누구의 자유인가? 누가(무엇이) 억압하는가? 누가(무엇이) 무시하는가? 누구(무엇) 때문에 가난한가? 인격성이 없는 자유가 없듯이, 인격성 없는 자유의 적도 없다. 누군가 나의 자유를 억압한다. 그가 동원하는 다양한 형태의 억압, 무시, 가난 등을 합쳐 폭력이라고 말할 수 있을 것이다. 이 맥락에서 데이비드 흄(David Hume)은 자유의 반대를 '폭력'(violence)이라고 규정했다.

폭력은 자유의 반대, 곧 적이다. 여기서 폭력은 나의 자유로운 행동을 억압하는 것이다. 나의 자유로운 행동에 강제를 가하는 것이다. 이렇게 보면 자유와 폭력은 반비례하는 것처럼 보인다. 자유를 키우면 폭력이 줄어들고, 폭력을 키우면 자유가 줄어든다. 이런 맥락에서 인류는 더 자유로운 세계, 덜 폭력적인 세계를 지향해 왔다. 게오르크 빌헬름 프리드리히 헤겔(Georg Wilhelm Friedrich Hegel)의 역사철학에 따르면, 인간은 분명 더 자유로운 세계를 향한 의식을 키워 왔다.

세계사는 전적으로 자유 의식 안에서의 진보이며, 이 진보를 우리는 그 필연성 속에서 인식해야만 한다.[4]

유명한 이 인용문은 두 가지 맥락에서 헤겔 철학의 가치와 특징을 분명하게 드러낸다. 첫째, 그는 역사의 진보를 자유의 확장이라고 말하지

4   G. W. F. Hegel, *Die Vernunft in der Geschichte*, Hamburg: Felix Meiner, 1955, p. 63.

않고 자유 의식의 확장이라고 말한다. 사람들은 실제적으로 자유가 확장되는 것을 원한다. 자유를 잃는다는 것은 끔찍한 일이다. 그러나 사실 자유를 상실하는 것보다 더 끔찍한 것은 자유 의식을 빼앗기는 것이다. 상실된 자유는 되찾을 수 있지만, 자유 의식이 없는 사람에게 자유는 찾아오지 않는다.

기준과 맥락, 주체에 따라 구체적 자유의 실현 정도는 다르게 평가할 수 있다. 1806년 10월 13일, 예나(Jena)의 거리에서 말을 탄 나폴레옹(Napoleon)이 그를 지켜본 헤겔보다 더 많은 자유를 누릴 수 있다. 그러나 헤겔은 나폴레옹과는 비교할 수 없는 자유 의식을 가지고 있었다. 헤겔의 자유 의식은 이론과 실천, 이상과 현실 사이에 거주한다. 자유 의식은 현실을 비판하는 이상이자, 이상의 한계를 드러내는 현실이다. 따라서 자유 의식은 의지의 자유나 행위의 자유로 환원되지 않고 의지와 행위 사이에서 양자의 불완전성을 드러내는 부정적인 것이다.

헤겔은 고대 그리스에서 자유 의식이 크게 성장했고, 그 때문에 비교적 많은 사람이 자유를 누렸다고 본다. 그리스의 자유는 노예제에 근간을 두고 있을 뿐만 아니라 제한된 사람들, 곧 시민들만이 향유할 수 있었기 때문에 임의적이고 자의적이라는 한계를 가지고 있다. 위대한 철학자 플라톤(Platon)과 아리스토텔레스(Aristoteles)도 이런 한계에 붙들려 있었다. 그럼에도 불구하고 자유를 '1인의 자유'가 아니라 타인과의 관계 형성으로 의식했다는 점에서 헤겔은 그리스의 자유 의식에 높은 가치를 부여한다.

헤겔에 따르면, "물질의 실체(Substanz der Materie)가 중력이라면 …… 정신의 실체, 본질은 자유이다".[5] 물질의 실체인 중력은 물질 바깥에 있다. 반면에 정신의 실체이자 본질, 다시 말해 정신의 유일한 진리는 자유이고, 그 자유는 정신 안에 있다. 이 맥락에서 정신은 '자족적 존재'(das

---

5 G. W. F. Hegel, *Vorlesungen über die Philosophie der Geschichte*, in: *Werke* in zwanzig Bänden 12, Frankfurt am Main: Suhrkamp, 1970, p. 30.

Bei-sich-selbst-Sein)이다. 정신의 실체, 본질이 자체 안에서 끝없이 생성하는 것이 자유라고 한다면, 이때 실체와 본질은 일반적인 의미 지평을 벗어난다.

정신은 자유를 소유하고 있는 실체가 아니다. 정신은 자유롭다. 그렇다고 정신이 언제나 동일한 자유 의식을 가지고 있는 것은 아니다. 정신은 자유롭지만, 자유 의식은 끝없이 변화하고 생성한다. 자유로운 정신, 자유 의식으로서의 정신은 실체가 아니라 주체이다. 이처럼 헤겔에게서 정신의 유일한 진리로서의 자유는 실체가 아니라 주체로서 파악되고 표현되고 정당화되어야 한다.[6]

헤겔의 개념에서 주체는 살아 있는 실체이다. 주체는 스스로 불완전성을 의식하고 스스로 타자화하면서 자기를 매개하고 정립한다. "주체로서 생동하는 실체는 순수하고 단일한 부정성이며, 바로 이로 인해 단일한 것의 분화이다."[7] 이처럼 끝없는 부정의 과정 속에서 자유의 주체는 더 이상 '자족적 존재'일 수 없다. 더구나 자유 의식은 특수한 개인과 집단의 자유만을 승인할 수가 없다. 주체의 자유 의식은 모든 사람이 사람이라는 이유만으로 자유롭다는 데에 이를 수밖에 없다.

인간이 인간으로서 자유롭다는 의식은 세계 곳곳에서 나타난다. 헤겔은 게르만 역사에서 보편적 자유 의식을 찾았지만 성공하지 못했다. 그가 보여 준 것은 자유 의식의 진보가 자유의 실현과 궤를 같이 한다는 것, 그리고 세계사가 자유 의식의 보편화 과정이라는 점이다. 그러나 자유 의식의 현실화와 보편화가 실제로 불가능하다는 것을 드러내는 것이 헤겔의 철학이기도 하다. 여기서 헤겔 철학의 두 번째 특징이 드러난다.

그렇지만 앞의 인용문에서 보듯이, 헤겔은 자유 의식의 진보를 필연성 속에서 인식할 것을 주문한다. 진보가 인식의 문제라는 것은 쉽게 이해

---

6 Michael Theunissen, *Sein und Schein*, Frankfurt am Main: Suhrkamp, 1980, p. 14 참조.

7 G. W. F. Hegel, *Phänomenologie des Geistes*, in: *Werke* in zwanzig Bänden 3, Frankfurt am Main: Suhrkamp, 1970, p. 23.

할 수 있다. 그러나 자유 의식과 필연성은 이율배반적 관계처럼 보인다. 자유 의식을 인과성과 필연성의 바깥을 향한 의지라고 생각하면 이율배반은 해명되지 않는다라고 볼 수 있기 때문이다. 자유 의식을 개별 인간의 내부에서 나타나는 의지라고 규정해도 배반은 풀리지 않는다. 게다가 헤겔에게서 자유 의식은 한 개인의 의식 내부에서 시작된 것이 아니다.

1980년 5월 27일 새벽 광주, 죽음이 예견된 장소인 도청을 떠나지 못한 시민군은 자유 의식을 가진 자유인이었다. 이들은 소총 한 자루, 세 발의 탄환을 가지고 계엄군으로부터 도청을 지킬 수 있다고 생각하지 않았다. 그러나 그들은 자신들의 죽음으로 도청을 영원히 지킬 수 있다는 것을 알았다. 그들은 도청을 빼앗기지 않은 상태에서 죽는다. 바로 그 죽음의 순간에 그들은 영원히 죽지 않는다. 시민군의 죽음은 자유 의식의 영원한 생명이 된다.

도청은 물리적으로 계엄군에게 빼앗긴다. 그러나 도청은 자유 의식을 가진 시민의 것으로 되돌아온다. 여기서 우리는 시민군의 선택이 순수하게 자유로운 행위였다는 것을 경험적으로 확인할 수 있을까? 그들은 여러 가지 선택 가능한 행위 중에서 하나를 자유롭게 선택했을까? 도청을 계엄군에게 내주거나 계엄군이 오기 전에 도청을 비우거나, 아니면 끝까지 지키는 것 중에 하나를 의식적으로 혹은 의지를 가지고 선택하는 것이 자유일까? 만약 이것이 자유라면, 도청에는 아무도 남아 있지 않았을 것이다. 어떤 생명체도 삶이 아니라 죽음을 선택하지는 않는다.

시민 개개인의 신체와 정신 내부에 기원을 둔 선택은 헤겔이 말한 자유 의식이 아니다. 시민군은 다른 선택을 할 수 있었음에도 불구하고 이 선택을 한 것이 아니다. 집으로 돌아간 다른 동지들처럼 나도 그렇게 할 수 있었음에도 불구하고 자유롭게 도청에 남기로 결정한 것이 아니다. 오히려 그들은 다르게 할 수 없었기 때문에 도청에 남은 것이다. 다른 선택지가 없었기 때문에 그곳에 남은 것이 5·18 시민군의 자유이다.

시민군의 자유 의식은 역사의 필연성에 대한 의식이다. 죽음만이 삶을 약속한다는 역사의 필연성을 의식하고, 그 운명을 받아들이는 것이 자유의식이다. 시민군은 그들에게 주어진 역사적 운명을 자유롭게 선택한 것이다. 시민군의 자유는 개인들 각자가 원하는 것을 선택하고 행동하는 것이 아니었다. 그들의 자유는 외적 강요나 폭력 없이 자신들의 의지나 의향에 따르는 것이 아니었다. 시민군의 자유는 자기 내부의 의지의 활동에 급제동을 거는 것에서 시작된다. 자유는 자기 내부의 외부, 자기 안의 타인, 우리 안의 타자의 결단이다.

동물을 움직이도록 자극하는 것은 동물 내부에서 시작되며, 내재적 전개를 가정한다. 그러나 인간이 자립적인 것은 운동이 인간 안에서 시작하기 때문이 아니라 오히려 인간이 그 운동을 억제할 수 있고, 따라서 자신의 직접성과 자연성을 깨뜨릴 수 있기 때문이다.[8]

동물만이 아니라 인간도 자극과 반응의 인과 관계 속에서 활동한다. 자극은 내부와 외부에 걸쳐 이루어진다. 하지만 일상적인 선택과 활동은 특별한 경우를 제외하고는 내적인 자극에 의해 이루어진다. 스스로 어떤 길을 선택하고 실행한다. 점심으로 어떤 종류를 어디서 어떻게 먹을지를 결정하고 실행한다. 이때 동물은 자신의 결정을 방해하는 외적 자극에 효과적으로 반응한다. 인간도 마찬가지이다. 이 맥락에서 복잡성의 낙차는 있지만 기본적인 차이는 없다. "인간의 자유는 그가 충동을 가지고 있지 않다는 데에 있는 것이 아니라 그것을 필연성으로 인정하는 데에 있다."[9]

인간이 동물과 다른 것은 효율적이지 않은 선택을 할 수 있는 능력이 있다는 것이다. 인간은 자연적 욕망의 체계에서 벗어날 수 있다. 기아 체험과 연대를 위해 점심을 거를 수도 있고, 약자의 재기 가능성을 위해 기

---

8 G. W. F. Hegel, *Die Vernunft in der Geschichte*, 1955, p. 37.
9 G. W. F. Hegel, *Nürnberger und Heidelberger Schriften 1808~1817*, in: *Werke in zwanzig Bänden 4*, Frankfurt am Main: Suhrkamp, 1970, p. 261.

부를 할 수도 있다. 물론, 동물도 공감 능력에 기반한 사회적 행위를 한다. 그러나 어떤 동물도 자유를 위해, 더구나 다른 동물의 자유를 위해 생명을 던지지는 않는다. 자유와 자유의지는 이처럼 자연적인 내부 자극을 극적으로 억제할 수 있는 힘이다.

헤겔에게서 자유는 소극적이거나 적극적인 자유로 환원되지 않는다. 그에게 최고의 자유는 필연성을 의식하고 타자성(他者性)을 받아들이는 것이다. "최고의 자유는 아름다운 영혼의 부정적 속성, 곧 모든 것을 단념할 수 있는 가능성이다."[10] 소크라테스(Socrates)나 예수(Jesus), 부처(Buddha)에게서 찾을 수 있는 이런 최고의 자유는 동학 농민군이나 독립군, 그리고 5·18 시민군을 비롯해 이름 없이 타자성을 받아들인 수많은 사람의 아름다운 영혼의 속성이다. 이들이 이 땅에 뿌리내리게 한 "자유를 지키고 확산시키며, 발전시키는 것"[11]이 이 책의 주된 목적이다.

헤겔은 자유를 있음과 없음의 맥락보다 생성의 맥락에서 이해한다. 실체로 굳어 있거나 변화가 없는 존재의 세계에는 자유가 없다. 자유는 변화의 세계, 생성하는 세계의 본질적 특성이다. 이 점에서 헤겔은 자연도 정지된 존재가 아니라 생성의 세계라면 자유를 가지고 있다고 말한다.[12] 생성은 타자성을 자신 안으로 받아들여 새로운 것을 만들어가는 과정이다. 이처럼 헤겔에게서 자유는 주체의 자기 동일성을 유지하는 것이 아니라 주체의 타자화와 타자의 주체화 과정이다.

'나=나'라는 자기 동일성을 벗어나지 못한 사람의 자유는 추상적이고 그만큼 절대적일 수밖에 없다. 유아적 자기에 사로잡힌 사람은 자신의 의지에 절대적 가치를 부여한다. 그러나 그가 자신의 의지와 선택을

---

10 G. W. F. Hegel, *Frühe Schriften*, in: *Werke* in zwanzig Bänden 1, Frankfurt am Main: Suhrkamp, 1971, p. 350.

11 Max Horkheimer·Theodor W. Adorno, *Dialektik der Aufklärung*, Frankfurt am Main: Suhrkamp, 1984, p. 10.

12 G. W. F. Hegel, *Jenaer Schriften 1801~1807*, in: *Werke* in zwanzig Bänden 2, Frankfurt am Main: Suhrkamp, 1970, pp. 108~09.

현실 속에서 실현하려면 반드시 타인의 인정과 승인이 필요하다. 인정의 과정이 결여된 자유는 구체적 현실에서 실현될 수 없다.[13]

타인 혹은 포괄적으로 타자의 인정이 수반되지 않은 상태에서 자기 내부에 기원을 둔 자연적 의지와 그것의 실현은 단지 추상적 자유이다. 그런데 자기 동일성에 집착하는 사람들은 이런 추상적 자유에 절대적 가치를 부여한다. 자유 의식은 실제로 추상적일수록 그만큼 순수하고, 따라서 절대성을 요구하는 경향이 강하다.

타자와의 인정투쟁(認定鬪爭, Anerkennungskampf)의 과정을 통해 승인된 자유는 관련된 모든 사람의 자유와 자유 의식을 확장한다. 반면에 인정투쟁 과정의 절차, 그리고 그로부터 형성되는 사회적 의견과 의지, 나아가 제도를 부정하는 자유는 그것이 확장되는 만큼 폭력도 커진다. 추상적이고 절대적인 자유가 최대화하면 할수록 그만큼 자유의 반대인 폭력도 최대화된다.

이 맥락에서 이 책은 '자유의 적은 자유다'라는 논제를 제안한다. 자유가 자유의 적이 되는 경우는 행위와 제도의 지평에서 살펴볼 수 있다. 자유로운 행위가 폭력으로 전환되는 경우는 쉽게 찾아볼 수 있다. 한 개인이나 집단의 자유로운 개별적 행위가 다른 개인이나 집단에 폭력이 되는 경우는 일상적으로 확인할 수 있다. 역사는 나, 우리, 그리고 인간의 자유로운 행위가 타자에게 무자비한 폭력이었음을 입증한다. '지금, 여기'에서도 나의 자유, 우리의 자유, 인간의 자유가 너의 파멸, 그들의 고통, 그리고 자연 전체의 파괴를 불러오고 있다는 것도 명백한 사실이다.

제도의 맥락도 마찬가지이다. 모든 제도는 협의의 결과이다. 자유로운 협의도 있고 강제적 협의도 있지만, 대부분은 자유와 강제가 뒤섞여 있다. 제도가 제도로서 작동하려면 반드시 경계가 있어야 한다. 제도의 안

---

13 G. W. F. Hegel, *Enzyklopädie der philosophischen Wissenschaften* III, in: *Werke* in zwanzig Bänden 10, Frankfurt am Main: Suhrkamp, 1970(국역본: 박구용·박병기 옮김, 『정신철학』, 울산대학교출판부, 2000, §261 참조).

과 바깥의 경계만이 제도가 가능하기 위한 조건이다. 물론, 제도의 순수한 바깥, 절대적 바깥은 없다. 제도 바깥에도 제도가 있다. 그렇지만 모든 제도는 안팎을 구별한다. 안과 바깥의 구별은 진(眞)과 위(僞), 선(善)과 악(惡), 미(美)와 추(醜)만이 아니라 정상과 비정상, 편안함과 두려움, 따뜻함과 차가움 같은 은유로 나타난다.

제도는 그 안에 머무르는 사람에게 진리, 정의, 아름다움, 정상, 편안함, 따뜻함을 보장한다. 반대로 바깥으로 밀려나거나 배제된 사람에게 제도는 위선, 불의, 추함, 비정상, 두려움, 차가움을 덮어씌운다. 제도의 이런 특성과 자유는 밀접하게 연결되어 있다. 제도는 안에 있는 사람의 자유가 신장하는 데 기여하지만, 바깥에 머무르는 사람에게는 무관심하거나 그의 자유를 빼앗으려 든다. 이는 자유 의식이 없는 제도의 경우도 마찬가지이다.

휴머니즘은 제도의 이런 배타성과 폭력성을 극복하려는 최소한의 합의로서 등장한다. 휴머니즘은 제도에 그 안에 있는 사람뿐만 아니라 바깥에 있는 사람의 자유도 보장할 것을 요구한다. 법치주의와 민주주의를 택하고 자유를 기본권으로 설정한 국가의 경우, 그 기본권의 발신자는 그 나라의 시민이지만 수신자는 모든 인간이다. 이 맥락에서 기본권은 휴머니즘의 기초인 인권이다.

휴머니즘의 요구는 그 자체로 추상적이다. 그것의 실현은 제도를 통해 정책화되어야만 가능하다. 글로벌 제도만이 아니라 국가 제도의 촘촘한 그물망과 모세혈관 속으로 만인의 자유를 위해 합의된 이념과 실천이 파고들어야만 한다. 그러나 수많은 현실 제도는 자유의 폭력을 줄이기보다 키우는 데 기여한다.

휴머니즘 이전의 제도는 자유를 줄이거나 빼앗는 힘을 통해 작동했다. 자유 의식이 넘쳐났던 고대 그리스의 폴리스(Polis)와 오이코스(Oikos) 제도 역시 자유의 소멸 위협을 통해 작동했다. 자유인만이 활동하는 정치적 광장으로서의 폴리스와 자유가 없는 사람의 경제적 생존 공간으로서의 오이코스의 분리는 그 시대의 제도가 자유의 박탈을 무기로 삼았음을 적나라하게 보여 준다. 자유 의식은 미미했다고 하더라도 일정한 자유를 누리는 사람이나 계층 혹은 신분이 있는 전통적인 사회도 그리스와 사정이 다르지 않다.

자유를 인권으로 합의한 휴머니즘 이후의 제도는 더 이상 자유의 소멸이나 박탈을 통해 작동하지 못한다. 휴머니즘 이전의 제도가 자유를 빼앗는 권력을 가졌다면, 휴머니즘 이후의 제도는 자유를 키우는 권력을 통해 작동한다. 자유를 키우지 못하는 제도는 점차 줄어들거나 해체된다. 반면에 자유를 키우는 제도는 점차 늘어나고 부흥한다.

현대의 다양한 제도는 자유의 증진을 미끼로 사람들을 분류, 분할, 관리, 통제, 규율했다고 볼 수 있다. 더 많은 자유를 꿈꾸는 사람일수록 규율권력의 요구를 외면하기 쉽지 않다. 미래의 더 많은 자유를 위해 사람들은 학교, 병원, 군대, 가족, 회사의 규율체계를 받아들인다. 모든 제도는 안과 바깥을 분할할 뿐만 아니라 제도 안에 좀더 촘촘한 분류체계를 가지고 있다. 분할과 분류의 체계로서의 제도 바깥으로 그 누구도 나아갈 수 없다. 오히려 우리는 자유의 증진체계와 억압의 규율체계 사이의 틈을 찾아내야 한다.

자유의 확장을 지향하는 현대의 제도들은 다양한 체계를 구성하고 있다. 체계의 구성과 작용에 관한 담론들 역시 다양하고 풍성하다. 이 담론에 들어가지 않고 피상적 수준에서 살펴보면, 제도체계의 다차원적 그물망에서 국가와 시장이 가장 강력한 자유의 증진체계로 이야기된다.

국가가 자유의 증진체계로 구성되고 작동하기 시작한 시기는 대체로 현대성(modernity)과 겹친다. 현대 이전에도 자유와 자유 의식이 국가를 구성하는 권리인 주권으로 작용한 경우는 어디서든 발견할 수 있다. 그런데 자유국가를 대표하는 고대 그리스의 폴리스조차도 자유의 증진을 지향하지 않았다. 자유는 폴리스의 참여 조건이다. 폴리스에 참여하는 자유인들이 가장 두려운 것은 자유인으로서의 자격을 박탈당하는 것이다. 자유인이 폴리스를 만들었지 폴리스가 자유인을 만든 것은 아니다.

반면에 휴머니즘을 근간으로 하는 현대의 국가는 '더 많은 자유'를 위한 최고의 제도로서 재구성된다. 이 시기의 사회계약론은 자유의 체계로서 국가의 정당화 담론에 해당한다. 토머스 홉스(Thomas Hobbes), 존 로크(John Locke), 장-자크 루소(Jean-Jacques Rousseau), 이마누엘 칸트(Immanuel Kant)만이 아니라 대부분의 현대 철학자들이 각자 설계한 사회계약론을 통해 자유의 증진체계로서 국가를 제안하고 정당화를 시도한다. 사회계약론에 반대했던 헤겔조차도 국가를 자유를 구체적으로 실현하기 위해 가장 중요한 체계로 인정한다. 그가 말하는 "구체적 자유란 특수한 관심이 보편적인 것을 인정하고 그쪽으로 전환되는 과정이다".[14]

다른 제도들과 마찬가지로 국가 역시 자유를 증진하는 제도라는 입장에 반해 억압 기제의 전형으로 간주하는 입장도 있다. 대체로 후자의 입장을 견지하는 학자들은 시장을 자유의 증진을 위한 가장 중요한 제도로 간주한다. 이런 입장의 뿌리를 애덤 스미스(Adam Smith)나 데이비드 리카도(David Ricardo)에서 찾는 경우가 많지만, 사실 그들은 시장의 한계를 밝히고 그것의 극복 가능성을 사회나 국가에서 찾았다.[15] 자유를 확장할 수 있는 자기조정시장에 대한 강력한 믿음은 의외로 성직자였던 조지프 타운센드(Joseph Townsend)와 토머스 맬서스(Thomas Malthus)에서 그 기원을 찾을 수 있다. 이들은 인간이 짐승이기 때문에 최소 정부와 최대 시장만이 만사를 스스로 해결하도록 만들 수 있다고 여긴다. "성자와 같은 일심단편의 이상주의자로부터 미치광이 광신자까지의 거리는 단지 한 발짝에 불과할 때가 많다"[16]라는 신자유주의자 프리드리히 하이에크(Friedrich Hayek)의 말이 미묘하게 떠오르는 지점이다.

---

14 G. W. F. Hegel, *Grundlinien der Philosophie des Rechts oder Naturrecht und Staatswissenschaft im Grundrisse*, in: *Werke* in zwanzig Bänden 7, Frankfurt am Main: Suhrkamp, 1970, p. 406.

15 칼 폴라니, 홍기빈 옮김, 『거대한 전환』, 도서출판 길, 2009, 337쪽 이하 참조. 칼 폴라니(Karl Polanyi)는 국가의 발명이 토머스 모어(Thomas More), 니콜로 마키아벨리(Niccolò Machiavelli), 마르틴 루터(Martin Luther), 장 칼뱅(Jean Calvin)에서 시작해 스미스에서 종결된다고 본다.

16 프리드리히 하이에크, 김이석 옮김, 『노예의 길: 사회주의 계획경제의 진실』, 나남출판, 2006, 101쪽.

개인, 집단, 인간의 자유로운 행위가 쉽게 폭력으로 둔갑하듯이, 자유의 증진을 지향하는 제도들 역시 제도 안팎에 자유를 억압하거나 폭력을 키우는 요소를 가지고 있다. 그만큼 자유와 폭력이 쉽게 분리되지 않는다는 것을 알 수 있다. 이러한 맥락에서 '자유의 최대화, 폭력의 최소화'를 동시에 성취할 수 있는 행위와 제도를 찾아가는 담론은 여전히 유효하다.

20세기 인류는 자유의 지평에서 국가와 시장의 파멸을 모두 경험했다. 국가의 파멸은 파시즘(fascism)을 통해 쉽게 확인할 수 있었다. 그런데 국가의 파멸에 앞서 대공황이라는 시장의 파멸이 있었다. 시장의 파멸은 극단적 자유방임과 그것을 뒷받침하는 경제적 자유주의가 조정하는 정책에서 비롯되었다. 그리고 이 파멸로부터 집단주의와 국가 파시즘이 득세하게 된다.

> 그러자 자유의 공공연한 원수들이 나서서 자유주의자들이 자유에 대한 위협이라며 그토록 금지하려 했던 계획·규제·통제 등의 방법을 마음껏 활용해서 자유를 아예 완전히 철폐해 버리고 말았다. 그렇지만 이러한 파시즘의 승리를 현실적으로 피할 수 없는 것으로 만든 것은 자유주의자들이 계획·규제·통제를 사용하는 모든 개혁을 철저히 가로막은 데 원인이 있다.[17]

시장과 국가의 파멸은 역설적으로 두 제도의 부흥으로 이어졌다. 대공황과 파시즘의 어둠을 뚫고 1960년대까지 존 메이너드 케인스(John Maynard Keynes)의 개입주의가 자본주의를 지배하면서 국가만이 아니라 시장도 동시에 비대해졌다. 반대로 스태그플레이션(stagflation)에 대한 대응으로 1970년부터 전 세계를 지배한 오스트리아 경제학파(Austrian School of economics)[18]의 신자유주의 역시 시장만이 아니라 국가도 키웠

---

17 칼 폴라니, 『거대한 전환』, 599쪽.

다. 국가의 시장 개입에 반대해 온 신자유주의 권력은 '최소 정부'라는 자신들의 이념과는 상반되는 결과, 즉 거대 정부를 산출했다. 신자유주의는 자본 시장의 자유가 무제한적으로 확산되면서 2008년 파산에 이른다. 대공황이 파시즘을 거쳐 개입주의에 기초한 사회복지국가의 문을 열었다면, 2008년 금융위기는 어떤 대안을 찾아갈까?

최근 신자유주의를 전면에 내세운 국가권력이나 세계적 정치 지도 그룹은 보이지 않는다. 그렇다고 열정적으로 자유의 최대화를 외치는 이념이나 담론이 사라진 것은 아니다. 신자유주의라는 말이 용도 폐기되었다고 자유주의가 고개를 숙인 것은 더더욱 아니다. 오히려 자유지상주의(libertarianism)는 여전히 기본권으로서 자유권을 침해한 모든 악의 근원을 국가로 간주하고 자유방임적 자본주의(laissez-faire capitalism)의 체계를 요구한다.[19]

자유지상주의자들은 모든 사람이 국가에 의존하지 않고 시장에서 스스로 생계를 꾸려갈 수 있는 세계를 지향한다. 모든 권력은 사악하다는 믿음을 공유하는 이들은 국가권력을 축소하고 시장의 자유를 확대해야 한다고 주장한다. 그런데 이들은 시장 역시 권력체계라는 것을 인정하지 않는다. 최근 들어 정부보다 시장이 더 많은 권력을 가지고 있다는 것은 누구나 쉽게 확인할 수 있다. 더구나 자유방임과 자유 시장은 자연스럽게 만들어진 것이 아니라 국가의 법체계를 통해 나타난 것이다. 그러니 국가를 신성화하거나 경멸하는 태도를 벗어나야 하듯이, 시장을 자유의 적으로 몰아세우거나 탈권력화된 자유의 천국으로 찬양해서는 안 된다. 국가만이 아니라 시장 역시 악마도 천사도 아니다.

국가와 시장을 포함해 모든 행위와 제도는 자유를 확장하는 만큼 제

---

18 가격결정체계의 불개입, 급진적 개인주의, 분권적 자유 시장 등을 옹호하는 학파로서 케인스 학파와의 경쟁에서 밀렸으나, 1970년대 신자유주의 이름으로 부활한다. 루트비히 폰 미제스(Ludwig von Mises)와 하이에크가 대표적 이론가이다.

19 머리 로스바드, 권기붕·정연교·정혜영·한학성 옮김, 『새로운 자유를 찾아서: 자유지상주의 선언』, 한국문화사, 2013, 35쪽 참조.

약하다. 따라서 기준과 맥락, 담론과 무관하게 언제 어디서나 자유의 여신으로 추앙받을 행위 주체와 제도는 없다. 국가와 시장만이 아니라 개인도 '자유의 최대화와 폭력의 최소화'를 약속할 수 없다. 국가와 시장, 심지어 개인도 자유의 이름으로 폭력을 행사하면서 동시에 정당화할 수 있다.

모든 행위와 제도가 지향하는 자유가 폭력으로 둔갑하는 것은 쉽게 확인할 수 있다. 문제는 자유의 폭력성을 드러내는 이런 행위와 제도가 그 나름의 지지와 정당성을 가지고 이루어진다는 것이다. 그 때문에 자유와 자유 의식이 확장되는 만큼 폭력이 줄어들기보다 늘어나는 경향이 있다. 따라서 이 책에서 나는 자유의 폭력을 배양하거나 인준하는 이론과 담론이 어떻게 구성되고 전승되는지를 살펴보고자 한다.

자유의 역사와 폭력의 역사는 분리되지 않는다. 역사는 야만적 폭력에서 문화적 자유로 발전하지 않았다. 자유의 제도와 담론이 확장되는 만큼 폭력의 수단과 기구도 발전되어 왔다. 이처럼 자유와 폭력의 적대적 공존의 역사를 근거로 자유와 자유의지의 가치를 폄하해서는 안 된다. 자유는 인간이 만든 가장 고귀한 개념이자 가장 많은 사람의 동의를 받아온 이념이다.

자유가 자연에서 태어났다고 말할 수 있다. 더구나 자연도 자유롭다는 주장 역시 적지 않다. 그렇지만 자연은 인간의 자유를 보장하지 않는다. 이 책이 관심을 갖는 자유는 자연이 아니라 사회의 이념이다. 특수한 개인이나 집단만이 향유할 수 있었던 자유는 적어도 휴머니즘 이후 현대 사회의 이념이 아니다. 은밀하게 혹은 실제로 소수만이 향유할 수 있는 자유는 오염된 것일 뿐이다. 모든 사람의 일상적 삶의 속살과 모세혈관에서 작동하는 자유, 가능한 한 관련된 최다의 사람이 합의하고 실천하는 자유의 최대화를 위해 자유 담론의 오랜 역사적 길목들을 거닐어 볼 필요가 있다.

2008년 금융위기와 함께 1970년대부터 40년 가까이 시대정신의 지위를 누렸던 신자유주의가 뇌사 상태에 빠졌다. 그리고 2020년 코로나바

이러스 팬데믹과 함께 시대정신으로서 신자유주의에 대한 사망 선고가 내려졌다. 인간에 의한 자연의 약탈과 파괴, 경제적 불평등과 정치적 양극화, 독점 강화와 성장 둔화를 야기했거나 혹은 기여한 것으로 신자유주의가 지목되었다.[20] 하나의 시대정신이 생명을 다한 것이다. 그러나 문제는 새로운 시대정신이 태어난 것도 아니다.

지금 인류는 최고 권력의 공백 상태, 시대정신의 부재 기간, 다시 말해 궐위의 시간인 인터레그넘(interregnum) 상황에 빠져 있다. 신자유주의라는 낡은 이념은 해체되었지만, 그렇다고 그것을 대체할 새로운 이념이 등장하지도 않았다. 안토니오 그람시(Antonio Gramsci)의 말처럼 "위기는 정확히 낡은 것이 죽었는데 새로운 것이 태어나지 않았다는 사실에서 구성된다. 이 인터레그넘 속에 매우 다양한 병적 증상이 나타난다".[21] 인터레그넘의 위기는 이미 죽은 것이 무덤으로 가지 않고 산 것처럼 활보하고 다닌다는 사실에 있다. 좀비가 된 신자유주의, 곧 좀비-자유주의가 부활(renewal and reorganization)의 가능성을 찾아 떠돌고 있다.[22]

인터레그넘은 위기의 공간이면서 동시에 새로운 정치적 공간이다. 이 열린 공간에서 새로운 시대정신을 찾아가는 담론이 생성되어야 한다. 자유의 이념과 폭력은 이 담론을 형성하는 중요한 하나의 주제일 수 있다. 미래의 시대정신이 요구할 자유는 그것의 최대화가 폭력의 최소화를 동반해야 한다는 요구에 부응해야만 한다. 이 요구에 맞추어 나는 자유 담론을 재구성하고자 한다.

이 지점에서 몇 가지 의문이 자연스럽게 생겨난다. 자유주의나 자유지상주의 혹은 좀비-자유주의로 전락한 신자유주의가 말하는 자유는 무

---

20 Joseph Stiglitz, "Rettet den Kapitalismus vor sich selbst", in: *Internationale Politik und Gesellschaft*, 2019. 6. 3. 참조.

21 Antonio Gramsci, *Selections from the prison notebooks*, New York: International Publishers, 1971, p. 276.

22 Gilford John Ikenberry, *Liberal Leviathan: the origins, crisis and transformation of the American world order*, Princeton: Princeton University Press, 2011 참조.

엇일까? 전 세계에 다양한 형태로 유포되어 있는 자유당은 어떤 자유를 지향하는 것일까? 소극적(negative, 부정적) 자유와 적극적(positive, 긍정적) 자유, 공적 자유와 사적 자유는 어떻게 구별되는 것일까? 법적 자유, 정치적 자유, 사회적 자유, 문화적 자유, 도덕적 자유, 경제적 자유, 또는 형이상학적 자유는 어떻게 구별될까? 인권이나 기본권의 이름으로 거론되는 자유권이나 자유민주적 기본 질서에서 자유의 의미 지평은 어디까지 펼쳐지는 것일까? 자유는 자연과 필연(결정)의 세계, 지배와 복종의 세계, 획일적이고 전체주의적인 사회에서 어떤 위치를 차지할까? 자유는 개인과 집단, 동일성과 이질성 중에서 어느 쪽으로 더 기울어 있을까? 하나하나의 문제가 쉽게 해명될 수 있는 것이 아니다. 그만큼 각각의 문제에 대해 헤아릴 수 없는 연구와 담론이 축적되어 있다.

수많은 자유 담론에서 가장 먼저 드는 의문은 자유주의를 둘러싼 논쟁이다.[23] 자유주의가 다른 어떤 이념보다 자유 친화적일 것이라고 기대하는 것은 자연스럽다. 하지만 실제 자유 담론을 살펴보면 자유주의가 단지 추상적 자유만을 지향한다는 의심이 든다. 어쩌면 어딘가에 자유주의가 있었던 것이 아니라 다양한 대립 논쟁을 통해 자유주의가 형성되었다고 볼 수도 있다.

대표적인 논쟁에는 ① 자유주의와 공화주의, ② 자유주의와 공동체주의, ③ 자유주의와 개입주의, ④ 자유주의와 사회민주주의(사회주의)의 대립이 있다. 이들 논쟁은 서로 교착되어 있어 명확하게 분리되지는 않는다. 그럼에도 불구하고 각각의 논쟁은 주요 관심 영역에서 헐거운 경계선이 있다. 이 경계선이 중첩되면서 자유주의라는 거대한 역사적 물결이 형성되어 왔다. 나는 이들 논쟁을 염두에 두면서 제2부에서 자유주의의 철학적 뿌리를 탐색하는 일에 먼저 집중했다.

---

23 자유주의의 기원과 더불어 한국에서의 자유주의 수용과 관련해서는 박동천, 「자유주의 정치사상의 지리적 기원에 관한 방법론적 성찰」, 『철학연구』 127, 2019, 127쪽 이하 참조.

자유주의는 19세기 초에 등장한 현대의 사회·정치적 이념이다. 17세기 명예혁명에서 18세기 프랑스혁명에 이르는 여정에서 유럽은 자유를 최고의 이념으로 하는 정치체제에 대한 열망으로 넘쳐난다. 이 시대 위대한 자유의 철학자들, 즉 홉스, 로크, 흄, 존 스튜어트 밀(John Stuart Mill), 루소, 베네딕투스 데 스피노자(Benedictus de Spinoza), 칸트, 헤겔이 등장한다. 나는 이미 칸트와 헤겔이 전개한 자유의 철학을 다른 책으로 발표했다. 따라서 이 책의 제6장과 제7장에서는 그동안 다루지 않은 철학자들, 특히 자유주의의 영혼을 만들어 낸 철학자들의 관점을 비판적으로 다룬다.

홉스, 로크, 흄, 그리고 밀의 철학을 관통하는 자유는 자연주의에서 길어 올린 이념이면서 동시에 개인의 사적 영역 보호에 우선성을 두는 권리이다. 분명한 차이에도 불구하고 이들은 모두 공적 영역에서 행사되는 자유, 곧 공적 자율성에 큰 가치를 두지 않았다는 점에서 매우 유사하다. 그 까닭을 찾아가기 위해 나는 제5장에서 플라톤과 아리스토텔레스의 자유와 정치체제에 대한 입장을 정리한다.

이 책이 지향하는 자유 담론은 자유의 최대화와 폭력의 최소화이다. 제1부에서 나는 급진적인 사회적 자유주의를 지향하는 다양한 맥락에 접근한다.[24] 세계관으로서 사회적 자유주의는 특수한 정당의 정치적 이념, 특히 보수와 중도 정당의 이념으로서 채택되고 있는 자유주의와는 거리가 멀다. 이 책은 급진적인 진보적 자유주의를 지지한다.

서유럽의 경우, 자유주의 정당은 대체로 전통문화와 기회균등을 강조하는 보수와 시민 주권과 생활 균등을 강조하는 진보 사이에서 다원주의 문화와 자유 시장을 지향하는 중도 성향의 정당이다. 이미 18세기에 출연한 자유주의 정당은 다양한 변화 과정을 겪었다. '국가자유당'(Nationalliberale Partei)이 레오폴트 폰 비스마르크(Leopold von Bismarck)

---

24 에두아르트 베른슈타인, 송병헌 옮김,『사회주의란 무엇인가 외』, 책세상, 2002, 129쪽 참조.

의 독일 제국의 여당이었던 것처럼 초기 자유주의 정당은 유럽 전역에서 자리를 잡았다. 독일과 프랑스보다는 영국과 미국에서 자유주의 정당은 더 큰 영향력을 가졌다.

20세기 이전에 있었던 초기 자유주의 정당은 보편적 선거권을 받아들이지 않는 등 민주주의와는 거리가 멀었다. 초기 자유주의 정당은 대체로 새로운 지배 계급으로 등장한 자본가들의 입장을 대변했다. 그래서 구체제의 지배 문화나 세력과 맞설 때는 개혁적이고 급진적이었지만, 자본주의의 피지배자들의 요구에는 수동적이고 원론적인 입장을 내세웠다.[25] 자유주의는 20세기 들어 급격히 영향력을 상실하지만 여전히 좌우 정당들과 다양한 연합의 형태로 지배체제 안에서 일정한 지분을 유지해 오고 있다.

한국에서 자유주의 정당은 일본에서와 유사하게 보수 정당의 성격이 강하다. 유럽에서 보수 정당들은 대체로 국가, 민족, 가족, 종교, 공동체의 가치를 보존하려고 노력하는 반면에, 한국의 보수 정당은 원자적 개인주의, 시장지상주의, 반공주의, 미국주의의 성향이 강하다. 한국의 보수 정당은 공화주의보다는 경제적 자유주의나 자유지상주의와 친족성이 강하며, 그 때문에 자유주의 정당에 가깝다. 자유당(이승만), 민주공화당(박정희), 민주정의당(전두환), 민주자유당(노태우), 자유민주연합(김종필), 신한국당(김영삼), 한나라당(이회창, 이명박), 새누리당(박근혜), 자유한국당(홍준표) 같은 이름에서 알 수 있듯이, 한국의 보수 정당 역사에서 자유와 민주는 억압과 독재를 은폐하는 개념이었을 뿐이다.

유럽이나 미국에서 세계관으로서의 자유주의는 정치적으로는 좌파와 우파를 두리번거리거나 들락거리기도 했지만, 문화적으로 여전히 개혁, 혁신, 진보와 어울리는 이념이다.[26] 실용주의 철학자 존 듀이(John

---

25 초기 자유주의 정당의 이념은 로크의 자연법 이론, 제러미 벤담(Jeremy Bentham)의 공리주의, 스미스와 밀의 고전적 자유주의 등으로 소급할 수 있다. 하지만 이들 정당의 자유지상주의 경향은 앞에서 언급한 타운센드, 맬서스나 에드먼드 버크(Edmund Burke)의 이론과 더 깊이 관련되어 있다.

Dewey)가 대변했던 이 급진적 자유주의의 전통을 고수하는 사회적·정치적 자유주의자들은 더 이상 자본주의의 지배자 편에 서지 않는다. 오히려 그들은 사회적 약자의 고통에 민감하게 반응하는 자유주의를 대변한다. 아마도 존 롤스(John Rawls)가 이들을 대표하는 자유주의 철학자일 것이다.

잘 알려진 것처럼 롤스는 정의로운 자유주의, 공정한 자유주의를 지향했다. 반면에 역시 자유주의자로 불리는 로버트 노직(Robert Nozick)과 제임스 M. 뷰캐넌(James M. Buchanan)에게 자유는 불공정과 불의를 감내하거나 극복하는 힘이다. 자유지상주의자인 이들은 신자유주의에서 말하는 자유, 다시 말해 최소 국가(minimal state)의 이상인 '개인의 자유'를 절대화한다. 그들은 분배의 정의는 "개인들의 삶에 대한 계속적인 '권리' 침해 없이는 지속적으로 실현"[27]될 수 없다고 단언한다.

(신)자유주의자들이 말하는 진정한 자유인은 상업 사회와 산업 사회를 주름잡는 경제인(기업인)이다. 일관된 방법론적 개인주의를 지향했던 뷰캐넌은 시장의 교환 논리를 정치로 확장할 것을 주문한다. '교환으로서의 정치'(politics as exchange)[28]는 '자본 시장의 체계에 의한 정치적 담론의 식민화'를 만장일치에 해당하는 합의 가능성으로 해명한다. 뷰캐넌이 그리는 자유로운 경제인은 오직 특정 개인이나 집단이 소유한 순자산(net wealth)의 증식이라는 목적에 복무하는 사람들이다.[29]

미국이나 유럽에서 일상적 용어로서 쓰이는 자유주의는 이들 자유지상주의나 신자유주의와는 다르다. 자유주의는 변화에 능동적으로 대처하는 개인과 그 개인을 배양하는 사회를 자유롭게 하는 데에 가치를 부

---

26 존 듀이, 김진희 옮김, 『자유주의와 사회적 실천』, 책세상, 2018, 20쪽 참조.
27 Robert Nozick, *Anarchy, State, and Utopia*, Basic Books, 1974, p. 163.
28 James M. Buchanan, *The Logical Foundations of Constitutional Liberty* (*The Collected Works of James M. Buchanan*, vol. 1), Indianapolis: Liberty Fund, 1999, pp. 460~61.
29 James M. Buchanan·Gordon Tullock, *The Calculus of Consent: Logical Foundations of Constitutional Democracy* (*The Collected Works of James M. Buchanan*, vol. 3), Indianapolis: Liberty Fund, 1999, p. 25 참조.

여하는 이념이다. 이런 급진적인 사회적 자유주의는 공공성과 친밀성의 영역 중 어느 하나에 배타적 우선성을 부여하지 않는다. 자유는 사적 친밀성의 영역만이 아니라 민주적 공공성이 형성되는 공간에서도 가치를 갖는다. 자유는 공공성과 친밀성, 그리고 경제만이 아니라 정치에서도 작동하고 실현되어야 한다.

사회적 자유주의는 반(反)집합주의적(anti-collectivist)이면서 동시에 반(反)원자주의적(anti-atomist) 자유주의이다. 나는 어떤 경우에도 개인을 사회 혹은 집단에 종속된 존재로 보지 않는다. 어떤 방식으로든 개인을 집단에 포섭하는 집합주의에 반대하면서 모든 사회적 관계에서 벗어난 개인은 상상조차 할 수 없다고 본다. 나는 개인을 사생아로 만드는 원자주의에 반대한다.

집합주의에서 벗어나기 위해 나는 사회로부터 독립한 개인을 설정하는 것에 반대한다. 이런 원자적 개인은 집합의 억압에서 자유로워지기보다는 외톨이로 전락할 뿐이다. 원자주의에서 벗어나기 위해 나는 사회를 개인과 무관한 주체로 설정하는 것에 반대한다. 독립된 행위 주체로서 사회는 구성원을 '자유를 선언하는 노예'로 만들 수 있다.

반집합주의와 반원자주의를 견지하는 개인적이면서 사회적인 자유주의는 개인이 구성하고 참여하고 형성하는 사회가 많으면 많을수록 더 자유로울 수 있다는 관점을 견지한다. 모든 개인은 서로 다른 사회를 구성하고 참여한다는 점에서 다른 누구로도 대체될 수 없는 독립성과 자율성을 갖는다. 이 사회를 구성하고 해체하는 과정에 참여하는 사람들이 가지는 자유를 나는 위르겐 하버마스(Jürgen Habermas)의 개념을 빌려 의사소통적 자유라고 말한다.

이 책에서 나는 사회철학과 정치철학의 경계에서 한국 사회를 지배하는 허위의식을 비판하기 위한 실천철학의 규범적 모델로서 '우리 안의 타자 철학'을 제안하는 것으로 시작한다. 『자유의 폭력』은 우리주의 철학과 세계주의 철학이 갖는 위험성을 극복할 수 있는 대안적 사유를 '우리 안의 타자'에서 찾고자 한다. 상호 주관성과 탈주관성의 경계에 있는

'우리 안의 타자' 철학을 통해 『자유의 폭력』은 현재 한국 사회에서 사회·정치 철학의 핵심 의제를 중심으로 "자유의 최대화, 폭력의 최소화"를 동시에 성취할 수 있는 길을 찾아간다. 그러나 나는 '우리 안의 타자' 철학이 철학을 빈곤하게 만드는 진부한 교화의 철학으로 전락할 수 있다는 두려움을 가지고 있다.

그 때문에 나는 ① 실험적 단계이지만 우리가 직면한 현실을 사상의 이름으로 포착하고, ② 가련한 안락을 얻은 대가로 우리가 상실한 것과 그런 우리로부터 언어를 빼앗긴 타자의 목소리에 귀를 기울이면서도, ③ 허무주의나 비관주의로 전락하지 않는 상호 주관적 규범체계를 지향하며, ④ 세계주의 속에 은폐된 '경제제국주의'와 우리주의 속에서 기승을 부리는 '도덕제국주의'를 제약할 수 있는 사회 비판의 철학을 모색한다.

제1부에서 나는 세계주의(globalism)와 우리주의(weness) 속에 은폐된 경제제국주의와 도덕제국주의 사이의 도착적 화해 상태에서는 자유가 폭력으로 전환될 위험이 크다는 가설을 논증하면서 사회 비판의 규범적 척도로 '의사소통적 자유'와 '상호 주관적 소통'의 정당화 가능성을 탐구한다.

제3부에서는 다원화와 세계화가 정점에 이른 상황에서 폭력을 최소화하는 자유의 최대화 가능성을 탐색한다. 무엇보다 다원주의를 사실로서 받아들이면서 세계시민이 공동의 자유와 평화, 그리고 행복을 실현할 수 있는 길을 찾는다.

마지막 제4부에서는 인권과 복지, 그리고 자치의 철학적 정당화 문제를 다룬다. 자유는 주관적이면서 보편적인 권리이다. 민주적 법치국가의 최소 권리로서 자유는 한 사람의 주체가 자신의 의지에 따라 자유롭게 행동할 수 있는 주관적 권리이다. 주관적 행동의 자유는 다른 사람의 동의와 승인을 필요로 하지 않는다. 따라서 주체는 주관적 행동의 자유에 대해 책임 부담을 가질 필요가 없다.

'자유에는 책임이 따른다!'라는 위압적 명제가 여전히 유통되고 있는 한국의 가정과 학교에서 자유는 탈규범을 부추길 수 있는 위험한 물건처럼 치부된다. 그러니 책임질 수 있는 범위 안에서만 자유를 주장하고 누리라는 압력을 아무런 거리낌없이 수시로 행사하는 것이다. 그런데 이런 온정주의(paternalism)와 함께 책임의 굴레에 갇힌 자유는 자유라기보다 복종, 곧 부자유에 가깝다.

누구나 자신의 행위에 책임을 지는 것은 바람직하고 권고할 만하다. 그런데 책임은 행위의 동기와 의지보다 결과의 귀책과 관련된다. 의도가 나쁘지만 결과가 좋을 경우에 책임을 묻는 경우는 많지 않다. 거꾸로 의도가 좋아도 결과가 나쁘면 책임을 지라는 요구가 강해진다. 책임으로 자유를 구속하는 어른들이 성적이 좋은 학생의 일탈에 관대한 연유도 여기에 있다. 행위의 동기와 의지를 불러일으키는 자유보다 이익 관심에 따라 행위 결과를 중시하는, 계산이 중시되는 사회가 되어가는 것이다.

이런 방식으로 '자유에는 책임이 따른다!'라는 명제는 결과 중심의 상벌체계를 정당화하는 이데올로기로서 작동하는 것이다. 이런 현실 복종의 이데올로기에 저항하기 위해 나는 거꾸로 '자유는 책임지지 않는 것이다!'라고 말하고자 한다. 자유는 책임의 귀책 능력을 가진 주체의 권리이다. 외적 행동으로 표현되지 않는 자유는 책임과 무관하다. 그런데도 '자유에는 책임이 따른다!'라는 압박은 칸트식으로 보면 실용주의적 가언명령(假言命令)의 변형일 뿐이다.

결과적으로 내가 손해를 보게 될 것이라는 판단이 서더라도, 경우에 따라 나의 실존 자체가 위협받을 수도 있다는 진단에도 불구하고 자신이 옳다고 생각하는 행동을 하는 것이 자유이다. 행위를 이끄는 의지, 곧 동기가 지배적 권력 관계나 이익 관심에 복종하는 것은 역으로 부자유이다. 행위 결과에 대한 책임에 압박을 받으면서 성장한 사람들은 비록 계산에는 능숙할 수 있지만 더불어 살아가기 위한 규범에는 냉소적일 가능성이 크다. 물론, 막스 베버(Max Weber)가 말한 것처럼 정치인은 자신의 정치적 의사 결정에 따른 행위 결과에 책임을 져야 한다. 더구나 자신의 의도와 무관하게 발생한 우연적 결과에도 책임을 져야만 한다. 정치인은 예측할 수 없었던 결과까지 책임을 져야 하기 때문에 부도덕의 유혹에 쉽게 노출된다. 이 딜레마로부터 정치인의 영혼을 구제하는 것은 여전히 자유로운 의지이다.

진정으로 자유로운 사람은 자신이 행위를 이끈 의지의 주인이라는 것, 다시 말해 자기 의지의 귀책(Zurechnung)을 인정한다. '이런저런 상황 때문에', '이런 결과가 예측되었기 때문에', '이런 강요가 있어서', '내가 아니라 타인을 위해' 등과 같은 이유를 들어 귀책을 거부하는 것은 자신의 자유를 부정하는 것이기 때문이다. 자유인은 '~때문에'가 아니라 '~에도 불구하고' 바로 내가 이런 의지와 의견을 가지고 결정하고 행위했다고 말하는 사람이다. 이런 맥락에서 자유는 그 어떤 유혹이나 억압에도 흔들리지 않는 강한 의지의 힘이 있어야 한다. 현실적 지배 관계에서 힘을 키우려는 의지가 아니라 거꾸로 그 힘에 저항할 수 있는 의지가 힘을 가지고 있어야 한다는 것이다. 자유는 부정적 현실을 인준하는 것이 아니라 극복하려는 의지이고 행위이다.

자유를 책임으로 구속하는 것은 주관적 자유를 심각하게 제약하는 보편적 도덕 규범이다. 이 규범은 민주적 법치국가가 보장하는 주관적 행동의 자유와 양립할 수 없다. 주관적 행동의 자유는 법 공동체의 구성원들 사이의 상호 기대와 인정, 그리고 평가에서 독립된 사생활을 근거 짓는다.

권리로서 자유는 「세계인권선언」 제1조와 제3조에서 명시된 것처럼 보편적이다. 자유를 누릴 권리는 모든 사람이 태어날 때부터 죽는 날까지 가진다. 따라서 민주적 법치국가에서 권리로서의 자유는 단순히 개인의 주관적 권리가 아니라 모든 개인의 동등한 주관적 권리이다. 나의 자유는 만인의 자유와 공존할 수 있어야만 한다.

자유로운 주체는 모두 자신의 의지에 따라 자유롭게 생각하고, 읽고, 쓰고, 말하고, 토론하고, 통신할 수 있는 사상, 양심, 종교와 의사 표현의 자유를 가진다. 모든 사람은 신체의 자유, 언론·출판과 집회·결사의 자유, 거주 이전의 자유, 학문과 예술의 자유, 그밖에 법률로 구속하지 않는 모든 행위에 대한 자유를 가진다. 법치국가에서 헌법과 법률을 통해 보장된 자유의 권리는 헌법에 열거되지 아니한 이유로 경시되지 않으며, 국가의 안전 보장과 질서 유지, 공공복리를 위해 필요한 경우에 법률로서만 제한된다. 더구나 우리 헌법은 어떤 경우에도 자유의 본질적인 내용은 침해할 수 없다고 명시하고 있다.

대한민국 헌법에 하나의 단일한 개념으로서 자유는 열아홉 번, 두 단어가 합성된 개념인 '자유민주적'은 두 번 등장한다. 그중에서 가장 빈번한 논란의 대상이 된 것은 헌법 전문과 제4조에 합성어로 표현된 '자유민주적 기본 질서'와 제119조의 '경제상의 자유'이다. '경제상의 자유'는 정치적 자유가 그렇듯이 민주주의를 통해서만 실현될 수 있다. 경제적 자유와 경제민주주의는 상호 보완적이면서 동시에 상호 제약적이다.[30] 그런데 두 차례 등장하는 '자유민주적 기본 질서'에는 이미 자유와 민주가 하나로 묶여 있다.

현행 헌법 전문에는 "자율과 조화를 바탕으로 자유민주적 기본 질서를 더욱 확고히 하여"로 표현되는 반면에, 제4조에서는 "대한민국은 통일을 지향하며, 자유민주적 기본 질서에 입각한 평화적 통일 정책을 수립하고 이를 추진한다"라고 되어 있다. 두 곳에서 자유민주적 기본 질서는 같은 의미를 담고 있는 것처럼 보이지만 그 맥락은 분명히 다르다. 전문이 현재의 대한민국 체제를 규정한다면, 본문은 통일 한국이 지향하는 체제를 가리킨다.

자유민주적 기본 질서라는 표현은 1972년 유신(維新) 헌법 전문에 처음으로 등장한다. 1960년 개정된 헌법부터 현재까지 정당 해산과 관련해 제한적으로 '민주적 기본 질서'라는 표현이 사용되기는 했다. 그런데 유신 헌법은 정당과 관련된 조항이 아니라 전문에서 그동안 "민주주의 여러 제도의 확립" 부분을 "자유민주적 기본 질서"로 대체한 것이다. 이

---

30 박구용, 「경제민주주의의 상호주관적 정당화와 해명」, 『대동철학』 74, 2016, 103쪽 이하 참조.

때부터 헌법에 없는 자유민주주의라는 표현이 유령처럼 이 나라를 배회하고 있다.

'자유민주적 기본 질서'라는 표현 그 자체를 부정적으로 볼 필요는 없다. 다만 자유민주적 기본 질서와 자유민주주의를 혼동해서는 안 된다. 자유민주주의는 자유주의(자유지상주의, 신자유주의)에 기초한 민주주의로서 특정 정당의 이념일 수는 있지만, 국가의 체제일 수는 없다. 그런데 유신 헌법의 영혼이 숨 쉬고 있는 정당에서는 아직도 '자유민주적 기본 질서'를 자유민주주의와 동의어로 생각하는 경향이 강하다. 이는 곧 유신 헌법과 87년체제 이전의 독재적 헌법에 표현된 '자유민주적 기본 질서' 속에서 자유의 적인 폭력의 기운이 맴도는 이유이다. 하지만 1987년 헌법은 '자유민주적 기본 질서'에서 '자유의 폭력 가능성'을 제거하기 위해 '자율과 조화를 바탕으로'라는 구절을 삽입한다.

현행 헌법에서 '자유민주적 기본 질서'는 인권과 주권이 조화된 개념인 자율, 곧 공적이고 적극적인 자유의 이념을 지향한다고 해석할 수 있다. 자율은 자유로운 시민이 상호 주관적 조화를 기초로 자기 입법을 수행한다는 뜻이다. 헌법재판소도 이를 확인해 주고 있다. 1990년 판결문에 따르면, "자유민주적 기본 질서에 위해를 준다 함은 모든 폭력적 지배와 자의적 지배, 즉 반(反)국가 단체의 1인 독재 내지 1당 독재를 배제하고 다수의 의사에 의한 국민의 자치, 자유·평등의 기본 원칙에 의한 법치주의적 통치 질서의 유지를 어렵게 만드는 것 ……"이다. 그러니 현행 헌법에 표현된 '자유민주적 기본 질서'에 입각하면 그 조항을 만들었던 유신 정부와 정당, 그리고 전두환이 이끌었던 살인 정부와 정당은 대한민국 체제를 유린하고 파괴한 세력이었던 것이다.

자유민주적 기본 질서는 1949년 독일의 기본법에서 처음 사용되었다. "Die freiheitliche demokratische Grundordnung"에서 분명하게 확인할 수 있는 것은 독일의 기본법이 자유민주주의(liberal democracy)가 아니라 자유로운 민주주의(free democracy)를 지향하고 있다는 것이다. 더구나 1952년 독일 헌법재판소는 자유민주적 기본 질서가 자유와 평등, 그리고 다수의 의지에 따른 국민의 자기 결정(Selbstbestimmung des Volkes), 곧 주권의 근거 위에서 법치국가적 지배 질서를 확립하는 것이라고 확인하고 있다.

독일이 헌법에 '자유로운 민주적 기본 질서'라는 표현을 포함한 것은 나치의 극복이라는 국민적 합의에 기초하고 있다. 일찍이 나치의 국가사회주의를 대변했던 정치학자 카를 슈미트(Carl Schmitt)는 자유와 민주를 상호 모순적인 관계로 파악했다. 그는 바이마르 공화국의 대의민주주의가 혼란에 빠진 원인을 서로 모순되는 자유와 민주를 동시에 실현하려는 데서 찾았다. 그는 민주를 이질성(heterogeneity)을 극복한 동질성(homogeneity)으로 이해한 반면에, 자유는 합의에 이르지 못한 다원성(pluralism/multi-cultural)으로 보았다. 홉스를 계승하면서 적과 동지로 나누어진 집단들 사이의 전쟁 상태를 극복하기 위한 사회계약을 통해 그가 정당화한 국가는 보호와 복종 관계로 이루어진 질서 확립을 기본으로 삼았다. 그 때문에 그는 자유를 제거한 순수민주주의, 곧 국가사회주의를 지지했던 것이다. 사회국가를 지향하는 독일이 '자유로운 민주적 기본 질서'라는 헌법 조문을 통해 자유와 민주의 조화를 성취하려는 것은 곧 자유를 폐기한 나치를 극복하고자 했던 것이다.

앞에서 언급했듯이, 휴머니즘은 자유를 인간 정신의 본질로 간주한다. 사람은 그가 사람이라는 단 하나의 이유만으로 자유롭다는 것이 휴머니즘의 기본 원칙이다. 하지만 휴머니즘이 표방한 자유가 사회·정치적으로 쉽게 실현되지는 않았다. 목숨을 걸고 저항한 사람들에 의해 자유는 점차로 확대되어 왔다. 헤겔의 말처럼 한 사람이 자유로운 세계에서 출발해 몇 사람이 자유로운 세계를 거쳐 모두가 자유로운 세계에 이르기까지 헤아릴 수 없는 사람들의 생명이 바쳐졌다. 보편적 자유를 향한 이들의 열망은 세계 곳곳에서 일어난 혁명과 개혁을 거치면서 사회·정치적 체계로 발전하게 된다. 시민이 국가를 형성하는 주체로 등장하면서 자유는 인권과 주권을 구성하는 핵심 이념으로 자리를 잡는다.

그런데 주권을 자유의 이념으로 설명하는 경우가 많지 않았기 때문에 사람들은 여전히 자유를 인권, 특히 사적이고 소극적인 자유권으로 제한해 이해하는 경우가 많다. 대한민국 헌법에서 명시된 자유권, 예를 들어 정당 설립의 자유(7-2), 신체의 자유(12-1), 거주 이전의 자유(14), 직업 선택의 자유(15), 주거의 자유(16), 사생활의 비밀과 자유(17), 양심의 자유(19), 종교의 자유(20), 언론·출판, 집회·결사의 자유(21-1), 학문과 예술의 자유(22), 경제상의 자유(119-1)로 자유의 지평을 축소·환원하는 일련의 경향이 여기에 해당한다. 하지만 민주적 법치국가에서 자유는 공적이고 적극적인 자유, 곧 주권의 담지자가 행사하는 권한인 자율의 또 다른 이름이다. 자유의 이념은 입헌군주제, 공화주의, 민주주의를 관통하면서 변화해 왔다. 입헌군주제에서는 소극적이고 부정적인 자유를 보장하는 반면에 적극적이고 긍정적인 자유, 곧 정치적 자유는 제한된다. 이는 공동선을 추구하는 법의 지배체계로서 공화주의에서도 크게 변화되지 않았다. 민주주의 체계에 이르러서야 자유는 시민 모두가 참여하는 자율로 의미의 지평이 확장된다. 이제 인권과 주권의 경계에서 자유의 이념은 권리 중의 권리로서 헌법을 규제하는 이념이 된다.

대한민국 헌법은 자유를 권리 개념에 포함하지 않고 병렬해 서술하고 있다. 물론, '국민의 권리'가 아니라 '국민의 자유와 권리'로 표현한 것 속에 시장의 자유만을 신봉하는 자유지상주의자의 음모가 숨겨져 있을 수 있다. 그것보다 우리는 '국가의 안전 보장, 질서 유지 또는 공공복리를 위해 필요한 경우'에도 '자유와 권리의 본질적인 내용을 침해할 수 없다'라는 제37조를 저항권의 맥락에서 해석해야 한다. 그래야만 대한민국 헌법에 구현된 자유의 이념을 사회·정치적 자유, 곧 저항적 자유의 실천 요구로 이해할 수 있다. 그럴 때에야 시민이, 저항하는 시민이 자유와 자율의 담지자로서 국가의 진정한 주권자가 될 수 있기 때문이다.

자유는 누구나 노래할 수 있어야 한다. 김남주(金南柱)가 부르짖듯이, 자유는 이제 만인을 위해 내가 일하고 싸우면서 몸부림칠 때 노래할 수 있는 말이기도 해야 한다. 자신의 잇속만 차리는 사람은 소극적으로만 자유로울 수 있다. 잇속 차리는 것이 나쁜 것은 결코 아니다. 소유는 적극적 자유의 출발점이기도 하다. 하지만 잇속 차리는 것을 자유의 끝으로 치장하는 이론에는 음흉한 논리가 숨어 있다. 잇속으로 환원된 자유는 많은 사람에게 저주로 다가온다. 잇속에 빠진 사람은 그 빠짐조차 자유의지에서 비롯되었다는 것을 숨기려 든다. 자기를 기만하는 것이다. 자유로운 삶을 원한다고 말하면서 사실은 자유로부터 은밀하게 도피하는 이들의 자기 기만이 때로 자유를 저주할 수밖에 없도록 만든다. 이런 방식으로 자유가 폭력에 동조하지 않도록 제약할 수 있는 지점을 찾아야 한다.

이 지점을 찾아가는 과정에서 나는 자유를 추상적 권리로 축소하려는 논리와 대결하려고 한다. 이 과정에서 나는 인권만이 아니라 복지, 나아가 자치를 통해 구체적 모습이 드러나는 상호 주관적 자유를 지향한다. 시장에도 자유는 넘쳐나지만 그렇다고 그곳에서 자유의 원형을 찾는 것은 민주적 법치국가에서 일반적 합의를 기대할 수 없다. 무엇보다 시장에서의 자유가 시장을 통해 보호될 수 없기 때문이다. 시장은 어떤 개인들에게는 자유가 최대화된 사회이기도 하지만, 동시에 어떤 개인들에게는 자유를 실현하기 위한 최소한의 조건도 보장하지 않는 제도이다. 경우에 따라서는 가장 잔인하게 폭력을 교환하는 사회가 시장이다. 국가도 마찬가지이다. 그렇다고 개인이 이런 제도 바깥에서 자유를 향유할 수도 없다. 시장이나 국가에서 개인의 자유가 넘쳐나려면 시장과 국가가 생산하지 못하는 상호 주관적 연대성의 기초 위에서 자유가 다양한 절차와 제도 속으로 스며들어야 한다. 타자의 인정과 사회적 연대의 토양이 없는 곳에서 자유는 무기력하거나 폭력적이다. 인정과 연대의 공백을 메울 수 있는 유일한 주체는 의사소통적 자유를 향유하는 상호 주관적 개인이다. 『자유의 폭력』은 이러한 개인들이 '자유의 최대화, 폭력의 최소화'를 실현할 수 있는 길을 찾는 데 도움을 주는 그림 지도이고자 한다.

* * *

　학술 출판이 날이 갈수록 어렵다. 한국 문화와 문화 산업이 세계를 횡단하면서 유통하고 교통하고 소통하고 있다. 하지만 문화와 문화 산업의 원자재이자 최첨단 소재라고 할 수 있는 학술 출판은 국가 행정과 자본 시장에서 철저하게 외면받고 있다. 한국연구재단 인문사회연구 본부장을 역임하면서 이 문제에 관심을 가지고 개선하려 노력했지만 성과를 내지 못했다. 아쉽고 부끄럽다. 학술 출판에 대한 국가와 자본의 오랜 무관심은 출판사들의 이탈을 불러오고 있다. 비교적 큰 규모를 갖추고 있고 나름의 역사를 가진 중견 출판사들조차 학술 출판을 떠나고 있다. 그러다 보니 학술 출판의 질을 결정하는 편집자 층도 점점 엷어지고 있다.

　학술 출판은 저자와 편집자의 공동 작업을 거쳐야 질적으로 높은 수준을 유지할 수 있다. 저자와 편집자는 책의 제목과 목차에서부터 서로 의견을 교환해야 한다. 저자가 학문 내적인 관점에서 의견을 제시하면 편집자는 전문 독자의 관점에서 더 나은 방향으로 이끌어야 한다. 저자가 벽돌을 쌓는 사람이라면 편집자는 벽돌의 줄눈을 넣는 사람이다. 빈 곳이나 뒤틀린 곳, 혹은 깨진 곳을 찾아내 수리하는 과정도 공동의 일이다. 문제는 아직도 이 나라의 공직자나 학자들조차 저자와 편집자의 공동 작업의 필요성과 가치를 인식하지 못하고 있다는 데 있다. 인식이 없으니 합당한 인정도 없다. 편집을 교정으로 치부하는 분위기가 아직도 만연하다. 그러다 보니 학술 출판에 대한 국가의 지원이 너무 미미하다.

　점점 어려워지는 상황 속에서도 학술 출판과 편집에 소명을 가진 도서출판 길이 『부정의 역사철학』에 이어 다시금 이 책을 기꺼이 출판해 준 데 대해 깊이 감사드린다. 도서출판 길의 이승우 실장은 오랜 친구이자 내가 가장 존경하는 편집자이다. 그는 학술 출판과 편집에 대한 소명의식을 가지고 다양한 노력을 기울여 왔다. 대학에서 출판과 편집에 대한 강의를 했을 뿐만 아니라 공론장에서 학술 출판과 관련해 국가적 비전에 대해 지속적으로 이야기해 왔다. 그가 바라던 대로 학술 출판에 숨구

멍이 트일 수 있기를 바란다.

나는 이 책을 위해 한국연구재단의 지원을 받았다. 이 책은 학술지에 발표한 논문을 중심으로 재구성되었다. 「에코의 비극: 우리 안의 타자 철학」(『사회와 철학』 17, 2009), 「의사소통적 자유와 인정」(『동서인문』 17, 2021), 「사회의 시선」(『사회와 철학』 28, 2014), 「밀에서 자유와 사회의 관계」(『철학·사상·문화』 38, 2022), 「자유의 자연주의」(『윤리학』 10(2), 2021), 「다원주의와 담론윤리학」(『철학』 76, 2003), 「윤리적 다원주의와 도덕적 보편주의: 제약된 다원주의로서 정치적 자유주의」(『사회와 철학』 8, 2014), 「법다원주의와 의사소통적 세계 민주주의」(『사회와 철학』 10, 2005), 「행복의 그림자: 자유와 폭력의 경계에서」(『동서철학연구』 70, 2013), 「인권의 보편주의적 정당화와 해명」(『사회와 철학』 7, 2004), 「인권과 복지의 경계와 상호 제약적 해명」(『동서철학연구』 64, 2012), 「민주적 법치국가의 권리로서 복지」(『사회와 철학』 22, 2011), 「국가권력과 시민권」(『철학』 114, 2013), 「시민자치와 절차주의」(『철학연구』 106, 2004) 등의 논문이 수정과 보완, 그리고 해체 작업을 거쳐 이 책에 들어왔다.

"늑대의 자유는 사슴에게는 죽음이다." 이 책은 늑대와 사슴이 함께 자유를 누리는 사회를 지향한다. 쉬운 길이 아니다. 하나의 바른길도 없다. 그렇다고 선조들의 피와 고통이 서려 있는 소중한 철학 개념인 '자유'를 늑대들의 입에서 놀아나도록 해서는 안 된다. 자유라는 개념이 왜곡되면 그만큼 현실에서 자유도 변질될 수밖에 없다. 그러니 철학은 자유 개념을 가꾸고 다듬는 일을 게을리해서는 안 된다. 이 책무를 마음에 새기면서 부족한 글에 매듭을 짓는다.

2022년 10월
무등의 빛고을에서
박구용

차례

제3부 다원주의 사회에서 자유의 가능성과 현실성

제4부 인권과 복지, 그리고 자치의 정당화와 자유

제1부

우리 안의 타자의 목소리

제1장

자유의 상실: 우리 안의 타자 철학

오늘날 가속화되고 있는 세계화와 다원화의 압력에는 빛과 그림자가 있다. 세계주의와 우리주의는 자체 안에 경제제국주의와 도덕제국주의를 은폐하고 있는 현대성의 어두운 그림자이다. 이에 대한 대안으로 범세계적 차원에서 최근 활발하게 논의되고 있는 것이 글로벌 거버넌스와 인권 레짐이다. 이러한 논의는 근본적으로 '자본주의의 인간화'에 관심의 초점을 맞추고 있다고 할 수 있다. 나는 이러한 일반적 논의를 의식하면서 '계몽의 변증법'의 한국적 전개를 비동시적 동시성으로 규정하면서 먼저 몇 가지 명제를 다음과 같이 제안하려고 한다.

① 최첨단 정보 기술을 동원한 익명적 의사소통 구조는 전(前) 현대성을 상징하는 도덕 재판의 재현 가능성을 보여 준다. ② 모든 도덕 재판은 얼굴 가리개를 동원한 익명 재판이다. ③ 자기 상실의 경험을 통해 누적된 원한 감정은 우리주의를 통해 도덕제국주의를 정당화한다. ④ 최첨단 정보 기술은 시놉티콘(Synopticon)의 실현 가능성을 함축하고 있지만, 에코의 비극이 지배하는 곳에서는 파놉티콘(Panopticon)만이 실현된다. ⑤ 계몽의 한국적 전개 과정에서 인간중심주의는 실현되지 않았으며, 오

히려 인간은 기능적 연관 관계의 한 계기로 전락했다. ⑥ 성공 이데올로기가 지배하는 곳에서 세계화는 경제적 세계주의로 왜곡된다. ⑦ 문화산업의 논리 속에서 이성의 타자를 실체화하는 한국적 탈현대성은 우리주의와 세계주의를 비극적 방식으로 결합한다. ⑧ 이런 방식으로 비판의 기준과 저항의 동력을 상실한 현대인이 향유하는 자유는 폭력을 은폐하는 폭력으로 전락하고 있다.

이 같은 선언적 논제를 토대로 나는 특히 한국적 맥락에서 심도 있게 논의된 현대의 주요 실천철학을 '우리의 철학'과 '모두의 철학'으로 분류할 수 있다고 본다. 나는 특히 '자기 상실'의 경험에 사로잡혀 있는 '우리의 철학'뿐만 아니라 '우리' 없는 '자기 보존'의 망령에 묶여 있는 '모두의 철학' 역시 세계주의와 우리주의를 극복하지 못한다는 입장을 가지고 있다. 따라서 나는 이 책에서 자기 상실과 자기 보존의 이데올로기가 현실을 지배하는 권력 구조 안에서 '우리의 철학'과 '모두의 철학'이 은밀한 공생 관계를 맺고 있다는 것을 밝히려고 한다.

세계사적 진행 과정 속에서 '우리=인류'라는 등식을 내면화한 민족들에 '우리 밖의 타자'는 더 이상 존재하지 않거나 존재하더라도 의미 있는 타자로 의식되지 않는다. '우리'를 인류로 환원하는 모든 형태의 실천철학은 그것이 주체 중심적이든 타자 중심적이든 관계없이 근본적으로 '우리 밖의 타자'와 '우리 안의 타자'의 문제를 제거함으로써, 즉 '우리'를 은폐함으로써 나와 너 사이에 존재하는 갈등을 제대로 인식할 수 없다. 이런 맥락에서 나는 『우리 안의 타자』(2003, 철학과현실사)에서 자기 보존이라는 서양 정신의 본질적 패러다임 자체가 자기 부정과 자기 희생, 그리고 자기 체념을 은폐하고 있다는 것을 논의했다.

나르시스가 에코의 눈물을 배경으로 성장하듯이, 에코는 나르시스에 대한 연정으로 살아간다. 우리처럼 역사적으로 식민지를 경험한 국민과 전통적인 약소 국가의 국민은 '우리 밖의 타자' 속에서 자기 상실과 자기 부정을 강요당해 왔다. 타자를 자기화하려는 동일성 문화 앞에서 '우리 안의 자아'는 '우리'를 버리고 '타자의 우리'에 동화된, 즉 '우리 없는 자아'로 변모해야 한다. '우리'를 부정함으로써만 자아를 보존할 수 있기 때문이다. '우리 밖의 타자' 속에서 자기 상실의 지속은 결국 '우리 안의 자아'의 상실을 초래한다. 이처럼 우리를 상실했거나 상실할 위험을 느끼는 민족이나 집단은 자신들의 특수한 우리를 되찾거나 보존하는 데 관심을 집중하는 가운데 '우리 안의 타자'에 대한 민감성을 갖지 못한다. 상실된 우리를 찾거나 보존하기 위한 싸움은 흔히 성스러운 전쟁으로 표현되며, 우리 안에서 타자로 있기를 원하는 자는 이방인이 아니라 변절자로 폄하된다. 이런 방식으로 자기 상실을 경험한 자아는 결국 자신의 사물화를 통해 타자에 저항하면서 동시에 동화되는 가운데 '우리 안의 타자'를 부정한다. 따라서 '우리'를 강조하면서 '우리 안의 타자'를 부정하는 '우리의 철학'은 '모두의 철학'처럼 지배 이데올로기에 저항하기보다는 오히려 그것의 내면화를 은밀한 방식으로 정당화한다.

현대 사회는 나르시스의 꿈이 변형된 마조히즘뿐만 아니라 미메시스의 꿈이 좌절된 사디즘을 통해 표현되는 전면적 사물화를 극복해야 한다. 양방향의 사물화는 폭력을 동반한다는 점에서 차이가 없다. 이때의 폭력은 타자의 존재 자체를 부정하는 폭력이다. 나는 이러한 사회적 폭력에 대항할 수 있는 다층적 사회 비판의 이론으로 '우리 안의 타자 철학'을 제안하고 발전시켜 왔다. '우리 안의 타자 철학'은 '우리'를 떠나는 것이 아니라 '우리'라는 이름으로 동화되기를 강요하는 억압에 부단히 저항하고 '우리'의 부조리를 고발하면서 사회적 연대성의 원천인 '우리 안에서 타자'의 자리를 지키는 철학이다. 그렇지만 '우리 안의 타자 철학'은 '군자(君子) 화이부동(和而不同), 소인(小人) 동이불화(同而不和)'와는 근본적으로 다른 지향성을 갖는다. 무엇보다 '우리 안의 타자 철학'은 군자와 소인의 윤리적 구별에 동의하지 않는다. '우리 안의 타자 철학'은 무엇보다 상호 주관성으로의 패러다임 전환을 긍정하기에 반성적 처세술로 환원되지 않기 때문이다.

나는 우선 한국 사회가 직면하고 있는 에코의 비극을 산문의 형태로 기술한 다음, '위계 없는 차이'와 '구체적 자유'의 향연을 위한 미학적 담론을 진행할 것이다. 무엇보다 심미적 감수성이 도구적 이성의 독재와 익명적 도덕의 지배를 극복할 수 있는 규범성을 함축하고 있다고 생각하기 때문이다. 내가 생각하는 심미적 감수성은 차이에 대한 감수성을 가리키며, 특히 이성을 적대시하는 감성이나 몸 혹은 자연의 폭동이 아니라 이성과의 화해를 통한 감성의 해방을 지향한다.

나는 에코의 비극을 극복하기 위해 심미적 감수성과 함께 상호 주관적 소통에 기초한 실천철학적 담론을 진행할 것이다. 이 과정에서 나는 하버마스가 제안한 담론 이론을 비판적으로 수용하면서 다원주의 사회에서 시민자치의 규범적 모델에 관한 논의를 펼칠 것이다. 이 과정에서 나는 ① 사회 비판의 규범적 척도인 의사소통적 합리성을 이상화된 절차적 규범이 아니라 화해와 투쟁의 과정 속에서 확장되는 규범으로 정립할 것과 ② 상호 주관성으로의 패러다임 전환이 미적 차원의 자율성을 훼손해서는 안 된다는 입장을 견지할 것이다.

차이에 대한 예민한 감수성을 토대로 "자유의 최대화, 폭력의 최소화"를 지향하는 '우리 안의 타자 철학'은 '주체성의 철학'이나 '타자성의 철학'이 아니며, '우리의 철학'이나 '모두의 철학'도 아니다. 에코의 비극으로 상징되는 현대성의 한국적 전개 과정에서 등장하는 부조리 현상을 끝없이 부정하는 '우리 안의 타자 철학'은 현실과 현실을 구성하는 이데올로기를 비판하는 철학이라고 할 수 있다.

'우리 안의 타자 철학'이라는 이름으로 내가 제기하려는 이데올로기 비판은 곧 현실 비판이다. 무엇보다 나는 자유의 최대화가 곧바로 폭력의 최소화로 나아가지 않으며, 역으로 폭력의 최소화가 자유의 최대화를 불러오지 않는 현실에 주목할 것이다. 오히려 현대 사회에서 자유의 최대화가 폭력의 최대화로 왜곡될 수 있듯이, 폭력의 최소화가 자유의 최소화로 굴절될 수 있다는 것을 간과해서는 안 된다. 따라서 나는 이 책에서 자유가 폭력이고 폭력이 자유인 사회와 그 사회의 배경 지식체계인 이데올로기 비판과 함께 '자유의 최대화'와 '폭력의 최소화'를 동시에 성취할 수 있는 길을 찾고자 한다.

이 책에서 나는 우선 세계주의와 우리주의 속에 은폐된 경제제국주의와 도덕제국주의를 현재 한국 사회를 지배하는 핵심 이데올로기로 규정하고, 왜곡된 이데올로기와 대결할 수 있는 새로운 사회·정치 철학적 패러다임을 '우리 안의 타자 철학'이라는 이름으로 제안하려고 한다. 나는 '우리의 철학'과 '모두의 철학'이 갖는 일면성을 극복하고 '심미적 감수성'과 '상호 주관적 소통'을 사회 비판의 규범적 척도로 제시하려고 한다.

'우리 안의 타자 철학'은 '자기 상실'을 통해서만 '자기 보존'이 가능했던 역사적 경험과 연관된 한국 사회의 고유한 부조리 현상에 대한 분석 및 이를 비판하고 치유할 수 있는 철학적 대안을 찾으려는 관심에서 기획된 것이다. 나는 서양의 정신을 나르시스나 아폴론적인 것으로, 동양의 정신을 에코나 디오니소스적인 것으로 규정하는 것에 반대한다. 나는 나르시스적 정신과 에코의 정신이 서로 대립되는 면이 있지만, 진정한 '대화 능력'이 없는 독단적 주체성에 사로잡혀 있다는 측면에서는 차이가 없다고 본다. 나르시스적 홀로주체성이 타자를 사물화한다면, 에코의 따로주체성은 자기를 사물화한다. 나르시스가 자기만을 보고 있다면, 에코는 자신을 망각한 채 나르시스만을 바라본다. 이런 맥락에서 에코의 비극은 곧 우리의 비극이면서 현대의 비극이다.

현대인은 두 가지 형태의 자기 상실과 자유 상실의 고통을 앓고 있다. 첫째, 현대인은 사회가 합리화되고 주체성이 강화되면서 자연적 자기를 상실하고 몸의 소리를 듣지 못한다(1). 둘째, 현대인은 도구적 이성에 의한 관리체계가 강화되면서 이성적 자기를 상실하고 언어를 빼앗긴다(3). 내적·외적 자연을 파괴하는 주체성이 강화되면서 오히려 관리체계에 저항하는 주체의 자유와 자율은 약화된다. 따라서 현대인이 짊어진 고통인 자기 상실과 자유 상실은 ① '역사적 이성과 주체의 형성 과정'을 통해 극복될 수 없으며(2), 반대로 ② '이성과 주체를 해체하고 자연으로 귀환'함으로써 벗어 던질 수도 없다(4). ①은 역사의 발전과 퇴행의 동시성을 보지 못함으로써 '우리'나 '모두'의 시선 안에서 고통받는 타자에 대해 둔감하다. ②는 언어를 잃고 자연의 음악에 도취한 가운데 자연의 폭동에 동원되는 타자를 의식하지 못한다(5). 현대 사회에서 자기 상실과 자유 상실을 감당해야 할 '우리 안의 타자'는 끝없이 재생산되고 있지만 그들과 소통하기 위한 출구는 보이지 않는다(6). 그러니 출구를 찾는 논리체계를 서둘러 개발하는 것보다 우선 출구 없는 성(城)의 단면도를 그려 보는 것이 우선이다.

1. 자유로 향하는 출구 없는 성의 출구

'인간은 사람이면서 동물이고, 동물이면서 사람이다'라는 명제는 명백한 사실로 각인된 만큼이나 쉽게 망각된다. 특히 자연 지배를 자기 보존이 가능하기 위한 조건으로 인식하는 현대 사회에서 인간의 동물성에 대한 망각은 자연스레 자유의 상징이 되었다. 프란츠 카프카(Franz Kafka)는 인간을 동물화하거나 동물을 인간화하는 작품 구성을 통해 이러한 망각에 맞선다.[1]

> 동물이 우리에게는 인간보다 더욱 친숙하다. 동물과의 친숙한 관계 맺음이 인간과 친숙해지는 것보다 더 쉽다. 그래서 사람들은 지금 그토록 많이 동물에 대해 글을 쓴다. 이것은 자유롭고 자연스런 삶에 대한 동경의 표현이다.[2]

카프카가 동물을 주인공으로 등장시킨 것은 동물에 대한 친근감만이 아니라 인간의 동물성 망각에 대한 경고의 표현이다. 그에게 현대 사회

---

1 「변신」(Verwandlung)과 「시골에서의 결혼 준비」(Hochzeitsvorbereitungen auf dem Lande)에서처럼 카프카의 대부분의 작품에서 사람이 동물화된다면, 「학술원에의 보고」(Ein Bericht für eine Akademie)에서는 동물이 인간화된다.
2 Gustav Janouch, *Gespräche mit Kafka, Erinnerung und Aufzeichnung*, Frankfurt am Main: Suchkamp, 1981, p. 37.

는 자기 보존을 위해 철저하게 자기를 버려야 하는 체계이다. 기능적으로 구조화된 현대 사회의 체계는 이처럼 자기 보존과 자기 상실의 등가 교환의 법칙이 지배하며, 그곳에는 어떠한 예외도 없다. 인간은 그와 같이 구조화된 체계의 안팎에 갇혀 있다. 그것은 출구 없는 감금이고 입구 없는 배제이다. 생존, 곧 자기 보존을 위해 자연으로부터 스스로를 추방하는 과정, 곧 사회화와 문명화 과정에서 인간은 점점 더 출입구가 없는 성을 쌓으면서 그 안에서 가련한 안락을 추구한다. 「학술원에의 보고」에서 카프카는 원숭이의 고백을 통해 이처럼 어두운 현실을 고발한다.

「학술원에의 보고」에서 원숭이는 고향인 황금 해안(Goldküste)에서 물을 마시다 사냥 원정대의 총에 맞고 생포되어 증기선에 실린다. 자유로운 자연에서 강제로 이송되고 있는 원숭이는 처음으로 출구 없는 궤짝에 갇힌다. 총에 맞은 부상과 옴짝달싹할 수 없이 작은 궤짝에 갇힌 원숭이는 비상하리만치 작은 신음 소리만 낼 수 있었다. 절망적 상황 속에서 원숭이는 소리 죽여 흐느끼기, 고통스러운 벼룩 수색, 야자 하나를 지치도록 핥기, 머리로 궤짝 벽을 짓찧기, 누가 가까이 오면 혀 내밀기 등을 하면서 살아남지만, 자연으로 되돌아갈 수 있는 '출구가 없다'(Kein Ausweg)는 것을 깨닫는다.[3] 탈출은 죽음일 뿐이었다. 물론, 원숭이는 도망이 자신에게 언제든지 가능하리라고 믿고 있었다. 그러나 원숭이는 그렇게 하지 않았다.

저의 지금의 이빨로는 보통 하는 호두 깨물기에서조차 조심을 해야 합니다만 당시에는 아마 시간이 흐르면 문 자물쇠는 이빨로 깨물어 부술 수 있었음에 틀림없을 겁니다. 저는 그러지 않았습니다. 그래봐야 무슨 득이 있었겠어요? 머리를 밖으로 내밀자마자 사람들은 저를 다시 사로잡아 더욱 고약한 우리에 가두었을 테죠, 아니면 …… 갑판 위에까지

---

3 프란츠 카프카, 전영애 옮김, 「학술원에의 보고」, 『변신 · 시골의사』, 민음사, 1998, 109쪽 참조.

살짝 올라가 뱃전을 뛰어넘을 수 있었다고 하더라도, 그다음에는 잠깐 망망대해 위에서 흔들리다가 물에 빠져 죽었을 겁니다. 절망의 행위들 이지요.[4]

원숭이에게 자연으로 돌아갈 수 있는 출구는 어디에도 존재하지 않았다. 자연으로의 귀환이 아주 잠깐 동안 주어질 수는 있지만 그것은 죽음, 곧 끝을 의미할 뿐이다. 이제 원숭이는 자연으로 되돌아가는 출구가 아니라 출구 없는 궤짝 속에서 살아남을 수 있는 출구를 찾아야 한다는 것을 자각한다. 그것은 원숭이이길 그만두는 것이었다. 자연 속에서 자유로웠던 원숭이는 이제 철저하게 자기를 부정하는 자기 상실을 통해서만 자기 보존이 가능한 삶의 출구를 찾을 수 있게 된다. 출구는 인간 사회의 모방과 학습을 반복하는 것이었다. 원숭이에게 모방과 학습은 자유의 현혹이나 유혹 때문이 아니라 생존의 출구일 뿐이었다.

원숭이는 이제 사람처럼 침을 뱉고 악수하고 담배를 피우거나 술을 마신다. 모방 학습의 힘 때문에 원숭이는 동물원이 아니라 곡마단을 선택할 수 있게 된다. 공연을 할 수 있는 무대는 원숭이에게 하나의 출구였다. 그러나 원숭이는 이 출구로 가기 위해 회초리로 스스로를 감독하면서 모방 학습을 계속해야만 했다. 저항은 불가능했다. 저항은 곧 원숭이의 살을 짓찢었기 때문이다.[5] 이제 원숭이의 본성은 그에게서 둘둘 뭉쳐져 쏜살같이 빠져나가 버렸다. 원숭이는 이제 더 이상 원숭이가 아니라 유럽인의 평균치 교양에 도달한 원숭이-인간이 되었다.

부처와 예수는 신이면서 동시에 인간이다. 아니 그들은 신도 아니고 인간도 아니다. 그들은 신과 인간 사이의 존재이다. 엄밀히 말하면, 그들은 존재도 아니다. 그들은 사이에 거주하는 부정의 힘으로서의 자유이

---

4 프란츠 카프카, 「학술원에의 보고」, 112~13쪽. 명확한 의미 전달을 위해 원문을 기초로 번역본을 약간 수정했다.
5 "사람들은 채찍으로 자신을 감독합니다. 약간의 저항이라도 있으면 살을 찢을 정도로 자신을 괴롭힙니다." 프란츠 카프카, 「학술원에의 보고」, 117쪽.

다. 사이에 거주하는 부처와 예수는 신에게 신 자체로, 다시 말해 신 홀로 신일 수 없다는 불가능성을 폭로한다. 그들은 인간 역시 홀로 인간일 수 없다는 것을 자각하도록 종용한다. 그들은 어쩌면 타자성을 가진 온전한 타자를 자기 안에 받아들이는 사이에 거주하는 동안에만 자유롭다는 것을 전시하는 몸이고 혼이다.

마찬가지로 카프카의 원숭이 역시 인간이면서 동물이고, 인간도 아니면서도 동물도 아니다. 원숭이는 인간이 자연의 동물로 되돌아갈 수 없지만 여전히 자연의 동물일 수밖에 없다고 말한다. 거꾸로 원숭이는 자연의 동물로는 인간의 문화에서는 생존할 수 없다는 것을 폭로한다.

원숭이에게 자유는 자연으로 돌아가는 것이다. 그러나 그것은 불가능한 세계이다. 그 때문에 원숭이는 자유 혹은 자연이라는 위대한 세계를 향한 지향성을 스스로 제거한다. "아닙니다, 나는 자유를 원하지 않았습니다. 출구를 원할 뿐입니다. 오른쪽이든 왼쪽이든 어느 쪽이든."⁶ 원숭이는 자기 상실이라는 출구를 통해 겨우 몇 가지 선택권을 갖는 길로 슬쩍 달아난다. 원숭이는 원숭이이자 사람이었으며, 원숭이도 아니고 사람도 아니었다. 망각할 수 없는 이 사실 앞에서 카프카의 작품은 문을 여닫는다. 카프카는 결코 위대한 출구를 말하지 않는다. 그는 바깥으로 빠져나갈 출구가 없는 거대한 성 안에서 이쪽저쪽을 들락거릴 수 있는 작은 출구와 그것을 얻기 위해 자기 상실을 감내할 수밖에 없는 절망적인 상태에 대해 보고하고 있을 뿐이다. 카프카는 자연이라는 거대한 출구, 자기 상실의 고통을 단번에 극복할 수 있는 자유라는 거대한 출구를 말하지 않는다. 카프카는 자연으로의 귀환이 절망 속의 희망이 아니라 절망의 끝이라는 것, 잠깐의 마취 상태일 뿐이라는 것, 따라서 자연이라는 거대한 출구는 무책임한 자유주의자들의 미혹이고 현혹일 뿐이라는 것을 말한다.

---

6 프란츠 카프카, 「학술원에의 보고」, 111쪽.

2. 자유를 빼앗긴 고통 속의 숨어 있는 뜻

카프카에 따르면, 출구가 없는 절망적 상황에서 모든 사람은 저마다 등짐을 지고 가야 한다. 자연의 벌판을 걸어 나오며 져야 했던 등짐의 고통에서 벗어난다는 것은 불가능하다. 한때 사람들은 자연으로 돌아가려는 꿈을 가지고 있었다. 대지의 숨결이 파도치는 근원적인 진리에 대한 형이상학적 추구, 깊숙한 내면에 숨겨진 위대한 인간성의 순수한 열정, 나와 우리의 갖가지 울타리를 훌쩍 뛰어넘는 영웅적인 실천 같은 거대한 힘들이 꿈틀대던 시대가 있었다. 그러나 대지에서 추방된 원숭이-인간은 결코 자연으로 되돌아갈 수 없을 만큼 문명화되었다. 한 번의 위대한 몸짓으로 등에서 짐을 내려놓는 것은 불가능하다. 사람들은 이제 자기의 짐을 남에게 떠넘기는 방법에 골몰하게 된다. 자연 대지의 기억을 간직하고 있던 시대는 가고, 도구적 합리성의 이름으로 남에게 고통의 등짐을 떠넘기려는 사람들의 '잉크로 얼룩진 세기'가 시작된 것이다.[7] 사람들은 도구적 합리성을 대변하는 잉크의 힘으로 이름과 언어를 빼앗은 사물과 사람에게 자기의 짐을 떠넘기는 전쟁을 벌인다. 전쟁에서 패자가 생존하는 방식은 카프카의 원숭이-인간이 그랬던 것처럼 자기 상실을 감내하면서 타인의 짐을 떠맡는 것이다.

점점 무거워지는 등짐의 고통 앞에서 철학과 문학, 그리고 예술은 저마다 고통의 뿌리를 찾아내는 진단과 그 뿌리를 제거하는 치료제를 만들어 낸다. 고통은 분명 벗어나야 할 악(惡)이다. 그런데 기독교의 세속화로부터 벗어나지 못한 서양 철학은 '고통에 뜻이 있다'라는 명제를 은연중에 정당화한다. 예를 들어 칸트는 그의 고유한 개념인 '반사회적 사회성'에서 '반사회성', 다른 말로 표현하면 이기적인 도구적 합리성이 악의 근원이자 고통의 출발이라고 말하면서 동시에 거기에서 역사 발전의 동력을 찾는다. 정언명법을 통해 알 수 있는 칸트의 도덕철학적 관점

---

7 김수용, 『예술의 자율성과 부정의 미학』, 연세대학교출판부, 1998, 16쪽.

에서 볼 때, 반사회성은 자기 준칙을 보편화하지 않고 홀로 은밀하게 예외가 됨으로써 자기 짐을 다른 사람에게 떠넘기는 것이다. 반사회성으로부터 불평등과 전쟁이 생겨난다. 그 때문에 반사회성은 악이고 고통이지만, 동시에 자유의 진보가 가능하기 위한 조건이다. 인간의 작품인 자유의 역사는 이처럼 악과 그것이 주는 고통에서 시작되지만, 바로 그것을 통해 발전한다.[8]

> 자연이 인간들의 모든 소질을 계발시키기 위해 사용하는 수단은, …… 사회 속에서의 인간들 상호 간의 항쟁(Antagonism)이다. 내가 여기에서 말하고 있는 항쟁은 인간의 **반사회적 사회성**(ungesellige Geselligkeit)을 의미한다. …… 그 자체로서는 사랑할 만한 속성이 아니긴 하지만 모든 사람들이 자신의 이기적인 자만에서 반드시 마주치게 되는 저항을 산출하는 그와 같은 반사회성이 없다면, 인간의 모든 재능들은 완전한 조화로움과 만족감 및 서로서로 사랑하는 목가적인 삶 속에서 영원히 꽃피우지 못하고 묻혀 버리고 말 것이다.[9]

자연은 곧 신의 섭리이자 뜻의 대변자이다. 칸트에 따르면, 자연은 우리에게 반사회성이라는 짐 떠넘기기 전략을 구사하는 도구적 이성을 부여했다. 이처럼 자연이 인간에게 고통의 씨앗을 부여한 것은 용기를 가지고 고통을 벗어나도록 하기 위함이다. 이것은 자연이 고통에 부여한 뜻이다. '고난의 섭리' 혹은 '고통의 뜻'은 고통을 운명으로 받아들이지 않고 넘어서는 용기를 의미한다. 용기는 저항이고 항쟁이다.[10] 그렇다면 누가 그와 같은 용기를 가질 수 있는가? 카프카는 자기 상실을 통해서만 자기 보존이 가능한 원숭이-인간, 곧 자기 짐에다 남의 짐까지 지고 가

---

8   임마누엘 칸트, 이한구 편역, 『칸트의 역사철학』, 서광사, 1992, 84쪽 이하 참조.
9   임마누엘 칸트, 『칸트의 역사철학』, 29~30쪽.
10   임마누엘 칸트, 『칸트의 역사철학』, 91쪽 이하 참조.

야 하는 사람들에게 용기를 요구하지 않는다. 그는 현대 사회에서 원숭이-인간 안에 있는 원숭이, 다시 말해 인간 안에 있는 자연에 대한 문명의 자기 보존 패러다임이 가하는 폭력이 저항을 상상할 수 없을 만큼 구조적·체계적이라고 생각했기 때문이다. 반면에 칸트는 용기에 관해 역설하면서도 그것의 주체에 대해서는 말하지 않는다. 칸트 철학에는 인간의 자연성에 대한 문화적 이성의 폭력 가능성에 대한 사유가 없고, 나아가 짐을 떠넘기는 사람과 떠맡는 사람의 구별에 대한 고민이 없었기 때문이다.

용기를 가져야 할 사람은 분명 강제로 남의 짐을 떠맡는 사람이다. 그러나 철저하게 자기를 상실한 사람이 어디서 용기를 가질 수 있는가? 잘 알려진 것처럼 헤겔은 『정신현상학』에서 철저한 자기 상실의 고통을 겪는 노예가 죽음의 공포 앞에서 목숨을 건 투쟁을 통해 보편적 자기의식을 갖게 되는 과정을 사고(思考) 실험을 통해 서술한다. 인정투쟁에서 패배한 노예는 자기 상실을 통해서만 자기 보존을 할 수 있는 원숭이-인간과 같은 처지에 놓인다. 그런데 노예는 노동 과정에서 대상과 직접 소통함으로서 보편적 의식을 갖게 되며, 이를 통해 주인과 노예의 관계가 청산된 자유 세상을 지향한다는 것이다. 여기서 노예가 인정투쟁을 통해 도달한 '우리'의 의식은 곧바로 '모두'의 의식이 된다. 왜냐하면 인정투쟁을 승리로 이끈 노예는 주인과 노예의 억압적 관계가 없는 세계를 지향하기 때문이다.[11] 이처럼 헤겔은 칸트처럼 고통에서 자유의 확장이라는 뜻을 발견한다. 나아가 칸트가 생각하지 못한 고통의 계급성을 밝힌다. 이런 관점은 카를 마르크스(Karl Marx)의 철학에서도 유지된다. 마르크스는 해방의 가능성을 노동자 계급의 형성에서 찾는다.

〔노동자는〕 **철저하게 속박되어 있는** 계급으로 시민사회의 계급이면

---

11 G. W. F. Hegel, *Phänomenologie des Geistes*, in: *Werke* in zwanzig Wänden 3, Frankfurt am Main: Suhrkamp, 1986, p. 145 참조.

서도 시민사회의 어떤 계급도 아닌 계급이며, 모든 신분의 해체를 추구하는 신분이면서 자신의 보편적인 고통을 통해 하나의 보편적인 특성을 지니고 있는 바, 어떤 종류의 특수한 권리도 요구하지 않는다. 왜냐하면 어떤 **특수한 불의**(kein besonderes Unrecht)가 아니라 **불의 그 자체**(das Unrecht schlechthin)가 이 계급에 가해지기 때문이다. …… 한마디로 인간의 완전한 상실로 특징지어지는 이와 같은 상태는 오직 인간의 완전한 회복을 통해서만 치유될 수 있다.[12]

마르크스는 완전한 자기 상실을 강요당한 노동자가 역사적 보편성을 실현하는 주체라는 관점을 대변한다. '고통에 뜻이 있다'라는 생각은 이처럼 '고통받는 사람은 정의롭다'는 관념으로 발전한다. 이것이 관념일 수밖에 없는 이유는 자기 상실의 고통을 받은 사람들이 비록 용기를 가지고 자신들이 겪는 고통의 청산을 위해 저항할 수 있다고 할지라도, 그로부터 그들의 용기가 노예와 주인, 노동과 자본의 억압적 관계의 청산을 지향하지는 않기 때문이다. 역사적인 경험에 비추어 볼 때, 노예나 노동자처럼 남의 짐을 떠맡은 사람들의 저항은 잘못된 관계의 청산으로 발전하기도 했지만 동시에 단지 관계를 역전시키는 방향으로 왜곡되기도 한다.

헤겔의 노예와 마르크스의 노동자는 다른 노예나 노동자와의 상호 연대적 관계 맺음, 노동 대상(외적 자연)과의 관계 맺음, 그리고 자신들의 주관적 내면 세계(내적 자연)와의 관계 맺음을 통해 주인과 노예, 자본과 노동의 억압적 관계를 청산하는 주체이다. 헤겔에 따르면, "관계의 진리는 매개 속에 있다".[13] 보다 엄밀한 의미에서 모든 관계는 다른 관계를 매개로 맺어진다.[14] 그런데 마르크스와 그의 관점을 고수하는 철학자

---

12 Karl Marx, *Einleitung: Zur Kritik der Hegelschen Rechtsphilosophie*, MEGA I · 2, Berlin: Dietz, 1982, pp. 181~82.

13 G. W. F. Hegel, *Wissenschaft der Logik I*, in: *Werke* in zwanzig Wänden 5, Frankfurt am Main: Suhrkamp, 1986, p. 180.

들은 상품 관계를 자본주의 사회에서 다른 모든 관계를 매개하는 관계로 규정한다. "상품 관계는 **인간의 의식 전체**에 자신의 구조를 눌러 찍는다."[15] 이처럼 상품 관계가 사람과 사람, 사람과 객관 세계, 사람과 그의 주관 세계의 관계를 매개할 경우에 모든 관계는 사고파는 물건의 관계, 곧 사물의 논리로 왜곡된다는 것이다. 이처럼 사물화를 통해 철저한 자기 상실의 고통을 겪어야 하는 노예와 노동자는 고통의 근원인 억압적 관계를 청산하기보다 스스로가 주인이나 자본가가 되는 관계 역전을 지향하는 경우가 많을 수밖에 없다.

프란츠 파농(Frantz Fanon)이 밝히고 있는 것처럼 실제로 흑인 노예는 세계와 다른 사람들과의 새로운 관계 맺음보다는 자신이 주인이 되는 관계를 꿈꾼다.[16] 한때 노예와 노동자는 함께 저항하고 투쟁하는 과정에서 온전한 사람으로 인정을 받았다. 그러나 파농에 따르면, 어느 날 아무런 갈등이나 투쟁도 없이 백인 주인으로부터 동등한 인간으로 인정받은 흑인 노예는 백인으로 변태하는 과정을 통해 스스로 백색 가면을 쓴 주인 행세를 한다. 그들은 카프카의 원숭이가 인간의 타자로서 자기, 곧 타자성을 가진 타자로 남기를 포기하고 원숭이-인간이 되듯이 백인이 되고 주인이 된다. 아니 그렇게 되기를 원한다. 그렇다면 현대인들은 카프카의 원숭이-인간이 생존을 위해 자기를 포기하고 인간을 모방하는 가운데 어느덧 사람들로부터 교양인으로 인정받는 처지에 있는가, 아니면 헤겔의 노예나 마르크스의 노동자처럼 보편적 자기의식을 획득하고 새로운 관계 맺음을 위해 투쟁하고 있는가?

칸트와 헤겔, 마르크스의 철학에서처럼 고통의 뿌리에서 자유는 자연스럽게 솟구치지 않는다. 고통의 청산은 그것의 뿌리를 제거하고 새로운

---

14 박구용, 「헤겔 미학의 체계와 현재성」, 『민주주의와 인권』 8(2), 5·18연구소, 2008, 316쪽 참조.

15 Georg Lukács, *Geschichte und Klassenbewußtsein,* Frankfurt am Main: Suhrkamp, 1968, p. 275.

16 프란츠 파농, 이석호 옮김, 『검은 피부, 하얀 가면』, 인간사랑, 1995, 272쪽 이하 참조.

관계 맺음을 위해 만나서 소통하고 연대하는 사람들의 저항을 통해 가능하다. 물론, 이들의 철학에도 만남, 소통, 연대, 저항은 고통을 넘어서는 용기로서 중요한 역할을 가지고 있다. 그럼에도 불구하고 '고통에 뜻이 있다'라는 관념 때문에 이들은 이론적 낙관주의에 빠진다. 칸트는 자연의 섭리론으로, 헤겔은 주인과 노예의 변증법으로, 마르크스는 정치경제학적 위기 이론을 통해 고통의 뿌리가 반드시 제거될 수 있다고 확신한다. 그러나 이런 방식으로 정당화된 이론적 낙관주의는 지나치게 큰 증명 부담을 떠안을 수밖에 없다. 더구나 헤겔과 마르크스의 낙관주의는 그들이 예상하지 못했던 자본주의 사회의 자기 수정 능력과 통합력 때문에 부침(浮沈)이 많다. '고통=뜻'이라는 등식에서 출발하는 모든 형태의 이론적 낙관주의는 이처럼 그것의 객관적 역사철학 때문에 출구 없는 성에 감금된 사람들에 대한 감수성을 상실한다. 고통을 통해 자유와 해방의 역사가 관철될 것이라는 전망은 실제로 발전의 논리에 갇혀 퇴행의 역사를 보지 못한다.[17]

칸트와 헤겔, 마르크스의 철학에서 고통은 '짐 떠넘기기'에 뿌리를 두고 있다. 특히 헤겔과 마르크스는 '짐 떠넘기기'를 사회철학적·정치철학적 관점에서 분석한다. 이들은 무엇보다 주인과 자본가가 노예와 노동자에게 짐을 떠넘기는 과정과 그것의 지양 과정을 변증법적 역사철학을 통해 서술한다. 이들은 그 밖의 다른 형태의 갖가지 짐 떠넘기기를 생산 관계에서의 인정투쟁의 틀로 소급해 풀이한다. 그 때문에 헤겔과 마르크스에게 노예와 노동자가 형성하는 '우리'는 특수한 '우리'가 아니고 보편성을 획득한 '우리', 곧 '모두'를 의미한다. 자기 부정의 변증법적 과정을 통해 형성된 이들의 철학은 '우리'를 '모두'와 동일시하는 '모두의 철학'을 가지고 고통에서 뜻을 찾아낸다.[18] 그 때문에 '모두의 철학'

---

17 "끊임없는 진보가 내리는 저주는 끊임없는 퇴행이다." 테오도르 아도르노·막스 호르크하이머, 김유동 옮김, 『계몽의 변증법』, 문학과지성사, 2001, 70쪽.

18 이들은 한편으로 도덕철학의 관점에서는 고통을 악으로 규정하면서도 역사철학적 맥락에서는 고통이 진보를 지시하는 뜻을 함축하고 있다고 생각한다. 특히 헤겔과 마르

은 특수한 '우리'와 '우리'의 관계에서 자기 상실의 고통을 다루지 않는다. '모두'가 될 수 없는 '우리'는 역사를 이끌어 가는 주체가 될 수 없는 변방의 사소한 관점으로 축소된다. 주인과 노예, 자본가와 노동자의 인정투쟁과 계급투쟁은 있지만, 식민지와 제3세계가 경험하는 자기 상실, 그리고 최근의 현상이라고 할 수 있는 제1세계 내부에서의 제3세계의 등장과 같은 문제는 시야에 들어오지 않는다. 세계주의가 범람하는 시대에 여기저기서 폭발적으로 증식하고 있는 분할의 경계와 분리의 장벽이 만들어 내는 고통을 감지할 수 없는 것이다. 특수한 맥락 속에서 형성된 '우리'와 '우리'의 억압적 관계에서 고통을 해석하는 것은 억압당한 '우리'에서 태어난 사람들의 몫이 된다.

자기 상실을 통해서만 자기 보존이 가능한 '우리'는 집단의 정체성에 대한 사유를 즐기지 않는다. 그것 자체가 또 다른 고통이기 때문이다. 그래도 어디선가 희망을 찾으려는 사람은 정체성을 재구성하는 일에 몰두할 수밖에 없다. 함석헌(咸錫憲)은 한국 사람이 착하고[仁] 평화를 사랑하며 용기가 있지만 생각하는 힘이 부족해 시, 철학, 종교를 갖지 못했으며, 결국 자존과 자유를 상실한 민족이라고 평가한다.[19] 생각하는 힘이 강한 민족은 자기 성찰을 게을리하지 않는다. 자기를 파고드는 생각은 자존의 뿌리이다.[20] 한민족은 자존을 상실하면서 자유도 상실했다. 생각하는 힘을 상실했기 때문에 결국 자기를 상실하는 고난의 짐을 지게 되었다는 것이다. 그러나 함석헌은 여기서 절망의 노래만 부를 수는 없었다. 그 때문에 함석헌은 한민족이 겪는 고난이 생각하는 힘을 상실한 민족의 병을 고쳐 주기 위한 하나님의 뜻에서 비롯되었다고 믿는다.

크스의 철학에서는 역사가 도덕의 범주를 압도함으로써 고통은 발전의 불가피한 동력으로 등장한다. 이에 대해서는 위르겐 하버마스, 장춘익 옮김, 『의사소통행위이론 1』, 나남출판, 2006, 523쪽 이하 참조.

19 함석헌, 『뜻으로 본 한국역사』, 한길사, 2007, 115쪽 이하 참조.
20 "천하를 갖고도 내 나라는 못 바꾸며 우주를 가지고도 내 인격은 누를 수 없다고 생각하여야 자존이다." 함석헌, 『뜻으로 본 한국역사』, 128쪽.

고난은 인생을 심화한다. 고난은 역사를 정화한다. …… 더럽던 압박
과 싸움의 역사도 눈물을 통하여 볼 때에는 선으로 가는 힘씀 아닌 것이
없다. …… 우리의 맡은 역사적 사명을 다하기 위하여 고난의 초달(楚
撻)을 견뎌야 한다.[21]

　함석헌은 한민족의 고통에 담긴 뜻을 보편화한다. 그에 따르면, 인류
의 역사는 고난의 역사이며, 우리는 고생하러 이 세상에 태어났다. 보다
근본적으로 고통받는 민족이 결국은 세계에 하나님의 뜻을 실현하는 소
임을 다하는 것이다. 한민족의 고통은 비록 생각의 힘을 상실한 잘못에
서 비롯된 것이지만, 동시에 그 병을 고치는 과정에서 자신의 뜻을 실현
하려는 하나님의 의지였다는 것이다. 그러므로 고통을 견디면서 생각의
힘을 키워 극복하는 ‘우리’는 ‘모두’를 바른 길로 이끌어 가는 뜻을 실현
하게 된다는 것이다. 결국 자기 상실의 고통을 통해 자기 보존을 하고 있
는 ‘우리’가 자존과 자유를 세움으로써 모두의 뜻을 바로 세울 수 있다
는 것이다. 이런 맥락에서 보면 자기 상실은 나뿐만 아니라 나와 너, 그
리고 우리와 모두가 나아가야 할 새로운 역사를 위한 뜻을 함축하고 있
는 것이다. 함석헌은 한민족의 고통이 이제 세계 역사를 폭력과 미움으
로 하는 싸움에서 도덕적 싸움의 역사로 바꾸는 출발이 될 것이라고 믿
는다. 이런 관점에서 볼 때, 강대국의 민족은 홀로 이 세상의 주인이 되
려는 과거의 싸움에 얽매이겠지만, 자기 상실의 고난을 경험한 한민족은
서로가 함께 세상의 주인이 되려는 새로운 싸움을 이끌어 갈 것이다.

　새 전쟁이 우리를 부른다. 영웅들이 싸우는 쟁탈의 전쟁이 아니요, 진
리의 전쟁이다. 그 부름에 대하여 일어나는 것은 총검이 아니요, 참의
정(情)·의(意)다. …… 이것은 세계의 하수구요, 공창(公娼)인 우리만이
할 수 있는 일이다. 하지 않으면 안 되는 일이다. …… 지난날에도 새 역

21　함석헌, 『뜻으로 본 한국역사』, 130쪽.

사의 싹은 언제나 쓰레기통에서 나왔지만 이제 오는 역사에서는 더구나도 그렇다.[22]

함석헌에 따르면, 한민족의 고통은 강대국이 자신들의 짐을 우리에게 떠넘긴 결과이다. 그들은 우리에게 고통의 짐을 떠넘긴 채무자이기 때문에 채권-채무의 주종 관계를 청산할 권리가 없다. 헤겔과 마르크스의 철학에서 노예와 노동자가 억압적 관계를 청산할 주체였던 것처럼 이제 한민족이 민족과 민족, 국가와 국가 사이의 억압적 관계를 청산할 수 있는 도덕적 주체로 승격된다. 이제 다른 어떤 곳이 아니라 바로 고난의 땅 한국에서 "새 시대를 낳으려는 세계의 산통 소리가 점점 높아간다".[23] 고통의 짐을 떠넘기는 '우리'가 아니라 짐을 떠맡은 '우리'가 미래의 '모두'가 된다.

유사한 맥락에서 월북 철학자 윤노빈(尹老彬)은 '남의 슬픔을 대신하는 직업적 읍녀(泣女, Klagefrau)'처럼 슬픔과 고민에 휩싸인 '식후 철학'(philosophia post mensam)이 아니라 민중과 민족이 겪는 큰 고통에서 출발하는 철학을 제안한다.[24] 윤노빈이 지향하는 "한국 철학은 모든 생물이 소개된 진공 상태, 또는 국제정치의 우주 곡예사들이 비밀 캡슐 속에서 체험하는 무중력 상태, 또는 아무런 소유도 없는 땅(Niemandsland)에서 성립하지 않는다".[25] 윤노빈에 따르면, 모든 고통의 뿌리는 쪼갬에서 비롯된다. 따라서 그가 말하는 진정한 한국 철학은 쪼갬(dia-bllein), 곧 단절과 분할, 분단에서 비롯된 차마 말로 할 수 없는 고통을 겪고 있는 현실을 받아쓰기해야 한다.

윤노빈은 쪼개는 집단과 쪼개지는 집단을 구별한다. 쪼개는 집단이 쾌락의 진보를 즐겼다면, 쪼개진 집단은 고통의 진보를 견뎌야 했다. 쪼개

22 함석헌, 『뜻으로 본 한국역사』, 481~83쪽.
23 함석헌, 『뜻으로 본 한국역사』, 485쪽.
24 윤노빈, 『新生哲學』, 학민사, 1989, 65쪽 이하 참조.
25 윤노빈, 『新生哲學』, 73쪽.

는 집단이 자신의 짐을 떠넘김으로써 가벼운 향락을 누린다면, 쪼개진 집단은 남의 짐을 지고 가야 하는 짐꾼이 된다. 그에 따르면, 한민족은 분단을 통해 세계의 모든 고통의 짐을 떠안고 있다.

세계사의 무대에서 심부름꾼, 사역병의 노릇을 떠맡은 민족들이 있다. 고통 이동의 해일이 한 골짜기로 집중되게 되면 그 골짜기의 주민은 모든 고통들을 송두리째 뒤집어 쓴다. 국제적인 고통 보따리의 전가에 희생되는 민족들이 바로 그들이다. '국제적 사역병'의 격무를 수행하는 민족들 가운데서도 가장 힘든 일을 떠맡고 있는 민족이 바로 여기에 있다. 배달민족이다. '배달민족'이 세계적 고통을 송두리째 뒤집어 쓴 '배달(倍達)민족' 신세가 되었다.[26]

함석헌과 마찬가지로 윤노빈은 한국이 세계의 모든 더러운 짐을 떠안고 있는 쓰레기통이라고 말한다. 더구나 한국전쟁은 미국과 일본뿐만 아니라 대서양과 태평양에 둘러싸인 모든 나라를 살찌웠다. 반면에 윤노빈은 함석헌과 달리, '고통에 뜻이 있다'라는 생각과는 거리를 둔다. 함석헌은 한민족의 고통이 생각하는 힘을 잃어버린 것에 대한 벌이면서 새로운 미래를 이끌어 가라는 신의 뜻이라는 고통의 변신론을 주장한다. 그러나 윤노빈에 따르면, 고통은 신이 내린 벌이 아니라 악마가 떠넘긴 짐일 뿐이다. 현실은 죄와 벌의 정의가 실현된 세상이 아니다. 따라서 윤노빈은 고통을 미화하거나 찬양하는 것 혹은 그것을 숙명적으로 받아들이는 시도에 반대하면서 신이 아니라 남, 곧 사람의 탈을 쓴 악마가 씌워준 억울한 고통의 짐을 벗어던지기 위해 쪼갬과 분단에 저항해야 한다고 주장한다. 따라서 "한민족의 통일은 한민족이 짊어진 고통의 짐을 벗어버리는 유일한 방법이다".[27] 민족 통일은 곧 참 생명의 길이며, 한울님

---

26 윤노빈, 『新生哲學』, 85쪽.
27 윤노빈, 『新生哲學』, 98쪽.

의 길인 것이다.

윤노빈이 말하는 한울은 '우리', 곧 살아 있는 생명의 통일체를 가리킨다.[28] 윤노빈은 '우리'의 고통에서 출발해 '우리'가 함께하는 한울의 세계를 꿈꾼다. 그는 한울의 '우리'를 위해 강제로 쪼개진 우리가 분단의 감옥 바깥으로 탈출(Exodos)할 것, 다시 말해 우리의 바깥으로 나아갈 것을 주문한다. 안이 아래가 아니듯이, 바깥은 위가 아니다. '우리'의 위아래가 아니라 '우리'의 바깥으로 나아가 한울의 '우리'를 만들어야 한다. 이처럼 윤노빈은 '우리'에서 출발해 '우리'에로 끝없이 나아갈 뿐, '우리'에서 '모두'로 직진하지는 않는다. 물론, 그가 '모두'의 가능성을 전면적으로 부정하는 것은 아니다. 그러나 그는 자기 상실 때문에 고통받는 '우리'의 안이 아니라 바깥에서 끝없이 새롭게 생성하는 '우리'에 대해서만 말한다. 고통에서 '모두'의 뜻을 찾지 않는 그는 나와 우리의 바깥, 곧 '우리'와 '우리'의 사이에 거주하는 '이웃'에서 하늘을 본다.[29] 천국은 바깥에 있다.

윤노빈은 '우리의 철학'과 '모두의 철학'의 경계에 머문다. 그는 고통의 뜻을 관념적으로 미화하거나 역사철학적으로 정당화하지 않는다. 또한 그는 '우리'의 고통을 '모두'의 고통으로 환원하지도 않으며, '우리'의 고통에서 '모두'의 희망으로 직진하지도 않는다. 그는 쪼개진 '우리'의 바깥에서 통일된 '우리'를 만들고, 다시 통일된 '우리'의 바깥으로 나아가 이웃과 한울 세계를 만들 것을 주문한다. 따라서 '우리'는 '있는 것', 존재하는 것이 아니라 '살아가는 것', 생성하는 것이다. 그러나 윤노빈이 꿈꾸었던 '우리'는 생성되지 않았으며, 북한으로 간 그의 생사도 알 길이 없다. 더구나 그가 그곳으로 간 이유는 더더욱 알(이해) 수 없다. '모두' 안으로 '우리'를 끌어들이는 '모두의 철학', '우리' 안에서 '모두'의 보편성을 찾은 '우리의 철학'과 달리. '우리'의 바깥에서 '우리'를

---

28 윤노빈, 『新生哲學』, 235쪽 참조.
29 윤노빈, 『新生哲學』, 241쪽 참조.

찾은 '우리의 철학'은 '모두'의 세계, 존재하는 '모두'가 아니라 살아가는 '모두'에 대해 지나치게 무관심했던 것이다. 그러나 더 큰 문제는 '우리의 철학'이 분리와 분단에 대한 저항과 승리를 분리와 분단이 부재한 '우리'의 탄생인 것처럼 생각하는 형식 논리에서 벗어나지 못한 구상이라는 점이다. '우리'를 분리·분단과 이항 대립시키는 '우리의 철학'의 구도는 '우리 밖의 타자'에만 주목할 뿐 '우리'를 형성하는 주체인 '우리 안의 타자'를 밝힐 수가 없다.[30] 발전 속의 퇴행에 무관심하기 때문이다.

3. 자아 상실로 자기를 찾는 에코의 비극

자기 상실의 고통은 고향인 자연을 떠나온 모든 문명 세계의 거부할 수 없는 실존적 운명일 수 있다. 더구나 자아 혹은 주체가 존재하는 것이 아니라 생성하는 것이라면 자기 상실은 성장통일 수 있으며, 특수한 병리 현상이 아니라 보편적인 삶의 과정일 수 있다. 그러나 사회화 과정 속에서 발생하는 불가피한 자기 상실이 아니라 특수한 사회적 체계와 관계 속에서 배제되고 감금됨으로써 자신의 언어를 빼앗긴 자기 상실은 정당화될 수 없는 고통이다. 그런데 전통 사회에서 이 같은 자기 상실은 전쟁이나 분쟁에서 패자들만이 짊어져야 하는 고통이었다. 개인과 개인, 집단과 집단 사이의 주종 관계에서 한쪽만이 부담해야 하는 자기 상실은 생존을 위한 불가피한 전략이다. 그런데 이 경우에 흔들리지 않는 사회 통합력이 있기 때문에 주인뿐만 아니라 노예조차도 정체성 혼란을

---

30 나는 '모두의 철학'이나 '우리의 철학'과 구별되는 '우리 안의 타자' 철학을 제안했으며, 나아가 '우리 안의 타자'가 한국의 근·현대사에서 상호 주체성의 패러다임을 형성했다는 것을 밝혔다. 이에 대해서는 박구용, 『우리 안의 타자』, 철학과현실사, 2003; 박구용, 「'우리의 철학'과 '모두의 철학' 그리고 '우리 안의 타자' 철학」, 참여사회연구소, 『시민과 세계』 7, 2005; 박구용, 「서로주체의 형성사로서 동학농민전쟁과 5·18광주민중항쟁」, 『민주주의와 인권』 7(2), 5·18연구소, 2007 참조.

크게 겪지 않으며, 따라서 자기 상실은 일시적이거나 특수한 문제로 간주된다. 전통 사회에서는 개인이 추구해야 할 삶의 의미와 목적이 스스로 결정하기보다 이미 결정되어 있는 경우가 많았기 때문이다.

그러나 각자가 자기의 정체성을 만들어 가야 하는 현대 사회에서 자기 상실은 항구적이면서 보편적인 문제가 되었다. 현대 사회에서 정신병은 히스테리나 공포보다 자기 상실에서 비롯된 경우가 많아지고 있다.[31] 현대인은 스스로 삶의 의미와 목적을 만들면서 자기 정체성을 형성해야 한다. 그렇지 못한 개인이나 집단은 삶의 지향성과 자기 존중감을 잃게 된다. 이 경우에 지그문트 프로이트(Sigmund Freud)가 주장하는 억압과 승화의 역설적 관계는 무의미한 것이 된다. 19세기에 이드(id)와 초자아(superego) 사이에서 매개자 역할을 수행했던 자아(ego)의 상대적 자율성이 21세기에는 송두리째 흔들리고 있기 때문이다. 현대 사회, 초국적 자본이라는 초자아의 현실태가 등장한 사회, 특히 한국처럼 자기 상실을 통해 자기 보존을 할 수밖에 없었던 역사적 경험을 가진 나라에서는 '자율적이고 매개적인 종합의 집행자'인 자기는 설 자리를 잃는다. 이처럼 승화를 통해 억압을 극복할 수 있는 자율성을 상실한 자기는 탈승화되어 무의식으로 퇴행한다.

슬라보예 지젝(Slavoj Žižek)에 따르면, 무의식으로 자아가 퇴행한 시대, 곧 철저한 자기 상실의 시대에 이드는 초자아로부터 자유로워진 것이 아니라 오히려 보다 철저하게 초자아의 직접적 통제를 받는다. 그러나 억압적 승화의 시대에 초자아가 '참아라!'라는 명령을 내리는 전승된 문화적 규범이나 제도였다면, 탈승화의 시대에 초자아는 다양한 매체를 통해 '즐겨라!'라고 속삭이는 초국적 자본이다.[32] "사회적 억압의 집행

---

31 Charles Taylor, *Quellen des Selbst: Die Entstehung der neuzeitlichen Identität*, Frankfurt am Main: Suhrkamp, 1994, p. 43 참조.

32 하버마스가 주장하는 '체계에 의한 생활세계의 내적 식민지화' 테제를 수용한다면, 오늘날 초자아는 체계를 구성하는 국가 행정과 초국적 자본이라고 할 수 있을 것이다. 위르겐 하버마스, 『의사소통행위이론 1』, 496쪽 이하; 『의사소통행위이론 2』, 244쪽

자는 더 이상 체념과 자기 통제를 요구하는 내면화된 법칙 또는 금지로 위장하여 작용하지 않는다. 대신에 그것은 '유혹에 굴복하는' 태도를 부여하는 최면술적 집행자의 형태를 띤다."[33] 기형도의 시(詩)「專門家」에 나오는 아이들처럼 이제 이드는 아무런 갈등 없이 초자아의 세계가 발산하는 빛에 도취한 상태에서 어둠의 벽돌을 쌓는다.[34] 자아가 무의식으로 퇴행함에 따라 욕망과 금지 사이의 갈등을 알지 못하는 현대 사회에서 이드는 초자아와 도착적 화해를 즐기는 만큼 초자아의 억압 구조에 굴복하게 된다.[35] 자기를 상실한 이드가 자기밖에 모르는 초자아의 현혹에 매혹된 것이다.

오비디우스(Ovidius)가 전하는 그리스 로마 신화에서 에코(Echo)는 나르키소스만을 사랑한다. 타고난 수다쟁이였던 숲속의 요정 에코는 다른 요정과 밀애 중인 유피테르를 찾고 있던 유노를 방해하고 만다. 수다로 유피테르가 도망치는 것을 도와준 것이다. 화가 치민 유노는 에코에게 남의 말의 마지막 한 마디 구절만 반복할 수 있는 형벌을 내린다. 에코는 언어를 빼앗긴다. 그런데 어느 날 에코는 사냥을 하다 홀로 숲속으로 들어온 나르키소스를 보고는 사랑에 빠진다. 잘 알려진 것처럼 모든 사람의 사랑을 받을 만큼 아름다웠던 나르키소스는 아무도 사랑하지 못하고 오직 자기만을 사랑한다. 이런 나르키소스를 사랑한 에코는 자기를 사랑할 수 없다. 더구나 에코는 자신의 사랑을 고백할 수 없다. 사랑을 고백하려고 시도하면 할수록 그녀는 모든 사랑을 거부했던 나르키소스의 끝말만을 반복하게 된다. 사랑이 커질수록 실연의 고통이 깊어지고 다시 그만큼 사랑이 커진다. 고통의 순환 고리에서 헤어나지 못한 에코의 몸은 아름다움을 잃고 한줌의 재가 되어 사라진다. 그런데 남의 말을 반복하는 그녀의 목소리는 메아리가 되어 우리 모두에게 영원히 되돌아온

이하 참조.

33 슬라보예 지젝, 이만우 옮김, 『향락의 전이』, 인간사랑, 2002, 42쪽.

34 기형도, 『입 속의 검은 잎』, 문학과지성사, 1994, 15~16쪽 참조.

35 슬라보예 지젝, 『향락의 전이』, 49쪽 참조.

다.[36] 언어뿐만 아니라 몸조차 빼앗긴 에코의 삶은 그 자체로 비극이다. 그러나 더 비극적인 것은 에코의 고통이 일시적 현상이 아니라 반복되는 사건이라는 데에 있다.

에코의 비극은 나르키소스에 대한 사랑에서 시작된다. 자기를 상실한 사람의 가장 큰 비극은 자기밖에 모르는 사람을 사랑하는 것이다. 에코는 그녀의 사랑을 처참하게 물리치며, 그녀를 죽음으로 내몰았던 나르키소스의 죽음 앞에서도 여전히 그의 말을 되풀이할 수밖에 없다. 더구나 그녀는 자신이 사랑했던 나르키소스의 죽음에 대한 슬픔을 다른 요정들의 울음소리를 되풀이하는 것으로 대치할 수밖에 없다. 그녀의 죽음은 비극의 본질과는 무관하다. 언어, 곧 영혼을 빼앗긴다고 모두가 에코처럼 몸조차 빼앗기지는 않기 때문이다. 에코의 비극의 본질은 그녀가 사랑할 능력이 없었다는 데에 있다. 에코가 느꼈던 사랑의 감정은 실제로는 언어 상실의 고통을 일시에 극복할 수 있게 해 줄 것 같이 아름다웠던 나르키소스의 현혹에 빠진 것이다. 사랑한 것이 아니라 마취된 것이다.

실제로 철저하게 자기를 상실한 사람들, 자신을 업신여기는 사람들은 다른 사람도 업신여긴다. 반면에 이들은 나르키소스처럼 아름답지만 다가갈 수 없는 마력을 가진 사람이나 사물에 집착한다. 이 집착 속에는 관계 역전을 위한 전략이 숨어 있다. 나르키소스에 대한 에코의 사랑은 그녀 스스로가 나르키소스가 되고자 하는 욕망의 다른 표현이다. 에코의 전략은 백색 가면을 쓰고 다른 흑인을 무시하면서 스스로가 주인이 되려는 흑인이 흑백의 주종 관계를 청산하기보다 오히려 관계 역전을 지향하는 것과 유사하다. 여기서 관계 역전은 주인과 노예의 관계가 서로 뒤바뀌는 것이 아니라 노예 중 일부가 주인이 되는 것을 의미한다. 오비디우스의 에코 이야기는 물론 여기까지 진행되지는 않는다. 그럼에도 불구하고 백색 가면을 쓴 흑인이 백인이 아니라 다른 흑인을 지배하려는 것처럼 에코의 사랑은 자기 상실의 고통을 줄이기보다 오히려 확대 재

---

36 오비디우스, 이윤기 옮김, 『변신이야기』, 민음사, 1994, 100쪽 이하 참조.

생산한다. 에코처럼 언어의 주체로서 자기를 상실한 데서 비롯된 고통을 줄여 줄 강자를 사랑하는 사람은 그 사랑을 통해 자기를 되찾으려고 하지만, 결국은 그 사랑 때문에 죽는다.

에코는 이타주의(altruism)와는 전적으로 무관하다. 에코는 엄밀한 의미에서 나르키소스의 다른 얼굴이다. 그리스 신화에서 나르키소스는 한 사람일 수도 있지만 두 사람일 수도 있다. 샘물 바깥의 나르키소스와 샘물 안의 나르키소스는 같은 인물의 다른 얼굴이라고 할 수도 있지만, 서로 다른 인물로 해석할 수도 있기 때문이다. 후자의 관점에서 볼 때, 샘물 안의 나르키소스는 샘물 밖의 나르키소스에 붙음살이를 하는 인물로서 에코와 유사성을 갖는다. 에코가 나르키소스의 끝말을 뒤따라 하듯이, 샘물 속의 나르키소스는 샘물 밖의 나르키소스의 행위를 따라 한다. 심지어 샘 밖의 나르키소스의 사랑과 절망이 깊어지는 만큼 샘 안의 나르키소스의 사랑과 절망도 커진다. 죽음조차 동반한다. 그런데 나르키소스에 대한 에코의 사랑은 이타적이기보다는 오히려 이기적이다. 계산에 밝지 못하기 때문에 이기적이라고 단정할 수는 없지만, 나르키소스를 통해 자기 상실의 아픔을 극복하려고 한다는 측면에서는 이기적이라고 할 수 있다. 나아가 에코는 상실에 대한 자기 연민은 있지만 희생을 모르기 때문에 이타주의자는 분명 아니다. 나르키소스 역시 이타적이지도 않지만 이기적인 것만도 아니다.

사람들이 흔히 생각하는 것처럼 나르시시즘(narcissism)은 에고이즘(egoism)의 다른 표현이 아니다.[37] 에고이즘은 도구적 합리성이 지배하는 교환의 원리에 충실한 삶의 태도를 가리킨다. 반면에 나르시시즘은 교환

---

37 나르시시즘을 에고이즘과 동일한 것으로 평가하고 비판하는 것은 도구적 합리성에 대한 비판을 적절하게 수행할 수 없다. 학문, 종교, 그리고 무엇보다 예술에서 새로운 세계는 어쩌면 지독한 나르시시즘에서 만들어져 왔다. 문제는 비록 전위적이기는 하지만 '나'와 '우리'의 바깥으로 나아가는 나르시시즘이 아니라 '나'와 '우리'로부터 한 발자국도 벗어나지 않으려는 에고이즘이다. 그리고 이 에고이즘의 반복 재생산을 가능하도록 만드는 자양분은 나르시시즘이 아니라 오히려 에고이즘이 제공한다.

법칙의 바깥이자 에고이즘으로는 접근할 수 없는 영역, 곧 '나' 혹은 '우리'의 바깥에 거주하는 타자를 자기화하고 자기 안에서 절대적인 만족 상태에 빠지는 비합리적 태도이다. 이런 맥락에서 볼 때, 그리스 신화에서 등장하는 나르시시즘은 에고이즘으로는 도달할 수 없는 장소에서 동일한 것처럼 보이지만 결코 동일화될 수 없는 '타자'와 대면하는 것으로 해석되어야 한다. 나르키소스는 성자나 영웅의 모습으로 아우라(Aura)를 발산하고, 그런 자기 아우라에 도취하곤 한다. 그러나 나르키소스는 누구와도 사랑을 교환하지 않는다. 자기를 동정과 연민 때문에 타인에게 양도하는 경우는 가능하지만, 현혹과 매혹을 통해 타인의 마음을 사들이는 경우는 없다. 나르키소스는 타자를 자기와 동일시하고 도달할 수 없는 타자에게 자기의 전부를 내던진다. 이런 행위는 에고이스트에게는 불가능한 일이다. 나르키소스가 에고이스트라면 그는 샘물에 비친 얼굴이 자신의 가상이라는 것을 알아야 한다. 그러나 샘물 속의 나르키소스는 샘물 밖 나르키소스의 가상이면서 동시에 타자이다. 이런 맥락에서 나르키소스는 가상적 타자에 대한 사랑을 위해 자기 살해까지 감내하는 비극적 영웅이라고 보아야 한다.

에고이즘이 '나'와 '우리'에 포박된 도구적 합리성의 토대라면, 나르시시즘은 '나'와 '우리'의 안팎을 넘나들며 에고이즘의 한계를 넘어선다. 나르시시즘은 '나'와 '우리'를 살해하면서 끝없이 새로운 '나'와 '우리'를 만들어 간다. 따라서 나르시시즘의 문화는 동일한 것의 반복이 아니라 반복 속의 새로움을 만들어 가는 전위의 역할을 한다. 누구에게나 나르시시즘은 있지만, 모두가 나르키소스가 될 수는 없다. 에코는 '나' 혹은 그것의 확장인 '우리'의 바깥에 있는 타자에 현혹되어 자기를 버린다. 나르키소스적인 사람이 동사(凍死)의 위험 앞에서도 자기 옷을 벗어 그 속에 연인을 포획한다면, 에코적인 사람은 알몸으로 연인의 화려한 외투에 뛰어든다. 나르키소스에게 '우리 밖의 타자'는 가련하지만 에코에게는 매혹적이다. '우리 밖의 타자'에 현혹된 에코는 타자의 말, 그것도 온전한 타자의 말이 아니라 끝말을 되풀이하는 메아리이다. 에코는 이런 방식으로 타자의 말, 그러나 엄밀하게 말하면 그를 현혹한 독단적인 주체의 말을 확대 재생산할 뿐이다. 에코는 에고의 말을 되풀이할 뿐이다. 에코는 '나'와 '우리'의 바깥으로 나간 나르키소스가 아니라 '우리' 안에서 홀로주체인 것처럼 보이는 나르키소스에 현혹된다. 이처럼 에코이즘(echoism)은 에고이즘이 가능하기 위한 조건이고 자양분이다.

에고이즘이나 에코이즘에서 만나 소통해야 할 타자는 없다. 에고이즘과 에코이즘에서 타자는 교환의 대상이거나 교환 거래를 해야 할 타인 혹은 더 나은 교환의 조건을 위해 굴복시켜야 할 적이거나 굴복해야 할 주인일 뿐이다. 마찬가지로 나르시시즘에 빠진 상태에서도 진정한 타자와의 만남은 불가능하다. 그럼에도 불구하고 나르시시즘은 '우리 밖의 타자'와의 만남과 소통의 전위임에 분명하다. 따라서 타자와의 만남과 소통을 위해 우리가 먼저 벗어던져야 할 것은 나르시시즘이 아니라 에고이즘과 에코이즘이다. 무엇보다 나르시시즘은 '나'와 '우리'의 안팎을 분주하게 들락거리는 마술적 장치라는 점에서 새로운 역사를 만들어 가는 동력이다.[38] 나르시시즘에 사로잡힌 사람이 모두 영웅적인 것은 아니지만, 영웅적인 행위를 한 사람들은 대부분 나르시시즘을 가지고 있다. 나폴레옹이나 이순신(李舜臣)처럼 이오시프 스탈린(Iosif Stalin)과 박정

---

38 모리스 메를로-퐁티(Maurice Merleau-Ponty)는 나르시시즘을 독창적으로 해석한다. 그는 보는 것과 보이는 것의 상호 가역성(réversibilité)의 관점에서 나르키소스의 신화를 재해석한다. 그에 따르면, 샘 밖에 보는 나르키소스와 샘물 안의 보이는 나르키소스는 다른 인물이며, 이들의 관계는 지속적으로 역전될 수 있는데, 이런 관계 역전의 가능성으로 인해 주체 중심의 체계가 전복될 수 있다. 나는 두 나르키소스를 다른 인물로 해석하는 것에는 동의하지만, 관계 역전의 가능성이 진정한 의미의 전복은 아니라고 본다. 진정한 전복은 관계 역전이 아니라 관계 청산이기 때문이다. 모리스 메를로-퐁티, 남수인·최의영 옮김, 『보이는 것과 보이지 않는 것』, 동문선, 2004, 199쪽 이하 참조. 김영민은 나르시시즘에 대한 안이한 비판은 관념론의 늪에 빠지거나 신비주의에 빠져 또 다른 형식의 나르시시즘을 반복할 수 있다고 경고하면서 나르시시즘과 함께 나르시시즘을 넘어가자고 제안한다. "옷을 벗듯이, 나르시시즘을 벗고 타자를 만날 수는 없다. 타자의 체험은 쉼 없이 반복되는 실천과 그 실천이 불러오는 기미들이, 긴 삶의 양식을 통해서 아주 느리게 만들어 내는 지평일 뿐이다." 김영민, 『동무론』, 한겨레출판, 2008, 304쪽.

희(朴正熙)도 나르시스적일 수 있다. 나르시시즘은 선악의 저편에 있다. 이는 나르시시즘이 선악과 무관하다는 것이 아니라 선일 수도 있고 악일 수도 있다는 것이다. 나아가 나르시시즘은 따로주체성만이 아니라 상호 주체성에서도 나타날 수 있다. 예를 들어 동학 농민군과 5·18 시민군은 함께 싸우다 죽어간 동지들과 상호 주체를 형성하기 위해 죽음이 예견된 장소로 나아간다. 농민군과 시민군은 동지의 모습에서 자기 자신을 발견하고 동지와의 사랑을 위해 죽음을 받아들인다. 이들은 죽음을 통해 타자와 만나는 나르키소스일 수는 있지만 따로주체는 아니다.

　에코는 그리스 비극의 주인공이 될 수 없었다. 아리스토텔레스의 『시학』에 따르면, 비극의 주인공은 연민과 공포를 동시에 줄 수 있어야 한다. 이를 위해 그는 악한 사람만이 아니라 성자(聖者)도 주인공이 되어서는 안 된다고 말한다. 비극의 주인공은 "덕과 정의에 있어 탁월하지는 않으나 악덕과 비행 때문이 아니라 어떤 하마르티아(hamartia) 때문에 불행을 당한 인물"이면서 무엇보다 "저명한 인물들처럼 큰 명망과 번영을 누리는 자들 가운데 한 사람이어야 한다".[39] 아마도 비극의 주인공은 다음의 네 가지 조건을 갖추어야 한다. 주인공은 ① 평범한 사람이 보기에 너무 멀지도 그렇다고 너무 가까이 있지도 않은 사람, 다시 말해 평범한 사람의 현실은 아니지만 실현 가능한 이상으로 꿈꾸어 볼 수 있는 지위를 가진 사람이어야 하고, ② 그가 겪는 불행의 원인이 자신의 사악한 의지나 행위에서 비롯된 것은 아니라고 할지라도 직접적인 원인 제공자의 역할을 담당해야 하며, 바로 그 때문에 ③ 사람들은 그가 겪는 불행이 어쩔 수 없는 인간의 보편적 운명이라는 인식 전환을 통해 한편으로는 공포를 느끼면서도, ④ 누구에게나 닥칠 수 있는 불행을 그가 겪게 된다는

39　아리스토텔레스, 천병희 옮김, 『시학』, 문예출판사, 2021, 78~80쪽. 하마르티아는 여러 가지 의미를 함축하고 있지만, 여기서는 '불일치에서 오는 슬픔'으로 읽는 것이 적합할 것으로 보인다. 그리스의 비극에서 불일치는 자연의 법칙(천륜)과 인간의 법칙(인륜)의 불일치, 주관성과 객관성의 불일치 등을 들 수 있다. Carsten Bäuerl, *Zwischen Rausch und Kritik* 1, Bielefeld: Aisthesis, 2003.

측면에서 연민을 불러일으킨다.

에코는 ①을 제외한 나머지 조건을 모두 충족하는 것으로 보인다. 에코는 자신이 겪었던 불행의 책임자는 아니지만 원인 제공자이며, 누구에게나 다가올 수 있다는 측면에서 연민과 공포를 야기한다. 그러나 에코는 신화에서 요정이기는 하지만 사실 특별한 지위를 가지고 있지 못하다. 더구나 현대적 맥락에서 볼 때, 에코처럼 언어를 상실한 사람은 특별한 지위에 있는 사람이 아니라 오히려 발언권을 상실한 사람, 곧 의사소통적 권력을 상실한 사람을 가리킨다. 에코는 단순히 비참하고 비굴한 처지에 놓여 있는 사람만을 가리키지 않는다. 에코는 공론 영역과 갖가지 담론 과정에 주체로서 참여하지 못하는 모든 사람, 이런저런 방식으로 배제되고 감금된 상태에서 주체성을 빼앗긴 모든 사람, 곧 이름을 빼앗긴 사람들의 이름이다. 현대 사회에서 에코의 비극은 극적인 것이 아니라 사실적인 것이다. 예술이 될 수 없었던 시대에 에코의 비극은 신화(神話)이지만, 현대 사회에서는 실화(實話)이기 때문에 예술이 될 수 없다. 카프카의 원숭이-인간처럼 에코를 감금하고 있는 성에도 탈출구는 보이지 않는다. 에코는 초자아와 도착적 화해를 즐기는 이드처럼 나르키소스의 성에 도취되고 마취되어 자기 상실의 고통을 망각한다.

4. 비극의 탄생과 자기 망각

현대 사회에서 원숭이-인간과 에코의 비극은 자기 상실과 자유 상실의 고통을 표현한다는 측면에서는 같은 것처럼 보이지만 상실된 '자기'와 '자유'의 내용은 상이하다. 원숭이-인간의 비극은 사회화되고 동시에 개별화되는 과정에서 사람이 자연으로서의 '자기'를 상실하지만 '자유'에 다가서지도 못하는 비극으로서 주체성이 비대해질수록 강화되는 비극이다. 반면에 에코의 비극은 이성으로서의 '자기', 자율적으로 자기를 조절하고 균형을 찾는 자아가 상실된 시대, 초자아와 이드가 도착적

밀애를 즐기는 사회에서 주체성이 왜소해질수록 강화되는 비극이다. 원숭이-인간이 자연적 '자기'를 잃어 가면서 자유 없는 주체가 되어 간다면, 에코는 언어를 사용하는 이성적 '자기'를 잃어 가면서 자유 없는 자연이 된다. 이처럼 상반된 것처럼 보이는 두 비극이 현대 사회에서 동시에 확산되고 있다. 에코와 원숭이-인간은 하나의 몸을 가진 두 얼굴인 것이다.

형식적으로 강화된 주체성 패러다임 속에 초자아와 이드의 균형을 유지해 주는 자기는 설 자리가 없고 오직 초자아의 명령에 따르는 도구적 이성만이 넘쳐난다. 도구적 이성이 주관하는 주체성은 비대해진 반면에, 자연과 문화, 몸과 마음, 감성과 이성의 균형을 유지해 주는 주체성은 왜소해지고 있다. 낭만주의적 전통을 이런저런 방식으로 수용한 철학자들은 이런 현실을 극복하기 위해 이성과 주체성에 대한 의심을 극대화한다. 물론, 이들은 양극으로 분리되어 가는 이성과 감성의 화해 가능성을 모색했다. 그러나 이성은 점점 더 형식화되고 감성은 사적인 영역으로 축출되어 간다. 외적 자연은 파괴되고 내적 자연은 황폐해진다. 원숭이-인간과 에코에게는 문화 이전의 자연으로 돌아갈 길뿐만 아니라 자신의 언어를 되찾을 길도 보이지 않는다. 이런 정황 속에서 이성에 대한 의심과 적대감이 큰 철학자들은 원숭이-인간의 꿈인 자연으로의 귀환을 통해 원숭이-인간뿐만 아니라 에코의 비극을 동시에 극복하려고 시도한다. 출구 없는 성벽을 단숨에 뛰어넘으려는 것이다.

프리드리히 니체(Friedrich Nietzsche)와 마르틴 하이데거(Martin Heidegger), 메를로-퐁티 철학[40]의 상속자들은 이성이 지배하는 현대 문

---

40 하이데거는 피시스(phýsis)가 점차 인과율의 범주에 갇힌 대상 세계로서의 자연으로 환원되고 축소되었다고 진단한다. 그의 용어로 표현하자면, 존재의 세계는 닫히고 존재자의 세계가 열린 것이다. 그에게서 존재자가 자연을 단순한 사물로서 바라본 것이라면, 존재는 자연을 활동이나 작용으로 보는 것이다. 따라서 하이데거 철학은 존재와 존재자의 관계를 역전시키려는 기획이라고 할 수 있을 것이다. 사실, 이런 관점은 니체의 『비극의 탄생』에서 비롯된 것인데, 하이데거는 니체의 관점에서 형이상학의 요소를 지양하려고 시도한다. 메를로-퐁티는 전통 철학이 의식철학의 패러다임

화 속에서 고통의 문제를 해소할 수 없다는 카프카의 진단을 공유한다. 잘 알려진 것처럼 카프카의 예술 작품 속에는 절망만 있을 뿐 희망은 없다.[41] 그러나 저들은 원숭이-인간뿐만 아니라 에코가 출구 없는 성을 넘어 대자연으로 귀환하는 다양한 경로를 이런저런 방식으로 제안한다.[42] 저들에게 『비극의 탄생』은 가장 훌륭한 나침반이다.

『비극의 탄생』에서 니체는 자연과 문화를 대립시킨다. 그에게서 자연과 대립된 문화의 가장 중요한 특징은 개별화이다. 니체는 개별화 원리(principium individuationis)의 개념을 아르투어 쇼펜하우어(Arthur Schopenhauer)에게서 빌려 온다.[43] 쇼펜하우어와 니체는 우리의 경험 세계가 개별화의 고통에 신음하고 있다고 진단한다. 개별화는 구분이 아니라 분리이고 나눔이 아니라 쪼갬이다. 개별화는 벽을 만들고 홈을 파는 것이다. 개별화를 통해 사람은 분리되고 쪼개지고 찢겨 나간다. 개별화는 사람들을 분열시키고 분할하는 악의 뿌리로 취급된다. 개별화를 통해 나는 유럽에서 교육받은 성인 백인 남성이라면, 너는 교육받지 못한

에 묶여 주체-객체의 이분법에서 벗어나지 못하고 있다고 평가하고, 주객 관계를 "보는 자(voyant)-보이는 것(le visible)"의 틀로 전환해 보는 것과 보이는 것이 서로 "얽힘(l'entrelacs)-교차(le chiasme)"의 관계를 맺고 있음을 밝힌다. 메를로-퐁티는 이처럼 '보는 자'와 '보이는 것'의 관계 역전을 통해 주객 이분법의 전복 가능성을 시사한다. 오늘날 니체와 하이데거, 그리고 메를로-퐁티의 철학적 상속자라고 할 수 있는 구조주의와 포스트구조주의는 작용의 주체였던 퓌시스와 유사한 성격을 갖는 '구조'나 '시뮬라크르'에 대한 재인식을 통해 현대성의 문제를 해결하려고 시도한다. 모리스 메를로-퐁티, 「얽힘-교차」, 『보이는 것과 보이지 않는 것』참조; 가라타니 고진, 조영일 옮김, 『언어와 비극』, 도서출판 b, 2004, 217쪽 참조.

41 어떤 형태로든 희망을 구체화한 작품에 대해 카프카는 그것이 사회체계에 대한 강력한 비판을 전제한다고 할지라도, 결국에는 체계를 공고히 하는 자양분으로 흡수될 수밖에 없다는 것을 자각한 것으로 보인다. 그는 어떤 작은 희망도 작품 안에 직접적으로 제시하지 않음으로써 작품 안의 절망이 작품 바깥에서 희망의 꽃으로 피어나길 기대한다.

42 가라타니 고진, 『언어와 비극』, 207쪽 이하; 박준상, 「환원 불가능한 (빈) 중심, 사이 또는 관계」, 『해석학 연구』19, 2007, 161쪽 이하 참조.

43 프리드리히 니체, 박찬국 옮김, 『비극의 탄생』, 아카넷, 2007, 57쪽. 앞으로『비극의 탄생』은 본문에 쪽수만을 표기한다.

아프리카의 어린 흑인 여성이다. 이처럼 개별화의 원칙이 지배하는 문화는 사람들이 갈기갈기 찢긴 상태를 가리킨다. 그것은 마치 "세계가 공기, 물, 땅과 불로 분화하는 것과 동일하며, 따라서 우리는 개별화의 상태를 모든 고통의 원천이자 근원으로서, 즉 그 자체로 비난할 만한 것으로 간주해야 한다"(142쪽)라고 니체는 말한다.

『비극의 탄생』에서 자연은 이처럼 개별화 원리에 의해 갈기갈기 찢긴 문화보다 더 근원적인 세계이며, 개별화의 고통을 극복할 수 있는 통합의 힘을 가진 것으로 가정된 세계이다. 물론, 자연 역시 개별화의 원리와 상반되는 것만은 아니다. 오히려 앞의 인용문에서 언급한 것처럼 니체도 개별화 자체가 자연에 내재적이라고 말한다. 니체가 분명하게 언급하고 있듯이, 자연에는 디오니소스적 충동만 있는 것이 아니라 아폴론적인 충동도 있다. 자연의 두 가지 예술 충동을 니체는 다음과 같이 사변적으로 설명한다. 먼저 자연의 아폴론적인 예술 충동은 "개별화의 원리를 상징"하며, "'가상'의 쾌감과 지혜 전체"를 통해 표현되고 실현된다. 조형 예술이 여기에 속한다. 반면에 자연의 디오니소스적 예술 충동은 개별화의 원리를 파괴하는 과정에서 느끼는 전율과 황홀, 그리고 새로운 통일을 만드는 도취를 통해 실현된다(58쪽).

> 아폴론은 …… 개별화의 원리의 신격화로서 나타난다. 이러한 개별화의 원리 안에서만 근원적 일자는 목표를 영원히 성취하는바, 가상을 통해 자신을 구원하는 것이다. 아폴론은 숭고한 몸짓으로 고통의 세계 전체가 얼마나 필요한지를 우리에게 보여 준다. 이러한 고통을 통해서 개인은 (자신을) 구원하는 환상을 산출하도록 내몰리면서 이 환영을 관조하는 것에 침잠함으로써 바다 한가운데서 표류하는 작은 배 위에 조용히 앉아 있을 수 있게 되는 것이다(82~83쪽).

니체에 따르면, 자연의 아폴론적 충동은 근원적 일자의 고통과 모순, 그리고 불안을 예술적 가상을 통해 극복하려는 열망을 갖는다. 나아가 아폴론적 충동은 그와 같은 가상을 향한 열망을 보다 고차원적 가상을 통해 충족하려는 꿈, 곧 '가상의 가상'으로 표현된다(81쪽). 아울러 자연은 그것의 근원적 고통과 모순을 우리가 극복할 수 있다는 환상, 곧 이상을 꿈꾸도록 만들고 나아가 그 꿈이 실현될 수 있다고 착각하도록 만든다.[44] 이것이 첫 번째 가상이다. 그런데 이 첫 번째 가상이 없이는 자연은 자신의 목표를 실현할 수 없다.[45] 여기서 첫 번째 가상은 두 가지 의미를 동시에 갖는다. 먼저 자연의 근원적 고통과 모순에 대한 인식 자체가 세계를 반영하고 있다는 의미에서 가상이며, 나아가 그 모순을 극복할 수 있다는 꿈이 비현실적이라는 의미에서 가상이다. 니체는 두 가지 의미를 혼용해 사용하는 것으로 보인다.

여기서 니체가 주목하는 것은 아폴론적 예술 충동이 그와 같은 첫 번째 가상을 다시 예술적 가상을 통해 실현하려는 열망으로 발전한다는 점이다. 다시 말해 고통스러운 현실의 가상적 표상과 그 고통을 극복하려는 가상을 다시 한 번 예술이라는 가상으로 승화하는 것이다. 니체는 라파엘로(Raffaello)의 「그리스도의 변용」이 이러한 아폴론적 예술의 성격을 잘 드러낸다고 말한다. 라파엘로는 "사물의 아버지인 영원한 모순을 반영"하는 가상과 그 모순을 극복할 수 있다는 가상을 그림 하단부에 묘사하고, 이 고통스러운 가상을 환상적으로 극복한 새로운 가상 세계를 상단부에 묘사한다(81쪽). 이처럼 아폴론적 예술 충동은 '가상의 가상'을 통해 고통을 극복하는 꿈으로 실현된다.

---

44 니체에게서 꿈은 인간에 내재하는 예술 세계이다. 꿈은 그림들을 생산하고 조형의 능력을 함축한다. 그런데 『비극의 탄생』에서 니체는 꿈이라는 가상을 생산하는 아폴론적 예술을 그림이나 조형 예술로 제한해 해석하려는 경향이 있다. 아마도 당시 니체는 그림이나 조각을 시간의 변화와 무관하게 고정된 형태를 갖는 것으로서 타자와 뒤섞이지 않는 어떤 개별적인 것으로 이해하고 있었던 것으로 보인다. 이 때문에 니체는 아폴론을 개별화의 원칙을 상징하는 신으로 규정한다. Carsten Bäuerl, *Zwischen Rausch und Kritik* 1, p. 17 참조.

45 "〔자연의〕진정한 목표는 환상에 의해서 은폐된다. 우리는 이 환상을 붙잡으려고 손을 뻗고, 자연은 우리를 착각하게 함으로써 자신의 목표에 도달한다"(79쪽).

그런데 앞에서 언급한 것처럼 아폴론적 예술 충동은 개별화 원리를 신격화함으로써 실현된다. 그리고 이러한 개별화의 신격화는 개체의 한계를 준수하는 절도와 이를 위한 자기 인식을 요구한다(83쪽). 이런 맥락에서 볼 때, 아폴론적 예술 충동은 개체의 한계를 넘어서는 의지와 행위를 야만 세계의 속성으로 간주하면서 개인의 한계를 넘어 공동체와 인류 문명을 위한 영웅들의 거인적 행위를 적대시한다. 그러나 자연 세계는 바로 이러한 영웅적 행위를 통해 영원한 모순을 표현한다. 따라서 아폴론은 한편으로 이러한 모순을 통해 자신의 꿈을 키워 가면서도 그 모순의 출발을 부정하는 자기모순에 빠진다. 이런 맥락에서 니체는 "아폴론은 디오니소스 없이는 살 수 없었다!"라고 말한다(84쪽). 디오니소스는 바로 아폴론의 꿈이 가능하기 위한 조건, 다시 말하면 세계의 심장에 깃든 모순과 고통의 표현이기 때문이다. 디오니소스는 개별화의 고통 그 자체이면서 개별화를 넘어서는 영웅적인 힘의 상징이다. 그런데 역으로 아폴론 역시 디오니소스의 도취가 가능하기 위한 조건이다. 왜냐하면 디오니소스는 아폴론의 상징인 개별화의 고통 없이는 무의미한 존재이기 때문이다. 이처럼 아폴론과 디오니소스는 서로가 상호 제약적인 구성적 이념이면서 상호 대립하는 경쟁적 이념이다.

이처럼 니체는 한편으로 그리스 비극에서 자연의 두 가지 예술 충동이 이상적으로 조화를 이룬 것을 높이 평가하면서도, 다른 한편으로는 아폴론적인 충동보다 디오니소스적 충동을 보다 심층적이면서 근원적인 문제 해결의 출구로 간주한다.[46] 디오니소스는 개별화의 고통을 신체화한

---

46 니체에 따르면, 디오니소스적인 음악이 가진 도취의 충동은 자연 세계의 정신을 실현하는 반면에, 아폴론적 예술은 경험 세계의 이상을 예시하고 관조하게 만든다. 따라서 디오니소스적 음악이 개별화의 고통을 넘어서는 도취로서 자연 세계의 현실을 긍정하는 실천적 낙관주의라면, 아폴론적 예술은 경험 세계의 고통을 직시하고 철저하게 인정하면서 그것을 넘어서는 꿈과 이상의 세계를 찾아가는 이론적 낙관주의의 표현이다. 니체는 그리스 비극을 아폴론적 꿈과 디오니소스적 도취의 가장 이상적인 결합으로 평가한다. 그리스 비극에서 음악이 디오니소스적인 것이라면, 서사를 갖는 신화는 아폴론적인 것이다. 그러나 그리스 비극 속에서 음악과 신화는 더 이상 구별되지

신이면서 그 고통을 극복하는 통합의 힘을 동시에 가지고 있다고 판단하기 때문이다. 반면에 아폴론적 예술 충동은 문제 찾기가 가능하기 위한 조건이기는 하지만 문제 해결의 출구는 아니다. 윤노빈의 관점과 유사하게 니체는 고통의 뿌리를 분리와 분단에서 찾으며, 고통의 해소를 통일에서 찾는다.

니체에 따르면, 그리스 비극에서 통일을 가능하게 만드는 것은 디오니소스의 음악, 곧 합창단이다. 그리스 비극에서 관객과 합창단의 대립은 사라진다. 관객이 합창단이고, 합창단이 관객이 된다. 모두가 사티로스 합창단이 되고, 모두가 디오니소스적 관중이 된다. 현대적 의미로 표현한다면, 그리스 비극에는 관객이 없다. 한국의 마당극과 유사하게 그리스 비극에서 관객은 함께 노래를 부르고 춤추는 사티로스의 합창단이고 배우이다. 이런 방식으로 그리스 비극은 "자연의 가슴 가장 깊은 곳에서 나오는 지혜를 고지"한다(119쪽). 무대의 안과 바깥의 경계, 서로를 구별하고 분리하는 장벽은 사라진다. 경험 세계, 특히 소크라테스적 지성주의가 지배하는 문화의 현상이 아니라 그 근저에 보이지 않는 심원의 세계, 곧 자연 세계에 있는 통일의 힘이 그리스 비극의 디오니소스적 음악을 통해 현실화된다. 나와 너는 더 이상 분리되지 않고 하나가 된다. 쫓는 자와 쫓기는 자, 가두는 자와 감금된 자, 지배하는 자와 지배받는 자의 구별도 사라진다. 음악에 이런 힘이 있다는 것을 완전히 부정할 사람은 없을 것이다.[47]

않는다. 그럼에도 불구하고 니체는 리하르트 바그너(Richard Wagner)의 음악극에서처럼 음악이 신화를 포괄하는 비극을 높이 평가한다. 신화는 그것이 음악을 통해 자신을 드러낼 수 있을 때 자연이 되고 비극이 된다. 따라서 음악과 하나가 되지 못한 신화는 단순히 아폴론적인 것이지만, 그리스 비극에서처럼 음악과 하나가 된 신화는 디오니소스적인 것이 된다. 이런 맥락에서 볼 때,『비극의 탄생』에서 한편으로 아폴론적인 것과 디오니소스적인 것이 동등한 지위를 가지고 하나가 되지만, 다른 한편으로는 디오니소스적인 것이 보다 근원적인 힘이 된다. 그것이 바로 음악과 자연의 힘이다.

47 『비극의 탄생』에서 디오니소스적 예술의 관람객이나 청취자뿐만 아니라 창작자 역시 자기 망각의 상태에 빠진다. 그러나 그들은 동시에 예술 작품과 하나가 됨으로써 새롭

니체에 따르면, 특히 디오니소스적인 것의 마력 아래에서 인간은 '신비적인 자기 포기'(63쪽)를 통해 자연으로 되돌아간다. 디오니소스적 광란에서 인간은 자연이 되고, 자연은 다시 예술적 환희에 도달한다. "인간은 더 이상 예술가가 아니며 그는 예술 작품이 되어 버린다. 근원적 일자가 환희에 찬 최고의 만족을 누리기 위해서 자연 전체의 예술적 힘이 도취의 전율 속에서 자신을 계시한다"(61쪽). 니체의 말처럼 사람들은 강렬한 극단적 쾌감이나 고통에 도취되어 자기를 망각할 수 있다. 자기 망각의 세계로 우리를 이끄는 도취가 바로 디오니소스적인 것이다. 디오니소스적 예술에 도취되면서 주체는 사라질 수 있다. 예술, 특히 음악을 들으면서 우리는 탈아의 실존(existence), 곧 탈주체성(Entsubjektivität)의 상태에 진입하는 것을 경험할 수 있다.

영화 「쇼생크 탈출」에서 볼프강 모차르트(Wolfgang Mozart)의 오페라 「피가로의 결혼」의 아리아가 감옥에 울려 퍼지자 죄수들을 포함해 존재하는 모든 것이 움직임을 멈춘다. 시간의 예술인 음악이 시간을 멈추게 하는 순간, 쇼생크의 모든 벽은 눈물처럼 녹아내린다. 배제와 감금의 벽이 무너지고 쇼생크의 모든 사람은 탈주체의 자유를 느낀다. 따로주체인 감시자와 몰주체인 죄수들은 모두 함께 탈주체가 된다. 그러나 장벽은 무너진 것이 아니라 잠시 의미를 상실했을 뿐이다. 음악이 멈추면 사람들은 따로주체와 몰주체로 되돌아가야 한다. 음악은 어떤 사람에게는 장

게 자기를 창조할 수 있다. 자기 망각과 자기 창작의 변증법이 디오니소스적 예술에서 함께 이루어지는데, 『비극의 탄생』에서는 전자가 강조된다면 『인간적인 너무나 인간적인』부터는 후자가 강조된다. 예술 활동을 통해 자기 창조가 이루어진다는 니체의 일관된 관점은 탈현대성을 지향하는 철학자들, 특히 질 들뢰즈(Gilles Deleuze)의 관점을 통해 강화된다. 들뢰즈에 따르면, 예술가와 예술 작품, 관객과 연기자는 서로를 파고들어 가면서 하나의 예술 작품이 된다. 모두가 하나의 음악을 연주하는 음악이라는 것이다. 그 때문에 예술가는 더 이상 재현하는 사람이 아니다. 재현 자체는 죽었으며 오직 남은 것은 차이뿐이라고 들뢰즈는 말한다. 그러나 엄밀한 의미에서 『비극의 탄생』에서 예술가는 자연의 예술 충동을 모방하는 자이다. 따라서 재현 예술의 종말 선언과는 아직 거리가 있다고 볼 수 있다. Carsten Bäuerl, *Zwischen Rausch und Kritik* I, pp. 19, 25 참조.

벽 없는 세계에 대한 희망으로 남지만, 어떤 사람에게는 모든 희망을 무의미하게 만드는 허무를 남긴다.[48]

니체 역시 이를 인식하고 있다. 그는 "일상적 현실의 세계와 디오니소스적 현실의 세계"가 다르며, 후자의 세계가 사라지고 전자의 세계가 의식되면 곧바로 심한 구토증이 나타난다고 말한다(116쪽). 우리는 잠시 동안 동일성을 고집하는 홀로주체와 몰주체의 성 바깥으로 이탈해 디오니소스적 현실의 세계, 곧 탈주체성의 세계로 진입할 수 있다. 예술, 특히 음악을 통해 나아간 바깥은 도취와 황홀의 엑스터시이다. 탈아의 디오니소스적 도취 상태에서 인간은 구토증 나는 현실에서 벗어나 그것을 긍정할 수 있다. 니체의 말처럼 이런 방식으로 자연 상태에서 자연 존재가 펼치는 디오니소스적 예술은 현실 부조리의 구역질과 공포의 발작을 진정시킬 수 있다(118쪽). 니체에게서 예술, 특히 합창단의 음악을 중심으로 구성된 디오니소스적인 그리스 비극은 이성과 논리의 독기를 치료하고 예방하는 역할을 담당한다(193쪽).

음악은 합리성의 비합리성과 비합리성의 합리성을 보여 주는 행위이고 사건이다. 음악은 논리와 이성의 한계를 비합리적 언어로 표현한다. 우리는 음악을 통해 탈존과 탈주체성을 경험할 수 있으며, 나아가 분리와 쪼갬이 사라지는 화해와 공존의 힘을 느낄 수도 있다. 그러나 음악은 문명 세계의 질병과 모순을 치유할 수 있는 만병통치약이 아니다. 음악은 단지 원숭이-인간이 잃어버린 자기, 곧 문명화되지 않은 자연으로서의 자기, 나와 너를 분리하는 울타리가 만들어지기 이전의 자기를 잠시 동안 만날 수 있게 해 줄 수 있다. 그곳에서 나와 너는 분리되지 않는다. 그러나 음악이 멈추면 나와 너는 다시 홀로주체이고자 하는 싸움에 돌입한다. 음악은 모든 고통을 치료해 주는 것이 아니라 고통을 잠시 동안

---

48 슬라보이 지젝, 이서원 옮김, 『혁명이 다가온다』, 도서출판 길, 2006, 85쪽 이하 참조. 지젝에 따르면, 음악은 사람을 가르는 장벽을 제거할 수도 있지만, 음악에 대한 감수성은 정치적 잔인성과 결합할 수도 있다.

잊게 해 주는 마취제인 것이다. 쇠렌 키르케고르(Søren Kierkegaard)가 지적하는 것처럼 음악은 직접적인 것을 그것의 직접성 속에서 표현한다.[49] 그 때문에 음악은 자연의 언어가 될 수 있다. 그러나 문명 세계의 언어는 반성을 통해 음악이 갖는 직접성을 살해할 수 있다. 음악은 아름다운 화합을 이끌기도 하지만 잔인한 살인극과 결합할 수도 있다. 음악은 전쟁터의 총성을 순간적으로 잠시 동안 멎게 할 수 있지만, 연주가 끝나면 총성은 더 큰 소리로 적군을 향해 돌진한다.[50] 니체가 생각하는 것처럼 음악은 반성과 소통을 통해 매개된 문명 세계의 장벽을 뛰어넘을 수는 있지만, 음악의 매개되지 않은 직접성은 성벽에 출구를 만들지는 못한다. 『비극의 탄생』에서 니체는 음악의 이러한 한계를 그리스 비극이나 바그너의 음악극이 극복하고 있다고 낙관한 것으로 보인다. 아마도 이러한 낙관은 그의 예술관보다는 자연관에서 비롯된 것으로 보인다.

5. 자유와 폭력을 뒤섞는 자연의 폭동

니체에 따르면, 탈주체성의 경지에서 인간은 디오니소스적 자연이 된다. 거꾸로 디오니소스적 자연의 원리에 따른 예술을 통해 인간은 개인과 공동체의 바깥으로 나아간다. 바깥으로의 이탈, 곧 탈주체성과 디오니소스적 자연 그리고 예술은 선형적 인과 관계에 따라 연쇄적으로 만들어지는 사실이 아니라 비선형적으로 동시에 일어나는 사건이다(58~59쪽). 그런데 니체가 생각하는 것처럼 자연의 자기표현으로서의 예술은 개별화의 원칙과 주체성의 체계를 전복할 수 있는가?

니체가 말하는 자연 상태 혹은 자연 세계를 목가적인 원시 시대와 혼동해서는 안 된다. 오히려 그가 생각하는 자연 상태는 원시 시대와 대

---

49 Carsten Bäuerl, *Zwischen Rausch und Kritik* 1, pp. 28~29 참조.
50 슬라보이 지젝, 『혁명이 다가온다』, 94쪽 참조.

립된다.[51] 니체는 그가 살았던 현대, 특히 오페라 문화를 소크라테스적인 이론적 인간의 문화라고 비하한다. 오페라 문화에서 인간은 "자연의 품속에 안겨 있었고 이러한 자연 그대로의 상태에서 낙원의 선함과 예술적 천성을 통해서 인간의 이상을 실현했던 원시 시대"를 가정한다 (237쪽). 그러나 니체가 보기에 이처럼 자연과 이상을 조화시킨 오페라의 목가적 원시 시대는 지극히 비음악적인 산물이다. 그는 오페라가 말을 화음의 체계보다 더 고귀한 것으로 간주함으로써 가사의 이해에 음악을 종속시켰다고 본다.[52] 적어도 『비극의 탄생』에서 니체는 음악이 극을 포섭·동화한 바그너의 음악극을 찬양하고 있다. 그런데 여기서 우리에게 중요한 것은 그가 지향했던 자연이 목가적인 자연은 아니라는 것이다. 니체는 오페라를 이론적 낙관주의와 실천적 염세주의의 잘못된 결합으로 간주한다. 이 경우에 자연은 적어도 이론적으로는 상실된 것이 아니라 오히려 꽃피고 있는 것이며, 따라서 자연과의 조화를 꿈꾸는 인간의 이상은 좌절된 것이 아니라 실현된 것처럼 보인다. 오페라에서 인간은 영원한 미덕의 주인공이자 영원히 피리를 불며 노래하는 목동(牧童)이다. 그 때문에 오페라에는 자연 상실과 이상의 파괴에서 오는 고통과 슬픔이 없다.[53] 그러나 니체가 보기에 오페라 문화가 출현한 르네상스

---

51 니체는 『차라투스트라는 이렇게 말했다』에서 원숭이-인간을 "짐승과 위버멘쉬 사이를 잇는 밧줄"로 규정한다. 그에 따르면, 사람에게 원숭이는 "일종의 웃음거리 아니면 일종의 견디기 힘든 부끄러움"이지만 "사람은 여전히 그 어떤 원숭이보다도 더 철저한 원숭이이다". 그러니까 적어도 『차라투스트라는 이렇게 말했다』 이후에 니체가 지향하는 자연 상태는 짐승으로서의 원숭이로의 귀환이 아니라 위버멘쉬의 살아가야 할 '잃어버린 미래의 고향'이라고 할 수 있다. 프리드리히 니체, 정동호 옮김, 『차라투스트라는 이렇게 말했다』, 책세상, 2007, 17, 21쪽.

52 니체는 오페라 문화를 "음악은 하인으로 가사는 주인으로 간주되고, 음악은 육체에 가사는 정신에 비유되고 있는 곳"이라고 비판한다(240쪽).

53 니체가 『비극의 탄생』에서 오페라 문화를 비판하는 것은 당시 그가 바그너의 관점에 경도되어 있었다는 것을 보여 준다. 그렇지만 여기서 분명하게 알 수 있는 것은 니체가 오페라 비판을 통해 '대중 영합적인 예술', 오늘날의 관점에서 보면 '대중 예술' 혹은 '문화 산업'에 대해 적대적인 관점을 명확히 하고 있다는 것을 알 수 있다(239쪽 참조). "오페라의 발생과 오페라에 의해 대표되는 문화의 본질에 숨어 있는 낙천주의

시기는 자연이 철저하게 상실되고 이상이 무너진 시대이다. 그 때문에 오페라 문화는 실천적인 측면에서 볼 때, 이러한 현실을 극복하는 것이 아니라 눈감아 버리는 실천적 염세주의를 동반한다는 것이다. 반대로 니체가 생각하는 진정한 예술은 자연의 상실을 직시하는 것이다.

> 예술에 주어진 진정으로 엄숙한 최고의 과제는 가공할 어둠 속을 응시한 눈을 구제하고 가상이라는 치료약으로 주체를 의지 활동의 경련으로부터 구출하는 것이다(239쪽).

이처럼 어둠 속에서 빛을 찾아가는 것이 바로 니체가 생각하는 디오니소스적 비극이다. "비극은 저 아득히 멀리서 들려오는 애수의 노래에 귀를 기울인다. 이 노래는 광기, 의지, 비통이라는 존재의 어머니들에 대해서 이야기한다"(250~51쪽). 이처럼 비극은 이론적으로는 염세적이지만, 바로 그 때문에 실천적으로는 낙관적이라고 니체는 생각한다. 사람들은 비극 속에서 주인공이 겪는 고통을 피할 수 없는 운명으로 받아들이면서도(이론적 염세주의), 동시에 개인의 고통과 파멸을 보고 들으면서 높고 강한 기쁨과 쾌감을 느낀다(실천적 낙관주의). 이처럼 디오니소스적 긍정과 쾌락은 성공의 기쁨이 아니라 몰락의 고통에 대한 긍정으로부터 온다. 디오니소스적 음악의 세례를 받은 사람은 고통을 회피하지 않고 긍정하면서 자연의 근원적인 통합의 힘이 영원하리라는 것을 알게 되기 때문이다. 니체는 개별화를 통해 겪게 되는 모든 고통과 파멸에도 불구하고 그러한 현실의 밑바탕에 있는 자연 세계가 음악으로 영원한 생명을 표현한다고 믿었다.

니체는 세계 혹은 자연을 '근원적 일자'(101쪽)로 규정한다. 그에 따르면, 세계와 자연은 근원적으로 고통에 휩싸여 있으면서 동시에 근원

는 무서울 정도로 빠르게 음악으로부터 그것의 디오니소스적 세계관을 박탈하고 그것에 형식을 가지고 유희하고 오락적인 성격을 새겨 넣는 데 성공했다"(240쪽).

적으로 모순적이다. 재앙과 공포는 사물의 본질이며, 모순은 세계의 심장이다. 그런데 이 근원적 일자인 자연은 예술을 통해 고통과 모순을 긍정하는 것이다.[54] 그리스 비극은 그와 같은 '자연 상태'를 무대로 가공하고, 마찬가지로 그 위에서 가공된 '자연 존재'인 합창단에 의해 탄생한다. 여기서 흥미로운 것은 니체가 그리스 비극의 미메시스적 성격을 강조하고 있다는 점이다.[55] 니체는 그리스 비극의 합창단이 주체성을 넘어 다른 존재 속으로, 곧 고통과 모순에 휩싸인 자연 상태에서 사티로스를 미메시스한다는 점에 주목한다. 니체에게서 사티로스는 '자연의 최고의 표현'이다. 사티로스는 세계, 곧 자연과 '함께 고통을 겪는 자'이면서 그것의 진리를 선포하는 자이다. "사티로스는 자연과 자연의 가장 강한 충동의 모사, 자연의 상징이며, 동시에 자연의 지혜 및 예술의 고지자이다"(126쪽). 여기서 우리는 니체가 그리스 비극에서 자연을 고통과 모순을 상징하는 개념으로 사용하고 있으며, 따라서 자연의 미메시스는 현대 문명에서 소외되고 배제된 자의 고통과 모순을 밝히는 것으로 해석할 수 있을 것이다.[56] 그러나 니체가 자연을 배제와 소외, 고통과 모순의

---

54 "어떠한 불운에도 굴하지 않는 예술적 창조의 명랑성은 비애의 검은 호수에 비치는 밝은 구름과 하늘의 모습에 지나지 않는다"(136쪽).

55 니체가 비극의 본질을 사티로스의 합창, 곧 음악에서 찾고 음악을 자연 세계와 동일한 것이라고 주장하는 것은 음악을 자연 세계의 미메시스라고 보는 태도이다. 여기서 흥미로운 것은 니체가 "세계(혹은 자연)와 음악을 동일한 사물의 서로 다른 표현"(200쪽)이라고 말하면서도, 음악이 세계의지가 객관화된 것을 모사하고 모방한 것이 아니라 세계의지 자체의 모사라는 쇼펜하우어의 입장을 수용하고 있다는 점이다(201쪽). 니체에 따르면, "참으로 디오니소스적 음악은 세계의지의 보편적 거울로서 우리에게 나타난다". 디오니소스적 음악은 그 자체가 자연이고 세계인 것이다. 반면에 니체가 디오니소스적 음악을 살해한 것으로 폄훼하는 '아티카의 새로운 주신 찬가'는 "현상의 초라한 모사가 되고, 이 때문에 현상 자체보다도 훨씬 빈약한 것이 되어 버린다"(212쪽). 이런 맥락에서 니체는 디오니소스적 음악과 회화적 음악을 대립시킨다. 회화적 음악은 마치 현상의 모습을 머릿속에 그릴 수 있도록 만들어진 음악이다. 예를 들어 전쟁을 연상하도록 유도하기 위해 진군의 소음이나 총탄 소리가 느껴지도록 구성된 음악을 가리킨다. 이것은 현상을 모방한 것이지, 자연 세계의 본질을 표현한 것이 아니다.

상징으로 규정할 때, 이를 사회·정치적 관점에서 해석하는 것은 무리가 있다. 왜냐하면 니체가 말하는 자연의 고통과 모순은 자연의 속성인 개별화와 분화의 원칙 때문에 생겨난 것이기 때문이다. 적어도 『비극의 탄생』에서 나타나는 니체의 자연관은 본질형이상학적이다. 니체에게서 자연의 고통은 엄밀한 의미에서 문명의 발전 과정에서 소외되고 배제된 자연과 자연성을 상징하는 것이 아니라 보다 근원적 일자의 형이상학에 토대를 두고 있다.[57]

니체는 배제되고 소외되어 고통받는 사회적 약자(弱者), 언어를 빼앗긴 타자로서 자연의 목소리를 대변하지 않는다. 역으로 그가 말하는 자연은 고통과 모순 속에서도 삶을 긍정하는 디오니소스적 힘, 곧 힘에의 의지로 충만한 도취의 신을 가리킨다. 니체의 자연은 그가 말하는 소크라테스의 논리주의와 합리주의, 그리고 이성중심주의와 지성중심주의에 대한 반란이고 전복이며(175쪽 이하), 그 전복을 통해 억압과 고통의 근원을 넘어설 수 있다고 전망한다. 그러나 엄밀한 의미에서 그가 말하는 전복은 짐 떠넘기기 관계의 역전일 뿐 관계 청산이 아니다. 원숭이-인간의 비극이 에코의 비극으로 전환되었을 뿐이다. 이 같은 관계 역전은 고통의 해소가 아니라 확대 재생산을 의미한다. 그가 말하는 자연의 고통은 짐 떠넘기기에서 비롯된 것이 아니라 누구나 짊어져야 할 짐에서 비롯된 것이다. 더구나 이 짐은 원숭이-인간을 괴롭히는 짐이 아니라 대자연 속에서 살아가는 원숭이의 짐 혹은 주체성을 상실한 에코의 짐

---

56 이 점에서 『비극의 탄생』은 테오도르 W. 아도르노(Theodor W. Adorno)가 말하는 예술의 미메시스적 성격과 유사한 관점을 가진 것으로 보인다. 테오도르 아도르노, 홍승용 옮김, 『미학 이론』, 문학과지성사, 2002, 214쪽 참조.

57 자연과 문화의 관계는 전통적으로 두 가지 관점에서 논의되어 왔다. 한편에서는 문화를 자연의 모방 혹은 미메시스의 과정에서 성장하는 것으로 파악하고, 다른 한편에서는 문화를 자연이 주는 공포에 맞서는 과정으로 파악한다. 니체에게는 두 가지 관점이 병존하는 것으로 보이며, 이런 관점을 아도르노는 「자연사의 이념」에서 변증법적으로 재구성한다. Theodor W. Adorno, "Die Idee der Naturgeschichte", *Gesammelte Schriften* 1, Frankfurt am Main: Suhrkamp, 1973, pp. 345ff. 참조.

이다. 물론, 자연의 표현인 예술은 관계 역전뿐만 아니라 관계 청산의 가능성을 동시에 가지고 있다. 니체는 전자를 강조하지만 후자에 대해서는 언급하지 않는다.

『비극의 탄생』에서 자연은 객관적 대상 세계가 아니라 자율적 자기 창조의 주체를 가리킨다. 자연은 자신에 의해 형성되는 동시에 자신을 형성하는 자율적 활동과 작용의 주체이다.[58] 따라서 자연은 자기 목적적이며 자기 입법적이다. 이처럼 니체의 자연은 현대의 따로주체와 동일한 특성을 가지고 있다. 이성이 주인이고 자연이 노예였던 관계를 니체는 역전시킨 것이다. 그러나 주인과 노예의 관계는 청산되지 않는다.[59]

니체 철학이 지향하는 자연은 선악의 저편에 위치한 탈도덕적 세계이다. 니체는 근본적으로 도덕이 자연을 반자연화·탈자연화했다고 본다. 그는 이러한 변화를 역전시켜 도덕화되기 이전의 자연으로의 귀환을 꿈꾼다.[60] 이처럼 탈도덕적·탈주체적 자연에는 선악의 구별도 없지만 주체와 타자의 구별도 없다. 오직 모든 형태의 타자성을 자신 속에 동화시킨 절대적 주체만 있을 뿐이다. 니체가 주장하는 절대적 주체인 자연의

58 홍사현, 「자기 생산하는 삶, 자연, 세계」, 『니체 연구』 13, 2008, 197쪽 이하 참조.

59 가라타니 고진(柄谷行人)은 자연이라는 탈주체성의 패러다임에서 타자성을 가진 타자와의 만남은 근본적으로 불가능하며, 그 때문에 나르시스적이라고 비판한다. 가라타니 고진, 『언어와 비극』, 239쪽 이하 참조. 가라타니 고진은 철학과 문학적 담론에서 동서를 막론하고 등장하는 탈존과 탈주체성의 범주로서 자연은 대상으로서의 자연이 아니라 작용으로서의 자연이라고 말한다. 즉 자연은 주체성의 바깥에서 세계를 움직이고 사람을 움직이는 활동하는 힘이다. 그것은 무위(無爲)나 공(空)으로 표현될 수도 있으며, 때로는 신(神)으로 표현될 수도 있다. 그러나 탈주체성의 지평에서 나타나는 타자는 엄밀한 의미에서 타자가 아니라 주체의 변용이고 이입일 뿐이다. 자연은 비역사적인 것으로서 주체의 이상일 뿐, 타자성을 가진 타자가 아니라는 것이다. 그 때문에 자연의 논리는 근본적으로 나르시시즘의 원리인 것이다. '나' 혹은 '우리'라는 공동체를 벗어나 자연과 합일된 탈주체성의 세계는 엄밀한 의미에서 비역사적인 나와 우리의 이상이 실현된 세계인 것이다. 이런 맥락에서 가라타니 고진은 자연의 대립 개념이 '작위'(作爲)나 문화의 세계가 아니라 오히려 '타자'라고 말한다. 가라타니 고진, 『언어와 비극』, 234쪽 이하 참조.

60 정동호, 「자연의 도덕화와 탈자연화」, 『니체 연구』 1, 1995, 1쪽 이하 참조.

세계에서 사람들을 분리·배제하고 감금하는 성벽은 존재할 수 없다. 그러나 자연의 자기표현인 디오니소스적 음악 예술과 그리스 비극은 니체가 생각한 것처럼 아무런 구별도 없는 작용과 활동으로서의 자연이 아니다.[61] 더구나 인간이 고통의 세계를 극복하기 위해 되돌아갈 수 있는 자연은 담론의 구성물일 뿐 순수한 작용이나 활동일 수 없다. 니체가 꿈꾸는 자연조차도 사실은 담론 이전에 혹은 담론의 바깥에 존재하는 어떤 순수한 세계가 아니다. 담론 바깥, 다시 말해 사회·문화·정치·법이 있기 전에 이미 활동하는 자연과 우리는 만날 수 없다. 이는 곧 원숭이-인간이 결코 순수 자연으로 되돌아갈 수 없는 것과 마찬가지이다. 실제로는 문명 세계에 거주하면서 만날 수 없는 순수 자연을 호명하는 것은 현실의 고통에서 도피하거나 책임을 회피하는 전략일 수 있다.

자연에서 희망을 찾는 모든 이론은 불확실하고 냉혹한 자연을 경험하지 못했거나 운명으로 받아들일 만한 힘이 있었던 사람들의 관념에 뿌리를 두고 있다. 헤시오도스(Hesiodos)의 말처럼 오랫동안 인간은 자연 벌판의 흙과 탄식으로 쉬지 못하며 살았다.[62] 자연은 아주 오랫동안 농부와 어부에게 무질서한 폭력이면서 동시에 생산의 어머니였다. 어느 한쪽을 선택적으로 강조하면서 자연에서 자유의 꿈을 키우는 것은 그만큼 주관적이다.

가라타니 고진에 따르면, 일본의 파시스트들은 스스로가 자기 행위의 주체라는 것을 부정했다. 그들의 행위는 작위가 아니라 자연이었던 것이다. 어디에도 주체는 없었으며, 자연의 활동 혹은 작용만이 있었을 뿐이다.[63] 이처럼 적어도 정치적·사회적 맥락에서 주체를 부정하고 자연을 활동의 절대적 주체로 설정하는 것은 무책임의 체계를 용인하는 것이 된다. 그것은 자연의 이름으로 자유를 부정하면서 최대의 폭력을 자행하

---

61 "개념들은 사물 이후의 보편이지만, 음악은 사물 이전의 보편이며, 현실은 사물 속의 보편이다"(203쪽).

62 Hesiodos, *Works and Days*, Lines, 1985, pp. 176ff. 참조.

63 가라타니 고진, 『언어와 비극』, 208~09쪽 참조.

고 그에 대한 책임을 자연으로 귀속시키는 논리이다. 사유의 활동이 멈추고 자연의 활동만 남은 곳은 관념 속에서만 가능한 것처럼 보이지만, 어쩌면 잔인한 폭력을 일삼는 사람들의 평범한 일상의 모습일 수도 있다. 바로 그곳에서 악은 싹트지만 책임은 사라진다. 생각하고 행동하는 자신을 업신여기고 절대적 주체인 자연에 매달리는 것은 악의 뿌리를 은폐한다. 사유가 멈춘 곳, 자기가 없는 곳, 책임의 주체가 없는 곳, 다시 말해 절대적 주체인 자연만이 활동하는 곳에서 사람들의 행동은 잔인해진다. 책임의 주체로서 자기를 망각하고 귀환한 자연 세계의 악은 신념화된 파시스트만이 아니라 생각을 멈추고 도구적 이성의 명령에 따라 타인을 학대하는 평범한 사람들에게서도 나타난다. 서독으로 탈출하는 자국민을 향해 총구를 겨냥한 동독 군인들, 코소보의 세르비아인들을 향한 나토군의 비인간적 학대, 아프가니스탄과 이라크에서 포로의 인격을 처참하게 짓밟은 미군이 모두 여기에 해당한다. 그들의 활동을 가능하게 만든 것은 그들의 주체성인가, 자연성인가? 적어도 자신이 행위의 주체라고 인정하는 사람은 책임을 지려고 할 것이다. 그러나 자신의 행위가 선악의 저편에 있는 자연에서 비롯된 것이라고 주장하는 사람은 무책임을 항변할 것이다.[64] 니체가 말하는 주체성의 바깥 세계인 자연은 실재하는 세계가 아니다. 바깥은 엄밀한 의미에서 보면 존재하지 않는 것이 작용하는 세계이다. 일종의 무책임한 무위자연(無爲自然)이다. 대자연으로 되돌아간 원숭이에게는 에코의 비극에 대한 책임을 물을 수 없다.

현대 사회에서 원숭이-인간의 비극과 에코의 비극의 동시성은 주체성의 강화가 역설적으로 주체성을 붕괴시키고 있다는 것을 의미한다. 자

---

64 물론, 정치 영역에서의 책임 주체의 문제는 예술이나 문학 혹은 철학적 글쓰기에 동일하게 적용할 수 없다. 최근의 철학적 담론의 성과에 비추어 보면, 예술 작품은 주체가 '만드는 것'이 아니고 말, 글, 개념 혹은 사건이 스스로를 '드러내는 것'이라고 말할 수 있다. 이런 맥락에서 보면, 예술 작품과 철학적 글은 주체에 의해 '만들어지는 것'이 아니고 스스로 '이루어지는 것'이라 할 수 있다. 그런데 이런 주장은 예술 작품과 글의 지평에서 정치적 행위의 지평으로 이전되어서는 안 된다. 가라타니 고진, 『언어와 비극』, 210쪽 참조.

연의 절대 주체화가 이 역설적 비극을 극복할 수 없는 것은 자연형이상학의 무책임성이나 자기 동일성으로의 회귀 때문만은 아니다. 보다 큰 문제는 관계 역전을 꿈꾸는 자연의 저항이 고통을 줄이기보다 키운다는 데에 있다. 막스 호르크하이머(Max Horkheimer)에 따르면, 인간의 주체성 강화에 수반되는 인간의 자연 지배는 인간에 의한 인간의 지배를 강화했다.

> 인간은 자신이 해방되는 과정에서 나머지 세계와 운명을 공유한다. 자연 지배는 인간 지배를 포함한다. 모든 주체는 외적 자연, 즉 인간적이거나 비인간적인 외적 자연을 지배하는 데 가담할 뿐만 아니라, 이를 수행하기 위해 자기 자신 안에 있는 자연을 지배한다. 지배는 지배를 위해 내면화된다.[65]

호르크하이머는 인간에 의한 자연 지배가 두 단계를 거쳐 인간에 의한 인간 지배로 전환된다고 본다. 먼저 인간은 자기 보존을 위해 외적 자연을 지배하는 과정에서 내적 자연인 신체를 규제하고 통제한다. 인간은 외적 자연을 자기 목적성이나 자율성과는 무관한 사물, 따라서 이용과 조작이 가능한 수단과 도구로 취급하듯이, 이제 인간 자신도 도구적 이성에 의해 작동되는 기계처럼 다룬다. 원숭이-인간은 외적 자연을 지배하기 위해 자신 안에서 원숭이 부분을 이성의 통제에 따라 지배하게 된다. '인간-이성'이 '원숭이-인간'의 주체가 되고 '원숭이-몸'은 대상으로 전락한다. 이 과정에서 '원숭이-몸'은 나르키소스를 사랑하는 에코처럼 '인간-이성'의 지배를 내면화해야 한다. 여기서 인간에 의한 인간 지배의 두 번째 단계가 형성된다. 이성으로 몸을 잘 통제하는 사람이 그렇지 못한 사람을 지배하는 것이다. 따라서 사회적으로 성공한 지배자는 지배받는 사람보다 이성의 주체성이 강하지만 몸의 주체성은 약하다. 그

---

65 막스 호르크하이머, 박구용 옮김, 『도구적 이성 비판』, 문예출판사, 2022, 151쪽.

런데 이성의 주체성을 상실한 에코는 원숭이-인간으로서 자신의 내적 자연을 억압해야 할 뿐만 아니라 동시에 이성의 주체성이 강한 인간의 지배를 받아야 한다. 인간-이성에 의한 내면적 자연 지배가 원숭이-인간의 비극이라면, 내면적 자연을 성공적으로 억압한 인간이 그렇지 못한 인간에 대한 지배는 에코의 비극이다. 원숭이-인간이 자연을 선망하면서 원망한다면, 에코는 이성을 선망하면서 원망하게 된다. 그런데 선망이 커지면 원망도 커진다. 그리고 원망은 언제나 폭동의 잠재력으로 발전한다.

호르크하이머에 따르면, 새로운 시대의 전체주의는 이성에 대한 원한 감정을 가진 자연이 폭동을 일으키도록 배후에서 조종한다. 성공을 위해 내적 자연을 억압하는 무한 경쟁의 체계에서 뒤처진 에코에게 관계 역전을 위해 폭동을 일으키도록 은밀하게 충동질한다는 것이다. 그에 따르면, 나치는 합리성에 대한 원한 감정에 사무친 독일 민중으로 하여금 유대인의 주인이 되도록 자극한다. 그러나 유대인 학살에 참여한 독일 민중의 자연 폭동은 억압된 자연을 해방한 것이 아니라 오히려 자연을 착취하는 데 동원된다. 한국에서 독재 정부가 지역 감정을 통해 억압적 통치를 강화한 것도 유사한 맥락에서 해석할 수 있을 것이다. 동학 농민군을 학살한 관군, 5·18 시민군을 쓰러뜨린 계엄군, '잃어버린 10년'이라는 구호에 맞추어 새로운 독재자를 승인한 사람들은 모두 자연의 폭동에 동원된 에코들이다. 이성적 자기를 상실한 에코는 이성에 대한 적대감 때문에 원숭이-인간과 마찬가지로 자연의 순수한 생명력과 활동력을 선망하지만, 그러한 선망은 결국 자연을 무책임한 폭력의 주체로 만든다. 자연이 주체인 세계에는 타자도 없지만 책임의 주체도 없다. 자연에는 관계 역전을 노리는 활동만 있을 뿐이다. 카프카가 자연으로의 귀환을 꿈꾸지 않은 이유이다.

6. 자유의 최대화로 가는 여정에서의 우리 안의 타자

철학은 각자가 짊어지고 가야 할 고통의 짐을 남에게 떠넘기는 논리에 대한 저항이다. 그 때문에 철학은 남의 짐까지 떠맡고 가는 타자와 만나 소통하고 연대하는 길을 찾는다. 타자성을 가진 타자와의 만남이 철학의 출발점인 까닭이다. 타자는 어디에 있는가? 안에 있는가, 바깥에 있는가? 고통에 뜻이 있다는 기독교의 세속화에서 출발한 현대의 서양 철학자들은 대부분 '모두의 철학'에서 벗어나지 않는다. 그들에게는 '우리', 곧 문화적으로 형성된 다양한 분리와 경계의 울타리에 대한 의식보다 '우리'를 '모두'로 인식하는 것이 더 자연스러웠기 때문이다. 이들에게 타자란 고통의 짐을 벗어던지고 모두의 관점을 형성해 가는 역사의 주체이다. 이처럼 '모두의 철학'에서 주체가 되지 못하는 타자는 무의미하다. 따라서 모두의 관점을 새롭게 만들어 가면서 인류 공동체를 이끌어 가지 못하는 사람이나 집단은 '모두의 철학'의 시야에서 사라진다. 타자는 결국 모두를 형성하는 계기이거나 모두의 구성 요소일 뿐이다. 진정한 타자, 배제되고 감금된 타자, 언어를 빼앗긴 타자는 '모두의 철학'에서 자리를 찾을 수 없다.

우리 밖의 타자가 '우리'에게 가한 고통의 역사를 짊어지고 가는 식민지의 철학자들 역시 '고통＝뜻'의 등식에 얽매인다. 이들은 '우리'가 '모두'일 수 없다는 것을 실천적으로 경험한다. 이들의 관점에서 볼 때, '모두'를 자임한 '우리 밖의 타자'들은 자신들의 짐을 '우리'에게 떠넘긴 사람들이다. 따라서 이들은 '우리'와 '모두' 사이에 건널 수 없는 심연이 있다는 것을 잘 알고 있다. 그러나 자기 상실을 통해 자기 보존을 할 수밖에 없었던 '우리'의 구성원인 식민지 철학자들은 남의 고통을 짊어지고 떠맡고 가야 하는 배달민족의 참담한 고통을 단순한 고통으로 해석하기에는 너무나 비참했다. 그래서 이들은 '우리'가 겪는 고통에서 보편적인 뜻을 찾는다. 이것이 '우리의 철학'이다. '우리의 철학'은 비참한 상실의 고통을 경험한 우리가 과거의 역사에서는 타자였지만, 미래의 역사에서는 주체가 된다는 기독교적 희망을 설파한다. 자기를 상실한 우리만이 진정으로 이질적 타자를 자기 안에 품을 수 있었으며, 바로 그런 경험 때문에 서로가 주체가 되는 보편적인 역사를 만들어 갈 수 있다는 유아적 발상이다.[66] 그러나 이런 '우리의 철학'은 에코의 비극과 자연의 폭동을 알려고 하지 않는다. 에코가 마음속에 품고 그리워하는 타자는 배제되고 감금된 타자가 아니라 아우라를 발산하는 나르키소스이다. 에코는 관계 청산을 통해 서로주체가 되는 세계가 아니라 관계 역전을 통해 스스로 주인이 되는 세계를 꿈꾼다. 따라서 에코의 비극을 알지 못하는 '우리의 철학'은 진정한 타자와 만나지 못하고 관념적으로 서둘러 자신이 경멸했던 나르키소스 행세를 한다.

'모두의 철학'과 '우리의 철학'은 대부분 이성에 대한 믿음을 공유하고 있다. 이들은 원숭이-인간의 근원적 고통을 이성적 자기의 상실 때문에 고통받는 에코가 극복할 수 있다고 낙관한다. 이들의 이론적 낙관주의는 타자가 주체로 역전되는 역사적 과정을 발전의 논리로 해석한다. 그러나 이성에 대한 믿음이 사라지면서 등장한 철학은 자연으로의 귀환을 통해 고통 자체를 잊고자 한다. 자연 속에서 고통의 뿌리인 분리와 경계의 모든 울타리 자체가 사라진다고 믿는 것이다. 이들은 자연으로의 귀환이 예술을 통해 가능하다고 생각한다. 그러나 예술을 통해 만날 수 있는 자연은 가상, 곧 순간적으로 나타났다 사라지는 가상일 뿐이다. "그리스 비극의 무대는 외따로 떨어진 산골짜기를 연상시킨다"(121쪽)라는 니체의 말처럼 예술이 만드는 자연은 제한된 공간에 한정된다. 예술이 만드는 자연의 안팎에는 또 다른 울타리가 만들어진다. 이처럼 특정한 시간과 공간에서 펼쳐진 디오니소스적 예술이 구현한 자연 상태에서 장벽이 사라진다는 것은 새로운 이야기가 아니다. 그와 같은 자연 상태에서 주체는 오직 자연일 뿐이며, 에코는 자연의 폭동에 동원된다.[67] 결국

---

66 김상봉, 『서로주체성의 이념』, 도서출판 길, 2007, 230쪽 참조.
67 물론 니체, 특히 청년 니체에게서 타자와 타자성은 관심 밖의 주제이다. 니체는 삶, 무

이성의 타자인 자연을 실체화하는 『비극의 탄생』 역시 '모두의 철학'과 은밀한 공조를 형성한다.[68]

'우리의 철학' 안에서 자연으로의 귀환을 꿈꾸는 경우도 있다. 문화적 '우리'와 자연적 '우리'를 구별하면서 고통을 전자에 의한 후자의 억압으로 규정한 다음, 자연적 '우리'가 고통을 해소할 수 있다고 역설하는 철학이 여기에 속한다.[69] 이런 '우리의 철학' 역시 타자와 만날 수 없다. 문화적 '우리'와 자연적 '우리'를 구별하면 누구나 두 영역에 동시에 걸쳐 있기 때문에 모든 사람은 문화적 '우리'의 구성원이면서 자연적 '우리'의 구성원이 된다. 나는 억압하는 자이면서 억압의 대상이고, 주체이면서 타자이다. 그런데 이런 방식으로는 폭력의 주체와 대상의 구별이 불가능해진다. 예를 들어 백인과 흑인, 남자와 여자, 주인과 노예, 자본가와 노동자, 성인과 미성년 사이의 구별이 대부분 문화인과 자연인의 가상적 구별로 환원된다. 결국 문화적 '우리'가 다른 문화적 '우리'에 가하는 다양한 형태의 폭력을 자연적 '우리'에 대해 문화적 '우리'가 가하는 폭력으로 환원하는 것이다. 이 경우에 폭력과 고통에 대한 철학적 성찰은 사회·정치적 패러다임과 무관한 것이 되어 버린다. 더구나 이 같은 '우리의 철학'은 우리의 이름으로 '우리 안의 타자'에게 가하는 폭력에 대해서도 둔감하게 된다.

철학은 사람들의 관계 맺음의 방식에 따라 문화적 '우리'와 자연적 '우리'를 구별하고, 전자가 후자에게 가하는 폭력에 맞설 수도 있다. 그

엇보다 역동적이고 자기 상승적인 삶을 되찾는 것에 관심을 기울인다. 니체는 현대 문화가 삶을 경직된 도덕으로 왜곡한다고 판단하면서 능동적 삶의 복원 가능성을 그리스 비극에서 찾은 것이다. 청년 니체는 삶이 곧 비극이며, 비극이야말로 삶을 회복하는 것이라고 생각한다.

68 위르겐 하버마스, 이진우 옮김, 『현대성의 철학적 담론』, 문예출판사, 1994, 126쪽 참조. 하버마스에 따르면, 니체는 이성에 대한 급진적 비판을 위해 스스로 이성 지평의 바깥으로 나와야 하는데, 바깥에서 수행된 이성 비판의 정당화를 위해서는 다시 이성을 요구하게 된다.

69 박준상, 「환원 불가능한 (빈) 중심, 사이 또는 관계」, 172쪽 이하 참조.

러나 관계 맺음과 관계 인식은 서로 연결되어 있다. 관계 맺음은 이전의 관계 인식을 토대로 이루어진다. 따라서 어떠한 관계 인식도 배제한 관계 맺음, 곧 자연적 '우리'는 관념적 허구 혹은 사변적 가상일 뿐이다.[70] 이러한 가상적 구별에 기초한 철학은 문화적 '우리'가 다른 문화적 '우리'에게 가하는 폭력을 시야에서 놓치게 된다. 진정한 타자는 문화적 우리의 바깥에 있는 자연적 '우리'가 아니라 문화적 '우리' 안의 타자일 것이다. 따라서 타자를 만나기 위해서는 문화의 바깥인 자연으로 나아갈 것이 아니라 문화적 우리의 옆에 있는 다른 문화적 우리 혹은 '우리 안의 타자'에게 가야 할 것이다. 모든 형태의 문화 공동체로부터 자연 공동체로 이탈할 것이 아니라 다른 공동체, 곧 공동체 안의 바깥으로 일탈하는 것이다. 진정한 타자는 우리와 다른 우리의 사이에 있으면서 동시에 우리 안에도 있고 밖에도 있다.

'우리'와 '우리'의 사이에 빈 공간은 실재하지 않는다. 사람은 수많은 우리의 사이에 거주하는 사이 존재이다. 이 사이는 우리의 바깥이 아니다. 사이는 우리의 안이면서 바깥이고, 바깥이면서 안이다. 타자는 이처럼 안이면서 바깥인 곳, 곧 '우리 안의 바깥'에서 나타난다. 타자성을 가진 타자는 '우리 밖의 타자'만이 아니라 '우리 안의 타자'인 것이다.[71] '우리 안의 타자'는 윤리적으로나 도덕적으로 선한 존재도 선악을 초월한 존재도 아니다. '원숭이-인간'에서 '원숭이'는 '우리 안의 타자'가 아니다. '우리 안의 타자'는 '우리'를 위협하지만 자연으로 도피하지는 않는다. 이성적 자기를 상실한 에코나 자연적 '우리'도 '우리 안의 타자'와 다르다. 에코와 '우리'는 자연의 폭동에 쉽게 동원될 수 있지만, '우리 안의 타자'는 모든 형태의 '우리'를 의심하기 때문에 폭동에 동원되지 않는다. '우리'의 관점에 볼 때, '우리 안의 타자'는 '우리'를 위협하고 불가능하게 만드는 것처럼 보인다. '우리 안의 타자'는 우리 안에 있다는 이

---

70 박구용, 「헤겔 미학의 체계와 현재성」, 313쪽 참조.
71 박구용, 『우리 안의 타자』, 142쪽 이하 참조.

유 때문에 살인 충동을 느끼게 하는 타자이다. 우리 안의 타자 철학은 이런 살인 충동에 대한 저항이다.

교양 있는 백인은 흑인에 대해 우호적일 수 있다. 그러나 어떤 흑인이 백인 공동체로 비집고 들어오는 순간, 그는 '우리 안의 타자'가 된다. '빨리, 빨리'를 종용하는 현대 사회를 비판하는 사람은 게으름의 미학에 동조할 수 있다. 그러나 그는 성적이 뒤처진 자녀를 가족 공동체의 역사를 붕괴시키는 '우리 안의 타자'라며 무시한다. 무한 경쟁 사회의 빛과 그림자를 동시에 통찰하는 사람은 경쟁에서 뒤처진 사람에게 연민을 느낀다. 그러나 그가 속한 직장 공동체의 경쟁력을 위협하는 사람은 '우리 안의 타자'로 처절하게 홀대한다. 이방인, 아웃사이더, 소수자, 디아스포라의 시선으로 세계를 바라본다는 진보적 지식인들은 동성애에 대해 매우 관대한 시선을 보낸다. 그러나 자신의 아내가 동성애자라는 것을 고백하는 밤, 그는 불면에 시달리면서 '우리 안의 타자'된 아내를 설득하려 든다. 사랑을 욕망으로 환원하는 자유주의자는 쉽게 사랑을 바꾸거나 여러 사랑을 동시에 즐기는 사람을 부러워한다. 그러나 그는 자기 몰래 다른 사랑을 즐기는 애인을 부도덕한 '우리 안의 타자'로 비난한다.

순수한 자연으로 귀환할 수 없다면, 인간은 수많은 '우리'의 구성원으로 살아갈 수밖에 없다. 그런데 '우리'는 불안과 공포로부터 나를 보호하면서 동시에 나를 불안과 공포로 위협한다. 만약 흑인, 성적 지진아, 경쟁력 상실자, 동성애자, 사랑을 배반한 사람이 '우리' 바깥에 있다면, 나는 그들과 만나 소통하고 연대할 수 있다. 원숭이-인간의 비극에 분노할 수 있고 에코의 비극을 동정할 수 있다. 그러나 그들이 나와 함께 '우리'라는 공동체를 형성하는 순간, 나는 그들을 배제하고 감금한다. 그들은 모든 장소에서 타자나 소수자가 아니다. 어떤 특수한 공동체 안에서만 그들은 타자성을 가진 타자, 곧 '우리 안의 타자'가 된다. '우리' 안에 감금되어 있으면서 동시에 '우리'의 바깥으로 배제된 사람이 '우리 안의 타자'이다. 타자성을 가진 타자가 겪는 고통을 정당화하는 논리에 저항하기 위해 그들과 만나 소통하려는 철학은 원숭이-인간과 에코의 비극을 재구성할 수 있는 '우리 안의 타자'의 목소리에 귀를 기울여야 한다.

'우리 안의 타자'는 "타자 속에서 자기 자신으로 있음"(Bei-sich-selbst-Sein im Anderen)과 유사한 맥락에서 해석될 수 있다.[72] 헤겔에게서 자유는 낯선 사람, 타자성을 가진 자 속에서 자기 자신이 되는 것이다. 동일한 맥락에서 나는, 우리가 자유의 주체가 되려면 우리의 독립성과 자율성을 부정하는 우리 안의 타자의 목소리에 귀를 기울여야 한다고 생각한다. '우리 안의 타자'는 우리를 끝없이 부정하면서 형성 과정 속에 있는 우리를 지향한다.

'우리'는 불안과 혼란, 그리고 자기 상실과 자유 상실에 대한 방어 기제로서 사용된다. '우리'는 상호 의존적 감성의 표현이다. 의존은 부정적인 것이 아니다. 의존과 독립은 분리되기보다 결합되어 있다. 자유주의와 성장주의가 찬양하는 독립도 의존 없이는 불가능하다. 상호 의존은 사회적 신뢰와 연대의 밑거름 위에서만 건강할 수 있다. "절친한 인간 관계에도 불구하고 다른 누군가에 의존하는 것이 두렵다면 그 사람을 신뢰하지 못한다는 의미이다."[73] 상호 의존, 상호 신뢰, 상호 존중은 모두 상호 인정을 통해 자유를 확장한다. 상호 주관적 의존, 신뢰, 존중, 인정이 없는 곳에서 개인의 자유는 항구적 위험 상태에 빠진다.

자유의 실현과 확장은 우리 없이는 불가능하다. 그러나 그 우리는 자유만큼 폭력을 키울 수 있다. 우리라는 강력한 거대 주체가 실현한 자유의 최대화가 곧바로 폭력의 최대화로 발전했음을 우리는 역사 속에서 수없이 확인할 수 있다. 따라서 자유를 최대화하면서 폭력을 최소화하는

---

72 G. W. F. Hegel, *Grundlinien der Philosophie des Rechts*, in: *Werke* in zwanzig Bänden 7, Frankfurt am Main: Suhrkamp, 1970, §7, Zusatz 참조. 'Bei-sich-selbst-Sein'을 '자기 곁에 존재함'으로 직역할 수도 있다. 하지만 이 표현은 자기(내) 집에 있는 것처럼 혹은 자족적으로 있음을 나타낸다. 따라서 그 의미를 살리면서 동시에 개별 단어의 본래적 뜻을 함께 담기 위해 '자기 자신으로 있음'으로 옮긴다. 이 표현의 의미에 대해서는 Frederick Neuhouser, *Foundations of Hegel's Social Theory: Actualizing Freedom*, Cambridge(MA): Harvard University Press, 2000, pp. 105, 305 참조.

73 리처드 세넷, 조용 옮김, 『신자유주의와 인간성 파괴』, 문예출판사, 2002, 204쪽.

'우리', 곧 상호 의존과 신뢰 그리고 인정을 가능하게 하는 '우리'는 '우리 안의 타자'를 의식하고 그 앞에서 동요해야만 한다.

제2장
의사소통적 자유와 인정

자유와 인정의 관계에 대한 담론의 첫 발신자이자 여전히 가장 풍성한 이야기 소재를 제공하는 철학자는 헤겔이다. 헤겔은 사회적으로 제도화된 상호적 인정의 질서와 제도를 통해서만 진정한 자유가 실현될 수 있다고 믿었다. 그가 『법철학』에서 추상적 법이나 도덕성을 통한 자유보다 인륜성 속에서 자유의 최대화를 구상한 이유이다. 『법철학』이 비록 시대적 한계와 규범적 낙후성에도 불구하고 현재적 능동성을 주장할 수 있는 이유이다.[1]

인정과 관련해 헤겔의 담론을 악셀 호네트(Axel Honneth)는 현대적으로 재해석하면서 동시에 상호 주관적 인정 이론으로 재구성했다. 『인정 투쟁』(*Kamp um Anerkennung*, 1994)에서 그는 상호적 인정의 세 가지 형식을 제안했다. 사랑과 권리, 그리고 사회적 존중은 그가 말한 인정 질서의 형식이다. 세 가지 인정의 형식에서 무엇보다 사회·정치적 연관을 이해하기 위해 필요한 근본 전제로서 부각되는 것은 주체의 지평에서 이루

---

1 Gooyong, Park, *Freiheit, Anerkennung, und Diskurs*, Wüzburg: K&N, 2001 참조.

어지는 상호 주관적 발전의 과정이다.

『인정투쟁』에서 호네트는 헤겔의 주체 이론을 사회철학적 지평에서 현재화를 시도한다. 이 맥락에서 주체의 자유는 상호 주관적 인정 없이는 매우 제한된 의미 지평만을 갖는다. 상호 주관성의 패러다임에서 자유와 인정은 상호 제약적일 수밖에 없다. 개인적이면서 상호 주관적인 자유와 자율은 인정투쟁의 과정에서 형성된다.[2] 주체의 심리적·도덕적 발전은 앞서 이루어지는 타인과의 만남과 상호 작용, 사회화 과정을 통해 각인된다. 따라서 주체의 사회화 과정은 곧바로 규범적인 정치적 담론을 요구한다.

인정투쟁의 과정에서 자유로운 주체의 형성과 발전은 결국 민주적 사회화의 조건과 분리될 수 없다. 정치적 정의론은 주체의 발전 과정에 대한 논의 없이는 공허할 수 있다. 후자의 관점에서 호네트는『자유의 권리』(Recht der Freiheit, 2011)를 논의한다.『자유의 권리』에서 규범적 시금석의 역할을 담당하는 것은 현대 사회의 사회·정치적 제도들이다. 호네트는 여기서 현대 사회의 민주적 제도들의 역사적 발전을 규범적으로 재구성한다.

『인정투쟁』에서처럼『자유의 권리』에서도 자유와 인정의 상호 주관적 정당화와 해명은 이어진다. 다만 전자가 주체의 담론에 관심을 집중하면서 개인의 자율에 관한 언급을 많이 한다면, 후자는 민주주의 담론을 중심에 놓고 사회적 자유에 대해 주로 언급한다. 개인의 자율은 자기와의 이성적 관계 형성을 의미하는데, 이는 타인으로부터 인정받고 있다는 것을 확인했을 때에만 가능하다. 이 맥락에서 개인적 자율은 상호 주관적 자유의 다른 표현이다. 그러나『자유의 권리』의 핵심어인 상호 주관적,

---

2 "Nur die Person, die sich von den Anderen in bestimmter Weise anerkannt wissen kann, vermag sich so vernünftig auf sich selber zu beziehen, dass sie im vollen Sinne des Wortes „frei" genannt werden kann." Axel Honneth, *Kampf um Anerkennung: Zur moralischen Grammatik sozialer Konflikte*, Frankfurt am Main: Suhrkamp, 1994, pp. 325~26.

사회적 자유는 주체와 도덕을 넘어 정치의 지평으로 넘어간다.

상호 주관적 인정 질서를 구현하려면 민주적이고 사회·정치적인 구조가 갖추어져야 한다. 또한 상호 주관적 인정 관계는 모든 사회·정치적 상호 작용의 출발점이다. 이 맥락에서 호네트는 『자유의 권리』에서 민주적 사회 제도에 대한 요구에 규범적 재구성이라는 방법론을 통해 정치철학적으로 대답한다. 규범적 재구성은 헤겔의 서술(Darstellung)이라는 학문 방법론과 맥이 같다.[3] 헤겔의 서술은 정신의 객관화이자 객관화된 정신의 자기 인식이다. 인륜성, 특히 민주적 인륜성은 정치철학의 규범적 재구성 방법론을 가장 잘 드러내는 개념이다.

인륜성은 탈맥락적이고 탈역사적인 도덕성과 다르다. 인륜성은 역사와 맥락을 벗어나는 것이 아니라 규범적으로 재구성한다. 도덕성이 자유로운 의지가 자신 안에서 실현된 것이라면, 인륜성은 주체에 합당한 현실적 제도로서 구현된 것이다. 헤겔에 따르면, 인륜은 '자연(Natur)으로 된 자각적 자유'[4]이다. 그에게 자각된 자유란 타인으로부터 인정된 상호 주관적 자유이다. 그리고 '자연으로 된' 자유란 상호 주관적 자유가 상호 작용의 결과가 아니라 출발점인 경우를 가리킨다. 다시 말해 제도 자

3　나는 헤겔의 학문 방법론으로서 'Darstellung'은 '제자리 지정'으로 바꾸는 것이 그 뜻을 전달하기에 가장 적합하다고 본다. 'Darstellung'에 대한 국내외 연구는 충분하게 축적되었다고 보기 어렵다. 어쨌거나 국내에서 'Darstellung'은 칸트의 '연역'(Deduktion)과 대비해 '서술'로 옮기는 것이 일반적이다. 두 철학자의 방법론을 대비하기 위한 개념으로서 'Darstellung'을 서술로 옮기는 것은 나쁘지 않다. 그렇지만 'Darstellung'은 현상하는 지식(das erscheinende Wissen)을 단순히 나열하는 서술이라기보다 그것의 의미와 가치를 따져 합당한 자리를 지정하고 정돈하는 과정에 가깝다. 따라서 나는 비록 여기서는 'Darstellung'을 서술로 옮기지만, 헤겔 철학의 방법론적 특수성을 드러내야 할 때는 '제자리 지정'으로 옮길 것을 제안한다. 헤겔의 방법론으로서 서술의 의미 지평을 가장 명확하게 드러내는 곳은 『정신현상학』의 서론 부분이다. G. W. F. Hegel, *Phänomenologie des Geistes*, in: *Werke in zwanzig Bänden 3*, Frankfurt am Main: Suhrkamp, 1970, p. 72 참조.

4　G. W. F. Hegel, *Enzyklopädie der philosophischen Wissenschaften* III, in: *Werke in zwanzig Bänden 10*, Frankfurt am Main: Suhrkamp, 1970, §513(국역본: 박구용·박병기 옮김, 『정신철학』, 울산대학교출판부, 2000).

체가 이미 상호 주관적 자유를 전제로 성립되었다고 할 때, 이를 가리켜 헤겔은 '자연으로 된 자각적 자유', 곧 인륜이라고 부른다. 따라서 인륜성은 상호 주관적 자유가 어떤 제도의 정당화가 가능하기 위한 조건일 때, 그 제도들을 규범적으로 재구성한 것의 총괄 개념이다.

헤겔은 개인들의 인정투쟁이 자유를 보장하는 제도들을 정치적으로 발전시키도록 사회 내적인 강제가 커지게 하고, 이로부터 자유의 최대화를 향한 사회적 진보가 성취될 것이라는 희망을 갖는다. 그러나 그가 민주적 인륜성을 실현한 제도로서 서술한 국가가 "의사소통적으로 실현된 자유의 상태"[5]인지에 대한 의심이 예나 지금이나 끊이지 않고 있다.

헤겔에게서 인정투쟁의 지평과 그 깊이는 호네트가 『인정투쟁』에서 재구성한 것을 초과한다.[6] 그렇지만 호네트가 청년 헤겔의 인정 이론에서 정확하게 짚어내고 있는 것은 인정투쟁의 동력이 자기 보존이라는 자연적 충동이 아니라 정체성 승인이라는 도덕적 욕구라는 점이다. 주체의 정체성을 형성하는 제도, 특히 인정투쟁의 욕구를 구성하는 가장 기초적인 제도를 헤겔은 인륜성의 개념으로 재구성한다.

상호적으로 인정받기 위한 정체성이면서 동시에 상호 주관적 자유가 상호 작용의 출발점인 제도를 헤겔은 가족이라고 본다. 가족은 자연적 인륜성이다. 여기서 개인의 자유와 상호적 자유는 구별되지 않는다. 그만큼 가족 안에서 개인은 가족 바깥으로 추방되는 것을 제외하고는 개인적 불안이나 공포가 없다. 따라서 개인의 자유 의식 또한 자연 상태에 머물러 있을 수밖에 없다. 자유 의식이 커지면 커질수록 개인은 가족의 바깥을 향한 충동, 곧 사회를 향한 의지가 커진다. 이렇게 형성된 사회 속에서 자유로운 개인은 정체성 투쟁인 인정투쟁을 벌이게 되고, 이 과정에서 개인의 자유를 보장하는 제도를 만들고 정착시키려는 동력을 키우게 된다. 헤겔은 이러한 동력이 만들어 낸 제도들을 시민사회와 국가

---

5 악셀 호네트, 문성훈·이현재 옮김, 『인정투쟁』, 사월의책, 2011, 34쪽.
6 Gooyong, Park, *Freiheit, Anerkennung, und Diskurs*, chapter III 참조.

라는 체계 개념으로 재구성한다.

헤겔의 체계 안에서 인륜적 제도들의 규범적 재구성과 정체성 투쟁, 그리고 인정투쟁 주체의 자유 의식의 진보는 서로 조화를 이룬다. 특히 인륜적 국가에서 이 조화는 자유의 최대화라는 꽃을 피운다. 나는 헤겔이 인륜적 국가 프로젝트의 현실화에 대한 의지를 가지고 있었는지에 대해 의문을 가지고 있다. 그의 인륜국가는 어쩌면 그것이 불가능하다는 것, 다시 말해 실재할 수 없다는 것을 보여 줌으로써 객관정신과 절대정신 사이의 틈으로 재구성할 수 있다고 생각하기 때문이다. 여기서 이 문제에 대한 논의는 피하고자 한다.

호네트로 다시 관심을 돌려보자. 『자유의 권리』에서 호네트는 인정투쟁을 통한 자유의 진보라는 희망을 괄호 속에 묶어 둔다. 이렇게 정당화의 부담에서 벗어난 그는 현대의 민주적 사회 안에서 사회적 자유의 표상과 개념이 제도화된 상황을 평가하면서 이를 규범적으로 재구성하는 데에 관심을 집중한다. 그 때문에 상호 주관적 인정보다 사회적 자유 개념이 전면으로 부상한다.

앞에서 언급한 것처럼 주체의 상호 주관적이고 사회적인 경험은 사회 안에서 다양한 형태의 공동생활을 위한 초석이다. 따라서 상호적 인정을 사회적 공동생활이 가능하기 위한 조건으로 해명하고, 나아가 사회 비판의 규범적 기준으로 설정할 수 있다. 이 경우에 국가의 권력과 제도, 그리고 입법 절차와 정치적 담론은 인정의 조건과 질서를 확장하거나 불인정인 무시의 관계를 줄이는 데 기여할 때에만 정당성을 확보할 수 있다. 호네트는 이 맥락에서 다음과 같이 세 가지 인정의 형태와 그에 상응하는 무시의 형태를 구별한다.[7] ① 사랑과 우정 같은 원초적 관계에서 인정 형태는 상호 간의 정서적 배려를 통해 자기 믿음과 정서적 배려의 힘을 키우지만, 학대나 폭행, 무시로 이어질 경우에는 신체적 불가침성이 훼손되면서 자기 불신으로 이어질 수 있다. ② 권리 관계의 인정 형태는

---

7 악셀 호네트, 『인정투쟁』, 제5장과 제6장 참조.

일반화(실질화)된 인지적 존중을 통해 자기 존중과 도덕적 판단 능력을 키우지만, 권리 부정이나 제외라는 무시로 이어질 경우에는 사회적 불가침성이 훼손되면서 타자만이 아니라 자기의 무시로까지 발전할 수 있다. ③ 가치 공동체에서 연대라는 인정 형태는 개성화(평등화)된 사회적 가치 부여를 통해 자기 가치의 부여와 능력을 갖게 되지만, 존엄성을 부정당하거나 모욕당하는 무시로 이어질 경우에는 명예의 훼손으로 나아갈 수 있다.

사랑과 연대의 경험, 그리고 권리 체험은 상호적 인정의 경험이다. 인정 경험은 타인과의 긍정적 관계 경험이다. 이 경험이 자기 자신과의 긍정적 관계만이 아니라 집단과의 긍정적 관계를 형성하는 데 기초가 된다. 이처럼 『인정투쟁』에서 자유는 상호 주관적 인정이라는 긍정적 자기 관계, 타자 관계, 집단 관계를 의미한다.

나는 상호 주관적 인정의 과정과 자유가 분리될 수 없다고 본다. 타인의 인정이 수반되지 않는 자유는 무기력하거나 폭력적이다. 서로의 자유를 무시하는 인정 질서는 폭력의 정당화 체계일 뿐이다. 따라서 나는 자유와 인정을 상호 주관성의 패러다임에서 해석하려 한다. 이를 위해 나는 호네트와 이사야 벌린(Isaiah Berlin)의 담론을 비판적으로 검토하면서 의사소통적 자유의 개념을 도입해야만 하는 이유를 해명한다. 나아가 같은 문제를 다른 방식으로 접근하는 미셸 푸코(Michel Foucault)의 전쟁론과 권력론에 대해서도 간략히 살펴보고자 한다.

1. 소극적 자유와 도덕적 자유

『자유의 권리』에서 호네트는 주체가 사회적 자유의 경험을 확장하고 실현하기 위해서는 무엇보다 민주적이고 인륜적인 제도에 관여해야 한다고 말한다. 이 맥락에서 호네트는 민주적이고 인륜적인 제도들을 규범적으로 재구성하고자 하며, 이를 위한 기초로서 전통적인 자유민주주의적 자유 개념을 비판하고 새로운 자유 개념을 제안한다. 이 과정에서 그는 자유를 세 가지로 구별한다.

호네트는 역사적 현재화에 비추어 자유를 ① 소극적 자유, ② 성찰적 자유, ③ 사회적 자유라는 세 가지 차원으로 구별한다. 그리고 그는 민주적 인륜성의 이상을 기반으로 자신이 제안한 정의론에 따라 ① 법적 자유, ② 도덕적 자유, ③ 사회적 자유라는 세 가지 자유 개념의 가능성을 언급한다. 세 가지 차원의 자유와 세 가지 가능한 자유는 서로 조응한다. 그리고 ①과 ②는 민주적 공론장의 영역에서 ③을 위한 전제 조건이다.[8] 다만 ①과 ②가 각각의 경계를 벗어나 ③의 영역을 침범할 경우에 사회 안에서 자유 개념의 병리 현상이 강화될 수 있다. 무엇보다 사회적 가치 부여를 위해 요구되는 사회적 상호 작용이 불가능할 수 있기 때문이다.

① 소극적 · 법적 자유(Negative/Rechtliche Freiheit)는 법치국가의 프레임 안에서 주관적 권리의 보호를 요구한다. 민주적 법치국가에서 주관적 권리의 보장은 다른 사람의 동의와 무관하게 자신의 기호와 의도를 실현할 수 있는 사적 자율성의 실현을 의미한다.[9] 법적 자유는 개인적 사생활의 영역을 구성한다. 그런데 교통과 소통의 기술이 혁명적으로 발전하면서 사적인 삶을 구상하고 구현하는 공간이 비약적으로 확장됨과 동시에 그만큼 국가의 개입이나 통제의 가능성도 지속적으로 커졌다. 따라서 주관적 자유권과 국가의 보장 사이의 관계 설정이 지속적으로 문제시되고 있다.[10]

소극적 · 법적 자유는 타인의 동의를 요구하지 않는 만큼 자의적일 수 있다. 어떤 행위와 태도가 주관적으로 올바른지를 결정하는 주체로서의 개인은 자유로운 만큼 무책임할 수도 있고 경우에 따라서는 자기 파괴

8　Axel Honneth, *Das Recht der Freiheit: Grundriss einer demokratischen Sittlichkeit*, Frankfurt am Main: Suhrkamp, 2011, p. 473 참조.

9　Axel Honneth, *Das Recht der Freiheit*, pp. 129ff. 참조.

10　Axel Honneth, *Das Recht der Freiheit*, pp. 139ff. 참조.

적인 결정을 할 수도 있다.[11] 이처럼 타인의 동의 없이 법의 보호 아래 자신의 의사와 의도에 따라 결정할 수 있는 법적 자유도 상호적 인정 규범에 의해 규제되어야 한다. 그래야만 법적 자유가 사회 구성원의 상호 주관적 자유를 증진하는 적법한 행위체계가 될 수 있기 때문이다.

호네트에 따르면, 주체가 지나치게 법적 인격체로서의 역할을 자신과 동일시하는 것은 바람직하지 않다. 법인으로서의 주체는 다른 사람을 전략적 목적을 가진 행위자로 환원하는 사고에 빠져들 위험이 크다. 더구나 법의 맥락에서 합법과 불법은 이미 정해져 있다. 그 때문에 법적 자유의 권리를 필요 이상으로 강조할 경우, 주체는 서로 다른 의견과 근거를 둘러싼 담론을 무가치한 것으로 폄하할 가능성이 높으며, 결국에는 의사소통 단절에 이를 수 있다.[12]

호네트는 주체가 규범적 판단을 할 때, 법적 자유를 남용하는 것을 경계한다. 이 경우에 의사소통의 단절은 더 확산된다. 따라서 그는 소극적·법적 자유와 관련된 주관적 권리는 기존의 권리에 의문을 제기하거나 검토하는 수준으로 제한할 것을 주문한다. 무엇보다 좋음에 대한 새로운 생각을 이끌어내거나 정식화하는 데에 주관적 권리가 관여해서는 안 된다.[13]

호네트는 주체가 자신의 사회·정치적 가치와 확신을 공적으로 표현하거나 대변하는 것을 주관적 권리의 현재적 이상으로 삼는다. 이 경우에 소극적 자유는 사회·정치적 영역으로 확장될 수 있다. 다원주의 아래에서 법적 주체가 민주적 의견 형성과 일반적인 정치적 입법 과정에 적극적으로 참여할 수 있는 정치적 권리는 고립된 사생활의 영역 밖에서 자기 입법의 요구를 지각할 수 있다.[14]

호네트는 소극적·법적 자유 개념의 병리 현상을 의사소통 단절을 넘

---

11 Axel Honneth, *Das Recht der Freiheit*, p. 51 참조.
12 Axel Honneth, *Das Recht der Freiheit*, p. 154 참조.
13 Axel Honneth, *Das Recht der Freiheit*, p. 153 참조.
14 Axel Honneth, *Das Recht der Freiheit*, pp. 139ff. 참조.

어서 민주주의 사회에서 합리성의 손상으로 확장한다. 시민의 정치적·공적 영역을 법적 자유가 지나치게 압박하거나 혹은 시민의 자기 형성과 교육의 지평에서 법적 자유가 강조될 경우에 하버마스가 말하는 생활세계의 내적 식민화에 준하는 병리가 생겨날 수 있다. 무엇보다 법의 영역과는 다른 사회적 상호 작용이 요구되는 곳에서조차 법적 자유가 침범하는 것은 사회적 협력의 구성원들이 가진 합리적 능력에 손상을 초래한다.

먼저 법적 사유의 절대화나 법적 인격의 독립화, 다시 말해 모든 사회적 문제 해결을 법에 호소하는 현상이 발생할 수 있다. 소극적·법적 자유의 과잉은 주로 자유민주주의 체계를 가진 나라에서 일어난다. 이런 나라의 국민은 모든 갈등과 분쟁을 법원에서 조정하고 이 과정에서 성공을 전망하는 행위자가 된다. 국민은 법적으로 표현할 수 없는 의도나 문제에 대한 감수성을 상실한다.[15] '법-최소주의', '법-최대주의', '법-만능주의'가 범람하게 된다.[16]

법 공동체의 동료들과의 상호 작용에는 전략적인 전경만이 아니라 공유된 생활세계의 배경도 함께 연결된다. 하지만 의사소통적으로 해결해야 할 문제들조차 사법적 중개 절차에 의해 독점적으로 처리될 때, 생활세계의 배경은 사라지고 전략적 행위와 일반화 가능한 이익 관심만이 타당성을 가지게 된다. 법적 자유의 권리 주체로 환원된 인격체는 오직 '법적 요구들의 합계'(Person als Summe ihrer rechtlichen Ansprüche)[17]로 물화(物化)된다. 이런 병리 현상과 더불어 행위 능력을 상실한 무기력한 성

---

15 Axel Honneth, *Das Recht der Freiheit,* pp. 161ff. 참조.

16 '법-만능주의'의 가장 직접적인 병폐는 시민의 자율성을 억누르면서 동시에 정치의 부재를 초래하는 것이다. 법은 한편으로 자유와 자율의 보호이자 증진이지만, 그것의 전면화는 정반대의 결과를 초래할 수 있다. 여기서 염두에 두어야 할 것은 법과 불법이 이성과 비이성처럼 서로 얽혀 있다는 사실이다. "법은 비합리적 합리성의 근원 현상이다." Theodor W. Adorno, *Negative Dialektik*, Frankfurt am Main: Suhrkamp, 1975, p. 304.

17 Axel Honneth, *Das Recht der Freiheit,* p. 164.

격을 가진 사람들이 많아진다. 그만큼 사회적 연대와 가치 공유, 그리고 상호 주관적 인정 능력이 크게 훼손된다.

② 성찰적·도덕적 자유(Reflexive/Moralische Freiheit)는 주체의 성찰 능력에 뿌리를 두고 있다. 호네트에 따르면, 성찰적 자유는 주체가 좋음에 대한 사회적 요구와 자기 규정 사이에서 도덕적 균형을 유지하기 위한 기본 전제이다. 성찰적 자유의 주체에게는 두 가지 요구가 있다. 먼저 도덕에 대한 소속 집단의 사회·문화적 요구가 있는데, 이것은 도덕의 문화적 체계에 해당한다. 다른 쪽에는 자기가 진정한 주인으로서의 삶을 이끌어가고자 하는 인격적 요구가 있다. 두 요구 사이에서 이성적이고 자기의식적인 균형을 유지할 수 있는 능력이 도덕적 성찰이다.

호네트는 주체의 개인적 성찰의 자유에 대해 도덕적 지평에서 높은 가치를 부여한다. 이는 그가 성찰적 자유를 개별성과 특수성, 개별성과 보편성의 균형으로 이해하기 때문이다. 성찰적·도덕적 자유의 주체는 자신의 도덕적 자율성을 상호 주관성의 지평에서 정당화하려 한다. 성찰적·도덕적 자유의 주체는 분명 자기 안에서 홀로 사유하고 규칙과 원칙을 세운다. 그러나 그는 자신의 자유성과 자기 입법이 생활세계의 사회적 구조와 상호적 인정 논리 속에 뿌리내려 있다는 것을 자각한다.[18]

성찰적·도덕적 자유를 가진 주체는 현재 통용되는 도덕적 규범에 대해 공적으로 문제를 제기할 수 있다. 성찰적·도덕적 자유는 주체가 도덕 규범의 정당화 담론을 요구하거나 참여할 수 있는 권리이다. "우리가 내리는 개인적 결정이 항상 다른 사람에게 영향을 끼친다"[19]라는 사실을 고려할 때, 규범의 정당화 담론에 참여하는 것은 성찰적·도덕적 자유의 주체가 부담해야 하는 짐이기도 하다. 이 맥락에서 호네트는 성찰적·도덕적 자유가 소극적·법적 자유처럼 상호 인정의 기본 형식을 가정해야

---

18 성찰적 자유는, 칸트 철학에서는 분명하게 독단적 주체성의 패러다임에 갇혀 있다. 카를-오토 아펠(Karl-Otto Apel)과 하버마스는 칸트의 반성적 자유를 상호 주관성의 지평으로 확장한다. 이에 대해서는 Axel Honneth, *Das Recht der Freiheit*, p. 69 참조.

19 Axel Honneth, *Das Recht der Freiheit*, p. 205.

만 한다고 말한다.

호네트는 ① 소극적·법적 자유만이 아니라 ② 성찰적·도덕적 자유도 상호 주관적 인정 질서 속에서 이해한다. 다만 그는 ①보다 ②의 가치를 더 높이 평가한다. 왜냐하면 ①은 외부적 방해 없이 주체가 자신의 삶을 변화시킬 수 있는 자유로 제한되는 반면에, ②는 도덕적 규범의 공적 담론에 영향을 끼칠 수 있기 때문이다.[20]

성찰적·도덕적 자유의 주체들은 각자 개인적으로 옳다고 간주하는 원칙을 지향할 것으로 간주된다. 다만 그들은 자신들이 지향하는 원칙의 정당화를 요구받을 경우에, 때에 따라 보편적 근거를 동원해 논증해야 한다. 성찰적·도덕적 자유의 주체들은 법적으로 규제되지 않은 갈등을 기존의 관계와 의무를 고려하지 않고 판단할 수 있는 무당파적 행위자의 관점을 유지해야만 한다.[21] 무당파적 관점은 개인적 관점을 제거할 수 있다. 그러나 호네트는 그것이 주체가 사적이고 사회적인 연대에 둔감해지거나 감각을 상실하는 탈인격화가 아니라고 말한다.

호네트는 성찰적·도덕적 자유의 주체가 갖는 무당파성에서 그 자유의 병리 현상을 찾는다. 만약 성찰적·도덕적 자유의 주체가 지향하는 행위의 원칙이 배타적으로 도덕적 보편화 가능성에 정향되면 될수록 그것의 왜곡 가능성은 커진다. 강한 도덕주의는 탈맥락적 도덕주의와 도덕적 테러리즘을 촉진할 수 있다.[22] 성찰적·도덕적 자유가 합리성의 파괴로 이어질 경우에 개인의 행위는 경직되고 마비되며, 결국 사회적 고립과 의사소통의 상실이 두드러지게 나타난다.

성찰적 개인이 도덕적 자기 입법의 과정에서 자신의 도덕적 신념을 보편화할 경우, 이는 심각한 위험을 동반한다. 이 경우에 성찰적·도덕적 자유의 주체는 구체적인 환경과 특수한 사회적 생활세계에서 통용되는

---

20 Axel Honneth, *Das Recht der Freiheit*, p. 205 참조.

21 Axel Honneth, *Das Recht der Freiheit*, p. 198 참조.

22 Axel Honneth, *Das Recht der Freiheit*, p. 207 참조.

규범의 타당성을 과도하게 부정한다. 도덕주의는 마치 종교에서의 근본주의처럼 주체를 도구처럼 다루게 된다. 이 경우에 상호 주관적 인정의 실천이나 자율적 성찰조차 도덕적 입법에 순응하는 조정 과정으로 환원된다. 결국 상호 주관적인 사회적 인정은 도덕주의에 적응하고 순응하는 것으로 대체된다.[23]

2. 사회적 자유와 적극적 자유

성찰적·도덕적 자유의 과잉은 도덕주의라는 병리를 불러올 수 있다. 도덕주의가 팽창하게 되면 주체는 자신의 고유한 개별성이나 진정성을 토대로 사회적 가치와 존엄성을 얻지 못한다. 도덕주의 아래에서 주체는 단지 공동의 거대한 목표에 도달하기 위한 도구로서 기능할 때만 가치를 갖는다.

③ 사회적 자유(Soziale Freiheit)는 호네트가 현대 사회의 민주적 인륜성이 품고 있는 제도들을 규범적으로 재구성하는 데에 결정적인 기준으로 작용한다. 사회적 자유 개념 속에는 ① 소극적·법적 자유와 ② 성찰적·도덕적 자유의 병리 현상을 해소하거나 약화시킬 수 있는 처방전이 숨어 있다. 그뿐만 아니라 사회적 자유 개념은 자유를 개인의 의지나 행위의 지평에서 제도의 지평으로 확장한다.

소극적·법적 자유만이 아니라 성찰적·도덕적 자유조차도 그것이 전개되거나 실현되기 위해서는 제도화를 고려하지 않을 수 없다. 소극적·법적 자유와 성찰적·도덕적 자유 모두 독단적 주체 안에서 구성되고 실현될 수 없다. 자유는 그것이 어떤 것이든 간에, 주체들 사이의 상호적 관계를 통해서만 실현될 수 있다. 이 상호적 관계가 성과로서 등장하는 것이 사회적 자유이다.

---

23 Axel Honneth, *Das Recht der Freiheit*, pp. 208ff. 참조.

호네트에게서 사회적 자유는 자율(Autonomie)과 인정(Anerkennung)의 결합이다. 성찰적 자유가 실현되기 위해서는 일종의 합리적 자기 관리가 요구되는데, 이는 곧바로 담론을 통한 상호 주관적 상호 작용을 요구한다. 이에 대한 이해를 돕기 위해 우리는 여기서 벌린이 제시한 자유의 두 개념을 끌어올 수 있다.

호네트의 소극적·법적 자유와 성찰적·도덕적 자유의 구별은 벌린의 두 가지 자유를 확장하고 발전시킨 것으로 보인다.[24] 잘 알려진 것처럼 벌린은 자유를 소극적 자유와 적극적 자유로 나눈다. 호네트가 제시한 ① 소극적·법적 자유가 벌린의 소극적 자유를, ② 성찰적·도덕적 자유는 적극적 자유를 확장한 개념이다.

> 한 개인의 행동을 강제하는 것은 자유의 박탈이다. …… 인류의 역사상 도덕 이론가들은 거의 모두 자유를 찬양하였다. …… 나는 다만 그중 두 의미만을 검토해 보려 한다. …… 둘 중 첫 번째의 의미를 …… 나는 '소극적'(negative) 의미라 일컫기로 한다. 이는 다음과 같은 질문에 대한 답에 함유되는 종류의 것이다. "인민 ─ 한 사람 또는 일군(一群)의 사람 ─ 이 다른 사람의 간섭 없이 스스로 할 수 있는 일을 할 수 있도록, 또는 스스로 될 수 있는 존재가 될 수 있도록 방임되어야 할 영역은 무엇인가?" 두 번째 의미를 나는 '적극적'(positive) 의미라 지칭할 것이며, 이는 다음과 같은 질문에 대한 답에 함축되는 종류이다. "한 사람으로 하여금 이것 말고 저것을 하게끔, 이런 사람 말고 저런 사람이 되게끔 결정할 수 있는 통제 및 간섭의 근원이 누구 또는 무엇인가?"[25]

벌린의 지적처럼 소극적 자유와 적극적 자유는 서로 중복될 수 있는

---

24 악셀 호네트, 문성훈·이현재·장은주·하주영 옮김, 『정의의 타자: 실천 철학 논문집』, 나남출판, 2009, 375쪽 이하 참조.
25 이사야 벌린, 박동천 옮김, 『자유론』, 아카넷, 2006, 343~44쪽.

부분도 있지만 분명하게 구별할 가치가 있다. 소극적 자유는 간섭받지 않고 스스로 행동을 선택할 수 있는 가능성, 곧 방해 없이 자신의 삶의 방향을 선택할 수 있는 가능성이다. 벌린은 간섭이나 방해의 주체를 다른 사람으로 제한한다. 나의 정신적이거나 육체적인 능력 혹은 나의 삶을 구성하는 조건은 소극적 자유를 방해하는 요인으로 받아들이지 않는다. 따라서 나의 소극적 자유와 타인의 불간섭은 정비례한다.

누구도 방해하지 않으면서 누구에게도 방해받지 않는 자유, 이런 소극적 자유는 어떻게 가능한가? 지금 여기 나의 상황으로 접근해 보자. 어느 누구도 내가 하루 종일 연구실에서 자유의 철학을 연구하는 데 방해하지 않는다. 그리고 나의 연구 활동은 누구의 자유도 방해하지 않는다. 이 맥락에서 연구자로서 살아가는 나는 소극적 자유의 주체이다. 나는 이 소극적 자유를 언제까지 향유할 수 있을까? 영원히? 그럴 수도 없고, 그래서도 안 된다.

지금 나의 이 소극적 자유는 법과 제도를 통해 보장되고 있다. 학문 연구와 교육, 그리고 한국의 대학이라는 제도의 틀 안에서 나는 나의 학문적 자유를 일시적으로 향유할 수 있다. 이 향유는 제도를 통해 타인의 인정이 전제되었을 때까지만 지속된다. 만약 누군가 나의 연구가 제도를 벗어나 타인의 자유를 방해한다고 말하거나 혹은 타인이 나의 자유를 보장하는 제도들에 문제를 제기한다면, 나는 나의 자유를 지속하기 위한 의사소통 절차에 진입해야만 한다.

남에게 방해받지 않을 나의 자유는 남의 자유를 방해하지 않는다는 조건과 결합되어 있다. 그런데 나의 자유가 남의 자유를 방해하는지의 여부는 나 홀로 결정할 수 없다. 그것은 자유가 아니라 독단이다. 따라서 가장 소극적인 의미의 자유조차도 타인의 인정이 없이는 불가능하다. 실제로 누구나 나에게 나의 자유로운 연구 활동이 타인의 자유를 방해했다고 문제를 제기할 수 있다. 이때 나는 타인에게 그의 주장이 타당하다는 근거와 이유의 제시를 요구할 수 있다. 나는 그의 주장과 그 주장의 타당성을 보여 주는 근거를 받아들이거나 혹은 거부할 수 있다. 나만이 아니라 그 역시 자유의 타당성 범위에 대해 언제라도 담론을 제시하고, 참여하고, 중단할 수 있다. 이 자유가 보장될 때만이 소극적 자유가 독단이나 폭력의 위험성에서 벗어날 수 있다.

복잡성이 증가한 사회에서 자유의 한계를 매번 관련 당사자들의 의사소통적 담론과 동의 절차를 통해 결정할 수는 없다. 따라서 소극적 자유의 한계는 불가피하게 법적 규범을 통해 예측 가능한 방식으로 설정되어 있어야 한다. 실제로 대부분의 법률은 자유의 한계에 대한 규정으로 구성되어 있다. 이 맥락에서 호네트는 소극적 자유를 법적 자유로 중첩 규정한다.

자유로운 사회라면 누구나 자유의 한계에 대한 담론을 요구할 수 있고 동시에 담론에 참여할 수 있어야 한다. 담론 참여의 여부를 방해 없이 결정할 수 있는 권리는 소극적·법적 권리에 해당한다. 반면에 담론에 참여해 제기된 타당성 주장에 정당화를 요구하면서 그에 대한 자신의 입장을 취할 수 있는 권리는 의사소통적 권리이다. 소극적 자유는 의사소통적 자유의 실현이 가능하기 위한 조건이다. 거꾸로 의사소통적 자유는 소극적 자유의 타당성을 검증할 수 있는 가능성의 조건이다.[26]

자유의 한계에 대한 담론을 부정하는 것은 '방해 없는 자유'라는 소극적 자유의 규정 자체를 부정하는 것과 같다. '방해 없는 자유'가 소극적 자유라고 할 때, 방해의 유무는 홀로 결정할 수 없다. 방해는 적어도 두 사람 사이에서 일어나는 행위이다. 따라서 한 쪽이 일방적으로 방해의 유무를 확정할 수 없다. 적어도 양쪽 모두의 암묵적 동의가 있어야만 한다. 그리고 그 동의에 대해 누구나 언제든 이의를 제기할 수 있어야 자유로운 사회이다. 이는 적극적 자유의 경우에도 마찬가지이다.

---

26 Klaus Günther, "Communicative Freedom, Communicative Power, and Jurisgenesis", *Cardozo Law Review*, vol. 17, no. Issues 4-5, 1995, p. 1040 참조. 클라우스 귄터(Klaus Günther)에 따르면, 근본적 차원에서 소극적 자유가 의사소통의 자유에 앞서지만 화자(話者)와 청자(聽者)가 상호적으로 발화 수반적 의무를 수용한 이후에는 두 자유의 관계는 다르게 나타난다.

적극적 자유는 한 사람이 자기 행동의 선택과 삶의 설계에서 주체가 되는 것이다. 나에게 사회학이 아니라 철학, 인식론이 아니라 사회철학, 정의의 문제가 아니라 자유의 문제를 연구하라고 말한 사람은 바로 나다. 나에게 회사원이 아니라 연구자의 길을 가라고 말한 사람도 나다. 나의 지배자는 오직 나다. 이 맥락에서 나는 적극적 자유를 향유한다.

그런데 벌린이 말하는 적극적 자유는 단 하나의 삶의 양식 및 행위 형식에 특권을 부여한다. 문화 혹은 가치다원주의를 지향하는 벌린에게 적극적 자유는 집단적 삶의 형식 속에서만 가능하다. 그런데 개인이 자신이 선택한 문화에 속할 권리는 개인의 소극적 자유를 법제화하는 것만으로는 불가능하다. 문화적 소속의 자유는 적극적 자유를 통해 보장되어야 한다. 자유는 단지 개인의 정체성만이 아니라 소속된 문화의 정체성이 존중되고 인정될 때에라야 가능하기 때문이다. 이 맥락에서 벌린은 그가 자유의 적으로 줄곧 소환하는 헤겔과 조우하는 것으로 보인다.

> 자유롭지 못하다고 느끼는 의미는 스스로 다스리는 인간 개체로 인정받지 못한다는 점일 수도 있지만, 인정받지 못한 집단 또는 충분히 존경받지 못하는 집단에 속한다는 점일 수도 있다. 후자의 경우 나는 내 계급, 공동체, 민족, 인종, 직업 전체의 해방을 원하게 되는 것이다.[27]

벌린은 개인이 자신의 소극적 자유를 희생하면서까지 그가 속한 공동체의 문화가 생존하길 바랄 수 있다고 말한다. 내가 소속된, 그래서 생존하기를 바라는 문화가 소극적 자유를 허락하지 않는 경우가 여기에 해당한다. 문화적 상호 인정의 질서에 대한 열망이 이처럼 소극적 자유와 경쟁을 벌이는 경우를 우리는 쉽게 확인할 수 있다.

벌린은 자유와 인정이 서로 충돌할 수 있다는 것을 인정한다. 하지만 그는 인정을 자유로 번역하는 것에는 반대한다. 그에 따르면, 인정을 향

---

27 이사야 벌린,『자유론』, 400쪽.

한 욕구는 문화적 동질성, 공동체적 희생과 의존, 공통의 계급적 이해에 기초한 연대를 향한 욕구이다. 인정 욕구에는 자유만큼 중요한 가치가 있다. 하지만 자유의 친척은 될지언정 자유 그 자체는 아니다. 그는 인정을 사회적 자유라고 명명하는 것을 왜곡이라고 못박는다.[28]

공동체주의와 자유주의 논쟁을 통해 문화, 계급, 종교, 지역의 공동체에 속할 수 있는 자유를 개인의 소극적 자유의 문제로 환원할 수 없다는 것이 어느 정도 분명해졌다. 문화적 소속과 관련된 권리를 적극적 자유라고 부를 것이냐, 아니면 상호 인정에 기초한 문화다원주의로 부를 것이냐는 중요하지 않다. 적극적 자유의 위험성에 대한 예민한 촉수를 가진 벌린에게 소극적 자유와 적극적 자유의 동등한 조화보다는 자유와 인정의 조화가 이론적으로 부담이 더 적을 것이다. 그는 어떤 경우에도 소극적 자유를 대가로 지불하는 것에 반대한다. 무엇보다 그는 소극적 자유를 위협하는 적극적 자유에 대해 지속적으로 경고를 보낸다.

합리적 자기실현, 특수한 문화적 선택과 삶의 구성, 정치적 참여로 표현되는 적극적 자유에 대한 의식은 고대 그리스에서 발전했다. 인민, 시민 혹은 국민 주권으로 표현되는 적극적 자유는 자율과 자치의 지평에서 이해된다. 벌린은 뱅자맹 콩스탕(Benjamin Constant)의 관점을 받아들여 고대의 공적 주권으로서의 적극적 자유가 사적인 영역에서는 개인을 노예 상태로 내몰았다고 말한다.[29]

콩스탕은 고대의 자유와 현대의 자유를 명확하게 분리해 이해한다. 그에 따르면, 고대인의 자유는 집단적이고 직접적이다. 주권자로서 적극적 자유을 가진 고대의 시민은 공적인 광장에서 전쟁과 평화, 외교 정책을 토론하고 결정했으며, 입법과 관련된 투표와 관리를 관리·감독하는 일, 그리고 지방관을 광장으로 소환해 비판하거나 사법적 판결을 내리는 일을 했다. 반면에 소극적 자유를 갖는 현대인은 다른 사람이나 권력자가

---

28 이사야 벌린, 『자유론』, 401쪽 참조.
29 이사야 벌린, 『자유론』, 408쪽 이하 참조.

아니라 법만을 따르며, 의견 표현과 의지 형성, 직업 선택, 재산 소유, 종교 선택, 선거의 권한을 가진다. 콩스탕이 현대인의 자유에서 중요하게 생각한 것은 사생활의 보호와 인정이다. 현대의 자유인은 누구의 허가도 받지 않고, 그리고 자기 행위의 동기를 설명할 필요도 없이 다른 개인들과 관계를 맺거나, 그들의 이해관계를 논하거나, 그들과 신념을 교환하거나 심지어 그들의 성향이나 변덕에 기대에 자신의 삶과 시간을 구성하고 보낼 수 있다. 반면에 적극적 자유를 향유했던 고대의 주권자는 사생활을 철저히 통제받았다.

> 모든 사적인 행동은 엄중한 감시에 회부되었다. 개인의 독립은 의견과 관계도, 노동도, 무엇보다도 종교도 중요하지 않았다. 우리 현대인이 가장 소중하게 여기는 권리인 자신의 종교적 소속을 선택할 권리는 고대인들에게는 범죄와 신성 모독으로 보였을 것이다. 우리에게 가장 유용하게 보이는 영역에서 사회 기구의 권위가 개입해 개인의 의지를 방해했다. …… 따라서 고대인들 사이에서는, 거의 항상 공적인 일에 있어 주권자인 개인은 그의 모든 사적 관계에서 노예였다. 시민으로서 그는 평화와 전쟁을 결심했고, 개인으로서는 자신의 모든 움직임에 제약을 받고, 감시당하고, 억압당했다. 집단적 신체의 일원으로서 그는 심문하고, 해임하고, 비난하고, 구걸하고, 추방했지만, 또한 그의 지방관과 상관에게 사형을 선고받았으며, 집단 신체의 신하로서 스스로 자신의 것을 빼앗길 수 있었다.[30]

콩스탕은 현대인의 자유를 개인의 자유로, 고대인의 자유를 집단의 자유로 규정한다.[31] 벌린은 콩스탕의 입장을 받아들여 개인의 소극적 자유

---

30 Benjamin Constant, "The Liberty of the Ancients Compared with that of the Moderns", Jonathan Bennett (trans.), https://earlymoderntexts.com/assets/pdfs/constant1819pdf., 2017, p. 2.
31 큰 틀에서 콩스탕의 구별은 타당성이 있다. 하지만 고대인에게서 사적 자유가 없었다

를 배타적 권리로 보호하는 자유주의를 내세운다. 벌린은 두 가지 맥락에서만 적극적 자유의 가치를 인정한다. 하나는 앞에서 언급한 것처럼 문화와 가치의 다원주의적 관점에서 개인들이 가능한 한 다양한 목적을 실현할 수 있는 맥락에서 적극적 자유를 옹호한다. 이 맥락에서 그는 일원론, 형이상학, 합리주의, 이성주의, 도덕주의와 결합된 적극적 자유를 신랄하게 비판한다. 다른 하나의 적극적 자유는 개인의 소극적 자유를 보호하는 수단으로서만 가치를 갖는다.[32]

벌린은 적극적 자유에 소극적 자유와 문화다원주의를 보호하는 것 이상의 가치를 부여하는 모든 관점을 위험하다고 비판한다. 소극적 자유와 문화다원주의를 보호하는 것 이상으로 확장된 적극적 자유는 그에게서 집단의 자유이고 전체의 승리이며, 결국 폭력의 다른 이름이다. 과잉된 적극적 자유는 사적 영역에서 노예 상태에 있는 사람들에게 스스로 자유롭다고 선언하도록 만드는 마취제와 같다. 이 맥락에서 민주와 주권은 언제나 위험한 것이다.

벌린은 적극적 자유에 과도한 가치를 부여하는 사람들이 형이상학

고 말하는 것은 원칙적으로 타당하지 않다. 어느 시대 누구에게나 정도의 차이는 있지만 사적 자유가 있다. 노예에게도 최소한의 사적 자유는 있다. 그래야만 노예제가 유지된다. 어떤 자유도 없는 노예에게는 책임을 물을 수 없다. 따라서 고대인에게 없었던 것은 사적 자유라기보다는 사적 자유에 대한 의식이라고 보아야 한다. 한나 아렌트(Hannah Arendt)에 따르면, 실제로 고대 그리스에서 사적 자유에 침잠한 삶이 있었다. 고대 그리스에서 사적 영역에서의 자유를 향유할 수 있는 사람은 대부분 공적 영역에서 자유를 누리는 사람, 곧 자유 시민이다. 그런데 콩스탕이 지적하는 것처럼 이들은 사적 영역에서 많은 제약을 받아들여야만 했다. 그 때문에 이들에게조차 사적 영역에서 누리는 자유는 빈곤했다고 말할 수 있다. 더구나 자유 시민은 자신의 지위를 지속하기 위해 매우 성실하게 일을 해야만 했다. 풍요로운 재산과 가정 경영을 지속하기 위해 자유 시민은 실제로 자신의 사적 삶에서의 자유를 향유하지 못했다. 반면에 '가난한 자유인'도 있었다. 이들은 적은 수입의 비일상적이고 고통스러운 노동을 자발적으로 선택했는데, 비록 가난하지만 자신의 시간과 삶을 자기 스스로 구성하고 결정하는 사적 자유를 향유하고자 했다. Hannah Arendt, *The Human Condition*, Chicago: The University of Chicago Press, 1958, p. 31 참조.

32 이사야 벌린, 『자유론』, 411쪽 참조.

적 일원론과 목적론, 그리고 자기 통치라는 자율의 환상에 빠져 있다고 단언한다. 이들에게서 자유는 진리, 이성, 목적, 주체에의 복종이다. '자유=복종'의 등식으로 가는 몇 가지 길이 있다. 먼저 내면의 성채로 은둔하는 것이다. 자아 해방의 길을 가는 금욕주의자, 정적주의자, 스토아주의자, 그밖에 자기 해탈로 모든 문제를 해결하려는 종교는 나의 소극적 자유를 가로막는 장애물을 제거하지 않고 장애물이 있는 현실을 벗어나 내면으로 도피하는 길을 택한다. 칸트의 심정 윤리는 이 맥락에서 자기의 내면으로 떠난 이민으로 해석된다. 이는 곧 두 번째인 합리적이고 이성적인 자아로 가는 길과 연결된다. 계몽주의와 합리주의의 전통 속에서 나와 세계를 일치시키는 것이다. 나와 세계는 모두 합리적이고 이성적인 존재이고 심지어 자유를 지향하기 때문에, 언젠가 그것이 실현될 것이라는 믿음을 가지는 것이다. 이 길은 다시 세 번째 길인 일원론에 기초한 법으로 가는 길과 이어진다. 여기에는 다음과 같은 추정들이 이어진다.

첫째, 모든 인간에게는 오직 하나의 진정한 목적이 있다. 둘째, 모든 합리적 존재들의 목적은 보편적이며 조화로운 단일한 패턴에 반드시 꼭 들어맞는다. 사람들 중에는 그 패턴을 남달리 명료하게 인식할 수 있는 이들이 있다. 셋째, 모든 갈등, 그러므로 모든 비극은, 순전히 이성이 불합리한 것 또는 충분히 합리적이지 못한 것과 — 개인이나 집단의 삶에서 미숙하고 발전되지 못한 요소와 — 충돌한 데에 기인한다. 그러한 충돌은 피할 수 있는 것이며, 완전히 합리적인 존재들 사이에서는 발생하지 않는다. 마지막으로, 모든 사람이 합리적이게 되면, 자기 자신의 본성에서 나오며 모든 사람의 경우에 똑같이 한 가지인 합리적 법칙에 복종할 것이다. 그리하여 그들은 완전히 법을 준수하면서 동시에 완전히 자유로울 것이다.[33]

---

33 이사야 벌린, 『자유론』, 395쪽.

제시된 세 가지 길에서 자유는 복종이다. 그런데 호네트가 밝히고 있는 것처럼 소극적 자유의 과잉도 모든 문제를 법으로 소환하는 문제를 갖기는 마찬가지이다. 최종 해답이 있다는 믿음을 가진 형이상학적 일원론이나 이성주의만이 '자유=법'이라는 함정에 빠지는 것은 아니다. 방해받지 않을 자유로서 소극적 자유의 충동을 자유롭게 해결할 수 없는 상황이 될 때, 법이 모든 문제의 해결사로서 등장하는 것은 너무나 자연스럽다. 이 맥락에서 나는 소극적 자유의 사법화를 막으려면 의사소통적 자유가 요구된다고 본다. 이는 적극적 자유의 경우에도 마찬가지이다. 문화와 가치다원주의는 다양한 목적이 최대한 보장되어야만 한다. 그런데 이 경우에 자신의 목적을 선택하고 실현하는 개인의 적극적 자유는 타인의 목적을 좌절시켜서는 안 된다.

벌린은 자유주의자이면서 공동체주의자이다. 그는 소극적 자유의 배타적 우선성을 주장하는 자유주의자이다. 동시에 그는 모든 문화, 모든 가치, 모든 목적이 동등한 가치를 지니고 있다는 다원주의를 옹호하는 공동체주의자이기도 하다. 벌린이 이처럼 서로 모순되는 것처럼 보이는 입장을 조화시키려는 이유는 무엇보다 그가 지지하는 소극적 자유주의를 무연고적(unencumbered) 개인과 추상적 자아를 가정한다는 비판에서 구제하고 싶은 의지에서 비롯된 것으로 보인다.

3. 법과 자유, 그리고 의사소통적 자유

자유주의와 공동체주의 논쟁은 사회를 통합하는 공동의 가치나 문화가 없이는 민주주의와 법치주의가 지속할 수 없다는 것에 대해 암묵적 합의를 맺었다. 이 맥락에서 상호 주관적이고 연대적인 사회 혹은 공동체 개념은 임의적인 것이 아니라 불가피하며, 그 틀에서 규범적 특징을 가진다고 말할 수 있다. 개인이 자율적으로 판단하는 능력은 그것의 역사적·사회적 맥락과 분리될 수 없다.[34] 그렇다고 벌린처럼 소극적 자유의 배타적 우선성을 강조하기 위해 자율성의 가치를 폄하해서는 안 된다. 자율성은 개인이 소속된 사회나 공동체가 그것을 허용하는 정도와 밀접한 연관을 갖지만, 그렇다고 거기에 반드시 종속되는 것은 아니다. 자유가 없어도 자유 의식은 있을 수 있다. 사회로부터 개인의 연고성과 독립성이 지나치게 강조되어서도 안 되지만, 그렇다고 무시되어서는 더욱 안 된다. 여기서 다시 잠깐 '자유=법'이라는 함정을 들여다볼 필요가 있다.

> 의지의 자율은 모든 도덕 법칙들과 그에 따르는 의무들의 보편적 원리이다. …… 그러나 법칙의 모든 재료(이른바 욕구 대상들)로부터의 독립성과 함께 준칙이 그에 부합해야 하는 순전히 보편적인 입법 형식에 의한 자의의 규정이 도덕성의 보편적 원리이다.[35]

> 법의 지반은 전적으로 정신적인 것이며, 법의 등장하는 위치와 출발점은 자유로운 의지이다. 따라서 자유는 법의 실체이자 규정에 해당하며, 법체계는 실현된 자유의 왕국이며, 정신 스스로가 제2의 자연으로서 산출해 낸 정신의 세계이다.[36]

---

34 "의지는 그것의 질료인 사회와 분리되지 않는다." Theodor W. Adorno, *Negative Dialektik*, p. 233.

35 Immanuel Kant, *Kritik der praktischen Vernunft*, Hamburg: Felix Meiner, 1990, p. 39.

36 G. W. F. Hegel, *Grundlinien der Philosophie des Rechts*, in: *Werke* in zwanzig Bänden 7, Frankfurt am Main: Suhrkamp, 1970, §4. 아리스토텔레스도 유사한 맥락에서 법의 가치를 다음과 같이 표현한다. "또 법률은 용감한 사람들이 하는 일(ergon)을 하라고 명한다. 예를 들어 전투 대형의 위치를 이탈하지 말고, 도망치거나 무기를 버리지도 말라고 명한다. 또 절제 있는 사람이 하는 일을 하라고, 가령 간음하지 말고 오만하게 행동하지 말라고 명하며, 온화한 사람처럼 행하라고, 예를 들어 다른 사람을 때리거나 험담하지 말라고 명한다. 이와 마찬가지로 다른 탁월성과 못됨에 따라서도 법률은 어떤 행위는 하라고 명하고, 다른 어떤 행위는 하지 말라고 금지하는데, 제대로 제정된 법은 올바른 방식으로 그러는 반면, 덜 신중하게 만들어진 법은 열등한 방식으로 그렇게 한다." 아리스토텔레스, 강상진·김재홍·이창우 옮김, 『니코마코스 윤리학』, 도서출판 길, 2011, 162~63쪽.

두 인용문을 통해 우리는 칸트와 헤겔의 철학을 '자유=법'이라는 함정에 빠진 대표적인 철학으로 읽을 수 있다. "법률에 복종하는 의지만이 자유"[37]라거나 "주관적 의지가 법칙에 복종함으로써 자유와 필연의 대립은 사라진다"[38]라는 헤겔의 주장을 보면, 위대한 자유의 철학자가 모두 자유를 배반하는 것처럼 보일 수도 있다. 여기서 자세하게 논의할 수는 없지만, 법이 결코 자유의 수호신이 아니라는 사실은 너무나 쉽게 확인할 수 있다. 그렇다고 법을 통하지 않고 자유의 가능성을 논하는 것도 불가능하다.

'자유=법'의 논리에는 실천이성의 보편성과 합리적 주체의 자율성이 깊숙이 뿌리내리고 있다. 칸트는 실천이성을 사적 욕망과 이익 관심에 사로잡히지 않은 의지로서 규정하고 이 의지를 모든 개별 인간이 가지고 있다고 말한다. 그에게 실천이성은 모든 사람이 소유하는 사실(Faktum)이다. 모든 사람은 이성을 가진 합리적 주체로서 자기 입법의 능력인 자율성을 가지고 있다. 법은 이런 합리적 주체가 자율적으로 형성한 권리체계이자 규범체계이다. 법은 자유의 권리이면서 동시에 강제의 규범이다.

칸트에게서 강제(Zwang)는 자유에 대한 억압이고, 자유의 적이다. 그런데 법이 집행하는 강제는 "자유에 대한 방해의 저지로서"(als Verhinderung eines Hindernisses der Freiheit)[39] 개인의 자유에 대한 침해를 방지하

---

37 G. W. F. 헤겔, 임석진 옮김, 『법철학』, 한길사, 2008, 70쪽.

38 G. W. F. 헤겔, 『법철학』, 100쪽.

39 임마누엘 칸트, 백종현 옮김, 『윤리형이상학』, 아카넷, 2012, 153쪽. 벌린은 자유와 강제의 개념적 연계에 대해 다음과 같이 비판적 입장을 취한다. "반사회적 행태에는 제약이 있어야 하고, 자신이나 자기 자식이나 타인을 해치는 행위를 막아야 할 경우가 있다는 점은 다른 편(자유주의)에서도 부인하지 않는다. 다만 이들은 그러한 제약이 아무리 정당하다고 할지라도 자유는 아니라고 보는 것이다. 안전이나 평화나 건강 등, 여타 좋은 일에 자리를 내주기 위해 자유가 차단되어야 할 경우도 있을 수 있다. 또는 내일의 자유가 가능해지도록 오늘의 자유가 차단되어야 할 수도 있다. 그러나 자유를 차단하는 것이 자유를 제공하는 것과 같은 일이 되지는 않는다. 강제는 아무리 훌륭한 명분으로 정당화되더라도 강제이지 자유는 아닌 것이다." 이사야 벌린, 『자유론』,

는 데 사용되는 한에서 정당하다. 여기서 법은 나의 자유와 너의 자유 사이의 내적 결합이면서 동시에 서로의 자유를 보호하기 위한 상호 강제의 규범으로서만 타당성을 갖는다. 이 맥락에서 칸트는 자유를 지키기 위해서는 자유의 담지자인 합리적 주체들이 보편적 실천이성의 법칙에 따라 자율적으로 만든 '법에 대한 존중'을 가지고 법을 준수해야 한다고 주장한다.

칸트는 법을 보편적 법칙을 통해 어느 누구의 자유와도 화합하는 강제로 규정한다. 그가 말하는 실천이성의 체계에서 "법이란 그 아래서 어떤 이의 의사가 자유의 보편적인 법칙에 따라 다른 이의 의사와 합일될 수 있는 조건들의 총체이다".[40] 그러나 어떤 이의 의사와 다른 이의 의사가 어떤 방식으로 합일될 수 있을까? 외적 자유의 보편적 법칙은 자유의 합일과 공존을 위해 어떤 방식으로 구성될 수 있을까? 칸트는 자유의 보편적 법칙을 실천이성으로부터 정당화한다.

이제 실천이성이 감내해야 하는 정당화의 부담은 칸트의 시대와는 비교할 수 없을 정도로 복잡해진 사회 구조와 생활 형식의 다원성을 견뎌낼 수 없다. 복잡성이 증가한 사회에서 무엇보다 누구의 자유와도 화합할 수 있는 법적 강제란 없다. 생활 형식은 점점 다원화하고 공공성과 친밀성의 구성이 더 개인화하면서 생활세계에서 공유의 지반을 구성할 수 있는 중첩 지대가 점점 좁아지고 있다. 더구나 사회적 분화 과정이 기능적으로 가속되어 개인과 집단이 수행하는 과제와 역할, 그리고 이익 상황이 계산이나 예측 불가능하게 복잡해졌다. 모든 개인이 각자의 방식으로 개인적 성공을 지향하면서 그에 따른 사회적 요구가 쏟아지는 시대에 모든 사람의 자유를 보호하거나 증진할 수 있는 보편적 법을 설정하는 것 자체가 불가능하다. 이런 상황 속에서 법과 자유를 동일화하는 것

532쪽. 이 맥락에서 전통적인 자유주의자들은 강제 대신에 불간섭을 선호하는 것으로 보인다.

40 임마누엘 칸트, 『윤리형이상학』, 151쪽.

은 견디기 어려운 억압적 질서라고 볼 수 있다.[41]

우리는 현대의 민주적 법치국가의 사법이 "개인적 자유의 정당한 범위를 명시하며, 따라서 사적 이익의 전략적 추구에 부합하는 사적 권리들로 구성되어 있다는 사실"[42]을 부인할 수 없다. 현대의 법 개념 혹은 법체계를 구성하는 핵심 개념은 개인의 자유와 개인적 행위의 자유라는 권리 개념이다. 현대의 법체계는 개인적 자유의 권리와 그 한계를 확정하며, 아울러 모든 개인에게 동등한 자유의 담지자라는 지위를 부여한다. 이런 맥락에서 현대의 법체계는 '자유=법'의 등식에 기초하고 있다. '자유=법'의 등식은 1789년의 「인간과 시민의 권리 선언」 제4조에 기초하고 있다.

> 자유는 타인에게 해롭지 않은 모든 것을 행할 수 있음이다. 그러므로 각자의 자연권의 행사는 사회의 다른 구성원에게 같은 권리의 향유를 보장하는 이외의 제약을 갖지 아니한다. 그 제약은 법에 의해서만 규정될 수 있다.

칸트와 헤겔만이 아니라 현대의 법체계를 철학적으로 구성하고 설계도를 제시한 거의 모든 철학자는 「인간과 시민의 권리 선언」을 참조했다. 현대 자유주의를 대표하는 롤스도 이 점에서는 예외가 아니다. "각인(各人)은 타인의 유사한 자유와 양립할 수 있는 가장 포괄적인 기본적 자유에 대한 동등한 권리를 가져야 한다."[43] 따라서 칸트와 헤겔 혹은 자유와 자율을 연결하려는 철학자들에게 '자유=법'의 함정을 만들었다는 혐의를 씌우는 것은 부당하다.

칸트의 정언명령에서 "이미 규범적이고 사회적인 가치들에 대한 순

---

41 Theodor W. Adorno, *Negative Dialektik*, p. 246.

42 위르겐 하버마스, 한상진·박영도 옮김, 『사실성과 타당성』, 나남출판, 2000, 54쪽.

43 John Rawls, *Theorie der Gerechtigkeit*, Frankfurt am Main: Suhrkamp, 1975, p. 81.

응."[44]을 찾아낼 수도 있고, 헤겔의 인륜성에서 국가주의의 망령을 발견할 수도 있다. 그렇다고 그들에게서 '자유=법'의 함정이 만들어진 것은 아니다. 오히려 '자유=법'의 함정은 소극적·법적 자유를 배타적으로 우선시하면서 그것의 과잉을 초래한 '법-만능주의'이다.

소극적 자유는 소극적 자유에 배타적 우선성을 부여하는 전략적 행위자들에 의해 보장되지 않는다. 벌린도 인정하듯이, 모든 소극적 자유의 주체가 공유된 생활세계의 배경을 벗어날 수 없다. 이 맥락에서 그는 적극적 자유를 문화다원주의를 보호하는 맥락에서만 그 가치를 인정한다. 그런데 그가 요구하는 것처럼 다원주의를 사실로서 받아들인다고 하더라도, 그로부터 전략적 상호 작용을 규범적으로 규제할 수 있는 토대는 마련되지 않는다. 다원주의 관점에서 상호 인정된 전통적 인륜성은 소극적 자유의 권리를 보호하거나 그 자유의 한계를 설정하는 데에 역할을 할 수 없다. 다원주의 문화는 소극적 자유를 향유하는 전략적 행위자들의 상호 작용을 규제하는 규범으로서 지위를 향유할 수 없다.

강한 동질성을 가진 공동체 안에서 전략적 상호 작용은 전승된 규범을 통해 규제될 수 있는데, 그것은 공유된 사회 통합의 힘이 공동체의 미세한 혈관을 흐르고 있기 때문이다. 그러나 공유된 생활세계의 배경으로서 문화와 인륜성은 이질적인 문화와 인륜성이 만나는 곳에서 더 이상 전략적 상호 작용을 규제할 수 없다. 소극적 자유가 의사소통적 자유를 통해 정당성을 획득하듯이, 삶의 형식으로서 적극적 자유도 의사소통적 자유를 통해 조정되어야 한다. 소극적 자유와 적극적 자유는 모두 타자에 의한 이의 제기의 가능성만이 아니라 의사소통을 통한 합의 가능성에도 열려 있어야 한다. 다원주의를 사실로서 받아들이는 순간, 모든 소극적 자유의 담지자 사이의 전략적 상호 작용은 탈관습적 법체계를 통해 규제되어야 한다. 현대의 법질서는 이처럼 문화다원주의를 사실로서 인정하는 동시에 모든 사람의 자유를 동등하게 보는 권리의 체계이다.

---

44 Colin Heartfield, *Adorno and the Modern Ethos of Freedom*, Ashgste, 2004, p. 22.

자연주의적으로 개념화된 개인의 자기주장과 계약 및 소유의 자유, 성공 지향적 이익 관심을 가지고 전략적으로 행위하는 개인의 소극적 자유에 바탕을 둔 부르주아 사법(Privatrecht)체계의 확립은 자연법에서 실정법으로의 이행을 일반화했다. 법체계에서 개인은 더 이상 자신의 자유를 실현하기 위해 개인적으로 강제력을 행사할 수 없다. 강제력은 법체계가 독점한다. 사적 강제력을 양도한 대가로 개인은 법적 소송을 제기할 수 있는 권한을 갖지만, 그것만으로 자유로운 개인은 실정법을 통해 공동의 삶을 구성하고 조율하겠다는 약속을 할 수는 없다. 무엇보다 국가가 개인의 자유를 보장하기보다 침식할 수 있다는 위험이 남아 있다. 국가가 독점한 강제력은 소극적 자유를 보호하는 데 사용되지 않고 오히려 자유를 위협하거나 축소할 수도 있다. 실제로 이런 경험은 역사의 뒷마당에 산더미처럼 쌓여 있다. 따라서 현대의 법체계는 개인들 사이의 자유로운 행위를 조정하는 것만이 아니라 국가가 개인의 자유권을 침해하는 것도 막는다는 것을 시민에게 확인해 주어야 한다. 이 확인으로부터 자유로운 시민은 법에 대한 존중을 가질 수 있으며, 동시에 헌법이 사회 통합의 기반을 제공할 수 있다.

　현대의 법질서와 법체계는 모든 법 인격체의 자유를 구성원 모두가 상호 인정하도록 법률을 기초로 보장할 뿐만 아니라 국가의 모든 제도와 집단도 구성원 개인의 자유를 인정하도록 법제화해야 한다. 법률은 제재를 통해 개인과 집단, 제도를 규율한다. 자유법은 동시에 강제법이다. 강제의 권한을 행사할 수 있는 법률은 그 자체로 사실적 지배력을 갖는다.

　실정법은 개인들에게 합법성의 지평을 사실적으로 보여 준다. 그런데 이 사실적 합법성으로부터 곧바로 실정법의 정당성이 확보되지는 않는다. 강제법으로서의 실정법은 그것이 실제로 모든 구성원이 동의할 수 있는 자유법이라는 조건을 충족해야만 한다. 그렇지 않으면 실정법의 정당성은 그것의 사실적 강제, 곧 제재에 바탕을 둔 법 집행의 사실성에서 끌어올 수밖에 없다. 모든 형태의 실천이성을 부정하는 이론들이 이 지점, 곧 실정법과 그것의 현실적 강제력이라는 사실성에 대한 긍정에서 만나곤 한다.

소극적 자유의 배타적 우선성을 기초로 법체계를 설명하는 이론들조차 부정할 수 없는 것은 실정법이 사회 통합의 기초를 상실할 경우에 정당성의 의심을 받을 수밖에 없다는 점이다. 특수한 종교나 가치체계는 다원주의 사회에서 법질서가 필요로 하는 사회 통합의 기초가 될 수 없다. 더구나 전략적으로 행동하는 개인들의 상호 작용을 규범적으로 규제해야만 하는 법질서의 정당성은 적극적 자유의 담지자인 입법자 스스로에 의해 충족되어야 한다. "입법 과정이 사회 통합의 고유한 장소가 된다."[45] 그런데 이 장소에서 실천이성은 입법 과정을 주관하는 주체로서의 독점적 지위를 상실한 지 오래되었다.[46]

자연법에서 실정법으로의 이행, 형이상학적 목적론에서 실천이성으로의 전환을 거치면서 자유의 개념도 공적 자율성에서 사적 자율성으로 그 중심이 이동한 것처럼 보였다. 그런데 실정법이 사회 통합의 힘을 상실하고 실천이성이 정당화의 보루로서 파산 선고를 받은 이후, 자유의 지평에서 자율성 자체를 제거하라는 요구가 암암리에 확산되고 있다. 소극적 자유에 집착하는 경향을 갖는 자유주의자들이 주로 이런 요구를 한다. 이들에 따르면 '~를 향한 자유', 곧 적극적 의미의 자유는 잔혹한 압제의 가면 뒤에 숨어 있는 경우가 많다. 특히 벌린이 규정하듯이, 단 하나의 삶의 양식 및 행위 형식에 특권을 부여하는 것이 적극적 자유의 개념이라면 그것의 폭력성은 명확하다.

적극적 자유는 분명 스스로 자아실현의 길을 찾아가는 것이다. 적극적 자유는 개인이 스스로 자기 자신의 주체라는 것을 의미한다. 나는 나의 주인이다. 누구도 나의 주인일 수 없다. 모든 사람이 각자 자신의 주체이다. 그런데 벌린이 지적하는 것처럼 "내가 나의 주인이라는 생각에는 이미 나를 나 자신으로부터 분리하는 암시가 묻어 있다".[47] 인간 주체성의

---

45 위르겐 하버마스, 『사실성과 타당성』, 59쪽.
46 위르겐 하버마스, 『사실성과 타당성』, 27쪽 이하 참조.

패러다임은 인간성 안에서 이성과 욕망을 분리한 다음, 전자에 의한 후자의 지배를 자유로 규정한다. 자유를 욕구에 대한 저항과 통제, 극단적으로는 욕구의 제로로 보는 견해는 모두 여기에 해당한다고 볼 수 있다.

나의 욕구를 억제하고 통제할 수 있는 실천이성의 자율성을 통해 자유로워질 수 있다는 생각은 인류 사상사에서 그 뿌리가 매우 깊다. 이런 생각은 도덕주의와 금욕주의, 스토아주의뿐만 아니라 세계의 대부분의 종교에서 쉽게 발견할 수 있다. 칸트의 실천이성도 이 혐의를 벗어나기란 쉽지 않다. 자기 관리, 자기 통제, 자기 억압으로 이해된 자율은 실제로 자유보다 복종을 정당화할 위험이 크다. 그러나 입법자로서 갖는 시민의 자율성은 자기 통제와는 무관하다. 입법 과정에 참여하는 자율적 시민은 자신의 욕망을 제거하거나 통제하기보다 거꾸로 자신의 욕망을 실현하기 위한 이익 관심에 편향될 수도 있다.

입법 과정에 참여하는 자율적 시민은 금욕주의나 온정적 간섭주의와는 무관하다. 더구나 적극적 자유를 정치적 지평에서 실현하는 자율적 시민은 하나의 삶의 양식에 특권을 부여하는 일원론자가 아니다. 자율적 시민은 다원주의를 사실로서 받아들이면서 동시에 입법 과정에서 공동으로 삶을 구성하고 조율하는 길을 찾는다. 그런데 적극적 자유, 곧 자율의 이념이 지나치게 확장될 경우에, 다시 말해 실천이성의 독단에 빠져 행사된 주권은 무자비한 폭력을 정당화할 수도 있다. 진정한 자유를 위한다는 명목으로 수행된 혁명이 수많은 사람의 삶을 파괴한 경우도 있다. 폭력은 폭력이다. 폭력은 이성과 비이성, 자유와 부자유의 어느 한쪽에 걸쳐 기생하지 않는다.

흔히 '비이성적' 폭력이라고들 말한다. 그러나 폭력에 이성이 없는 것이 아니다. 폭력은 폭발하려 할 때에 충분한 이성을 찾을 줄 알고 있다. 그러나 그 이성이 아무리 대단한 것이라 하더라도 중요한 것은 아니

---

47 이사야 벌린, 『자유론』, 366쪽.

다. 왜냐하면 애초에 겨냥한 대상이 조금이라도 자기 능력 밖에 있으면서 자신을 계속 비웃기만 하면, 폭력은 곧 이성을 잃어버리려 하기 때문이다. 욕구 불만의 폭력은 항상 대체용 희생물을 찾으며 결국은 찾아낸다. 욕망을 유발한 대상이 정복/쟁취 불가능할 때 폭력은 그 대상을, 폭력을 초래할 아무런 명분도 없는 다른 대상으로 대체한다.[48]

폭력은 실천이성을 통해 정당화될 수 있다. 거꾸로 실천이성은 모든 폭력을 비이성으로 비판할 수 있다. 폭력은 다른 존재를 나의 욕망의 대상으로 삼는 순간 시작된다. 그러나 욕망이 폭력의 동력이라고 해서 억압한다면, 욕망은 사라지는 것이 아니라 허가된 욕망을 기형적으로 발전시킨다. 이때 기형적 욕망과 실천이성의 도착적 화해가 이루어질 수 있다.

폭력은 폭력이다. 폭력은 한쪽에는 자유의 극적 실현이면서 다른 한쪽에는 자유의 절대적 부정이다. 폭력으로 드러난 자유와 폭력을 은폐한 자유는 자유가 아니라 폭력이다. 자유는 어떤 형태의 폭력도 정당화하는 데에 동원되어서는 안 된다. 그렇다고 자유가 폭력의 저편에 있다고 주장하는 것, 다시 말해 자유를 신성시하는 것은 자유의 폭력을 은폐하는 것이다. 자유는 자신의 이름으로 행사되는 폭력까지 폭력이라고 말해야 한다. 이 부담은 적극적 자유만이 아니라 소극적 자유도 짊어져야 한다.

자유나 자율은 모두 폭력으로 발전할 수 있다. 그렇다고 자유와 자율의 가치가 부정될 수는 없다. 폭력을 최소화하는 길 위에서 자유의 최대화하는 방향을 모색해야 한다. 이를 위해 실천이성은 더 이상 주체의 독점물이 되어서는 안 된다. 모든 인간이 실천이성을 가지고 있다는 명제는 폭력을 은폐한 자유를 확장하는 이데올로기로 판명 났다. 그렇다고 실천이성을 전면적으로 폐기하면 자유보다 오히려 폭력이 더 커질 수 있다. 이 맥락에서 하버마스는 주체의 실천이성을 상호 주체의 의사소통적 이성으로 전환할 것을 주문한다.

---

48 르네 지라르, 김진식·박무호 옮김, 『폭력과 성스러움』, 민음사, 2000, 11쪽.

의사소통적 이성은 더 이상 개별 행위자라든가 국가나 사회 같은 거대 주체에 귀속되지 않는다는 점에서 실천이성과 구별된다. 의사소통적 이성을 가능하게 만드는 것은 오히려 언어적 상호 작용의 망을 매개하고 삶의 형식을 구조화하는 언어적 매체이다. 이 합리성은 상호 이해라는 언어의 텔로스 속에 새겨져 있으며, 가능성을 제공하는 동시에 제약하는 조건들의 앙상블을 형성한다.[49]

주체성에서 상호 주체성으로, 실천이성에서 의사소통적 이성으로 패러다임이 전환되었다고 해서 자유와 자율이 폭력의 혐의에서 벗어날 수는 없다. 그러나 상호 주체의 의사소통적 이성은 자기 욕망과 이익 관심을 실현하기 위해 상호 작용에 참여하는 이기적 주체들 사이의 공백에서 사회 통합의 가능성, 다시 말해 상호 주관적 연대의 가능성을 제공할 수 있다.

입법 과정에 참여하는 시민은 성공 지향적 사법의 주체이면서 동시에 상호 이해 지향적인 주체이기도 하다. 모든 자유롭고 평등한 시민이 민주적으로 의견과 의지를 모아 합의한 법질서는 이 입법 과정에서 정당성과 함께 사회 통합의 힘을 가져온다. 시민은 방해받지 않고 간섭받지 않은 자유를 최대한 향유하면서 동시에 그 자유가 폭력을 최소화할 수 있도록 상호 주관적 자율성을 가져야 한다. 시민들의 의사소통 행위와 자율성은 '자유의 최대화, 폭력의 최소화'가 가능하기 위한 사회적 연대성의 자양분이면서 동시에 법체계의 정당성의 토대이다.

소극적 자유와 적극적 자유, 자유와 자율, 사적 자율성과 공적 자율성이 상호 주관성의 패러다임에서 서로 화해해야 한다. 이 문제는 이 책의 제3부에서 다루게 될 인권과 주권, 인권과 복지, 자유권과 사회권, 국가권력과 시민권, 그리고 시민자치의 문제와 연관된다. 따라서 여기서는 이 문제에 대한 논의를 접고 호네트가 제시한 사회적 자유에 대한 논의

---

49 위르겐 하버마스, 『사실성과 타당성』, 28쪽.

로 되돌아가고자 한다.

앞에서 언급한 것처럼 호네트는 소극적·법적 자유와 성찰적·도덕적 자유가 사회적 자유의 지평 위에서 실현될 수 있다고 말한다. 그가 말하는 사회적 자유에서 사회는 자유를 소유한 거대 주체로 설정된 것이 아니다. 그에게서 사회적 자유는 주체들의 상호 관계가 제도화된 성과를 가리킨다.[50] 사회적 자유는 사회적 연대의 기초를 품고 있는 민주적 제도에서 규범적으로 길어 올린 개념이다. 호네트에게서 "사회적 연대는 개성화된 (그리고 자율적인) 주체들 사이의 대등한 가치 부여를 가능하게 하는 사회적 관계의 전제이다".[51]

전통적으로 자유주의는 사회가 개인의 자유를 억압한다는 가정에서 출발한다. 개인적 자유는 그것이 소극적이든 적극적이든 사회로부터 보호되어야 할 최소한의 어떤 가치이다. 자유주의는 자유로운 사회를 지향하지만 사회적 자유에 대해서는 강한 거부감을 갖는다. 즉 상호 이해, 상호 소통, 상호 인정, 상호 연대를 사회적 자유로 보지 않는다.[52]

호네트는 헤겔의 고유한 개념인 "타자 속에서 자기 자신으로 있음" (Bei-sich-selbst-Sein im Anderen)의 경험을 사회적 자유로 설명한다.[53] 이렇게 정의될 경우에 사회적 자유는 "낯선 사람 속에서 자기 자신으로 있음"(Sein-selbst-sein im Fremden)[54]을 의미하는 사랑과 유사한 연대와 책임의 제도적 성과처럼 보인다. 즉 주체들 상호 간의 이해와 소통, 그리고 인정과 연대의 성과가 사회적 자유가 된다. 사회적 자유는 상호 주관적 주체들이 민주적 인륜성의 기반 위에서 의사소통적 이성을 통해 구축한 자유와 인정, 그리고 연대의 성과인 셈이다. 이 맥락에서 사회적 제도들

---

50 Axel Honneth, *Das Recht der Freiheit*, p. 80 참조.

51 악셀 호네트, 『인정투쟁』, 248쪽.

52 이사야 벌린, 『자유론』, 401쪽 참조.

53 Axel Honneth, *Das Recht der Freiheit*, p. 85 참조.

54 G. W. F. Hegel, *System der Sittlichkeit*, Hamburg: Felix Meiner, 1967, p. 17. 원문은 "Die Unbegreiflichkeit dieses Seinselbstseins in einem fremden"으로 되어 있으나 "낯선 사람 속에서 자기 자신으로 있음"을 개념화하기 위해 2격을 1격으로 바꾸었다.

이 사회적 자유를 얼마나 현실화하고 있는지에 대한 평가는 곧바로 규범적 재구성의 기준으로 작동할 수 있다.

호네트의 사회적 자유는 사회 통합과 연대의 제도적 표현이다. 그는 사회적 자유를 국가와 경제, 그리고 사적 관계의 영역으로 구별해 해명한다. 세 영역은 모두 사회 통합과 연대의 기초이다. 호네트는 친밀성과 공공성의 영역을 두루 살피면서 자유의 사적 차원과 상호 주관적 차원을 가로지르면서 사회적 자유를 규범적으로 재구성한다. 이 과정에서 그는 헤겔의 유산을 물려받아 자유를 상호 주관적 인정의 패러다임 속에서 이해한다. 사회적 자유는 이제 다섯 가지 영역에서 제도화된 인정으로 표현된다. 호네트는 『인정투쟁』에서 제시했던 세 가지 형식의 상호 주관적 인정을 『자유의 권리』에서 다음의 표와 같이 다섯 가지 영역의 제도화된 인정으로 확장·전환한다.

『인정투쟁』에서의 인정 모델	『자유의 권리』에서의 인정 모델
세 가지 형식의 상호 주관적 인정	다섯 가지 영역의 제도화된 인정
1) 사랑(원초적 관계, 우정): 자기 관계-자기 믿음	1) 법(소극적 자유의 영역)
2) 권리 관계(권리): 자기 관계-자기 존중	2) 도덕(개인적·성찰적 자유의 영역)
3) 사회적 가치 부여(연대성, 가치 공동체): 자기 관계-자기 가치 부여	3) 사회적 가치 부여: 사랑 (사회적 자유의 영역)
	4) 사회적 가치 부여: 경제적 행위 (사회적 자유의 영역)
	5) 사회적 가치 부여: 민주적 공공성 (사회적 자유의 영역)

표에서 알 수 있듯이, 호네트에게서 사회적 자유는 그가 헤겔로부터 계승한 인정 개념을 상호 주관성에서 제도의 지평으로 관점을 전환하는 가운데 전면적으로 등장한다. 나는 여기서 호네트의 관점 전환의 타당성에 대해 논의하지 않는다. 그보다는 그가 왜 사회적 제도를 통해 실현되는 자유에 관심을 집중하게 되었는지 살피는 것에 만족하고자 한다. 법

적으로 보장되고 정치적으로 공유된 의사 결정을 공유하는 실천적 관행에 기초해 암묵적으로 표현되는 도덕적 책임 능력의 상호 인정을 통해 일어나는 의견과 의지 형성의 과정에서 동등한 권리 부여의 실제적 인정은 상호 주관적 공간에서 일어나는 사회적 가치 부여의 실천을 거쳐 연대성과 존경심, 그리고 타인의 복지를 염려하는 '우리-관점'을 기꺼이 받아들이는 준비된 감정의 발전을 위한 토대로 나아간다. 이처럼 사회적 자유는 법적·소극적 자유와 도덕적·성찰적 자유의 경험을 기반으로 보다 성숙한 상호 인정의 제도적 실천을 함축한다.

호네트는 사회적 자유의 영역이 소극적 자유와 적극적 자유로 환원되지 않는다는 점에 관심을 모은다. 사회적 가치 부여는 친밀성과 공공성의 영역을 가로지르는 사회적 자유의 영역이다. 사회적 가치 부여는 타인을 자신이 참여하는 공동체의 구성원으로서만이 아니라 다르게 생각하고 행동하는 사람으로 동시에 존중하는 생생한 태도에 해당한다. 호네트는 사회적 자유의 영역에 대한 서술을 통해 정치적 공공성의 영역에서 이루어지는 사회적 가치 부여와 상호 주관적 존중을 정당한 사회의 토대이자 집단적 자기실현의 형식으로 강조한다. 이런 맥락에서 볼 때, 사회적 자유는 친밀성과 공공성을 가로지르면서 끊임없이 이루어지는 상호 작용과 인정을 통해 형성되는 민주적 인륜성의 제도적 표현이다. 호네트의 이런 관점 전환은 그가 소극적 자유와 적극적 자유의 영역에서 이루어지는 추상적 정의의 관념이 정치적 공동체 안에서 자유로운 개인들의 사회적 통합의 기반 위에서만 실현될 수 있다는 입장을 보다 진지하게 받아들였기 때문이다.[55]

사회적 가치 부여의 실천적 경험은 곧바로 사회적 자유 경험의 규범적 토대가 된다. 이 맥락에서 사회적 제도는 무정부주의나 자유지상주의에서처럼 자유를 억압하는 폭력 장치로서 부정되지 않는다. 오히려 호네트의 사회적 자유 개념은 사회적 제도를 통해 혹은 그것의 뒷받침을 통해

---

55 Axel Honneth, *Das Recht der Freiheit*, p. 77 참조.

서만 자유가 실현되고 확장될 수 있다는 것을 말하고자 한다. 물론, 어떤 사회적 제도가 자유의 실현과 확장에 기여할 수 있는지에 대한 규범적 기준 혹은 비판의 기준이 마련되어야 한다. 이 맥락에서 그는 상호 주관적 인정 관계와 정치적 자유의 연관성을 밝힌다. 이는 곧 민주적 공공성 영역에서 발생하는 문제를 해명함과 동시에 그것의 출구를 위한 규범적 기준을 제공하려는 의도와 연계된다.

개인들 사이의 친밀한 인격적 관계의 영역과 시장의 영역에서처럼 민주적 공공성의 영역도 현실화된 인정의 조건 위에서 작동할 수 있다. 역사적으로 민주적 공공성의 발전은 의사소통적 조건의 확립을 요구했다. 이러한 조건 아래 자발적으로 결성된 연합체에서 시민은 사회적 자기이해와 정치적 근본 명제에 대해 담론을 통해 의견을 형성한다.[56] 정당이나 협회와 같이 자발적으로 지역에서 결성된 관심 공동체에서 이루어지는 상호 주관적이고 심의적인 의견 형성의 과정은 이상적인 경우에 민주 시민의 내재화로 나아갈 수 있다. 민주 시민은 정당하지만 자신과 다른 관점을 가진 사람과 상호 주관적 담론을 통해 합리적인 관점을 찾아갈 수 있다. 이 담론은 상호적 인정의 원칙을 토대로 모든 의견이 동등한 무게를 갖는 것으로 존중되어야 한다.[57] 이것이 사회적 자유이다.

호네트는 민주적 공공성의 영역 안에서 사회적 자유가 가능하기 위한 조건으로 여섯 가지를 제시한다. 민주적 공공성의 영역에서 사회적 자유를 위한 첫 번째 조건은 법적 보장이다. 두 번째는 모든 계층을 포괄하는 일반적 의사소통 공간이 실재하는 것이다. 이 공간에서 정치적 의사 결정에 의해 영향을 받는 다양한 집단과 계급이 의견을 교환할 수 있어야 한다.[58] 공론장의 법적 보장과 실제적 담론 공간의 제공이라는 조건은 상이한 문화적 정체성과 이익 관심을 가진 사람들의 사회적 포용을 요구

---

56 Axel Honneth, *Das Recht der Freiheit*, p. 483 참조.
57 Axel Honneth, *Das Recht der Freiheit*, p. 484 참조.
58 Axel Honneth, *Das Recht der Freiheit*, p. 540 참조.

한다. 이를 위해서는 무엇보다 민주적 의견과 의지 형성이 가능하도록 언론 환경이 조성되어야 한다. 이것이 세 번째 조건이다.[59] 건강한 언론 환경 속에서 시민 개개인은 다양한 심의 과정에 참여하는 연습을 할 수 있다. 이 과정에서 시민은 화자와 청자의 역할을 교환하면서 서로를 존중하고 인정하는 만남과 소통의 방식을 배울 수 있다. 이러한 시민 역량으로부터 네 번째 조건, 곧 의견과 의지 형성 담론에 대가 없이 참여하려는 민주 시민의 준비된 자세가 형성된다.[60] 그런데 이런 민주 시민의 자세는 비교적 강한 사회적 연대성을 요구한다. 왜냐하면 경우에 따라 민주 시민은 공공의 안녕을 위해 잠정적으로 자신의 사적 이익을 뒤로 밀쳐 둘 수 있어야 하기 때문이다. 여기에 필요한 연대성의 감정이 민주적 공공성의 영역에서 사회적 자유를 가능하게 만드는 다섯 번째 조건이다. 마지막 여섯 번째 조건은 민주 시민의 참여가 효과적으로 관철될 수 있도록 보장할 수 있는 법치국가이다.

사회적 자유가 가능하기 위한 조건으로 호네트가 제시한 여섯 가지 조건은 그 자체로 비교적 강한 '우리-의식'을 요구한다. 그런데 이런 요구는 다원화와 세계화가 강도 높게 진행된 지금의 시점에서 동일한 역사나 문화를 통해서는 해결될 수 없다. 비록 대부분의 민주적 법치국가들이 사회적 자유를 위한 일부 조건들이 갖추어졌다고 할지라도, 그에 비례해 왜곡된 방향으로의 발전도 가속되고 있다. 무엇보다 민주적 의견과 의지 형성의 과정은 이익 집단들의 각축장으로 변질되고 있다. 더구나 언론 환경은 최악의 상황이다. 언론 스스로가 정치적 이념의 양극화와 상업화의 전위가 되어 능동적으로 민주적 공공성을 위한 의사소통을 교란한다. 이 과정에서 시민들은 두 가지 양극화에 빠져든다. 첫째, 모든 정치적 사안에 강한 관심을 가진 시민과 무관심한 시민 사이에서 양극화가 발생한다. 둘째, 정치에 높은 관심을 가진 시민 사이에서도 적과 동

---

59 Axel Honneth, *Das Recht der Freiheit*, p. 541 참조.
60 Axel Honneth, *Das Recht der Freiheit*, p. 543 참조.

지의 이분법으로 양극화가 초래된다. 이런 상황을 고려할 때, 호네트가 제시하고 있는 여섯 가지 조건은 '자유의 최대화와 폭력의 최소화'를 위한 비판 기준으로 삼을 수 있다.

한 사람의 자유는 다른 사람의 인정 없이는 실현될 수 없다. 인정은 상호 주관적으로 이루어져야만 모두의 자유를 키울 수 있다. 일방적 인정은 일방적 자유와 일방적 폭력의 다른 이름이다. 상호 주관적으로 이루어진 인정은 사회적 제도화를 통해 지속 가능한 방식으로 개인의 자유를 보장할 수 있다. 안정된 자유와 인정의 사회적 경험은 사회적 연대의 자양분을 제공하며, 이로부터 개인들은 서로에게 대등한 가치를 부여하면서 자신의 자유의 최대화를 구상하고 실현할 수 있다.

인정은 투쟁을 통해 이루어진다. 투쟁의 방식으로 가장 오랫동안 사용된 것이 폭력이다. 폭력을 통해 힘의 역학 관계가 분명해지면 그에 따른 상호 인정과 평화가 한동안 이루어진다. 전통 사회에서 전쟁은 폭력의 절대적 응집이다. 어쩌면 지금도 전쟁은 폭력을 동원한 인정투쟁의 정점에서 인간을 유혹한다.

전쟁을 동원한 폭력적 인정투쟁도 언제나 나름의 정당화 담론을 구축해 왔다. 문화적·민족적 종족주의와 각종 인간학만이 이러한 폭력 담론에 가담한 것은 아니다. 여기에는 이성적 계몽주의와 역사적 목적론과 해방론, 자유주의와 아나키즘, 심지어 반이성주의적 자연주의까지 동원되었다. 이 때문에 모든 의미와 자유의 가능성까지 부정하거나 중립화하는 기능주의나 체계 이론, 그리고 이런저런 방식으로 니체의 극적 이성 비판을 계승하는 관점들이 매력적으로 다가온다. 여기서 잠깐 마지막에 해당하는 푸코의 관점을 간단하게 살펴보고자 한다.

4. 전쟁과 권력, 그리고 자유

푸코가 현대의 에피스테메에서 수집한 사회 개념은 왕족이나 귀족 집단들에 맞서 형성된 것이며, 법령에 의해 서로 연결된 개인들의 연합을 가리키는 말이다.[61] 사회는 개인주의와 함께 탄생한 개념이다. 푸코에게서 개인과 사회는 현대의 에피스테메에서 힘 관계, 권력 관계, 전쟁 관계가 드러나는 담론의 산물이다.

권력의 계보학은 전쟁이 권력 관계 밑에서나 안에서 기능한다는 것을 드러낸다. 전쟁은 극한의 긴장이 흐르는 지점이자 적나라하게 힘의 역학 관계가 드러나는 지점이다.[62] 푸코에게서 권력은 지배나 억압과는 무관한 말이다. 그에게 권력은 경제적 맥락에서 한 계급이 다른 계급을 지배하는 것도 아니고, 정치적 맥락에서 계약을 통해 정당화된 억압도 아니다. 그에게 권력은 전쟁이며, 전쟁의 결과이다.

전쟁은 처음에는 사적(私的)이다. 사람과 사람, 집단과 집단 사이의 권력 관계는 전쟁 관계의 표현이었다. 전쟁의 결과로 국가라는 권력 관계가 나타난다. 그런데 현대의 국가는 어느 순간 전쟁을 독점한다. 전쟁이 국유화, 국영화, 국가화된다. 이를 통해 전쟁은 개인과 집단의 사회적 권력 관계에서 사라진 것처럼 보일 수 있다.

전쟁의 국가화는 국가가 사회를 대체하는 효과를 낸다. 그렇다면 전쟁을 독점하는 국가의 탄생과 함께 국가 내부의 사회적 관계는 전쟁에서 벗어나는가? 푸코는 바로 이 순간, 곧 전쟁의 국가화가 이루어지는 순간에 주목한다. 그리고 그 지점에서 푸코는 하나의 새로운 기묘한 담론을 발견하는데, 이 담론을 사회에 관한 첫 번째 역사적-정치적 담론이라고 말한다.

더욱이 바로 그 순간에 등장했던 이 역사적-정치적 담론은 전쟁을

---

61 Hubert Knoblauch, "Der Krieg, der Diskurs und die Paranoia der Macht. Michel Foucaults Verteidigung der Gesellschaft", *Soziologische Revue* 23, München: Oldenbourg Wissenschaftsverlag GmbH, 2000, p. 266 참조.

62 미셸 푸코, 박정자 옮김, 『사회를 보호해야 한다』, 동문선, 1998, 64~65쪽 참조; 미셸 푸코, 김상운 옮김, 『사회를 보호해야 한다』, 난장, 2015, 64~65쪽 참조.

항구적인 사회적 관계로 이해한 동시에 모든 권력 관계와 권력 제도의 지울 수 없는 근간으로 이해한 전쟁에 관한 담론이었습니다. 그렇다면 전쟁을 사회 관계의 근간으로 여긴 전쟁에 관한 이 역사적-정치적 담론의 생일은 언제일까요? 징후적이게도 이 역사적-정치적 담론은 16세기의 내전과 종교 전쟁이 종결된 뒤에 등장했다고 생각하는데, 저는 이 점을 입증해 보려고 합니다.[63]

푸코는 철학-법률적 담론과 역사-정치적 담론을 구별한다. 전자가 이데올로기 비판이라면, 후자는 권력의 계보학이다. 권력의 계보학은 전쟁을 통한 국가의 출현과 국가가 전쟁을 독점한 이후에 국가 내부의 사회적 권력 관계에 전쟁이 그 토대를 형성한다는 것을 입증하려는 기획이다. 법체계의 확립과 국가의 탄생, 그리고 전쟁의 국가화 이후에도 전쟁은 여전히 모든 사회적 관계와 법, 그리고 제도와 질서를 움직이는 엔진이다.

현대 사회에서 전쟁이 사라진 평화의 땅은 존재하지 않는다. 누구도 전쟁이 없는 평화의 해방구에서 살아갈 수 없다. 법치 아래 평화는 가상일 뿐이다. 법을 통해 사회적 전쟁은 사라지지 않는다. 법은 (전쟁 대신) 평화를 구현하지 못한다. 법치국가 (안)에서 나타나는 평화의 저변에서는 전쟁이 작동하고 있다. 역사-정치적 담론은 평화의 암호로서 전쟁을 읽어 낸다.

정치는 적과 동지의 전쟁이다. 적과 동지 사이에는 아무도 살지 못한다. 적도 없고 동지도 없는 곳은 무인도이다. 이곳에 누군가 표류해 다른 누군가를 만나는 순간, 전쟁은 시작된다. 오랜 전쟁으로 나라가 만들어지고 평화를 위한 법과 제도가 정착한 후에도 전쟁은 사라지지 않는다. 모든 사회적 관계 내부에 적과 동지의 전쟁이 지속된다. 법과 제도가 정당한 국가에서 이루어지는 "정치란 다른 수단에 의해 계속되는 전쟁[64]이다".

---

63 미셸 푸코, 김상운 옮김, 『사회를 보호해야 한다』, 67~68쪽.

푸코가 니체의 가설이라고 부르는 역사-정치적 담론은 전쟁 없는 세계를 부인한다. 역사-정치적 담론은 '영구 전쟁 담론'(Diskurs des immerwährenden Krieges)이다. 푸코는 이 영구 전쟁 담론을 16세기 영국과 17세기 말 프랑스에서 발굴한다. 이 담론에서 푸코가 주목하는 것은 적과 동지가 없는 중립 지대, 곧 중립 주체가 존재할 수 없다는 것이다. 모든 사람은 불가피하게 누군가의 적이다. 그 때문에 누구도 전쟁을 피할 수 없다. 따라서 적과 동지의 대립이 관통하는 사회에서 모든 사람은 최후의 승리를 위해 전쟁 전문가가 되어야 한다.

푸코는 '영구 전쟁 담론'이 철학-법률적 담론에서 소외되어 왔다고 말한다.[65] 그런데 이 담론이 16~17세기 영국과 프랑스에서 왕권에 대한 민중적·귀족적 도전으로서 사회 속으로 침입한 이후, 19세기 말에서 20세기까지 큰 세력을 확보한다. 모든 사회적 관계와 권력 관계 밑에서 전쟁을 찾아내는 이 역사-정치적 담론을 푸코는 변증법뿐만 아니라 마키아벨리나 홉스의 자연주의와도 분리한다.

푸코에게서 변증법은 역사-정치적 담론을 합리화와 총체화의 깃발 아래 식민화한 철학-법률적 담론의 결정판이다. 그에게서 마키아벨리와 홉스는 군주와 주권의 정치학이다. 이에 반해 푸코가 발굴한 역사-정치적 담론은 총체적이거나 중립적인 보편적 주체가 아니라 비이성적인 것의 편에 있는 진실이다. 더불어 그것은 경계선도 없고 끝도 없고 가장자리도 없는 한 역사 안에서 전개되는 담론이며, 군주와 주권의 목을 자르는 전투에서 주체가 생존의 경계선에서 전개하는 '영구 전쟁 담론'이다.

푸코에 따르면, 17세기부터 전쟁이 역사의 중단되지 않는 씨실을 구성한다는 역사-정치적 담론이 정립되었다. 이 담론은 비록 철학-법률적

---

64 미셸 푸코, 김상운 옮김, 『사회를 보호해야 한다』, 66쪽. 푸코는 '전쟁이 정치의 연장'이라는 카를 폰 클라우제비츠(Carl von Clausewitz)의 명제를 뒤집어 '정치가 전쟁의 연장'이라고 말한다.

65 미셸 푸코, 김상운 옮김, 『사회를 보호해야 한다』, 79쪽 이하 참조.

담론에 밀려 주변부를 서성이지만, 유격대처럼 사회적 전쟁의 승리를 위한 무기로서 곳곳에서 출현한다. 이 담론이 가진 숙명적 당파성은 철학적 이념이 아니라 역사적이고 정치적인 희망이다. 왕권에 저항하는 망한 귀족의 당파성, 그 귀족에 대항하는 민중의 당파성에는 언제나 승리에 대한 신화가 깃들어 있다. 그 때문에 '영구 전쟁 담론'은 비판적이면서 신화적이고 씁쓸하면서 희망적이다.

역사-정치적 담론에 따르면, 전쟁은 권력의 어머니이고 권력은 전쟁의 성과이다. 따라서 전쟁 담론에는 승리와 패배, 강자와 약자, 성공과 실패, 그리고 힘의 차이와 변화, 권력의 차이와 변화가 있을 뿐이다. 강자와 약자는 언제나 바뀔 수 있다. 여러 가지 방식으로 이전보다 강해진 집단이나 그들의 연합 세력의 희망과 승리는 상대적으로 힘이 약해진 집단에게는 패배의 두려움이자 절망이다. 이 담론에는 좋고 나쁨, 희망과 절망이 있을 수 있지만 옳고 그름은 없다. 전쟁은 힘의 차이가 확실할 때 유지되는 잠정적 평화 속에서도 진행된다. 물론, 전쟁은 담론 속에서 진행된다.

'영구 전쟁 담론'에 따르면, 국가와 법률, 질서와 평화의 저변에서는 언제나 사회적 전쟁이 진행되고 있다. 이 전쟁은 모든 역사를 관통하면서 수행되는 정치, 적과 동지 사이의 인종 전쟁이다. 푸코는 '영구 전쟁 담론'에서 생물학적·사회적 인종주의가 발전해 온 자취를 추적한다. 전쟁의 전사 집단은 생물학적 차이를 가진 종족, 또는 인종이다. 프랑크 인종, 갈리아 인종, 게르만 인종, 노르만 인종, 색슨 인종, 켈트 인종, 로마 인종, 유대인 인종 사이에서 전쟁은 현대적 의미의 국가를 만들어 냈다. 그리고 앞에서 살펴본 것처럼 국가가 전쟁을 독점하는 국가인종주의[66]가 탄생한다. 동시에 바로 이 지점에서 사회적 영구 전쟁 담론이 형성된다. 그런데 사회적 영구 전쟁도 생물학적 인종 투쟁이다. 푸코는 생물학

---

66 Hubert Knoblauch, "Der Krieg, der Diskurs und die Paranoia der Macht. Michel Foucaults Verteidigung der Gesellschaft", p. 265 참조.

적-사회적 인종주의의 발달 과정을 통해 이를 보여 주고자 한다.

> 이 인종주의는 하나의 이념을 — 이것은 완전히 새로운 이념이고, 담
> 론을 전혀 다르게 작동시킬 것이다 — 바탕으로 하고 있다. 즉 타인종
> 이란 외부로부터 온 인종도 아니고, 어느 한 기간 동안 승리했거나 지배
> 한 인종도 아니며, 다만 영원히 그리고 끊임없이 사회체에 침투해 들어
> 오는 인종, 또는 사회적 조직체 안에서부터 영원히 재생산되는 인종이
> 라는 이념이다. 다시 말하면 이원적 균열로서의 사회의 양극은 상호 외
> 부적인 두 종족의 대치가 아니라 하나의 똑같은 종족이 상위 인종과 하
> 위 인종의 둘로 나뉜 것이다. 또는 한 종족의 과거가 다시 나타나는 것
> 이다. 요컨대, 하위인 종이란 한 인종의 안에 나타나는 그 인종의 밑바
> 닥 혹은 뒤편이다.[67]

전쟁은 이제 인종들 사이가 아니라 인종 내부에서 상위 인종과 하위
인종 사이에서 이루어진다. 새로운 시대의 인종 투쟁과 인종 전쟁은 일
반적으로 말해지는 혈통과 민속, 역사를 공유하는 종족이나 인종 사이
에서 벌어지지 않는다. 한 인종 안에서 권력을 장악한 집단이 진리와 지
식, 규범을 정하는 인종이 된다. 권력을 장악한 인종은 신체를 개별화하
고 집단화한다. 나아가 자기들이 정한 지식과 규범을 따르지 않는 인종

---

67 미셸 푸코, 박정자 옮김, 『사회를 보호해야 한다』, 80~81쪽. 다음은 김상운의 번역이
   다. 비교하면서 읽어볼 만하다. "다른 인종이란 근본적으로 다른 곳에서 온 인종이거
   나 일시적으로 승리를 거두고 지배했던 인종이 아니라 영구적이고 끊임없이 사회체
   에 스며들거나 아니면 오히려 영구적으로 사회의 세포 조직 속에서, 그리고 이로부터
   출발해 재창출되는 인종이라는 관념, 극히 새로우며 담론을 완전히 다르게 기능하도
   록 만드는 이런 관념을 갖고서 말입니다. 달리 말하면, 우리가 사회 속에서 양극성으
   로, 이항 균열로 간주하는 것은 서로 외적인 두 인종의 대결이 아니라, 하나의 동일한
   인종이 상위 인종과 하위 인종으로 둘로 쪼개진 것입니다. 아니 오히려, 하나의 인종
   으로부터 그 고유한 과거의 재등장입니다. 요컨대 인종 속에서 인종의 이면과 아래가
   등장하는 것입니다." 미셸 푸코, 김상운 옮김, 『사회를 보호해야 한다』, 83~84쪽.

을 비정상적 인종으로 규정하고 그들의 신체를 체포하고 훈육한다. 새로운 인종 전쟁은 자본주의 사회에서 생명정치(bio politique)가 된다.

생명정치는 주권권력과는 다른 권력인 생명권력(bio pouvoir)을 만든다. 『성의 역사』 제1권에서 푸코는 "죽게 '하거나' 살게 '내버려둘'" 권력을 주권권력이라고 규정하고, 이에 반해 생명권력을 "살게 '하거나' 죽음 속으로 '몰아가는'" 권력이라고 말한다.[68] 주권권력이 죽음을 만드는 힘이라면, 생명권력은 삶을 만드는 힘이다. 주권권력이 생명을 자연적인 것으로 간주했다면, 생명권력은 생명을 권력이 관여하고 조정할 대상으로 본다.

푸코에 따르면, 주권자는 칼로 상징되는 권력을 가지고 사물, 시간, 육체, 그리고 생명을 강제로 탈취할 권리를 행사한다. 피지배자는 칼의 권력에 자신들의 생산물, 재산, 노동, 생명을 징수당하고 갈취당한다. 오직 주권권력만이 피지배자의 생명을 빼앗을 권리가 있다. 따라서 피지배자의 자살은 주권권력의 권리를 침해하는 범죄이다. 푸코는 이런 주권권력이 낡은 것이라고 말한다. 이 낡은 권력의 자리에 생명권력이 들어선다.

생명권력은 생물학적-사회적 인종주의 담론과 함께 구성된다. 생명권력은 개인과 집단의 신체를 체포해 조련하고 활용하고 착취하는 규율에서 시작해 생명의 증식, 출생률과 사망률, 수명, 건강에 개입하고 조절하는 규율로 확장된다.[69] 그리고 생체와 생명의 통제와 규율, 그리고 강화가 정치의 한 주제가 아니라 정치가 가능하기 위한 조건이 되었다.

살아가는 행위는 더 이상 죽음의 우연과 숙명성 속에서 때때로 떠오를 뿐인 그 접근 불가능한 기반이 아니라, 지식의 통제와 권력의 개입이 이루어지는 영역으로 일정 부분 넘어가는 것이 된다. 이제 권력은 법적 주체, 즉 권력의 최종적 권한이 죽음인 법적 주체뿐만 아니라 생명체를

---

68 미셸 푸코, 이규현 옮김, 『성의 역사 1: 지식의 의지』, 나남출판, 2019, 154, 157쪽.
69 푸코는 전자를 규율권력, 후자를 생명권력이라고 나눈다.

다루게 되고, 권력이 생명체에 대해 행사할 수 있는 지배력은 생명 자체의 차원에 놓이게 된다. 권력은 살해의 위협을 통해서라기보다는 오히려 생명을 떠맡음으로써 육체에까지 미치게 된다.[70]

전통적 정치 공동체에서 그것에 참여한 사람들은 주권을 가진 자유인이었다. 이들에게 생명의 유지와 강화는 정치가 아니라 경제의 영역으로 한정된다. 이들은 더 많은 생명을 위해서가 아니라 더 나은 자유를 위해 정치에 참여한다. 그러나 생명권력이 지배하는 자본주의에서 사람들은 자신의 생명 자체를 통제하고 규율하는 정치 안에 포섭된다.

생명정치와 생명권력은 더 이상 칼에 의존하지 않는다. 죽고 싶지 않으면 따르라고 명령하는 권력은 주권권력이다. 생명권력은 살고 싶으면 따를 수밖에 없는 지속적 조절과 교정의 규율을 제시하고 배분한다. 생명정치는 생명의 가치와 유용성, 자격을 평가하고 등급을 정하는 규율을 정하고 배분한다. 칼에 의거하던 법도 생명의 가치를 규율하고 배분하는 생명권력을 받아들여 조절하는 기능을 수행하는 기관이 된다.

생명정치와 생명권력은 생명의 유지와 강화, 그리고 확장을 통해 작동한다. 푸코는 18세기 말에 등장한 생명권력이 점점 확장해 왔다고 말한다. 인구 증가와 평균 수명의 연장은 생명정치가 확장했다는 것을 보여준다. 그러나 생명정치의 역설 또한 만만치 않다. 생명의 최대화를 지향하는 생명정치의 이면에서 죽음의 최대화로 위협하는 권력도 동시에 작동하고 있다. 인류를 종말에 이르게 할 수 있는 권력이 생명권력이 커진 만큼 커지고 있다. 이 역설을 푸코는 국가인종주의로 해명한다.[71]

규율권력에서와는 달리, 생명권력은 개인의 신체보다 인종으로서의

---

70 미셸 푸코, 『성의 역사 1: 지식의 의지』, 162쪽.
71 푸코는 『성의 역사』에서는 이 역설을 드러낼 뿐 해명을 시도하지는 않는다. 해명은 『사회를 보호해야 한다』에서 이루어진다. 이에 대해서는 진태원, 「생명정치의 탄생: 미셸 푸코와 생명권력의 문제」, 『문학과 사회』 19(3), 문학과지성사, 2006, 223쪽 이하 참조.

집단을 대상으로 집행되며, 나아가 국가가 생명권력의 주요 집행자로 등장한다. 규율권력이 개인을 규율에 예속시키는 사회 제도의 기술체계라면, 생명권력은 인류 전체의 생명의 안전과 증진, 강화를 지향하는 지구적 체계라고 할 수 있다. 생명권력이 적용되는 영역은 개인의 신체와 육체가 아니라 사람들의 생명이다. "인체가 아니라 살아 있는 사람, 극단적으로 말하면 종(種)으로서의 인간(homme-espèce)을 상대한다."[72]

영구 전쟁 담론과 권력 프레임의 전환에 관한 푸코의 관점은 실천이성의 전망이 사라진 시점에서 매력적으로 다가온다. 그의 권력의 계보학을 통해 우리는 자유와 폭력의 내밀한 관계를 들여다볼 수 있다.[73] 어쩌면 역사는 부자유에서 자유로 발전한 것이 아니라 자연적 폭력에서 문화적 폭력으로 발전했다고 말할 수 있다. 이를 폭로하는 맥락에서 이성 비판적인 역사-정치적 담론은 가치가 높다. 하지만 실정법을 통해 공동의 삶을 구성하고 조율하고자 하는 시민이 민주적 법치국가 안에서 '자유의 최대화와 폭력의 최소화'를 위한 길을 찾고자 한다면, 급진적 이성 비판에 기초한 담론은 큰 매력이 없다. 우리의 관심은 권력이 코드화한 자유의 심연을 들여다보는 것이 아니기 때문이다.

역사적 인정투쟁은 폭력이 아니라 다양한 소통, 특히 의사소통을 통해서도 이루어질 수 있다. 이 맥락에서 실천이성과 마찬가지로 자유 역시 주체에게 귀속된 것으로 확정해서는 안 된다. 자유는 개인의 소유물이 아니라 타인의 인정을 필요로 하는 개인의 권리이다. 자유는 너무 추상

---

72 미셸 푸코, 박정자 옮김, 『사회를 보호해야 한다』, 280쪽.

73 권력의 계보학은 권력을 실체가 아닌 관계들의 다발로 보는 '권력의 미시물리학' (microphysique du pouvoir)이라고 볼 수 있다. 미시물리학의 지평에서 드러나는 권력의 효과는 소유가 아니라 배열, 조작, 전술, 기술 및 작용에 의해 발생한다. 미셸 푸코, 오생근 옮김, 『감시와 처벌』, 나남출판, 2016, 57쪽 참조. 소유하기보다 행사하는 권력은 육체적 생명의 증진을 대가로 자유로운 생명을 조작한다. 그러나 푸코에게서 권력과 자유는 적대적이기보다 상호 구성적이면서 제약적이다. 그에게서는 권력이 있는 곳에 자유가 있다. 이에 대해서는 미셸 푸코, 정일준 편역, 『미셸 푸코의 권력 이론』, 새물결, 1994, 113쪽 이하 참조.

적이어서도 안 되지만, 너무 주관적으로 구상되어서도 안 된다. 그렇다고 사회나 집단을 자유의 거대 주체로 설정하는 것은 위험할 뿐만 아니라 다원주의 사회에서 정당화의 부담을 극복하기 어렵다.

> 자유주의 이데올로기에 의해 부적절하게 강조된 개인의 독립성이 지배적이지 않지만, 저 이데올로기가 잘못 해석하는 사회와 개인의 지극히 실제적인 분리가 거부될 수도 없다.[74]

개인과 사회는 분리된다. 개인은 다른 어떤 개인을 통해서도 대체될 수 없다는 사실이 이를 입증한다. 모든 개인은 각자의 방식으로 사회를 구성한다. 현대 사회에서 어떤 개인도 친밀성과 공공성에서 다른 개인과 동일한 사회적 관계를 구성하는 사람은 없다. 개인은 다양한 사회를 구성하고 형성하는 데에 참여한다. 따라서 탈관습적인 사람은 어떤 한 공동체나 사회에 종속되지 않는다. 결국 개인과 사회는 분리된다. 그렇다고 모든 사회로부터 분리된 개인이란 실재하지 않는다.

개인은 사회로부터 독립적이지만 분리되지는 않는다. 개인의 욕망과 사적 이익 관심으로 분리된 실천이성은 이 점에서 비현실적이면서 독단적이다. 자연적이고 육체적인 욕망과 사회적이고 문화적인 욕망, 그리고 정치적 욕망을 가진 개인은 모든 욕망의 질료에 해당하는 사회로부터 분리될 수 없다. 따라서 개인은 자신의 다양한 욕망을 실현할 수 있는 자유로운 사회를 요구한다. 심지어 (신)자유주의가 신성화하는 개인의 자유조차 사회의 자유를 요구한다.[75]

---

74 Theodor W. Adorno, *Negative Dialektik*, p. 218.

75 사회적 자유를 부정하는 신자유주의 이론가인 하이에크는 어쩌면 사회적 자유를 반대하는 맥락에서 다음과 같이 말한다. "자유주의자의 사회에 대한 태도는 마치 식물을 돌보는 정원사와 같다. 정원사가 식물의 성장에 가장 적합한 조건들을 창출하려면 식물의 구조와 기능 방식에 대해 가능한 많이 알아야 하듯이, 자유주의자도 사회에 대해 많이 알아야 한다." 프리드리히 하이에크, 『노예의 길: 사회주의 계획경제의 진실』, 56쪽.

벌린 같은 자유주의자들은 사회적 자유를 강도 높게 부정한다. 하지만 자유는 그것이 소극적이든 적극적이든 사회 속에서 서로 인정하고 존중하며, 나아가 제도로서 정착되어야만 구체적으로 실현될 수 있다. 사회적 자유가 없이는 개인의 자유도 실현될 수 없다. 그렇다고 사회가 자유의 주체가 되어서는 안 된다. 사회가 자유로운 세계가 아니라 개인이 자유로운 사회가 필요하다. 이 사회는 개인들이 의사소통적 자유를 통해 만들어 가야 한다. 의사소통적 자유는 개인만이 아니라 사회의 소유물도 아니다. 의사소통적 자유는 의사소통을 통해 인정투쟁할 수 있는 가능성의 조건이다.

의사소통적 자유는 서로 다른 의견의 정당성을 인정하고 존중하면서 동시에 서로에게 동일한 태도를 기대하는 부담을 짊어진다. 현대 법치국가의 권리체계를 구성하는 사적(소극적·주관적) 자유는 이 의사소통적 자유의 부담이 없다. "법적으로 허용된 주관적 행동의 자유는 의사소통적 행위로부터 철수해 발화 수반적 의무를 거부할 수 있는 권한을 준다." 물론, 소비 사회에서 소극적 자유의 주체인 개인은 너무 많은 선택 가능성 앞에서 망설이는 'embarras du choix'라는 성가신 부담을 가진다. 어쨌든 자유주의, 특히 자유지상주의는 의사소통적 자유와 사회적 자유의 부담이 없는 사적 자유, 곧 사생활의 자유의 극대화를 요구한다. 포스트민주주의 시대의 시민은 의사소통적 자유의 부담을 벗어던지고 사적 자유를 만끽하는 길을 더 선호하는 것처럼 보인다. 그러나 그 길이 타인이 닦아 놓은 것이라면 언젠가 그 사용권을 지불해야만 한다.

제3장

자유의 폭력

자유주의의 역사는 깊고 넓기에 그 모든 역사를 살필 수는 없다. 그러나 자유에 관한 철학적 담론에서 고대 그리스 철학을 무시할 수는 없다. 자유주의자들은 자유에 관한 담론에서 고대를 건너뛰는 경향이 강하다. 그들이 지향하는 자유가 고대에는 모범이 없다고 생각하기 때문이다. 실제로 고대 그리스 철학에서 찾아낼 수 있는 자유 개념과 현대 자유주의자들이 지향하는 자유는 다를 뿐만 아니라 적대적이기까지 하다. 그러나 자유주의가 지향하는 자유로 담론을 축소하지 않으려면 고대의 철학적 담론으로 가야만 한다.

고전적 자유주의에서 신자유주의로 흐르는 전통의 뿌리를 찾으려면 홉스와 로크, 흄의 논의로 가야 한다. 이들의 논의를 통해 자유주의와 자연주의의 공생 관계가 어떻게 형성되었는지를 알 수 있다. 앵글로-아메리칸 프레임의 자유와는 전혀 다른 맥락에서 우리는 칸트와 헤겔의 자유 이념을 살펴야 한다. 나는 고대의 자유와 현대의 자유에 대한 담론을 제2부에서 다룰 것이다. 다만 칸트와 헤겔은 다른 책에서 논의한 것을 토대로 마치 게릴라를 투입하듯이 담론에 참여시킬 것이다.

잘 알려진 것처럼 로크 철학은 미국의 헌법에 이념적으로 잘 투영되어 있다. 그런데 영국에서는 상황이 전혀 다르다. 영국에서 로크의 영향력은 사라진 지 오래다. 여전히 영국의 정치철학, 특히 자유주의의 중심에는 존 스튜어트 밀(John Stuart Mill)이 있다. 그리고 오늘날 신자유주의의 심장에서 가장 도덕적인 혈관을 타고 들어가면 밀이 나온다. 이러한 진단에 기초해 나는 이 장(章)에서 밀의『자유론』(On Liberty)을 비판적으로 검토한다.

밀의『자유론』은 사회적 자유에 관한 담론을 제안하면서도 자유와 사회를 분리한다. 나는 신자유주의와 자유지상주의가 지향하는 '자유의 최대화'에서 '폭력의 최소화'가 왜곡되는 이유가 바로 이 지점, 곧 자유와 사회의 분리에 있다고 본다. 이에 대한 검증 과정에서 나는 하이에크 같은 신자유주의자만이 아니라 자유주의와는 전혀 다른 전통의 수장(首長)인 루소와의 대화도 시도하고자 한다.

1. 시민적·사회적 자유, 자유로운 사회

밀은『자유론』의 첫머리에서 자신의 연구 주제를 명확하게 제시하는 것처럼 보인다(사실 그렇게 보일 뿐이다). 그는 먼저 자유에 대한 형이상학적 존재론이나 인식론을 다루지 않겠다고 말한다. 자유의 존재론이란 자유의 실재 여부와 방식을 논의하는 형이상학이다. 이 논의에서 자유는 주로 인과성(Kausalitaet)이나 필연성(Notwendigkeit)과 대비되는 개념으로 쓰인다. 이 논의가 현대적(modern) 담론에 이르면 자유는 자연(Natur)을 파악하고 지배하는 인간의 능력으로 인식된다. 특히 칸트와 피히테(Fichte)의 철학에서 자유는 자연과 구별되는 인간 의지의 자유(Liberty of the Will), 곧 자유의지(Willensfreiheit)의 의미 지평을 갖는다.

밀은 고대 전통 철학에서의 자유만이 아니라 현대 '독일 관념론'(Deutscher Idealismus)에서의 자유에 관한 담론에도 발을 담그지 않겠다고 선언한다. 그는 현실 세계나 자연 세계의 저편에 있는 이념이나 가치로 자유를 규정하는 것에 관심을 기울이지 않는다. 그는 인간이 발 딛고 있는 구체적 현실에서 이해 가능하고 소통 가능한 자유의 개념을 세우고자 한다. 이 맥락에서 그는 시민적 자유, 사회적 자유(Civil, or Social Liberty)로 연구를 제한한다고 말한다.[1]

밀은 자유의 형이상학 담론에서 벗어나려고 했다. 그러나 그가 연구하고자 하는 '시민적 자유, 사회적 자유'가 갖는 의미 지평은 명확하지 않다. 명확한 것은, 그가 말하는 사회적 자유가 자유주의자들이 거부감을 갖는 사회적 자유와는 정반대의 의미 지평을 갖는다는 것이다.[2] 밀이 말하는 사회적 자유는 사회적 연대와 상호 주관, 신뢰를 가리키는 말도 아니고, 그렇다고 해서 사회가 자유의 주체라는 말도 아니다. 그에게 사회적 자유는 사회적 관계 속에서 실현되는 개인의 자유, 다시 말해 "권력에 대해 제한을 가하는 것"[3]으로서의 자유에 가깝다. 사회는 그에게 제한되어야 할 권력의 주체이다.

> 나는 이 책에서 자유에 관한 아주 간단명료한 단 하나의 원리를 천명하고자 한다. 이를 통해 사회가 개인에 대해 강제나 통제 —— 법에 따른 물리적 제재 또는 여론(public opinion)의 힘을 통한 도덕적 강권 —— 를 가할 수 있는 경우를 최대한 엄격하게 규정하는 것이 이 책의 목적이다. 그 원리는 다음과 같다. 인간 사회에서 누구든 —— 개인이든 집단이든 —— 다른 사람의 행동의 자유를 침해할 수 있는 경우는 오직 한 가지, 자기 보호를 위해 필요하기 때문이다.[4]

밀에게서 자유의 주체는 개인이다. 자유는 개인의 개별성 실현이다.

---

1 존 스튜어트 밀, 서병훈 옮김, 『자유론』, 책세상, 2005, 19쪽 참조.
2 이사야 벌린, 『자유론』, 401쪽 참조.
3 존 스튜어트 밀, 『자유론』, 20쪽.
4 존 스튜어트 밀, 『자유론』, 32쪽.

개인은 "다른 사람의 자유를 박탈하거나 자유를 얻기 위한 노력을 방해하지 않는 한 각자 자신이 원하는 대로 자신의 삶을 꾸려나가는 자유"[5]의 담지자이다. 반면에 그에게 사회는 개인의 자유를 억압하는 제도를 총괄하는 개념이다. 개인은 자신의 몸이나 정신에 대해서는 완전한 주권자로서 절대적인 자유를 누려야 한다. 사회는 오직 하나의 경우, 곧 다른 사람에게 영향을 주는 행위에 한해서만 개인의 자유에 간섭할 수 있다.[6] 물론, 개인은 사회가 요구하는 공동의 방위나 작업, 그리고 구성원을 위한 최소한의 도움을 주는 일을 마땅히 해야 한다. 그 일에 대해 사회는 개인에게 책임을 물을 수 있다. 하지만 이 역시 매우 소극적인 범위에서만 이루어져야 한다.

밀이 서술하는 사회적 자유는 자유로운 사회를 지향한다. 그에게 자유로운 사회는 개인에게 현대 법체계의 기초인 자유권, 예를 들어 양심의 자유, 생각과 토론의 자유, 언론·출판의 자유, 집회·결사의 자유, 그리고 행복의 권리를 보장한다. 밀에게서 개인의 자유는 소극적이면서 동시에 적극적이다. 그가 말하는 개별성의 실현으로서 자유, 곧 "각자 자신이 원하는 대로 자신의 삶을 꾸려나가는 자유"[7]는 적극적 의미 지평을 갖는다. 이 지점까지 그의 『자유론』은 고전적 자유주의와 신자유주의를 관통하는 일반적 관점을 보여 준다. 그의 특별한 관점은 자유의 억압에 대한 그의 현실 진단에서 나타난다.

밀은 당시 사회가 개인의 자유를 억압하는 데에 활용하는 장치로 두 가지, 곧 여론과 법의 힘을 제시한다.[8] 그가 개인의 힘은 축소하면서 사회의 힘을 강화하는 것으로 지목한 법과 여론 중에서 우리의 관심을 끄는 것은 단연 여론이다. 왜냐하면 자유주의를 내세운 이론가들이 법을 자유의 적으로 간주하는 경우는 많지만, 여론을 자유의 적으로 간주하는

---

5 존 스튜어트 밀, 『자유론』, 37쪽.
6 존 스튜어트 밀, 『자유론』, 33쪽 참조.
7 존 스튜어트 밀, 『자유론』, 37쪽.
8 존 스튜어트 밀, 『자유론』, 39쪽 참조.

경우는 쉽게 찾아볼 수 없기 때문이다.

> 여론을 빌려 자유를 구속한다면 그것은 여론에 반해 자유를 구속하는 것만큼이나, 아니 그보다 더 나쁜 것이다.[9]

흔히 말하듯이, 포퓰리즘이나 파시즘은 여론을 빌려 자유를 구속하는 경우에 해당한다. 이처럼 여론이 부정적으로 악용되는 사례는 많다. 하지만 공공성의 영역에서 형성되는 여론은 권리체계로서 헌법의 한 기둥인 주권의 표현이자 민주주의가 성장하는 자양분이다. 더구나 여론은 밀이 가장 중시하는 시민의 생각과 토론의 자유가 만들어 낸 공적 의견과 의지이다. 따라서 그가 여론을 개인의 자유를 억압하는 사회의 폭력으로 간주하는 것은 이해하기 쉽지 않다.

효용성을 윤리적 문제의 궁극적 기준으로 설정하거나 진리와 유용성을 공리주의 방식으로 연결하는 그의 관점으로도 여론을 자유의 적으로 설정한 이유를 해명할 수는 없다. 나아가 일방적 다수의 주장으로부터 소수의 의견을 존중해야만 한다는 일반적 규범으로도 설명되지 않는다.[10] 밀은 소수 의견을 가진 사람에게 반드시 발언의 기회가 보장되는 완전한 자유 토론을 중시했다. 하지만 그는 19세기 영국에서 자유 토론이 다수 의견인 통설 쪽으로 치우치는 것을 막을 수 없다고 생각했다.[11]

밀의 말처럼 자유 토론은 관련된 모든 사람이 참여할 수 있어야 한다. 누구도 다른 사람보다 진리를 독점할 수는 없다. 복수의 진리가 있다는

---

9 존 스튜어트 밀, 『자유론』, 44쪽.
10 존 스튜어트 밀, 『자유론』, 93쪽 이하, 102쪽 이하 참조. 밀은 소수 의견이 비록 일방적이고 억지라고 하더라도, 그 의견에 대해 억지로라도 들어야만 한다고 주장한다. 밀에 따르면, 소수 의견을 듣는 것은 그 의견이 전체적이든 부분적이든 진리일 수 있는 가능성을 가지고 있기 때문이기도 하지만, 만약 그렇지 않다고 할지라도 다수 의견이 더 합리적인 이유를 시민이 명확하게 알고 이를 통해 더 많은 영향력을 발휘하기 위해서이다.
11 존 스튜어트 밀, 『자유론』, 101쪽 참조.

생각은 자유주의의 가장 일반적 표어이다. "인간은 오류를 범하지 않는 절대적인 존재가 아니다. 인간이 아는 진리란 대부분 반쪽짜리 진리일 뿐이다."[12] 소수인 천재도 다수의 대중과 마찬가지로 진리의 문을 독점할 수는 없다. 그런데도 밀은 다수의 대중이 소수의 천재를 억압하는 문화가 영국을 지배하고 있다고 진단한다. "천재는 오직 자유의 공기 속에서만 자유롭게 숨을 쉴 수 있다"[13]라는 그의 말 역시 다수의 대중에게도 동일하게 적용되어야 한다. 하지만 그는 당시의 여론을 대중이 수(數)로 밀어붙여 형성한 의견으로 간주한다. 그리고 이 여론이 국가를 움직이는 중요한 변수가 되면서 그 힘을 이용해 사회가 개인의 자유를 억압하는 상황이 강화되고 있다는 비관적 전망을 한다.[14]

다수 대중의 여론이 지배하는 사회는 개인의 자유를 증진하기보다 오히려 억압할 수 있다. 그렇다고 민주적 공공성의 영역에서 시민이 형성한 의견과 의지로서 여론의 가치가 부정될 수는 없다. 문제는 여론의 형성 과정이 오직 사적 이해관계의 조정으로 환원되었을 경우이다. 이 경우에 민주적 공공성은 압력을 행사할 수 있는 개인과 집단의 욕망의 각축장으로 전락한다. 밀은 당시의 영국 여론이 이처럼 장사의 논리에 빠졌다고 본 것이다.

건강한 이성에 의해 인도받는 왕성한 정력, 양심적인 의지에 의해 엄격하게 통제되는 강렬한 감정, 이런 것이 현 시대에서는 용납되지 않는다. 미약한 감정과 허약한 정력이 그 자리를 대신 채운다. 강력한 의지나 이성이 없다 보니 무비판적으로 남을 따라 사는 것이 주류가 되고 있다. 제법 강한 개성을 지닌 사람도 차츰 전통적인 것을 생각 없이 받아들이기 시작한다. 영국에서는 이제 장사하는 것을 빼고 넘치는 정력을

---

12 존 스튜어트 밀, 『자유론』, 110쪽.
13 존 스튜어트 밀, 『자유론』, 124쪽.
14 존 스튜어트 밀, 『자유론』, 138쪽 이하 참조.

쓸 데를 찾기 어렵다.[15]

사회를 사적 욕망의 각축장으로 설명한 것은 헤겔에서 아렌트에 이르기까지 이론적 지평이 매우 넓다. 헤겔은 그의 『법철학』에서 시민사회(=부르주아 사회)를 욕망의 각축장으로 설명하면서 그로부터 비롯되는 다양한 문제를 경찰국가의 체계 안에서는 극복할 수 없다는 것을 밝힌다.[16] 아렌트는 사회를 고대 그리스와 로마의 경제 공동체였던 가족의 확대로 규정하면서 자유가 없는 익명의 지배체계로 몰아붙인다. 이런 방식으로 이해된 사회는 오늘날의 일반적 개념에 비추어 보면 회사 내지 시장 사회에 가깝다.

헤겔은 부르주아 사회를 사적 욕망의 각축장으로만 파악하지 않는다. 그는 부르주아 사회 안에서 오늘날 우리가 말하는 시민사회의 보편적 가치를 발견한다. 그가 발견한 보편성은 직업 단체와 사회복지의 체계이다. 이 지점에서 헤겔은 사적 소유와 자유에 기초한 부르주아 자유주의의 법체계를 넘어선다.[17] 헤겔은 당시 부르주아 시민사회 안에서 형성되고 있던 공공성의 씨앗을 보기는 했지만, 그것이 사적 이해관계에 의해 의견이 형성되고, 그렇게 형성된 의견을 대변하는 경찰국가에서는 더 이상 자유를 확장할 수 없다고 진단한다. 이 부분에서 밀은 헤겔의 관점과 크게 다르지 않은 것으로 보인다.

헤겔은 자유와 자율의 기초를 사적 소유로부터 설명한다. 이 점에서도 그는 밀의 자유주의와 같은 출발점에 서 있는 것처럼 보인다. 그런데 헤겔은 사적 소유의 영토에 떨어진 (자유와) 자유의 씨앗이 공적 시민성에 의해 발아한다고 보았다. 그에게서 자유는 사적 자율과 공적 자율이 조

---

15 존 스튜어트 밀, 『자유론』, 132쪽.

16 박구용, 『우리 안의 타자』, 340쪽 이하 참조. 헤겔의 시민사회는 'die bürgerliche Gesellschaft'를 옮긴 말인데, 오늘날 우리의 일반적 언어 사용에 비추어 보면 '부르주아 사회'가 더 적합한 말이다.

17 위르겐 하버마스, 『공론장의 구조와 변동』, 219쪽 참조.

화를 이룰 때 최대화할 수 있다. 그는 이 조화의 가능성을 부르주아 사회의 직업 단체와 사회복지에 대한 보편적 합의에서 보았다. 그러나 그는 이 합의가 자유로운 시민들의 의사소통을 통해 전(全) 사회적으로 확장될 수 있다고 보지 않았다. 그 때문에 그는 공적 자율성으로 무장한 시민이 새로운 인륜적 국가체계를 형성하고 그 안에서 사적 자율과 공적 자율의 조화를 성취하는 길을 제안했다.[18]

밀도 헤겔처럼 생각과 토론의 자유인 공적 자율의 가치를 높이 평가한다. 그럼에도 불구하고 그는 공적 자율이 사적 이해관계에 의해 형성된 사회적 여론에 의해 잠식될 것이라는 비관적 전망에 압도된다. 그 때문에 그는 여론과 사회를 모두 자유의 적으로 간주한다. 여기서 고전적 자유주의를 대표하는 사상가로서의 밀에 대한 일반적 평가에 혼란이 일어난다.

앞에서 살펴본 것처럼 밀은 자유의 주체를 개인으로 설정한다. 따라서 그에게 자유의 실현은 곧바로 개별성의 실현이며, 이를 방해하는 모든 것을 자유의 적으로 간주한다. 그에게 개인의 개별성, 특히 창조적 개별성은 무엇보다 존중되어야 한다. 그는 공리주의적 관점에서도 개별성의 가치를 창조성에서 찾는다.

최대 다수가 최대 행복을 누릴 수 있는 사회는 모든 개인이 창조적 개별성을 실현하는 것이다. 밀에게서는 개인의 자유가 최대화된 사회에서 최대 행복이 가능하다. 창조적 개별성은 이성과 양심, 정신과 도덕의 근육과 함께 욕망과 열정의 정력도 필요로 한다. 개인의 자유에서 독창성과 창조성이 발전할수록 쾌락과 행복의 양과 질도 다 같이 커진다. 이를 위해 그는 만족(content)을 모르는 천재의 자유와 행복을 가장 높게 평가한다.

만족하는 돼지보다 불만족스러워하는 인간이 되는 것이 더 낫다. 만족하는 바보보다 불만을 느끼는 소크라테스가 더 나은 것이다. 바보나

---

18 G. W. F. Hegel, *Grundlinien der Philosophie des Rechts*, in: *Werke* in zwanzig Bänden 7, Frankfurt am Main: Suhrkamp, 1970, §317 참조.

돼지가 이런 주장에 대해 달리 생각한다면, 그것은 그들이 한쪽 문제만 알고 있기 때문이다. 이에 반해 비교 대상이 되는 다른 사람들은 두 측면 모두 잘 알고 있다.[19]

밀에게서 만족을 모르는 소크라테스 같은 천재는 그가 말하는 자유의 진정한 담지자이자 주권자이다. 만족을 거부하면서 창조성을 지향하는 천재 소크라테스가 가장 싫어하는 것은 관습과 획일성이다. 따라서 밀에게서는 관습을 따르지 않고 획일성을 거부하는 천재들이 창조적으로 개별성을 실현하는 자유의 주체이다. 그런데 만약 밀이 이처럼 자유의 모범적 주체를 천재로 설정한다면, 이는 일반적 자유주의 이념과는 거리가 멀다. 자유주의는 소수 천재의 자유가 아니라 모든 개인의 자유를 똑같이 존중하는 것이기 때문이다.

> 천재는 언제나 소수일 수밖에 없다. 이는 지금도 그렇지만 앞으로도 언제나 변함없을 진리이다. 그들을 보호하기 위해서는 그들이 살 수 있는 토양을 만들어 주어야 한다. 천재는 오직 자유의 공기 속에서만 자유롭게 숨을 쉴 수 있다. 천재는 그 속성상 다른 사람들보다 더 개인적이기 때문에, 사회가 각 개인이 자기 기분대로 살아가지 못하게 쳐 놓은 작은 그물 속으로 들어가는 것을 다른 사람들보다 더 어려워한다.[20]

천재는 마녀사냥에서 막 벗어난 유럽 사회에서 그야말로 우후죽순 솟아났다. 마을마다 매일 새로운 천재가 태어났다. 천재의 가장 중요한 특징은 다른 사람들과 차별화된 능력, 특이성, 독창성, 창의성이다. 이런 능력을 가진 사람은 얼마 전까지는 마녀로 취급되기 일쑤였다. 그러나 이제 그들은 천재로서 미래를 책임질 전위로 추앙받기 시작한다. 밀의 천

---

19 존 스튜어트 밀, 서병훈 옮김, 『공리주의』, 책세상, 2007, 32쪽.
20 존 스튜어트 밀, 『자유론』, 124쪽.

재에 관한 관점은 이 맥락에서 크게 벗어나지 않는다.

비합리적 관습이 마녀를 화형장으로 끌고 갔다면, 이제 여론의 획일성이 천재의 숨통을 조이고 있다고 밀은 판단한다. 마녀로 지목되지 않으려면 대중은 교회나 국가의 지도자나 책에 나오는 입장을 따라야 한다. 이것이 부자유이다. 그런데 밀이 파악한 당시의 대중은 자신들의 평범한 생각과 토론을 통해 아주 평범한 수준의 입장밖에 취할 수 없다. 이 입장이 여론이 되고, 이 여론에 의해 움직이는 정부는 평범한 수준을 벗어날 수 없다. 공리주의자인 밀이 경멸하는 상황이다.

2. 자유를 억압하는 여론과 민주적 공공성

평범한 대중이 권력자가 된 사회와 대중이 만든 여론이 지배하는 국가는 밀에게는 자유의 적이다. 여론의 지배를 자유의 적으로 간주한 이유는 크게 두 가지이다. 하나는 여론이 획일성을 강요한다는 것이고, 다른 하나는 그 획일성이 사적인 이익 관심에 집중되어 있기 때문이다. 두 가지 설명 모두 마치 밀이 부르주아 자유주의의 법체계 근간을 부정하는 것처럼 보인다. 부르주아 자유주의의 법체계가 사적 영역의 독립성으로부터 뿌리내리고 있다는 것은 누구도 부정하지 않는다.[21] 밀도 예외일 수 없다. 다만 그는 국가를 운영하는 정치가 획일성을 강요하는 대중의 여론에 휘둘리는 것에 대해 강한 반감을 가졌을 뿐이다.

그러나 오늘날에는 개인이 군중 속에 묻혀버린다. 정치적인 측면에

---

21 이 부분은 사적 소유에 기초한 사적 자율성이 아니라 공적 자율성이 형성한 민주적 공공성에서 사회주의 기초를 닦은 마르크스의 경우에도 인정하는 부분이다. 위르겐 하버마스, 『공론장의 구조와 변동』, 222쪽 참조. 물론, 마르크스에게서 "사적 자율은 사회 시민적 공중이 사회주의적으로 확대된 공론장의 기능을 행사하면서 비로소 구성하는 원천적 자율의 파생물이다". 위르겐 하버마스, 『공론장의 구조와 변동』, 228쪽.

서 볼 때, 이제 여론이 세상을 지배한다는 말은 거의 진부하기까지 하다. …… 공공 영역에서만 그런 것이 아니고 개인들의 도덕적·사회적 관계에서도 똑같은 현상이 목격된다. 공중(public)의 생각을 한데 묶어서 여론이라고들 하지만 그 공중이 언제나 똑같은 것은 아니다. 그 말은 미국에서는 백인 전체를 가리키지만 영국에서는 주로 중산층을 가리킨다. 그러나 그들은 언제나 대중, 다시 말해 평범한 보통 사람들의 집합체로 존재한다.[22]

여론에 대한 밀의 반감은 그에게 현대 사회에서 새롭게 구성되고 있던 공중과 그들이 형성한 공공성의 가치에 대해 공정한 판단을 하지 못하게 만들었다. 밀은 여론을 형성하는 공중을 중산층이라고 말한다. 그러나 그가 말한 중산층은 유산 계급이 아니라 보통 사람이다. 무엇보다 이들은 차티스트 운동을 거치면서 여론 형성의 주체로 등장한 프롤레타리아트이다. 이들이 공중으로 진입하면서 여론은 사적 소유라고 할 만한 재산을 갖지 못한 무산 계급, 특히 전혀 교육받지 못한 대중이 자신들의 사적인 이익 관심을 관철하기 위한 수단으로 전락한다. 밀에게서 공중과 그들이 형성한 공공성으로서의 여론이 이성과 자유의 친구가 아니라 적으로 지목되는 순간이다.

하버마스가 지적하듯이, 19세기 유럽에서 노동자는 정치적 자유를 획득하고 공중으로 등장한다. 이제 이들 무산 계급의 관심은 사적 영역에서 공적 영역으로 이동한다. 공적 담론은 사적인 이익 관심이 극단적으로 충돌하고 경쟁하면서 타협하는 세계로 전락한다. 단순 노동자, 무소유 상태의 교육받지 못한 계급이 공적 담론에 진입하면서 여론은 창조적인 미래로 가는 비판적 힘이 아니라 집단적 이해관계에 순응을 강제하는 힘으로 전락한다. 바로 이런 이유 때문에 밀은 공공성의 이념을 반대한다.

22 존 스튜어트 밀, 『자유론』, 126~27쪽.

밀이 비판했듯이, 19세기 부르주아 공론장이 심하게 왜곡되었던 것은 사실인 것으로 보인다. 그러나 교육받은 유산 계급이 형성한 공공성에 사회 순응이 아니라 비판의 힘이 있었다고 보기는 더 어렵다. 헤겔에 따르면, 이해관계의 단순한 타협과 결합으로서 공공성의 한계를 벗어난 것은 오히려 직업 단체, 오늘날의 관점에서 보면 노동 단체와 시민 단체 안에서 형성된 여론이다. 헤겔의 관점을 따를 경우에 여론에는 언제나 빛과 그림자가 함께한다.

앞에서 언급한 것처럼 헤겔은 부르주아 사회에서의 다양한 직업, 특히 그 시절의 노동자는 조합을 결성하고 그 안에서 연대성에 기초한 상호 부조와 보험 및 복지 제도를 만들어 내고, 경찰국가는 이를 공공 부조와 복지 형태로 확장한다. 그러나 헤겔은 이런 보편성이 욕망의 각축장이자 무정부적 부르주아 사회에서 제한된 범위를 벗어날 수 없다고 본다. 그래서 그는 인륜적 국가로의 지향을 설계한다. 그가 설계한 인륜적 국가에서 여론은 주관적 자유의 표현으로 나타난다.

> 각 개인이 그 자체로 일반 사항들에 대한 자신의 독자적 판단, 의견, 조언을 가지며 표현한다는 형식적 · 주관적 자유가 여론이라고 불리는 공동성으로 현상한다.[23]

여론은 사적 자유와 사적 자율을 기반으로 개인이 공적 자율성을 실현한 결과이다. 따라서 여론은 사적이면서 공적이다. 여론은 어떤 방식으로든 공적 담론을 기반으로 구성된다. 따라서 공적 담론에 참여한 개인은 비록 그들의 사적 이익의 극대화를 위한 여론 형성을 원하지만 반드시 그에 종속되는 것은 아니다. 헤겔은 사적인 이익 관심이 공적 담론에서 변형될 수밖에 없다는 것을 일찍이 간파했다. "어떤 사람이 집에서 그의 부인이나 친구와 함께하면서 생각하는 것과 분별력이 다른 것을 집

---

23 G. W. F. Hegel, *Grundlinien der Philosophie des Rechts*, §316.

어 삼켜 버리는 큰 집회에서 일어나는 것은 전혀 다른 것이다."[24] 이 지점에서 여론에는 경멸적인 요소가 있다고 할지라도 존중되어야만 한다.[25]

헤겔이 지적하듯이, 국가는 헌법과 법률에 기초해 조직적인 방식으로 운영되어야 한다. 그런데 정치는 또한 국민이 원하고 생각하는 것을 대변해야 하고 이를 국가 운영에 반영해야만 한다. 국민이 원하고 생각하는 것을 비조직적으로 알려 주는 것이 바로 여론이다.[26] 여론과 법률은 서로에게 영향을 끼친다. 헤겔은 여론이 정의의 일반적 관점이나 윤리적 기초만이 아니라 헌법이나 입법의 내용을 상식이나 선(先)이해의 형태로 포함하고 있다고 본다.[27]

헤겔은 부르주아의 공론 영역에서 형성된 여론의 가치를 인정하지만, 그것의 폭발력을 일정 정도 중화한다. 그가 설계한 인륜적 국가, 곧 입헌 군주국가에서 시민들의 공적 자율성은 상대적 의미만을 가질 수밖에 없기 때문이다. 그럼에도 불구하고 헤겔의 경우에 공적 자율성은 자유의 최대화에 반드시 필요한 국가 형성의 요소이다. 밀에게서와는 달리, 헤겔에게서 시민들이 형성한 공공성으로서 여론은 자유의 적이 아니라 친구이다.

밀이 지향했던 자유주의국가는 개인의 자유, 특히 사적 이익과 소유를 기초로 세워진다. 그러나 그의 국가에서 시민이 공공성의 영역에 참여하는 공적 자율은 의심스러운 것으로 전락한다. 밀은 그 자신이 공공성의 원리로서 찬성했던 자유로운 생각과 토론을 통해 시민이 형성한 여론을 자유를 억압하는 기제로 비판한다. 그는 이제 공적 담론에 참여하는 사람들이 아니라 그들이 형성한 여론에 맞서는 천재의 보호에 관심을 집중한다. "그리고 자유로운 의사 표현의 권리는 경찰의 통제로부터 공중의 비판적 논의를 보호하는 것이 아니라, 순응하지 않는 사람들을 공중

---

24 G. W. F. Hegel, *Grundlinien der Philosophie des Rechts*, §315 Zusatz.

25 G. W. F. Hegel, *Grundlinien der Philosophie des Rechts*, §318 참조.

26 G. W. F. Hegel, *Grundlinien der Philosophie des Rechts*, §316 Zusatz 참조.

27 G. W. F. Hegel, *Grundlinien der Philosophie des Rechts*, §317 참조.

에 의한 통제로부터 보호해야 한다는 것이다."[28]

밀은 『자유론』에서 시민적 자유와 사회적 자유를 담론의 범위로 한정했다. 그가 말하는 시민은 누구인가? 유산 계급, 중산층, 교육받은 숙련 노동자만이 시민인가? 이 부분에서 밀이 "화폐, 성(性), 피부색의 귀족주의, 상품 소유자들의 소수민주주의, 대부르주아의 금권 정치에 저항하는 모든 운동"[29]을 지지했다는 사실을 떠올릴 필요가 있다. 따라서 그에게서 시민은 실정법을 매개로 국가에서 공동의 삶을 구성하고 조율할 것을 명시적이든 암묵적이든 받아들이는 모든 사람이 해당한다고 보아야한다. 그렇다면 그에게서 시민적 자유와 사회적 자유는 개별성의 실현으로 제한되어서는 안 된다. 오히려 시민적·사회적 자유는 개별성으로 환원되어서는 안 된다. 그 당시의 상황에 비추어 볼 때, 국가와 그에 상응하는 '권력에 제한을 가하는 것'은 자유의 핵심적 기준일 수 있다.

밀이 말하는 천재의 창조성과 독창성이 국가권력에 제한을 가하는 힘이 될 수 있을까? 이는 지나치게 비현실적인 생각이다. 천재는 다양한 분야에서 창의적 능력을 발휘하는 사람이다. 수학과 과학, 음악의 원리를 다른 사람과는 비교할 수 없을 만큼 빠르고 정확하게 이해하고 해석하는 사람, 다른 사람들과는 비교할 수 없는 기억과 암기 능력을 가진 사람, 다양한 분야에서 놀라운 문제 해결 능력을 발휘하는 사람이 천재이다. 그러나 비판적 사고 능력과 합리적 의사소통 능력에서 천재는 없다. 현대 사회에서 진리와 정의, 그리고 아름다움의 세계로 가는 문의 열쇠를 독점하고 있는 능력을 가진 천재는 없다. 더구나 전략적으로 상호 작용하는 사람들의 담론에서 모두가 받아들일 수 있는 사회 통합의 길을 제시할 수 있는 실천이성을 가진 천재도 없다.

『자유론』에서 밀이 지향하는 시민적·사회적 자유를 두 가지 지평, 곧 권력 제한과 개별성 실현으로 단순화할 수 있다. 『자유론』이 지속적으로

---

28 위르겐 하버마스, 『공론장의 구조와 변동』, 235쪽.
29 위르겐 하버마스, 『공론장의 구조와 변동』, 232쪽.

자유주의, 특히 영국의 자유주의를 대표하는 고전으로 평가받는 이유가 바로 여기에 있다. 일반적으로 우리는 권력 제한과 관련해 제한해야 할 권력의 상징으로 국가권력과 자본권력을 생각할 수 있다. 그런데 밀이 제한해야 할 권력으로 강조한 것은 사회, 특히 시민이 형성한 의견과 의지로서의 여론이다. 밀에게서 민주주의의 기초로서 의사소통적 자유와 권력은 자유를 위해 제약되어야 할 위험한 것으로 전락한다.

개별성 실현과 관련해 우리가 실현해야 할 개별성이란 아마도 다원성과 독창성의 동등한 존중 위에서 가능할 것이다. 밀은 두 가지를 모두 강조한다. 다원성의 토대 위에서만 천재의 독창성이 성장할 수 있다고 보았기 때문이다. 밀은 대중의 획일성을 다양성과 독창성의 적으로 간주했다. 그의 말처럼 당시의 변화, 예를 들어 신분 질서를 유지하는 쪽에서 무너뜨리는 쪽으로의 정치와 교육의 전환, 상업과 제조업의 발달, 교통과 통신 수단의 발전, 모든 계급과 계층에 사회적 성공 가능성의 개방과 같은 변화는 모든 사람에게 동등한 자유의 실현과 개별성의 실현 가능성을 제공하기 시작했다.

> 과거와 비교해 볼 때, 읽고 듣고 보는 것이 같아졌다. 놀러가는 곳도 같다. 희망이나 두려워하는 것도 서로 닮아간다. 똑같은 권리와 자유를 누리며 그것을 향유하는 방법도 같다. 물론 신분의 차이는 여전히 남아 있다. 그러나 이것은 서로 닮아가는 경향과는 비교도 안 될 정도로 미미하다. 사람들을 똑같게 만드는 것은 지금도 진행되고 있다.[30]

밀의 시선을 빌려 오늘을 보면 신분 질서가 사라진 현대인은 모두 똑같다. 어떤 차이도 없다. 개별성은 사라지고 획일성이 난무한다. 이런 맥락에서 현대 사회를 비판하는 이론과 저서는 차고 넘친다. 그렇지만 밀이 말하는 것처럼 사람들이 똑같은 것을 바라고 누리면서 유사한 권리

---

30 존 스튜어트 밀, 『자유론』, 137쪽.

를 누리려는 것은 어쩌면 당연하다. 이 지점에서 중요한 것은 이 동등성에 대한 요구를 획일성으로 폄하하는 것이 아니라 다원성으로 전환하는 문제이다.

밀처럼 자유를 개별성의 실현으로 제한하면 할수록 그가 바라던 독창성은 커질 수 있지만 다원성은 확장되지 않는다. 개별성의 토양 위에서 독창성이 잘 자랄 수는 있다. 어쩌면 오늘날 기업가 정신과 기업가가 요구하는 창의성이 밀이 꿈꾸는 자유로운 개별성의 실현과 가장 가까울 수 있다. 반면에 다원성은 모든 사회와 공동체의 연결과 연대의 망으로부터 생겨난다. 따라서 사회와 공동체의 해체가 강화되면 될수록 다원성은 사라진다. 이런 방식으로 사회는 소수의 천재적 독창성과 다수의 획일적 욕망의 각축장으로 전락한다.

밀에게서 사회는 타락한 욕망의 각축장으로 폄하된다. 더불어 개별성 없는 대중이 지배하는 것이 사회이다. 이런 방식으로 밀의 『자유론』은 시민권력과 사회권력을 제약하는 데에 지나치게 집중함으로써 개인과 국가, 개인과 시장 사이에서 공동의 삶을 구성하고 갈등을 조정할 수 있는 사회 통합의 기초를 이론적으로 제거한다. 이런 방식으로 사회를 제거하면 진정으로 자유를 향유할 수 있는 시민은 제한되지 않은 권력, 다시 말해 국가의 행정권력과 자본 시장의 권력을 소유한 사람들뿐이다.

밀의 말처럼 다수의 대중이 공론 영역에서 형성한 의견과 의지는 사익에 물든 타락한 타협의 산물일 수 있다. 실제로 밀이 살던 시대에 교육받지 않은 비지성적 세력이 공론 영역에 진입하면서 이런 현상을 확인하는 것은 어렵지 않았다. 헤겔 역시 그 때문에 시민사회의 지양을 주장했다. 그런데 여기서 밀이 진정으로 개인의 개별성 실현을 자유의 중대한 목적으로 설정했다면, 모든 개인에게 개별성을 실현할 수 있는 사회적 조건이 마련되었는지에 대해 의문을 제기해야만 한다. 개인이 자신의 개별성을 실현하면서 건강한 방식으로 공적 담론에 참여하려면 그것을 가능하게 해 주는 사회적 지지가 있어야 한다. 이 점을 무시하고 거꾸로 사회를 적으로 간주한 것은 밀이 대변하는 자유주의의 가장 큰 취약점이다.

개인의 지성을 겨냥한 기소(起訴)는 실제로는 평균적 개인이 지식과 이념과 목적으로 가득 찬 인류의 축적된 보물 창고로 접근하지 못하도록 하는 사회 질서에 대한 기소이다. 오늘날 평균적 인간이 잠재적으로 가능한 사회적 지성을 공유할 수 있도록 허용하는 사회 조직은 없다. 개인 다중이 가까이 있는 자원을 향유하고 사용하도록 제반 조건을 형성하는 것을 우선적 목적으로 삼는 사회 질서는 더더욱 없다. 소수가 사회의 물질적 자원을 점유한 이면에는 이미 그것을 소유한 개인의 산물이 아니라 인류의 협동적 작업의 산물인 문화적·정신적 자원이 소수의 목적을 위해 점유된다는 사실이 존재한다. …… 그러한 사회 질서는 사적이익에 골몰하는 분열된 개개인의 행위를 무계획적으로 외관상 수렴하는 것으로는 결코 수립될 수 없다. 그 생각이 바로 초기 자유주의의 최대 취약점이다.[31]

모든 개인이 각자의 욕망을 최대한 실현하면서 동시에 공동의 삶을 구성하고 조율하기 위한 의견과 의지의 형성 과정에 참여할 수 있어야 자유로운 사회라고 할 수 있다. 개인의 자유는 이기적이고 전략적이면서도 동시에 상호적이고 상보적이어야 최대화할 수 있다. 개인의 자유는 독자적이면서 사회적이어야 폭력으로 둔갑하지 않는다. 개인의 자유는 다원주의를 사실로서 받아들이는 의사소통을 통해 연대의 기초를 형성하는 사회를 요구한다.

3. 자유주의와 민주주의

여론과 자유, 사회와 개인을 적대적 관계로 몰아가는 밀의 관점은 개인의 사적 자유, 특히 사적 소유 주체의 자유를 신성화하면서 민주주의

---

31 존 듀이, 김진희 옮김, 『자유주의와 사회적 실천』, 책세상, 2018, 74~76쪽.

를 상대화하는 (신)자유주의에서 다양한 방식으로 전승된다. 직접적이지만 매우 약화된 형태로 이런 주장을 한 사람은 신자유주의를 대표하는 하이에크이다. 그는 『노예의 길』에서 "궁극적 가치는 민주주의가 아니라 자유"라고 천명한다.

> "자유는 더 높은 정치적 목적을 위한 수단이 아니다. 자유는 그 자체로 가장 높은 정치적 이상이다. 훌륭한 행정을 위해 자유가 필요한 것이 아니라 시민사회와 사적 삶에서 최고로 가치 있게 여기는 대상들을 추구할 수 있도록 보장하기 위해 자유가 필요하다." 민주주의는 본질적으로 수단이다.[32]

우선 자유주의를 대표하는 학자의 글에서 '궁극적 가치'라는 표현은 낯설게 다가온다. 어딘가에 최종 가치나 해답이 있다는 생각은 자유주의가 가장 경멸하는 입장이기 때문이다.[33] 더구나 목적과 수단에 관한 하이에크의 서술은 아리스토텔레스의 목적론적 행복론에 관한 서술과 유사하다. 잘 알려진 것처럼 아리스토텔레스는 다른 것의 목적이지만 수단이 될 수 없다는 의미에서 행복에 최종 목적, 곧 궁극 가치를 부여한다. 하이에크 역시 자유가 시민사회와 사적 삶에서 궁극적 가치라고 말한다.

하이에크를 비롯한 많은 (신)자유주의자는 민주주의를 자유를 실현할 수 있는 가능성의 조건으로 인정하지 않는다. "민주체제 아래에서보다도 독재적 지배 아래에서 문화적 자유와 정신적 자유가 더 컸던 적도 자주 있었다는 사실"[34]이 이들이 흔히 제시하는 근거이다. 이들의 말처럼

---

32 프리드리히 하이에크, 『노예의 길: 사회주의 계획경제의 진실』, 121쪽.
33 벌린은 다원주의를 옹호하는 맥락에서 적극적 자유의 가치를 인정하면서 어딘가에 '단일 기준'과 '최종 해답'이 있다는 믿음을 반자유주의의 표상으로 비판한다. 이 맥락에서 그는 개인적 자유의 가치를 상대화하면서 일정한 제한이 있어야 한다는 것을 인정한다. 이사야 벌린, 『자유론』, 414쪽 이하 참조.
34 프리드리히 하이에크, 『노예의 길: 사회주의 계획경제의 진실』, 121쪽.

어느 시대에나 자유는 있었다. 심지어 노예에게도 일정한 의미의 자유는 있었다. 노예에게 최소한의 자유도 없었다면 어떤 주인도 그의 행위에 대한 책임을 물을 수 없었을 것이다.

인간의 행동에 책임을 물을 수 있는 것은 그에게 최소한의 자유가 있다고 믿기 때문이다. 관습이나 풍습 혹은 단순한 폭력으로서 책임의 추궁을 제외한다면, 도덕과 법, 그리고 효율성에 근거한 책임 추궁이 남는다. 현대 사회에서 도덕적 책임을 물을 수 있는 사람, 다시 말해 도덕적 귀책 능력이 있는 존재는 의도와 심정, 의지의 자유를 가진 사람으로 제한된다. 법적 책임은 행위의 자유를 가진 사람에게만 지워진다. 효율성과 실용성의 지평에서 책임은 행위 결과에 대한 예측 능력과 함께 다른 행위를 선택할 수 있는 자유를 가진 사람의 몫이다. 이처럼 행위의 책임은 자유를 가능성의 조건으로 설정한다. 이 맥락에서 자유는 비록 입증이나 논증이 불가능하더라도 요청될 수밖에 없다.

노예는 어떤 자유도 없는 속박된 존재이다. 하지만 그 역시 최소한의 범위에서 의지와 행위의 자유를 가지고 있다. 그는 주인의 명령에 따를 수도 있지만 따르지 않을 수도 있다. 그 때문에 명령에 불복하는 노예는 주인으로부터 가혹한 책임 추궁을 당한다. 만약 노예가 최소한의 자유가 아니라 자유 의식을 가지게 된다면, 그는 아마도 적극적으로 주인의 명령에 대한 정당화를 요구할 것이며, 결국 주인과 노예의 관계 청산을 지향할 것이다.

노예조차 행위에 책임을 져야 하는 최소한의 자유를 갖는다면, 모든 인간은 자유를 가지고 있다고 말해야 한다. 더구나 전체주의 체제나 독재 정권 아래에서도 자유를 향유하는 사람은 넘쳐난다. 독재권력을 함께 구성하는 사람들, 그들에게 직·간접적으로 동의를 표시하는 사람들, 독재에 대해 침묵하거나 무관심한 사람들 모두 자유를 누린다. 심지어 독재에 저항하는 사람도 제한된 자유를 누린다. 헤겔의 말처럼 인간은 감옥 속에서도 자유로울 수 있다. 독재에 저항하느라 교도소에 갇힌 사람은 자유보다 자유 의식이 더 큰 사람이다. 그들은 비록 자신의 육체적 부

자유의 고통을 받고 있지만, 더 많은 사람의 더 풍성한 자유를 위해 헌신하는 자유인이다. 반면에 독재의 지배 아래에서 문화적 자유와 정신적 자유를 향유하는 사람들은 자유인이 아니라 독재체제의 노예들이다.

자유의 의미 지평은 무한히 확장될 수 있다. 그 때문에 자유주의자들은 자유의 적인 독재의 지배 아래에서도 갈등 없이 개인적으로 자유를 향유한다. 흥미로운 것은 대부분의 자유주의가 자유의 적으로서 폭력을 휘두르는 독재자를 거론하기보다 오히려 사회나 사회주의를 지목한다는 것이다. 자유주의는 프롤레타리아트 독재와 계획 경제를 주적으로 설정하지만, 자본주의체제 아래에서의 독재와 폭력에 대해서는 아무런 반응도 하지 않는다. 특별히 하이에크는 공산주의와 사회주의, 나치즘을 연결해 비판한다.[35] 그가 열정을 쏟는 비판의 대상은 나치즘이라기보다는 집단주의로서의 사회주의이다.

자유주의는 개인의 자유가 갈등과 폭력을 최소화하면서 실현되기 위해서는 사회와의 연대가 기반이 되어야 한다는 사실을 전면적으로 부정한다. 따라서 자유주의는 밀이 염려했듯이, 민주주의가 집단과 대중, 다수의 자의적 권력을 양산할 수 있다는 것에 대해 지속적으로 문제를 제기한다. 이 맥락에서 자유주의는 어떻게 권력을 구성하고 형성해야 하는지에 대해서는 관심을 기울이지 않는다. 즉 자유주의의 권력을 군주, 귀족, 다양한 형태의 독재자, 민주 시민 중에 누가 가지는지는 중요하지 않다고 여긴다. 자유주의가 자유의 최대화를 위해 관심을 갖는 것은 "권력의 원천이 아니라 권력의 제한"[36]이다.

자유주의자들이 주장하듯이, 개별성을 기준으로 한 자유의 최대화는 권력의 원천보다 그것의 제한 정도에 큰 영향을 받는다고 볼 수 있다. 독재자들이 사적 개인의 자유를 확장한 사례는 무수히 많다. 살인 독재자 전두환이 시행한 각종 자유화 조치도 여기에 해당한다. 그러나 해외 여

---

35 프리드리히 하이에크, 『노예의 길: 사회주의 계획경제의 진실』, 38, 67쪽 이하 참조.
36 프리드리히 하이에크, 『노예의 길: 사회주의 계획경제의 진실』, 122쪽.

행과 거주 이전의 자유 확대, 교복의 자율화, 시장의 자유 확대는 전두환 일당이 저지른 폭력의 크기와 비례한다. 자유의 최대화와 폭력의 최대화가 함께 이루어진 것이다. 그런데 전두환은 7년 단임제라는 강력한 권력 제한 제도를 도입함으로써 자유주의자들의 지지를 받는다.

자유주의는 제약해야 할 권력을 정치권력과 사회권력으로 한정하는 경향이 매우 강하다. 경제권력의 제약을 주장하는 자유주의자는 찾아보기 어렵다. 자유주의는 경제권력이 자유로운 경쟁에 의해 형성되었다는 신화를 신봉한다. 그들에게 경쟁은 곧 자유이다. 따라서 경쟁에서 승리한 경제권력을 지키는 것은 곧 자유를 지키는 것이다.

> 경쟁 사회에서 빈곤한 사람들에게 열려 있는 기회들은 부유한 사람들에게 개방된 기회들보다 훨씬 더 제약되어 있다. 그럼에도 불구하고 경쟁 사회의 가난한 사람들이 이와는 다른 유형의 사회에서 더 큰 물질적 안락함을 누리는 사람보다 오히려 훨씬 더 자유롭다는 사실이 변하지는 않는다. 경쟁하에서는 가난하게 출발한 어떤 사람이 큰 부에 이르게 될 가능성은 유산을 가지고 있는 사람보다 훨씬 더 작은 것은 사실이다. 그러나 경쟁 시스템에서는 가난하게 출발한 사람도 큰 부를 쌓는 것이 가능할 뿐만 아니라 큰 부가 자신에게만 달려 있을 뿐 권력자(the mighty)의 선처에 달려 있지 않다. 경쟁 시스템은 아무도 누군가가 큰 부를 이루려는 시도를 금지할 수 없는 유일한 시스템이다.[37]

고전적 자유주의에서 자유가 개인의 개별성과 독창성의 실현이었다면 신자유주의에서는 경쟁으로 전환된다. 신자유주의는 시장에서의 경쟁을 자유로운 개별성 실현의 거의 유일한 길로 본다. 다양한 형태의 사회를 형성하고 민주적 공공성의 영역에 참여해 공동의 의견과 의지를 모으는 과정은 자유와는 무관한 것, 나아가 자유를 위협하는 것으로 전

---

37 프리드리히 하이에크, 『노예의 길: 사회주의 계획경제의 진실』, 162~63쪽.

락한다.

경쟁이 극대화된 세계인 시장에서도 사람들은 자신이 소유한 사물(자본)을 매개로 '물권적 연대'를 이룬다. 반면에 민주적 공공성의 영역에 참여하는 개인들 역시 서로의 관점을 관철하기 위한 경쟁에 참여하면서 규범적인 '유기적 연대'를 형성한다.[38] 시장에도 경쟁과 연대가 있듯이, 공론 영역에도 경쟁과 연대가 있다. 따라서 경쟁과 연대 중에서 어느 한쪽을 선택적으로 강조하더라도 시장과 공공 영역 중에 하나를 배타적으로 폄하해서는 안 된다.

시장에도 경쟁과 연대가 있다. 경쟁과 연대는 모든 생명체가 자기 보존을 위해 피할 수 없는 상호 작용의 두 가지 방식이다. 연대 없는 경쟁이나 경쟁 없는 연대는 적어도 인간의 세계에서는 추상적 관념의 산물일 뿐이다. 이 맥락에서 헤겔은 욕망의 각축적 체계를 단순히 부르주아 시장이 아니라 부르주아 시민사회라고 부른다. 욕구의 체계는 경쟁을 기반으로 하는 시장을 중심으로 형성되지만, 그 안에서 연대에 기초한 사회도 발전한다는 것을 헤겔은 인지한 것이다. 그런데 헤겔은 부르주아 시민사회가 시장의 경쟁 질서에 압도되면서 도덕적 천민화로 전락할 수밖에 없다고 전망한다.

헤겔이 부르주아 시민사회를 지양하려는 이유는 그 안에서 경쟁만 난무하기 때문이 아니다. 경쟁이 아니라 연대를 부정한 경쟁, 다시 말해 적대적 경쟁이 부르주아 시민사회를 부도덕하게 만든다는 것이 헤겔의 관점이다. 연대를 부정한 적대적 경쟁인 안타고니즘(antagonism)이 지배하는 곳에서는 사회의 극단적 분열과 양극화를 극복할 가능성으로서의 공공성이 성장할 수 없다. 그 때문에 헤겔은 부르주아 시민사회의 지양을 제안한다.

---

38 현대 사회의 연대 방식을 이처럼 두 가지로 구별한 것은 에밀 뒤르케임(Émile Durkheim)에서 시작된다. 이에 대해서는 에밀 뒤르케임, 민문홍 옮김, 『사회분업론』, 2012, 아카넷 참조.

사회 통합의 힘인 연대 없이는 개인의 자유만이 아니라 민주주의도 작동할 수 없다. 사회 통합은 세 곳 — 첫째, 경제 사회인 시장, 둘째, 정치사회인 국가, 셋째, 복합 사회인 시민사회 — 에서 이루어질 수 있다. 앞에서 언급한 것처럼 세 가지 사회 모두에는 갈등이 내재하고, 이를 극복하는 방법으로 경쟁과 연대가 함께 작동한다. 그런데 신자유주의는 유독 시장에서의 경쟁을 통해서만 개인의 자유를 최대화할 수 있을 것처럼 극화한다.

경쟁은 모든 생명의 자연적 조건이다. 따라서 경쟁 자체는 선악의 저편에 있다. 자연에는 규범이 없다. 그러나 인간의 경쟁은 자연적이면서 동시에 사회적이다. 인간 사이의 경쟁에는 불가피하게 선악이 개입할 수밖에 없다. 이를 위해 공존을 위협하는 경쟁, 연대를 부정하는 경쟁인 안타고니즘과 상호 존중과 인정을 고무하는 경쟁인 아고니즘(agonism)을 구별할 필요가 있다.[39] 시장에서뿐만 아니라 국가와 시민사회에서도 안타고니즘의 주체는 자유가 아니라 폭력을 키울 뿐이다. 시장과 국가, 시민사회에서 폭력을 줄이면서 자유를 키울 수 있으려면 안타고니즘에서 아고니즘으로 프레임을 전환해야 한다.

아고니즘의 프레임에서도 인간 사이의 적대적 경쟁이 사라질 수는 없다. 특히 다원화와 세계화가 골목길과 실개천까지 파고든 현대 사회에서 적대적 갈등과 경쟁은 시장과 국가, 시민사회를 관통하면서 끝없이 회귀할 수밖에 없다. 이 점에서 슈미트가 말한 적과 동지의 이분법은 정치로 한정되지 않고 모든 사회 영역을 지배할 수 있다. 이처럼 적대적 갈등과 경쟁이 소멸될 수 없는 것이라면, 그것이 사회적 연대를 파괴하지 못하도록 관리하는 것이 중요하다.

인간은 동물, 경쟁하는 동물이다. 이 경쟁이 연대와 함께하지 않고 안타고니즘으로 흐르면 인간은 짐승이 된다. 짐승이 되지 않으려면 인간

---

[39] Chantal Mouffe, *The return of the political. London*, Verso, 1993, p. 15; Chantal Mouffe, *The democratic paradox*, London: Verso, 2000, pp. 36ff. 참조.

스스로 연대하는 경쟁의 길을 찾아야 한다. 그러나 사회와 사회적 연대에 대해 적대적 알레르기 반응을 일으키는 (신)자유주의자들은 인간을 짐승 혹은 짐승과 유사한 존재로 확정하고 그것을 관리하는 체계에 관심을 집중한다.

> 홉스는 인간이 짐승과 닮았기 때문에 폭군이 있어야만 한다고 주장한 바 있다. 타운센드는 인간이 실제로 짐승이며, 바로 그렇기 때문에 최소한의 정부만 있어야 한다고 주장한 것이다. 이 새로운 관점에서 보자면 자유로운 사회란 두 가지 인종으로 구성된 것으로 생각할 수 있으니, 그 두 인종이란 재산 소유자들과 노동자들이다.[40]

신자유주의의 뿌리를 찾다 보면, 타운센드라는 성직자와 만날 수밖에 없다. 그는 시장이 짐승인 인간의 적대적 경쟁을 합리적으로 이끌어 낼 뿐만 아니라 어떤 국가적 개입 없이도 가난과 빈곤을 해결할 수 있다고 말한다. 그에 따르면, 정부는 사적 소유권을 안전하게 지키는 역할만 한다. 이 경우에 굶주림이 가난한 자들을 노동하도록 강제할 수 있을 뿐만 아니라 시장의 능력에 따라 인구도 조절할 수 있다. 정부가 개인의 사적 소유만 지켜 주면 짐승인 인간의 모든 욕구와 갈등은 자기조정시장에서 해결된다는 것이다.

타운센드는 인간을 짐승과 동일시한다. 그는 짐승 인간을 혐오하지 않는다. 오히려 그의 자유주의의 심연에는 자연 예찬이 숨어 있다. 타운센드는 매우 흥미로운 이야기를 만든다. 후안 페르난데스는 칠레 연안 태평양에 있는 로빈슨 크루소라는 무인도에 몇 마리 염소를 풀어놓는다. 염소가 늘어나면 필요할 때 식량으로 조달하려고 했다. 그런데 의도한 것과는 정반대로 영국의 해적들이 이 섬의 늘어난 염소를 식량으로 쓰면서 스페인을 위협했다. 결국 스페인은 한 쌍의 개를 투입해 염소를 잡

---

40 칼 폴라니, 『거대한 전환』, 343~44쪽.

아먹도록 만들었다. 그러자 일정한 시간이 흐른 후에 개와 염소의 수는 균형을 유지하게 되었는데, 양쪽 모두 약육강식의 법칙에 따라 수를 자율 조정했다.[41] 타운센드는 무인도의 로빈슨 크루소처럼 국가를 운영해야만 한다고 믿었다. 이 경우에 인간은 타인의 사적 소유를 침범할 수 없기 때문에 굶주림을 극복하려면 노동할 수밖에 없다. 그런 능력도 없는 사람은 희생당할 수밖에 없다.

인간은 분명 짐승의 얼굴이 있다. 그러나 인간은 사회적 연대를 통해 문제를 조정하고 해결할 수 있는 동물이다. 따라서 짐승 인간에게만 적용할 수 있는 자연법칙으로 사회적 문제를 해결하는 것은 인간의 자유를 폭력의 기초 위에서 확장하는 것이다. 사회적 인간이 아니라 자연적 인간인 짐승이 지배하는 시장의 보이지 않는 손은 "자기 이익이라는 이름 아래 우리에게 서로를 잡아먹는 끔찍한 식인 의식"[42]으로 전락할 것이다.

시장에는 분명 자기조정의 기능이 있다. 자유로운 경쟁과 부의 축적은 그만큼 자유로운 시장을 요구한다. 그런데 시장의 자기조정 범위는 매우 제한적이다. 어떤 제약도 없는 시장은 연대보다 경쟁, 아고니즘보다는 안타고니즘을 강화한다. 이 경우에 시장은 대부분의 사람의 자유를 파괴하는 폭력의 전쟁터로 둔갑한다. 이를 막으려면 시장 안에서 연대하는 경쟁인 아고니즘이 확산하도록 해야만 한다. 여기에 시민의 공적 자율성에 기초한 민주주의, 곧 아고니즘의 민주주의가 요구된다. 이 맥락에서 자유와 자율, 자유와 자치, 자유와 민주주의 사이에 내적 연관성이 성립한다. 이 연관성을 부정하는 자유주의자는 더 이상 자유주의가 아니라 안타고니즘의 독단적 주체일 뿐이다.

자유의 최대화를 자연법칙과 자연 예찬에서 찾는 자유주의의 뿌리는 매우 깊다. 그중에서도 사생활과 상업에서 자유를 가장 웅변적으로 옹

---

41 칼 폴라니, 『거대한 전환』, 340쪽 이하 참조.
42 칼 폴라니, 『거대한 전환』, 339쪽.

호한 콩스탕이 심은 자유주의 나무의 뿌리가 매우 깊다. 그는 자신의 유명한 논문 「현대인의 자유와 비교한 고대인의 자유」(The Liberty of the Ancients Compared with that of the Moderns, 1816)에서 정치적 자유와 경제적 자유, 적극적 자유와 소극적 자유, 공적 자유와 사적 자유를 극적으로 대비한다. 그에 따르면, 고대에 적극적이고 공적인 정치적 자유를 향유한 자유인은 사적인 영역에서는 노예나 다름없었다고 말한다.

> 따라서 고대인들 사이에서는, 거의 항상 공적인 일에 있어 주권자인 개인은 그의 모든 사적 관계에서 노예였다. 시민으로서 그는 평화와 전쟁을 결심했고, 개인으로서는 자신의 모든 움직임에 제약을 받고, 감시당하고, 억압당했다. 집단적 신체의 일원으로서 그는 심문하고, 해임하고, 비난하고, 구걸하고, 추방했지만, 또한 그의 지방관과 상관에게 사형을 선고받았으며, 집단 신체의 신하로서 스스로 자신의 것을 빼앗길 수 있었다.[43]

콩스탕에 따르면, 전통적인 고대 국가는 가족[가문] 연합이라는 것, 그리고 그 가문들 사이에 적대적 관계가 상존했다는 것이다. 개인과 가문은 분리되지 않았다. 따라서 개인은 가문 안팎 어디에서도 사적 자유를 누릴 수 없었다. 반면에 현대인의 자유는 개인의 사생활 영역에서 시작된다. 개인의 탄생과 더불어 동질적 인간도 함께 태어난다. 이제 전쟁은 상업으로 대체된다. 푸코의 개념을 빌리면, 사회가 피할 수 없는 영구 전쟁은 상업을 통해 평화적 방식으로 대체되고 그 안에서 권력은 죽이는 힘이 아니라 살리는 힘으로 작동한다.

콩스탕은 헤겔과 동일하게 자코뱅의 폭력에 강한 적대감을 가지고 있었다. 헤겔은 자코뱅이 저지른 폭력의 뿌리에서 독단적 실천이성의 도덕

---

43 Benjamin Constant, "The Liberty of the Ancients Compared with that of the Moderns", pp. 2~3.

적 엄숙주의를 발견한다. 순수한 양심의 별빛에 헤아릴 수 없는 사람들이 쓰러져 갔다. 콩스탕은 적극적인 정치적 자유인 주권, 특히 루소의 일반의지로 표현된 주권이 자코뱅의 폭력에 구실을 제공했다고 본다. 여기서부터 자유를 자율과 자치, 민주주의와 분리하는 논리가 발전한다.

콩스탕은 인간이 전쟁의 위험을 극복하고 평화로 갈 수 있는 희망을 상업에서 찾는다. 그에 따르면, 전쟁과 상업은 원하는 것을 얻고자 하는 목적을 갖는다는 점에서 동일하다. 전쟁은 죽음과 파괴의 적대적 경쟁 질서이다. 전쟁은 경쟁자를 죽음으로 몰아넣고 자신이 원하는 것을 취득한다. 물론, 전쟁이 상징 투쟁의 형태를 가질 수도 있다. 즉 우리 편의 상징적 지위와 명예를 인정하도록 강요하는 수준에서 전쟁이 수행될 수도 있다. 실제로 대부분의 전쟁은 적을 죽이다가도 어느 순간 힘의 역학 관계가 확실해지면 적을 실제로 살려 두는 방식, 곧 상징적 살해를 통해 종결되는 경우가 대부분이다. 이 맥락에서 마르셀 모스(Marcel Mauss)는 선물 경제의 원리를 파악했다. 더 이상 실제적인 전쟁을 수행하지 못하고 항복하는 것은 선물 경제의 선물에 답례하지 못한 것과 동일하다.[44]

전쟁도 자유의 표현이다. 전쟁을 벌이는 것도 자유이고, 전쟁을 통해 얻고자 하는 것도 자유이다. 실제로 오랫동안 인류가 경험한 자유는 메기를 잡아먹는 곤들메기의 자유였다.[45] 이처럼 자연 예찬의 기초 위에서 정당화된 자유는 폭력의 다른 이름일 뿐이다. 이를 직설적으로 드러내는 경우도 적지 않다.

물론 자유는 다른 사람의 자유를 짓밟는 일을 스스로 금하는 것이 아

---

44 "어떤 사람이 선물을 받았으나 답례하지 않으면 그는 열등한 지위로 떨어진다." Marcel Mauss, *The Gift: the Form and Reason for Exchange in Archaic Societies*, New York: Routledge, 1990, p. 83.

45 "곤들메기의 자유는 붕어에게 죽음"이라는 은유는 자유주의자 벌린의 것이다. 흥미로운 것은 벌린을 비롯한 자유주의자들이 그나마 자유 시장만이 죽어가는 붕어에게 유일한 희망이라고 주장하는 것이다. 이사야 벌린, 『자유론』, 347쪽.

니다. 그러면 그것은 더 이상 자유가 아니기 때문이다. 자유는 무엇으로 구성되는가? 그것은 남의 물건을 취하고, 그리하여 타인의 예속을 획득할 수 있음을 뜻한다. …… 이 자연적인 자유와 이 평등적인 자유, 이 자연법은 다음과 같은 역사 법칙, 즉 자유라는 것이 타인을 희생시켜 확보되는 어떤 사람의 자유를 의미할 때, 그리고 사회가 본질적인 불평등을 보장해 줄 때에만 자유가 힘이 있고 원기가 있으며 완전하다는 역사 법칙을 결코 거스를 수 없다.[46]

상업을 전쟁으로, 시장을 전쟁터로 묘사하는 모든 이론은 자유를 자연에서 길어 올리려는 이론적 전략을 가지고 있다. 이 전략에는 어떤 거추장스러운 규범이나 규제가 없는 만큼 매력적이다. 그 때문에 상업과 시장의 자유가 커지면 커질수록 전쟁이 사라지고 평화가 온다는 설명은 자유주의자들이 좋아하는 전략적 대비이다.

만약 내가 당신이 소유하고 있는 것을 원한다면, 상업이라는, 즉 당신에게 그것을 사겠다는 나의 제의는 단순히 당신의 힘에 대한 나의 찬사, 즉 내가 원하는 것을 그냥 가져갈 수 없다는 나의 인정이다. 상업은 상호 합의로써, 더 이상 폭력으로 얻기를 바랄 수 없는 것을 정복하려는 시도이다. 항상 더 강했던 사람은 상업이라는 생각을 결코 인지하지 못할 것이다. 우리를 상업에 의존하게 하는 것은 전쟁 —즉 다른 사람의 힘에 대항하여 우리의 힘을 사용하는 것 —이 우리에게 다양한 방해물들과 패배들을 드러냈다는 우리의 경험이다. 우리가 상업으로 전환할 때 우리는 다른 사람들이 우리가 원하는 것에 동의하도록 하는 더 온화하고 확실한 수단을 이용한다. 전쟁은 충동, 상업은 계산이다. 따라서 상업이 전쟁을 대체하는 시대가 와야 한다. 우리는 이미 그때에 이르렀다.[47]

---

46 미셸 푸코, 김상운 옮김, 『사회를 보호해야 한다』, 196~97쪽.

47 Benjamin Constant, "The Liberty of the Ancients Compared with that of the Moderns",

콩스탕이 말한 그때는 왔다. 무엇보다 평화의 시대가 왔다. 상업이라는 전쟁, 그리고 그 전쟁이 수행되는 시장에 참여한 사람들 사이의 힘의 차이가 평화를 만들어 내고 있다. 자본주의가 쇠퇴할 때 나타났던 '누진적 궁핍'은 찾아보기 어렵다. 그러나 자본 시장의 발전이 정점에 달해 힘의 차이가 명확하게 드러내는 '정체적 궁핍'이 나타나면서 평화가 온 것처럼 보인다.[48] 이 맥락에서 자유주의는 '자연 상태=전쟁 상태=시장 상태=자유 상태'를 그린다. 이 논리의 원저자인 홉스의 자연 상태는 단순히 전쟁 상태가 아니라 자유 상태, 곧 힘의 차이를 인지한 평화의 상태이다.[49] 홉스는 자유를 위해, 특히 평화로운 자유를 위해 주권적 노예 상태를 받아들이라고 요구한다. 유일한 주권자가 된 리바이어던(leviathan)에게 부여된 힘의 크기는 사람들을 자유로운 노예, 곧 주권 없이 자유권을 누리는 노예로 만든다. 그런 홉스가 공적 자율이자 주권을 행사하는 시민이 진정한 자유인이라는, 루소보다는 적어도 솔직성만큼은 앞서는 것일까?[50]

4. 자유와 권력

자유주의가 전면에 내세우는 권력 제한의 요구는 그 자체로 정당하다. 그런데 권력 제한을 위해 필요한 세 가지 사항에 대해 자유주의는 눈을 감는다. 첫째, 자유주의는 그들이 제한하고자 하는 권력이 어떻게 형성

---

pp. 3~4.

48 마르크스는 그의 『경제학·철학 초고』에서 궁핍을 세 가지로 구별한다. 아마도 현대 자본주의에서 대부분의 사람이 느끼는 궁핍은 상대적 궁핍, 다시 말해 노동자에게 가장 좋은 상황에서 밀려드는 '복합적 궁핍'(kompliziertes Elend)일 수도 있다. 칼 마르크스, 김문현 옮김, 『경제학·철학초고/자본론/공산당선언/철학의 빈곤』, 동서문화사, 2014, 18쪽 이하 참조.

49 미셸 푸코, 김상운 옮김, 『사회를 보호해야 한다』, 111, 116~17쪽 이하 참조.

50 이사야 벌린, 『자유론』, 410쪽 참조.

되었는지에 대해 무관심하다. 자유주의는 권력의 형성이 민주적이었는지, 비민주적이었는지는 중요하지 않다고 말한다. 더구나 자유주의는 이 맥락에서 민주주의와 주권, 그리고 공적 자율성에 대해 비판적이다. 비판 과정에서 자유주의는 민주 독재, 민중 독재, 프롤레타리아트 독재를 뒤섞어 비판한다.

루소는 자유주의자들에 의해 가장 많이 소환되는 철학자 가운데 한 명이다. 민주 독재와 민중 독재의 뿌리에 그가 있다는 의심은 지속적으로 제기되었다. 물론, 그만큼 루소는 공화주의와 민주주의를 지향하는 이론의 뿌리에 해당한다고 볼 수 있다. 아마도 그의 이론 중에서 가장 큰 논란을 불러일으키는 것은 '일반의지'(volonté générale) 개념이다. 루소에 따르면, 일반의지는 주권과 공동 이익을 통해 규정된다. "주권은 일반의지의 행사일 뿐이기에 결코 양도될 수 없으며, 주권자는 집합적 존재일 뿐이기에 오직 그 자신에 의해서만 대표될 수 있다."[51] 일반의지는 모든 이익이 일치하는 어떤 지점, 다시 말해 공동 이익이 구성되는 지점에서 사회를 이끌어가는 의지이자 주권이다.

"일반의지는 틀릴 수 있는가"를 묻는 『사회계약론』의 제2권 제3장은 루소의 공화주의 안에 전체주의가 숨 쉬고 있다는 비판의 핵심 내용을 품고 있다. 잘 알려진 것처럼 루소는 '모두의 의지'(전체의지, volonté de tous)와 일반의지를 구별한다. "모두의 의지는 사적인 이익에 몰두하며 개별의지의 합일뿐이다. 그런데 이 개별의지들에서 서로 상쇄되는 더 큰 것들과 더 작은 것들을 빼면", 차이들의 합계로 일반의지가 생긴다."[52] 개별의지는 사익과 공익에 대한 지향성을 모두 가지고 있다. 사익의 집합이 전체의지라면 공익의 집합은 일반의지이다. 루소가 유일하게 정당한 정치체제로 인정한 공화정, 그야말로 법에 의해 지배되는 국가는 이 일반의지에 따라 지배되는 주권국이어야 한다. 공화정의 법은 주권자의

---

51 장-자크 루소, 김영욱 옮김, 『사회계약론』, 후마니타스, 2018, 35쪽.
52 장-자크 루소, 『사회계약론』, 39쪽.

의지, 곧 양도될 수 없는 일반의지이다.

일반의지에 대한 논란을 단순화하면 두 진영의 대결로 압축된다. 한쪽은 일반의지를 시민 주권의 표현으로 간주하면서 민주주의와 공화주의를 결합하는 개념으로 바라본다. 다른 한쪽은 일반의지의 불가능성을 입증하면서 그 때문에 일반의지에 기초한 정치체제가 전체주의적 성향을 가질 수밖에 없다고 비판한다.[53] 루소의 일반의지는 여전히 공화주의와 자유주의 진영을 가르는 살아 있는 개념이다.

사회가 사익의 총합이 되어서는 안 된다는 의미에서 일반의지는 여전히 현재성 있는 개념이다. 하지만 자유주의 진영에서 루소의 일반의지를 비판하는 것은 나름의 정당성이 있다. 무엇보다 개별의지에서 일반의지로 가는 과정과 절차에 대한 루소의 해명은 혼란스러울 뿐만 아니라 차이의 제거, 의사소통과 부분 사회에 대한 불신 때문에 위험하다는 평가가 가능하다. 더구나 다원화와 세계화가 완성된 사회에서 증폭된 복잡성을 감안할 때, 오류 가능성이 없는 일반의지의 형성은 불가능하다고 보아야 한다.

사익과 공익을 모두 지향하는 개별의지는 어떤 방식으로 일반의지에 이를 수 있을까? 이에 대한 절차는 독단적 실천이성을 주인공으로 내세우는 방식으로는 정당화될 수 없다. 어쩌면 루소는 국가를 문화적·윤리적으로 통합된 소규모 공동체로서 가정했을 수도 있다. 실제로 고대 국가들이 이 경우에 해당한다. 개인이 사익을 벗어나 공익을 지향하는 주체가 된다는 발상 속에는 국민 주권을 수행하는 양식 속으로 인권의 규범적 내용을 흡수하는 전략으로서 설득력이 있다. 그러나 주권자는 일반화될 수 없는 사적인 이익 관심을 배제하면서 오직 평등한 주관적 자유를 보장하는 일반의지를 형성할 수 있다. 이렇게 모두가 참여하는 사회

---

53 일반의지와 관련된 최근의 논의에 대해서는 김영국, 「일반의지의 수학적 토대와 비판주의: 루소 『사회계약론』 2권 3장의 해석 문제」, 『한국정치연구』 26(1), 2017, 27쪽 이하 참조.

계약이 가능하다. 그러나 루소는 공익으로 무장된 거대 주체의 일반의지가 사익을 버리지 못한 개별의지 혹은 정당한 사익을 추구하는 개별의지를 억압하지 않고 조화를 이룰 수 있는지에 대해서는 설득력 있는 대답을 제공하지 못하고 있다.[54]

슈미트는 이에 대해 파고들어 민주주의를 비판한다.[55] 그는 루소가 일반의지와 법률을 동일시하면서 동시에 일치된 의견을 형성할 수 없는 인민에게 다수의 의견을 따르도록 강요한다고 비판한다. 루소는 이 비판에 근거를 제공한다. "그 본성상 만장일치의 동의를 필요로 하는 법은 단 하나다. 그것은 사회계약이다. …… 이 최초의 계약을 제외하면, 언제나 다수의 의견이 다른 모든 의견을 구속한다. 이것은 계약 자체의 결과다. 하지만 자유로운 한 인간이 자신의 것이 아닌 의지에 강제로 복종하는 것이 어떻게 가능한지 질문할 수 있다. 반대자들은 어떻게 자유로운 상태에서 그들이 동의한 적 없는 법에 종속되는가?"[56] 루소의 대답은 어쩌면 간명하다. 다수결에 따르라는 것이 일반의지라는 것이다. 따라서 다수결이 아닌 소수의 의견을 가진 사람은 일반의지의 토대에 따라 자유롭지 못했다는 것이다.

"일반의지란 진정한 자유에 상응하므로 표결에서 패한 사람은 자유롭지 못했던 것이다."[57] 이런 비판을 극복하려면 루소의 사회계약론은 개별의지에서 일반의지로 가는 절차를 상호 주관적 자유를 기반으로 재구성되어야 한다. 이런 재구성의 가능성과 무관하게 루소의 일반의지가 요구하는 거대 주체는 현대 사회에서는 더 이상 정당화의 부담을 넘어설 수 없다. 그렇다고 루소의 일반의지의 이런 특성을 근거로 민주주의가 동일성의 체계라고 단정하는 것은 자유주의의 전형적 전략이다.[58] 자유

---

54 위르겐 하버마스, 『사실성과 타당성』, 141쪽 이하 참조.

55 카를 슈미트, 나종석 옮김, 『현대 의회주의의 정신사적 상황』, 도서출판 길, 2012, 57쪽 이하 참조.

56 장-자크 루소, 『사회계약론』, 131쪽.

57 카를 슈미트, 『현대 의회주의의 정신사적 상황』, 58쪽.

주의는 권력 제한에만 관심을 기울일 뿐 권력 형성의 과정에 대해 무관심할 뿐만 아니라 이 과정에서의 민주주의 가치를 쉽게 폄하한다.

자유주의가 권력 제한을 말하면서 두 번째로 눈감은 부분은 제한해야 할 권력을 자의적으로 사회와 정부로 환원한다는 지점이다. 자유주의는 권력 제한을 통해 속박과 억압으로부터의 자유를 지향한다. 그렇다면 무엇보다 그 시대 최고의 권력, 다시 말해 개인을 가장 강력하게 속박하는 권력에 대한 제한을 말해야 한다. 자본주의 사회의 제1권력은 자본가이다. 그러니 진정한 자유주의자라면 자본권력의 제한에 대해 침묵해서는 안 된다.

> 따라서 자본은 노동과 그 생산물에 대한 지배권이다. 자본가가 이 권력을 갖는 것은 그의 개인적 또는 인간적 특성들 때문이 아니라 그가 자본의 소유자이기 때문이다. 그의 자본이 휘두르는 권력, 그 무엇도 저항할 수 없는 이 권력이야말로 그의 권력인 것이다.[59]

모든 권력, 특히 국가권력은 그것이 어떻게 형성된 것이든 간에 제한되어야 한다. 민주적으로 선출된 정치권력뿐만 아니라 정부의 행정권력과 사법권력도 제한되어야 한다. 더구나 언론권력조차도 제약되어야 한다. 그러나 무엇보다 경제권력을 장악하고 있는 시장권력, 곧 자본권력도 제한되어야 한다. 그러나 자유주의는 이에 대해 매우 추상적으로 언급할 뿐이다. 자유주의는 경제권력이 개인의 자유와 자유로운 개인의 관계를 조정하는 제1권력이 되었다는 것을 알았기 때문에, 개인의 자유를 위해 경제권력에 대한 사회적 통제가 필요하다는 것 역시 알았을 것이다. 그러나 자유주의는 이에 대해 모른 척하거나 알려고 하지 않는다. 듀이는 이에 대해 자유주의가 현실을 직시해야 한다고 말한다.

---

58 이사야 벌린, 『자유론』, 407쪽 이하 참조.
59 칼 마르크스, 『경제학·철학초고/자본론/공산당선언/철학의 빈곤』, 30~31쪽.

정치국가가 강제력을 부여받은 유일한 대행체라는 생각은 어리석다. 집중되고 조직된 자본의 이해관계의 권력 행사에 비하면 정치국가의 권력은 허약하기조차 하다. …… 사법 공무원들이 공동체의 경제적 삶을 지배하는 권력의 대리인으로 행동하면서 최악의 위반자가 되는 경우가 흔히 있다. 언론의 자유가 안전판이라는 언급은 극도의 안이함과 함께 잊혔다. 아마도 이것은 표현의 자유를 단지 분노를 분출시키는 도구로 간주하는 문제에 대한 설명이 될 것이다.[60]

자유주의는 '단일 기준'과 '최종 해답'이 있다는 믿음을 정치적 절대주의로 간주하고 이를 불구대천의 원수인 것처럼 취급하면서 자신들이 형성한 신조, 곧 정부권력의 최소화라는 신조에 관한 한 절대주의적 태도를 고수한다. 진정한 자유주의는 그들의 신념에 바탕을 두고 현실 상황에 따라 유연하게, 그리고 매우 구체적으로 특수한 억압적 제력(諸力)으로부터의 탈피를 말해야 한다. 노예제로부터의 해방, 농노제로부터의 해방, 신분 질서로부터의 해방, 전제 왕정으로부터의 해방, 제국주의로부터의 해방, 전체주의로부터의 해방, 관료적 법과 규제로부터의 해방, 경제적 양극화로부터의 해방, 사회적 무시와 폭력으로부터의 해방, 정치적 공론 영역에의 참여를 불가능하게 만드는 사회·경제적 조건으로부터의 해방, 인류의 고귀한 자산을 공유하는 것을 방해하는 사회·경제적 조건으로부터의 해방 등이 모두 자유주의가 외쳐야 할 시대적 과제이다. 이 안에서 제한되어야 할 권력은 정치나 행정권력으로 국한될 수 없다.

진정한 자유주의는 듀이의 주장처럼 현재 우리를 지배하는 체계로부터 자유를 지향하는 것이다. 푸코식으로 표현하면, 자유는 '통치받지 않기 위한 기술'로서 비판적 태도를 요구한다.[61] 그렇다면 지금 우리를 지

---

60 존 듀이, 『자유주의와 사회적 실천』, 89쪽.
61 "비판적 태도(는) …… 통치 기술을 불신하고 거부하고 제한하며, 그것의 정당한 한도를 모색하고 그것을 변형시키며, 그것으로부터 벗어나고자 하는, 혹은 어쨌든 그 통치 기술을 변화시키려는 방식으로서 …… 일반 문화적 형식, 도덕적인 동시에 정치적인

배하고 통치하는 지배체계는 무엇인가? 국가, 정부, 관료, 자본가가 아니라 사회인가, 아니면 그것들을 작동하게 만드는 개체화인가?

> 오늘날 우리에게 동시다발적으로 제기되는 정치적·윤리적·사회적·철학적 문제는 국가와 그 제도들로부터 개인을 해방하려고 시도하는 데 있는 것이 아니라 국가와 국가에 결부되어 있는 개체화의 형태로부터 우리를 해방하려고 시도하는 데 있다. 우리는 수세기에 걸쳐서 우리에게 부과되어 왔던 개체성의 유형을 거부함으로써 주체성의 새로운 형태를 추진해야만 한다.[62]

자유주의는 개인과 집단을 적대적 대립 관계로 몰아가는 경향이 강하다. 그리고 집단을 대중, 계급, 다수, 인민 등과 뒤섞으면서 사회로 규정하고 기회가 있을 때마다 이 사회적인 것의 죽음을 요구하거나 선포한다. 이들은 사회주의, 사회복지, 사회민주주의, 사회적 연대, 사회국가에 투영된 모든 이념이 자유의 적이거나 혹은 이미 실패한 이념에 기초한 것처럼 비판한다. 자유주의는 현실에서 사회적인 문제가 폭발하면 할수록 이를 개인의 지평으로 환원해 해소하려고 한다. 이들의 시선으로 보면 사회적 문제의 폭발이 커지면 커질수록 사회적 지평이 사라지는 것처럼 보인다.[63]

태도, 사고방식과 같은 어떤 것(입니다.) 저는 (이 비판적 태도를) 아주 간단히 '통치받지 않기 위한 기술', 다시 말해 '이런 식으로, 또 이런 대가를 치르면서 통치받지 않으려는 기술'이라고 부르고자 합니다." 미셸 푸코, 심세광·전혜리 옮김, 『비판이란 무엇인가?/자기 수양』, 동녘, 2016, 44~45쪽.

62 미셸 푸코, 정일준 옮김, 「주체와 권력」, 『미셸 푸코의 권력 이론』, 새물결, 1994, 97~98쪽. 푸코에게서 사회는 영원한 실존적 영역이 아니다. 그는 사회적인 것이 성역화하는 것에 반대한다. 그에게서 사회는 새로운 영토화의 장소이다.

63 Jean Baudrillard, *In the Shadow of the Silent Majorities*, New York; Semiotexte, 2007; Nikolas Rose, "The Death of the Social? Re-figuring the Territory of Government", in: *Economy and Society* 25(3), 1996, pp. 327ff. 참조. 니컬러스 로즈(Nikolas Rose)는 푸코적 관점에서 사회적인 것을 분석하고 그것의 죽음을 말한다. 그가 주장하는 진보

자유주의는 사회를 권력으로 파악하고 그것의 힘을 제한하는 데에 관심을 집중한다. 그 때문에 자유주의는 권력을 제한하는 방법과 절차의 정당성에 대해 관심을 기울이지 않는다. 즉 개인주의에 목을 매는 자유주의는 개인이 진정으로 자유로운 개별성을 발전시킬 수 있는 사회적 제도에 관심을 기울이지 않는다. 그들은 사회와 사회 제도에서 개인의 자유를 위한 긍정의 힘을 발견하지 못한다. 그 때문에 그들은 권력을 제한할 수 있는 힘을 개인에게서 발견하지 못한다.

정치권력, 경제권력, 행정권력, 사법권력, 언론권력을 제한하려면 이들 권력에 대한 사회적 규제가 있어야 한다. 권력은 나누면 나눌수록, 제한하면 제한할수록, 규제하면 규제할수록 건강하다. 통제되지 않은 권력은 다중의 자유를 파괴한다. 그러나 권력의 분할과 제한, 규제가 임의적이어서는 안 된다. 권력의 행사가 법률에 의지해야만 하듯이, 그것의 제한도 마찬가지이다. 그리고 그 법률은 민주적 공공성의 영역에서 합리적이고 합당하게 형성된 사회적 합의를 반영해야만 한다.

자유가 이념으로 응고되고 자유로운 사람보다는 자유라는 개념만을 옹호하고자 할 때, 그것은 거짓 간판, 즉 폭력의 "의례적인 보완물"이 된다는 사실을 망각해서는 안 된다. …… 고립되고 차별의 원리로 파악된 자유는, …… 자신의 제물을 요구하는 잔인한 신에 지나지 않는다. 도그마나 이미 전쟁 이데올로기가 되어버린 공격적 자유주의가 있다. 이런 자유주의의 특징은, 그것이 지고의 원리들은 좋아하면서도 그 자체가 존재하게 된 지리적·역사적 상황들은 언급하지 않는다는 데 있다. …… 본질적으로 자유주의는 폭력적이다.[64]

적 자유주의(advanced liberalism)는 집단과 집합체가 아닌 개인의 선택과 의사 결정에 초점을 맞춘 지식과 전문성을 지향한다.

64 모리스 메를로-퐁티, 박현모·유영산·이병택 옮김, 『휴머니즘과 폭력』, 문학과지성사, 2004, 24쪽.

자유의 적은 폭력이다. 따라서 자유를 최대화하려면 폭력을 자행할 수 있는 모든 형태의 제도와 권력에 저항해야만 한다. 폭력은 다양한 방식으로 관철된다. 물리적 폭력이나 정신적 폭력의 개념으로만 설명할 수 없는 다양한 형태의 폭력이 항상 새롭게 조직되고 수행된다. 자유주의는 이 변화 속에서 능동적으로 폭력에 대항하는 길을 제시해야만 한다. 사회는 폭력이 행사되는 장치이기도 하지만, 그것에 저항하는 자유의 장치이기도 하다. 따라서 일방적으로 사회를 적으로 간주하는 자유주의는 더 이상 자유를 사랑하는 이념이 아니라 자유의 이름으로 행사되는 폭력을 옹호하는 것이다. 자유는 사회 없이는 무기력하거나 폭력적이다.[65]

5. 민주주의자 없는 민주주의

민주화 이후 민주주의 사회를 통치하는 전문가는 반민주주의자를 가차 없이 추방한다. 민주주의를 반대해서가 아니라 통치자의 숨겨진 의지를 폭로하기 때문이다. 민주주의를 관리하는 전문 통치자는 더 이상 호령과 채찍을 쓰지 않는다. 통치자의 폭력이 실제로 파괴하는 것은 통치 권력이라는 것을 그들은 역사적 경험을 통해 잘 알고 있다. 이제 그들은 시민의 욕망을 억압하고 통제하던 낡은 정치를 버리고 욕망을 적극적으로 조작하고 조종하는 기술을 택한다. 민주화 이후 민주주의의 체제에서

---

65 자유주의자들의 주장처럼 "상인은 자신의 영리를 추구하면서 동시에 사회의 영리도 효과적으로 높인다". 존 맥밀런, 이진수 옮김, 『시장의 탄생』, 민음사, 2007, 33쪽. 이 말이 옳다면 상인에게 사회의 영리를 높이는 데에 대해 보상을 하면서 동시에 사회를 파괴하는 행위에 대해서는 제재를 가해야 한다는 말도 옳다. 사회의 영리와 파괴, 그리고 그에 대한 보상과 제재는 상인의 논리가 아니라 사회의 논리를 요구한다. 이 맥락에서 최근 자유주의 편에서 수행된 사회적인 것의 멸시와는 반대로 사회적 경제에 대한 관심이 커지는 것은 바람직하다. 최근 경제적 담론과 사회적 담론 사이에서 떠오른 개념들, 예를 들어 사회적 경제, 사회적 협동조합, 사회적 경영 책임, 공유 경제, 공생 경제, 동반 성장, 공정 소비 같은 개념들은 바람직한 징후를 나타낸다.

시민은 자유를 찾았다고 하지만, 이들이 향유하는 자유는 조작된 욕망의 무절제한 소비로 축소된다. 시민은 아직 자유의 발신자가 아니라 수취인일 뿐이다.

기형도가 만난 전문가(專門家)는 시민사회를 억압하는 것이 아니라 잘 운영하는 사람이었다. 그는 민주 시민을 완전하게 통치하기 위해 복종을 강제하기보다 스스로 기꺼이 복종하는 시민을 제조하고 관리할 능력이 있는 사람이다. "이사온 그는 이상한 사람이었다/ 그의 집 담장들은 모두 빛나는 유리들로 세워졌다// 골목에서 놀고 있는 부주의한 아이들이/ 잠깐의 실수 때문에/ 풍성한 햇빛을 복사해내는/ 그 유리 담장을 박살내곤 했다// 그러나 애들아, 상관없다/ 유리는 또 갈아 끼우면 되지/ 마음껏 이 골목에서 놀럼// 유리를 깬 아이는 얼굴이 새빨개졌지만/ 이상한 표정을 짓던 다른 아이들은/ 아이들답게 곧 즐거워했다/ 견고한 송판으로 담을 쌓으면 어떨까/ 주장하는 아이는, 그 아름다운/ 골목에서 즉시 추방되었다// 유리 담장은 매일같이 깨어졌다/ 필요한 시일이 지난 후, 동네의 모든 아이들이/ 충실한 그의 부하가 되었다// 어느 날 그가 유리 담장을 떼어냈을 때, 그 골목은/ 가장 햇빛이 안 드는 곳임이/ 판명되었다, 일렬로 선 아이들은/ 묵묵히 벽돌을 날랐다".[66]

현대 사회는 민주주의에 대한 어떤 형태의 의심도 허용하지 않는 것처럼 보인다. 스스로 민주주의자가 아니라고 생각하는 사람은 있겠지만 대놓고 떠벌이는 사람은 없다. 공적 담론에서 명시적으로 민주주의를 부정하는 사람은 무엇보다 그가 섬기는 통치자로부터 추방될 것이다. 민주화 이후 민주주의 체계에서 가장 큰 수혜자는 민주주의를 반대하고 지연시키려 했던 새로운 통치자이기 때문이다. 그들은 더 이상 독재자 앞에서 머리를 조아릴 필요가 없다. 더구나 그들이 초래한 금융위기와 주기적으로 찾아오는 경제 파산을 극복하는 것은 국가의 과제가 되었다. 그들의 위기는 언제나 국가의 위기로 둔갑한다. 그들의 파산 때문에 실제로 파

---

66 기형도, 『입 속의 검은 잎』, 문학과지성사, 1994, 15~16쪽.

산하는 것은 그들이 아니라 시민이다. 그들이 구제 금융과 공적 자금의 세례를 받으면서 새 생명을 얻는 횟수가 많아질수록 민주주의는 현대 사회를 구성하는 이념체계에서 누구도 부정할 수 없는 상징(emblème)이 된다.

그러나 누구도 거부할 수 없는 정당성을 확보한 것처럼 보이는 민주주의의 정체성이 한국 사회에서 확고한 공유 지반을 가지고 있는 것은 아니다. 민주주의의 정당성에 관한 통속적 담론은 넘쳐나지만 그것의 정체성에 대한 합의는 없다. 한편으로 민주주의가 절차적으로 공고해지면서도, 다른 한편으로는 '한국적 민주주의'의 이름으로 민주주의를 파괴한 박정희 신화가 지속되면서 정체성 담론은 보편성과 특수성의 교차로에서 부유하고 있다. 절대적 상징이자 부유하는 기표로서 민주주의는 서유럽 정치체계, 자유로운 시장, 제한 없는 경쟁과 동의어로서 표류하거나 반대로 어떤 내용적 규제도 없고 확정된 의미 제한도 없는 유일한 희망의 기호로 메아리친다.

누구도 민주주의를 부정할 수 없는 21세기 한국, 그러나 이 땅에서 가장 존경받는 역사적 인물은 반민주주의를 대표하는 박정희이다. 박정희는 극복된 과거가 아니라 극복해야 할 현재인 것이다. 나치 시대의 극복을 위한 인적 청산의 요구가 거셌던 1959년 12월, 두 명의 신나치 청년이 쾰른(Köln)의 유대인 성당 앞에서 반유대주의를 외치는 시위를 한다. 어쩌면 사소한 이 사건에 대해 국제 사회는 깊은 우려를 보냈다. 반민주적 정치 집단이 자신들의 생각을 공개적으로 발언하고 시위하는 광장에서 민주주의는 어쩌면 더 공고해질 수 있다는 점에서 국제 사회의 반응은 과장된 것일 수도 있었다. 그러나 놀라운 것은 독일 사회의 반응이다. 그들은 이 사건에서 과거의 청산과 극복을 위한 모든 기획과 프로그램이 실패했다는 것을 깨닫고 인정한다. 나아가 독일 사회, 특히 대학은 과거의 극복이 교육, 무엇보다 민주주의자를 만드는 정치 교육이 없이는 불가능하다는 것에 합의한다. '민주주의자 없는 민주주의'는 언제나 다시 전체주의로 전복될 수 있다고 생각했기 때문이다.

광장에서 일시적으로 나타났다 사라지면서 게릴라 시위를 펼치는 신나치와는 달리, 박정희 신화는 국민적 지지 기반을 가지고 있다. 박정희 신화는 강력한 권력을 가진 정치 집단을 통해 의지를 표현하고 이익을 관철할 뿐만 아니라 시민의 정치 의식과 문화 의식을 교육하고 확대 재생산하는 몇몇 거대 언론의 핵심 상품이다. 그렇다고 박정희를 긍정적으로 평가하는 사람들이 민주주의를 부정하는 것은 아니다. 이들이 부정하는 것은 민주주의 자체가 아니라 민주주의에 대한 절대적 믿음이다. 이들은 아마도 플라톤의 전통을 이런저런 방식으로 계승하는 그 어떤 학자들보다 한국 민주주의의 한계를 명확하게 인식하고 있는 듯하다. 민주주의를 긍정하고 그것의 가치를 수용하지만 민주주의가 풍요롭고 질 높은 삶을 보장한다고는 생각하지 않는 것이다. 그러나 이런 방식으로 민주주의가 삶의 질을 결정하지 못하는 속 빈 형식으로만 긍정될 경우, 다시 말해 민주주의가 단순히 정치 제도나 통치 형식으로 축소되어 승인될 경우에는 언제나 반민주주의로 전복될 수 있다. 정치를 경제의 종속 변수로 축소하면서 민주주의를 긍정하고 동시에 반민주 지도자를 신봉하는 사람들은 위기와 불안이 엄습하면 언제나 민주주의를 포기할 수 있다. 아니, 아무런 내용도 없이 텅 빈 껍데기 민주주의를 앞세워 민주주의를 파괴할 수 있다. 그 때문에 민주주의자 없는 민주주의 사회의 현상을 가볍게 보아서는 안 된다.

　이런 맥락에서 민주주의를 긍정하면서 동시에 반민주주의 지도자인 박정희를 높이 평가하는 현상의 원인을 바로 알아야 할 필요가 있다.[67] 정치학자들은 여러 가지 이유를 말한다. ① 어떤 학자는 민주 진영과 그들이 주도한 개혁 정치에 대한 불신과 피로를 꼽고, ② 어떤 학자는 대의민주주의 제도가 사람들의 이해와 요구를 반영하기보다 왜곡하기 때문에 생기는 정치 일반에 대한 환멸과 무관심이 원인이라 한다. 그리고

67　서유석, 「사회적 퇴행과 참여민주주의: 박정희 신드롬과 한국 민주주의」, 『건지인문학』 1, 2009, 145쪽 이하 참조.

③ 어떤 학자는 참여와 연대의 역사를 통해 우리 스스로 민주주의를 형성하지 못하고 민주주의 제도를 바깥에서 갑작스럽게 수입한 데 원인이 있다고 주장한다. ①의 진단이 옳다면, '민주주의자 없는 민주주의'라는 불일치 현상은 일시적인 것이며, 민주 개혁 세력의 보다 성숙한 정치를 통해 극복될 수 있을 것이다. ②의 진단이 옳다면, 한국 정치가 대의민주주의를 왜곡하고 있는지, 아니면 대의민주주의 자체가 한계를 갖는 것인지에 대해 분석할 필요가 있다. 아마도 전자의 관점을 선호하는 사람들은 참된 대의민주주의를 실현하기 위해 선거나 정당 제도를 개선하는 방향에 관심을 집중할 것이다. 반면에 후자의 입장에 선 사람들은 참여민주주의 혹은 직접민주주의를 강화하는 제도나 사회 운동을 요구할 것이며, 민주 시민 의식을 높이는 데 관심을 갖게 될 것이다. 그 때문에 이들은 자연스럽게 ③의 진단이 옳다고 생각하는 사람들과 함께할 것이다. ③의 진단이 옳다면, 민주주의는 참여와 연대의 시민 문화 없이는 불가능하다. 어떤 입장을 취하든 간에, 분명한 것은 민주주의가 법체계와 제도뿐만 아니라 그것을 스스로 만들어 가는 시민의 의식과 문화를 요구한다는 것이다.

그렇다고 민주주의가 경제적 조건과 무관하게 올바른 민주주의 의식과 의지, 그리고 이를 실천하는 참여와 연대만으로 가능한 것은 아니다. 인류사를 되돌아보면 민주주의는 경제적 조건과 상황에 따라 방향을 바꾸는 돛단배와 같다. 실제로 민주주의는 빈곤과 불안이라는 거대한 풍랑을 만나면 언제나 좌초할 수 있다. 그리스에서 민주주의가 꽃피울 수 있었던 것은 자유인이 노예의 노동을 기반으로 안정적이고 풍요로운 삶을 향유할 수 있었기 때문이다. 그뿐만 아니라 서유럽 나라들에서 민주주의가 성장할 수 있었던 것도 자본주의 생산체계를 통해 경제적 부를 축적한 부르주아 시민 계급이 형성되었기 때문이며, 이들 나라가 특수한 계급만이 참여하는 민주주의에서 모든 사람이 주인인 민주주의를 발전시킬 수 있었던 것도 전 세계의 노동력을 이용할 수 있었기 때문이었다. 그러나 이들 나라의 내부에서조차 빈곤과 불안이 엄습하면 그들의 민주주의도 위기에 직면한다. 이러한 나라들에서는 한편으로 자국의 경제를 이끌어 가던 기업이 초국적 자본으로 성장하면서 국외로 생산 공장을 이전하고, 다른 한편으로는 국외에서 값싼 노동력이 밀려오면서 일자리를 잃은 사람들의 수가 늘어나고 있다. 이익이 있는 곳이면 국적을 떠나 세계 곳곳을 파고드는 초국적 자본의 논리에 따라 이제 서유럽의 중심부에서도 게토화된 빈곤과 항구적 불안이 확산되고 있다.[68] 그 때문에 오랜 역사를 통해 민주주의를 성숙시켜 온 이들 나라에서조차 '반민주적 민주주의' 혹은 '민주주의자 없는 민주주의' 현상이 나타나고 있는 것이다.

빈곤한 사회, 그리고 언제든지 빈곤으로 추락할 수 있다는 불안이 지배하는 사회에서 민주주의는 성숙할 수 없다. 비록 법체계와 제도가 민주주의를 내세우고 시민이 이를 명시적으로 인정한다고 할지라도, 시민이 빈곤과 불안(체념)에 사로잡혀 있는 한 민주주의는 맹목적 형식으로 남아 있을 뿐이다. 가난한 사람, 가난을 두려워하는 사람도 민주주의를 위한 정치적 참여와 사회적 연대에 앞장설 수 있다. 가난한 사람이나 가난의 위협으로 불안한 사람이 반민주주의자가 되는 것은 더더욱 아니다. 그렇지만 그런 사람들이 많은 사회에서 시민의 참여와 연대를 기대하는 것은 관념적이다. 빈곤율과 상대적 빈곤율이 높은 사회, 고용율과 정규직 고용율이 낮은 사회에서 사람들은 민주주의를 폐기해야 할 체제로 보지도 않지만 희망으로 키워 가야 할 제도로도 보지 않는다. 오히려 사람들은 민주주의를 모두가 공유해야 할 상징으로 인정하는 동시에 빈곤과 불안을 퇴치할 수 있는 경제체계와 그것을 이끌어갈 강력한 통치 전문가를 원한다.

한국은 빈곤한 나라가 아니다. 그러나 한국은 2009년 기준으로 상대적 빈곤율 15.2퍼센트, 노인 빈곤율 45.1퍼센트, 그리고 청년 고용율

---

68 하버마스에 따르면, 시장 논리에 따른 정치의 퇴출이 사회복지와 연대를 해체하면서 OECD 국가들 내부에서도 빈곤과 불안이 확장되고 있다. 거점 경쟁(Standort-konkurrenz)과 관련된 이 같은 논의에 대해서는 위르겐 하버마스, 황태연 옮김, 『이질성의 포용』, 나남출판, 2000, 152쪽 이하 참조.

40.7퍼센트에서 알 수 있듯이, 불안이 지배하는 나라이다. 비교적 안정된 직업을 가진 정규직 노동자의 경우에도 노인이 되면 가난의 고통을 받을 수 있다는 불안을 떨쳐버릴 수 없다. 그리고 자신들의 자녀가 실업자나 낙오자로 추락할 수 있다는 불안도 떨쳐버릴 수 없다. 이런 불안 앞에서 사람들은 민주주의보다는 오히려 이런 불안을 해소해 줄 것만 같은 정치와 경제의 지도자나 정당, 그리고 기업에 기대를 건다. 사람들은 이들이 반민주적이라는 데 관심을 갖기보다는 민주주의가 가능하기 위한 조건이라고 생각함으로써 '반민주주의자들의 민주주의'라는 불일치를 쉽게 수용한다.

동네 아이들이 자유를 지키기 위해서는 풍성한 햇빛을 복사해 내는 빛나는 유리 대신에 견고한 송판으로 담을 세우자고 해서도 안 되었지만, 통치자가 나무라지 않는다고 매일같이 유리 담장을 깨는 것도 안 되었다. 유쾌한 놀이를 즐기는 동안에 깨진 유리 담장의 수만큼 그들은 언젠가 벽돌을 날라야 한다. 민주화 이후 민주주의를 통치하는 전문가는 언제나 깨질 수 있는 불안을 자유로 포장한다. 불만 없는 불안 속에서 주어진 빛나는 자유는 유리처럼 깨어지기 쉬운 것이다. 가장 햇빛이 안 드는 어두운 골목에서 자발적으로 벽돌을 나르는 충복이 되지 않으려는 민주주의자는 유쾌한 불안으로 나와 너를 제조하고 관리하는 통치체계에 맞서야 한다.

6. 민주주의의 정체성과 정당성, 그리고 연대성

1958년 새해를 알리는 글에서 시인 신석정(辛夕汀)은 묻는다. "해방 뒤 오늘에 이르기까지 가장 많이 쓰이고 있는 말이 자유라는 말이요 그에 못지않게 쓰이는 말이 민주주의라는 말일 것이다. 결국 민주주의는 자유와 통하는 길이기에 자유하면 민주 진영을 생각하고, 민주 진영하면 자유를 연상하게끔 된 까닭이 여기 있는 것이 아닐까?"[69] 그에 따르면,

자유가 한 인간의 기본 권리라면 민주주의는 한 집단의 기본 권리이며, 이 둘은 서로 떨어질 수 없는 관계를 맺고 있다. 자유로부터 도피하는 사람들이 많아지는 사회에서 민주주의는 불가능하며, 민주주의가 병들어가는 사회에서 사람들은 자유인으로 살아갈 수 없다.

에리히 프롬(Erich Fromm)의 진단처럼 현대 사회의 개인들이 자유로부터 도망치는 것이 사실이라면 민주주의는 불가능하다. 자유와 민주주의는 처음부터 함께 출현했다. 아렌트의 말처럼 두 가지 이념은 사적인 공간인 경제 영역이 아니라 공적인 공간, 곧 정치적 공론의 광장에서 만들어지기도 하고 해체되기도 한다. 그런데 앞에서 언급한 것처럼 민주화 이후 한국 민주주의는 공적 영역이 아니라 사적 영역으로 구성되고 전파되는 흐름을 타고 있다. 이처럼 정치가 경제의 종속 변수로 포섭·동화되는 가운데 민주주의는 자유인, 곧 시민의 자치라는 본래의 정체성조차 상실하고 있는 것처럼 보인다. 그만큼 위기의 민주주의에 대한 우려가 많아질 수밖에 없다.

민주화 이후 범람하는 것이 민주주의가 아니라 그것의 위기에 대한 진단과 처방이라는 것은 슬픈 역설이다. 갖가지 위기 담론은 크게 두 편, 즉 위기의 원인을 민주주의 제도 안에서 찾는 쪽과 바깥에서 찾는 쪽으로 나눌 수 있다. 어느 쪽이든 관계없이 일부 엘리트주의자들이나 근본주의자들은 대안 없이 민주주의를 비난하면서 냉소를 보내거나 거친 불만을 쏟아 낸다. 이들에게서 민주주의는 무절제한 평등주의, 과잉 저항이나 폭동 혹은 초국적 자본의 탈규범적 세계화와 동의어로 폄하된다. 일부가 민주주의를 무책임한 약자들의 전략으로 평가한다면, 다른 한편에서는 역으로 강자들의 이익을 대변하는 형식으로 이해한다. 이 경우에 민주주의는 무정부주의(혹은 공산주의) 아니면 자본주의가 배후에서 조종하는 정치 공학으로 치부된다. 이처럼 정반대의 평가 절하 사이에 민주주의의 정체성에 관한 담론이 흩어져 있다.

─────────

69 신석정, 『신석정 전집 IV』, 국학자료원, 2009, 173쪽.

이처럼 복잡하게 엉켜 있는 정체성 담론을 주체성의 지평에서 간략하게 재구성할 수도 있다. 큰 틀에서 민주주의는 권력 구성의 주체 혹은 주권의 관점만이 아니라 정치체제나 제도 혹은 통치의 측면까지 포괄하게 된다. 물론, 두 가지 지평은 불가분의 관계를 형성한다. 잘 알려진 것처럼 플라톤은 민주주의의 주체를 향락과 욕망의 주체로 규정함으로써 민주주의를 이기적이고 사적인 통치체계로 평가 절하한다.[70] 물론, 자크 랑시에르(Jacques Rancière)처럼 민주주의를 정치적 주체의 존재 양식과 끝없이 확장되는 운동으로 해석함으로써 정치체제와 분리하는 경우도 있다.[71] 그런데 랑시에르처럼 주권과 통치를 분리하고 전자의 관점에서만 민주주의의 정체성을 규정할 경우에 민주주의는 탈주체의 아나키즘으로 환원될 위험이 있다. 이 경우에 민주주의는 규범적이고 법적인 지평을 상실하게 될 뿐만 아니라 민주주의적 과잉을 비판할 수 있는 척도를 잃게 된다.

탈주체성의 패러다임을 통해 현존하지 않는 것, 곧 부재의 이름으로 현존하는 존재의 세계를 비판하고 부정하는 것은 그 자체로 정당성을 갖는다. 그러나 이러한 부정이 정치체제에 대한 전면적 부정으로 발전할 경우에 통치만이 아니라 주권도 규율되고 통제될 수 있다. 1871년 6주 일간의 파리코뮌, 1980년 10일간의 광주 절대 공동체, 그리고 2008년 100일간의 촛불 공동체에서 정치체제가 순간적으로 사라진 것처럼 보이는 현상으로부터 국가와 제도를 총체적으로 폐기하는 기획을 세우는 것은 단순히 불가능한 것을 요구하는 현실주의자의 유토피아로 끝나는 것이 아니라 민주주의 자체를 불가능하게 만들 수 있다.[72]

세속적인 정치와 민주주의 제도의 비순수성과 불확정성, 그리고 그것

---

70 플라톤, 박종현 옮김, 『국가/정체』, 서광사, 1997, 545쪽; 플라톤, 박종현 옮김, 『법률』, 서광사, 2009, 321~22쪽 참조.

71 자크 랑시에르, 김상운 외 옮김, 「민주주의에 맞서는 민주주의 '들'」, 『민주주의는 죽었는가?』, 난장, 2010, 129쪽 이하 참조.

72 박구용, 「촛불과 지성」, 『사회와 철학』 16(1), 2009, 151쪽 이하 참조.

의 관료화와 사물화를 전면적으로 부정하는 이론들, 특히 탈주체성의 패러다임 안에서 민주주의를 주권(구성권력, 권력의 정당화)과 통치(구성된 권력, 권력 행사)의 관계 바깥으로 밀어 내는 이론들은 불가피하게 신학적인 것을 끌어들인다. 절대, 기적, 잉태, 용기, 용서 등과 같은 신학의 소지품들은 민주주의 담론을 감성적 토대 위에서 해체한다.[73] 특히 최근 한국의 몇몇 이론가는 이 같은 탈주체성의 패러다임을 참여민주주의와 혼동하는 경향을 보이고 있다. 정치, 특히 어떤 형태의 제도화된 민주주의에 대한 복종으로부터 벗어나겠다는 도주의 이론들은 사실상 주체의 무능력을 영속화할 가능성이 높다. 민주주의 원리의 무조건성과 실천의 제약성 사이에서 발생하는 딜레마와 모순에서 빠져나가는 이론 대부분이 선동 정치의 이론으로 변질되는 까닭이 여기에 있다. 차이들만이 소통할 수 있는 탈국가적이고 반휴머니즘적인 코뮌은 이질적인 것들 사이의 생사를 건 권력투쟁의 장소, 곧 야만의 자연 상태와 구별되지 않는다. 아나키스트들의 민주주의는 참여민주주의가 아니다.

　절차적 민주주의는 단지 형식일 뿐이기 때문에 실제적 민주주의를 실현해야 한다고 주장하는 사람들이 많은데, 이들은 대부분 정치적 민주주의를 넘어 경제적 민주주의를 실현하자고 주문한다. 이들은 민주주의의 축소가 아니라 확장을 지향한다는 점에서 민주주의의 가치를 상대화하거나 축소하는 회의주의자들과는 구별된다. 그러나 민주주의의 확장은 단순하게 대상 영역을 넓히는 것으로 성취되지 않는다. 경제, 문화, 교육 등으로 민주주의가 실현된 영역을 확장하기 위해서는 무엇보다 그것을 실현할 주체가 바로 서야 한다. 플라톤이 생각했던 것처럼 '욕망의 민주주의'와 '향락의 민주주의' 체제에서 교환과 순환의 논리에 사로잡힌 주체는 언제나 대체 가능한 다른 대상으로 전락할 수밖에 없을 것이다.[74]

73　다니엘 벤사이드, 김상운 외 옮김, 「영원한 스캔들」, 『민주주의는 죽었는가?』, 난장,
　　2010, 77쪽 이하 참조.
74　알랭 바디우, 김상운 외 옮김, 「민주주의라는 상징」, 『민주주의는 죽었는가?』, 난장,
　　2010, 29쪽 이하 참조.

니체의 주장처럼 노예 노덕으로 무장하고 민주주의 운동을 펼치는 무리 동물들은 정치 조직뿐만 아니라 인간의 타락 형식일 수도 있을 것이다.[75] 아마도 플라톤과 니체는 다수의 평범한 사람, 달리 표현하면 시민이나 민중이 통치하는 민주주의를 반대하면서 귀족들의 민주주의를 꿈꾸었을지 모른다. 그러나 신민이 귀족이 되고, 시민이 초인(超人)이 될 수 있는 탈속의 세계에서 민주주의는 불가능한 것이 아니라 불필요하다. 민주주의는 탈속의 세계에서 탈주체들이 펼치는 순수하고 확정적인 '위대한 정치'의 향연이 아니다.[76] 민주주의는 현실적인 너무나 현실적인 세속의 정치체계이다. 더구나 세계화와 다원화의 압력이 거센 현대 사회에서 민주주의는 세속의 비순수성과 불확실성을 극복하기보다 견딜 수 있어야 한다. 그렇지 않으면 민주주의는 탈주체성의 패러다임으로 이탈하거나 혹은 홀로주체성의 패러다임으로 회귀한다. 특히 민주주의의 불확정성을 극복하기 위해 흔들리지 않는 기초를 국가와 민족 혹은 민속에서 찾는 이론들은 독단적 홀로주체성의 패러다임으로 되돌아간다. 슈미트로

---

75 프리드리히 니체, 김정현 옮김, 『선악의 저편·도덕의 계보』, 책세상, 2002, 160~65쪽 참조. 니체는 민주주의, 사회주의, 자유주의, 무정부주의를 사람들을 평균화하는 허무주의라고 비판한다. 니체는 현대 사회에서 민주주의의 공적을 부정하고 비판한 가장 대표적인 학자이다. 물론, 니체도 초창기에는 민주주의의 빛과 그림자를 함께 보려고 시도했다. 그러나 후기로 갈수록 민주주의에 대한 그의 비판은 냉소와 조롱으로 극대화된다. 이에 대해서는 김진석, 「니체와 새로운 문화패러다임: 니체는 왜 민주주의를 비판했을까?」, 『니체연구』 13, 2008, 7쪽 이하; 이상엽, 「놀이, 정치 그리고 해석: 니체와 "위대한 정치"」, 『니체연구』, 14, 2008, 219쪽 이하 참조.

76 플라톤과 니체는 쾌락주의와 평등주의로 추락할 수밖에 없는 민주주의에 대한 대안으로 철인(哲人)의 '탁월한 정치'나 초인의 '위대한 정치'를 제시한다. 알랭 바디우(Alain Badiou)는 유사한 맥락에서 '국가를 고사시키는 열린 과정, 인민에 내재적인 정치'로 민주주의를 정의하면서 모두가 엘리트나 귀족 혹은 공산주의자가 되는 것이 곧 민주주의의 실현이라고 주장한다. 알랭 바디우, 「민주주의라는 상징」, 40~41쪽 참조. 나는 이러한 관점이 세속화되어야 한다고 본다. 무엇보다 조작된 욕망에 사로잡혀 자유와 삶의 의미조차 상실한 현대인이 가련한 안락 상태에서 벗어나는 것은 한 번의 결단이나 깨달음으로는 불가능하다. 오히려 민주적인 시민 교육과 인권 교육, 그리고 인문(예술) 교육을 통해 전방위적 통치체계와 이를 뒷받침하는 이데올로기에 대한 비판과 실천이 총체적으로 관리되는 세계에서 벗어날 수 있는 작은 출구일 것이다.

대표되는 '종족민족주의'(ethnic nationalism)는 이를 위해 국가나 민족 또는 사회나 민속을 거대 주체로서 인격화한다.[77] 탈주체만이 아니라 독단적인 거대 주체 혹은 홀로주체도 민주주의를 탈속화한다는 점에서는 큰 차이가 없다. 탈속화된 민주주의 이론의 가장 큰 문제는 민주주의의 불확정성을 견뎌 내지 못하고 은폐하거나 특수한 역사적 경험 또는 사건을 절대화하는 것이다.

세속적 민주주의는 처음부터 상호 주관성의 패러다임과 연관된다. 상호 주관성의 패러다임 안에서 민주주의의 정체성은 본질이나 원리 혹은 실체 같은 근본주의적 개념과 작별해야 한다. 대의민주주의, 입헌민주주의, 참여민주주의, 토의민주주의, 절차민주주의뿐만 아니라 정치민주주의, 경제민주주의, 문화민주주의 같은 개념들은 모두 정치적 주장들과 연계되어 있다. 심지어 '아직 시도된 적 없는 새로운 민주주의', '단순히 수로 환원되지 않는 민주주의'에 대한 열망도 마찬가지이다. 민주주의라는 개념은 이처럼 다양한 열망과 희망을 모두 실을 수 있는 텅 빈 수레이다. 그 수레에 실리는 어떤 짐도 배타적인 자리를 점유할 권리를 갖지 않는다. 민주주의 담론의 출발을 규제할 수 있는 규범은 오직 하나, 데모스(demos)의 통치(cratie)이다. 곧 시민자치뿐이다. 다원주의를 사실로 인정하는 세속적 민주주의는 어떻게 텅 빈 수레를 채울 수 있는가? 다시 말해 민주주의는 실제적인 시민자치의 체계가 될 수 있는가?

전통 사회에서 자치의 주체는 가족이나 씨족이다. 이 경우에 자치는 강한 문화적 동질성과 실체적 가치관을 토대로 이루어진다. 그 때문에 자치의 주체는 이질적 개인이 아니라 동질적 집단이다. 따라서 전통적인

---

77 위르겐 하버마스, 『이질성의 포용』, 165쪽 이하 참조. 이 문제와 관련된 최근의 국내 논의에서 나종석은 '자유주의적 민족주의'의 입장을 적극적으로 옹호한다. 그에 따르면, 자유주의적 민족주의는 한편으로 강한 문화적 결속을 주장하는 비자유주의적 '종족민족주의'에 거리를 두는 동시에 다른 한편으로는 자유민주주의의 원리만으로 연대성을 충분히 보장할 수 있다는 '시민민족주의'(civic nationalism)와도 차별화된 입장이다. 나종석, 「민족주의와 세계시민주의: 자유주의적 민족주의를 중심으로」, 『헤겔연구』 26, 2009, 169쪽 이하 참조.

공동체의 자치는 상호 주관적 시민의 자치가 아니라 독백적 홀로주체의 통치체계라고 볼 수 있다. 자치의 본질은 권력의 주체와 대상이 분리되지 않는다는 것이다. 시민은 자치권력을 만들고 구성하는 주체이면서 동시에 그것의 통치를 받는 대상이다. 시민은 이런 방식으로 민주주의권력의 저자이면서 수신자이다. 따라서 진정한 시민자치의 주체는 언제나 권력 기구와 통치체계뿐만 아니라 그것의 상징체계인 국가조차도 비판의 대상으로 간주할 수 있어야 한다. 이런 맥락에서 국민은 민주주의가 가능하기 위한 조건인 자치의 진정한 서로주체일 수 없다.

"대한민국의 주권은 국민에게 있고, 모든 권력은 국민으로부터 나온다"라는 대한민국 헌법 제1조 제2항의 그 국민에게 대한민국이라는 국가 자체는 비판의 대상일 수 없다. 국민은 국가권력의 주체이지만 국가는 국민보다 더 큰 거대한 홀로주체이다. 국민은 국가를 신문(訊問)할 수 없으며 자발적 복종의 의무만 있다. 비록 국민이 권력 구성의 형식적 주체로서 인정받고 있다 할지라도, 이때 국민은 동질적 집단을 대표하는 홀로주체의 이름일 뿐이다. 따라서 국민국가의 패러다임 안에서 폐쇄적 정체성을 기초로 민주주의의 기초를 세우는 것은 시민자치의 규범과 모순된다. 인격화된 민족이나 국가가 자치의 홀로주체로 등장하는 순간, 민주주의는 데모스의 통치라는 스스로의 정체성을 부정하게 된다.

잘 알려진 것처럼 아렌트와 하버마스는 새로운 방식으로 권력을 폭력과 구별한다.[78] '타인의 저항에도 불구하고 자신의 의지를 관철할 수 있는 개연성'이 전통적 의미에서의 권력이었다면, 두 철학자에게서 이런 권력은 폭력일 따름이다. 이들에게 권력은 '비강제적 의사소통에서 형성된 공동의지의 잠재력'이라는 새로운 의미 지평을 갖는다. 한 인격체가 점유, 취득, 양도, 분할, 비축, 소유할 수 있는 권력은 언제나 폭력으로 둔갑할 수 있다. 따라서 시민자치의 서로주체들이 구성하는 권력은 두

---

78 Hannah Arendt, *Macht und Gewalt*, München: Piper, 1970, pp. 42ff.; 위르겐 하버마스, 『사실성과 타당성』, 188쪽 이하 참조.

인격체의 경계와 사이에서만 거주해야 하며, 누군가 이를 사적으로 소유하면 곧바로 폭력의 성격을 갖게 된다. 상호 주관성으로의 패러다임 전환을 요구하는 두 철학자가 생각하는 인격적 주체는 다른 사람과의 관계에서 형성되는 사이 세계에서만 상호 인정을 통해 형성된다. 이 경우에 민주주의는 사이 주체 혹은 서로주체가 형성하는 권력체계이면서 동시에 서로주체를 형성하는 통치체계이기도 하다.

그러므로 민주주의를 권력 형성의 과정으로 축소할 경우, 민주주의와 서로주체성의 상호 제약적 구성 관계는 드러나지 않는다. 민주주의는 권력의 형성과 실현 과정의 이쪽저쪽을 들락거리는 절차와 결합되지 않으면 끝없는 풍파 속에서 좌초하게 된다. 광장과 그곳에서 형성되는 의사소통적 권력을 민주주의와 동일시하는 방식으로 이성과 주체성에 대한 파산 선고를 하는 순간, 시대는 언제나 암흑 속으로 돌입한다. 독단적 이성은 이성의 오류를 감추지만 의사소통적 이성은 언제나 오류 가능성을 전제한다. 더구나 가벼이 넘길 수 없는 사실은 의사소통적 이성의 오류와 실수, 그리고 문제를 찾아 치유하고 풀이하는 것도 이성이다. 그렇다고 다원화된 사회, 헤아릴 수 없는 관계에 의해 복잡하게 얽힌 사회에서 모든 의제를 의사소통적 이성의 힘으로 해결할 수는 없다. 거리의 의사소통적 권력과 국가 기구의 행정권력이 민주주의라는 끈으로 연결되어야 하는 이유이다. 민주주의는 이런 방식으로 주권과 통치의 사이에서 시민자치, 곧 데모스의 통치라는 정체성을 지켜갈 수 있다.[79]

---

79 박구용, 「시민자치와 절차주의」, 『철학연구』 106, 2008, 82쪽 이하 참조. 데모스의 통치라는 민주주의의 정체성은 이제 데모스를 의사소통적 권리의 상호 주체로 규정하는 정당성 담론을 통해 보다 분명하게 드러난다. 데모스는 혈연이나 민속에 뿌리를 내린 종족이나 혈맹 공동체와 작별한다. 데모스는 의사소통적 권리를 가진 모든 사람이다. 그렇다고 데모스가 윤리적이거나 문화적인 지평을 배제하는 것은 아니다. 오히려 데모스는 도덕적 지평과 실용적 지평, 그리고 윤리적 지평을 함께 고려한다. 그렇지만 의사소통적 권리의 주체인 데모스는 차이를 동화나 포섭의 논리로 은폐하지 않고 의사소통의 과정에서 서로 인정하는 민주주의를 지향한다. 민주주의의 정체성과 정당성은 더 이상 어떤 공통의 실체에서가 아니라 자유롭고 평등한 의사소통적 권리를 갖

하버마스에 따르면, 민주주의는 거리와 광장, 생활세계와 공론 영역에서 형성되는 의사소통적 권력과 통치의 실체적 힘을 행사하는 행정권력 사이를 연결하기 위한 끈으로 법치주의를 선택해야 한다. 완전히 세속화된 다원주의 사회에서 법치는 민주주의를 실현하기 위한 가능성이다. 반대로 법치주의 역시 의사소통적 시민자치권력의 신문을 받는 급진적 민주주의 없이는 성취될 수 없다. 법은 이런 방식으로 체계(국가 행정과 경제)권력과 생활세계의 요구를 서로에게 전달하고 조정하는 가운데 민주주의의 기초가 되어야 한다. 법이 이처럼 두 권력 사이에서 균형을 유지하지 못하고 한쪽 편에 서는 순간, 민주주의는 해체되거나 형식화된다. 무엇보다 법이 거리의 권력을 외면하는 순간에 실제적인 권력은 경제로 넘어가고 국가 행정은 실질적인 권력에 봉사하는 폭력이 된다. 이를 민주주의적으로 극복할 수 있는 유일한 길은 법을 움직일 수 있을 만큼 의사소통적 권력의 형성을 활성화하는 것이다. 이를 위해서는 경제와 행정체계의 민주화에 앞서 그것에 의해 식민화된 생활세계에서 시민의 연대성 회복이 더 절실하다.

민주주의를 구성하는 의사소통적 권력을 만드는 생활세계의 거주자인 시민이 시장체계의 논리에 귀속되는 순간, 시민의 자기 입법과 통치라는 민주주의의 정체성은 흔들릴 수밖에 없다. 더구나 앞서 언급한 것처럼 시장체계에 귀속된 행정권력은 시민사회를 지배하고 통치할 뿐만 아니라 시민의식을 조작하고 조종한다. 시민은 더 이상 광장에서 서로를 주체로 인정하면서 민주주의를 형성하는 것이 아니라 시장의 논리에 따라 만들어지는 것이다. 결국 민주주의의 주체에 의해 구성된 통치권력이 구성권력을 구성하는 순환 구조 속에서 체계에 의한 생활세계의 내적 식민화는 점차 강화되고 민주주의의 위기는 심화된다. 위기 극복은 시민이 구성권력으로서의 지위를 회복하는 과정일 수밖에 없다. 이를 위해서는 국가 행정보다 초국가적 자본과 문화권력의 관리체계를 극복할 수

는 주체들이 펼치는 담론 절차를 통해서만 얻어질 수 있기 때문이다.

있어야 한다. 그러나 이미 통치 전문가에 의해 오염된 의식으로부터 어떻게 벗어날 수 있는가? 시장의 논리에 맞서 시민은 서로주체로서 연대할 수 있을까?

사회 구조의 복잡성 증가는 진보의 지도를 흐트러뜨린다. 길은 보이지 않고 함께 갈 친구도 마땅치 않다. 무한 경쟁이라는 수직 밧줄을 날렵하게 오르는 사람들의 불안은 현기증을 일으키지만, 동동거리며 낭떠러지를 바라보는 사람들의 한탄은 유흥의 끝자락 숨소리로 증발된다. 타인의 고통은 시뮬라크르의 전위로 소멸되고, 하얀 가면을 쓰고 자연의 폭동에 가담한 사람들은 도덕적 불평등과 과잉 억압의 관계를 청산하기보다 역전시키는 사이비 혁명 전사들이 된다. 10명이 일해 100명이 먹고살 수 있는 시대가 되었다고는 하지만, 관계 청산이 아니라 관계 역전을 꿈꾸는 사람들이 키재기하느라 분주한 세상에는 여전히 10명이 일해 20명이 먹고살던 시대의 관계가 확대 재생산될 뿐이다.

7. 최대의 자유, 최소의 폭력을 위한 민주주의

현대 사회에서는 자율적 자아가 해체되고 초자아와 이드가 도착적으로 화해하면서 현실 원칙에 의한 쾌락 원칙의 억압조차 가련한 안락의 향연 속으로 사라진 듯하다. 몸의 소리와 움직임으로 유혹하고 사랑하는 욕망의 실현이 아니라 현실 원칙이 허락하고 장려하는 쾌락만이 도취와 환각, 현혹과 배설이 출렁이는 거리를 마취시킨다. 억압이 강해지는 만큼 쾌락이 넘치고 외설이 판을 친다. 헤르베르트 마르쿠제(Herbert Marcuse)의 말처럼 "이 사회는 숨 막힐 정도로 넘쳐나는 상품들을 생산해 부끄럼 없이 전시하지만, 바깥에서는 그 희생자들로부터 삶의 기회마저 약탈한다는 점에서 외설적이다. 이 사회는 자신들이 공격했던 지역에서는 부족한 식량에 독을 뿌리고 불사르면서도 그들 자신과 자신의 쓰레기통은 가득 채운다는 점에서 외설적이다. …… 음모를 드러낸 채 발가벗은 여인의 사진이 아니라 공격 전쟁에 기여한 대가로 받은 훈장을 빈틈없이 꺼입은 제복에 전시하고 있는 장군의 사진이 외설적이다".[80]

포르노와 별반 다르지 않아도 얌전을 빼는 시늉을 할 줄 아는 쾌락을 세상은 그저 허용하는 것이 아니라 장려하고 독려한다. 심지어 잘빠진 몸매를 드러내지 않는 것은 죄가 된다. 그러나 그보다 더 큰 죄는 저질 몸매를 가지고 거리를 활보하는 것이며, 더구나 충분히 소비하지 않고 몸매를 가꾸는 것이다. 이처럼 쾌락이 억압이 될 때, 억압도 쾌락으로 둔갑한다. 책임은 나에게 있다. 나를 직접적으로 억압하는 사람은 바로 나다. 그러나 나에게는 모든 책임을 묻고 욕을 해댈 수 있는 이명박과 이건희라는 대타자가 있다. 불안과 무기력이 엄습할 때마다 잘못은 그들에게 돌아간다. 그러나 이건희와 이명박의 구축함은 너무 멀리 있는 반면에, 홈플러스와 청개천은 너무 가까이에 있다. 나는 이건희와 이명박을 꿈꾸지 않을 만큼은 영리하지만, 욕망의 과잉 충족을 거부할 만큼의 용기는 없다. 행복이 불가능하다는 것을 알지만, 불행을 한탄할 만큼 한가하지도 않다. 너는 모르지만, 나는 바쁘다. 밤낮으로 바쁘다. 세상이 허용하지 않는 불온한 욕망을 찾아 사람들을 만나고 관계를 맺을 틈이 전혀 없을 만큼 바쁘다. 이런 나를 스스로 거부하지 않고 어떻게 지배체제와 맞설 수 있을까?

만남이 있어야 소통을 하고, 소통이 있어야 관계가 맺어지고, 그래야 연대가 가능하다. 만남은 모임이 아니다. 모임이 같은 사람끼리 자기 보존과 자기 상승의 힘을 키우기 위해 뭉치는 전략적 행위라면, 만남은 다른 사람들 사이를 소통의 끈으로 연결하고 '따로 또 함께' 길을 만드는 관계 형성이다. 바쁜 사람들이 폭탄주라는 마취제가 뿌려지는 모임에 집착하는 이유이다. 모임은 동일한 것이 반복되는 데서 오는 신뢰와 편안함을 주지만, 정의를 부끄럽게 만드는 동질성의 성벽 안에서 악취는 사

---

80 Herbert Marcuse, "Versuch über die Befreiung", *H. M. Schriften* 8, Frankfurt am Main: Suhrkamp, 1984, p. 248.

라지지 않는다. 이들에게 연대란 남의 자식을 내 자식처럼 볼 수 있는 '형제애'이다. 이들의 형제애를 가능하게 하는 것은 수직적 밧줄이다. 그러나 만남과 소통에서 형성되는 연대는 오히려 내 자식을 남의 자식처럼 볼 수 있는 일종의 에로스, 곧 수평적 밧줄로 연결된 에로스이다. 그 때문에 모임으로 바쁜 사람들에게 만남과 소통, 특히 연대는 처음부터 불온한 것이다.

동일성이라는 튼튼한 신뢰의 기반 위에서 형성된 위계적 질서가 있는 모임에서 사람들은 작은 고통에 대해서는 큰 소리로 울지만 큰 고통에 대해서는 작은 발언조차 하지 않는다. 대부분의 모임은 상조회처럼 뭉치고 흩어진다. 탈현대성을 만지작거리는 사회에서 모임은 대부분 김빠진 맥주처럼 허망하기 짝이 없다. 그래도 모임이 넘쳐나는 것은 억압과 쾌락의 과잉을 통해 관리되는 사회에서 모임이 유일하게 허용된 마약, 곧 카페인 없는 커피나 알코올 없는 맥주처럼 전혀 위험하지 않고 불온하지 않은 마약이기 때문이다.

어느 시대, 어느 사회나 구별이 발전의 상징적 기호인 반면에, 분리는 고통을 수반하는 지배와 통제의 다른 이름이다. 구별이 분가라면 분리는 분할이다. "분할은 약탈인 동시에 '지배'다. …… 분할하고 나면 지배가 다음에 오는 것이라기보다는 분할이 곧 지배다. 분할은 거세로서 인간성 자체의 약탈인 바 인간의 '노예화', 인간의 '가축화'다. 어떻게 지배하는가? 간단하다. 쪼개라!"[81] 자본가에게 저항하는 노동자를 쪼개야 한다. 임금과 직급에 따른 분할로는 충분하지 않다. 먼저 대기업과 중소기업 노동자의 분할, 다단계로 이루어진 하청업체 노동자들 사이의 분할로도 충분하지 않다. 정규직과 비정규직, 외국인 노동자를 쪼개라. 외국인 노동자를 관리하는 비정규직 노동자가 정규직에 대항할 수는 있지만 자본가를 위협하는 경우는 많지 않다. 남과 북의 분할로도 충분하지 않아 영·호남을 분리하고, 그것도 부족하면 중앙과 지방을 쪼개면 지배할 수

---

81 윤노빈, 『新生哲學』, 77쪽.

있다. 곳곳을 분할하고 양자택일의 논리를 들이대는 것이다.

이들에 의해 이런 논리와 방식으로 지배받지 않고 쪼갬의 정치에 의해 관리되는 사회에 저항하는 것은 서로를 잇는 연대를 위해 바쁘게 움직이는 것이다. 사람들을 쪼개는 것은 돈이 아니라 사람이다. 사람이 사람을 쪼개고 지배한다는 것을 노출시키면서 다시 사람을 잇는 것도 사람일 수밖에 없다. 먹고 살기 위해, 더 많은 힘을 갖기 위해, 돈벌이 때문에 바쁜 사람들은 성공할수록 쪼갬의 정치에 동화된다. 그러나 쪼갬의 정치에 저항하는 사람도 바쁠 수밖에 없다. 돈벌이를 위해서는 한가하지만, 관리되는 사회에서 만남과 소통, 연대를 위해서는 바쁘게 움직여야 한다. 바쁘다는 것은 나쁠 때도 있지만 좋을 때도 있다. 적어도 먹고사는 문제와 상관없는 일탈과 불온한 꿈을 찾아 바쁜 것은 좋은 일이다. 타인만큼이나, 아니 타인보다 오히려 자신을 해치지 않고 자신의 욕망에 충실하기 위해, 총체적으로 관리되는 세상에서 관리되지 않은 욕망을 충족하고자 다른 사람을 만나 함께하기 위해 바쁜 것은 좋은 일이다. "아무 일도 안 하느니보다는 도둑질이라도 하는 게 낫다는 유명한 말이 있지만, 하여간 바쁘다는 것은 참 좋은 일이다. 그러나 이왕이면 나만 바쁜 것이 아니라 모두 다 바쁜 세상이 됐으면 좋겠다. 나만 바쁘다는 것은 이런 세상에서는 미안한 일이 되고, 어떤 때에는 수치스러운 일이 되기까지도 한다. 그러나 모두 다 바쁘다는 것은 사랑을 낳는다."[82]

모두가 함께할 수 없으니, 시인 김수영(金洙暎)의 사랑은 분명 도덕적 이상이다. 그 때문에 쪼갬의 정치에 저항하기 위해서는 누구와 어디까지 연대할 것인지를 물어야 한다. 나와 우리와 대결할 분명한 적(敵)도 알 수 없고, 저항과 투쟁을 통해 이루고자 하는 보편적 목표도 불분명한 상태에서 '열린'(inclusive) 연대는 처음부터 불가능할지 모른다. 더구나 연대가 도구적 가치를 넘어서는 것이기는 하지만, 그렇다고 '본원적 가치'(intrinsic value)를 갖는 것도 아니다. 자연 상태에서 자기애와 연민을 본

---

82 김수영, 「장마 풍경」, 『김수영 전집: 2. 산문』, 민음사, 2003, 67쪽.

원적인 것으로 설명하는 루소의 사고 실험을 이런저런 방식으로 변형한 연대 이론, 예를 들어 연대를 도덕적 개념 내지 보편적 의무로 간주하고 그 근거를 '인간 본성'에 호소해 찾는 경우(막스 셸러Max Scheler)와 연대를 삶을 지탱해 주는 원칙으로 간주하는 경우(마르크스)는 정당화가 어려운 형이상학이나 인간학에 기초하고 있는데, 이것들은 무엇보다 쪼갬의 정치를 폭로하며 관리 체계에 저항하는 데는 도움이 되지 않는다.[83] 사회 통합을 위한 연대뿐만 아니라 이해관계의 동일성에 기초한 노동 연대에서 희망을 찾기가 쉽지 않은 이유이다. 다원주의를 사실로서 인정하는 이론이라면 사회 통합의 동력을 연대에서 찾는 것은 부지불식간에 억압을 정당화할 수 있는 논리가 될 수 있다는 것을 알아차릴 것이다. 이해관계의 동질성에 기초한 노동 연대 역시 비정규직, 계약직, 외국인 노동자의 희생을 암암리에 인준할 위험이 있다. 같은 이유에서 연대를 주변인, 소수자, 디아스포라, 곧 '그들'로 생각되는 타자의 고통과 굴욕에 대한 감수성 — '우리'의 감각으로 규정하는 전략(리처드 로티Richard Rorty) — 에도 쉽게 동의할 수 없다. 무엇보다 '우리'에는, 그것이 아무리 서로주체성에 기초한 공동 의식이라고 할지라도 언제나 배제의 논리를 함축하고 있기 때문이다.

내가 생각하는 연대는 '우리' 안에 있으면서 동시에 기꺼이 '타자'로 머물러 있고자 하는 사람들, 곧 '우리 안의 타자'와의 새로운 관계 형성의 과정이다. '그들'을 '우리'로 인정하는 것은 '그들'의 타자성을 불인정하는 것이 될 수 있다. '우리'는 '우리 안의 타자'에 의해 끝없이 탄핵받으면서 안팎을 넘나들 수 있는 출입구를 만들어가야 한다. '타자의 미학'에 심취해 '우리'를 부정하는 것도 문제이지만, 연대를 '우리'와 동일시하는 것은 집단의 미학에 사로잡힐 위험이 있다.

연대는 실체가 아니라 과정이다. 동일성과 유사성으로부터 혹은 '우

---

83 서유석,「'연대' 개념의 역사적 맥락과 현대적 의미」,『시대와 철학』21(3), 2010, 455쪽 이하 참조.

리' 의식으로 연대를 설명하는 것은 그것이 아무리 바람직한 도덕성에 기초한 것이더라도 배제의 논리를 함축하고 있을 수밖에 없다. 연대는 영화 「쇼생크 탈출」에서처럼 「피가로의 결혼」을 들은 죄수들에게 순간 적으로 찾아왔다가 사라지는 것으로 환원되지 않으며, 출입구가 없는 담장 너머로 먹을 것을 주고받으면서 만들어지는 것도 아니다. 연대는 '우리 안의 타자'들이 분할의 성벽을 안팎으로 넘나드는 투쟁 과정에서 형성하는 것이다.

민주주의를 위한 연대는 '함께 가는 것'이 아니라 '따로 또 함께' 가는 과정이다. 그 때문에 사회복지의 정당화 기제로서 연대를 내세우는 것은 성급한 진보주의자들의 웅변일 수 있다. 연대로부터 정당화된 복지국가는 국가주의를 강화할 수 있으며, 수혜와 굴욕, 후견과 자율성 상실이라는 문제를 극복하기보다는 강화할 위험이 있다. 후견주의적 사회복지 국가가 개인의 사적 자율성을 제한할 위험성은 의심할 수 없을 만큼 충분히 입증되었다. 하버마스가 제안하듯이, 사적 자율성과 공적 자율성의 긴장 위에서 사회적 정의와 경제적 정의를 위한 이론을 정립하는 것이 오히려 바람직할 것이다. 연대는 오히려 국가체계의 안팎을 넘나들 수 있어야 한다. 그렇다고 국가와 시장, 그리고 서로주체들이 연대하는 시민자치의 바깥에서만 새로운 공동체를 형성하면서 자족하는 것은 탈주체성의 도피 행각일 뿐이다.[84] 몇몇 사람끼리 바쁘게 연대하고 서둘러 그들만의 성을 쌓는 사람들은 혼자 바쁜 사람과 다르지 않다.

민주화 이후의 한국 민주주의의 위기는 신자유주의자들의 난동이나 민주주의 세력의 미성숙 혹은 시장의 논리에 포섭된 생활세계에서 비롯된 것만은 아닐 것이다. 동학농민전쟁과 3·1운동에서 이름을 남기지 않은 전사들의 기대, 그리고 그들을 기억하고 꿈이 되어 줄 메시아의 길을 가기 위해 함께 죽음이 예견된 장소로 향했던 5·18민중항쟁의 시민군들이 1987년 이 땅에 선물한 민주주의가 생산력의 발전에 상응하는 정

---

84 박구용, 「시민자치와 절차주의」, 98쪽 이하 참조.

당한 생산 관계를 만들지 못하고 형식적 절차로 퇴행한 것에만 원인이 있는 것도 아닐 것이다. 혁명으로 발전하지 못한 생산력과 생산 관계의 모순은 외환위기로 고름을 터뜨렸지만, 그렇게 찾아온 정권 교체 이후에 이 땅은 10년이라는 긴 시간 동안 새로운 관계를 형성하지 못했다. 잃어버린 10년의 대가는 참혹하다. 이명박과 이건희를 따르는 사람들, 다름 아닌 나와 너 그리고 우리가 일으킨 자연의 폭동은 헤아릴 수 없이 많은 생명을 자연에서 갈취하고 있으며, 심지어 폭동을 잠재울 촛불의 심지조차 뽑아버렸다. 그래도 희망이 있는가? 일단 뭉치고 봐야 할까? 정신 차리기보다 정신 나가는 것이 더 쉬운 세상에서 민주주의를 위한 인문정신, 곧 인문민주주의를 위한 상상력이 절실하게 요구된다.

한국의 인문학은 약자, 소외된 자, 억압받은 자, 정의를 위해 싸운 자의 입장을 너무 쉽게 자기화하는 경향이 있다. 물론, 같은 방식으로 승자의 편에 서는 경우도 많다. 그러나 인문학은 승자와 패자의 이분법을 내세워 이것이냐, 저것이냐를 성급하게 종용하는 웅변이나 냉소가 되어서는 안 된다. 인문학이 생각보다 행동을 앞세워 세상의 변혁을 이끌 수 있는 시대는 지났다. 언젠가 그런 날이 다시 찾아올 수도 있을 것이다. 그러나 지금은 이편저편을 가르는 웅변이나 아무것도 할 수 없는 냉소가 아니라 기억하고, 반성하고, 상상하는 것에 몰입할 때이다. 무엇보다 보다 많은 시민이 서로주체가 되는 민주주의를 위해 인문학은 그들이 만나 소통하고 연대하는 매개자가 되어야 한다. 그러기 위해 인문학은 안팎을 넘나들면서 세계의 한탄과 비탄의 소리를 받아쓰기해야 한다.

제4장
사회의 시선과 자유

자유주의는 사회를 적으로 설정한 경우가 많다. 그러나 듀이가 지적하듯이, 사회를 제거한 자유주의는 이미 자신의 논리를 배반한 것이다. 자유주의가 현재의 불평등을 정당화하는 오염된 이데올로기라는 비판에서 벗어나려면 사회적 실천과 결합되어야 한다. 타인의 인정과 사회적 동의가 수반되지 않는 개인의 자유는 무기력하거나 폭력적이다. 따라서 폭력을 줄이는 자유의 최대화를 위해서는 사회적 지평을 확보해야만 한다.

신자유주의가 범람하면서 세계적 담론에서 사회적인 것의 소멸을 노래하는 경우가 많았다. 한국도 이 시류에 편승한 듯 보인다. 이 맥락에서 나는 한국 사회를 향해 '사회가 무엇인가?'에 대해 묻는다. 사회의 붕괴에 대한 세계적 담론이 넘쳐나고 있다. 하지만 이 나라에서는 사회 개념에 대한 담론 자체가 형성된 적이 없다. 나는 이 글에서 사회의 시선을 확보하고 이 시선으로 세계와 인간을 다시 바라보고자 한다. 이를 위해 우선 사회 개념을 포괄적으로 서술하는 과정에서 논증과 정당화보다는 선언적인 주장을 나열하는 것에 만족하고자 한다.

이 글은 철학적 담론에서 '사회'와 '사회적인 것'의 지평을 되묻는다.

이를 위해 나는 먼저 (1) '사회 없는 사회 비판'이라는 은유를 통해 사회를 비판의 주체가 아니라 대상으로만 취급하는 담론 상황을 문제로 설정하고, (2) 사회적 지평의 규범적 정당화 가능성을 찾는다. (3) 이 과정에서 나는 자유의 개별성, 보편성, 특수성을 상호 주관적으로 인정하는 개인들의 만남, 소통, 연대의 과정으로 사회에 대한 재규정을 시도한다. 그런 다음에 나는 칸트 철학과 헤겔 철학에서 사회가 예정조화의 틀로 변형되어 국가체계로 포섭되는 과정을 비판한다. 마지막으로 (4) 나는 자본 시장(회사)만이 아니라 국가 행정의 권력체계와 구별되면서 동시에 두 권력에 대한 실천 비판을 수행할 가능성을 시민사회의 대의제에서 찾는다.

1. 사회 없는 사회 비판

(탈)성장 사회, 피로 사회, 소비 사회, 위험 사회, 창조 사회, 정의 사회, 녹색 사회에 대한 진단과 비판이 줄을 잇고 있지만 정작 그 속에서 사회는 불투명한 기름종이에 감추어져 있다. 유령처럼 번지는 이런 유형의 담론에서 사회가 성장, 피로, 소비, 위험, 창조, 정의, 환경의 책임 주체인지 대상인지가 해명되지 않은 채 뒤섞여 있다. 이런 방식으로 담론이 구성되면서 사회는 최근에 배출된 온갖 상품의 포장지 생산 공장이나 쓰레기 처리장으로 폄하되기 일쑤이다.

언제부턴가 사람들은 세상이나 세계라는 말과 같은 폭으로 사회라는 표현을 쓴다. 하지만 사회라는 말의 뜻을 새기면서 애용하는 것도 아니고, 그렇다고 사회 개념의 의미 지평에 대한 암묵적 합의가 있는 것도 아니다. "개념은 세계의 거울이다." "개념이 세계를 구성한다." "개념의 왜곡이 세계의 왜곡이다." "세계가 개념을 만드는 것이 아니라 개념이 세계를 만든다." 이 가운데 어떤 입장에 가까이 서든 '지금, 여기'가 '전부 혹은 진짜'는 아니라고 생각하는 사람은 다른 세상을 찾아가며, 개념에서 자양분을 얻거나 혹은 개념에 자양분을 제공해야 한다.

사회를 진단, 비판 혹은 형성하려는 사람들은 사회 개념과 관련된 담론을 다음과 같은 물음을 통해 재구성할 필요가 있다. ① 한국에서 사회, 사회적인 것, 사회적 관점이 있는가? ② 한국에서 사회와 공동체는 어떻게 구별되며 왜 그렇게 해석되는가? ③ 개인과 국가 사이에서 사회는 어떤 의미 지평을 가지며, 또한 어떤 차별화된 역할을 수행해야 하는가? ④ 사회국가, 사회주의, 사회복지, 사회민주주의, 사회권, 사회권력, 사회적 기업, 사회적 협동조합 등에서 '사회'란 표현을 사용하는 이유는 무엇이며, 그 이유에 합당한 담론이 형성되어 있는가? ⑤ 사회는 국가나 시장과 어떤 차별화된 지평을 형성하는가? ⑥ 정치·경제, 보건 의료, 문화 예술, 학문·교육, 언론·출판 등에 관해 사회적 관점으로 보는 것과 개인이나 국가의 관점으로 보는 것의 차이는 무엇인가? ⑦ 한국이 지향해야 할 사회는 어떤 모습이며, 그 주체는 누구이고 어떻게 형성해야 하는가? ⑧ 사회는 국민, 시민, 주민, 민중, 대중, 다중과 어떤 관계 속에 있는가? ⑨ 사회는 욕망, 권력, 자치, 정의, 공공성과 어떤 관계인가?

이 모든 문제를 가로지르는 철학적 관심은 '사회 비판'일 것이다.[1] 사회 비판에서 사회는 비판의 주체이면서 대상이다. 그렇다고 사회가 진·위, 선·악, 미·추의 인격적 주체나 대상은 아니다. 사회는 성장에 지쳐 피로를 느끼면서도 소비에 중독된 위험한 인격체이거나 창조적으로 진리를 구현하고 정의를 실현하면서 아름다운 사회를 만들어가는 인격체도 아니다. 그렇다고 사회가 인격체들의 상호 작용 바깥에서 혹은 바닥에서 이런저런 인격체를 생산하는 실체도 아니다. 사회는 자유로운 인격체들이 만나 소통하며 연대하는 가운데 생활 형식과 내용을 형성하고 해체하는 크고 작은 집합체이다.

1　사회 비판은 무엇이 옳은지를 정의하는 것이라기보다는 무엇이 틀렸는지를 말하는 것이다. 이런 관점에 대해서는 Max Horkheimer, "Zur Kritik der gegenwärtigen Gesellschaft", in: *Gesammenlte Schriften* 8 (*Vorträge und Aufzeichnungen 1949~1973*), Frankfurt am Main: Fischer, 1985, p. 331 참조.

우리가 사회라는 개념을 쓰기 시작한 것은 메이지(明治) 10년대 (1868~77)부터이니 그 개념의 역사는 150년이 못 되는 것으로 보인다. 사회가 'society'의 합당한 번역어인지에 대한 논란과 무관하게 우리는 사회란 개념을 넘치게 사용해 오고 있다. 하지만 'society'에 대응하는 현실로서 사회가 실제로 한국에 존재하는지는 여전히 의문이다. 크기에 관계없이 사회가 자율적 개인, 곧 시민이 형성한 집합체라면, 그에 대응하는 시민과 사회가 한국에 어느 정도 형성되었는지에 대해서는 체계적인 연구가 있어야만 알 수 있다. 하지만 사회에 대한 비판이 넘쳐나는 이 땅에 사회의 시선으로 국가 행정, 과학 기술, 자본 시장을 비판하면서 정치·경제, 보건 의료, 문화 예술, 학문·교육, 언론·출판을 공적으로 재구성하는 움직임은 미미하다. 그러니 비판의 대상으로서 뭉뚱그려진 사회는 있지만, 비판의 주체로서의 사회는 없다. 사회 없는 사회 비판이 줄을 서고 있다. 그만큼 사회는 추상의 지평에서 온갖 공격을 받으면서 괴물처럼 변형되고 있다.

2. 사회와 공동체, 그리고 회사

사회와 공동체를 구별하려는 다양한 시도가 있어 왔다. 그중에서 비교적 대중적으로 많이 알려진 페르디난트 퇴니에스(Ferdinand Tönnies)와 아렌트의 시도는 사회 혹은 사회적인 것을 경제적 원리를 중심으로 해명하는 가운데, 사적 욕망과 이익의 각축장으로 축소하는 경향을 갖는 것으로 보인다.[2] 이 경우에 사회는 부정적인 것이 압축된 체계의 대명

---

2 일반적으로 사회에 관한 진보적 이론을 전개한 학자들은 사회를 끝없이 재구성하면서 확장해야만 한다는 입장을 견지한다. 하지만 아렌트는 자신의 독특한 개념 구성 때문에 사회적인 것에서는 문제 찾기만을 하고 문제 풀이는 정치적인 것에서 찾는다. 잘 알려진 것처럼 아렌트에게서 사회는 가족과 국가 사이에서 펼쳐지는 국가 경제, 사회 경제 또는 민족 경제의 영역을 가리킨다. "경제적으로 조직되어 하나의 거대한 인간

사로 상징화되는 경우가 많고 그에 따라 다양한 형태의 공동체가 대안으로 제시된다. 이런 해명은 헤겔을 거쳐 아리스토텔레스까지 소급될 수 있을 것이다. 하지만 나는 이런 방식으로 이념사나 개념사를 통해 사회와 사회적인 것을 규정하는 것에 관심이 없다. 나의 관심은 단지 휴머니즘 혹은 계몽주의 이후의 세계에서 사회의 지평을 규범적으로 기획하는 것에 한정된다.

나는 사회와 공동체를 현상학적 방식으로 구별하려는 일련의 시도에 대해 판단을 중지하려고 한다. 이런 구별은 나름의 의미가 있지만, 사회 비판의 가능성을 찾아가는 과정에서 혼란을 일으킬 가능성이 높기 때문이다. 휴머니즘과 계몽주의라는 이름으로 포획된 현대(modern)에는 처음부터 비동시적인 세계인 전-현대(pre-modern)와 후-현대(post-modern)가 함께한다. 따라서 사회와 공동체 역시 혼재되어 있다고 볼 수 있다. 그럼에도 불구하고 나는 현대성의 기반 위에서 자유의 개별성, 보편성, 특수성을 기준으로 사회 혹은 사회적인 것을 규범적으로 정당화할 수 있다고 생각한다.

사회와 공동체를 규범적으로 구별하는 시도는 나름의 의미가 있다. 그중에서 정당화의 가능성을 떠나 현대 사회에서 가장 빈번하게 시도되는 구별에서 사용되는 기준은 자율성이다. 개인이 자율적 의지에 따라 구성한 집단을 사회라고 부른다면, 반대로 자신의 의지와 무관하게 소속된 집단을 공동체라고 부를 수 있을 것이다. 이런 구별은 규범, 특히 법적 규범의 정당성과 적용의 과정에서 유익한 기준을 제공한다. 전통적으로 가족과 씨족에서 시작된 공동체는 생산과 소비가 완결되는 경제 단위의 집합체이면서 동시에 동일한 삶의 양식을 요구하는 부자유의 정치 집합체이다. 이런 전통적 공동체는 자유로운 개인들의 집합의지인 법에 앞서

가족의 복제물이 된 가족 집합체를 우리는 '사회'라 부르며 사회가 정치적 형태로 조직화된 것을 '민족'이라 부른다." 한나 아렌트, 이진우·태정호 옮김, 『인간의 조건』, 한길사, 1996, 81쪽. 나는 아렌트가 공적 영역과 사적 영역이 교차하는 영역으로 사회를 규정하는 것에 동의하지만, 사회를 경제적 담론으로 환원하는 것에는 반대한다.

는 것이기 때문에 법은 가능하면 공동체의 자율성을 침해하지 않으려고 노력한다. 반면에 자유로운 시민의 사회적 관계는 처음부터 법의 구성 원칙이자 규제 원칙이기 때문에 법적 규범의 틀 안에서 움직일 것을 요구받는다.

앞의 구별에 비추어 볼 때, 오늘날의 가족은 공동체적 관계와 사회적 관계가 혼재되어 있다. 부부(夫婦)는 사회적 관계이지만, 부자(父子)는 공동체적 관계이다. 그 때문에 법은 부자지간에는 가능한 한 간섭을 최소화하는 반면에, 부부지간에는 과도하게 관여한다. 이런 침범에는 빛과 어둠이 있다. 한국의 법은 여전히 부부 관계를 간통의 이름으로 규율하고 있기는 하지만 최근 들어 강간의 가능성도 인정하고 있다. 더구나 부자지간도 점점 사회적 관계가 확장되고 있기 때문에 법 밖에서 자율성을 요구할 수 있는 공동체는 점점 협소해지고 있다. 법적 규범의 정당성과 적용에서 사회와 공동체의 구별이 실제적으로 작동하고 있다는 것을 부정할 수는 없지만, 그렇다고 그런 암묵적 합의가 지속될 것이라고 전망할 필요는 없다. 예를 들어 부자지간의 폭력에 대한 법적 처벌이 부모보다 자식에게 가혹한 한국의 현실은 머지않아 극복될 것이다.

사회와 공동체의 규범적 구별은 무엇보다 그것의 유동성 때문에 뚜렷한 한계를 갖는다. 법적 규범의 공공성에 의심을 품는 사람들은 끝없이 새로운 공동체를 꿈꾼다. 일반적으로 대안 사회를 꿈꾼다고 말할 수 있는 공동체 운동은 실제로 사회와 공동체의 규범적 구별 자체를 무력화한다. 하지만 나는 개인의 자율성을 부정하는 그 어떤 형태의 공동체도 대안 사회가 될 수 없다고 생각한다. 특수한 신념이나 이념으로 동일성을 요구하는 공동체는 그 뜻이 아무리 고귀할지라도 대안 사회도 아닐 뿐만 아니라 사회의 대안도 아니다. 그렇다고 공동체 운동이 대안 사회를 향한 새로운 길을 만들어 갈 수 있다는 것을 부정할 필요는 없다. 그 가능성을 인정한다면 사회와 공동체를 규범적으로 구별하는 것은 의미가 작다. 그 때문에 나는 사회와 공동체를 규범적으로 구별하는 대신에 단지 사회를 규범적으로 정당화하는 데 만족하려고 한다.[3] 이 경우에 공동체라는 이름으로 불리는 집단도 사회의 안팎에 걸쳐 있으면서 사회비판의 주체와 대상으로 참여할 수 있다.

　나에게 사회는 자유의 개별성, 보편성, 특수성을 상호 주관적으로 인정하는 개인들의 만남, 소통, 연대의 과정을 가리킨다. 여기서 내가 생각하는 자유의 개별성은 개인의 자유로운 의지와 의사에 따라 사회를 구성하고 해체하는 데에 참여한다는 의미이다. 자유의 보편성은 내가 속한 사회만이 아니라 사회 안팎의 모든 인간이 자유를 향유할 권리의 담지자라는 것을 인정한다는 뜻이다. 나아가 자유의 특수성은 자유의 의미 지평이 사회의 문화와 역사에 따라 다르게 구성될 수 있으며, 그 때문에 보편성이나 개별성에 준하는 상호 주관을 요구한다는 맥락이다. 따라서 나는 자유의 개별성, 보편성, 특수성이 동등하게 존중되는 상호 작용의 과정과 그 과정에서 모인 의견과 의지의 합을 사회로 규정한다. 이

3　최근 들어 사회, 사회적인 것, 사회적 차원이 사라지고 있다는 진단과 처방이 줄을 잇고 있다. 이들이 말하는 '사회의 종말'에서 종말을 고한 것은 전통적으로 사회학이 대상으로 삼았던 사회이다. 다시 말해 정치학, 경제학, 심리학 같은 다른 사회과학의 대상 영역과 구별된 독자적 영역으로서의 사회가 사라졌다는 것이다. 따라서 이들은 과거의 정형화된 사회에 대한 이론적 설명이나 해명의 방식을 버리고 행위자들이 새롭게 구성하고 해체하는 연결망과 그것의 작동 방식 혹은 그들 사이의 선택과 작용 방식, 그리고 그 결과로 나타나는 현상을 사회학의 대상으로 재구성하자는 처방을 한다. 나는 이런 진단들에 대해 대체적으로 동의하지만, 사회학의 정체성을 사회 분석의 효율성으로 환원하는 부분에 대해서는 반대한다. 무엇보다 이런 논의들은 사회를 국가의 경계 안팎에 자리 잡은 사회적 관계의 총체를 가리킨다. 그 때문에 이런 이론들이 사회로부터 비판과 해방의 동력을 끌어 낼 수 없다고 생각할 수 있지만, 사실은 그 반대이다. 비판과 해방에 무관심하고 오직 분석과 효율에만 관심을 가지기 때문에 사회를 규범적으로 정당화하는 데에는 관심을 갖지 않는 것이다. 이들과 다른 방향에서 장 보드리야르(Jean Baudrillard)는 『침묵하는 다수의 그늘에서』라는 저서에서 '사회적인 것(le social)의 종언'을 말한다. 그에 따르면, 사회의 종말은 자본 시장의 억압적 질서로부터 파괴된 삶을 재구성하려는 일련의 사회 보험, 사회 연대, 사회복지, 사회국가 같은 안전망이 사라졌다는 것을 의미한다. Jean Baudrillard, *In the Shadow of the Silent Majorities*, Semiotexte, 2007, pp. 80ff. 참조. 사회학적 관점에서 사회의 종언에 대한 논의에 대해서는 조주현, 「'사회적인 것'의 위기와 페미니스트 정체성의 정치」, 『사회와 이론』 17, 2010, 53쪽 이하 참조.

때 세 가지의 동등성은 맥락에 따라 유동적으로 하나가 다른 것에 대해 선택적으로 강조될 수 있다는 것을 부인하지 않아야 한다. 하지만 어떤 것의 선택적 강조가 고착하는 순간, 사회는 공공성을 상실한 이익 집단 혹은 동일성과 총체성을 확인하는 실체로서의 회사로 변질될 위험성이 크다.

사회를 규범적으로 정당화하려는 모든 시도는 돈(화폐) 혹은 시장과의 관계 설정의 문제에 직면한다. 실제로 아리스토텔레스와 헤겔 혹은 애덤 스미스(Adam Smith)의 전통을 이런저런 방식으로 계승한 이론들은 돈과 시장의 논리를 사회의 지평으로 끌어들인다. 이 경우에 대부분의 이론은 돈과 시장의 논리에 대한 입장에 따라 사회의 회사화에 대한 염세주의에 빠지거나 회사의 사회화에 대한 낙관주의로 분열된다.

사회와 회사는 처음부터 한몸으로 이 땅에 들어온 것으로 보인다. 일반적으로 회사는 좁은 사회를 가리키는 말로 쓰이거나 혹은 공동의 이익을 도모하는 집단을 가리키는 말이었다. 그 때문에 아직 사회에 대응하는 현실을 찾을 수 없었던 시절에는 사회와 회사가 혼용되어 쓰였다. 이때 사회는 동아리와 공동체, 심지어 정부나 국가와 뒤섞여 사용된다. 특히 밀의 『자유론』을 소화하기 급급하던 시절, 우리에게 사회는 개인의 자유와 대척점을 이룬 것으로 이해되었다. 밀은 사회를 개인처럼 인격적 주체인 것으로 표현한다.

사회는 구성원들을 교육시키는 이런 막강한 힘뿐만 아니라 다수 의견을 내세워 자기 스스로 판단할 능력이 전혀 없는 사람들을 지배할 수 있는 힘도 가지고 있다. 그리고 자신을 잘 아는 주변 사람들에게 불쾌감이나 경멸감을 불러일으키는 사람은 반드시 그 대가를 치르게 하는 힘도 가지고 있다. 그러므로 이 모든 것에 덧붙여, 사회가 개인의 사적인 문제에 대해서까지 명령하고 복종을 요구하는 권한이 필요하다고 말해서는 안 된다(그 어떤 정의의 원리와 정책에 비추어 보더라도 이런 것은 그 결과에 영향을 받는 사람이 결정해야 할 문제이다).[4]

밀은 사회를 회사나 정부처럼 실체적 권력을 가지고 개인의 자유를 규제할 수 있는 집합체로 그린다. 개인의 자유를 사회 구성의 선결 조건으로 인식했기 때문이다. 하지만 수차례의 사회 혁명을 거치면서 유럽은 개인의 자유화와 사회화가 동근원적으로 형성된다는 것을 깨닫는다. 이를 이론적으로 후취한 철학자가 헤겔이다. 그에게서 사회는 개인들의 욕망이 각축을 벌이는 벌판이다. 하지만 이 벌판에서 시민은 공동의 이익을 위해 비상국가를 형성하고, 나아가 조합주의적 복지 행정의 체계를 구축한다. 그러니 그에게도 사회는 큰 회사로 보였을 뿐이다.

회사일 뿐인 사회는 회사의 논리에 따라 오염될 수밖에 없다. 이런 오염을 끝까지 밀고 나간 이론들은 대체로 비관주의에 빠지거나 사회 바깥에서 출구를 찾는다. 헤겔과 마르크스, 그리고 비판이론 1세대의 이론에서 사회는 이런 방식으로 버려진다.[5] 더구나 사회주의와 사회복지 패러다임의 한계가 노출되기 시작하면서 사회는 회사의 노예로 전락한다. 이런 흐름과의 역방향에서 회사의 논리로 사회를 재구성하려는 이론들이 대세를 형성한다. 스미스의 전통을 계승하려는 낙관주의적 관점에서는 자유로운 회사가 공동의 목적을 실현하는 가장 좋은 사회의 틀로 선전된다. 하지만 회사가 된 사회에서 개인의 자유는 상품의 소비로 녹아들면서 해체된다.

---

4 존 스튜어트 밀, 『자유론』, 156~57쪽.
5 헤겔과 마르크스는 사회와 국가를 구별하는 반면에, 비판이론 1세대는 사회와 국가의 구별이 불가능해졌다고 진단한다. 이와 관련된 상세한 논의에 대해서는 Max Horkheimer, "Anfänge der bürgerlichen Geschichtsphilosophie", in: *Gesammelte Schriften* 2 (*Philosophische Frühschriften 1922~1932*), Frankfurt am Main: Fischer, 1988; Max Horkheimer, "Materialismus und Moral", in: *Gesammelte Schriften* 3 (*Philosophische Frühschriften 1922~1932*), Frankfurt am Main: Fischer, 1988; Max Horkheimer, "Egoismus udnd Freiheitsbewegung", in: *Gesammelte Schriften* 4 (*Philosophische Frühschriften 1922~1932*), Frankfurt am Main: Fischer, 1988 참조.

3. 사회계약과 예정조화

사회계약론에 사회는 없다. 사회계약론에는 인간학을 토대로 했건 혹은 사고 실험의 과정이건 간에 상관없이 가상적 자연 상태와 실체적 국가 사이에서 방황하는 개인만 있다. 홉스와 로크, 루소의 사회계약론은 엄밀한 의미에서 국가계약론이다. 이들이 구성한 사회계약론에서 개인은 자기 보존의 패러다임 안에 붙잡힌 상태에서 도구적 이성을 통해 생명, 소유, 자유, 정의를 지켜줄 수 있다고 판단된 국가체계를 계약을 통해 인준한다. 따라서 사회계약론에는 개인과 국가만 있을 뿐 사회는 없다.

그들이 사고 실험을 위해 구상한 혹은 인간학의 도움을 받아 재구성한 자연 상태는 사실도 아니지만 단순히 인공물도 아니다. 인간학적 사실이거나 사고 실험의 인공물이라는 가정 속에는 그것이 가치 중립적으로 구성 혹은 재구성되었다는 가정이 숨어 있다. 하지만 사회계약론자들이 제시한 자연 상태는 그들이 바라는 국가체계를 정당화하기 위한 매체일 뿐이다.[6]

이처럼 사회계약론이 개인들 사이의 계약을 통해 곧바로 현실 국가체계의 정당성을 해명하려는 것은 처음부터 사회의 지평과 시선을 부정하는 것이다. 물론, 칸트의 사회계약론에는 자연 상태라는 가상적 무대가 설치되지 않는다. 칸트는 처음부터 자연이 아니라 사회에서 국가계약의 정당화 가능성을 검토한다. 그는 자연과 국가의 대립 구도 대신에 자연적이고 야만적인 사회와 문명화된 시민사회를 대비한다.

그런데 칸트의 사회계약론에서 시민사회는 국가체계와 명확하게 구별되지 않는다. 비록 그는 국가계약 이전의 상태를 자연 상태가 아니라 사회 상태로 설정하고는 있지만, 이때의 사회는 이론적으로 예정조화된 상태라는 점에서 국가와 크게 다르지 않다. 무엇보다 그의 정치철학을

---

6   Wolfgang Kersting, *Die politische Philosophie des Gesellschaftsvertrags*, Darmstadt: Primus, 1996, p. 57 참조.

특징짓는 개념인 '반사회적 사회성'은 예정조화설과 동일성의 기묘한 결합 논리에 붙들려 있다.[7] 그에게서 사회는 조화가 예정된 장소, 곧 반사회적 개인들이 그들의 욕망을 쫓아 싸우다 보면 자연스럽게 도달하게 될 시민사회이자 국가이며, 동시에 세계시민사회이다.

칸트 철학에서 사회는 먼저 일반적인 의미로 사용되는 '집단'을 가리키는 것으로 보인다. 야만 사회와 시민사회의 이분법 안에서 사회는 그저 두 사람 이상이 함께 살아가는 공동체와 크게 다르지 않다. 그런데 칸트 철학에서 사회는 또한 대립과 조화의 교차로를 지칭하기도 한다. 특히 '반사회적 사회성'이 예정조화의 기초 위에 세워진 개념이기는 하지만 그 속에서 사회는 두 가지 얼굴, 곧 욕망의 갈등에 휩싸인 얼굴이면서 동시에 조화와 균형이 넘치는 얼굴을 가지고 있다. 하지만 이런 갈등과 조화의 교차로가 잘 정비된 동일성의 논리라는 신호에 의해 통제되고 있다는 것이다. 왜냐하면 그의 시민사회도 국가계약을 위한 매체일 뿐이기 때문이다.

잘 알려진 것처럼 헤겔은 계몽주의가 발원하던 시기에 사회계약론에 반대한 거의 몇 안 되는 철학자 가운데 한 사람이다. 하지만 그는 현대성을 최초로 철학의 주제로 인식한 철학자이면서 동시에 개인과 국가 사이에서 독립된 사회의 지평을 처음으로 자각한 철학자이기도 하다. 그럼에도 그는 사회가 개인과 국가 사이에서 공공성을 형성할 수 있는 가능성에 큰 기대를 하지 않았다. 무엇보다 그에게서 시민사회는 사적 개인들의 욕망의 각축장이자 이를 관리, 감독, 규율하는 비상국가였기 때문이다.[8] 하지만 그에게서 또한 시민사회는 시민이 자발적으로 연대를 구축하며 직업 단체를 형성하고 최소한의 복지체계를 구축할 수 있는 지

---

7 Immanuel. Kant, "Idee zu einer allgemeinen Geschichte in weltbßürgerlicher Absicht", in: Wilhelm Weischedel (Hg.), *Kants Werke* IX (*Schrifften zur Anthropologie Geschichtsphilosophie, Politik und Pädagogik*, Erster Teil), Darmstadt: WBG, 1983, pp. 37ff. 참조.

8 G. W. F. Hegel, *Grundlinien der Philosophie des Rechts*, 1970, §183 참조.

성국가이기도 했다.

혜겔이 생각하는 시민사회의 공공성은 복지 행정과 직업 단체를 통해 구현되는데, 이때 복지 행정은 이미 국가의 영역이다. 따라서 오직 직업 단체만이 온전한 의미에서 자율적 개인들이 공공성의 지반 위에서 연대하는 사회의 모습을 가진다. 그런데 그가 말하는 직업 단체는 직업을 매개로 한 하나의 공적 사회이기는 하지만 시민사회는 아니다. 왜냐하면 직업 단체는 이해관계가 동일한 사람들 사이의 연대이기 때문이다.

> 직업 단체 안에서 가족은 그 능력에 따라 제약된 생계의 보장으로서 그의 확고한 기반이 되는 고정 재산을 …… 가질 뿐만 아니라 여기에서 능력과 생계의 양면은 모두가 인정을 받는 것으로써 결국 직업 단체의 구성원은 자기의 유능함과 또한 그가 제구실을 하는 어떤 사람임을 뜻하는 자기의 정규적 수입 내지 지출 상태를 그 이상의 어떤 외부적인 관계에서도 나타낼 필요가 없다. 그렇게 함으로써 …… 직업 단체의 성원은 유기적 전체 속에서 좀더 비이기적인 목적을 위해 관심과 노력을 기울이는 것으로 인정받게 되는 것이다.[9]

혜겔은 시민이 직업 단체를 통해 자신들의 단순한 이기주의로부터 자유로워지며, 이를 통해 욕망의 각축장을 지배하는 우연성에서 비롯되는 자신과 타자의 위험으로부터 보호된다고 말한다. 하지만 오늘날 다양한 형태의 노동조합과 협회가 보여 주듯이, 동일한 이해관계에서 형성된 사회는 이해관계가 충돌했을 때 공공성을 상실할 가능성이 매우 높다. 오늘날 공공성을 상실한 다양한 형태의 노동조합과 협회가 이에 해당한다고 볼 수 있다. 이런 맥락에서 볼 때, 혜겔이 말하는 직업 단체로서의 사회는 이질적 개인들이 공공성을 기반으로 뜻을 모으고 어깨동무할 수 있는 가능성만큼이나 사적 욕망의 집합적 해결 단체로 전락할 위험성도 크다.

---

9 G. W. F. Hegel, *Grundlinien der Philosophie des Rechts*, 1970, §253 참조.

헤겔은 사회의 지평을 이론적으로 선취했지만 그것이 갖는 공공성의 지반이 허약하다는 성급한 진단을 토대로 동일성의 논리에 따라 지배되는 국가, 곧 예정조화의 꿈이 실현되는 체계로서의 국가로 사회를 환원한다. 헤겔이 생각하는 국가는 자율적 시민이 조화를 이루어 가는 민주적 인륜의 체계인 것처럼 꾸며지지만, 헤겔 이후 노동자가 대면한 현실적 국가체계는 돈이라는 마법의 힘에 의해 예정된 조화가 실현되는 억압과 소외의 체계일 뿐이었다.

마르크스는 헤겔이 국가로 이해하기 전 상태인 직업 단체, 특히 노동 단체에서 큰 희망을 찾는다. 지금 그의 희망이 좌절된 것은 분명하지만 끝난 것은 아니다. '노동 해방=인간 해방'의 등식은 깨졌지만 노동하는 인간의 가치는 커져 가고 있다. 큰 해방의 꿈은 무의미해졌지만 작은 해방을 꿈꾸는 사람들은 늘어나고 있다. 이런 변화를 올바르게 읽고 새로운 길을 찾으려면 동일성이 지배하는 노동조합으로 사회를 환원하지 않아야 한다. 무엇보다 이질적 개인들이 모여 소통하는 관계에서 형성되는 사회를 생산 관계로 축소하면 공공성의 희망도 그만큼 작아진다. 국가체계만이 아니라 경제체계에서도 사회를 해방해야 하는 이유이다.

4. 사회의 눈빛으로 권력 제한의 길에 들어서는 자유

사회라는 말이 처음 번역어로 사용될 당시, 그에 대응하는 사회가 없었다는 것은 여러 가지 형태로 개념의 왜곡을 가져왔다. 더구나 왜곡의 출발점인 탈아입구(脫亞入歐, だつあにゅうおう)의 망령은 아직도 사라지지 않았다. 처음 탈아입구를 꿈꾸던 일본인들에게 사회와 자유는 유럽으로 들어가는 입구였다. 그 때문에 그들에게서 사회는 세속 혹은 세상과 달리 진(眞), 선(善), 미(美)의 집합체처럼 이해되었다. 그러다가 세기말에 이르러 유럽판 사회 비판이 쏟아져 나오자, 이들은 거꾸로 사회를 위(僞), 악(惡), 추(醜)의 대명사처럼 몰아붙인다. 이 땅에서 탈아입구를 외

치는 사람은 없지만, 우리 역시 사회를 진·위, 선·악, 미·추의 이분법으로 재단하면서 양극을 왕래하기는 마찬가지이다. 하지만 사회국가, 사회민주주의, 사회권, 사회복지, 사회권력, 사회적 기업, 사회적 협동조합의 실현 가능성을 부정하지 않는 철학은 사회라는 비교적 젊은 개념을 고귀하게 가꾸어 갈 필요가 있다.

하버마스는 사회 개념의 구제 가능성을 가장 설득력 있게 제안한 것으로 보인다. 잘 알려진 것처럼 그는 사회를 체계와 생활세계로 나누고 둘 사이에 법이라는 다리를 놓는다.[10] 그의 이론이 갖는 정당화의 약점을 인정하더라도 낙관주의와 비관주의의 양극성 신경증을 극복할 수 있는 하나의 구체적 대안이라는 것은 인정해야 한다. 나는 그의 이론이 갖는 내적 정합성보다 그것의 실천 가능성에 주목할 필요가 있다고 생각한다. 다시 말해 2단계 사회 이론의 정당화는 정합성보다 실천 가능성에서 결정된다고 보기 때문이다.

하버마스의 사회 이론의 실천 가능성은 크게 두 가지로 요약할 수 있을 것이다. 먼저 ① 생활세계에서 시민이 자율적으로 공적 의견과 의지를 형성할 수 있느냐, ② 그렇게 형성된 공론 영역의 뜻이 법이라는 필터를 통해 체계를 규제할 수 있느냐이다. 적어도 한국의 현실에서 두 가지 모두 실천적 전망이 보이지는 않는다. 이 땅에는 아직 국가의 구성원인 국민만 넘쳐날 뿐 사회의 구성원인 시민의 수가 너무 적기 때문이다.

나는 하버마스의 사회 이론이 실천적 동력을 확보하기 위해서는 생활세계와 체계 사이에서 시민사회가 두텁게 형성되어야 한다고 생각한다. 하버마스의 관점에서 볼 때, 시민사회는 생활세계에 귀속된다. 하지만 그의 말처럼 체계에 의한 생활세계의 내적 식민화가 가속화하는 시점에서 생활세계를 초월적으로 구제한다고 해서 문제의 상황이 바뀌지는 않는다. 오히려 생활세계 내부에서 식민화된 담론과 탈식민화를 추구하는 담론을 구별해야 한다. 하버마스는 전자를 사회적 권력으로, 후자를 의

---

10 위르겐 하버마스, 『사실성과 타당성』, 87쪽 이하, 116쪽 이하 참조.

사소통적 권력으로 구별한다.[11] 문제는 그의 구별이 이론적 지평에서 자족하고 있다는 점이다. 따라서 두 권력에 대한 그의 구별이 실천적 지평으로 나아가도록 의사소통적 권력이 형성되는 과정을 시민사회가 구성하고 해체하는 것으로 개념 규정한 다음에, 시민사회가 공적 담론을 통해 끝없이 형성해 갈 새판 짜기를 시민사회의 대의제 이름으로 구체화할 필요가 있다.[12]

시민이란 사회적 담론의 형성에 주체로 참여함으로써 공적 의견과 의지를 구성하는 사람이다. 교통과 소통 수단의 발달과 함께 공적 담론에 참여할 수 있는 방법은 쉽고 가까워졌다. 인터넷을 통해 실시간으로 형성되는 공론장은 몇 번의 손놀림만으로도 출입이 가능하다. 하지만 아직 가상 공간에서 펼쳐지는 공론장에서 사회의 눈빛을 찾아보기는 어렵다. 참여자들은 뿔뿔이 흩어진 개인이거나 혹은 가족과 국가 구성원의 눈빛으로 무장하고 있을 뿐이다. 그러니 공론장은 공동의 삶과 뜻을 구성하고 형성하는 과정이라기보다는 서로 다른 욕망의 각축장으로 쉽게 변질된다. 개인이나 조직의 눈빛에는 언제나 벌건 욕망이 타오른다. 꿈틀거리는 욕망의 불빛이 진·위, 선·악, 미·추의 저편에 있다면, 사회는 양자를 가르는 기준이 되어야 한다.

개인과 조직의 눈빛으로 본 보건·의료, 문화·예술, 학문·교육, 언론·출판은 관리·통제와 경영·경쟁의 사다리일 뿐이다. 보건·의료, 문화·예술, 학문·교육, 언론·출판이 개인과 조직의 욕망을 채우는 수단이 되는 순간, 개인의 삶도 도구로 전락한다. 이들에 의해 이런 논리로 지배받지 않으려면 사회의 눈빛으로 보건·의료, 문화·예술, 학문·교육, 언론·출판을 재구성해야만 한다. 사회의 눈으로 본 보건·의료, 문화·예술, 학문·교육, 언론·출판은 이질적 개인들이 공동의 삶을 구성하고 조율하면서 위험 요소를 제거하는 공적 재화이다.

---

11 위르겐 하버마스, 『사실성과 타당성』, 194쪽 이하 참조.
12 박구용, 「국가권력과 시민권」, 『철학』 114, 2013, 117쪽 이하 참조.

사회의 시선은 개인이 교양을 통해 홀로 들여다보는 현미경이나 망원경이 아니다. 가상 공간을 떠도는 의견과 의지만으로 형성된 사회의 시선은 돈과 권력의 야합을 막을 수 없다. 돈과 권력은 그것을 소유한 자들의 도덕성과 무관하게 끝없이 서로를 갈망한다. 커지지 않는 돈과 권력은 무기력하기 때문이다. 실제로 우리는 도덕적인 자본가와 권력자의 무기력을 충분히 경험했다. 그러니 그들의 야합을 감시하면서 건강한 자본과 국가를 견인하려면 가상 공간 안팎에 시민사회의 단체를 구성하거나 후원하면서 참여하는 것이 느리지만 가장 바른 길이다.[13] 복잡성의 넓이와 깊이가 헤아리기 어려워지고 있는 현실에서 건강한 사회를 위해 시민사회의 대의제가 어느 때보다 절실히 요구되고 있다. 시민을 대표할 시민 단체의 활동가들을 지지하는 힘이 커져야 사회의 눈빛이 살아날 수 있다.

사회, 시민사회의 눈빛으로 바라본 개인의 자유는 개별성, 보편성, 특수성의 지평에서 가치를 갖는다. 이런 방식으로 규범화된 사회는 어쩌면 자유주의 시대의 사회로 한정될 수 있다. "자유의 삼중주로 이해되는 이 특성들은 너무나 자명해 실질적으로 비어 있는 개념"이라고 볼 수 있기 때문이다. 이런 맥락에서 푸코의 프레임을 도입하면 "자유라는 조건을 담지함으로써 사회 비판이 가능한 자율적 주체는 구조주의 이전의 구시대적 유물이며, 그 인물을 부르는 이름이 국민이든, 인구이든, 시민이든 간에 그 주체는 더 이상 세계를 이해하는 원리가 아니며 구성의 자리(site)로서 이해되는 지식/권력의 결과물에 불과하다".[14] 제2장 제4절에서 밝힌 것처럼 푸코의 프레임은 실천이성의 전망이 사라졌다는 전제에서 만들어졌다.

푸코의 프레임은 신자유주의를 반대하는 진영만이 아니라 그것의 전위 역할을 자처하는 진영에서도 사용할 수 있다. 푸코의 프레임에서 사

---

13 박구용, 「시민자치와 절차주의」, 84쪽 이하 참조.
14 도승연, 「'사회의 시선' 너머 사회 안의 탈주로」, 『사회와 철학』 28, 2014, 21쪽.

회 비판의 규범적 기준을 마련하는 작업은 무가치하다. 그의 프레임에서 사회는 권력과 권력의 효과에 대항하는 것과는 아무런 상관이 없다. 오히려 권력, 특히 국가권력이 사회를 통해 통치를 복수화하는 과정에 주목하는 푸코의 프레임에서 사회는 (신)자유주의가 요구하는 특수한 인간 유형, 즉 밀의 요구로 돌아가면 독창성과 천재성을 가진 기업가적 인간형을 창조하는 권력의 통치 효과의 장소일 뿐이다. 실제로 지금 우리가 만나고 있는 현실에서 사회는 (신)자유주의적 인간형이 무한 복제되고 있는 장소이다.

권력과 통치의 계보학에서 사회는 권력과 통치가 작동하고 효과를 발휘하는 장소로 환원된다. 그러나 실정법을 통해 공동의 삶을 구성하고 조율하고자 하는 시민이 민주적 공공성의 장소에서 형성한 사회는 통치화의 효과로만 설명할 수 없는 규범적 요소를 가지고 있다. 사회의 시선을 가진 비판의 주체로서 시민은 주권권력, 규율권력, 생명권력에 의해 통치되는 국민이나 인구의 모습만 가진 것이 아니다.

권력 통치의 효과가 전면화된 신자유주의의 시대에, 그리고 그 사회에서 만들어진 인구로서 개인이 만나는 자유는 시장을 통해 실현되는 사적 자유이다. 이처럼 사적이고 경제적인 자유가 폭력을 동반한다는 것을 밝히는 것은 중요하다. "이런 방식으로, 이들에 의해, 이런 논리로 통치 당하지 않으려는" 개인의 실존적 결단에 의탁해 자유와 폭력의 도착적 화해를 끊어 낼 수는 없다. 엄밀한 의미에서 실존적 개인의 통치화 효과에서 벗어날 수 없기 때문이다.

개인은 차이의 생산자가 아니다. 개별화된 개인, 사적 영역에 갇힌 개인은 (신)자유주의의 체계에서 무한 복제되는 동일성의 생산물이다. 소수자와 주변인으로 밀려난 개인도 마찬가지이다. 예외적 상태와 비정상 사회에 감금된 이들 역시 사회 바깥에 있는 것은 아니다. 사회를 적대시하면서 (신)자유주의가 그리는 자유로운 사회도 "사회들 중에 하나의 사회"이듯이, 사회에서 배제되고 감금된 이들이 거주하는 장소 역시 "사회들 중에 하나의 사회"[15]이다. 사회는 동일성이 유포되고 확산되는 장소이기도 하지만 동시에 그것에 저항하는 차이의 생산 기지가 될 수도 있다.

> 인간성 자체는 사회성이다. 인간은 모든 행동에 있어, 그 행위가 '사회적'이든 아니면 '반사회적'이든지 간에 상관없이, 자신을 다른 사람에 연결하거나 오히려 다른 사람과 연계되어 있다. 그러므로 인간의 사회성은 그가 결합으로부터 기대하는 쾌락의 계산에서 생기는 것이 아니라 그가 본성적으로 사회적이기 때문에 결합으로부터 기쁨을 도출한다. 사랑, 애정, 우정, 연민은 그 자신의 이익에 대한 관심, 그리고 그 자신의 이익에 기여하는 것에 대한 계산만큼이나 그에게 자연적이다.[16]

차이는 개인이 아니라 사회에서 생산되는데, 이 차이에서 폭력을 동반하지 않는 자유의 가능성을 찾아야 한다. 사회의 시선을 가진 자유의 비판적 주체는 권력 효과의 안팎을 넘나들 수 있어야 한다. 특히 지금처럼 신자유주의가 좀비 상태에서 생명력을 유지하고 있는 인터레그넘의 불안을 극복하려면 개인과 국가 사이에서, 그리고 다양한 사회 사이에서 통치 효과에 종속되지 않는 비판적 개인을 형성할 수 있는 사회, 곧 시민사회가 활성화해야 한다.

자유주의를 대표하는 철학자 밀의 요구처럼 개별성의 발휘를 통해 폭력 없는 개인의 자유는 확장되지 않는다. 신자유주의는 개별성의 발휘로서 개인의 자유를 경제적 자유와 기업가 정신에 충실한 자유로 환원했다. 이런 자유를 탐닉하고 향유하는 개인은 권력 제한의 힘이 아니라 권력 통치의 효과이다. 이 효과에서 벗어나 권력 제한의 주체가 될 수 있는 개인은 사회, 곧 시민사회에서 자율적으로 구성될 수 있을 뿐이다.

---

15 Richard T. Allen, *Beyond Liberalism. The Thought of F. A. Hayek and Michael Polanyi*, London: Routledge, 1998, p. 197.

16 Leo Strauss, *Natural Right and History*, Chicago: The University of Chicago Press, 1953, p. 129.

제2부

공적 자유와 사적 자유, 그리고 자연주의

제5장

주권 중심의 자유: 공적 자유의 최대화와 폭력화

대한민국의 주권은 국민에게 있다. 국가와 헌법을 만든 주체가 국민이다. 국가의 모든 권력은 국민으로부터 나온다. 권력은 국가를 통해 공동의 삶을 구성하고 조율하기로 결정한 국민이 만든 것이다. 이 권력의 분할과 분점을 결정하는 권리의 주체는 국민이다. 국가의 중대한 의사 결정의 주체도 역시 국민이다. 이처럼 주권자로서 국민이 갖는 권리는 헌법에 명시되어 있다. 하지만 지금 이 나라에서 국민은 스스로 생동감 있는 주권자로서의 자부심을 느끼기가 어렵다.

주권은 독립국가를 설립하는 것으로 소멸되지 않는다. 주권자인 국민은 계속해서 더 나은 국가를 만들어 갈 권리가 있다. 주권은 나라의 어디를 어떻게 고치고 다듬어야 할지 결정하는 과정에 참여하는 것에서 매번 다시 활성화한다. 그러나 실제로 일반 국민은 국가의 일상적 의제 설정 절차에서 소외된다. 대부분의 의제는 미디어를 자의적으로 이용하는 권력들이 설정하고 선점한다. 이들이 만든 프레임을 통과하지 못한 의제는 국민에게 발송되지 않는다. 국민은 통치 전문가가 짜놓은 프레임 전쟁에 휘말려 대리전을 치르느라 주권을 빼앗기는지도 모른다.

고대 그리스나 로마에서 주권은 자유권의 다른 말이었다. 자유인이 주권자이고, 주권자가 자유인이었다. 중세를 거쳐 현대로 오면서 주권과 자유권은 분리되기 시작한다. 주권은 대외적 권리와 대내적 권리로 나뉜다. 대외적 권리로서 주권은 국제적 질서와 힘의 역학 관계를 반영한다. 프랑스혁명을 기점으로 내셔널리즘(nationalism)이 독립 주권의 토대로서 급부상한다.[1] 한반도에서 대외적 주권에 대한 자각은 동학농민전쟁을 통해 이루어진다.[2]

---

1 내셔널리즘은 국가주의, 국민주의, 민족주의로 번역된다. 'nation'이 국가, 국민, 민족의 의미를 동시에 가지고 있기 때문이다. 그만큼 다양하게 변용될 수 있기 때문에 내셔널리즘은 그것의 폐해에 대한 수많은 비판에도 불구하고 지속적으로 확장되어 왔다. 국가, 국민, 민족을 하나로 보는 내셔널리즘은 나치즘과 유사 나치즘에서 그 폭력성을 드러냈다. 따라서 서유럽과 북유럽 국가들의 경우에 대부분 민족주의와 국가주의를 폐기하고 다원주의와 세계주의를 지향해 왔다. 그렇다고 그들이 자국민중심주의와 국민주의로서 내셔널리즘까지 버린 것은 아니다. 그 때문에 국민주의의 토양 위에서 국가주의와 민족주의를 부활시키려는 극우 세력들이 지속적으로 성장해 왔다. 더구나 미국을 비롯한 몇몇 유럽 국가에서는 국민주의와 국가주의를 결합한 새로운 형태의 내셔널리즘이 집권 세력으로 등장하고 있다. 여기에 민족주의가 결합되는 순간, 내셔널리즘은 또 다시 파시즘으로 발전할 위험성이 있다. 유럽 언어에서와 달리, 우리말에서는 국가와 국민, 민족은 명확하게 다른 의미 지평을 갖는다. 따라서 국가주의와 민족주의는 다양한 방식으로 결합되거나 경쟁할 수 있다. 87년체제 이전까지 한국의 진보와 보수는 국가주의와 민족주의를 공유했다. 그러다가 87년체제 이후에 진보 세력 내부에서 국가주의와 민족주의에 대한 비판적 담론이 형성되고, 그 안에서 네 가지 서로 다른 입장이 만들어졌다. ① 국가주의와 민족주의를 모두 개방적으로 수용하려는 입장, ② 국가주의와 민족주의를 그것의 폐쇄성을 근거로 동시에 극복하려는 입장, ③ 개방적 국가주의로 폐쇄적 민족주의를 극복하려는 입장, ④ 개방적 민족주의로 폐쇄적 국가주의를 극복하려는 입장이 그것들이다. 내셔널리즘의 프리즘으로 보면, ③과 ④는 모순되는 것처럼 보인다. 그러나 우리말의 특성과 한반도의 정치적 상황을 고려하면 ③과 ④가 극복되어야 할 수행적 모순을 범하고 있다고 단정할 수는 없다. 오히려 ③과 ④는 분단으로 인해 발생하는 다양한 모순을 극복하기 위한 수행적 실천일 수 있다. ③과 ④가 수행적 모순을 범하고 있다고 비판하는 관점과 거꾸로 모순을 수행하는 실천으로 권고하는 관점은 맥락에 따라 다르게 평가될 수 있다. 이런 평가와 무관하게 현재 대한민국의 헌법은 ①의 관점에 가장 가까운 것으로 보인다. 허완중, 「헌법의 기본원리로서 민족국가원리」, 『법학논총』 30(1), 2019, 21쪽 참조.

2 박구용, 「서로주체의 형성사로서 동학농민전쟁과 5·18광주민중항쟁」, 2007, 5쪽 이하

대내적 권리로서 주권은 예외적 상황과 일상적 상황으로 구별된다. 슈미트에 따르면, "주권자란 예외상태를 결정하는 자이다".[3] 예외상태는 헌법 질서가 정지된 비상 사태이다. 예외상태에서 국민이 헌정의 정지, 중단, 회복 등을 결정하는 주권을 행사하는 것은 혁명이다. 반면에 통치권자가 자의적으로 헌정을 중단시키는 경우에 독재나 파시즘이 등장한다. 그러나 진정한 혁명은 주권을 일상적 상황에서 지속적으로 행사하는 것이다. 현대의 일상적 주권은 국민국가의 틀만이 아니라 인격화된 주권자의 틀에 갇히지 않고 다양한 틀을 횡단하면서 연대할 것을 요구한다. 그런데 촛불혁명 같이 예외적 상황에서 생생하고 폭발적인 힘을 드러내는 주권과 일상적 상황에서 선거와 투표로 환원되는 현상이 반복되고 있다.

적극적 자유이자 공적 자율성의 표현으로서 주권은 이제 광장에서 행사될 수 없다. 그렇다고 주권이 선거와 투표로 축소될 경우에 민주주의는 자유를 소극적 지평으로 환원할 위험이 크다. 이런 현재적 상황 속에서 자유의 뿌리를 찾아 고대 그리스의 철학 담론을 살펴볼 필요가 요구된다.

현대 사회에서 주권을 자유로 이해하는 사람은 드물다. 대부분의 사람은 자유를 주권과는 무관한 인권 중의 하나의 권리로만 이해한다. 하지만 자유 개념은 인권과는 상관없는 개념이었다. 반대로 자유는 주권이었다.

고대 그리스어로 자유는 'eleutheros'이다. 'eleutheros'는 고대 그리스 생활세계의 사회·정치적 맥락에서 중요한 의미 지평을 가졌다. 고대 그리스에서 자유인은 폴리스의 정치 프레임에 속한 사람으로서 타인의 소유물이 아닌 사람을 가리켰다. 자유인은 가족을 거느리고 일정한 재산을 소유한 사람으로서 폴리스의 집단적인 정치적 결정에 참여하고, 경우에 따라 직책이나 권한을 가진 사람이었다.[4] 즉 자유인은 주권자였다.

참조.

3 Carl Schmitt, "Souverän ist, wer über den Ausnahmezustand entscheidet", *Politische Theologie,* Berlin: Duncker & Humbolt, 2004, p. 13(국역본: 카를 슈미트, 김항 옮김, 『정치신학』, 그린비, 2010, 16쪽).

4 Maximilian Forschner, *Was ist wahre Freiheit?*, Tübingen: Mohr Siebeck, 2013,

자유가 커지면 그만큼 주권의 범위도 커지는 것이다. 아울러 자유가 커지면 내외적 폭력도 줄어들 것이라고 추론할 수 있다. 따라서 고대 그리스에서 자유가 넘쳤던 아테네의 경우에 폭력이 최소화되었을 것이라고 짐작할 수 있다. 그런데 그리스를 대표하는 철학자 플라톤은 『국가』와 『법률』에서 자유의 최대화가 곧바로 폭력의 최대화를 불러온다고 말한다. 플라톤에 따르면, 가장 나쁜 폭력적 정치체제는 참주정이다. 그리고 잘못된 민주정은 곧바로 참주정을 불러들이는데, 잘못된 민주정의 가장 큰 특징은 자유의 최대화이다. 반대로 폭력의 최대화는 참주정에서 이루어진다. 이 맥락에서 보면, 플라톤은 자유의 최대화가 폭력의 최소화가 아니라 최대화를 불러온다고 주장한 최초의 학자이다. 그의 제자 아리스토텔레스 역시 유사한 입장을 취한다.

플라톤과 아리스토텔레스는 자유의 최대화와 폭력의 최소화를 동시에 실현할 수 있는 정치체제는 없는 것으로 본다. 따라서 그들은 자유의 적도화(適度化)와 폭력의 적도화를 지향한다. 플라톤의 표현을 빌리자면, 자유와 예속의 조화이다. 모든 정치체제는 각자의 방식으로 이런 조화를 실현할 수 있다. 플라톤이 생각하기에 조화를 잘 이룬 정치체제는 절반의 민주정과 절반의 군주정의 결합이다. 그러나 그런 정치체제는 없다. 현실적으로 자유와 폭력이 조화를 성취할 수 있는 정치 체계는 혼합정체론이다. 혼합정체론은 군주정, 귀족정, 민주정이 양적으로 동일한 조합이 아니다. 그가 말하는 바람직한 혼합정체론은 ① 군주정 기반의 혼합정체(옛 페르시아), ② 귀족정 기반의 혼합정체(스파르타), ③ 민주정 기반의 혼합정체(옛 아테네)이다. 반면에 폭력이 최대화된 참주정은 가장 나쁘고, 이것을 불러오는 정치체제는 자유를 최대화한 순수 민주정이다.

아리스토텔레스에게서 자유와 부(富)가 적절하게 조화를 이룬 이상적 정치체제는 귀족정이다. 자유는 가치에 의해 규제되어야 한다. 군주정이

_____

pp. 97ff. 참조.

나 혼합정도 이 점에서 어느 정도 조화를 이룰 수 있다고 그는 판단한다. 반면에 민주정은 질적 가치를 무시하고 양적 가치에 따라 자유의 최대화를 지향하기 때문에 조화가 깨진다고 본다. 무엇보다 자유를 최대화한 민주정은 가난한 폴리스를 불러온다. 플라톤과 마찬가지로 아리스토텔레스 역시 자유의 최대화가 폭력의 최대화를 불러온다고 주장한다. 플라톤이 우려하는 폭력이 정치적이라면, 아리스토텔레스에게서는 그것이 경제적이라는 데에 차이가 있다.

여기서 나는 고대 그리스의 두 위대한 철학자가 말한 자유의 최대화가 폭력의 최대화를 불러온다는 관점에 대해 비판적으로 검토하고자 한다. 이 과정에서 나는 두 철학자가 염려하듯이 자유의 최대화가 폭력의 최대화를 불러오는 것이 아니라 자유의 최대화 자체 속에 폭력의 최대화가 숨어 있다고 본다. 다시 말해 주권으로서 자유의 최대화 속에는 인권으로서 자유에 대한 최대의 억압이 은폐되어 있다. 이 과정을 추적하기 위해 나는 플라톤의 경우에 『국가』와 『법률』을, 아리스토텔레스의 경우에 『정치학』과 『니코마코스 윤리학』을 중심으로 두 철학자의 자유 이론과 민주주의 이론을 정리해 보고자 한다.

1. 플라톤의 혼합정과 자유

『법률』에서 우리는 매우 놀라운 사실을 발견할 수 있다. 『법률』은 플라톤의 후기 작품이면서 소크라테스를 배우로 등장시키지 않은 작품이다. 그만큼 『법률』은 플라톤 사상이 비교적 정확하게 드러난 작품이라고 할 수 있다. 이 책에서 플라톤은 주인공의 역할을 맡은 '아테네인'의 발언을 통해 민주주의의 가치를 높이 평가하고 있다.

> 아테네인: 이제 들어보십시오. 나라 체제(體制: politeia)들 가운데서도 어머니들과도 같은 것들 두 가지가 있는데, 이것들에서 다른 것들이

나왔다고 누군가가 말한다면, 그는 옳게 말하는 것입니다. 그리고 그 하나를 1인 통치체제(1인 전제정체: monarchia)라 일컫는 반면에, 다른 하나는 민주정체(demokratia)라 일컫는 것이 옳으며, 또한 앞의 경우의 극단은 페르시아 종족이 갖고 있되, 뒤의 경우의 극단은 우리가 갖고 있다고 하는 것이 옳습니다. 다른 것들은 거의 모두가, 제가 말씀드렸듯, 이둘이 다양한 형태로 변형된 것들입니다. 그런데 〔한 나라에〕 지혜(사려분별)와 함께 자유와 우애가 정말로 있으려면, 〔그것은〕 이들 둘에 관여해야만 하고, 또한 그러는 게 불가피합니다. 바로 이것을 우리의 논의가우리에게 지시해 주고자 하고 있는 것입니다. 결코 나라는 이 둘을 부분적으로 갖게 되지 않고서는 훌륭하게 다스려질 수가 없을 것이라는 주장을 말씀입니다.[5]

인용문은 플라톤의 정치철학을 관통하는 매우 중요한 주장을 담고 있다. 먼저 플라톤은 국가의 정치체제의 원형으로 두 가지 체계, 즉 1인 통치체제와 민주정체를 제시한다. 여기서 1인 통치체제는 군주정을 의미한다. 이로부터 플라톤은 군주정체와 민주정체를 국가정체의 서로 다른 두 가지 원형으로 설정한다. 여기서 우리는 플라톤이 민주정체 자체를 부정하거나 비판하지 않았다는 것을 확인할 수 있다.

『법률』을 통해 우리는 플라톤이 어떤 정치체제를 다른 정치체제보다 더 좋거나 나쁘다는 평가를 하지 않고 있다는 것을 확인할 수 있다. 플라톤은 군주정체, 귀족정체, 민주정체가 모두 장단점이 있다고 말한다. 다만 세 가지 중에서 군주정체와 민주정체가 귀족정체보다 더 원형에 가까운 정치체제로 설명한다.

플라톤에게서 군주정체, 귀족정체, 민주정체는 모두 잘못 변형되어 나쁜 정체가 될 수 있다. 군주정체가 극단적으로 잘못 변형된 것은 참주정체이다. 귀족정체가 왜곡된 것은 과두정체이다. 그렇다면 민주정체가 왜

---

5 플라톤, 『법률』, 265~66쪽.

곡되면 무엇이 되는가? 잘못된 민주정체를 가리키는 말이 없다. 이 때문에 바람직한 민주정체와 피해야 할 민주정체에 관한 서술이 모두 민주정체에 뒤섞인다.

플라톤에 따르면, 극단적으로 잘못된 민주정체는 참주정체가 된다. 따라서 가장 나쁜 정체는 참주정체이고, 그다음이 잘못된 민주정체이다. 잘못된 민주정체는 과두정체보다 더 나쁘다. 왜냐하면 가장 나쁜 참주정체에 가깝기 때문이다. 플라톤은 그리스의 적인 페르시아를 가장 나쁜 정치체제인 참주정체로 간주한다. 1인 통치의 군주정이 가장 극단적으로 나빠진 경우이다. 반면에 가장 나쁜 민주정체는 아테네라고 본다. 플라톤은 아테네의 민주정체가 극단화되면서 과두정체와 참주정체의 성향을 갖는 쪽으로 왜곡되고 있다고 간주한다.

그렇다면 플라톤이 생각하기에 가장 바람직한 정치체제는 무엇인가? 『법률』에서 그는 비교적 명확하게 대안을 제시한다. 인용문에서 보듯이, 군주정체와 민주정체를 혼합하는 정치체제이다.[6] 플라톤이 혼합정체를 주장하는 이유는 무엇보다 그것을 권력의 분립과 견제를 위한 방법으로 보기 때문이다. 『법률』(691c-692c)에서 플라톤은 아테네인을 통해 서로 다른 원천을 가진 권력의 혼합만이 단일권력에서 오는 폐해를 막을 수 있다고 말한다.

플라톤의 혼합정체론은 특수한 개인이나 집단에 권력이 집중되지 않는 국가를 지향했다. 그것이 군주 개인이든, 귀족 집단이든 혹은 다수의 데모스든 상관없이 어느 한쪽에 권력이 집중되면 부패한다고 믿었다. 그렇다면 구체적으로 혼합정체론이란 무엇일까? 여기서 자세하게 논의할 수는 없지만, 별도로 독립된 혼합정체는 없다. 다만 군주정체나 민주정체 중에 하나의 정체를 택하고, 그 체제 아래에서 다른 정체의 요소를 받

---

6 『법률』을 혼합정체론의 원형으로 해석하는 것으로는 박수인, 「플라톤이 법률에서 받아들인 정치적 자유의 의미: 아테네 민주정의 자유 개념에서 수용한 것과 거부한 것」, 『정치사상연구』 24(2), 2018 참조.

아들이는 것이 혼합정체이다. 이 맥락에서 플라톤은 페르시아나 아테네가 한때는 군주정체와 민주정체를 택하면서도 극단으로 나아가지 않고 일정한 형태의 혼합정체를 구성했다고 말한다.

> 아테네인: 그러니까 그중의 하나는 필요 이상으로 1인 전제적인 것만을 선호하는 반면에, 다른 하나는 자유로운 것만을 그리하여, 어느 쪽도 그것들에 있어서의 알맞은 정도들(적도들: ta metria)을 갖지 못했습니다. 하지만 두 분의 나라들은, 즉 라코니케와 크레테는 적도를 더 갖추었습니다. 그러나 아테네인들과 페르시아인들도 옛날에는 어쩌면 그랬겠지만, 오늘날엔 덜 그러합니다.[7]

플라톤은 바람직한 정치체제가 어떤 것인지를 평가할 수 있는 지표로 세 가지를 제시한다. ① 지혜, ② 자유, ③ 우애가 그것들이다. 이 부분에서 일부 학자들이 ① 지혜를 군주정의 덕으로, ② 자유를 민주정의 덕으로 해석하는 경향이 있다. 플라톤이 민주정체를 설명하는 과정에서 자유에 대한 언급이 주를 이루기 때문에 이런 해석이 전혀 근거 없다고 말할 수는 없다. 하지만 플라톤은 군주만이 지혜의 덕을 가지고 있거나 혹은 지혜를 구할 수 있다고 말하지는 않는다. 따라서 세 가지는 혼합정체론과 무관하게 플라톤이 지향하는 국가체제의 중요한 덕목이자 평가 지표로 보는 것이 더 합당하다.

지혜, 자유, 우애는 언제 어디서나 중요한 덕목이다. 국가 같은 큰 공동체만이 아니라 가족 같은 작은 공동체에서도 세 가지는 높은 가치가 있다. 지혜는 현대적 의미로 보면 합리성이라고 할 수 있다. 현대 사회에서 지혜나 합리성은 주로 이성이 관장하는 것처럼 묘사된다. 하지만 전통 사회에서 지혜는 신성과 이성이 역사와 관습을 매개로 혼합되어 있다고 말할 수 있다. 반면에 포스트모던 사회에서 지혜는 탈관습적일 뿐만 아

---

7 플라톤, 『법률』, 266쪽.

니라 동시에 탈이성적인 경향을 가지고 있다. 이 맥락에서 정치체제에서의 합리성은 매우 중요한 기준이지만 그것의 지표가 이성으로 한정되지는 않는다.

플라톤이 말한 세 번째 덕목인 우애는 현대적 개념으로 보면 사회적 신뢰나 연대라고 할 수 있다. 사회적 신뢰와 연대는 현대 사회로 오면서 옅어져 왔지만 그만큼 중요성은 더 커져 왔다. 전통 사회에서 우애는 주로 같은 혈족과 지역 출신으로 강하게 서로를 묶는 이념이다. 가족 공동체, 지역 공동체, 국가 공동체는 모두 강력한 우애를 기반으로 성립되었다. 그만큼 강력한 것이지만 너무나 당연한 것이었다. 하지만 현대 사회에서 불특정 타인에 대한 신뢰와 사회 구성원들과의 연대 의식은 더 이상 강하지도 당연하지도 않다. 그러나 혈족, 지역, 가문 같은 다양한 연대의 끈이 사라지거나 허약해진 현대 사회에서 통합의 힘은 더 절실하게 필요하다. 특히 국가 단위에서 사회적 신뢰도는 무엇보다도 중요하다. 신뢰는 정의의 토대이기 때문이다(이 문제는 사회복지와 관련된 논의에서 다시 언급한다).

우리에게 가장 큰 관심은 두 번째 지표인 자유이다. 그런데 여기서 한 가지 짚고 가야 할 대목이 있다. 플라톤이 말하는 국가체제의 세 가지 지표가 특히 강조되는 부분이 입법 과정이다. 따라서 세 가지 덕목은 국가 정치체제의 평가 지표일 뿐만 아니라 입법자에게 요구되는 가치이기도 하다. 자유와 관련해 이 부분은 매우 중요하다. 플라톤이 정치체제의 중요 덕목으로 설정한 자유는 개인들의 사적 자유가 아니라는 것을 다시 한 번 확인할 필요가 있다. 그에게 자유는 입법자, 곧 주권자의 덕목으로서 공적 자유를 가리킨다. 그렇다면 자유는 민주정체에서만 가능한 덕목인가의 문제가 떠오른다.

플라톤에게서 자유는 민주정체의 고유한 덕목이 아니다. 그에게 자유는 모든 정치체제에서 실현될 수 있는 덕목이다. 군주정을 대표하는 페르시아, 과두정을 대표하는 스파르타, 민주정을 대표하는 아테네에서 자유는 각기 다른 방식으로 실현된다고 플라톤은 서술한다. 여기서 그가 생각하는 이상적인 자유는 노예 상태인 예속과 알맞은 정도로 혼합된 경우이다. 먼저 플라톤은 1인 통치체제인 군주정체였던 페르시아도 자유와 예속을 잘 혼합했었다고 말한다.

> 페르시아인들이 키로스 시대에는 노예 상태(douleia)와 자유(eleutheria) 사이에서 알맞은 정도(적도: to metrion)를 [훗날에 비해] 더 누린 편이 었을 때, 처음에는 그들이 자유로워졌으나, 나중에는 다른 많은 사람의 주인들로 되었습니다. 다스리는 자들(통치자들: archontes)이 다스림을 받는 자들(피통치자들: archomenoi)에게 자유를 나눠 주고 평등하게 대해 줌으로써, 군사들이 지휘관들과 더욱 우애롭게 되었으며, 위험에 처해서는 헌신적으로 임했습니다. 또한 그들 가운데서 누군가가 지혜로워서 [함께] 숙의할 수 있을(bouleuein dynatos) 경우에는,[8] 왕이 시샘하는 일이 없었음으로, 거리낌없이 말하게(parrhēsia) 해 주며 어떤 일에 대해 숙의할 수 있는 자들을 존중해 주어, 그 지혜로움의 능력을 공동의 것으로 기여케 했습니다. 그래서 그야말로 모든 것이 그때는 그들에게 있어서 향상되어 갔는데, 이는 자유와 우애 그리고 지성(nous)의 공유(koinōnia)를 통해서였습니다.[9]

자유와 관련해 앞의 인용문은 많은 내용을 함축하고 있다. 먼저 플라톤은 자유와 예속을 반대나 모순으로 설정하지 않고 오히려 상호 보완적인 것으로 규정한다는 것이다. 자유와 필연의 관계를 이처럼 상호 보완이나 조화의 관점에서 서술하는 학자는 많다. 그러나 자유와 예속의 관계를 조화의 관점으로 바라보는 경우를 현대 사회에서는 찾아보기 어렵다.

---

8 박종현은 이 부분을 "조언을 해 줄 수 있을 경우에는"으로 옮겼다. 박종현처럼 조언으로 옮길 수 있으나, 여기서 일방적이기보다 양방향적인 성격이 있는 것으로 보아 숙의로 옮겼다.
9 플라톤, 『법률』, 266~67쪽.

플라톤이 앞에서 말하고 있는 '노예 상태(douleias)와 자유(eleutheria)' 사이의 조화에서 자유는 민주정체에서 주권자가 향유하는 자유를 의미한다. 따라서 1인 통치체제인 페르시아의 군주정체에서 일부 시민에게 주권을 행사하는 자유가 부여되었다는 것을 의미한다. 이때의 자유는 분명 나라 안에서의 공적 자유를 가리킨다. 그런데 흥미로운 것은 군주정체 안에서 시민의 자유가 어느 정도 커지면서 국력도 커졌다고 분석하는 부분이다. "처음에는 그들이 자유로워졌으나, 나중에는 다른 많은 사람의 주인들로 되었습니다"에서 주인이 되었다는 것은 다른 나라를 정복했다는 뜻이다. 이처럼 플라톤은 국가 내부의 자유의 신장이 국제 관계에서 국력 신장을 가져온다고 말한다.

그런데 인용문에서 통치자들이 피통치자들에게 나누어 주었다는 자유는 앞에서 언급한 것처럼 공적 자유로서 주권을 행사하는 것으로 제한되는지의 물음이 생긴다. 일단 플라톤은 자유를 나누어 줄 수 있는 것으로 이해한다. 더구나 평등하게 나누어 줄 수 있는 것이다. 자유를 나누어 받은 피통치자들은 통치자들과 더 좋은 협력 관계를 형성하고 나라를 위하는 일에도 헌신적이다. 나누어 가질 수 있고 신뢰와 헌신을 불러오는 자유가 개인의 사적 자유인지 아니면 공적 자유인지는 명확하지 않다. 그러나 다음 대목에서 우리는 플라톤이 공적 자유에 집중하고 있다는 것을 짐작할 수 있다.

함께 숙의하고 거리낌없이 발언하는 자유는 공론장에의 공적 자유에 해당한다. 여기서 특히 주목할 말은 거리낌없이 말하는 자유를 가리키는 파르헤지아(parrhesia) 개념이다. 푸코가 주목했듯이, 파르헤지아는 수사학과는 거리가 멀다. 수사학은 자기의 진술을 진실이라고 믿도록 만드는 기술이다. 반면에 파르헤지아는 진실이라고 믿는 것만을 말한다. 따라서 수사학은 상대를 설득하려는 목적을 가지고 있는 반면에, 파르헤지아는 소통을 지향한다. 따라서 페르시아에서 공적 자유가 확장되었다는 것은 그만큼 시민이 군주에게 공적 의견을 전달할 수 있는 제도가 어느 정도 갖추어져 있었다는 것을 의미한다.

앞의 인용문에서 마지막으로 짚고 넘어가야 할 부분은 플라톤이 자유와 함께 지혜와 우애의 공유를 지향했다는 사실이다. 공유의 방법은 비교적 간단하다. 먼저 자유와 지혜, 자유와 구속이 적절하게 조화를 이루어야 한다. 이것이 조화를 이루면 우애 또한 커지면서 공유가 이루어진다. 공유의 정도는 곧바로 공공성의 작동 여부를 판가름한다. 따라서 공유와 공공성이 깨지는 것은 자유와 지혜, 자유와 예속의 조화가 무너지면서부터이다. 특히 군주정체의 페르시아처럼 자유가 줄어들면 조화가 무너진다. 군주정체에서 예속이 줄어들어 조화가 깨질 가능성은 없다. 페르시아의 군주정체가 참주정체로 왜곡되기 시작한 것은 자유의 상실이다.

> 그러니까 우리로 하여금 …… 말하게끔 만든 것은 페르시아인들과 관련된 정체(politeia)에 대한 검토였습니다. 한데 우리는 이들이 해가 갈수록 더 나빠지는 걸 발견하게 되는데, 그 까닭은 데모스에게서 자유로움(to eleutheron)을 너무 많이 빼앗은 반면에, 전제적인 것(to despotikon)을 적절한 정도 이상으로 끌어들임으로써, 나라 안에서 우애로움(to philon)과 공동체적인 것(공동체적 요소: to koinon)을 말살해 버렸다는 것입니다.[10]

서양에서 대부분의 문헌은 페르시아 전쟁을 자유인과 노예의 대결로 묘사한다. 그리스의 시민은 자유인이고, 페르시아의 신민은 노예라는 가정이다. 이런 가정은 사실에 부합하지 않는다. 무엇보다 그리스의 군인이 자유인으로만 구성된 것이 아니었다. 역으로 페르시아의 군인이 노예로만 구성된 것도 아니었다. 이 점에서 플라톤은 비교적 객관적으로 서술하고 있다. 플라톤은 적어도 페르시아에 노예 상태와 더불어 자유가 있었다는 것을 부정하지 않는다. 거꾸로 그리스, 특히 아테네가 순수하

---

10 플라톤, 『법률』, 276~77쪽.

게 자유인의 땅이었다고 주장하지도 않는다. 데모스가 주권을 가진 나라는 민주주의국가이다. 그리스는 민주주의국가였다. 다만 그리스의 모든 사람이 데모스는 아니었다. 그리스의 민주주의에서 주권자는 현대의 민주주의국가에서와 달리, 데모스라는 지역의 대표들이다. 어쨌든 플라톤은 데모스의 자유가 최대화된 아테네를 긍정적으로 평가하지 않았다. 그는 아테네의 자유로움이 예속과 조화를 이루어야 한다고 주문한다. 자유와 조화를 이룰 예속이란 무엇일까?

> 아테네인: 하지만 그다음으로 이번에는 아티케의 나라 체제(정체: politeia)에 관련된 것들을 우리가 마찬가지로 자세히 말해야만 합니다. 완전하고 일체 지배에서 벗어난 자유(eleutheria)가 남들에 의해 적도(適度: metron)를 갖게 되는 지배보다도 적지 않게 나쁘다는 걸 말씀입니다. 헬라스인들에 대한, 아니 아마도 유럽에 거주하는 모든 이에 대한 페르시아인들의 공격이 행하여졌던 그때에 우리의 나라 체제는 옛것이었으며, 어떤 관직들은 네 계층의 과세 기준 재산(timēma)들을 근거로 한 것들이었습니다. 그리고 우리 안에는 경외(敬畏, 공경: aidōs)가 안주인으로 있었으니, 이로 해서 우리는 그때의 법률에 복종하면서 살고 싶어 했습니다. 또한 거기에다가, 육지와 바다를 통해 엄청난 규모의 원정군이 닥치게 되어, 난감한 상태에서의 무서움에 떨어지게 하니, 우리로 하여금 통치자들과 법률에 한층 더 잘 복종하게끔 만들었으며, 또한 이 모든 것으로 해서 우리에게는 우리 자신들 사이에 강력한 우애가 일었습니다.[11]

플라톤이 생각하는 예속은 지배와 통치, 그리고 법률에 복종하는 것이다. 플라톤은 기본적으로 다스리는 사람들(archontes)과 다스림을 받는 사람들(archomenoi)을 구별하고 후자가 전자에 복종하는 것을 미덕으로

---

11 플라톤,『법률』, 278~79쪽.

간주한다(『법률』, 제3권 689c-690e). 그는 일곱 가지 관계를 통치자와 피통치자의 관계로 제시한다. ① 어버이와 자식들, ② 고귀한 사람들과 미천한 사람들, ③ 원로들과 젊은이들, ④ 주인들과 노예들, ⑤ 강자와 약자, ⑥ 지혜로운 자와 무지한 자, ⑦ 통치자 추첨에서 당첨된 사람과 당첨되지 못한 사람이 그것들인데, 전자는 다스리는 사람이고 후자는 다스림을 받는 사람이 되어야 한다. 이 관계가 잘 작동했을 때 사회적 신뢰와 연대, 곧 우애가 넘치는 국가가 된다고 플라톤은 전망한다.

예속이나 복종과 조화를 이루는 자유를 플라톤은 적도를 갖는 자유라고 말한다. 반면에 모든 형태의 예속과 복종을 거부하는 자유를 '완전하고 일체의 지배에서 벗어난 자유'라고 말한다. 이 부분에서 흥미로운 것은 그가 생각하는 완전하고 순수한 자유가 단순히 공적 자유만을 가리키지 않는 것으로 보인다는 점이다. 왜냐하면 지배 관계에서 자유로운 것은 공적일 뿐만 아니라 개인의 사적 자유와도 연관되기 때문이다. 플라톤은 아테네 같은 민주정체에서 우선 공적 자유가 지나치게 커지면, 이는 결국 사적 자유로 확장될 수 있다고 전망한 것처럼 보인다. 비록 그가 사적 자유에 대해 이론적으로 뚜렷한 의식을 하지는 않았다고 해도 같은 추론이 가능하다.

아테네의 민주정체에서 자유인은 주권자였다. 물론, 자유인과 주권자가 동일한 것은 아니다. 초기 그리스에서 자유인을 가리키는 개념인 'eleutheria'는 노예 상태에 있는 사람과는 반대로 자유로운 상태의 법적 지위를 갖는 개인을 가리키는 말이었다. 이 시기에 자유는 신분 질서를 나타내는 말이었을 뿐, 정치적 지평에서 대내외적 주권을 가리키는 말이 아니었다. 자유가 정치적 담론에서 중요한 개념으로 떠오르기 시작한 것은 아테네가 참주정체를 극복하고 민주정체를 확립하면서부터이다. 이 시기에 자유는 주권인 데모스가 누리는 공적 자율성을 의미하기 시작한다. 유사한 시기에 그리스가 페르시아 전쟁에서 승리하면서 자유는 주권국가의 지위를 가리키는 개념이 된다. 이처럼 기원전 4세기 초·중반에 자유는 아테네에서 국가의 대내외적 주권을 행사하는 힘과 권력으로 이해되기 시작한다.

아테네의 민주정체에서 자유의 적은 예속이다. 더구나 신분 질서에서 자유는 비(非)예속 상태와 비노예 상태를 가리키는 말이었다. 정치적 맥락에서도 자유는 타국과의 관계에서 예속되지 않는 상태를 가리키는 개념이었다. 앞의 두 경우에 자유는 정치체제와는 무관하다.[12] 다시 말해 자유인은 민주정체뿐만 아니라 귀족정체나 군주정체, 심지어 과두정체나 참주정체에서도 있을 수 있다. 나아가 주권을 가진 독립국가는 정치체제와 아무런 관련이 없다. 그리스 시대에 자유로운 나라의 의미는 대외적으로 독립된 주권국가를 의미했다.

반면에 그리스에서 대내적 주권으로서의 자유는 민주주의와 밀접한 연관이 있다. 정치체제와 관련된 자유는 한 나라 안에서 개인의 공적 자율성을 의미하는 자유와 관계가 깊다. 민주정체에서 시민이자 자유인은 기본적으로 입법자의 지위도 갖는다. 플라톤은 대외적 주권으로서 자유의 가치를 부정하지 않는다. 심지어 자유인이 대내적 주권을 행사하는 것에 대해서도 근본적으로 부정하지 않는다. 그러나 플라톤에게서 자유인은 대외적 주권을 지켜야 하는 책무가 있으며, 이 맥락에서 대내적 주권자이기도 하다. 다만 자유인의 주권 행사가 민주주의로 확장되는 것은 반대한다.

실제로 입법자로서 정치에 참여하는 것이 공적 자유이다. 하지만 플라톤이 인정하는 민주정체에서 시민이 누리는 자유는 입법자의 권리가 아니다. 『법률』에서 플라톤이 인정하는 데모스의 공적 자유는 크게 네 가지 역할에 한정된다. ① 권력 분립에 참여할 수 있는 권리, ② 분리된 권력에 참여할 수 있는 권리, ③ 공익을 위한 결정에 참여할 수 있는 권리, ④ 공적 사항에 대해 자유롭게 참여할 수 있는 권리가 그것들이다.[13] 플

---

12 Max Pohlenz, *Griechische Freiheit*, Heidelberg: Quelle und Meyer, 1955, pp. 212ff. 참조.

13 고대 그리스의 자유인이 공적인 광장에서 집단적으로 결정할 수 있는 사안은 다양했다. 예를 들어 전쟁과 평화를 토론하고 결정하는 것, 외국 정부와 동맹을 맺는 것, 신법(新法)에 투표하는 것, 회계, 행위, 관리의 책임을 점검하는 것, 지방관을 회중(會

라톤이 생각하는 자유와 예속의 조화는 바로 이 지점에서 이루어지는 것으로 보인다.

> 친구들이시여! 옛 법률의 시대에는 우리의 민중이 어떤 것들에 대해서도 주인이 못되고, 어느 면에서는 자발적으로 법률에 복종했습니다.[14]

인용문을 통해 보다 분명해진 것은, 플라톤이 생각하는 데모스의 공적 자유의 범위에 입법은 없다는 것이다. 데모스는 법을 만드는 사람이 아니라 그것에 복종하는 사람이다. 그럼에도 불구하고 데모스는 국가권력을 구성하고 분할·점유할 수 있는 주체로서 인정된다. 데모스는 국가권력을 나누고, 나누어진 권력을 차지할 수 있다. 더구나 다양한 형태로 국가적 의제의 숙의 과정에 참여하고 자유롭게 발언할 수 있다. 가장 중요한 입법권은 인정되지 않는다고 하더라도 입법 과정에 간접적으로 참여할 수 있는 것이다. 그럼에도 불구하고 권력 분할과 분유(分有), 공적 담론의 형성과 참여라는 네 가지 정치적 자유의 권리가 반드시 민주정체에서만 가능한 것은 아니다.

네 가지 정치적 자유는 일정한 의미에서 상대적 권리에 해당한다. 바람직한 권력 분할과 분유의 확정적 기준을 제시할 수는 없다. 공적 담론의 형성과 참여도 마찬가지이다. 따라서 앞의 네 가지 공적 자유가 민주정체에서 비교적 활발하게 실현된다고 해서 다른 정체에서 불가능한 것은 아니다. 오히려 플라톤은 군주정체나 귀족정체에서도 어느 정도의 공적 자유가 실현될 수 있다고 본다. 더 나아가 플라톤은 공적 자유와 잘 조화를 이룬 군주정체나 귀족정체는 참주정체나 과두정체로 왜곡되지

※) 앞으로 불러내 몰아세우거나 비난하거나 면죄하는 것이 여기에 해당한다. 이 맥락에서 보면, 데모스는 일정한 범위에서 입법자의 역할을 수행했다고 볼 수 있다. 이에 대해서는 콩스탕이 1819년 파리 왕립 아테나움에서 발표한 "The Liberty of the Ancients Compared with that of the Moderns"라는 연설문 참조.

14 플라톤, 『법률』, 284쪽.

않는다고 확신한다. 이 맥락에서 볼 때, 플라톤은 비록 제한된 범위이기는 하지만 공적 자유를 바람직한 나라의 정체에 반드시 필요한 것으로 인정한다. 플라톤은 귀족정체를 대표하는 스파르타에서도 공적 자유가 예속과 조화를 이루고 있다고 평가한다. 플라톤이 주목한 부분은 무엇보다 권력 분할과 분유이다.

> 아테네인: 선생네[15]를 보살피는 어떤 신이 있다는 것인데, 이 신은 미래를 내다보고서, 선생네에 쌍둥이 왕들의 탄생을 한 혈통에서 얻게 함으로써, 오히려 알맞은 정도(적도)로 〔권력(통치권)을〕 줄였습니다. 그리고 그다음에는 한 걸음 더 나아가 선생네의 통치(archē)가 아직도 열병 상태에 있음을 알아보고서는, 어떤 인간적인 천성이 어떤 신적인 힘과 결합함으로써 왕가 혈통의 제멋대로 하려는 힘과 노령의 건전한 마음 상태의 힘을 결합하게 됩니다. 28명의 원로들의 힘을 가장 중대한 일들에 있어서 왕들의 힘과 대등한 표결권을 갖도록 만듦으로써 말씀입니다. 하지만 선생네의 통치가 아직도 염증 상태이고 격한 상태에 있음을 세 번째 구원자가 보고서는, 그것에, 이를테면 재갈 사슬처럼 '에포로스(국정 감독관)들'의 힘을 물렸으니, 이는 추첨에 의해서 배분하게 된 힘에 가까운 것입니다. 바로 이 설명대로 선생네의 왕정은, 마땅히 그래야만 하는 것들로써 혼성(절충)되고 적도(適度: metron)도 갖추어서, 그 자체도 보존되고 다른 것들에 대해서도 안전의 원인이 되기도 한 겁니다.[16]

플라톤의 주장에 따르면, 스파르타는 권력의 분할과 분유를 잘 수행했기 때문에 자유로운 나라의 길을 갈 수 있었다. 이때 자유는 대외적 주권

---

15 『법률』의 대화에 참여하는 메길로스를 가리킨다. 메길로스는 스파르타 사람이다. 따라서 이 부분은 스파르타에 대한 이야기이다.
16 플라톤,『법률』, 258~61쪽.

을 가리킨다. 스파르타는 왕이나 귀족만이 아니라 추첨에 의해 당첨된 사람들까지 참여할 수 있을 정도로 통치권의 분할과 관직의 배분에 철저했다. 왕과 귀족, 그리고 추첨된 시민은 함께 스파르타를 통치했다. 이 맥락에서 스파르타에도 데모스의 공적 자유가 어느 정도 실현되었다고 말할 수 있다. 여기서 우리는 다시 한 번 고대 그리스와 페르시아 시민이 누렸던 정치적 자유가 정치체제의 제약을 받지 않았다는 것을 확인할 수 있다.

플라톤은 공적인 정치적 자유와 정치체제를 필연적인 관계로 연결하지 않는다. 자유는 모든 정치체제가 가져야 할 이념이다. 그런데 자유는 반드시 예속과 조화를 이루어야 한다. 조화가 깨지면 나라는 위태로워진다. 군주정체와 귀족정체에서 조화가 깨질 수 있는 가능성은, 예속은 커지고 자유는 작아지는 경우이다. 자유의 최소화와 예속의 최대화는 참주정체와 과두정체를 불러온다. 거꾸로 자유의 최대화와 예속의 최소화는 민주정체를 나쁜 민주정체로 만들고 결국에는 참주정체를 등장시킨다. 따라서 플라톤은 자유의 최소화만큼 자유의 최대화에 대한 경계를 늦추지 않는다. 특히 『국가』에서 플라톤은 자유의 최대화로 갈 가능성이 높은 민주정체를 혹독하게 비판한다.

플라톤은 사적 자유에 대한 논의 자체를 하지 않는다. 그는 공적 자유의 최대화가 사적 자유의 유입을 가져올 것이라고 염려하지만, 이 부분에 대해서도 명시적으로 언급하지는 않는다. 그만큼 플라톤은 사적 자유에 대해 부정적이었다. 이를 가장 명확하게 확인할 수 있는 것은 그가 사적 소유권을 완강하게 부정하는 부분이다. 이 부분에서 우리는 그가 경제 논리에 의해 국가체제가 움직이는 것을 경계하려 했음을 추정할 수 있다. 사적 소유는 국가를 사적 욕망의 도구로 전락시킬 위험이 있다고 보았기 때문이다.

오늘날 플라톤의 주장은 다소 황당하게 보일 수 있다. 대부분의 시민은 통치권자에게 경제를 가장 중요한 가치로 여기고 여기에 전념할 것을 요구한다. 물론, 신자유주의나 자유지상주의에서는 국가가 경제에 개입하지 않을 것을 주문한다. 아마도 플라톤은 경제 논리가 국가에 개입하더라도 최소화를 요구할 것이다. 고대 그리스에서 경제는 가족 내부의 일이었으며, 사적 소유는 곧바로 가족과 결부된다. 이 맥락에서 플라톤은 잘 알려진 것처럼 『국가』에서 사적 소유도 하지 않고 가족도 구성하지 않는 통치권자를 이상으로 간주한다. 통치권자는 돈벌이에 대한 관심이 없어야 한다.

> "자. 그러면 여보게나, 참주정체가 생기는 방식은 어떤 것일까? 그게 민주정체에서 바뀌게 되는 것이라는 것은 거의 분명하니 말일세." "그건 분명합니다." "그런데 과두정체에서 민주정체가 생기는 것과 민주정체에서 참주정체가 생기는 것은 어느 면에서 같은 방식으로 해서겠지?" "어떻게 말씀입니까?" "그들이 '좋은 것'(agathon)으로 내세운 것, 그리고 이것 때문에 과두정체가 수립을 보게 된 것, 이것은 부(富: ploutos)였네, 안 그런가?" 내가 말했네. "네." "그러니 부에 대한 '만족할 줄 모르는 욕망'(aplēstia)과 돈벌이로 인한 그 밖의 다른 것들에 대한 무관심이 이 정체를 파멸시켰네." "그건 진실입니다." 그가 말했네. "그러면 민주정체가 좋은 것으로 규정하게 되는 것, 이것에 대한 만족할 줄 모르는 욕망이 또한 이 정체를 무너뜨리는가?" "이 정체가 무엇을 좋은 것으로 규정하게 되는 것으로 말씀하시는지요?" "자유일세. 민주정체인 나라에서 가장 훌륭한 것으로 갖고 있는 것이 이것이라는 말은, 그리고 이 때문에 누구든 성향상 자유로운 사람이 살 만한 나라는 이 나라뿐이라는 말은 자네가 분명히 듣고 있을 테니 말일세." 내가 말했네. "실상 그렇게들 말하고 있죠. 또한 이 말은 많이 듣는 것이기도 하죠." 그가 말했네. "그러니까. 내가 방금 말하려고 했던 것처럼, 이와 같은 것에 대한 만족할 줄 모르는 욕망과 그 밖의 다른 것들에 대한 무관심이 이 정체를 바꾸어 버리고, 또한 참주정체가 필요하도록 만들어 가기도 하겠지?"[17]

---

17 플라톤, 박종현 역주, 『국가·政體』, 서광사, 2012, 546쪽.

앞에서 언급한 것처럼 플라톤은 나쁜 민주정체가 참주정체를 불러온다고 주장한다. 어떤 정치체제의 전복 원인을 그는 부(富: ploutos)와 부에 대한 끝없는 욕망(aplestia)에서 찾는다. 사적 소유가 모든 건강한 정치체제를 무너뜨린다고 본 것이다. 사적 소유는 개인적 자유의 한 축이다. 현대적 관점에서 보면, 하나의 축이 아니라 중심축이다. 사적 소유는 자유의 적극적 실현이다. 적극적 자유의 가장 강력한 욕망이자 유혹으로서의 표현이 사적 소유이다. 그리스의 자유인은 가족(Oikos) 내부에서 사적 소유권을 향유했다.[18] 반면에 폴리스(Polis)에서는 누구에게도 사적 소유권이 인정되지 않았다.

2. 사적 자유와 민주주의

그리스의 국가체제는 정치와 경제를 분리하는 체제이다. 경제는 가족 내부에서 완결되고, 정치는 정치체제에서 이루어진다. 만약 사적 소유가 폴리스에 참여하는 자유인만이 아니라 가족 내부의 모든 개인에게 주어진다면 가정 경영의 체제는 붕괴한다. 사적 소유권을 가진 개인이 어떤 자유도 없는 가족 내부에 머물 이유가 없다. 어디서나 사적으로 소유한 사람은 사적으로 자유로운 사람이다. 사적 소유와 사적 자유가 연결되는 순간, 공동체로부터 개인은 독립한다. 가족 안에서 노예로 생계를 유지할 이유도 사라진다. 그러니 가정 경영의 체제 역시 붕괴하기 마련이다.

사적 자유가 주어지는 순간, 정치와 경제의 분리체계가 무너진다. 가

---

18 아리스토텔레스는 『정치학』에서 그리스에서 가족의 의미와 역할에 대해 명확하게 설명한다. "일상의 나날의 필요를 충족하기 위해 자연적으로 형성된 공동체(결합체)는 가정(oikos)인데, 카론다스는 그 구성원들을 '같은 빵 동무들'(homosipuous)이라 부르고, 크레타인 에피메니데스는 '동일한 여물통 동료'(homokapous)라 부른다." 아리스토텔레스, 김재홍 옮김, 『정치학』, 도서출판 길, 2017, 31쪽. 우리 방식으로 표현하면, 고대 그리스의 가족은 '식구'이다.

족이 아니라 개인이 소유의 주체가 되는 순간, 경제는 정치체제의 핵심 의제가 된다. 사적인 것이 공적인 것이 되고, 공적인 것이 사적인 것이 된다. 플라톤은 아테네의 민주주의가 이런 위기에 봉착했다고 보았다. 플라톤은 민주주의가 자유인이 행사하는 공적 자유인 주권 때문에 타락한다고 비판하지 않는다. 그가 민주주의를 비판하는 것은 가족을 거느린 자유인이 공적인 일에 전념하는 자유가 아니라 모든 사람이 자신의 사적 욕망을 기반으로 국정에 관여하는 것이었다.

플라톤은 민주주의가 자유의 평등을 불러온다는 것을 잘 인식하고 있었던 것으로 보인다. 그에게 민주주의는 자유의 평등이며, 이는 곧 민주주의를 파멸로 이끄는 동력이다. 민주주의가 자유의 평등을 요구한다는 것은 예나 지금이나 자명하다. 그렇다면 플라톤은 자유의 평등을 왜 비판하는가? 그에게서 자유의 평등을 비판하는 근거는 주권의 지평이 아니다. 플라톤은 공적 자유가 아니라 사적 자유가 민주주의를 파괴할 것이라고 말한다. 그는 공적 자유가 평등하게 구현되기 시작하면 곧바로 사적 자유를 향유하려는 분위기가 만연하리라고 생각했다.

플라톤은 왜 사적 자유를 부정하는가? 사적 자유는 특정 정치체제의 전복이 아니라 그리스 국가체제 전체의 붕괴이기 때문이다. 고대 그리스의 폴리스는 작은 국가이다. 작은 국가는 서로 항구적 위협이다. 작은 국가는 다른 국가가 가진 것을 얻고자 할 때, 교환이 아니라 약탈을 먼저 생각했다. 작은 국가는 끝없이 서로를 공격하고 공격받았다. 정복당하지 않으려면 최소한의 방어 능력이라도 갖추어야만 했다. 고대 국가들은 전쟁을 피하려고 하지 않았다. 오히려 전쟁을 통해 새로운 꿈을 꾸었다.

전쟁으로 모든 것을 얻을 수도 있지만 잃을 수도 있다. 전쟁은 가장 강력한 욕구 실현의 방법이면서 파멸을 불러오는 무서운 괴물이었다. 전쟁을 피하는 것은 불가능했다. 따라서 현재하는 국가는 전쟁에서 승리한 국가이다. 그리고 승리의 대가로 엄청난 노예를 소유하고 있었다. 노예는 자유인의 가족에 배속된다. 자유인은 노예에게 생산 활동을 맡기고 폴리스로 간다. 몇만 명이 모여 나라의 중대한 사안을 직접 결정했다.

집단적으로 정치에 직접 관여하는 정치적 자유를 누렸다. 하지만 이들은 집단적이고 직접적이면서 공적인 자유에 대해서만 알았다. 그들은 개인으로서 누리는 자유에 대해서는 알지 못했다. 이들 자유인은 개인으로서는 그들이 지배하고 있는 가족에서 생산을 담당한 노예와 마찬가지로 국가의 노예였다.

고대인들 사이에서는, 거의 항상 공적인 일에 있어 주권자인 개인은 그의 모든 사적 관계에서 노예였다. 시민으로서 그는 평화와 전쟁을 결심했고, 개인으로서는 자신의 모든 움직임에 제약을 받고, 감시받고, 억압당했다. 집단적 신체의 일원으로서 그는 심문하고, 해임하고, 비난하고, 구걸하고, 추방했지만, 또한 그의 지방관과 상관에게 사형을 선고받았으며, 집단 신체의 신하로서 스스로 자신의 것을 빼앗길 수 있었다. 지위는 그의 특권을 박탈하고, 추방되고, 사형에 처해지고, 그가 속한 전체의 재량권에 의해 결정되었다.[19]

콩스탕의 주장처럼 고대 그리스인과 로마인이 누렸던 자유는 집단적으로 의사 결정을 할 수 있는 주권으로 한정되었다. 집단적이면서 직접적인 의사 결정에 참여하는 자유인은 그들이 나라의 주인이라는 의식이 매우 강했다. 그들은 언제라도 국가의 부름에 응답해야만 했다. 보다 엄밀하게 말하면, 그들은 국가라는 집단적 신체의 일부였다. 고대 국가는 이처럼 유기체적 국가주의의 체제였다. 자유인의 운명은 국가의 운명과 하나였다. 전쟁에서 패배하면 자유인은 곧바로 노예로 전락할 수 있었다. 이런 프레임에서 보면 개인의 사적 자유를 요구하는 것은 이웃과 국가에 대한 배반으로 간주될 수밖에 없었다.

아테네는 이런 고대의 전통적인 유기체적 국가주의 체제와는 약간

---

19 Benjamin Constant, "The Liberty of the Ancients Compared with that of the Moderns", pp. 2~3.

다른 도시국가였다. 큰 프레임으로 보면 아테네도 유기체적 국가주의의 체제이다. 다만 아테네에는 '약간'의 틈이 있었다. 아테네는 국가라는 유기체의 부분으로 환원되지 않는 어떤 부분을 개인에게 허용했다. 물론, 이 역시 자유인에게만 해당하는 말이다. 아테네에 노예가 없었다면 2만 명의 자유인이 매일 광장에서 토론으로 의사 결정을 할 수 없었다. 아테네의 자유인이 광장에서의 공적 자유 외에 누릴 수 있었던 사적 자유에 대한 연구는 이루어지지 않았다. 다만 아테네는 그리스의 수많은 공화국 중에서 무역이 발달했고, 그 때문에 가족 바깥의 경제 활동이 어느 정도 이루어졌으며, 다른 공화국에서는 상상하기 어려운 사적 자유가 개인에게 주어졌다. 플라톤의 근심은 여기서 시작되었다. 그는 아테네의 민주주의가 자유의 평등으로 나아갈 것을 염려했다. 그는 자유가 전면적으로 확장되는 순간, 그리스의 국가체제는 붕괴할 것으로 전망한 것이다.

"자유를 갈망하는 민주정체의 나라가 나쁜 작인(酌人)들을 그 지도자들로 갖게 되어, 희석하지 않은 자유의 포도주를 필요 이상으로 마셔서 취하게 되었을 경우에는, 통치자들이 아주 유순해서 많은 자유를 제공해 주지 않을 것 같으면, 이 정체는 이들을 더러운 과두정체적인 자들이라 비난하며 벌할 것이라 나는 생각하네." "실상 그렇습니다." 그가 말했네. "그런가 하면, 통치자들에 순종하는 사람들을 스스로 노예가 되고자 하는 자들이며 아무것도 아닌 자들이라 모욕적으로 비난하는 한편으로, 피통치자들 같은 통치자들과 통치자들 같은 피통치자들을 사적으로나 공적으로나 칭찬하며 존중하네. 그러니 이런 나라에서는 자유가 전면적으로 확장될 게 필연적이지 않겠는가?" 내가 말했네. "어찌 그러지 않겠습니까?" "그리고, 여보게나, 자유가 개개인의 가정들에까지 스며들다가, 마침내는 무정부 상태(무질서)가 짐승들에게 있어서까지 자리를 잡게 될 걸세." 내가 말했네. "무슨 뜻으로 이런 말을 우리가 할 수 있겠는지요?" 그가 물었네. "이를테면, 아비가 자식과 같아지도록 버릇 들이고 아들들을 두려워하도록 버릇 들이는 한편으로, 아들은 아비와 같아지도록 버릇 들이며, 부모 앞에서 부끄러워하지도 않고 두려 워하지도 않게 버릇 들이는 것이겠는데, 이는 자유로워지기 위해서네. 거류민(metoikos)이 시민과 같아지고 시민은 거류민과 같아지며, 외국 인 또한 마찬가지로 되는 것일세." 내가 말했네. "실상 그렇게 되어가고 있죠." 그가 말했네.[20]

플라톤이 말하는 자유의 전면화는 자유가 개개인의 가정에 스며드는 것이다. 다른 말로 하면 가족 구성원이 자유를 향유하는 것이 자유의 전 면화이다. 가족 구성원이 자유를 누린다는 것은 곧바로 그리스 국가체제 의 붕괴를 의미한다. 앞에서 언급한 것처럼 고대 그리스의 국가는 경제 공동체인 오이코스와 정치 공동체인 폴리스의 엄격한 구별 위에 작동하 는 체제이다. 오이코스에는 자유가 없다. 자유라는 고귀한 이념이 없다 는 의미에서 가족은 사적 영역이다. 반면에 자유인이 만나 소통하고 결 정하고 연대하는 폴리스는 공적 영역이다. 그런데 아테네의 경제 구조가 자유의 확장을 불러오고 심지어 가족으로까지 파고든다면 사적 영역과 공적 영역을 구별할 수가 없게 된다.

가족은 노예의 영역이다. 자유인인 가장(家長) 이외의 모든 구성원이 노예이다. 심지어 부인과 자식도 노예이다. 가장은 이들에 대한 생사 여 탈권까지 가지고 있다. 거류민이나 외국인 역시 노예이다. 이들이 자유 를 갖는다는 것은 공적인 지평과는 무관하다. 자유가 가족으로 파고들어 자식이 부모와 마찬가지로 자유를 누린다고 해서 자식이 광장으로 간다 는 의미는 아니다. 따라서 플라톤이 염려하는 자유의 전면화와 최대화는 개인의 사적 자유의 요구가 커지는 것을 의미한다.

개인의 사적 자유에 대한 요구가 생기는 순간, 전통적인 위계 질서는 위협을 받는다. 사적 자유는 ① 어버이와 자식들, ② 고귀한 사람들과 미 천한 사람들, ③ 원로들과 젊은이들, ④ 주인들과 노예들, ⑤ 강자와 약

---

20 플라톤, 『국가』, 547쪽.

자, ⑥ 지혜로운 자와 무지한 자, ⑦ 통치자 추첨에서 당첨된 사람과 당첨되지 못한 사람 사이의 위계와 통치의 질서를 무너뜨린다. 여기에 남녀의 위계도 포함된다.

> 여보게나, 이런 나라에서 생길 수 있는 극단적인 대중의 자유는 사들인 남녀 노예들이 이들을 사 온 사람들 못지 않게 자유로울 경우의 것이네. 그런데 남자들에 대한 여자들 그리고 여자들에 대한 남자들의 관계에 있어서 평등권(isonomia)과 자유가 어느 정도인지에 대해서 언급할 것을 우리가 거의 잊고 있었네.[21]

플라톤은 아테네의 민주정체가 자유의 평등을 불러온다고 믿고 있었다. 이는 실제로 아테네에서 개인이 어느 정도 자유를 누렸다는 것에 대한 간접적 증거이다.

이제까지 아테네의 민주주의를 연구하면서 아테네 사람들이 개인의 사적 자유를 향유했다고 주장하는 경우는 없었다. 하지만『국가』에서의 플라톤의 민주주의 비판에서 볼 수 있듯이, 우리는 아테네에서 개인이 어느 정도 사적 자유를 누렸다고 추론할 수 있다. 즉 자유의 최대화에 대한 플라톤의 극단적 염려 속에서 그 증거를 찾을 수 있다. 플라톤은 민주주의를 반대하지 않았다. 그는 시민의 집단적 의사 결정이라는 공적 자유의 체계로서 민주주의를 높이 평가했다. 그가 반대한 민주주의는 개인의 사적 자유를 가능하게 만드는 정치체제이다. 플라톤은 이를 고대 그리스의 국가체제가 붕괴할 신호로 받아들였는데, 참주정체의 등장이 그 신호이다. 이 맥락에서 플라톤은 자유의 최대화가 폭력의 최대화로 전환될 수밖에 없다고 진단한다. 이를 차단할 수 있는 유일한 길은 적절한 자유와 적절한 억압이 조화를 이루는 것이다. 그가 말하는 적절한 자유는 자유민의 집단적 의사 결정이라는 주권으로 제한된다.

---

21 플라톤,『국가』, 548쪽.

"개인에게 있어서도 나라에 있어서도 지나친 자유는 지나친 예속(굴종: douleia) 이외의 다른 어떤 것으로도 바뀌지 않을 것 같으이." "그럴 것 같습니다." "그렇다면 참주정체는 아마도 민주정체 이외의 다른 어떤 정체에서도 조성되어 나오지 않을 것이라고, 즉 극단적인 자유에서 가장 심하고 야만스런 예속이 조성되어 나올 것이라고 나는 생각하네." 내가 말했네. "그건 이치에 맞습니다." 그가 말했네.[22]

　　플라톤에 따르면, 군주정체와 귀족정체, 민주정체는 언제나 참주정체로 전환될 수 있다. 그러나 그 전에 대부분 과두정체와 나쁜 민주정체의 중간 단계를 거치게 된다. 플라톤은 『국가』에서 과두정체와 민주정체가 어떻게 참주정체로 변하는지를 여러 가지 은유와 비유를 들어가면서 드라마틱하게 서술한다. 그는 나쁜 민주정체를 세 가지 부류의 집단으로 설정한다. 그가 말하는 나쁜 민주정체의 가장 큰 특징은 '멋대로 할 수 있는 자유'의 범람이다.

　　공적 자유만이 아니라 사적 자유도 최대화하는 경우이다. 이 상황에서는 세 가지 부류가 등장한다. 첫 번째 부류는, 현대적인 표현으로 하면 전문 정치인과 정치꾼이다. 플라톤에 따르면, 이들은 게으르면서 낭비가 심한 부류이다. 생산적인 일은 하지 않고 낭비만 한다는 것을 나타내기 위해 플라톤은 이들을 수벌에 비유한다. 플라톤에 따르면, 과두정체와 나쁜 민주정체에서 이들 전문 정치인과 정치꾼은 광장을 지배한다. 이들의 우두머리는 이른바 민중 선동가(demagogoi)가 된다. 플라톤에 따르면, 이들이 광장을 지배하게 되면 다른 의견을 가진 사람들을 그냥 두지 않는다. 그 때문에 소수를 제외하고는 대부분의 대중(군중: plethos)이 이들에 의해 조종된다. 그야말로 포퓰리즘이 득세하는 것이다(『국가』, 564d~e 참조).

　　과두정체와 나쁜 민주정체에서 등장하는 두 번째 부류는 부자이다. 현

---

22 플라톤, 『국가』, 549~50쪽.

대적으로 보면 대기업을 이끄는 자본가이다. 이들은 수벌에게 먹이를 제공하는 자들이다. 정확하게 말하면 이들은 수시로 재산을 빼앗기는 사람들이다. 이들 역시 자신들의 재산을 보호하고 키우기 위해 모든 수단을 동원한다. 이들은 특히 재산이 별로 없는 일반 시민인 데모스를 상대로 영향력을 키우기 위해 갖가지 일을 꾸민다. 이들은 변혁(혁명)을 원하지 않는다. 하지만 이들의 행위는 이미 정치적이며 그 때문에 권력을 노리는 집단으로 고발되기 십상이다. 출발은 수벌들이 이들에게 침을 꽂으면서 시작된다. 하지만 재산을 빼앗기던 자들이 어느 순간 과두정치를 하게 된다. 경제에 의한 정치의 식민화가 진행된다.

포퓰리즘과 경제에 의한 정치의 식민화보다 더 위험한 것이 참주정체이다. 참주정체를 불러오는 세 번째 부류를 플라톤은 데모스라고 한다. 데모스는 기본적으로 정치에 참여할 수 있는 시민으로 자유민이다. 하지만 대부분의 데모스는 부자가 아니다. 비록 가족과 노예를 소유하고 있다고 할지라도 부자가 아니기 때문에 그들 자신도 어느 정도 생산적 노동을 해야만 한다. 이 맥락에서 이들은 민중이라고 볼 수도 있다. 어쨌든 데모스는 지역 단위의 대표로서 정치 집회에 참여해 집단적 의사 결정을 하는 주권자이다. 이들이 적극적으로 정치에 참여함으로써 정치 집회가 자주 열리면, 이들은 민주정체에서 최대 다수로서 주도권을 갖게 된다. 문제는 이들이 경제적 어려움 때문에 적극적으로 집회에 참여하지 않는 것이다.

전문 정치인들, 그리고 이들과 대결하려는 부자들은 자신들의 능력을 동원해 데모스를 광장으로 끌어들인다. 광장의 집회에서 경제적 이득(꿀)을 취할 수 있도록 만드는 것이다. 데모스가 광장에 넘쳐나게 되면 결국 정치 세력 사이에 탄핵과 재판, 그리고 상호 간의 소송이 넘쳐난다. 이 과정에서 데모스는 자신들을 이끄는 선도자 혹은 그들을 대표하는 지도자를 키운다. 플라톤에 따르면, 데모스의 지도자는 반드시 참주가 된다. 이유는 간단하다. 광장에서 반복되는 탄핵과 재판, 소송의 과정에서 데모스의 지도자들은 생사를 넘나들게 된다. 데모스의 지도자들은 상대를 죽이지 못하면 자기가 죽는 상황에서 참주가 된다.

"다른 제물들의 내장들 속에 잘게 썰어 넣은 인간의 내장 한 조각을 맛본 자는 반드시 늑대가 된다는 이야기일세. 혹시 자네는 그 이야기를 듣지 못했는가?" "저야 들었죠." "그런데 민중의 선봉에 선 자도 이와 마찬가지로 아주 잘 따르는 군중(ochlos)을 거느리고서, 동족의 피를 흘리는 것을 삼가지 않고, 사람을 부당하게 고발하여, 이런 것들은 그들이 곧잘 하는 짓들이어서, 법정으로 이끌고 가서는, 그를 살해하네. 사람의 목숨을 사라지게 하여, 경건하지 못한 혀와 입으로 동족의 피를 맛보고, 추방하며 살해하고, 채무의 무효화와 토지의 재분배에 대한 암시를 하네. 그러니 다음으로 이런 사람으로서는 적들에 의해 살해되거나 아니면 참주가 되어 사람에서 늑대로 바뀔 수밖에 없도록 운명지어질 것이 필연적이겠지?" "다분히 필연적입니다." 그가 대답했네.[23]

참주의 출연은 필연적일까? 플라톤에 따르면, 자유가 최대화하면 무정부(무질서) 상태가 광장을 지배하게 되고, 결국 참주가 등장한다. 그가 말하는 자유의 최대화는 자유가 개개인의 가정에 스며드는 것이다. 한마디로 사적 자유를 향유하는 사람들이 등장하는 것을 의미한다. 사적 자유의 확대는 결국 가족 바깥의 경제 활동이 활발해지는 쪽으로 발전한다. 가족 바깥에서 부를 축적한 집단이 등장한다. 이 과정에서 한쪽으로는 포퓰리즘이 득세하거나 경제에 의한 정치의 식민화가 이루어진다. 데모스는 이들에 의해 조종되는 대중(populus)이나 군중(ochlos)으로 전락한다.

---

23 플라톤, 『국가』, 553쪽.

3. 아리스토텔레스: 자유와 상업 경제

자유의 최대화가 참주정체를 불러온다는 플라톤의 진단은 현재성이 없다. 무엇보다 현대 사회에서는 사적 자유를 부정할 수 있는 어떤 근거도 없다. 하지만 플라톤이 공적 자유와 그것에 의해 작동되는 민주주의를 비판했다는 주장 또한 근거가 없다. 플라톤은 시민의 자유로운 광장의 정치와 민주주의를 바람직한 정치체제의 한 축으로 인정했다. 어쩌면 인류 역사에서 아테네의 시민만큼 공적 자유를 향유한 사람들은 많지 않았다. 그들은 자신들의 집단적, 그리고 직접적 결정에 따라 전쟁과 평화, 부흥과 몰락, 삶과 죽음이 갈리는 것을 경험했다. 그만큼 그들은 자부심이 강했다. 그러나 그 대가로 그들은 사적 자유를 지불했다.

자유와 민주주의에 관한 플라톤의 주장에서 여전히 토론의 가치가 있는 것은 경제와 정치의 관계이다. 플라톤은 사적 자유가 확장되면 경제가 정치를 식민화할 수 있다는 것을 예견한다. 이 과정에서 데모스는 사적 욕망에 사로잡힌 군중으로 전락한다. 플라톤의 관점을 오늘의 언어로 표현하면, 사적 욕망에 의해 조직된 경제적 논리가 정치를 조종하는 상황이다. 이 점에 대해서는 플라톤뿐만 아니라 아리스토텔레스도 매우 비판적인 태도를 취한다.

> 다른 어떤 사람을 위해서가 아니라 자기 자신을 위해 사는 사람이 자유로운 사람이라고 말한다.[24]

『형이상학』에서 아리스토텔레스가 제공하는 자유에 대한 규정은 명확하다. 물론, 자기 자신의 가치나 이익을 위해 살아간다는 것이 무엇을 의미하는지를 밝히는 것은 쉽지 않다. 더구나 다른 사람을 위하는 일과 자신을 위하는 일이 엄격하게 구별될 수 있는지를 물으면 더 큰 혼돈에

---

24 아리스토텔레스, 조대호 옮김, 『형이상학』, 도서출판 길, 2017, 39쪽.

빠질 수도 있다. 하지만 나의 행위와 삶의 최종 근거가 타인이 아닌 나에게 있는 사람을 자유롭다고 정의하는 것은 비교적 명확할 뿐만 아니라 현대인에게도 설득력이 있다. 대부분의 현대인은 자유의 최종 근거를 자기 자신이라고 생각하기 때문이다. 우리의 선조들도 그랬을까? 더 나아가 고대 그리스인이 자유를 개인이 삶을 자율적으로 구성하고 실현하는 것으로 이해했을까? 적어도 플라톤을 통해 우리는 그런 자유를 누리는 그리스인이 많지 않았다는 것을 확인할 수 있다. 그렇다면 플라톤의 제자였던 아리스토텔레스는 그리스에서 그런 자유를 찾았을까?

자유에 대한 서술이 비교적 많은 『정치학』과 『니코마코스 윤리학』에서 아리스토텔레스는 『형이상학』에서처럼 명확한 자유의 규정을 제공하지 않는다. 하지만 민주주의와 관련된 서술에서 그의 자유에 대한 관점을 정리할 수 있다. 아리스토텔레스에게서 자유 개념의 핵심은 순수한 자발성(spontaneity)이나 자유의지보다는 자기 지향성(Self-direction)인 것으로 보인다.[25] 아리스토텔레스에게서 자유는 어떤 결정을 내리는 과정에서 외적 요인으로부터 영향받지 않는 개인의 능력으로 환원되지 않는다. 엄밀한 의미에서 고대 그리스 같은 공동체(koinonia)에서 의지의 자유는 중대한 문제가 아니다. 중요한 것은 자기 지향성이 공동체 안에서 합리적인 것으로 인정받고, 이를 통해 지향성이 실현되는 것이 자유이다.

아리스토텔레스에게서 폴리스는 개인과 가족보다 더 앞서는 것이다. 단순히 시간적으로 앞서는 것이 아니라 존재와 사유의 순서에서 우선적이다.[26] 폴리스는 가족 연합체이기도 하지만 마을(kome) 연합체이다. 그렇다고 가족이나 마을이 폴리스에 우선하지는 않는다. 폴리스는 가족이나 마을의 대표, 다시 말해 자유민이 이끌어 간다. 가족은 자유민과 노예

---

25 Moira M. Walsh, "Aristotle's Conception of Freedom", *Journal of the History of Philosophy*, 2009, pp. 495ff. 참조.

26 아리스토텔레스, 『정치학』, 1253a 참조. 이 맥락에서 인간은 폴리스를 형성하면서 살아가기에 적합한 동물이라는 'politikon zoon'의 의미를 이해할 수 있다.

로 구성된다. "가정의 첫 번째이고 가장 작은 부분은 주인과 노예, 남편과 아내, 아버지와 아들이다"(1253b). 이 세 가지 관계에서 주인이자 남편이고 아버지인 사람이 자유민이다. 이들 자유민은 세 가지 관계를 잘 이끌어 많은 재화를 획득하는 가정 경영(oikonomia)에 복무해야 한다.

플라톤보다 아리스토텔레스는 당시 중요한 문제로 등장한 교역 상업에 대해 자세하게 기술한다. 전통적으로 고대 그리스의 경제는 가족 안에서 이루어졌다. 생산과 소비가 가족 내부에서 완결되기 때문이다. 가정 경영은 가족 내부에서 가장 효율적으로 생산과 소비를 관리하는 기술이다. 이 기술에서 가장 중요한 것은 노예를 효과적으로 관리하고 운용하는 것이다. 물론, 가족 내부에서 생산된 것을 필요에 따라 다른 가족과 교환하는 것도 가정 경영에 해당한다. 교환이 커지면 화폐가 등장한다. 화폐는 교환이 복잡해질 때 믿을 만한 교환 가치를 가진 것으로 서로 인정하는 것이다. 교환의 양이 많아지고 복잡해질수록 화폐가 중요한 역할을 담당하는 것은 자연스럽다. 아리스토텔레스는 여기까지를 자연스런 가정 경영으로 간주하면서 재화를 획득하는 올바른 방법이라고 인정한다. 문제는 가정 경영이 아니라 교역 상업으로 재화를 획득하는 방법이다.

앞에서 말한 것처럼 재화를 획득하는 기술에는 두 종류가 있다. 하나는 교역 상업에 관련된 것이고 다른 하나는 가정 경영술에 관련되어 있다. 후자는 필수 불가결하고 칭찬받는 것이지만, 교환과 관련되는 종류의 것은 정당하게 비난받아야 한다. 왜냐하면 그것은 자연에 따르는 것이 아니라 서로서로로부터 오는 것이기 때문이다. 따라서 저리(低利)로 이자 놀이를 하는 기술(obolostatikē)은 가장 정당하게(eulogōtata) 미움을 받게 되는데, 그 획득(ktēsis)이 돈이 고안된 바로 그 목적으로부터가 아니라 돈 그 자체로부터 오는 것이기 때문이다. 왜냐하면 돈은 교환을 위해서 생겨난 것이지만, 이자(tokos)는 돈 자체의 양을 증대시키기 때문이다. 바로 거기서 그것이 그 이름을 갖게 된 것이다. 왜냐하면 부모와 닮은 것은 정확하게는 자손이고, 이자는 돈으로부터 돈으로서 생겨난 것이기 때문이다. 따라서 재화를 획득하는 모든 방식 중에서, 이것은 실제로 가장 자연에 어긋나는 것이다.[27]

현대적으로 말하면, 재화를 늘리는 방법 중에 가장 나쁜 것은 금융이다. 아리스토텔레스의 시선으로 보면 금융자본주의에서 재화를 획득하는 것은 가장 비자연적이고 그만큼 비난받을 일이다. 아리스토텔레스는 우선 교역 상업이 재화를 무한대로 늘리려고 한다는 데에 주목한다. 가정 경영을 벗어나 교역 상업을 통해 재화를 획득하는 사람들은 재산 증대 자체를 목적으로 한다. 수단이 목적으로 전복된다는 것이다. 아리스토텔레스에 따르면, 가정 경영을 벗어난 욕구는 제약이 없다. 그것은 더이상 '좋은 삶'(to eu zen)을 지향하지 않는다. 교역 상업은 오로지 '삶'(to zen)만을 지향한다. 교역 상업을 통해 재화를 획득하는 사람들이 생각하는 '삶'은 무절제한 육체적 향락을 추구하는 것이다.

육체적 향락에는 절제가 없다. 그것은 무한히 열려 있다. 육체적 향락에 취한 사람은 그냥 삶이 아니라 '좋은 삶'을 추구하더라도 그것에서 쉽게 빠져나오지 못한다. 아리스토텔레스는 이런 상황에서 교역 상업으로 재화를 획득한 사람들이 향락 산업을 만들어 낸다고 말한다. 교역 상업으로 재화를 획득하고, 그 재화로 향락을 즐기고, 다시 향락 산업으로 재화를 늘리는 것이다. 그리고 이들의 정점에 돈으로 돈을 버는 사람들이 있는 것이다. 인간의 좋은 삶을 위한 수단이어야 할 재화가 어느 순간 삶을 지배하는 목적이 된다. 아리스토텔레스는 자유민인 시민이 이런 부류의 삶을 살지 않아야 한다고 말한다(『정치학』, 1328b). 그런데 아리스토텔레스의 이러한 진단으로부터 우리는 고대 그리스의 아테네에 무역과 상업, 금융, 그리고 향락이 매우 발전했었다는 것을 확인할 수 있다.

플라톤과 마찬가지로 아리스토텔레스도 이러한 변화를 반기지 않은 것으로 보인다. 하지만 플라톤과 달리, 아리스토텔레스는 재산권을 비롯

27 아리스토텔레스, 『정치학』, 67~68쪽.

한 사적 자유의 확대에 대해 그리스 국가체제의 위협으로까지 받아들이지는 않는다. 무엇보다 아리스토텔레스는 공유에 못지않게 사유의 영역을 인정하고 존중했다. 적어도 아이들과 아내, 소유물을 공유해야만 한다고 생각하지는 않았다(『정치학』 제2권 참조). 그렇다면 아리스토텔레스는 어떤 소유 관계를 정의로 간주했을까?

아리스토텔레스에 따르면, 폴리스는 부와 자유가 없이는 존립할 수 없다. 자유는 주권자인 시민의 권리이다. 부는 이들 시민이 가정 경영을 통해 획득해야만 하는 것이다. 문제는 정의이다. 아리스토텔레스에게서 정의와 정치적 덕목은 폴리스를 훌륭하게 경영하기 위해 반드시 필요한 것이다. 아리스토텔레스에 따르면, 정의에는 분배적 정의와 조정적인 정의가 있다. 분배적 정의는 국가와 시민 사이의 관계에서 성립하는 것으로 "명예나 금전이나 기타 정치 공동체의 구성원들 사이에서 분배될 수 있는 것들의 배분"(『니코마코스 윤리학』, 1130b)에서 발견된다. 분배적 정의는 비례적 평등을 지향한다.

아리스토텔레스는 시민 각자는 서로 구별되는 가치가 있고 그 가치에 비례해 사물을 배분하는 것이 정의라고 말한다. 시민의 가치는 그들의 타고난 신분이나 계층에 따르기도 하지만 그들이 행한 행위와 덕목에 의해 결정된다. 어쨌거나 아리스토텔레스는 모든 사람과 사물은 그것의 본래 목적에 따라 가치가 결정된다고 말한다. 이처럼 신분이나 계층 질서를 용인하는 맥락에서 분배적 정의는 오늘날의 관점에서는 부정의라고 할 수 있다. 하지만 아리스토텔레스는 비례적 평등을 귀족정체와 연계한다. 반면에 조정적 정의는 시민 상호 간의 교환된 사물의 가치가 동등한 것을 가리킨다. 산술적 평등을 지향하는 조정적 정의인 셈이다. 아리스토텔레스는 산술적 평등이 민주정체의 특징이라고 본다.[28]

---

28 David Keyt, "Aristotle on Freedom and Equality", in: Georgios Anagnostopoulos · Gerasimos Santas (ed.), *Democracy, Justice, and Equality in Ancient Greece*, Springer, 2018, pp. 225ff. 참조.

아리스토텔레스의 정의관에 대한 관심을 잠시 접고 핵심 주제인 자유로 넘어가 보자. 그에게 자유는 정의보다 더 본질적인 것이다. 정의는 폴리스를 훌륭하게 경영하는 원칙이지만, 자유는 폴리스가 성립하기 위한 본질적 요인이기 때문이다. 이 부분에서 우리는 아리스토텔레스의 경우에도 플라톤과 마찬가지로 자유가 정치체제와 무관하다는 것을 알 수 있다. 그렇지만 아리스토텔레스는 플라톤과 유사하게 민주정체에 관한 서술에서 자유를 주로 논의한다.

민주정적 정치체제의 근본적 원리는 자유이다. …… (1) 자유의 한 구성 요소는 번갈아가며 지배하고 지배받는 것이다. 왜냐하면 민주정적 정의는 가치(axia)에 따라서가 아니라 수(arithmos)에 따라서 〔시민이〕 동등한 몫을 갖는 것이기 때문이다. 이것이 정의로운 것일 때 다중은 필연적으로 최고의 권위를 가지며, 다수에게 옳다고 여겨지는 것이 무엇이든지 이것이 목적(telos)이고, 이것이 정의로운 것이다. 왜냐하면 시민 각자가 동등한 몫을 가져야만 한다고 말하며, 그래서 민주정에서는 가난한 사람이 부유한 자들보다 더 큰 최고의 권위를 가진다는 것이 〔결과적으로〕 따라 나오기 때문이다. 그들이 다수이고 다수의 의견이 최고의 권위를 가지니까. 따라서 이것이 자유에 대한 하나의 징표인데, 이것을 모든 민주정체 옹호자는 그 정치체제의 특징(기준, horos)으로서 받아들인다.
    (2) 또 다른 하나는 사람이 원하는 대로 사는 것(to zēn hōs bouletai tis)이다. 왜냐하면 만일 실제로 원하는 대로 살지 못하는 것이 노예로 사는 사람들의 특색이라면, 이것이 그들이 말하는 자유의 기능이기 때문이다. 따라서 이것이 민주정의 두 번째 특징이다. 이것으로부터 가능한 최대한으로 그 누구에게도 지배받지 않아야 한다는 것과 이렇게 되지 않으면 번갈아가면서〔지배하고 지배받게 되는〕 것〔요구 사항〕이 나오게 된 것이다. 또 이러한 방식으로 두 번째 특징(기준)이 동등성에 따른 자유에 이바지하게 되는 것이다.[29]

아리스토텔레스에게서 자유는 두 가지 의미로 확장된다. ① 번갈아가면서 지배하기와 ② 원하는 대로 사는 것이다. ①과 ②는 분리되지 않는다. 언뜻 보면 ①은 공적 자유를 가리키고, ②는 사적 자유를 가리키는 것처럼 보인다. 지배는 정치적 권력에 참여한다는 의미이다. 모든 사람은 각자를 지배하고, 각자는 번갈아가면서 모든 사람을 지배한다. 이는 현대 민주주의의 권력체제의 원리와 유사하다. 현대 민주주의국가에서 모든 사람은 자기 자신의 지배자이다. 그리고 동시에 모든 사람은 선출되어 다른 모든 사람을 지배할 수 있다. 이때 지배는 일시적이다. 지금 지배를 받는 사람은 언제나 지배자가 될 수 있다. 더구나 아리스토텔레스가 말하는 관직은 행정이나 입법에 제한되지 않고 재판을 포함한 모든 공직으로 확장된다. 따라서 고대 그리스의 민주정에서 공적 자유는 최대화되었다는 것을 다시 확인할 수 있다.

아리스토텔레스는 민주정체에서 시민이 향유하는 첫 번째 자유에 대해 매우 비판적인데, 이것은 그가 생각하는 정의관에 부합하지 않기 때문이다. 그가 생각하는 정의는 가치에 비례해 몫을 갖는 것이다. 그가 생각하는 가치에는 부(富)도 있다. 더구나 부는 자유와 함께 폴리스를 구성하는 본질적 요소이다. 따라서 그가 생각하는 정의는 부에 더 가치가 있기에 부자가 더 많은 몫을 가져야 하며, 더 많은 공직을 차지해야만 한다. 이 맥락에서 아리스토텔레스는 귀족정체를 바람직한 정치체제로 간주한다.

아리스토텔레스가 그리스의 바람직한 최고의 정치체제로 추천하는 귀족정체가 소수의 부자와 귀족, 엘리트만의 지배체제인지에 대한 논란이 있다.[30] 귀족정체와 민주정체는 모두 ① 번갈아가면서 지배하기의 의지 지평에서 자유가 있다. 번갈아가면 지배하기는 권력의 배분과 연관

---

29 아리스토텔레스, 『정치학』, 444~46쪽.

30 노희천, 「아리스토텔레스의 이상 국가의 정체에 관하여」, 『범한철학』 84, 2017, 277쪽 이하 참조.

된다. 아리스토텔레스에 따르면, 귀족정체는 비례적 배분을 하는 반면에 민주정체는 산술적 배분을 한다. 귀족정체가 가치에 따라 권력을 나눈다면, 민주정체는 수에 따라 평균적으로 권력을 나눈다. 따라서 귀족정체에서는 가치에 따라 번갈아가면서 지배하는 자유가 있다면, 민주정체에서는 숫자에 따라 번갈아가면서 지배하는 자유가 있다. 어떤 경우이든 번갈아가면서 지배하는 자유는 폴리스의 본질이다.

아리스토텔레스에게서 폴리스의 모든 권력은 시민으로부터 나온다. 그에게 자유는 시민 주권론의 다른 표현이다. 물론, 고대 그리스의 시민 주권론은 오늘날의 그것과 다르다. 지금은 모두가 시민이지만, 고대 그리스에서는 자유를 가진 사람만이 시민이다. 시민은 다수(plēthos)이다. 폴리스는 자유 시민의 정치 공동체이다. 아리스토텔레스에 따르면, 폴리스의 정치체제는 시민의 상황에 따라 결정된다. 시민 다수가 1인 지배를 할 수 있는 '정치적 지도력'(hegemonia politkke)을 갖춘 가문을 만들어 내면 시민은 왕정을 선택한다. 반면에 다수의 시민이 '정치가 지배'(politikē archē)를 할 수 있는 가문을 만들어 내면 시민은 귀족정체를 선택한다. 여기서 '정치가 지배'란 평등하게 번갈아가면서 지배하는 것이다. 반면에 다수가 가치에 따라 관직을 나누면서 법치를 통해 군사적인 다수가 생겨나면 시민은 혼합정체(politeia)를 선택한다(『정치학』, 1288a). 이처럼 폴리스에서는 시민으로부터 귀족과 왕이 나온다.

> 시민은 공통적으로(koinē) 지배하고 지배받는 데에 참여하는 자이지만, 각각의 정치체제에 따라서 시민은 달라진다. 그러나 최상의 정치체제에서 시민은 덕(탁월성)에 따른 삶을 목표로 해서(pros ton bion ron kat' aretēn) 지배받고 지배하는 능력을 가진 자(dunamenos)이며, 또 합리적으로 선택하는 자(prohairoumenos)이다.[31]

---

31 아리스토텔레스, 『정치학』, 233쪽.

시민은 모든 정치체제에서 번갈아가면서 지배하고 지배받는 자이다. 다만 가치에 따라 권력을 분배하고 순환하는 것이 다를 뿐이다. 군주정체와 귀족정체, 혼합정체는 가치에 따라 번갈아가면서 지배하는 체제이다. 유일하게 민주정체만이 가치가 아니라 수에 따라 권력을 수평적으로 나눈다. 플라톤이 잘 작동하는 민주정체와 나쁜 민주정체를 나눈다면, 아리스토텔레스는 이를 혼합정체와 민주정체로 나눈다. 따라서 아리스토텔레스에게서 민주정체는 산술적 평등을 강조한 나머지 가난한 사람들이 주도권을 행사하는 나쁜 정치체제이다. 반면에 군주정체나 귀족정체, 그리고 혼합정체는 주도권을 행사하는 집단의 크기에서는 차이가 있지만 가치에 따라 권력을 분배한다는 점에서는 차이가 없다. 세 가지 정치체제는 모두 자유와 부를 폴리스 구성의 본질로 여긴다. 반면에 민주정체는 자유를 지나치게 우선시하면서 부를 외면함으로써 가난한 폴리스를 만든다고 아리스토텔레스는 비판한다.[32]

아리스토텔레스는 재산을 덕(德)으로 간주하고 재화 획득을 자유민의 중요한 능력으로 기술하면서도 교역 상업에 의한 재화 획득과 이들의 정치 관여에 대해서는 비판적인 태도를 취한다. 모순적인 태도처럼 보이지만 당시의 경제체제가 가정 경영이었다는 것에 비추어 볼 때, 이해할 수 있는 부분이다. 가정 경영은 부부 관계와 부자 관계뿐만 아니라 노예와의 관계를 잘 이끌어야 하기 때문에, 그로부터 부를 잘 축적했다는 것은 관직을 수행할 능력이 있다는 것을 입증한 것으로 볼 수 있다. 특별할 능력이 필요하지 않은 관료는 추첨으로 결정하지만, 특수한 능력이 필요한 경우에는 선출해야 한다. 이 경우에 가족 경영의 성과는 매우 중요한 기준이 될 수 있다.

이 맥락에서 부를 폴리스의 본질로 파악하는 아리스토텔레스의 논변

---

32 민주정체와는 반대로 부를 지나치게 우선시하고 자유를 외면하는 정치체제는 과두정체이다. 과두정체의 옹호자들은 재산의 양에 따라 정의가 판단되어야만 한다고 말한다. 반면에 귀족정체는 부를 중시하되 역시 재산의 양보다는 가치에 따라 정의를 판단한다. 이 맥락에서 교역 상업에 의해 취득한 재산은 양은 많아도 가치는 낮게 평가한다.

은 어느 정도 해명된다. 그러나 여전히 복잡한 이념은 자유이다. ① 번갈아가면서 지배하기는 민주정체와 상관없이 폴리스의 본질이다. 그렇다면 ② 원하는 대로 사는 것으로서의 자유도 마찬가지인가? 앞에서 언급한 것처럼 ②는 우선 현대적 의미에서 개인의 사적 자유를 가리키는 것처럼 보인다. 원하는 대로 사는 것은 무엇보다 개인이 자신의 삶을 구성하고 조율하면서 형성하고 실현하는 최종 심급인 것처럼 들린다. 그러나 앞에서 언급한 것처럼 고대 그리스에서 개인과 가족은 폴리스에 우선하지 않는다. 따라서 원하는 대로 사는 것은 폴리스 안에서 자신이 원하는 역할을 맡기 위해 노력할 수 있다는 말을 의미한다.

대부분의 고대 철학에서 그렇듯이, 아리스토텔레스에게서도 가장 좋은 삶의 방식은 정치적 삶이다. 그는 적극적으로 정치에 참여하는 시민이 가장 좋은 방식으로 자기를 실현할 수 있다고 여겼다. 그런데 정치 참여의 최소 조건이 자유이다. 자유가 없으면 정치에 참여할 수 없다.[33] 엄밀하게 말하면, 자유란 정치에 참여할 수 있는 권리이다. 아리스토텔레스는 정치 참여의 자유를 두 가지로 나누어 설명하고 있다. ① 번갈아가면서 지배하기와 ② 원하는 대로 사는 것으로서의 자유이다. 그런데 두 자유 모두 민주정체의 고유한 특성이 아니다. 두 가지 다 모든 정치체제에서 시민이 누릴 수 있는 자유, 곧 정치 참여를 할 수 있는 공적 자유이다. 군주정체, 귀족정체, 혼합정체, 과두정체와 다르게 민주정체에서 두 가지 자유가 실현되는 방식은 한 가지이다. 즉 권력을 분할하고 분유하는 기준과 방식에서의 차이이다. 아리스토텔레스는 민주정체에서 권력을 분할하고 분유하는 제도의 특징을 다음과 같이 열 가지로 설명한다.

(1) 모든 사람이 모든 사람으로부터 관직을 선출한다. (2) 모든 사람이 각자를 지배하고, 각자는 번갈아가며 모든 사람을 지배한다. (3) 모

---

33 K. Duygu, "Analyzing the Concept of Citizenship and Freedom in Aristotle's Theory of Constitution", *SDU Journal of Social Sciences,* Issue 35, 2015, pp. 197ff. 참조.

든 관직 혹은 경험이나 기술이 필요하지 않은 많은 관직은 추천에 의해 채운다. (4) 관직은 어떠한 재산 자격 조건을 요구하지 않거나 가능한 한 낮은 재산 자격 조건을 요구한다. (5) 동일한 사람이 어떤 관직도 두 번씩 차지할 수 없고, …… (6) 모든 관직이나 가능한 한 많은 관직을 짧은 기간 동안만 맡는다. (7) 모든 사람이나 모든 사람으로부터 〔선출된 재판하는 사람들이〕 모든 사안을 …… 가령 〔공직자의〕 회계 감사, 정치체제, 사적인 계약과 같은 사안들을 재판한다. (8) 민회가 모든 사안에 대해서 혹은 가장 중대한 사안에 대해서 최고의 권위를 갖지만, …… (9) 또한 되도록이면 정치체제의 모든 부분 — 민회, 법정, 관직 — 이 보수를 받거나 그렇지 못하면 관직, 법정, 평의회, 최고의 권위를 가진 민회 혹은 서로 함께 먹는 것을 필요로 하는 관직에 있는 사람들에게 보수를 지급하는 것도 민주정적이다. …… (10) 관직과 관련해서 그 어떤 것도 영속적이지 않다는 것도 민주정적이다.[34]

인용문은 다시 한 번 고대 그리스의 자유가 공적 자유임을 분명하게 보여 준다. 자유는 모든 개인이 향유하는 권리가 아니다. 가족 내부에는 자유가 없다. 가족과 지역을 대표하는 시민, 곧 자유민만이 자유를 누린다. 다시 말해 자유는 오이코스에는 없고 폴리스에만 있다. 자유가 공적 지평에서 관직과 판결에 집단적으로 참여하는 시민의 권한이라는 측면에서 플라톤과 아리스토텔레스 사이에 차이는 없다. 두 철학자가 말하는 정치체제의 차이도 아니다. 그럼에도 불구하고 두 철학자는 자유의 최대화에 대해 매우 비판적이었다. 플라톤은 자유의 최대화가 참주정체를 불러옴으로써 폭력의 최대화로 치달을 것이라고 전망했고, 아리스토텔레스는 자유의 최대화가 폴리스를 가난한 자들의 나라로 만들 것이라고 비판했다. 두 철학자에게 자유의 적은 무엇이었을까?

---

34 아리스토텔레스, 『정치학』, 446~47쪽.

4. 공적 자유와 그 적으로서의 사적 자유

플라톤과 아리스토텔레스가 높은 가치를 부여한 자유는 공적 자유이다. 그렇다면 두 철학자가 설정한 자유의 적은 무엇인가? 두 철학자에게서 자유의 적은 자유이다. 엄밀하게 말하면, 자유의 적은 자유가 최대화하는 것이다. 자유의 최대화는 두 철학자에게서 조금의 차이가 있지만 무엇보다 사적 자유의 출현을 불러온다. 사적 자유의 출현은 곧바로 폴리스라는 정치 공동체의 붕괴를 의미한다. 따라서 두 철학자는 자유의 최대화를 실현하는 민주정체에 대해 매우 비판적이었다.

여기서 우리는 플라톤과 아리스토텔레스의 사유 과정을 거꾸로 생각해 볼 수 있다. 고대 그리스의 폴리스 중에서 아테네는 공적 자유가 최대화했을 뿐만 아니라 부분적으로 사적 자유가 출현하고 있었다고 추정할 수 있다. 무엇보다 아테네는 무역과 교역, 그리고 상업이 발달했기 때문에 가정 경영의 틀이 느슨해졌다고 볼 수 있다. 전쟁을 통해 다른 나라로부터 재화를 빼앗는 방식이 절대적 우위를 보이는 시대였지만, 아테네의 경우에 무역을 통해 재화를 교환하는 방식이 어느 정도 유입되었던 것이다. 아마도 두 철학자 같은 지도층에게서 교역과 상업은 아테네의 체제를 위협하는 것처럼 보였을 것이다. 상업이 발달하면 그만큼 전쟁 수행 능력이 떨어진다고 볼 수도 있다.

고대 그리스의 자유민은 나와 가족, 그리고 국가의 운명을 동일시하는 사람들이다. 실제로 이들은 전쟁의 결과에 따라 가족과 국가의 주권자도 되지만 거꾸로 노예로 전락할 수도 있다. 그만큼 운명을 걸고 전쟁 여부를 결정하고 참여한다. 노예에게는 상황이 다르다. 노예는 전쟁 결과와 관계없이 노예이다. 전쟁에 전력을 기울일 가능성이 낮다. 폴리스에 참여하지 않기 때문에 폴리스의 운명이 중요하지 않다. 반면에 자유민에게는 폴리스의 정치에 참여하는 것은 가장 고귀한 삶을 구성하고 실현하는 것이다. 자신들의 참여에 의해 국가의 방향과 운명이 결정되기 때문에 자부심 또한 대단하다.

두 철학자에 따르면, 아테네에서는 시민의 경계가 점차 무너지고 있었다. 그만큼 시민의 자부심이 줄어들면서 전쟁 수행 능력도 떨어져 갔다. 폴리스의 시민만이 누려야 할 자유가 오이코스로 스며들어 노예까지 자유를 요구하는 분위기가 두 철학자에게 감지된 것이다. 남편과 아내, 아버지와 아들, 주인과 노예의 관계가 흔들리고 있었던 것이다. 정확히 알수는 없지만 아마도 교역과 상업의 발달을 가장 큰 원인으로 진단한 것처럼 보인다. 교역과 상업에 의한 재화 획득의 방식이 노예제에 근간을 둔 가정 경영의 근간을 흔들기 때문이다. 자유가 가족으로 파고드는 순간, 가정 경영은 붕괴한다. 가정 경영의 붕괴는 곧바로 정치 공동체인 폴리스의 붕괴를 의미한다.

이 상황에서 학자나 정치 지도자는 가정 경영의 패러다임 전환에 대해 숙의할 수도 있다. 그 과정에서 자유의 최대화가 불가피하다는 진단도 할 수 있으며, 공적 자유의 강화와 더불어 부분적으로 사적 자유의 도입도 점검할 수 있었을 것이다. 그러나 플라톤과 아리스토텔레스 같이 위대한 학자들도 그런 생각을 하지는 않은 것으로 보인다. 그렇다고 그들의 위대한 업적이 평가 절하되지는 않는다. 어쨌거나 그들은 경제와 정치 패러다임의 전환에 대해 고민하기보다는 체제 전복의 위협이 되고 있는 자유의 최대화를 잘못된 민주정체의 특성에서 찾는다. 이 과정에서 두 철학자는 자유의 적을 자유로 설정한다.

현대적 관점에서 보면, 플라톤과 아리스토텔레스가 높은 가치를 부여한 자유는 집단적이고 직접적인 정치적 의사 결정에 참여하면서 권력을 분할하고 분유하는 것이다. 오늘날 이런 의미의 공적 자유를 향유하는 시민은 없다. 정치인들만이 부분적으로 고대 그리스의 시민이 누렸던 자유를 누린다. 국민국가가 성립되면서 시민은 국가적 의제의 선정과 결정 과정에서 철저하게 소외되었다. 국가의 단위가 너무 커졌고 국가적 의제는 너무 복잡해졌다. 정보의 생성과 전달 과정이 일부 세력에 의해 독점되고, 시민은 이들이 만든 프레임을 놓고 제비뽑기를 하는 신세로 전락했다.

국민국가는 국민에게서 주권이 나온다고 말한다. 그러나 어떤 국민도 고대 그리스의 시민처럼 자부심을 가지고 정치에 참여하지 않는다. 참여하더라도 실제적인 영향력을 느낄 수 없고 그만큼 생동감 있는 즐거움을 가질 수도 없다. 더구나 매일 광장에 가서 담론에 참여할 수 있을 만큼 안정된 경제적 지원도 없다. 국가적 부는 비교할 수 없을 만큼 축적되었지만 대부분의 시민은 자신의 노동으로 생존을 유지해야 한다. 어쩌다 정치에 참여해도 좀처럼 존재감을 가질 수 없으며, 참여 가치를 확인할 수도 없다. 이제 시민에게 광장은 너무 재미없고 너무 멀리 있는 빈 터가 되었다.

하지만 그 대가는 매혹적이다. 시민은 공적 자유를 내준 대가로 사적 자유를 얻게 되었다. 좋은 삶은 이제 정치 참여와 무관하다. 모든 사람은 이제 각자 자신의 방식으로 좋은 삶의 방식을 구성하고 실현할 수 있는 사적 자유를 향유할 수 있다. 이제 시민은 국가권력을 공유하는 것에서가 아니라 사적 이익을 극대화하는 것에서 자유를 느낀다. 현대의 시민은 노동 시간을 통해 획득한 자유 시간을 더 이상 자유민에게 빼앗기지 않는다. 물론, 자유 시간이 온전하게 시민의 몫으로 되돌아오는 것은 아니지만 적으로 그 시간을 이유도 없이 빼앗기지는 않는다.

개인의 자유를 희생해야만 최소한의 자유라도 향유할 수 있는 조건이 있을 수 있다. 어쩌면 식민 시대에 독립 운동을 했던 선조들이 그런 상황에 놓여 있었을 것이다. 동학농민전쟁의 농민군과 5·18민중항쟁의 시민군도 유사한 상황에 처했을 것이다. 따라서 집단적 자유를 위해 개인이 자신이 누려야 할 사적 자유를 희생하는 것은 고귀한 행위이다. 하지만 개인에게 이런 희생을 요구하는 상황 자체가 비극적인 것이다.

비극적인 경우가 아니라면 개인적 자유의 희생을 요구하는 집단적 자유의 요구는 일종의 폭력이다. 정치적 자유의 이름으로 개인이 누려야 할 사적 자유를 억압하는 폭력이다. 그리스의 국가체제가 사적 자유를 억압하지 않고는 유지할 수 없는 체계였다면, 다시 말해 사적 자유를 억압하지 않고는 폴리스의 주권을 유지할 수 없다는 것이 명확하다면 플라톤과 아리스토텔레스가 제시한 자유 이론은 제한된 범위에서 정당화될 수도 있다. 하지만 그 당시의 맥락을 벗어나 보면 그들이 최대화하는 것을 우려했던 자유는 폭력을 정당화하는 사상이었다. 그 때문에 고대 그리스의 자유를 과도하게 추앙하는 것은 자유의 폭력에 눈감는 것이다.

인권 중심의 자유:
사적 자유의 최대화와 폭력의 국가 독점

  새로운 시대(die neue Zeit)가 왔다. 현대(modern)라 불리는 시대가 열린다. 새로운 시대는 과거와 현재 사이의 불연속성이 패러다임 전환을 요구할 때 나타난다. 16~17세기 유럽은 과거와 현재 사이의 공약 불가능한 불연속성을 경험한다. 두 시대를 가르는 심연이 넓어지기 시작한다. 여기저기서 새로운 존재가 등장한다. 개인이 탄생한다.

  나의 운명이 가족과 국가의 운명과 동일시되던 시대가 종말을 고하기 시작한다. 옛 시대에 나는 개인으로 존재하지 않았다. 나는 가족과 나라의 구성원으로서만 존재 가치를 가졌다. 대부분의 나는 경제 공동체인 가족에 묶여 있었다. 가족은 개인들의 연합이 아니었다. 개인이 아니라 가족이 사회 구성의 기본 단위였다.

  옛 시대에는 가족이나 씨족이 연합해 정치 공동체인 나라를 만드는 것이 일반적이었다. 지역 단위의 연합으로 나라가 만들어진 경우도 적지 않았다. 아테네 민주정체의 경우, 처음에는 혈통 공동체인 에트노스(Ethnos) 연합체였다가 나중에 지역 공동체인 데모스(Demos) 연합으로 전환된다.[1] 후자의 경우가 오늘날 우리가 말하는 그리스의 민주정체이다.

1 에트노스는 풍속과 관습, 공동의 기억과 피의 동질성에 대한 신화적이고 낭만주의적
   인 믿음을 공유한 집단을 의미한다. 에트노스가 주로 농촌 지역의 가문을 나타냈다
   면, 도시의 혈통 가문을 가리키는 말로는 필레(Phyle)가 있었다. 그러나 도시는 탈혈
   족화의 경향이 강하기 때문에 혈연 공동체를 가리키는 말로 에트노스가 필레까지 대
   체하게 된다. 가족, 씨족, 민족이 대표적인 에트노스의 프레임이라고 볼 수 있다. 반면
   에 데모스는 고대 그리스에서 폴리스에 참여하는 자유인을 지정할 때, 에트노스 기반
   이었던 것을 지역을 기본 단위로 구별하면서 형성된 개념이다. 데모스는 혈통이나 역
   사적 기억과 무관하게 동일한 거주지에 거주하는 사람들을 가리킨다. 이 맥락에서 아
   테네에서 데모스(demos)가 통치한다(cracy)는 것, 곧 민주주의는 말 그대로 가족과 씨
   족의 대표가 아니라 지역의 대표들이 통치하기 시작하면서 시작되었다고 할 수 있다.
   데모스는 중세 유럽에서 포폴로(Popolo)라는 개념으로 대체된다. 포폴로 역시 문벌
   과 대비되는 지역 기반의 공유 지점을 가진 사람들을 가리킨다. 데모스와 포폴로는 영
   어의 피플(people)을 지역 기반의 사람을 가리키는 말로 이해하지 않는다. 그 때문에
   그 번역어도 '민중'이나 '인민'으로 채택되는 경우가 대부분이다. 하지만 오늘날의 정
   치적 주체를 지칭하는 우리말 중에서 데모스, 포폴로, 피플에 가장 가까운 말은 시민
   이다. 왜냐하면 민중이나 인민이라는 말에는 혈족과의 관계가 전혀 없다는 측면에서
   는 합당한 번역어처럼 보이지만, 그 안에 지역성보다는 계급성이 강하다는 측면에서
   는 부당한 번역어이다. 따라서 혈통성과 계급성으로부터 자유로운 민주주의 주권자
   를 가리키는 말로는 시민이 잠정적으로는 적합한 것으로 보인다. 현대 국민국가 중에
   서도 에트노스 기반의 국가와 데모스 기반의 국가가 있다. 일반적으로 속지주의 원칙
   을 택하는 나라가 후자에 속한다면 속인주의는 전자의 원칙이라고 할 수 있다. 하지만
   최근의 변화를 볼 때, 속지주의와 속인주의로 간명하게 나누어지지 않는 것으로 보인
   다. 동일하게 속지주의를 택하고 있는 영국, 미국, 프랑스가 이민자와 외국인을 받아
   들이는 방식에서 하나로 묶일 수 없을 만큼 큰 차이를 보이기 때문이다. 더구나 속인
   주의를 택하고 있는 독일의 경우에 폐쇄적 민족국가와는 거리가 멀어졌다. 특히 유럽
   공동체(EU)가 생겨나면서 독일 국가의 기초는 급격하게 데모스로 전환되어 왔다. 더
   구나 최근의 정치적 변화 속에서 유럽공동체를 탈퇴하고 있는 영국의 경우에 폐쇄성
   이 한층 강해지고 있다. 따라서 영국을 시민 공화국(civil nation state)이라고 하고 독
   일을 민족 공화국(ethnic nation state)이라고 규정하는 것은 불가능하다. 유럽공동체
   의 관점에서 보면, 오히려 반대로 지칭해야 한다. 어쨌거나 이제 한 나라를 에트노스
   와 데모스 중에 하나를 기반으로 하는 체제로 규정하는 것은 어려워졌다. 오히려 유
   럽공동체처럼 국가주의를 벗어나 '탈민족적 민주주의'를 기반으로 한 새로운 연합국
   가를 상상할 때가 되었다. 그러나 한국, 일본, 중국이 연합국가를 형성한다는 것은 아
   직 상상조차 할 수 없는 것처럼 보인다. 어쨌든 우리나라의 경우는 속인주의를 택하고
   있는 에트노스 기반의 민족국가라고 할 수 있다. 그러나 민주주의와 법치주의를 근간
   으로 헌법체계가 강화되면서 한국은 점점 데모스 기반의 국가로 변모하고 있다. 아마
   도 연방제 수준의 지역자치가 개헌을 통해 이루어진다면, 한국은 에트노스가 아니라
   데모스 기반의 국민국가로 전환될 것이다. 이와 관련된 논의는 Max Weber, *Wirtschaft*

플라톤과 아리스토텔레스가 염려했듯이, 교역과 상업의 발달은 가정 경제의 점진적 해체를 가져왔다. 가족과 운명을 함께하지 않는 인간들이 많아지기 시작한다. 가족의 대표가 아니라 지역을 대표하는 사람들이 정치 공동체인 폴리스를 이끌어 가는 민주정체가 교역과 상업이 발달한 그리스에서 발달한 것은 결코 우연이 아니다. 더구나 그리스의 아테네에서 개인은 이미 등장하고 있었다고 말할 수 있다.

그리스의 아테네에서만이 아니라 가정 경영이 해체되는 모든 곳에서 개인은 이미 태어나고 있었다고 보아야 한다. 가정 경영의 바깥에서 생존해야 하고, 생존할 수 있는 사람이 개인이다. 자의적이든 타의적이든 간에, 가족 바깥에서 자기 보존의 길을 찾아야 하는 사람은 세계 곳곳에 있었다. 다만 그 개인의 탄생을 예견하면서 깊은 우려를 표명한 플라톤과 아리스토텔레스가 그리스의 학자였다는 것과 바로 그곳에서 민주주의가 탄생했다는 사실 때문에 여전히 우리는 그리스 철학에 관심을 기울인다.

앞에서 언급한 것처럼 사람들은 옛 시대와 새 시대의 심연에서 개인이 탄생한 것처럼 말한다. 다시 말해 휴머니즘과 계몽주의, 과학주의와 함께 가족이나 국가와 운명을 달리하는 독립적 개인이 탄생한 것처럼 말한다. 하지만 개인은 옛 시대와 새 시대의 심연에서 태어난 것이 아니라 이미 오래전에 태어나 전 세계를 유랑하고 있었다. 『계몽의 변증법』의 두 저자인 아도르노와 호르크하이머는 신화 분석을 통해 이 문제를 가장 정확하게 짚어낸다.

아도르노와 호르크하이머는 『계몽의 변증법』에서 신화와 계몽의 이분법을 비판한다. "신화는 이미 계몽이었다. 그리고 계몽은 신화로 돌아

und Gesellschaft, Tübingen: Mohr Siebeck, 1985, pp. 782, 799 참조; Jürgen Habermas, *Die postnationale Konstellation: Politische Essays*, Frankfurt am Main.: Suhrkamp, 1998, pp. 100ff.; 황태연, 「국제화와 '민족'국가의 딜레마」, 『국제문제연구』 19(1), 서울대 국제문제연구소, 1995, 141쪽 이하 참조; 한승완, 「통일 민족국가 형성을 위한 시론」, 『사회와 철학』 1, 2001, 233쪽 이하 참조.

간다."[2] 이 명제에서 알 수 있듯이, 신화의 시대와 계몽의 시대는 기묘한 방식으로 연결되어 있다. 여기서 계몽의 주체가 바로 개인이다. 이 맥락에서 앞의 명제를 바꾸어 보면, "신화의 시대에도 개인이 있었다. 그리고 계몽은 개인을 신성화하고 살해한다". 이를 논증하기 위해 그들이 분석한 신화가 『오디세이아』(Odysseia)이다.

『계몽의 변증법』에 따르면, 오디세우스는 계몽된 개인의 원형적 인물로서 시민적·계몽적 요소를 몸에 품고 있는 개인이다. 그는 무엇보다 집단으로부터 분리된 개인이다. 그는 먼저 가정 경제의 틀을 벗어난다. 앞에서 언급한 것처럼 가정 경제는 생산과 소비를 가족 안에서 완결한다. "잉여 생산물들은 때때로 교환되었지만 공급의 근본적인 원칙은 자급자족이었다."[3] 잉여 생산물의 교환은 불규칙적이고 임의적으로 이루어졌다. 그만큼 교역과 상업의 체계가 안정적이었다고 보기 어렵다. 신화에서 오디세우스가 보이는 교환이 끝없이 책략에 의해 교란되는 이유는 여기에 있다.

부정기 교환(Gelegenheitstausch)에서 큰 이득을 본 상인은 대부분 책략에 뛰어나다. 그만큼 위험을 무릅쓰는 항해가 그들의 삶을 규정한다. 오디세우스는 이처럼 가정 경제를 벗어나 성공한 상인이 귀향하면서 겪는 모험을 사업의 성공 원칙이었던 책략을 통해 극복하는 인물이다. 가정 경제를 벗어났다는 측면에서 오디세우스는 탈경제적 인간이면서 동시에 경제적 인간(homo oeconomicus)이다. 그 당시의 경제체제에서 벗어나기는 했지만 현대적 의미의 경제적 인간이다.

가족을 대표한 고대 그리스의 시민은 정치적 인간이지 경제적 인간이 아니다. 가정 경제의 책임자이기는 하지만 그에게 가장 중요한 임무는 정치 참여이다. 오디세우스 역시 전통적인 의미에서 정치적 인간이다. 그러나 그는 가족을 벗어나 홀로 자기를 보존해야 하는 현대적 개인으

---

2 테오도르 아도르노·막스 호르크하이머, 『계몽의 변증법』, 문학과지성사, 2001, 18쪽.
3 Max Weber, *Wirtschaftsgeschichte*, München/Leipzig, 1924, p. 3.

로 그려진다. 그는 집단으로부터 분리된 나약한 개인이다. 그러나 자기 스스로 생존을 책임져야 하는 개인으로서 그는 강한 경제적 인간이 된다. 이 맥락에서『계몽의 변증법』은 오디세우스와 로빈슨 크루소가 같은 인물이라고 말한다.

오디세우스와 로빈슨 크루소는 자신들의 공동체로부터 난파된 개인의 상징이다. 그들은 홀로 자신의 생명을 보존해야 할 상황에 처한 허약한 개인이다. 그들은 자신들에게 불어 닥친 생존의 위협을 공동체 바깥에서 형성한 사회적 관계를 이용함으로써 극복한다. 흔들리는 파도와 무기력한 고립, 그리고 새로운 만남의 상황 속에서 오디세우스와 로빈슨 크루소는 오직 자기 자신의 생존에만 집중하도록 특화된다. 그들에게는 더 이상 책임져야 할 가족 공동체도, 목숨을 걸고 지켜야 할 나라도 없다. 그들에게는 세계의 모든 것이 생존을 위한 대상으로 전락한다.

노동자를 사용하기 이전인데도 그들은 이미 자본주의적 경제 원칙을 구현한다. 이들이 약간이나마 건진 재화를 가지고 새로운 사업에 뛰어든다는 사실이 미화시켜 보여 주고 있는 진리는 옛날부터 기업가가 경쟁에 뛰어들기 위해서는 단순한 손의 부지런함만 가지고는 안 된다는 것이다. 자연에 대한 그들의 무기력은 이미 사회에서 주도권을 잡기 위한 이데올로기로 기능하는 것이다. 오디세우스가 거센 파도 앞에서 보이는 나약함은 원주민을 희생시켜 자신의 부를 증대시키는 것을 정당화하는 효과를 갖는다. 이것을 후에 시민경제학은 '위험 부담(Risiko)'이라는 개념으로 확정했다. 파산의 가능성이 이윤의 도덕적 근거가 된다는 것이다. 발전된 교환 사회나 이 속에 사는 개인의 관점에서 볼 때 오디세우스의 모험은 성공 가도(街道)로 접어들게 만들어 준 위험 부담의 묘사에 다름아니다. 오디세우스는 지금의 시민사회가 가능하도록 만든 근본원리에 따라 살아간다. 인간은 속이느냐 또는 파멸하느냐의 양자택일을 해야 한다.[4]

스스로 살아남아야 하는 개인이 경험하는 모험은 그들에게 자아 혹은 주체 의식을 싹트게 한다. 스스로 예측하고, 성찰하고, 문제를 풀어가는 심급으로서 자아의식과 주체 의식을 가진 개인이 태어난다. 그들이 극복해 온 위협은 신화와 함께 침몰하는 것이 아니라 주체가 계속해서 헤쳐나가야 할 공간, 곧 시장으로 세속화된다. 오랫동안 인류를 위협하던 악마들은 깊은 산속이나 해변 변두리 섬의 동굴 속으로 숨어 들어간다. 저들이 살포하던 공포는 이제 시장에서의 파산으로 대체된다. 온갖 악귀의 유혹에 홀리지 않고 고향으로 돌아온 개인에게 가장 소중한 재산은 '자기 보존'의 이념이다.

개인은 소유의 주체일 때만 온전한 개인이다. 소유권이 가족과 국가로 제한된 상태에서 개인은 없다. 무엇보다 스스로 자기 자신의 소유권자일 때 개인이 된다. 고대 그리스에서 대부분의 개인은 가족의 소유물이었다. 가장을 제외한 모든 사람은 이 맥락에서 노예이다. 그리고 시민이자 자유민으로서 지위를 가진 가장(家長) 역시 폴리스의 주권자이면서 동시에 폴리스의 소유물이다. 예나 지금이나 자신에 대한 소유권을 빼앗긴 개인은 개인으로서의 의식도 빼앗긴다.

고대 그리스를 포함한 대부분의 전통적 세계에서 개인은 다양한 형태의 집단에 소속된 소유물이었다. 심지어 집단을 만든 주체들의 경우에도 크게 다르지 않았다. 독점적 주권을 향유한 소수의 절대권력자만이 예외였다. 이런 상황에서 주체로서 자아의식을 가진 개인은 없는 것처럼 보인다. 하지만 오디세우스처럼 신화적 세계에서조차 자기 자신의 소유권자인 개인들이 활보하고 있었다. 그 뿌리는 가정 경제의 바깥에서 이루어진 교역과 상업이다.

교역과 상업은 부르주아적 개인이 생겨나고 자란 자궁이다. 비록 교역과 상업이 제한된 범위에서 이루어진 곳에서도 개인은 자란다. 다만 그렇게 탄생한 개인은 작고 비좁은 시장에서 살아가기 위해 온갖 책략과

---

4 테오도르 아도르노·막스 호르크하이머, 『계몽의 변증법』, 105쪽.

간계를 부린다. 이들의 간교한 책략은 자기 보존을 넘어 무한히 권력을 확장하는 자기 상승의 사다리가 된다. 이들의 지배를 받는 개인들의 자기 보존의 길은 온갖 불의에 순응하는 것이다. 개인은 역동적인 경제 활동의 주체로서 등장한다. 그러나 주체가 되지 못한 개인은 구걸을 통해서만 자기를 보존한다. 오디세우스는 이미 현대적 의미의 주체였다.

> 모험의 주인공은 '시민적 개인'의 원형으로서, 시민적 개인이란 개념은 바로 이 방랑하도록 운명지어진 주인공이 보여 주는 일관성 있는 자기 주장에서 발생하는 것이다.[5]

시민적 개인과 부르주아적 개인은 곳곳에서 태어났지만 세계의 주도권을 갖지 못했다. 그들이 세계의 전면에 등장한 곳이 바로 옛 시대와 새 시대의 심연이다. 주도권을 갖기 시작한 이들은 무엇보다 먼저 가족과 국가를 해체하는 작업에 들어간다. 먼저 오랫동안 개인의 소유권자로서 지위를 누려온 가족과 국가의 실체에 의문을 제기한다. 개인의 생명을 보호하고 자아실현을 보장하는 실체로서 작동해 온 가족과 국가가 이제는 개인의 자유를 위협하는 존재로 의심받기 시작한다. 옛 시대의 체계에 대한 지속적 문제 제기가 축적되면서 새로운 시대인 '현대'가 열리기 시작한다.

사회적·경제적 체제가 바뀌면서 전면에 등장한 개인을 규정하는 가장 큰 개념은 자유이다. 개인은 가족과 국가의 소유로부터 자유로워졌다. 개인은 더 이상 가정 경제의 노예가 아니다. 개인은 더 이상 국가 운명의 노예가 아니다. 개인은 이제 자기 자신의 주인이다. 이처럼 개인의 자유는 사회적·경제적 장치가 변하면서 전면에 부상한다.

모든 사람, 모든 개인이 자유인이 되었다. 이제 모든 개인은 같은 욕망을 가진 존재이다. 옛 시대의 개인은 자연(혹은 신)이 부여한 목적에 따른

---

5 테오도르 아도르노·막스 호르크하이머, 『계몽의 변증법』, 81쪽.

욕망을 가졌다. 각자가 다른 욕망, 다른 임무, 다른 목적을 가졌다. 그러나 이제 자연의 목적을 부과한 존재는 사라졌다. 모든 개인은 자신의 목적을 스스로 정할 수 있다. 그만큼 욕망이 다양할 것이라고 생각할 수 있다. 그러나 벌거벗은 개인을 지배하는 욕망은 오직 하나, 곧 생존이다.

자유로운 개인이라는 빛나는 깃발을 들고 광야로 나온 개인들 사이의 질적 차이는 사라진다. 저들은 교체 가능한 복제물처럼 유사한 욕망만을 갖는다. 대체 가능한 존재로서 개인의 자유는 생존의 공포와 동의어가 된다. 욕망은 같을수록 광기에 휩싸인다. 질적 차이가 사라진 욕망은 양적 차이에 몰입한다. 자유로운 주체들의 광기에 휩싸인 광야는 자유로운 개인들 사이에서 전쟁터가 된다.

자연스런 자유의 전쟁터에 새로운 세계의 설계자들이 등장한다. 홉스, 로크, 스피노자, 흄, 루소, 스미스, 칸트는 이 시대의 대표적 설계자들이다. 17~18세기에 세계의 설계자들은 크게 두 가지 고민에 직면한다.

첫 번째 고민은 자연적 자유의 주체인 개인이 새로운 시대의 이념인 자유를 지키면서 동시에 공동의 삶이 가능하기 위한 규범의 근거를 마련하는 일이었다. 두 번째 고민은 자유로운 개인이 생존의 위험으로부터 벗어나 보다 안전한 공동체의 체계를 설계하는 일이었다. 첫 번째 고민이 도덕(윤리) 규범의 철학적 토대를 마련하는 것이라면, 두 번째 고민은 자기 보존에 최적화된 국가의 법체계를 구성하는 일이다.

전통 사회에서 규범의 근거는 공동체 안에서 오랫동안 축적된 공동의 기억과 그에 근거를 둔 덕성이었다. 공동체 안에서 전통적 규범은 정당화의 요구를 받지 않았다. 전통적인 도덕 담론은 대부분 정당화보다는 적용 담론에 집중하는 경향이 강하지만, 새로운 시대의 모든 도덕적 규범은 강한 정당화의 요구에 직면한다.

자유인은 이제 자기 행동의 근거를 자기 자신으로부터 찾아야 한다. 따라서 보편성을 요구하는 모든 규범은 자유인에게 규범의 정당성을 설명해야만 한다. 자유인에게 규범의 정당화 근거는 당연히 자유에서 구해질 수밖에 없다. 자유가 없는 사람은 규범의 정당화 요구를 하지 않는다.

그는 단지 명령에 복종하는 행위를 할 뿐이기 때문이다. 여기서 새로운 세계의 설계자들에게 중대한 문제가 생긴다.

새로운 세계를 설계하려던 철학자들은 규범의 정당화 근거로서 자유의 뿌리가 무엇인지에 답해야만 했다. 이와 관련된 담론에서 자유의지(Willensfreiheit/freedom of will)와 자유 행동(Handlungsfreiheit/freedom of action)의 문제가 급부상한다. 전통 사회에서 자유의 뿌리는 자연이다. 자연이 부여한 목적에 따라 자유를 부여받은 것이다. 그러나 이제 자연이 아니라 인간 스스로 자신 안에서 자유의 근거를 찾아야 한다.

자유의 뿌리를 찾는 작업과 함께 두 번째 고민으로 떠오른 문제가 자기 보존이다. 앞에서 언급한 것처럼 전통 사회는 자기실현의 패러다임이 지배했다. 자기실현에서 자기는 이미 규정되었다. 모든 사람은 태어나는 순간 실현해야 할 자기가 정해진다. 삶은 정해진 자기가 실현해야 할 일을 수행하는 과정이다. 하지만 현대 사회에서 남이 정해 준 목적을 실현해야 할 자기는 없다. 개인은 스스로 자기의 이념과 목표, 가치를 정하고 실현해야 한다. 따라서 자기가 스스로를 만들어야 한다. 그러나 그에 앞서 자기의 생명부터 지켜야 한다. 자유로운 개인이 가장 첫 번째 직면한 과제는 자기 보존이다.

17~18세기 유럽의 철학자들이 자기 보존을 위해 찾은 해결책이 사회계약(social contract)이다. 사회계약은 개인과 개인의 이해관계와 이익 관계를 조정한 협의를 토대로 맺는 계약이 아니다. 사회계약은 개인들이 만나 소통하면서 공동의 의견과 의지를 모아 만든 합의의 계약이다. 두 인격의 결합된 선택의지의 활동으로서 이해관계의 조정과 관련된 계약은 사법의 문제인 반면에, 사회계약은 기본적으로 사법과는 무관하다. 사회계약은 국가체제와 관련된 공법의 문제이다.

우리는 17~18세기 새로운 세계의 설계자로 등장한 철학자들이 자유로운 개인의 등장과 함께 제기된 두 가지 문제, 즉 ① 자유의 뿌리와 ② 자기 보존의 문제를 어떻게 풀어 가는지 좀더 면밀히 살피고자 한다. 이 과정에서 우리는 자유의 지평이 공적 지평에서 사적 지평으로 전환되는 계기와 그로부터 생겨나는 문제들을 찾아낼 수 있다. 아울러 우리는 사적 자유로 축소된 자유의 최대화가 어떻게 폭력과 타협하는지도 알 수 있을 것이다.

1. 새로운 자유의 주체로서 개인

자유의지는 자유의 뿌리를 의지에서 찾은 학자들의 개념이다. 전통적으로 자유의지는 신만이 소유한 것처럼 생각하는 경향이 있었다. 인간은 신이 설계한 세계에서 신의 계획에 따라 움직이는 피조물일 뿐이다. 이런 인간에게 자유의지가 있다는 것은 언뜻 받아들이기 힘든 것처럼 보인다. 그러나 거꾸로 인간에게 자유의지가 없다면 신의 가치는 올라가기보다 떨어질 위험이 더 크다.

신이 아무런 자유의지도 없는 존재를 만들어 자신의 계획에 따라 움직이게 하는 것이 신의 세계라면 그것은 죽은 세계이다. 따라서 신의 영광을 위해서라도 신은 인간에게 자유의지를 부여하는 것이 더 합리적이다. 다시 말해 신이 설계한 세계 내부에서 살아가는 인간에게 제한된 의미의 자유의지를 신이 부여했다고 보는 것이다. 이 맥락에서 중세 철학자들은 이미 인간의 자유의지에 대해 심층적 담론을 펼치고 있었다.

대표적으로 토마스 아퀴나스(Thomas Aquinas)는 자유의지와 관련된 담론에 깊이 관여했다. 그는 우선 자연 사물의 세계와 도덕의 세계를 구별했는데, 특히 『악에 대하여』에서 자연 존재자의 영역(in rebus naturalibus)과는 본질적으로 다른 의지적인 것의 영역(in voluntariis)으로 도덕 존재자의 영역을 설정한다.[6] 그에게 도덕은 의지적 행위와 관련된다. 그런데 그는 의지적 행위에 의지만이 아니라 이성이 함께 작용하는

---

6 이상섭, 「의지의 자유선택에 있어서 이성의 역할: 토마스 아퀴나스에게서 의지와 이성의 관계에 대한 하나의 고찰」, 『철학연구』 145, 대한철학회, 2018, 325쪽 참조.

것으로 보았다. 이 경우에 이성이 의지를 움직이는지, 아니면 의지가 이성을 움직이는지가 밝혀져야 한다.

잘 알려진 것처럼 토마스 아퀴나스는 기본적으로 이성이 의지를 움직이는 것으로 보았다. 다만 이성의 판단에 의지가 곧바로 종속되지는 않는다고 부언한다. 이성이 결정한 것의 수행에서 의지의 역할을 부여한 것이다. 좋은 것에 대한 판단은 이성이 하지만, 판단한 것을 행위로 이끄는 것은 전적으로 의지이다. 토마스 아퀴나스에 따르면, 사변적 맥락에서는 이성이 의지에 앞서지만 실천적 맥락에서는 거꾸로 의지가 이성에 앞선다.

토마스 아퀴나스는 도덕을 이성과 의지의 일치로 해명한다. 실천의 맥락에서 우선성을 갖는 의지는 실천이성의 판단을 행위로 옮기는 힘이기도 하지만, 그 전에 옳음을 지향하는 실천이성을 작동하게 하는 힘이기도 하다. 의지는 이성을 움직이면서 동시에 그 이성의 판단을 실현한다. 토마스 아퀴나스에게서 의지의 자유는 곧 실천이성의 자유이다.[7] 이는 인간에게만 가능한 일이다.

> 의식 없는 행위자(Agents)는 돌이 땅에 떨어지는 방식으로 판단 없이 행동한다. 둔한 동물 같은 일부 행위자는 판단에 따라 행동하지만 자유로운 판단은 하지 않는다. 늑대를 관찰하는 양은 도주가 적합하다는 자연 판단을 하는 것이지 자유 판단을 하는 것은 아니다. 이 판단은 논쟁을 고려한 것이 아니라 자연적 본능에 따른 것이며, 이는 모든 동물의 판단에서 확인된다. 그러나 인간은 자기 스스로 결정하며, 경험을 바탕으로 무언가를 피하거나 추구할지를 판단한다. 그리고 특수한 실천적 평가는 타고난 본능의 문제가 아니라 이리저리 따져본 결과에 따른 것이기에 인간은 자유로운 판단 능력에 따라 행동하고 다양한 방법으로

---

7 David M. Gallagher, "Free Choice and Free Judgment in Thomas Aquinas", *Archiv für Geschichte der Philosophie* 76, 1994, p. 248 참조.

갈 수 있다. 우연적인 문제에 직면했을 때, 이성은 어느 쪽이든 갈 수 있다. …… 그리고 특수한 상황과 관련된 것은 우연적 일이다. 이 경우에 이성은 선택에 열려 있으며, 어느 한쪽으로 확정하지 않는다. 이렇듯이 인간은 합리적이기 때문에 자유로운 결정을 향유한다.[8]

인간은 자유로운 결정을 한다. 이때 행위의 원인이 인간에게 있다는 맥락에서 인간은 자유로운 존재이다. 그렇다면 이 세계가 움직이는 원인은 어디에 있는가? 토마스 아퀴나스는 그 원인이 신에 있다고 말한다. 오직 신만이 세계에 대한 완전한 자유의지를 가지고 있다. 인간은 인간 행위에서, 특히 도덕적 행위 영역에 한해 자유의지를 갖는다. 그 자유의지는 더 큰 맥락에서 실천이성과 하나가 되어야 한다.

토마스 아퀴나스가 말하듯이, 중세의 도덕적 인간의 의지는 신의 의지를 인식한 이성과 일치해야만 한다. 그렇다고 이성이 전적으로 의지를 통제한다면 인간에게서 자유는 사라진다. 자유가 없는 인간 세계의 주권자로 전락한 신 역시 절대자의 명예를 상실한다. 그 때문에 신의 자유의지를 인식한 이성을 촉진하면서 동시에 실천이성을 실현하는 자유의지가 인간에게 있어야만 한다.

이처럼 신의 왕국에서는 오랫동안 인간의 자유의지를 신의 자유의지 안에서 도덕의 증거로 내세웠다. 이런 이유 때문에 새로운 세계의 설계자로 급부상한 철학자 홉스는 자유의 뿌리를 의지에서 찾는 것에 회의적이었다. 자기 보존이라는 절체절명의 위기를 맞이한 개인에게 자유는 행동하는 것에 있지 의지하는 것에 있지 않았다.

홉스는 새로운 시대의 자유 개념을 설명하면서 고대 그리스의 자유 개념의 특징을 두 가지로 설명한다. 먼저 그는 고대 그리스의 자유 개념이 정치체제와 무관하다는 것을 분명하게 말한다. 사람들은 흔히 고대 그리

---

8 Thomas Aquinas, *Summa Theologica*, Part I, New York: Benzinger Brothers, 83, 1c., 1947.

스의 자유가 민주정체의 고유한 특징인 것처럼 이해한다. 하지만 플라톤과 아리스토텔레스의 작품에서 알 수 있듯이, 자유는 어느 정치체제에나 있었다. 다만 정치체제에 따라 자유를 향유하는 사람들의 범위와 내용이 달랐다. 물론, 민주정체에서 자유가 양적으로나 질적으로 풍부하게 향유되었다는 것은 분명하다. 그런데도 홉스가 고대 그리스에서 자유와 정치체제가 관계없다는 것을 말하는 이유는 자유와 민주정체가 필연적 연관성이 없다는 것을 말하고 싶어서이다. 더 나아가 민주정체가 아니라 군주정체를 자유가 최대화한 정치체제로 기술하기 위해서이다.

홉스는 고대 그리스의 전통에 기대어 자유와 민주정체의 관계를 끊으려고 한다. 그리고 자신의 자유관과 고대 그리스의 자유관이 근본적으로 다르다는 것을 보이고자 한다. 한편으로는 고대 그리스의 전통에 기대면서 다른 한편으로는 단절을 꾀하는 것이다. 홉스가 단절하려는 것은 자유의 주체 문제이다. 그는 고대 그리스와 로마에서 향유된 자유의 주체가 코먼웰스(Commonwealth)라고 한다.[9]

고대 그리이스인과 로마인의 역사책이나 철학책에서, …… 자유는 매우 고귀한 것으로 언급되어 왔다. 하지만 그 자유는 사사로운 개인의 자유가 아니라 코먼웰스의 자유이다. …… 아테네인들과 로마인들은 자유를 누렸다. 즉 자유로운 코먼웰스들이었다. …… 오늘날에도 루카 시(市)의 성탑에는 자유(LIBERTAS)라는 말이 큰 글씨로 씌어 있다. 그러나 그렇다고 해서 루카의 시민 개개인이 콘스탄티노플의 시민보다 더 많은 자유를 지니고 있다든가, 코먼웰스에 대한 봉사를 면제받고 있다고 추론할 수는 없다. 군주정이건 민주정이건 코먼웰스의 자유는 동일한 것이다.[10]

9　코먼웰스는 일반적으로 공공복지를 가리키는 말이다. 영국에서는 1649년 청교도혁명으로 등장한 올리버 크롬웰(Oliver Cromwell)의 공화국을 지칭하는 말로 쓰였다. 홉스의 『리바이어던』은 크롬웰의 코먼웰스 시기에 발행된 저서이다. 하지만 홉스는 코먼웰스를 정치체제와 무관하게 일반적 의미에서 정치 공동체를 가리키는 말로 쓴다.

홉스가 볼 때, 고대 그리스의 자유는 정치체제와 관계없이 코먼웰스의 자유이다. 반면에 홉스가 지향하는 자유는 군주정체에서 최대화할 수 있는 개인의 자유이다. 그에게 코먼웰스는 자유로운 개인의 자기 보존을 위해 체결한 사회계약의 산물이다.[11] 홉스는 고대 그리스나 로마의 정치 공동체를 코먼웰스라고 부르는데, 이때 고대의 정치체제가 사회계약에 의해 확립되었다는 것을 의미하지는 않는다. 반면에 그 자신이 설계한 정치체제를 부르는 이름으로서 코먼웰스는 사회계약에 의해 성립된 절대군주정체를 가리킨다.[12]

홉스에게서 코먼웰스는 자유를 실현할 수 있는 정치 제도이다. 코먼웰스가 자유의 주체이거나 담지자일 수는 없다. 이 점에서 그는 분명하게 고대와 작별한다. 그가 자유의 담지자로 설정한 개인은 더 이상 가족 공동체와 국가 공동체의 구성원이 아니다. 가족과 국가로부터 독립된 혹은 그것들과 무관한 개인이 자유의 주체이다. 사실 이런 개인은 존재하지 않는다. 모든 인간은 태어나는 순간에 이미 어떤 가족과 국가의 구성원이다. 따라서 홉스는 가족과 국가로부터 자유로운 개인을 설계하기 위해 사고 실험을 단행한다. 사고 실험을 통해 처음으로 설계된 세계가 자연 상태이다. 홉스는 자연 상태의 개인에게 자유를 자연권으로 부여한다.[13]

일반적으로 학자들이 '자연적 권리'(jus naturale)라고 부르는 '자연

---

10 토머스 홉스, 진석용 옮김, 『리바이어던 1』, 나남출판, 2008, 286~87쪽.

11 홉스는 사회계약과 관련된 정치철학의 창시자이다. Wolfgang Kersting, "Einleitung: Die Begründung der poloitischen Philosophie der Neuzeit im *Leviathan*", in: Wolfgang Kersting (Hg.), *Leviathan oder Stoff, Form und Gewalt eines bürgerlichen und kirchlichen Staates*, Berlin: Akademie Verlag, 1996, p. 21 참조.

12 토머스 홉스, 『리바이어던 1』, 235쪽 참조.

13 이 맥락에서 홉스는 일반적으로 자연법론자로 분류된다. 그러나 그의 자연권과 사회 계약의 정당화가 인간의 자발적 동의에 기초한 주의주의적 성격이 강하고 주의주의와 자연법론은 함께할 수 없기 때문에 홉스는 자연법론자가 아니라는 관점도 있다. 이런 관점은 Heinrich A. Rommen, *The Natural Law*, Liberty Fund, 1998, p. 73 참조.

권'(right of nature)은 모든 사람이 그 자신의 본성, 즉 자신의 생명을 보존하기 위해 자기 뜻대로 힘을 사용할 수 있는 자유, 즉 그 자신의 판단과 이성에 따라 가장 적합한 조치라고 생각되는 어떤 일을 할 수 있는 자유를 말한다.[14]

홉스는 자유를 모든 인간이 향유할 수 있는 자연권으로 규정함으로써 사고의 혁명을 일으킨다. 그가 사고 실험을 통해 설계한 자연 상태는 그 자체로 사고의 혁명이다. 그동안 인류 역사에서 가장 자유로운 땅으로 묘사된 고대 그리스의 아테네에서조차 모든 사람이 자유롭다는 생각은 하지 못했다. 플라톤과 아리스토텔레스뿐만 아니라 그 어떤 위대한 철학자도 이제까지 모든 사람에게 동등한 자유가 있다고 사유하지 않았다.

홉스는 그저 '플라톤 이래로 가장 독창적인 정치철학자'[15]였던 것이 아니라 인류 역사에서 가장 위대한 '사고 혁명'(Denkrevolution)[16]을 단행한 철학자이다. 그가 성취한 사고 혁명의 위대성은 그의 자유주의적 정치철학과 그 영향력에 대한 동의와는 무관하다. 대부분의 위대한 사상가들이 그렇듯이, 홉스 역시 빛과 어둠의 이분법을 넘어서는 다양한 얼굴을 가지고 있다. 어떤 학자는 하얀 홉스만 보고, 어떤 학자는 검은 홉스만 본다.[17] 하지만 홉스는 흑과 백 사이의 수많은 색의 조합이다.

홉스가 단행한 사고 혁명의 첫 단계는 인간을 신의 목적을 실현하는 도구 역할로부터 해방하는 일이다.[18] 고대 그리스의 전통을 잇는 고전적

14 토머스 홉스, 『리바이어던 1』, 176쪽.

15 Vittorio Hösle, *Moral und Politik*, München: C. H. Beck, 1997, p. 60.

16 Wolfgang Kersting, "Einleitung: Die Begründung der poloitischen Philosophie der Neuzeit im *Leviathan*", p. 9.

17 Wolfgang Kersting, *Thomas Hobbes zur Einführung*, Hamburg: Junius, 1992, pp. 187ff.

18 Christine Chwaszcza, "Anthropologie und Moralphilosophie im ersten Teil des *Leviathan*", in: Wolfgang Kersting (Hg.), *Leviathan oder Stoff, Form und Gewalt eines bürgerlichen und Kirchlchen Staates*, Berlin: Akademie Verlag. 1996, pp. 83ff. 참조.『리바이어던』에서 홉스가 보여주는 인간학은 철저하게 반(反)아리스토텔레스, 곧 반

사유의 뿌리 속에는 목적론이 자리 잡고 있었다. 목적론에 따르면, 세계의 모든 존재는 고유한 목적을 가지고 있다. 자연의 모든 존재는 그 자연을 창조한 자가 부여한 목적을 갖는다. 인간이 만든 존재의 목적은 인간이 부여한다. 예를 들어 책상의 목적은 그것을 만든 인간이 부여한다. 그렇다면 인간의 목적은 누가 부여하는가?

목적론에 따르면, 인간의 목적은 인간을 만든 존재가 부여한다. 누가 인간을 만들었는가? 종교는 절대자로 설정한 존재가 인간을 설계한 것으로 말한다. 따라서 신화와 종교가 지배하는 시대의 인간은 자신을 창조한 신적 존재가 부여한 목적을 실현할 의무를 갖는다. 모든 목적은 '궁극 목적(finis ultimus)이나 최고선(summum bonum)'[19]에 따라 배열된다. 인간은 어떻게 신이 부여한 목적을 알 수 있는가?

고전적인 목적론은 개개인이 어떤 목적을 타고났는지 스스로 알아야 한다고 말하지 않는다. 만약 개개인이 자신의 목적을 찾으려면 모든 개인에게 자유가 있어야 한다. 그러나 전통 사회에서 대부분의 개인은 자유인이 아니다. 따라서 목적론은 정치적으로 이미 결정된 자유인과 비자유인의 구별을 사후적으로 정당화한다. 자유인에게는 자유인으로서 살아갈 목적이 부여되었고, 자유가 없는 노예에게는 노예로서 살아갈 목적이 부여된 것이다. 군주와 신하, 남자와 여자, 아버지와 아들도 주인과 노예처럼 목적이 부여되고 그 목적에 따라 살아가는 것이 자아실현이다.

전통 사회에서 신분 질서를 비롯한 대부분의 불평등하고 불공정한 인간 관계를 정당화하는 제도는 목적론에 의해 그 타당성을 부여받는다. 이 맥락에서 목적론은 억압적 질서를 정당화해 온 이데올로기였다. 목적론의 프레임 안에서 모든 인간은 자신에게 부여된 목적을 실현해야 하는 도구로 전락한다. 목적론은 이처럼 인간을 목적적 존재가 아니라 도

(反)목적론이라고 할 수 있다.

19 홉스는 아리스토텔레스에서 토마스 아퀴나스에 이르는 고전적 목적론의 핵심 개념인 '궁극 목적'과 '최고선'을 부정한다. 토머스 홉스, 『리바이어던 1』, 137쪽.

구적 존재, 곧 수단으로 전락시켰다. 홉스는 인간을 수단으로 전락시켜 온 목적론과 급진적으로 결별한다.

홉스는 인간을 만든 존재가 인간에게 어떤 목적을 부여했는지 고민하지 않는다. 그의 사고 혁명은 인간을 안고 자연 상태로 들어간 것에서 시작된다. 자연 상태에서 인간은 자연의 딸이자 아들이다. 자연 상태에서 인간은 자신이 어떤 신분, 어떤 가문, 어떤 부모, 어떤 능력, 어떤 역사, 어떤 문화에서 나고 자랐는지 알지 못한다. 자연 상태의 인간은 경제 공동체인 가족뿐만 아니라 정치 공동체인 국가도 없다.

인간이 만들어 온 모든 정치적 질서가 사라진 자연 상태에서 인간에게는 두 가지 능력과 한 가지 권리가 주어져 있다. 홉스에 따르면, 첫째, 자연 상태의 인간은 먼저 생명을 유지하고 싶은 자기 보존의 욕망을 가지고 있다. 둘째, 인간은 자기 보존을 위해 가장 적합한 길을 찾아갈 수 있는 능력으로서의 이성을 가지고 있다.

자기 보존의 욕망이 어떻게 능력인지에 대한 의문을 제기할 수 있다. 욕망이 아니라 그것을 실현할 수 있는 힘이 능력이라고 말할 수 있다. 그러나 자기 보존의 욕망을 다른 어떤 가치보다 더 자연스럽고 그만큼 중요한 것으로 간주하는 것 자체가 능력이다. 가장 자연스런 자기 보존의 욕망조차 사실은 사회적이다. 사회적이기 때문에 맥락에 따라 그것의 가치가 다르게 평가된다. 따라서 가장 자연스런 욕망으로 사회적 인정을 받은 자기 보존의 욕망은 중대한 능력이다.

고전적인 사상 체계에서 이성은 인간의 소유물이 아니었다. 이성은 인간이 아니라 세계의 정신이었다. 세계를 위계적 질서의 체계로 이해한 사상체계에서는 이성 역시 위계적으로 질서 지워졌다. 신적 이성, 인간 이성, 자연 이성처럼 모든 가치 있는 존재의 표시가 이성이었다. 반면에 홉스가 말하는 이성은 자기 보존이라는 목적을 실현하기 위해 가장 적합한 수단과 도구를 찾아내는 인간의 주관적 추론 능력과 계산(reckoning) 능력을 가리킨다.

2. 자유의지와 자유 행동

홉스가 자연 상태의 인간에게 부여한 두 가지 능력은 ① 자기 보존의 능력, ② 도구적 이성 능력이다.[20] 두 가지 능력이 합쳐져 인간에게 어떤 일을 하도록 지시하거나 혹은 하지 못하도록 금지하는 법이 생겨난다. 이를 가리켜 홉스는 자연법이라고 한다.

> 자연법(lex naturalis)이란 인간의 이성이 찾아낸 계율(precept) 또는 일반적 원칙(general rule)을 말한다. 이 자연법에 따라, 자신의 생명을 파괴하는 행위나 자신의 생명 보존의 수단을 박탈하는 행위는 금지되며, 또한 자신의 생명 보존에 가장 적합하다고 생각되는 행위를 포기하는 것이 금지된다.[21]

자연 상태의 인간은 두 가지 능력이 있다. 이 능력을 사용하는 것이 자연의 법칙, 곧 자연법이다. 그러나 인간은 능력이 있다고 그것을 함부로 사용할 수 없다. 허가되지 않은 힘의 사용은 범죄로 처벌된다. 이것이 문명이다. 홉스는 이런 억압적 문명 질서로부터 인간을 해방한다. 그는 자연 상태의 인간에게 두 가지 능력을 무제한 사용할 수 있는 권리, 곧 자유를 부여한다.

---

20 홉스의 이성 개념을 도구적 이성으로 환원할 수 없다는 주장이 있다. 이들에 따르면, 홉스의 이성은 연역·추론하는 이성, 자기 보존을 위한 이성, 도구적 이성, 상호적 이성의 특성을 가지고 있어 다원적이며, 다원적 이성 안에 서열화는 없다. 목광수, 「홉스의 이성 개념 고찰: 리바이어던의 어리석은 사람 논의를 중심으로」, 『철학논총』 68, 2012, 245쪽 이하 참조.

21 토머스 홉스, 『리바이어던 1』, 176쪽. "권리는 어떤 일을 하거나, 혹은 하지 않을 자유를 말하는 반면, 법은 어떤 일을 하도록 지시하거나 혹은 하지 못하도록 금지하는 것이기 때문이다. 그러므로 법과 권리는 의무와 자유만큼이나 다르며, 똑같은 방식으로 서로 다른 말이다." 토머스 홉스, 『리바이어던 1』, 177쪽. 홉스는 『리바이어던』 제14장과 제15장에서 19개의 자연법을 제시하고 있는데, 책의 마지막에 하나를 추가한다. 따라서 홉스의 『리바이어던』이 제시한 자연법은 20개이다.

홉스의 자유는 문명권이 아니라 자연권이다. 전통적인 문명에서 자유는 특수한 사람들의 권리였다. 그러나 이제 자유는 인간이면 누구나 갖는 권리이다. 자유는 더 이상 가족을 위해, 국가를 위해 사용해야만 하는 제한된 권리가 아니다. 자유는 이제 오직 자기 보존과 도구적 이성의 능력을 사용하는 데 어떤 제약도 받지 않는 무제한적 권리이다. 자유는 자연법에 따라 행동할 수 있는 무제약적 자연권이다.

자유를 개인이 가진 자연권으로 설정하면서 홉스는 전통적 정치 질서와 작별한다. 개인은 먼저 가족과 국가로부터 해방된다. 개인은 이제 가족과 국가가 부여한 의무에 정당성을 부여하던 목적론으로부터 해방된다. 자신의 삶의 목적은 이제 자기 자신이 정할 수 있다. 개인은 자신의 능력을 오직 자기 자신을 위해 쓸 수 있다. 자유라는 자연권과 함께 모든 사람이 개인이 된다. 자유와 함께 평등한 개인이 정치 질서의 전면에 등장한다.

> 자연은 인간이 육체적·정신적 능력의 측면에서 평등하도록 창조했다. 간혹 육체적 능력이 남보다 더 강한 사람도 있고, 정신적 능력이 남보다 뛰어난 경우도 있지만, 양쪽을 모두 합하여 평가한다면, 인간들 사이에 능력 차이는 거의 없다. 있다고 하더라도 다른 사람보다 더 많은 이익을 주장할 수 있을 만큼 크지는 않다. 왜냐하면 체력이 아무리 약한 사람이라 하더라도 음모를 꾸미거나, 혹은 같은 처지에 있는 약자들끼리 공모하면 아무리 강한 사람이라도 충분히 죽일 수 있기 때문이다.[22]

홉스는 인간의 능력을 자기 보존의 욕망과 도구적 이성으로 단순화함으로써 인간을 평등한 존재로 설계한다. 홉스의 평등은 능력의 평등이다. 흔히 평등은 권리로 이해된다. 하지만 홉스는 평등을 권리가 아니라 사실로 기술한다. 엄밀하게 말해 그가 말한 평등은 자연 상태라는 사고

---

22 토머스 홉스, 『리바이어던 1』, 168쪽.

실험 안에서 사실로 기술된 평등이다. 따라서 그의 평등은 권리도 아니지만 실재하는 사실도 아니다. 그의 평등은 가상 공간에서 설계된 사실이다.

가상 공간에서 사실로 설계된 능력의 평등은 권리의 평등을 요구하지 않는다. 그는 오히려 능력의 평등이 현실의 평등을 희망하는 것에서 '자연 상태=전쟁 상태'라는 등식을 만들어 낸다. 능력이 평등한 사람은 실제 평등을 희망한다. 그러나 자연 상태에서 능력이 평등한 개인은 모두가 자기 보존을 염려해야만 한다. 자유를 사용할 수 있는 능력의 평등은 모든 사람을 불안정한 상태로 몰아넣는다.

자유라는 자연권을 행사하는 데 있어 능력이 평등한 개인들은 서로가 서로에게 적일 수밖에 없다. 자연 상태에는 어떤 안전 지대도 없다. 자연 상태에서 인간의 삶은 아름답지 않다. 평등뿐만 아니라 자유도 인간에게 아름다운 선물이 아니다. "끊임없는 공포와 생사의 갈림길에서 인간의 삶은 고독하고, 가난하고, 험악하고, 잔인하고, 그리고 짧다."[23] 잔인한 전쟁 상태에서 개인의 안전을 보장하는 것이 권력이다. 따라서 평등한 자유를 가진 인간 개개인은 권력을 향한 욕망에 사로잡힌다.

자기 보존을 향한 욕망은 결국 권력을 향한 끝없는 욕망으로 발전한다. 권력을 향한 욕망은 멈추지 않는다. 권력은 끝없이 상승할 때에만 힘을 유지할 수 있다. 권력은 자기 보존의 욕망에 뿌리를 둔 자기 상승의 욕망이다. 홉스는 인간의 생활 태도(manners)에서 끝없는 자기 상승을 향한 권력 욕망을 가장 강력한 것으로 간주한다.

> 그러므로 나는 모든 인간에게 발견되는 일반적 성향으로서 죽을 때까지 계속되는, 힘(power)에 대한 끝없는 욕망을 제일 먼저 들고자 한다. 이것은 인간이 이미 획득한 것보다 더 강렬한 환희를 구하기 때문에 그런 것이 아니요, 보통 수준의 힘에 만족할 수 없기 때문에 그런 것도

---

23 토머스 홉스, 『리바이어던 1』, 172쪽.

아니다. 잘 살기 위한 더 많은 힘과 수단을 획득하지 않으면, 현재 소유하고 있는 힘이나 수단조차 확보할 수 없기 때문이다.[24]

홉스는 이처럼 고전적인 정치 질서만이 아니라 인간관으로부터도 확실하게 결별한다. 인간은 더 이상 고귀한 덕을 실현해야만 하는 존재가 아니다. 사고 실험을 통해 그려진 가상 공간인 자연 상태에서 인간은 끝없이 펼쳐지는 전쟁에서 살아남기 위해 끝없이 권력을 키워야 하는 존재가 된다. 더 많은 권력을 향한 욕망은 어떤 제약도 받지 않는다. 고전적 정치체제에서 가족과 국가 안에서의 권력은 제약되었으며, 제약된 권력을 분할해 공정하게 나누는 것이 자유였다. 이제 새로운 시대의 자유는 더 많은 자유를 갖는 것이다. 더 많은 권력을 향한 자유는 자연 상태에서 유일한 덕목인 자기 보존의 프레임 안에서 정당화된다. 그러나 자연 상태의 인간의 삶은 잔인하고 짧다. 그만큼 인간은 자기 보존과 자기 상승의 욕망에 휩싸일 수밖에 없다. 항구적 위기 상황에 처한 인간에게 자유는 이제 의지와 행위 사이에서 그 명확한 뜻이 밝혀져야 한다.

자유(liberty)란 말은 정확히 말하면 외부적 방해의 부재를 의미한다. 외부적 방해가 있을 경우에는 인간이 자기의 뜻대로 힘을 사용하는 데 제한받기는 하지만, 그렇다고 자신의 판단과, 그리고 자신의 이성이 명하는 바에 따라 사용 가능한 힘을 행사하는 것까지 막을 수는 없다.[25]

인용문에서 자유에 대한 홉스의 정의는 여러 가지 선택할 수 있는 가능성 중에서 하나를 선택하는 힘으로서의 의지와 직접 관계하지 않는다. 그에게서 자유는 정해진 의지가 행위로 이어질 수 있는 가능성과 관계한다. 예를 들어 나는 당신에게 사랑을 고백하기로 결정했다. 그리고 이

---

24 토머스 홉스, 『리바이어던 1』, 138쪽.
25 토머스 홉스, 『리바이어던 1』, 176쪽.

제6장 인권 중심의 자유: 사적 자유의 최대화와 폭력의 국가 독점 287

결정에 따라 실제로 내가 당신에게 사랑을 고백했다면, 나의 행위는 자유다라고 말할 수 있다. 앞의 인용문에서 홉스는 나의 결정이 자유롭게 이루어졌는지에 대해 말하지 않는다.

자유에 대한 정의에서 홉스는 내부적 방해에 대해서는 언급하지 않는다. 홉스는 "자유란 내·외부적 방해의 부재를 의미한다"라고 말할 수도 있었다. 일상적으로 자유는 외부만이 아니라 내부에서도 방해받을 수 있는 것처럼 보이기 때문이다. 그러나 홉스는 내부적 방해의 부재를 자유라고 말하지 않는다. 이는 그가 의사 결정이 내려지기 이전의 과정에서 방해가 있었는지를 문제삼지 않으려는 의도를 가지고 있기 때문이다.

앞의 사례에서 우리는 사랑을 고백하기로 결정하는 데에 이르는 과정에서 내·외적 강제가 있다고 생각할 수 있다. 이 강제를 이겨내고 스스로 사랑 고백을 결정했다고 믿을 때, 이를 가리켜 우리는 의지의 자유 혹은 자유의지라고 말한다. 그에게서 의지의 결정이 있기 전에 내부적 방해라고 할 수 있는 것은 여러 가지 선택 가능한 것 중에 하나로 이해된다. 사랑을 고백하지 못하도록 하는 요인이 있을 수 있다. 그렇지만 나는 숙고(deliberation)를 거쳐 사랑을 고백하기로 결정한 것이다. 홉스는 이처럼 숙고의 결과로부터 얻어진 최종적 욕구(사랑 고백)를 의지라고 한다.

어떤 행위를 하려는 최종적 욕구, 아니면 어떤 행위를 하지 않으려는 최종적 혐오가 의지이다. 홉스에 따르면, 숙고가 끝나지 않은 상태에서 결정된 잠정적 욕구는 의지가 아니라 의향(inclination)일 뿐이다. 그에게서 의지는 '자발적 행위'(voluntary act)를 유발하는 힘이다. 의향에는 자발적 의지를 이끌어 낼 힘이 없다.[26] 여기서 중대한 물음이 생긴다. 홉스는 의지가 자유를 가지고 있다고 보았는지, 있다면 그 자유의지는 어떤 것인지를 물어야 한다.

우선 앞의 인용문에서 정의되고 있는 자유에는 의지의 자유에 대한 언급이 없다. 홉스는 자유의지의 유무에 대해 논의하지 않는다. 그러나

---

26 토머스 홉스, 『리바이어던 1』, 87~89쪽 참조.

자세히 살펴보면, 그는 마음속에서 이루어지는 의지 형성의 과정에 대해 축약해 설명하고 있다. 일단 외부적 방해가 있을 경우에 나의 자유는 제약될 수 있다. 이때 방해를 받는 자유는 행동의 자유, 곧 자유 행동(Handlungsfreiheit)이다. 홉스는 자유 행동이 제한될 수 있다고 말한다. 하지만 그 이전에 최종적 의사 결정의 과정에서 개입되는 방해는 설정하지 않는다. 숙고에는 방해가 아니라 선택만 있을 뿐이다. 선택 과정에 관여하는 것으로 홉스는 판단과 이성을 거론한다. 홉스에 따르면, 판단과 이성의 명령에 따라 사용 가능한 힘을 행사하는 것이 의지이다.

의지는 판단과 이성의 명령에 따라 최종적 욕구를 갖는 것이다. 여기서 우리는 언뜻 홉스가 자유를 설명하는 과정에서 스콜라 철학과 타협하는 것이 아닌지 의심할 수 있다. 판단과 이성의 명령에 따르는 자유의지의 프레임을 우리는 이미 토마스 아퀴나스의 철학에서 보았다. 토마스 아퀴나스는 자유의지를 실천이성의 촉진자이자 실현자로 서술한다. 이는 곧 자유의지가 이성의 명령에 따르는 욕구, 다시 말해 '이성적 욕구'(rational appetite)라는 것을 말한다. 이는 홉스가 의지를 판단과 이성의 명령에 따라 내려진 최종적 욕구라고 정의할 때와 거의 일치한다. 그런데 이런 의심에 대해 홉스는 거꾸로 말한다. 그에 따르면, "스콜라 학자들은 일반적으로 '의지'를 '이성적 욕구'라고 정의하고 있는데 이것은 올바르지 못하다".[27]

홉스는 의지가 '이성적 욕구'가 아니라 '자발적 행위'를 유발하는 힘이라고 말한다. 자발적 행위가 무엇인가? 자발적 행위 혹은 자발적 운동(voluntary motion)은 자유로운 의사에 기반을 둔 운동이다. 홉스에 따르면, 모든 동물은 두 가지 운동, 즉 ① 생명의 지탱을 위한(vital) 운동과 ② 자발적 운동을 한다. ①은 태어나서 죽을 때까지 이루어지는 생명체로서의 자동적인 유기체적 운동이다. 반면에 ②는 의식을 통해 신체의 시·공간적 움직임을 이루어 내는 동물적 운동(animal motion)이다. 홉스

---

27 토머스 홉스, 『리바이어던 1』, 89쪽.

는 ①만이 아니라 ②도 동물과 인간이 공유한다고 말한다.

홉스에 의하면, 인간은 두 가지 점에서 동물과 다르다. 인간은 다른 동물이 가지고 있지 않은 정념으로서 호기심(curiosity)과 이성(reason)을 가지고 있다.

> '왜' 그리고 '어떻게'를 알고자 하는 '욕망'은 호기심(curiosity)이라고 한다. …… 동물의 경우에는 식욕이나 기타 감각상의 쾌락에 대한 욕망이 지배적이기 때문에 원인을 알려고 하는 호기심은 없어진다. 호기심은 정신의 정욕으로서, 지칠 줄 모르고 계속해서 지식을 생산하는 일에 환희를 느낄 경우 그 어떤 육체적 쾌락의 순간적 격렬함보다 크다.[28]

동물도 인간처럼 자발적 운동을 한다. 다만 인간은 호기심과 이성을 기반으로 판단하고 욕망한다. 호기심과 이성의 인도를 받은 인간의 의지는 자발적 행위를 이끈다. 그런데 판단과 이성의 명령에 따른 최종적 욕망이 의지라는 홉스의 설명에서 매우 흥미로운 지점을 발견할 수 있다. 앞에서 언급한 것처럼 그가 말하는 의지는 이성적 욕구가 아니다. 이성적 욕구란 이성에 의해 통제된 욕망을 가리킨다. 그런데 홉스는 이성의 명령에 따른 최종적 욕구가 이성적 욕구가 아니라고 말한다. 그 이유는 무엇인가? 그가 말한 이성은 욕망을 통제하는 능력이 아니기 때문이다.

'이성적 욕구'(appetitus rationalis)는 스콜라 철학의 개념이다. 하지만 계몽주의를 대표하는 철학자인 크리스티안 볼프(Christian Wolff)도 이 개념에 큰 의미를 부여한 말이다. 볼프는 현대 심리학에 가장 큰 영향을 끼친 저서[29] 『경험심리학』에서 자유를 인간의 자연적 본성으로부터 설명하려고 시도한다. 볼프는 먼저 욕구를 "마음이 좋아하는 대상을 향해 기

---

28 토머스 홉스, 『리바이어던 1』, 84쪽.

29 Robert J. Richards, "Christian Wolff's Prolegomena to empirical and rational Psychology: Translation and commentary", in: *Proceedings of the American philosophical Society*, 124(3), 1980, pp. 227ff. 참조.

우는 경향성"(Neigung des Gemüthes gegen Sache um des Guten willen)[30]이
라고 설명한다. 욕구는 '마음의 경향성'(inclinatio animae)이다.[31] 여기서
주목할 것은 볼프가 경향성이나 욕구를 부정적으로 평가하지 않고 인간
의 자연 본성으로 받아들인다는 점이다.

볼프에 따르면, 인간의 마음에 어떤 대상을 지향하는 경향성이 생기는
것은 그에 합당한 충분한 근거가 있다. 인간의 마음은 좋아하는 것으로
향하는 반면에, 혐오하는 것은 회피하려고 한다. 마음에서 좋음과 혐오
의 구별은 지각에서 이루어진다. 그런데 지각이 감각에 의해 휘둘린 경
우와 이성에 의해 분별이 이루어진 경우가 있다. 볼프는 두 가지 경우를
각각 '감각적 욕구'(appetitus sensitivus)와 '이성적 욕구'로 구별하고 후자
를 '의지'(voluntas)와 동일시한다.[32]

볼프는 『경험심리학』에서 마음의 능력을 세 가지, 곧 ① 욕구, ② 이성,
③ 의지로 구별한다. 그리고 ③을 ①과 ②의 조화로 설명한다. 이런 설명
방식은 볼프에서 칸트에 이르는 능력 이론 혹은 능력심리학의 프레임이
다.[33] 이 프레임에서 좋음은 이성적 욕구인 의지가 자유롭게 선택한 것이
다. 여기서 자유는 자연의 요구에 따라 올바른 선택을 하는 힘이다. 따라
서 볼프에게서 자유는 곧바로 자연법이다.[34]

---

30 Christian Wolff, *Vernünftige Gedancken von Gott, der Welt und der Seele des Menschen*
(*Deutsche Metaphysik*), Hildesheim/New York, 1752, §492.

31 Christian Wolff, *Psychologia empirica*, Francofurti et Lipsiae, 1732, §579 참조.

32 Christian Wolff, *Psychologia empirica*, §580, §880.

33 김수배, 「볼프의 경험심리학과 칸트의 인간학」, 『철학』 42, 1994, 269쪽 참조. 볼프의
능력심리학은 1850년 이후 심리학의 연구 방법론으로 받아들이지 않는다. 하지만 이
성의 사유와 감각의 욕망, 그리고 실천적 의지로 마음을 설명하는 구도는 오랫동안 철
학과 심리학의 프레임으로 작동한다. 그 당시 스피노자와 로크 같은 철학자들은 거
부했지만 칸트의 『판단력비판』에서는 새로운 틀로 받아들여진다. 칸트는 고전적 사
유 프레임인 이성의 인식 능력과 욕구 능력 사이에 제3의 능력으로 'Gefühl'을 제시
한다. Ute Frevert (u.a.), *Gefühlswissen: Eine lexikalische Spurensuche in der Moderne*,
Frankfurt am Main/New York: Campus Verlag, 2011, pp. 50ff. 참조.

34 Robert J. Richards, "Christian Wolff's Prolegomena to empirical and rational
Psychology: Translation and commentary", p. 233.

볼프에게서 이성적 욕구인 의지는 자유롭다. 자유의지는 이성적 욕구가 정한 자연법을 준수하고 자연법에 맞게 살아가려고 한다. 여기서 우리는 홉스의 의지가 볼프의 의지와 크게 다르지 않다고 말할 수 있다. 두 철학자는 우선 욕구를 중립적으로 본다. 볼프와 유사하게 홉스는 욕구를 사랑과 미움, 좋음과 나쁨을 구별하는 기준이라고 말한다. "사람이 어떤 것을 욕구할 때는 그것을 사랑한다(love)고 말할 수 있고, 혐오하고 있을 때는 미워한다(hate)고 말할 수 있다."[35] 더구나 두 철학자는 욕구와 이성의 관계를 적대적으로 보지 않는다. 오히려 두 철학자는 욕구와 이성의 조화를 합리적이라고 보면서 조화로부터 얻어진 행위 원칙을 자연법 개념으로 포섭한다.

이 같은 유사성에도 불구하고 홉스는 스콜라 학자들이 의지를 이성적 욕구라고 정의하는 것은 올바르지 못하다고 분명하게 말한다. 그러나 이성의 명령에 따르는 최종적 욕구로 규정된 그의 의지 개념과 스콜라 철학에서 계몽주의까지 이어지는 이성적 욕구 개념이 무엇이 다른지는 의문이다. 매우 유사한 것처럼 보이는 지점에서 홉스는 격렬하게 다름을 내세운다.

> 만약 의지가 이성적 욕구라면, 이성에 반하는 자발적 행위는 있을 수 없을 것이다. '자발적 행위'(voluntary act)는 어디까지나 '의지'에서 생길 뿐 그 이외의 다른 어떤 것으로부터도 생기지 않는다. 그러나 만약 의지를 이성적 욕구라고 하지 않고, 그에 선행하는 숙고의 결과로 생긴 욕구라고 말한다면, 그것은 지금 내가 말한 정의와 같은 것이 된다. 따라서 '의지는 숙고 중 최후의 욕구'이다.[36]

홉스가 자신의 의지 개념을 이성적 욕구와 구별하는 핵심 근거는 이성

---

35 토머스 홉스, 『리바이어던 1』, 78쪽.
36 토머스 홉스, 『리바이어던 1』, 89쪽.

에 반하는 자발적 행위의 가능성이다. 홉스에 따르면, 자발적 운동은 호기심과 이성이 없는 동물도 한다. 동물도 매순간 선택을 하고 움직이기 때문이다. 인간도 동물인 이상 이성과 무관한 자발적 운동을 한다. 다만 호기심과 이성이 개입되면 자발적 운동은 행위가 된다. 여기서 이성이 개입되지 않은 자발적 행위가 가능한가라는 문제가 제기된다. 홉스는 가능하다고 말한다. 그 근거로 자발적 행위가 오로지 의지에서만 생긴다는 점을 제시한다. 홉스의 논리를 받아들이게 되면 그가 정의한 의지는 이성과 무관할 수 있다.

여기서 홉스의 논리는 자기모순에 빠지는 것처럼 보인다. 먼저 그의 논리를 세 문장으로 단순화해 보자. ① 의지는 판단과 이성의 명령에 따른 최종적 욕구이다. ② 의지에서만 자발적 행위가 생긴다. ③ 이성에 반하는 자발적 행위는 가능하다. 세 문장은 모두 참일 수 없다. 그런데 세 문장 중에서 ②와 ③의 명제는 분명하게 『리바이어던』의 문헌적 지지를 받을 수 있다. 반면에 ①은 앞에서 인용한 『리바이어던』 제14장의 자유에 대한 정의 부분을 내가 해석한 것이다. 홉스가 "자신의 판단 그리고 자신의 이성이 명하는 바에 따라 사용 가능한 힘을 행사하는 것"을 의지, 곧 자유의지라고 한 것을 해석한 것이다. 만약 이 해석이 옳지 않다면, 홉스 철학에서 자유의지와 자유 행동을 구별할 수 있는 지점을 찾기 어렵다. 그럼에도 불구하고 앞에서 발생하는 모순을 제거하기 위해서는 해석의 타당성에 대해 판단 중지할 필요가 있다.

자유의지와 관련된 문장에 대한 판단 중지 이후에 『리바이어던』의 문헌적 지지를 받을 수 있도록 앞의 ①의 명제를 다음과 같이 수정할 수 있다. "의지는 숙고의 결과로 생긴 욕구이다." 이성의 자리에 숙고를 넣고 숙고가 이성과 무관하다는 것이 해명되면, 의지가 이성적 욕구가 되어서는 안 된다는 홉스의 설명은 모순 없이 받아들일 수 있다. 홉스에게 숙고는 무엇인가?

사람의 마음속에 동일한 일에 대한 욕구, 혐오, 희망, 공포가 교대로 일어난다고 해 보자. 그리고 어떤 일을 하거나 혹은 하지 않거나 할 경우에 생기는 선악의 결과가 마음속에 번갈아 떠오른다고 생각해 보자. 이런 경우 우리는 그 일에 대해 욕구를 느끼기도 하고, 혐오를 느끼기도 하고, 그 일을 할 수 있다는 희망이 생기기도 하고, 그 일을 할 수 없을 것 같은 절망이나 공포를 느끼기도 한다. 이러한 욕구, 혐오, 희망, 공포 등이 그 일을 실행에 옮기거나, 혹은 포기할 때까지 계속될 경우 그 정념들을 통틀어 숙고(熟考, deliberation)라고 한다.[37]

홉스에게서 숙고는 자유로운 선택의 가능성이 열려 있을 때 일어나는 정념들의 총괄 개념이다. 어떤 것을 욕구하고 사랑하거나 혐오하고 회피할 자유는 숙고가 가능하기 위한 조건이다. 여기서 자유는 선택 가능성이다. 선택 가능한 것들 사이에서 이루어지는 인간과 동물의 두뇌 활동이 숙고이다. 그런데 여기서 우리는 자연스럽게 선택 가능한 것 사이에서 어떤 하나를 선택하는 과정에서 이루어지는 두뇌 활동, 즉 숙고가 이성의 활동이 아닌지에 대해 의문을 제기할 수 있다.

홉스는 숙고가 이성의 활동이 아니라고 말한다. 그에 따르면, 숙고는 인간만이 아니라 동물도 한다. 그런데 동물은 이성이 없다. 따라서 숙고는 이성과 무관하다. 홉스의 이 논리 전개는 받아들이기 쉽지 않다. 그가 말한 숙고가 현대 철학에서 말하는 도구적 이성의 활동과 거의 일치하기 때문이다.

홉스에게서 숙고는 욕구와 혐오의 목표 대상이나 활동이 먼저 정해져야 한다. 앞서의 예로 돌아가면 우선 사랑이 아니라 사랑 고백이 욕구이다. 따라서 이 욕구의 대상은 사랑하는 사람이 아니라 사랑을 고백하고 싶은 사람이다. 이 욕구의 목표는 실제로 사랑 고백을 실행하는 것이다. 홉스의 반(反)목적론은 욕구 바깥에 별도의 목적을 설정하지 않는다. 욕구의 목적은 욕구 안에 내장되어 있다.

---

37 토머스 홉스, 『리바이어던 1』, 87~88쪽.

따라서 숙고에서 중요한 것은 욕구와 욕구의 목적이 아니다. 그것은 이미 정해진 것이기 때문에 숙고할 필요가 없다. 숙고는 욕구를 가장 효과적으로 실현할 수 있는 수단과 도구를 찾아 결정하기까지의 신체 활동이다. 물론, 적어도 두 가지 이상의 수단과 도구가 있어야만 숙고가 가능하다. 두 가지 이상의 선택지를 두고 인간의 두뇌를 포함한 신체는 그것의 작용과 부작용을 고려해 타산성(prudence)을 따지고 계산한다. 이 활동이 홉스가 말하는 숙고이다.

대부분의 숙고는 중층적으로 일어날 수밖에 없다. 하나의 욕구를 실현하기 위한 수단과 도구는 다시 그 수단과 도구를 얻기 위한 하위 수단과 도구를 필요로 한다. 경우에 따라 하나의 숙고는 무수히 많은 하위 숙고를 요구할 수 있다. 그리고 숙고와 숙고, 숙고들과 숙고들을 놓고도 숙고를 해야 한다. 따라서 지나치게 숙고만 하는 사람은 행위 능력이 없다. 행위 능력을 가진 사람이라면 아무리 복잡한 숙고라도 정리하고 마무리를 지어야 한다. 다시 말해 결정을 내려야 한다. 홉스에 따르면, 숙고를 통해 최종 결정된 욕구가 의지이다.

의지는 숙고가 결정한 것의 수행의지일 뿐, 숙고한 것을 기반으로 결정하는 주체가 아니다. 결정의 주체는 숙고이다. 의지는 결정된 것을 행위로 옮기려는 행위의지이다. 따라서 자발적 행위의 주체는 의지가 된다. 다시 말해 의지 그 자체는 자유롭지 못하다. 그러나 의지는 행위의 자유를 이끄는 힘이다. 여기서 우리는 홉스가 자유의지를 합당한 개념으로 받아들이지 않는다는 것을 확인할 수 있다. 홉스의 자유 개념은 의지가 아니라 행위에 달라붙는다.

의지가 자유의 담지자가 아니라면 인간은 진정한 의미에서 자유로운 결정을 할 수 없다고 말해야 한다. 그러나 홉스는 인간의 자유로운 결정 가능성을 인정하면서 동시에 자유의지를 받아들이지 않는다. 그는 자유의지의 자리에 숙고를 배치한다. 숙고는 자유를 가지고 있다. 숙고는 수단과 도구에 대한 고려 혹은 하위 숙고를 거쳐 최종적으로 욕구의 수행 여부를 결정한다. 그 순간 자유는 사라진다. 이 같은 홉스의 논리 전개는 일반적 개념 이해로 보면 어색하다. 그의 설명을 일반화해 보면, 인간은 숙고 과정을 거치면서 하나의 욕구를 결정하고 그를 실현하려는 자유의지를 갖는다. 그런데 왜 홉스는 굳이 숙고와 의지를 엄격하게 분리하면서 자유의지 개념을 회피하려 했을까?

> 욕구와 공포, 희망, 그리고 그밖의 정념들은 자발성으로 불리지 않는다. 이 정념들은 의지로부터 나오는 것이 아니라 의지이며 또한 의지는 자발적이지 않기 때문이다. 무엇보다 그 누구도 자신이 의지하기를 의지한다고 할 수 없다. 그렇게 되면 그는 의지하기를 의지하는 것이 되고, 결과적으로 의지하다라는 단어의 무한한 반복이 이루어진다. 이러한 반복은 부조리하고 무의미하다.[38]

홉스는 인간이 숙고 과정을 통해 자유로운 결정을 한다고 말한다. 나아가 인간은 자유롭게 행동할 수 있다고도 말한다. 그러면서 그는 자유 행동은 인정하는 반면에, 자유의지는 부정한다. 자유의지라는 개념 자체가 무한 소급에 빠지는 부조리를 안고 있다고 보기 때문이다. 그렇다면 숙고에서 인간이 누리는 자유는 어떤 의미인가? 이 맥락에서 자유를 말하려면 최소한 숙고가 행위자 내부에서 자유로운 시발점을 가지고 있어야 한다. 숙고가 일련의 계산이라면 그것에서 자유를 말하기는 어렵다. 일반적으로 타산적 계산은 자유가 아니라 필연의 영역과 관계가 깊다. 다시 말해 타산적 계산으로 이해된 숙고는 결정론적 프레임에 잘 맞는다. 이 점에서 홉스가 자유의지를 부정하는 것은 자연스럽다. 그럼에

---

38 "Appetite, fear, hope, and the rest of the passions are not called voluntary; for they proceed not from, but are the will; and the will is not voluntary. For a man can no more say he will will, than he will will will, and so make an infinite repetition of the word will; which is absurd, and insignificant." Thomas Hobbes, *The Elements of Law, Natural and Politic*, Electronic Text Center/University of Virginia, 1640, 제12장 제5절. 인용문에 처음 등장하는 정념들은 숙고 과정에서 등장하는 것이라기보다는 최종 결정을 나타내는 정념으로 보인다.

도 불구하고 그가 인간의 자유로운 결정을 받아들이는 순간, 적어도 모든 숙고 과정의 한 점에서라도 자유가 보장되어야 한다.

홉스는 숙고에서 자유의 정당화에 대한 부담을 갖지 않은 것으로 보인다. 무엇보다 그는 자유를 이념이 아니라 자연권으로 설정하기 때문이다. 만약 자유를 현대적 의미에서의 기본권으로 설정하려면, 그에 대한 정당화의 요구에 답변해야만 한다. 그러나 자유를 이념으로 보지 않은 홉스에게서는 인간이 자유의 담지자, 다시 말해 자유로운 결정의 시발점이라는 것은 정당화가 필요 없는 사실이기 때문이다.

자유는 이념이나 이성이 아니라 자기 보존이라는 욕망에서 발원한다. 홉스처럼 자기 보존을 인간의 절대적이고 배타적인 욕망으로 설정할 경우에 인간은 매순간 자기 보존을 위해 가장 적합한 수단과 도구를 찾는 고민을 한다. 그리고 가장 좋은 수단과 도구를 찾아 결정을 내려야만 한다. 최종 결정이 이루어지기 직전까지 수행되는 숙고 과정은 타산성 계산이다. 앞에서 의문을 제기한 것처럼 타산성 계산인 숙고는 현대의 철학 개념으로 보면 도구적 이성이다. 그런데 홉스는 굳이 숙고를 자연적 기질인 정념으로 설명하고자 한다. 그 원인은 그가 스콜라 철학의 핵심 개념인 자유의지를 받아들일 수 없었기 때문이다.

홉스는 숙고를 이성이 아닌 자연적 정념으로 해명함으로써 자유 개념으로부터 의지와 이성 개념 모두를 분리한다. 그에게는 이성적 욕구만이 아니라 자유의지도 부조리한 개념이 된다. 이런 이론 구도를 통해 홉스는 자유 개념을 고전적인 철학체계와 분리하는 데 성공한다. 그에게 자유는 더 이상 공적인 것이 아니라 사적인 것이며, 이성적인 것이 아니라 자연적인 것이다. 그런데 이 과정에서 홉스는 자기 보존의 욕구를 실현하기 위해 절대적으로 중요한 역할을 수행해야 할 도구적 이성의 자리조차 의식 안에서 제거하게 된다.

그의 사회계약론에서 핵심적 역할을 수행하는 이성은 절대적 이성이나 객관적 이성이 아니다. 그에게서 이성은 합리적 수단과 도구를 찾아 원칙과 법칙을 만들고 그에 합당한 계약을 체결하는 일련의 과정을 이끌어 가는 주체의 능력, 곧 주관적 이성이다. 이 주관적 이성은 목적 합리성이나 도구적 합리성으로 불린다. 홉스는 이 이성의 역할을 자유 행동에서는 중요한 기둥으로 설명한다. 그에게서 자유 행동은 자기 보존의 욕망 능력과 타산성 계산을 하는 이성 능력의 조화이다. 그런데 홉스는 자유의지 개념을 부정하기 위해 인간 내부의 자유로운 선택 과정에 참여해야 할 주관적 이성을 제거한다. 이 때문에 그에게서 자발적 운동과 행위를 이끄는 내면의 자유는 인간과 동물이 공유하는 것으로 설명된다. 동물은 이성은 없지만 자발적 운동은 하기 때문이다. 그런데 자유 행동은 자기 보존 욕구와 타산성 계산의 이성 사이의 조화로부터 생기기 때문에 이성이 없는 동물에게는 주어지지 않는다. 이런 불균형을 쉽게 해결하려면 세 가지 가능성이 있다.

먼저 인간에게만 이성이 있다는 생각을 버릴 수 있다. 홉스는 절대적 이성이나 객관적 이성을 받아들이지 않았다. 따라서 그에게 이성은 주관적이다. 자유도 그에게는 사적인 것이다. 만약 주관적 이성이 최선의 수단과 도구를 찾아가는 타산성 계산 능력이라면, 그것이 인간의 것이라고 할 이유는 사라진다. 동물도 인간보다 낮은 단계이기는 하지만 계산을 한다. 동물의 행동을 관찰하면 곧바로 알 수 있다. 따라서 수준과 복잡성의 차이는 있지만, 동물과 인간이 모두 이성을 가지고 있다고 인정하면 앞에서 제기된 불균형은 쉽게 풀린다. 내면의 자유만이 아니라 자유 행동도 인간만이 아니라 동물도 가지고 있는 것으로 인정하는 것이다. 그런데 이 순간 다른 심각한 문제가 발생한다. 내면의 자유는 법적 책임을 지우지 않는다. 하지만 행동의 자유는 법적 책임이 따른다. 따라서 자유 행동을 하는 동물은 그에 따른 법적 책임을 져야 한다. 자유가 있는 곳에 책임이 따른다는 명제는 이런 곤란함의 뿌리이다. 그러나 법적 책임은 자유 행동 중에서 복잡성이 매우 높은 사회계약의 채결과 이행 과정에서의 자유를 가진 동물에게만 물을 수 있다. 오직 인간만이 그런 복잡한 자유, 곧 사회적 자유를 가지고 있다.

앞에서 제기된 불균형을 해결하는 두 번째 방법은 이성 개념을 명확하게 구별하는 것과 관계된다. 이는 첫 번째 해결 방법과 밀접하게 연계된다. 내면의 의사 결정 과정에서 자유를 모든 이성과 분리할 것이 아니라 목적론 프레임에 갇혀 있는 이성과만 분리하는 것이다. 행동의 자유가 욕구와 이성과의 조화로부터 주어지듯이, 내면의 의사 결정의 자유도 욕구와 이성의 조화로 설명할 수 있다. 이 경우에 의지는 홉스 철학에서 아무런 모순 없이 이성적 욕구가 될 수 있다. 다만 이때의 이성은 스콜라 철학과 볼프 철학에서 나타나는 이성과는 확실히 다른 이성, 곧 주관적 이성으로 축소된다.

스콜라 철학과 볼프 철학은 분명한 차이가 있다. 그러나 이성적 욕구라는 개념을 동시에 사용하면서 두 철학은 부분적으로 목적론을 공유한다. 스콜라 철학이 목적론의 프레임에 갇혀 있다는 것은 별도의 설명이 필요 없을 만큼 분명하다. 다만 볼프의 목적론은 문헌적 지지가 필요하다. 계몽주의 철학자로서 볼프는 욕구와 이성이 조화를 이루는 과정에서 이성적 욕구와 자유의지 개념을 수용한다. 그의 이성적 욕구는 자연법 준수로 수렴한다. 그런데 자연법 준수의 근거로 그가 제시하는 것은 자연적 욕구가 아니라 완전성이고 행복이다. 그는 자연법을 준수하라는 이성적 욕구를 완전한 인간과 행복이라는 목적으로 설명하는 것이다. 볼프는 『독일 윤리학』의 첫 번째 장(章)에서 "자연법칙과 인간 행위의 보편적 규칙에 대하여"를 다룬다.

> 다른 한편으로 좋은 행동은 내면과 외면의 상태를 더욱 완벽하게 만들어 주지만, 악한 행동은 그 상태를 더 불완전하게 만든다. …… 그래서 우리는 우리와 우리의 상태를 더 완전하게 만들어 줄 행동을 하도록 요구하는 자연 본성에 묶여 있다. …… 따라서 우리는 스스로 통제할 수 있는 우리 자신의 행위들이 따라야만 하는 다음의 규칙을 가지고 있다. 너와 너의 상태를 혹은 다른 사람의 상태를 더 완전하게 만드는 행위를 하되, 더 불완전하게 만드는 행위는 하지 마라.[39]

볼프의 실천철학을 관통하는 제1원리는 완전성이다.[40] 볼프는 완전성 원칙을 자연법으로 본다. 이 원칙에 따르면, 모든 행위는 더 완전한 상태로 나아갈 때에만 정당화된다. 그렇다면 개인은 자연법에 따라 더 완전한 상태를 불러오는 행위를 왜 해야만 하는가? 자연법이니까 따라야 한다는 것은 순환 논증이다. 이를 벗어나려면 완전성 원칙에 행위의 목적이 있어야 한다. 볼프는 자연법 준수의 목적을 행복이라고 말한다.[41] 이처럼 볼프는 아리스토텔레스의 목적론에 여전히 묶여 있다.

홉스는 분명 목적론의 프레임 바깥에 있다. 그의 철학에는 욕구, 이성, 숙고, 의지의 바깥에 그것을 추동하는 목적이 없다. 아리스토텔레스의 전통을 이런저런 방식으로 따르는 대부분의 철학은 인간의 모든 의지와 행위가 그것 바깥의 목적에 의해 정당화된다고 말한다. 하지만 앞에서 설명한 것처럼 홉스는 이런 목적을 인정하지 않는다.

홉스가 목적론의 프레임에서 벗어날 수 있었던 것은 그가 욕구로부터 모든 가치와 규범을 설명하기 때문이다. 그는 전통적으로 고귀한 이념으로 취급되어 온 가치와 규범의 뿌리를 욕구에서 찾는다. 자유도 마찬가

---

39 "Derowegen da die guten Handlungen unseren innerlichen und äußerlichen Zustnd vollkommener, die bösen aber ihn unvollkommener machen ……: so verbindet uns die Natur dasjenige zu thun, was uns und unseren Zustand vollkommener machen. und also haben wir eine Regel, darnach wir unsere Handlungen, die wir in unserer Gewalt haben, richten sollen, nämlich: Thue was dich und deinen oder anderen Zustand vollkommener mache, unterlass, was ihn unvollkommener machet." Christian Wolff, *Vernünftige Gedancken von der Menschen Thun und Lassen, zu Beförderung ihrer Glückseligkeit, den Liebhabern der Wahrheit mitgetheilet (Deutsche Ethik)*, in: ders., *Gesammelte Werke* 3, Hildesheim/New York: G. Olms, 1983, §12.

40 볼프에게서 완전성 원칙은 행위를 판단하기 위한 척도만이 아니라 윤리학 전체에서 가장 최고의 도덕 원칙이다. Dieter Hüning, "Christian Wolffs 〈allgemeine Regel der menschlichen Handlungen〉", in: *Jahrbuch für Recht und Ethik* 12, Dunker & Humblot, 2004, pp. 91ff. 참조.

41 Christian Wolff, *Vernünftige Gedancken von der Menschen Thun und Lassen, zu Beförderung ihrer Glückseligkeit, den Liebhabern der Wahrheit mitgetheilet (Deutsche Ethik)*, 1733, §152.

지이다. 욕구로부터 사회의 규범과 가치를 설명할 경우에 그 규범과 가치는 욕구 바깥에서 가져올 필요가 없다. 왜냐하면 욕구는 자체 안에 목적을 가지고 있기 때문이다. 욕구의 목적은 그것이 충족되는 것이다. 욕구가 있다는 것은 그것의 목적이 있다는 것이다. 남는 것은 목적을 달성할 수단을 찾는 일이다. 이 수단을 찾아가는 것이 이성이고, 이 이성은 목적론과 무관한 주관적 이성, 곧 도구적 이성이다.

이상과 같이, 홉스가 내면의 의사 결정 과정의 자유에 도구적 이성과 욕구의 조화를 인정하면 앞의 불균형은 사라진다. 이 경우에 홉스는 자유의지와 자유 행동을 모두 욕구와 이성의 조화로 설명할 수 있다. 즉 내면에 ① 자기 보존과 자기 상승의 욕구와 ② 도구적 이성의 조화로부터 ③ 의지와 행동의 자유를 일관성 있게 설명할 수 있다.

3. 사적 자유의 최대화와 주권의 소멸

불균형을 해소하는 두 가지 방법은 모두 이성과 관계한다. 두 가지 길은 이성을 도구적 이성으로 축소하는 쪽에서 만난다. 타산성 계산으로 도구화된 이성은 자기 보존을 지향하는 모든 생명체의 신체화된 경험으로부터 설명할 수 있다. 아울러 고전 철학의 분리된 이성 개념을 사용하는 방식과 구별되는 세 번째 방법이 있다. 그것은 홉스가 자유의지만 부정하는 것이 아니라 인간의 내면에서 이루어지는 의사 결정 과정인 숙고나 타산성 계산에서 자유의 가능성을 전면 부정하는 것이다. 다시 말해 결정론의 프레임에서 자유 행동의 가능성만 인정하는 것이다.

> 자유(liberty, freedom)란 본래 저항의 부재를 의미한다. 여기에서 저항이란 외부적 장애를 말한다. 이것은 이성이 있는 인간에게만 적용되는 것이 아니라 이성이 없는 생물이나 무생물에게도 적용된다. …… 자유인(freeman)이란 '스스로의 힘과 지력으로 할 수 있는 일들에 대하여

자기가 하고자 하는 것을 방해받지 않는 인간'을 뜻한다. 그러나 '자유로운'(free)이라는 말이나 '자유'(liberty)라는 말을 '물체' 이외의 것에 적용하는 것은 그 말을 남용하는 것이다. 운동하지 않는 것은 장애를 받을 일도 없기 때문이다. …… 그 길은 자유롭다(the way is free)고 말할 경우, 이것은 제지당하지 아니하고 걸어갈 수 있다는 뜻이기 때문에 길의 자유를 말하는 것이 아니라 걷는 사람의 자유를 말하는 것이다. …… '자유의지'라는 것도 의지, 의욕, 의향의 자유를 가리키는 것이 아니라 인간의 자유를 가리킨다. 즉 그것은 의지, 의욕, 의향을 가지고 어떤 일을 하는 데 아무런 제지를 받지 않는다는 것을 의미한다.[42]

세 번째 해결 방법을 따를 경우에 홉스는 자유의지만이 아니라 인간의 내면에서 이루어지는 의사 결정 과정에서의 자유도 부정해야 한다. 이 경우에 인간의 자유는 의사 결정과 숙고, 의지와 무관하다. 그런데 홉스는 이 부분에서 어정쩡한 타협안을 제시하는 것처럼 보인다. 그는 자유와 필연이 양립 가능하다고 말하면서 "사람의 행위는 그의 의지에서, 즉 '자유'에서 비롯되는 것이긴 하지만, 다른 한편 인간의 의지에서 비롯되는 모든 행위, 모든 의욕과 의향도 어떤 원인에서 비롯되고, 그리고 그 원인은 또한 다른 원인에서 비롯되고, 이렇게 계속 원인이 연쇄를 이루고 있으므로 (그 최초의 고리는 제1원인인 하느님의 손 안에 있다) 인간의 행위도 '필연성'에서 비롯된다고 할 수 있다".[43] 이 부분에서 불명확하게 인정하는 자유와 제1원인을 필연성으로 포섭하면 홉스가 말하는 인간의 자유는 결정된 것을 외부의 저항 없이 행동으로 옮길 수 있는 자유, 곧 자유 행동이라는 제한된 의미만을 갖게 된다. 이처럼 명확하게 결정론적 프레임을 가질 경우에 홉스는 보다 철저하게 고전 철학과 거리를 둘 수 있다.

---

42 토머스 홉스, 『리바이어던 1』, 279~80쪽.
43 토머스 홉스, 『리바이어던 1』, 281쪽.

홉스는 자유로운 개인들의 전쟁터에서 가장 혁명적인 설계자였다. 그는 자유의 개념 자체를 뒤집었다. 자유의 의미를 공적 지평에서 사적 지평으로 전환했다. 홉스로부터 자유는 정치적인 참여의 주권과 분리된다. 자유는 정치적인 것이 아니라 개인적인 것이 된다. 자유가 인권의 지평으로 이동한다. 자유는 이제 이성적인 것도 아니고 천부적인 것도 아니다. 홉스는 자유를 자연적 욕망으로부터 설명한다.

홉스는 자유를 의지가 아니라 행위 능력으로 규정함으로써 고전적인 자유의지론과 작별한다. 홉스는 자유를 이성이 아니라 감각으로부터 설명함으로써 도덕형이상학과도 작별한다. 홉스는 또한 좋음을 이성이 아니라 감각적 욕망으로부터 설명함으로써 수단(효용/유용)의 가치를 극대화한다. 홉스는 사적 자유를 최대화한다.

사적 자유의 최대화에 대한 대가로『리바이어던』의 개인은 공적 자유인 주권을 상실한다. 주권은 사회계약을 통해 탄생한 절대군주에게 이양된다. 군주가 주권자이고, 주권자가 군주이다. 주권을 상실한 개인은 시민이 아니라 신민이며 백성이다. 자연 상태라는 사고 실험의 장소에서 개인의 사적 자유는 최대로 그려진다. 그러나 사회계약(신의계약)을 통해 코먼웰스가 구성되면 시민(백성)의 자유는 사회계약에서 생긴 자유로 축소된다.

> 그러므로 백성의 자유는 주권자가 그들의 행위를 규제하면서 불문에 부친 일들에 대하여만 존재한다. 예를 들면, 매매의 자유, 혹은 상호 간의 계약의 자유, 주거·식사·생업의 선택, 자녀를 자신의 뜻에 따라 교육하는 것, 기타 이와 유사한 일들에 대해서만 자유가 있다.[44]

홀로 배타적 주권자가 된 군주는 코먼웰스 안에서 절대적 권한을 갖는다. 백성에 대한 모든 행위에서 그는 정당성을 갖는다. 절대 주권자의 모

---

44 토머스 홉스,『리바이어던 1』, 282~83쪽.

든 행위는 신민인 백성의 행위로 간주된다. 백성은 주권자에 복종함으로써 자기 자신에게 복종하는 것이다. 일반적으로 자기가 자기 자신에게 한 행위를 불의(不義)라고 말하는 것은 불합리하다. 따라서 절대 주권자의 행위 중에 불합리한 것은 없다. 이런 논리로 홉스는 절대 주권자에 대한 복종 속에 의무와 자유를 결합한다. 의무는 백성이 자유롭게 선택한 것이기 때문에 복종도 자유이다. 만약 그것이 주권 설립의 목적에 반하지 않는 경우라면, 불복종만이 아니라 복종도 자유이다. 판단 기준은 주권 설립의 목적이다.

홉스에게서 주권 설립의 목적은 자기 보존이다. 자연 상태이자 전쟁 상태에서 벗어나 자기를 보존하기 위해 사람들은 코먼웰스를 만든다. 홉스에 따르면, 주권 설립은 자연법이다. 앞에서 밝힌 것처럼 홉스에게서 자유가 자연권이라면 자기 보존을 위해 이성이 찾아낸 일반적 원칙(general rule), 곧 계율(precept)이 자연법이다.[45] 자연법은 자기 보존의 욕망과 인간의 이성이 조화를 이루어 나타난 원칙이다. 따라서 홉스에게서 자연법은 곧바로 자유 행동과 연관된다. 인간이 자연법에 따르는 것은 곧 자유로운 행동인 셈이다. 홉스의 자연법은 의무이면서 동시에 자유이다. 그에게서 의무와 자유의 결합은 곧 주권자에 대한 복종이다.

홉스가 제시하는 자연법은 20가지이다. 그중에서 세 가지 자연법을 살펴볼 필요가 있다. 첫 번째 자연법은 평화 추구의 의무와 함께 "모든 수단을 동원하여 자신을 방어하라"[46]는 규정이다. 이는 곧 자기 보존의 욕망을 훼손하는 행위를 금지하는 의무이기도 하다. 두 번째 자연법은 자기 보존을 위해, 다른 말로 표현하면 전쟁 상태에서 평화 상태로 가기 위해 신의계약(covenant)이자 사회계약(contract)을 체결하라는 자연법이다. 전쟁 상태로 그려진 자연 상태의 설계에 동의하지 않으면 두 가지 자연법은 그 자체로 원천 무효이다. 하지만 홉스의 자연 상태 설계에 동의

---

45 토머스 홉스, 『리바이어던 1』, 176쪽.
46 토머스 홉스, 『리바이어던 1』, 177쪽.

하면 두 가지 자연법은 쉽게 받아들일 수 있다. 끔찍하고 잔인한 전쟁 상태를 좋아할 사람은 없기 때문이다.

'코먼웰스'는 '다수'의 인간이, 상호 평화롭게 지내고 다른 사람들로 부터 보호를 받을 목적으로, '만인 상호 간에' 합의하여, 다수결에 의해 어느 '한 사람' 혹은 '하나의 합의체'에 모든 사람들의 인격을 '대표하 는' '대표자'로서의 '권리'를 부여하고, 그 사람 또는 합의체에 '찬성 투 표'한 자나 '반대 투표'한 자나 모두 똑같이 그의 행위와 판단을 자기 자 신의 행위와 판단으로 승인하기로 '신의 계약'을 체결한 때 설립된다.[47]

세 번째 자연법은 "신의 계약을 맺었으면 지켜야 한다"라는 의무 규정 이다.[48] 홉스가 제시하는 근거는 비교적 단순하다. 신의계약을 지키지 않 으면 곧바로 자연 상태로 회귀하기 때문에 지키는 것이 의무라는 것이 다. 더구나 홉스는 신의계약의 준수와 이행을 정의(justice)로 격상한다. 물론, 신의계약의 불이행은 불의(injustice)로 간주한다. 여기서 흥미로운 점은 홉스가 정의와 불의의 구별을 사회계약을 통해 코먼웰스가 수립된 이후에 성립한다고 말하고 있는 것이다. 자연 상태에서는 규범이 없기 때문에 정의와 불의, 선과 악의 구별도 존재하지 않는다. 인간의 본성을 가지고 정의와 불의, 선과 악을 논의하는 것 자체가 불가능하다.

정의와 불의의 구별은 코먼웰스의 설립, 다른 말로 주권 설립과 동시 에 이루어진다. 코먼웰스와 주권자에게 사회계약의 이행을 강제할 힘이 주어져야 한다. 주권자가 보유한 강제력은 백성들이 사회계약을 이행할 수밖에 없도록 처벌의 공포를 보여야 한다. 사회계약의 불이행으로부터 얻어지는 이익보다 처벌의 공포가 압도적으로 커야 한다. 홉스의 이 관점 은 현대 사회에서 무임 승차의 문제를 해결하는 원칙으로 받아들여진다.

---

47 토머스 홉스, 『리바이어던 1』, 235쪽.
48 토머스 홉스, 『리바이어던 1』, 194쪽.

홉스는 세 번째 자연법을 어기는 것이 자기 이익에 부합한다면 불의가 아니라고 주장하는 '어리석은 사람'의 도전에 대해 언급한다.[49] 어리석은 사람의 논변을 간단하게 정리하면 다음과 같다. 그에 따르면, 인간은 자기 보존과 자기 상승의 극대화를 추구한다. 이성은 자기 보존과 자기 상승을 위한 최선의 것을 하라고 명한다. 계약의 파기가 자기 보존과 자기 상승에 이익이 된다면, 그것은 이성과 모순되지 않는다. 자기 보존의 욕망과 이익의 극대화를 지향하는 이성이 계약의 파기에서 조화를 이룬다면, 계약의 파기는 불의가 아니라 정의이다. 성공적인 사악함은 덕이다.

홉스는 어리석은 사람의 논변을 잘못이라고 비판한다. 홉스의 논변은 복잡하게 진행되는 것처럼 보이지만 실제로는 비교적 단순하다. 그에 따르면, 계약의 파기는 타산적이지 않고, 따라서 이성에 반하는 불의이다. 홉스가 설정한 담론인 어리석은 사람과 홉스의 논쟁은 많은 해석을 낳았다.[50] 담론에 대한 가장 일반적인 이해는, 어리석은 사람이 단기적 타산성 계산에 빠져 있다면 홉스는 장기적 타산성 계산을 요구하고 있다고 보는 것이다. 그러나 이런 해석은 명확한 타산성 계산이 불가능한 상태에서 큰 의미가 없다. 타산성 계산은 어떤 지표를 사용하든 간에, 제한된 시간과 공간에서만 정당성을 갖기 때문이다. 따라서 홉스에게는 어리석은 사람을 설득하는 것보다 그에게 강한 압력을 쓰는 것이 더 합리적이다. 계산서를 비교하는 것으로는 설득하기 어렵다. 지표가 같아도 가산점을 주는 지표가 다를 수밖에 없기 때문이다. 따라서 어리석은 사람에게 계약의 파기가 이익이 아니라 손해가 될 수밖에 없도록 계약의 파기에 따른 처벌을 강하게 하면 된다. 실제로 홉스는 큰 처벌의 공포를 통해 계약을 준수하도록 해야 한다고 말한다.

홉스는 제3의 자연법인 '계약 준수'를 강제하기 위해 채찍과 당근을 제시한다. 채찍은 처벌의 공포이고, 당근은 사적 소유권(propriety)이다.[51]

---

49 토머스 홉스, 『리바이어던 1』, 198쪽 이하 참조.
50 목광수, 「홉스의 이성 개념 고찰: 리바이어던의 어리석은 사람 논의를 중심으로」 참조.

홉스에 따르면, 인간의 자연 본성은 크게 두 가지이다. 하나는 자유이고, 다른 하나는 자기 보존과 권력 지향성이다. 홉스는 먼저 자유를 자연권으로 격상한다. 그런 다음에 자기 보존과 자기 상승을 자연법의 토대로 삼는다. 자연법은 자연권인 자유의 제약을 근간으로 한다. 특히 계약 이행이라는 제3의 자연법을 강제하기 위해 자연권의 강력한 제약을 내세운다. 이처럼 자유의 강력한 제약에 따른 당근으로 소유권 보장을 제시한다. 자연권인 자유를 포기한 대가로 소유권을 확보할 수 있도록 보장하는 것이다.

홉스는 자연 상태에서 만인은 동일한 자유를 가지고 있다고 말한다. 같은 방식으로 만인은 만물(만인의 신체 포함)에 대해 권리를 가지고 있다고 말한다. 만인은 모두 같은 자유인이고, 만물의 공동 소유권자이다. 하지만 자연 상태에서는 자유와 소유, 그리고 생존이 보장되지 않는다. 따라서 사회계약을 채결하고 그것을 이행하는 것이 자유와 소유, 그리고 생존을 보장받는 길이다. 다만 이 과정에서 직접적으로 제약되는 것은 자유이다. 무엇보다 백성은 신민으로서 주권자와 코먼웰스의 명령에 절대 복종해야 한다. 코먼웰스에서 허용되는 자유는 공포에 휩싸인다.

> 공포와 자유는 양립한다. 배가 침몰할지도 모른다는 '공포' 때문에 재산을 바다에 버리기로 한 경우, 이것은 극히 자발적인 행위이다. …… 일반적으로 코먼웰스 내에서 법에 대한 '공포' 때문에 이루어지는 행위는 전부 그렇게 하지 않을 수 있는 '자유'를 포함하는 행위이다.[52]

인간은 코먼웰스의 법률 바깥에서만 자유를 누릴 수 있다. 법적 금지와 자유는 양립할 수 없다. 홉스의 말처럼 인간은 천성적으로 자유를 사랑하고 타인을 지배하기를 좋아할 수 있다. 반대 논증도 가능하겠지만

---

51 토머스 홉스, 『리바이어던 1』, 195쪽 참조.
52 토머스 홉스, 『리바이어던 1』, 280~81쪽.

홉스의 자연주의적 인간관은 설득력이 큰 프레임이다. 이 프레임에서 자유는 최고의 중심 개념이다. 하지만 자기 보존을 위해 인간은 자유를 제약해야만 하고, 경우에 따라서는 공포를 통해 제약해야 한다. 코먼웰스의 법은 공포를 불러일으키는 처벌의 수위로 계약 파기의 가능성을 차단해야 한다. 이 맥락에서 홉스는 공포와 자유의 양립을 이야기하지만, 법에 대한 공포를 이겨낼 수 있는 자유는 없다. 홉스의 코먼웰스는 법을 자유를 제약하는 공포로 위치 지운다. 반면에 소유는 법의 보호를 받는다.

실정법을 통해 공동의 삶을 구성하고 조율하려는 사람은 법률에 의해 자신의 자유가 제약받는 것을 받아들일 수 있다. 이때 법률은 자유를 제약하는 만큼 혹은 더 많이 자유를 보호해야만 한다. 이 맥락에서 법은 자유를 제약하면서 동시에 증진하는 제도라고 할 수 있다. 법이 이처럼 자유를 보장하는 제도라는 것을 보이려면 무엇보다 법체계 안에 그것에 반대할 수 있는 저항권이 인정되어야 한다. 그렇지 않으면 자유는 법의 보호를 받기보다는 법의 공포에 의해 침해될 위험이 크다. 따라서 홉스가 저항권을 인정했는지 여부는 매우 중대한 문제이다.

『리바이어던』에 대한 일반적 해석에 따르면, 홉스는 코먼웰스와 주권자의 절대적 권한을 강조하는 가운데 매우 제한된 의미에서만 저항권을 인정한 것으로 본다. 주권의 절대성과 그에 대한 저항권을 동시에 인정하는 것으로 해석하는 것이다. 한편으로 자기 보존을 위해 시민은 불복종 권리(a right of disobedience)가 있고, 다른 한편으로 주권자는 저항을 제압할 완전한 권리가 있다. 칼과 방패의 모순처럼 극화된 설정에서 두 권리가 충돌할 경우에 해결 방안이 없는 것처럼 보인다. 그러나 두 권리는 모두 자기 보존의 욕망을 통해 정당화된다. 따라서 충돌도 자기 보존의 기준으로 풀려야 한다. 홉스는 일단 자신의 생명을 지키기 위한 저항권을 죄의 유무와 상관없이 인정한다. 그러나 타인을 위한 저항권은 인정하지 않는다. 다수의 사람으로 구성된 집단이 주권자에게 저항하다가 모두 사형을 당할 가능성이 높을 때, 집단적으로 저항할 수 있는 권리도 인정한다. 주권자에게 저항 집단을 모두 사형에 처할 수 있는 절대적 권한이 있다면, 신민은 생존을 위해 계속 저항할 수 있다. 그러나 홉스는 주권자가 저항 집단의 일부를 사면할 경우에, 사면받은 자는 사형에 처해질 동료를 위해 저항할 권한이 없다고 말한다. 이 맥락에서 볼 때, 홉스가 인정하는 저항권은 극단적인 경우로 제한된다. 사형을 감수해야만 저항할 수 있는 권한이 부여된다면, 이는 현대적 의미의 저항권이 아니다.

일반적으로 홉스는 포괄적인 의미에서 소극적 저항권을 인정한 것으로 해석한다. 『리바이어던』은 그런 해석에 대해 충분한 문헌학적 지지를 하는 것으로 보인다. 무엇보다 사회계약의 대상이 될 수 없는 자연권을 위한 저항은 당연히 보장된다. 홉스는 타인만이 아니라 코먼웰스조차 자기의 신체와 생명에 위협을 가할 경우에 그에 대한 방어권으로서 불복종 권리, 곧 저항권이 있다고 여러 차례 언급한다. 그러나 이로부터 홉스가 주권자에 대한 저항권을 인정했는지 여부는 단정할 수 없다. 시민은 주권자의 어떤 행위도 처벌할 수 없다는 것이 명백하기 때문이다. 시민은 주권자에 대한 절대 복종의 의무가 있다. 반면에 주권자는 신민(시민)에 대한 생사 여탈권까지 가지고 있다. 그런 주권자가 그의 유일한 책무인 자연법을 어기고 주권 설립의 목적에 반하는 명령을 내릴 경우에 시민은 저항할 권한이 있다고 홉스는 말한다.

만약 주권자가 시민의 생명에 위협을 가할 경우에 폭동이 일어나는 것은 자연스런 현상이다. 이 경우에 저항권은 정당화를 요구받지 않는다. 국가 기능이 정지된 상태에서 그 기능을 정상화하려는 저항의 정당성을 극복되고 폐기해야 할 국가체제 안에서 찾는다는 것은 부조리에 가깝다. 따라서 저항권은 이처럼 극단적인 경우를 상정하고 정당화되어야 할 권리가 아니다. 저항권은 국가가 정상적으로 기능할 때조차 국가체제에 의문을 제기할 수 있는 주권에 해당한다. 이 맥락에서 이해된 저항권은 홉스의 『리바이어던』에서는 인정되지 않는다.

국가가 정상적으로 작동하는 일상적 상황에서 시민의 저항은 자신의 생명을 걸고 이루어지는 행위가 아니다. 시민 불복종은 시민의 일상적 주권 행사이다. 저항하는 시민은 자신만이 아니라 타인(미래의 인간을 포함)의 안전과 행복을 위해 현재의 정부보다 더 나은 관점이 있을 경우에도 저항할 수 있다. 다양한 소수자 운동이나 환경 운동 단체가 수행하는 급진적 저항이 여기에 해당한다. 이러한 저항은 인간이 가장 합리적으로 다른 인간이나 존재와 더불어 자유를 향유하는 길을 찾아가는 주권 행위이다. 여기서 홉스가 타인의 생명을 위한 저항을 원천적으로 금지하는 부분은 의미가 깊다. 홉스는 저항권을 개인의 권리로 환원함으로써 집단 저항의 뿌리를 제거한다.

홉스의 『리바이어던』에서 저항권이 인정되고 있다는 대부분의 해석은 저항권과 관련된 매우 중대한 문제를 망각하고 있다.[53] 민주주의와 법치주의의 공속성을 인정하는 법체계에서 저항권은 주권자의 자유 행동이다. 주권자가 더 나은 정부와 국가를 위해 자신의 의견과 의지를 자유롭게 표현하는 것이 저항이다. 그리고 대부분의 저항은 타인과 함께하는 연대에서 시작된다. 이질적 타인과의 연대에 기초한 집단 저항이 시민 주권자의 권리 행사이고 진정한 저항이다. 그런데 『리바이어던』에서 주권은 오직 한 사람, 절대 주권자에게만 있다. 일반 시민은 주권자가 아니라 신민이다. 따라서 극단적인 경우에 신민에게 제한된 범위에서 자신의 목숨을 건 저항을 인정하는 부분을 근거로 저항권 인정을 말하는 것은 지나치게 고전적인 사유의 프레임에 저항권을 묶어 둘 우려가 있다.

자유는 주권을 양도한 신민에게 법이 허용하는 제한된 범위에서 주어

---

53 나는 홉스가 현대적 의미의 저항권을 인정하는 것처럼 해석하는 것도 반대하지만, 『리바이어던』에서 어떤 저항권도 허용되지 않는다는 슈미트의 입장에도 반대한다. "홉스의 절대주의 국가에 있어서는 저항권을 국법과 동일한 평면상의 '권리'가 된다고 하는 것은 법적으로나 사실적으로도 모든 의미에서 배리(背理)이다. …… 리바이어던에 대해서는 저항의 기도도 실제로 성공을 기대할 수 없으며, 저항권을 법적으로 구성하는 것은 문제 자체로서 이미 불가능하다. 저항권은 법으로나 권리로나 여하튼 그 맹아의 가능성은 전혀 없으며, 거대한 기구나 불가항력적으로 지배하는 공간 내에 존립할 여지는 없다. 맹아점도 입각점도 관점도 없는 것 같은 것은 문자 그대로 '공상적'(utopisch)이다." 칼 슈미트, 김효전 옮김, 『로마 가톨릭주의와 정치형태/홉스 국가론에서의 리바이어던』, 교육과학사, 1992, 311쪽.

진다. 홉스는 주권자가 불문에 부친 일들에 대해서만 신민이 자유를 갖는다고 말한다. 신민은 일단 공적 자유를 완전히 상실한다. 자유는 오직 사적인 부분에서만 허용되는데, 사적 자유의 핵심은 경제적 자유이다. 소유권이 핵심 중에 핵심이다. 매매와 계약의 자유도 경제적 자유이다. 그밖에 교육의 자유와 주거의 자유 등이 허용된다. 이처럼 공적 자유가 제거된 상태에서 허용된 사적 자유는 법과 국가와 충돌하는 것처럼 그려진다. 시민이 주권자일 경우에 법과 국가는 시민의 자유를 제약하는 것보다 더 많이 증진하는 제도로 인정받는다. 시민이 그때그때 자유의 제약과 증진 사이의 관계를 놓고 더 나은 법과 국가체제가 무엇인지를 결정하는 주체이기 때문이다. 그러나 『리바이어던』이 설계한 국가체제에서 시민은 주권이 없다. 이때 시민이 생각하는 자유를 위한 법과 절대권력을 가진 주권자가 생각하는 자유를 위한 법이 다를 경우가 지속적으로 발생할 수밖에 없다. 시민의 자유와 국가체제는 항구적 적대 관계를 형성할 가능성이 매우 높다.

홉스는 주권자의 절대권력을 통해 시민의 자유를 강력하게 제약하는 것이 오히려 궁극적으로는 제한된 시민의 자유를 증진할 수 있다고 말한다. 사적 자유의 지평에서만 본다면, 홉스의 말은 설득력이 있을 수 있다. 특히 사적 자유의 핵심을 경제적 자유로 이해할 경우에 홉스의 논리는 더욱 설득력을 가질 수 있다. 실제로 공적 자유를 제한하면서 성공적 경제 발전을 이루어 낸 경험을 한 나라들이 많다. 유럽과 남미의 파시즘은 대부분 이런 논리로 권력을 획득하고 유지했다. 우리의 경우에는 박정희의 개발 독재가 여기에 해당한다.

공적 자유를 박탈한 대가로 경제적 자유를 핵심으로 한 사적 자유의 최대화를 지향하는 국가체제는 공적 자유를 독점한 자들의 입장에서 개인의 자유와 국가의 이익을 동일시한다. 공적 자유를 빼앗긴 시민에게 국가는 자유를 빼앗아 간 괴물로 등장한다. 홉스의 『리바이어던』은 한쪽으로는 자기 보존과 자기 상승을 추구하는 개인의 사적 자유의 최대화를 요구하면서, 다른 한편으로는 코먼웰스의 절대적 권력을 요구한다.

홉스는 양자의 조화를 지향했다. 하지만 주권이 없는 개인의 사적 자유와 주권을 독점한 코먼웰스의 절대권력은 항구적 대결 상태에 빠질 수밖에 없다. 코먼웰스가 주는 경제적 안락과 사적 자유에 안주하는 시민만큼이나 스스로 코먼웰스를 만들어 가려는 시민이 많기 때문이다.

『리바이어던』의 체계에서 개인의 사적 자유와 코먼웰스의 법 사이의 충돌은 항구적일 수밖에 없다. 개인과 국가, 자유와 법은 공포를 동원하지 않고는 적대적 관계를 해소할 제도가 없다. 공적 자유를 제거하고 사적 자유를 최대화하는 정치체제에서 개인의 자유와 국가의 법은 대립적 관계에서 벗어나기 어렵다. 홉스는 이런 대립을 국가의 절대적 우선성으로 해결하려 하지만, 거꾸로 개인의 사적 자유에 우선성을 부여하는 쪽으로 선회할 수 있다. 그렇게 되면 홉스는 곧바로 고전적인 자유주의 프레임에 갇히게 된다. 이 자유주의 프레임에서 사적 자유는 최대화되지만, 공적 자유는 최소화된다. 정부와 국가는 파시즘이나 개발 독재처럼 절대적 힘을 갖는 괴물이 되기도 하지만, 반대로 사적 자유의 최대화를 위한 도구나 수단으로 전락할 수도 있다. 두 경우 모두 폭력은 줄어들기보다는 커지는 경향이 강하다.

자신이 '공포의 쌍둥이'로 태어났다고 고백했던 홉스는 자유를 공포의 쌍둥이로 만들었다. 그는 공포만이 자유를 포기할 수 있게 만드는 힘이라고 믿었다. 그에게서 자유는 타인의 생명을 빼앗을 수 있는 폭력의 가능성까지 포함한다. 폭력은 자유와 한몸이다. 홉스는 이 폭력에 대한 공포로부터 평화의 가능성을 찾았다. 그는 자유가 품고 있는 폭력에 대한 공포에 기대어 자유를 포기하는 계약서에 서명하도록 만든다. 계약서를 통해 공포는 사라지는 것이 아니라 자리를 옮긴다. 만인으로부터 오는 공포는 주권자 1인에 대한 공포로 바뀐다. 나의 생명조차 빼앗아 갈 수 있는 폭력을 행사할 수 있는 권한을 가진 주권자는 절대적 공포를 불러일으키는 존재이다.

홉스의 사고 실험이 기대하는 것처럼 만인의 공포보다 1인의 공포가 더 나을 수 있다. 만인의 폭력보다 1인의 폭력이 더 나을 수 있다. 불특정 타인의 폭력보다 법의 제도적 폭력이 더 나을 수 있다. 그러나 폭력이 줄어든 만큼 자유가 늘어나야 한다. 홉스의 사고 실험에서는 폭력이 줄어드는 것보다 더 많은 자유가 줄어든다. 공적 자유는 완전히 사라지고, 사적 자유도 경제적 자유로 축소된다. 그의 사고 실험에서는 법체계가 주는 공포와 그것의 원인인 공적 폭력을 줄이는 문제가 원천적으로 숙고되지 않았기 때문이다.

4. 자연주의 프레임에서의 자유

홉스의 사고 실험은 사고 혁명이었으며, 그것은 전방위적으로 이루어졌다. 그를 통해 인간은 오래된 가치 질서와 그것이 만들어 온 억압적 질서로부터 해방되었다. 그의 사고 혁명의 핵심은 사회적 가치와 규범, 그리고 제도의 정당성을 인간의 자연적 욕망으로부터 설명하려는 시도이다. 자유 개념도 마찬가지이다. 자유는 고귀한 이념이 아니라 인간의 자연권이며, 자연권은 도덕적 규범이 아니라 자연 상태에서 누구에게나 주어진 것으로 해석된 권리이다. 엄밀한 의미에서 권리라기보다는 사실에 가깝다.

자유에 대한 홉스의 규정은 고전적인 것과 완전히 다르다. 홉스가 이해하고 설계한 자유는 현대적이다. 현대적이라기보다는 현대의 문을 연 것이 그의 자유 개념이다. 그가 제시한 자유 개념은 오늘날의 현대인이 본능적으로 받아들이는 자유 개념과 거의 일치한다. 자유에 대한 복잡한 형이상학적 해명은 제거된다. 아주 단순한 자유이다. 단순한 자유란 자기가 하고 싶은 일을 할 수 있는 것이다.[54]

---

54 가장 단순한 자유에 대한 서술로는 인지언어학적 관점이 참고할 만하다. 특히 레이코프의 관점은 현재 미국인의 자유에 대한 이해를 가장 단순하게 잘 설명하고 있다. 조지 레이코프, 나익주 옮김, 『자유 전쟁: '자유' 개념을 두고 벌어지는 진보와 보수의 대격돌』, 프레시안북, 2009, 38쪽 이하 참조.

자기가 하고 싶은 일을 하는 것이 자유라는 단순한 규정에는 무엇인가를 하고 싶은 의지와 수행 사이에 강제가 없는 경우를 가리킨다. 다시 말해 자유 행동에 대한 외적 강제가 없는 경우를 자유라고 한다. 자유 행동은 의지와 행동 사이에 억압 없는 자유가 지배할 때를 가리킨다. 의지와 행동 사이에 자유가 없는 상태, 다시 말해 자유를 억압하는 것을 폭력이라고 한다.

자유 행동에 앞서 자유의지의 문제가 제기될 수 있다. 보통 사람들의 자유에 대한 이해에 따르면, 인간에게는 어떤 의지를 가질 자유가 있다. 다시 말해 인간은 여러 가지 선택 가능한 것들 중에서 하나를 자유롭게 결정하고 그것을 행위로 옮길 의지를 갖는다고 생각한다. 그러나 그 의지가 진정으로 자유로운 것인지에 대해 사람들은 관심이 없으며, 그들에게 중요한 것은 의지의 성립 과정에서 자유가 있는지 여부를 입증하는 것이 아니라 의도한 것을 행동으로 옮길 수 있는지의 여부이다. 이 맥락에서 보면, 자유의지를 부정하는 동시에 포괄적 의미의 자유와 행동 자유를 긍정하는 홉스의 관점은 오늘날 누구나 쉽게 동의할 수 있는 단순한 자유 개념에 가깝다.

자유의지의 실재 여부와 상관없이 인간이 자유롭게 행동에 옮기고 싶은 목적은 어디서 찾을 수 있을까? 고전적인 형이상학 체계에서 목적은 자연적이지 않고 이념적이었다. 그러나 형이상학이 제시하는 고귀한 이념은 모든 사람이 공유할 수 있는 지점이 아니다. 모든 사람이 공유할 수 있는 목적은 자연스러운 욕망에서 비롯된 것이어야 한다. 인지과학에 따르면, 아무리 자연스러운 욕망이라고 할지라도 인간은 그것을 은유적으로 이해하고 소통할 수밖에 없다. 이 맥락에서 조지 레이코프(George Lakoff)는 자연적 자유의 은유적 표현을 다음과 같이 말한다.

- (공간상에서 이리저리 움직여) 원하는 목적지에 도달하는 것
- (자신의 팔다리를 움직여) 원하는 어떤 물건을 얻는 것
- (자신의 몸을 움직여) 의도하는 행동을 수행하는 것[55]

의지 형성에 가장 결정적인 영향을 끼치는 것은 자연적 욕망이다. 자연적 욕망이 인과적으로 설명될 수 있다면 자유의지는 사라진다. 그러나 자유의지의 인정 문제와 관계없이 우리는 자연적 욕망을 누구나 수용할 수 있는 자유 개념의 출발점으로 삼을 수 있다. 이 관점에서 보면, 가장 원초적인 자유는 ① 공간 이동의 자유, ② 소유의 자유, ③ 행동의 자유이다. 사람은 언제나 더 많은 자유를 원하기 때문에 세 가지 자유 역시 더 커지는 것을 지향할 것이다. 따라서 대부분의 사람은 가장 기본적으로 ① 더 많은 공간을 향한 자유, ② 더 많은 소유를 향한 자유, ③ 더 많은 행동의 자유를 원한다.

세 가지 자유는 동물의 세계에서 추정할 수 있는 가장 기본적인 운동과 연관된다. 모든 살아 있는 동물은 생존을 위해 먹이에 가까이 가려는 욕망과 포식자에게서 멀어지려는 욕망을 가지고 있다. 가장 원초적인 자기 보존은 자기가 먹으려는 것에 다가가고, 자기를 먹으려는 것으로부터 멀어지는 공간 이동이다. 이 맥락에서 모든 생명체는 자신의 모든 능력을 동원해 자유롭게 공간 이동을 하고 싶어 한다. 자기를 먹으려는 것으로부터 멀어지려는 욕망이 '~으로부터의 자유'라고 한다면, 자기가 먹으려는 것에 가까이 가려는 욕망은 '~을 향한 자유'이다.[56] 이것이 자유의 원초적 뿌리이다.

고등 동물은 공간 이동만이 아니라 소유를 원한다. 가능한 한 더 많은 공간으로 이동하고, 더 많은 공간을 소유하는 것이 자유이고 권력이다. 인간도 이 점에서는 큰 차이가 없다. 더 많은 공간을 소유하면 더 많은 물건을 소유할 수 있고, 더 많은 일을 할 수 있다. 더 많은 공간은 곧바로

---

55 조지 레이코프, 『자유 전쟁: '자유' 개념을 두고 벌어지는 진보와 보수의 대격돌』, 40쪽.
56 이 맥락에서 볼 때, 소극적 자유와 적극적 자유는 구별될 수는 있지만 분리될 수 없을 뿐만 아니라 어느 한쪽에 배타적 우선성을 부여할 수도 없다. 왜냐하면 인간만이 아니라 모든 생명체에게 '~으로부터의 자유'와 '~을 향한 자유'는 자기 보존의 관점에서 동시적이며 분리 불가능하기 때문이다. 나는 이 맥락에서 벌린이 소극적 자유에 배타적 우선성을 부여하는 것이 자연적이지 않고 이념적이라고 생각한다.

더 많은 소유와 더 많은 수행권력으로 이어진다. 그 때문에 공간의 이동과 소유는 가장 원초적인 자유의 뿌리라고 할 수 있다.

공간적 표상을 갖는 원초적 자유는 '~으로부터의 자유'와 '~을 향한 자유'로 확장된다. '~으로부터의 자유'는 개인의 생명을 위협하는 것으로부터의 독립을 추구하는 자유에서 출발해 개인의 의지를 방해하는 모든 것으로부터의 독립으로 확장되는 자유이다. '~으로부터의 자유'에서는 자유를 위협하거나 방해하는 내외적 모든 것이 적으로 나타난다. '감정으로부터의 자유', '노동으로부터의 자유', '억압으로부터의 자유', '구속으로부터의 자유', 폭력으로부터의 자유', '가족으로부터의 자유', '국가로부터의 자유', '죽음으로부터의 자유' 등 무수히 많은 '~으로부터의 자유'가 있다. '~으로부터의 자유'는 '자유의 적'이 명확하게 나타난다. 적의 표상이 명확한 만큼 '~으로부터의 자유'는 적과 동지의 적대적 대결 구도를 만들려는 정치 세력들이 자주 동원하는 선전 선동의 프레임이다.

'~으로부터의 자유'가 생명을 위협하는 존재로부터 멀어지려는 신체적 욕망에 기원을 두고 있다면, '~을 향한 자유'는 생명을 유지하기 위해 필요한 재원에 가까이 가려는 신체적 욕망에 기원을 두고 있다. 그러므로 '~을 향한 자유' 속에는 개인의 생명 활동을 위해 필요한 에너지원을 찾아가려는 자유에서 출발해 개인의 의지가 목표로 하는 모든 것을 생산하고 성취하려는 자유로 확장된다. 그런데 '~을 향한 자유'는 '~으로부터의 자유'만큼이나 많은 표상을 가지고 있지 않다. '행복을 향한 자유', '통일을 향한 자유', '공동선을 향한 자유', '권력을 향한 자유', '좋은 삶을 향한 자유', '삶을 향한 자유' 같은 말을 할 수는 있지만 왠지 억지스럽다. '~을 향한 자유'를 구체적으로 표상할 때는 자유를 의지로 바꾸는 것이 더 자연스럽다.

'행복을 향한 자유'보다 '행복을 향한 의지'가, '권력을 향한 자유'보다 '권력을 향한 의지'가, '삶을 향한 자유'보다 '삶을 향한 의지'가 더 자연스럽다. '~을 향한 자유'에 '~'은 생산하거나 성취해야 할 목표이다. 아직 존재하지 않는 것이다. 따라서 그것을 향해 가는 자유는 강한 의지를 요구한다. 따라서 '~을 향한 자유'에서는 '~으로부터의 자유'의 적에 해당하는 목표와 그에 대한 의지가 명확하게 형성되어야 한다. 그러나 이미 적이 있는 경우와 아직 목표가 불분명한 상황은 많이 다르다. 서로가 동원할 수 있는 정치적 에너지가 다르다. '~으로부터의 자유'의 경우에는 공동의 적을 설정하기가 쉽기 때문에 그만큼 쉽게 정치적 에너지를 끌어모을 수 있다. 그만큼 시민이 이용당하기 쉬운 프레임이다. 반면에 '~을 향한 자유'는 공동의 목표가 설정되어야만 정치적 에너지의 동원이 가능한데, 이는 매우 어려운 일이다. 따라서 정치권력에 관심을 가진 세력은 '~을 향한 자유'의 프레임보다 '~으로부터의 자유'의 프레임에 관심을 집중한다.

최근의 정치 지형을 볼 때, 보수적인 정치 세력일수록 '~을 향한 자유'의 프레임보다 '~으로부터의 자유'의 프레임에 배타적 우선성을 부여하는 경향이 있다. 반면에 진보적인 정치 세력은 확실한 입장을 정하지 못하고 어정쩡한 방어적 자세를 취한다. 그 때문에 보수는 마치 자유의 수호신처럼 그려지는 경우가 많은 반면에, 진보는 자유의 그림자에만 관심을 갖는 것처럼 보인다. 보수가 자유 개념을 축소, 오염, 왜곡하는 경향이 강하다면, 진보는 자유 개념을 외면, 환원, 무시하는 경우가 많다. 그러나 자유는 기본권 중의 기본권이다. 따라서 왜곡과 무시받지 않을 자유 개념의 확립은 헌법애국주의적 관점에서 매우 중대한 사항이다.

앞에서 살펴본 것처럼 '~으로부터의 자유'와 '~을 향한 자유'가 동물로서 인간의 신체적 경험에서 확장된 은유라면, 둘 사이의 배타적 우선성은 정당화하기 어렵다. 두 자유는 자기 보존을 위한 생명체의 가장 기본적 욕망이다. 한 개인의 행동을 강제로 하게 하거나 혹은 강제로 하지 못하게 하는 것은 동일하게 자유의 박탈이다. 두 자유는 동등한 지위를 갖는다. 두 자유는 서로를 구성하면서 동시에 서로를 제약한다. 따라서 행동의 지평에서 두 자유에 동등한 지위를 부여하는 것이 인간의 신체적 경험에 가깝다고 보아야 한다. 두 자유의 상호적 구성과 제약에 기반을 둔 이론과 실천이 정치적 진보와 보수가 공유할 수 있는 기본적 자유론이라고 할 수 있다. 이런 자유론을 위한 출발점은 인간의 자연적 욕망과 신체적 경험이어야 한다. 홉스는 이 관점에서 구성된 자유론을 처음 제안한 철학자이다.

인간의 자연적 욕망과 신체적 경험에서 시작한 홉스의 자유론 논의에서 자연적 욕망과 합리적 이성은 적대적이지 않다. 그런데 어떤 사람들은 자연적 욕망을 자유의 적이라고 간주하는 경우가 많다. 욕망에 사로잡히면 진정한 자유를 누릴 수 없다고 생각하는 도덕주의자들이 여기에 속한다. 대체로 보수적인 사람들에게 익숙한 사고이지만 반드시 그렇지는 않다. 불교의 영향을 받은 사상이나 혹은 생태주의에서도 볼 수 있는 사고체계이다. 이런 사고체계에서 자유는 욕망에 충실한 것이다. 홉스가 말하는 자유도 욕망에 뿌리를 두고 있다. 따라서 저들과 홉스는 같은 말은 하는 것처럼 보이지만, 사실은 정반대의 입장을 표명한다. 저들은 욕망에서 비롯된 자유를 비판하는 반면에, 홉스는 욕망에서 비롯된 자유만을 인정한다.

욕망을 자유의 적으로 간주하는 사람들만큼이나 이성을 자유의 적으로 간주하는 사람들도 적지 않다. 이성이 인간 행위를 강제한다고 보는 경우이다. 여기에는 이성을 기존의 억압적 질서의 대변자로 간주하는 낭만주의 전통의 사상을 이런저런 방식으로 수용하는 사람들이 속한다. 대체로 진보적인 사람들에게 나타나는 경향이 있지만, 그렇지 않은 경우도 허다하다. 가족주의나 민족주의를 내세워 반지성주의를 동원하는 파시즘이 여기에 해당한다. 이들에게서 자유는 이성의 노예이다. 홉스가 말하는 자유는 이성의 명령에 따른 자연법을 준수해야만 향유할 수 있다. 자유와 이성 사이의 친숙성을 이야기하는 측면은 유사하다. 하지만 저들이 이성을 강하게 불신하는 반면에, 홉스는 이성을 자유의 최대화에 기여하는 도구로 만든다.

홉스는 이성을 도구로 만듦으로써 욕망과의 충돌 요인을 제거했다. 앞에서 언급한 것처럼 전통적 이성은 목적을 성취하기 위한 최선의 수단을 찾아가는 타산성 계산의 도구가 아니었다. 이성은 수단이나 도구가 아니라 정신적 이념이고 목적이었다. 반면에 욕망은 통제되지 않은 자연의 요구로 이해된다. 고전적 사유는 정신적 목적의 주체로서 이성과 신체적 욕망을 적대적 관계로 그린다. 그리고 이성이 욕망을 통제할 때, 자유가 주어진다고 말했다. 반면에 홉스의 자유론에서 이성은 더 이상 목적과는 무관하다. 이성은 욕망의 실현에 동원되는 도구가 된다. 따라서 그의 자유론에서 욕망과 이성은 충돌하지 않고 조화를 이룬다.

홉스의 자유론에서 목적은 이성이 설정하는 것이 아니다. 목적은 욕망 안에 이미 내장되어 있다. 욕망의 실현이 곧바로 목적이 된다. 이 경우에 욕망과 이성의 충돌만이 아니라 목적을 둘러싼 충돌도 제거된다. 홉스는 자연 상태를 만들어 낸 사고 실험을 통해 목적에 관한 의견 일치를 가상적으로 만들어 낸다. 이제 문제가 되는 것은 오로지 수단뿐이다. 최선의 수단을 찾는 것은 정치적인 것도 아니고 도덕적인 것도 아니며, 철학적인 것은 더더욱 아니다. 그것은 과학이고 기술이다. 그가 제공한 20개의 자연법은 자연 상태로부터의 탈출이라는 일치된 목적에 도달할 수 있는 최선의 방법을 과학적으로 찾아낸 것이다. 홉스의 자유론에서 자연법은 도덕철학을 대체한다.[57]

자유가 없으면 강제할 도덕 규범도 사라진다. 자유는 도덕 규범의 정당화가 가능하기 위한 조건이다. 자연법으로 대체된 홉스의 도덕철학도 자유를 근간으로 한다. 그의 자유는 욕망과 이성의 조화에서 나온다. 그러나 그 조화에서 욕망은 자유의 출발이면서 동시에 목적이다. 이성은 출발에서 목적으로 가는 과정으로 제한된다. 홉스의 자유는 욕망에서 시작해 욕망에서 끝난다고 말할 수 있으며, 이 때문에 홉스의 도덕철학의 처음과 끝은 모두 욕망에 기반을 두고 있다. 이처럼 자유와 도덕의 처음과 끝을 자연적 욕망으로 설정한 홉스의 사고 실험은 신체적 경험에 기반을 둔 만큼 자연스럽다. 그러나 자연스러운 만큼 자유를 자연의 노예

---

57 토머스 홉스, 『리바이어던 1』, 214쪽 참조.

로 후퇴시켰다는 의심을 꾸준히 받고 있기도 하다.

새로운 시대를 가장 혁명적으로 재설계한 홉스의 사고 실험은 '공적 자유의 최소화와 사적 자유의 최대화'를 지향하는 프레임이다. 홉스는 사적 자유를 자연권의 지위로 극대화한다. 자연권으로서 개인의 자유는 타인의 생명을 빼앗을 권리, 곧 극단적인 폭력을 품고 있다. 홉스의 자유는 폭력과 한몸이다. 홉스의 사고 혁명을 통해 자유와 폭력은 쌍둥이로 다시 태어났다. 잔인한 폭력 앞에서 자유로운 개인은 코먼웰스를 만드는 사회계약에 서명한다.

새로운 시대의 정치체제로서 코먼웰스는 폭력을 독점한다. 개인이 누릴 수 있는 사적 자유 속에는 폭력 행사의 권리가 사라진다. 코먼웰스는 주권도 독점한다. 코먼웰스 안에서 개인은 더 이상 공적 자유를 갖지 않으며, 코먼웰스가 독점한 폭력 사용의 권한과 주권에 저항할 수 없다. 개인은 폭력을 사용할 자유와 주권을 행사할 자유를 코먼웰스에 내준 대가로 소유권을 얻었지만, 코먼웰스가 독점적으로 소유한 잠재적 폭력과 주권 앞에서 공포를 느낀다.

신체적 경험에 뿌리를 둔 '~으로부터의 자유'는 홉스의 의도와는 정반대로 '코먼웰스(정부와 국가)로부터의 자유'로 발전한다. 공포만으로 개인의 자유와 코먼웰스의 독점적 주권 사이의 적대적 대결을 차단할 수는 없다. 홉스는 공포보다 강한 힘이 있는 소유권을 개인에게 부여한다. 소유할 수 있어야 개인이다. 소유권은 언제나 더 많은 것을 소유하려는 자유, 곧 '~할 자유'의 상징이다. 모든 개인에게 소유권이 주어지는 순간, 새로운 시대인 현대적 개인의 시대가 된다. 이 개인들이 이제 '코먼웰스로부터의 더 많은 자유'와 '더 많이 소유를 할 수 있는 자유'를 요구한다. 개인은 정치적 자유를 포기한 대가로 주어진 경제적 자유에 점점 취하게 된다. 정치적 자유만이 아니라 도덕적 자유와 사회적 자유까지 모두 경제적 자유의 노예로 전락한다.

홉스의 사회계약론은 자유로운 개인들이 코먼웰스를 만드는 이론이다. 그의 사회계약론을 통해 현대의 상징인 개인, 곧 소유권을 가진 개인이 전면에 등장한다. 홉스 이전에 등장했던 개인은 예외적인 존재였다. 오디세우스나 로빈슨 크루소처럼 우연한 사건에 의해 공동체에서 떨어져 나온 존재였다. 홉스의 사회계약론에 등장하는 개인은 모두가 오디세우스이거나 로빈슨 크루소이다. 더구나 이들 개인이 국가를 만드는 사회계약의 주체로 등장할 만큼 완전한 개인주의 시대가 도래한 것처럼 보인다.

자연 상태는 사고 실험을 통해 만들어 낸 가상 세계이다. 사회계약의 주체인 개인도 가상 존재이며, 그들이 체결한 사회계약도 가상이다. 반면에 코먼웰스라 불리는 국가는 실재한다. 코먼웰스는 절대적 주권과 폭력을 독점한다. 홉스의 코먼웰스 안에서 모든 개인은 더 이상 다른 개인의 침범을 걱정할 필요가 없다. 더구나 개인은 자신을 둘러싸고 있던 다양한 집단과 공동체로부터 완전히 분리되어 독립한다. 개인은 돌보아야할 공동체도 없고, 공동체가 오랫동안 부여해 왔던 규범도 없다. 개인은 오로지 코먼웰스하고만 관계한다. 홉스의 코먼웰스는 모든 사회적 집단이나 공동체를 원자적 개인으로 해체해 그들과 직접적으로 관계한다. 따라서 개인과 국가 사이에는 아무것도 존재하지 않는다. 이런 방식으로 홉스의 자유주의는 완전한 개인주의와 국가주의로 귀결된다.

1인의 절대적 주권자를 상정했다는 이유로 홉스가 설계한 사회계약의 현재성을 부인하는 것은 정당하지 않다. 그가 설정한 절대적 군주정체를 우리는 민주주의 없는 법치국가로 재구성할 수 있다. 사적 지평에서 자유와 소유를 인정하고 보장하는 홉스의 법치국가는 사적 개인들이 사회계약을 체결하는 목적과 일치한다. 자유와 소유는 국가를 만든 동기이면서 목적이다. 홉스적인 법치국가의 정당성은 사회계약이 체결되는 순간 해결된다. 국가를 도구로 받아들이는 순간, 지배 질서로서의 국가의 정당성 문제는 사라진다.

홉스는 사회계약의 체결에 참여하는 자연인이 합리적 이기주의를 관철할 수 있는 도구적 이성을 동원해 실제로 질서정연한 이기적 법치국가를 세우는 것에 동의할 수 있다고 보았다. 일반적으로 법질서와 국가체제는 규범의 체계이며, 그만큼 도덕적 요청과 관계한다. 그러나 만약 자연인이 자연적 욕망을 실현하기 위해 도구적 이성을 활용해 자발적으로 안정되고 질서 있는 이기적 법치국가를 만들었다고 가정한다면, 도덕적 요청은 들어설 자리가 없다. 홉스의 사회계약은 이처럼 어떤 외부적 규범도 요청하지 않는 자연주의 프레임으로 해명된다.

홉스의 자연주의 프레임은 간결한 만큼 설득력이 있다. 이성주의와 초월주의, 선험주의에 작은 거부감이라도 있는 사람은 홉스의 프레임에 쉽게 흡수된다. 그런데 그의 프레임의 동의 여부를 판정하는 우리는 자연인이 아니라 시민이다. 따라서 우리는 그의 자연주의 프레임을 사회계약이 체결되기 전의 자연인의 사전적 관점이 아니라 사회계약이 체결된 이후의 시민의 사후적 관점으로 동의하거나 거부할 수 있다. 그렇다면 자연인의 사전적 관점에서 사회계약에 서명하려면 어떤 조건과 절차가 요구될까?

홉스가 제시하는 사회계약 체결의 자연주의적 조건은 개인의 합리적 이기심과 계산 능력이다. 홉스는 도구적 이성을 가진 이기적 개인 모두가 동일한 정치체제를 선호할 수 있도록 개인들 사이의 차이를 제거한다. 이기적 개인 모두가 완전하게 1인칭 단수인 '나'의 관점에서 자기 이익의 극대화를 위해 무제한적인 자연적 자유를 포기하고 법질서 안에서 허용되는 시민적 자유를 선택하기로 결정하면 사회계약이 체결된다. 그러나 어떤 사회적 관계도 없는 원자화된 개인의 1인칭 단수의 전망으로부터 사회계약을 이끌어 내는 합의가 가능하다는 것은 환상에 가깝다.

사회계약에 합의하려면 당사자들이 계약의 성격이나 절차는 물론이고 그것의 작용과 부작용에 대한 일반적 이해가 있어야 한다. 무엇보다 계약은 서로 다른 계약의 당사자가 있어야 한다. 서로 다른 조건과 입장을 가진 당사자들은 서로의 관점과 전망을 교차적으로 확인하고 학습해야만 서로에게 이득이 되는 지점을 찾아 합의하고 서명할 수 있다. 계약은 1인칭 단수의 관점이 아니라 1인칭과 2인칭, 단수와 복수의 전망을 취할 수 있을 때에야 비로소 효과적으로 성사된다. 더구나 사회계약은

1인칭, 2인칭, 3인칭 단·복수의 관점을 횡단하는 전망 교체의 실천 학습이 누적되어야만 가능하다. 그러나 자연 상태의 개인에게는 이런 학습의 기회가 주어지지 않는다.

사회계약의 과정에 2인칭과 복수의 관점의 전망이 들어오는 순간, 자연주의 프레임은 뒤틀릴 가능성이 높다. 서로 다른 관점과 전망을 가진 사람들이 합의하려면, 그에 합당한 규범적 요구가 새로 생겨나기 때문이다. 도구적 이성이라는 동일한 계산기를 가지고 있다고 하더라도 합리적 이기심을 가진 개인들 각자는 서로 다른 지표와 가중치를 요구할 가능성이 높다. 이 경우에 동일한 지표로 계산하려면 협의와 합의가 있어야 하고, 그 과정에서 절차적 정당성의 도덕적 정당화 문제가 끼어들 수밖에 없다. "그러나 자연 상태에 그러한 도덕적 경향을 주입하는 것은 홉스 자신이 설정한 증명 목표의 자연주의적 전제와 모순된다."[58] 그 순간 자연주의 프레임은 엷어질 수밖에 없다.

홉스는 자연주의 프레임을 일관성 있게 관철하기 위해 자연 상태의 개인으로부터 모든 사회적 관계와 제도의 옷을 빼앗는다. 개인은 어떤 사회 구성도 경험하지 못한 어린이와 동일하며, 사실 계약이 무엇인지도 몰라야 한다. 그런데 개인은 마치 뛰어난 계산 능력을 가진 것으로 그려진다. 홉스는 자연인으로부터 모든 사회적 관계와 능력을 박탈한 대가로 무제한적인 자연적 자유와 동일한 계산기를 준다. 그런데 엄밀히 말하면, 그 계산기는 자연 상태에서 사용할 수 있는 것이 아니다. 그 계산기는 당시 자기 이익과 성공을 지향하는 태도를 가진 사법체계의 주체들이 사용하던 것이다. 홉스는 당시 사법체계의 개인 간의 계약 모델을 자연 상태의 벌거벗은 개인 사이의 사회계약으로 이식하고 있는 셈이다.

홉스는 완전한 개인이 완전한 국가를 만드는 것처럼 기술한다. 자연 상태에서 개인은 완전하다. 자연 상태의 개인에게는 부모나 형제, 그리고 친구도 없다. 개인은 어떤 가족이나 씨족, 마을이나 지역에도 속하지

---

58 위르겐 하버마스, 『사실성과 타당성』, 131쪽.

않는다. 이런 완전한 개인이 국가를 만들 수밖에 없다고 말한다. 그러나 앞에서 말한 것처럼 홉스의 자연 상태, 그리고 그곳의 거주자인 완전한 개인은 사고 실험을 통해 만들어 낸 가상이다. 인간은 자연 상태로 되돌아갈 수 없다. 언젠가 자연 상태가 있었다는 것도 검증할 수 없다. 그러나 홉스의 구상에 따라 설계된 코먼웰스는 실재할 수 있다. 그리고 설계도에 따라 만들어진 완전한 코먼웰스는 완전한 개인을 만들 수 있다. 완전한 개인이 완전한 국가를 만드는 것이 아니라 완전한 국가가 완전한 개인을 만드는 것이다. 더구나 홉스가 구상한 것처럼 절대권력을 가진 국가는 공포를 통해 개인을 자연 상태로 되돌릴 수 있다. 어쩌면 지금의 세계가 가상 공간이었던 자연 상태를 만들어 내고 있는 것인지도 모른다. 지금 세계는 점점 만인에 의한 만인의 전쟁 상태로 가고 있는 것처럼 보인다.

제7장
자유의 자연주의

    현대의 자유는 집단이 아닌 개인의 권리이다. 홉스는 자유를 개인의 자연권으로 설정한 현대의 설계자들 가운데 가장 먼저 국가를 사회계약의 산물로 설명한다. 정치 공동체로서 국가를 가리키는 그의 개념인 코먼웰스는 원자적으로 흩어진 개인의 의견을 종합해 만들어진 것이 아니다. 코먼웰스는 두 가지 절차를 통해 만들어진 것이다.

> '코먼웰스'는 ······ '만인 상호 간에' 합의하여, 다수결에 의해 어느 '한 사람' 혹은 '하나의 합의체'에 모든 사람들의 인격을 '대표하는' '대표자'로서의 '권리'를 부여하고, ······ '신의 계약'을 체결한 때 설립된다.[1]

    첫 번째 절차는 만인 상호 간의 합의를 이끌어 내는 과정이며, 두 번째 절차는 합의안을 다수결로 결정하는 과정이다. 이는 마치 국회에서 개헌

---

[1]   토머스 홉스, 『리바이어던 1』, 235쪽.

안을 만드는 과정과 국민 투표로 결정하는 과정을 결합해 놓은 것처럼 보인다. 이런 해석이 타당하려면 국회의 합의와 '만인 상호 간의 합의'가 동일하다는 논증이 필요하다. 그러나 여기서 이는 우리가 관심을 가질 사항이 아니다. 우리의 관심은 왜 홉스가 불가능한 것처럼 보이는 '만인 상호 간의 합의'를 첫 번째 절차로 설정하고 있는지를 묻는 것이다.

'만인 상호 간의 합의'라는 말 속에는 '사회계약'이라는 개념의 뜻이 담겨 있다. 개인과 개인, 집단과 집단, 국가와 국가 사이에는 타산성 계산과 이익 관심의 조정을 통해 계약을 체결할 수 있다. 이런 계약은 사법과 국제법의 대상이며, 관련 이론 역시 이론적 정당화의 부담 없이 어디서나 쉽게 받아들여진다. 반면에 사회계약은 타산성 계산을 통해 체결될 수 없다. 어떤 국가와 정치체제를 만들 것인지를 원자적 개인들의 이해관계 조정으로 결정하는 것은 불가능하다. 먼 훗날에 지금은 없는 계산기가 발명되어 모든 개인이 동의할 수 있는 계산서를 만들 수 있다면 가능할 수도 있다. 그러나 예나 지금이나 이런 계산서는 상상조차 어렵다.

모든 개인은 서로 다른 계산기를 가지고 있다. 모든 개인은 자신이 가진 능력과 재산, 그리고 동원할 수 있는 권력에 따라 계산을 달리한다. 어디에도 같은 계산기를 쓰는 사람은 없다. 계산기로 국가를 설계하는 것은 불가능하다. 몇 가지 설계안을 놓고 만인이 투표할 수는 있다. 이는 홉스가 말하는 두 번째 절차처럼 보인다. 그러나 홉스는 하나의 설계안을 투표에 붙인다고 말한다. 따라서 하나의 설계안에 대한 만인의 합의가 있어야 한다.

만인 상호 간에 합의를 이끌어 낼 수 있는 설계안은 실제로 만들어질 수 없다. 대신에 만인이 설계도를 만드는 과정에 상호 참여하는 방법은 있다. 다양한 형태의 토론과 심의, 그리고 여론을 형성하는 과정에서 합의된 설계도가 만들어질 수 있는 것이다. 공론과 공감이 교차하는 광장에서만 가능한 일이다. 광장에서 개인들은 자신들의 사적 계산기를 내려놓고 공존 가능한 국가를 설계할 수 있다. 모두가 함께 설계한 것은 곧 모두가 합의한 것이기 때문이다.

광장에 처음 모여든 이들은 개인이다. 그러나 광장에서 자신의 계산기를 내려놓는 순간 사회가 형성된다. 원자적 개인들이 공감과 공론의 과정을 통해 형성한 의견과 의지는 개인적인 것이 아니라 사회적인 것이다. 따라서 광장에서 만들어진 계약은 개인들의 사적 계약이 아니라 사회의 공적 계약이다. 여기서 사회계약이라는 개념이 형성된다. 국가를 만드는 계약이기 때문에 국가계약이라는 표현을 쓸 수도 있다. 그러나 결과물로서의 국가가 아니라 과정으로서의 사회에 주목하기 때문에 국가계약이 아니라 사회계약이라는 개념을 쓰고 있는 것이다.

사회계약에서 여전히 해결되지 않은 문제는 어떻게 광장에서 하나의 설계도를 만드냐는 것이다. 이는 사실의 세계에서는 불가능하다.[2] 따라서 사회계약론을 제시하는 철학자들은 가상의 광장을 만드는 사고 실험을 한다. 고전적 사회계약론자들이 만든 가상 광장은 자연 상태이다. 자연 상태는 현실 속에서 모든 개인 사이의 차이를 제거하는 역할을 한다. 자연 상태에서 인간은 모두 같은 욕망을 가진 존재이다. 그 때문에 상호 간의 합의를 이끌어 낼 수 있는 것처럼 보인다. 그러나 엄밀하게 말하면, 자연 상태의 인간은 다른 사람이 아니라 같은 사람이기 때문에 합의가 아니라고 반박할 수 있다.

사회계약론은 합의와 동의의 절차를 통해 성립한 것이 아니라 철학자

---

2 로크는 이 문제를 해결하기 위해 모든 사람이 사회계약을 체결하는 합의를 한다고 말하지 않는다. 그는 오히려 일정한 수의 사람들이 사회계약을 체결하고 그를 기반으로 정치 사회와 시민사회가 형성된다고 말한다. 그리고 이런 사회는 다양한 곳에서 다양한 크기와 모양으로 있을 수 있다. 시민사회에서 입법권과 사법권이 완전하게 성립하면 국가가 탄생한다. 이처럼 로크는 자연 상태에서 곧바로 만인의 합의에 의한 국가 건설을 말하지 않고, 정치 사회와 시민사회라는 중간 다리를 만든다. 시민사회로 가는 사회계약에 모두가 참여하지 않지만, 참여한 사람은 모두 동의와 합의를 전제로 한다. 사회계약에 합의하지 않는 사람은 자연 상태에 거주할 수 있다. 이런 방식으로 로크는 다수의 합의를 토대로 전체의 합의를 이끌어 내는 전략을 구사한다. 사회계약이 체결된 이후에 시민사회의 의사 결정은 다시 다수결에 따라 이루어진다. John Locke, *An Essay Concerning Human Understanding* II, Peter H. Nidditch (ed.), Oxford: Clarendon, 1979, pp. 89ff. 참조.

들이 가상 공간에서 만들어 낸 가짜 설계도일 뿐이라는 비판은 지속적으로 제기되어 왔다. 이것은 사회계약론의 치명적 결함임에 틀림없다. 그러나 가상이라고 가짜가 되는 것은 아니다. 가상은 오히려 현실보다더 현실적인 힘을 가질 수 있다. 모든 설계는 다 가상 공간에서 이루어진다. 가상 공간에서 만들어진 설계도가 하나의 건축물보다 더 막강한 힘을 가지고 있는 것이 현실이다. 사회계약론자들의 설계도 역시 이런 힘을 누렸고 여전히 그 힘은 소진되지 않았다.

고전적 사회계약론의 핵심은 개인들이 자신을 위해 국가를 만들었다는 것이다. 사회계약론에서 국가는 단숨에 도구로 전락한다. 국가는 이제 목적이 아니다. 독립적으로 부여된 국가의 가치도 사라진다. 국가는 수단일 뿐이다. 국가는 이제 가족과 씨족, 호족의 합의체도 아니다. 국가는 개인들의 사회적 합의를 통해 만들어진 도구이다. 이처럼 사회계약론은 국가주의와 작별한 것처럼 보인다.

그러나 앞에서 살펴본 것처럼 최초의 사회계약론자인 홉스의 철학에서 완전한 개인주의는 완전한 국가주의와 결합한다. 그는 국가에 독립적이고 배타적인 주권을 부여하는 까닭에 국가는 개인에게 공포의 주권자이다. 주권자는 끝없이 개인과 국가의 일치를 강조한다. 국가는 만인이 상호 합의한 것이라는 전제 아래, 국가가 결정한 것은 곧 만인의 결정이라고 말한다. 이 맥락에서 국가주의 프레임은 개인주의와 국가주의가 분리 불가능한 쌍생아라는 것을 암시하는 것처럼 보인다.

일반적으로 자유주의의 지원을 받는 완전한 개인주의는 모든 형태의 집단을 개인의 자유를 침해할 수 있는 잠정적 적으로 간주한다. 자유주의는 모든 집단과 각 집단에서 부여하는 규범으로부터 개인을 분리한다. 그 집단 중에서 가장 강력한 집단이 국가이다. 따라서 국가가 개인의 자유를 침해할 가장 강력한 적으로 등장한다. 완전한 개인주의에서 출발한 홉스의 사회계약론은 국가에 절대 주권을 부여하면서 개인의 자기 보존과 자기 상승을 위한 자유의 법, 곧 자연법을 지켜야 할 책무도 함께 부여한다. 이 맥락에서 홉스의 국가에는 개인이 자신의 자유의 실현을 위해 만든 도구라는 원초적 가상이 남아 있다. 그러나 개인이 국가를 만드는 것은 가상이지만 국가가 개인을 만드는 것은 사실이다. 완전한 개인주의가 완전한 국가주의로 귀결된다는 이 혐의로부터 벗어나려면 사회계약론은 무엇보다 국가가 단지 도구로 쓰이는 설계도를 만들어야 한다. 다양한 설계도 중에서 제국으로 발전한 미국이 발주한 것이 로크의 것이다. 그의 설계도를 살펴보면, 지금 우리가 경험하는 자유와 폭력의 또다른 관계를 읽어 낼 수 있을 것이다.

1. 자연 상태와 자유 상태

국가가 개인의 자유(생명, 재산)를 위한 도구라는 관점을 명시적으로 밝힌 사회계약론자는 영국의 철학자 로크이다. 로크는 우선 자유를 의지와 명확하게 분리한다. 그는 지성(understanding)이나 의지(will)를 독립적인 실체로서 간주하지 않는다. 그것들은 행위자(agent)에 귀속되는 힘(power)이다.[3] 힘에는 다가오는 변화를 받아들이는 수동적 힘과 어떤 변화를 일으킬 수 있는 능동적 힘이 있다.[4] 로크는 능동적 힘의 실행만을 행위로 규정한다. 행위자는 신체 행위도 하고 사고 행위도 한다. 로크는 신체적이거나 정신적 행위를 일으키는 능동적 힘을 의지라고 부른다. 로크는 의지만이 아니라 지성도 능동적 힘으로 간주한다.[5] 그리고 두 가지 능동적 힘은 서로 얽혀 있는 것으로 본다.

의지가 지성과 함께 능동적 힘이라고 한다면, 우리는 자연스럽게 의

---

3 로크는 의지를 '능력'(faculty)이 아니라 '힘'으로 규정한다. 그에게서 능력은 실체로서 독립된 기관이 갖는 것이다. 그러나 의지는 그런 기관이 아니다. 따라서 힘을 가질 뿐이다. 존 로크, 정병훈·이재영·양선숙 옮김, 『인간지성론 1』, 한길사, 2014, 359쪽 참조.
4 존 로크, 『인간지성론 1』, 359쪽 참조.
5 존 로크, 『인간지성론 1』, 351쪽 참조.

지와 지성이 모두 자유를 가지고 있다고 추측할 수 있다. 능동적 힘이 변화를 일으킬 수 있는 힘이라고 할 때, 우리는 의지와 지성이 여러 가지 선택지 중에서 하나의 방향으로 변화를 결정할 수 있다고 생각하기 때문이다. 그런데 로크의 대답은 우리의 추측과는 전혀 다르다. 로크는 두 가지 길을 갈 수 있는 힘, 그의 개념을 빌리자면 '양면적 힘'(two-way-power)을 가져야 자유를 가지는 것인데, 의지는 이 힘을 가지고 있지 않다고 말한다.[6]

> 우리가 관념을 가지고 있는 모든 행위는 …… 다음의 두 가지 종류로 환원된다. 생각하는 것과 움직이는 것이 그것이다. 한 사람이 자신의 마음의 선호와 방향성에 따라 생각하거나 생각하지 않을 힘을 가지고 있는 한, 그리고 또한 움직이거나 움직이지 않을 힘을 가지고 있는 한 그는 자유롭다. 마음이 가려고 하는 방향의 선호에 따라 생각 혹은 행위의 실행과 멈춤이 동등하게 이루어지지 않는 곳에 있는 사람은 자발적일 수는 있어도 자유롭지 않다.[7]

인간의 활동에는 정신적 사고와 신체적 운동이 있다. 두 영역에서 할 수 있음과 없음의 능력이 동시에 주어질 경우에만 자유라고 할 수 있다. 활동할 수 있지만 하지 않을 수는 없는 경우는 자발적이기는 하지만 자유롭지는 않다. 로크에 따르면, 의지가 여기에 해당한다. 따라서 자유의지는 없고 자발적 의지만 있다. 그렇다면 자유는 어느 경우에 가능한가? 그에 따르면, 자발적 의지가 명령을 내렸을 때 의지에 따라 행위를 할 수도 있고 하지 않을 수도 있을 때 행위자는 자유롭다. 이 맥락에서 보면, 로크는 자유의지를 부정하면서 자유 행동만 인정하는 것으로 보인다. 로

---

6 '양면적 힘'이란 변화를 일으킬 수 있으면서 동시에 변화를 일으키지 않을 수도 있는 힘을 가리킨다. 반면에 능동적 힘에는 양자택일의 가능성이 없다. 능동적 힘에는 변화를 일으키지 않을 힘이 없다. 다시 말해 능동적 힘은 일면적 힘(one-way-power)이다.
7 존 로크, 『인간지성론 1』, 353쪽.

크는 자유와 자발성의 구별을 설명하기 위해 매우 흥미로운 사례를 들고 있다.

> 한 남자가 잠에 곯아떨어져 있는 동안, 그가 보고 싶어하고 말을 나누고 싶어하는 사람이 있는 방으로 옮겨지고 문이 굳게 닫혀서 빠져 나갈 수 없다고 가정해 보자. 그는 잠에서 깨어나서 자신이 그토록 열망했던 사람과 함께 있다는 것을 발견하고는 기뻐한다. 그는 기꺼이 이 상태로 있기를 원한다. 즉 그는 가버리기보다는 머물러 있기를 선호한다. 나는 이제 묻겠다. 그가 이렇게 머무는 것은 자발적인 것이 아닐까? 나는 그 누구도 이것을 의심하지 않을 것이라고 본다. 그는 단단히 묶여 있고, 따라서 그가 머물지 않을 자유가 없으며, 그가 가버릴 자유를 갖고 있지 않다는 것은 분명하다. 결국 자유는 의욕이나 선호에 속하는 관념이 아니라, 자신의 마음이 선택하거나 지시하는 바에 따라하거나 하는 것을 억제하는 힘을 갖고 있는 사람에게 속하는 관념이다. 우리의 자유 관념은 이 힘이 도달하는 데까지만 도달하며 그 이상은 아니다.[8]

로크는 어떤 행위를 할 수도 있고 하지 않을 수도 있을 때에만 행위자가 자유롭다고 말한다. 로크의 자유에 대한 이 해명은 매우 큰 의미를 갖는다. 일반적으로 우리는 어떤 의도된 행위를 외부적 방해 없이 수행할 수 있을 때 자유롭다고 느낀다. 거꾸로 우리는 어떤 행위를 하지 않으려고 의도할 때 외부의 간섭 없이 그 일을 하지 않을 때도 자유롭다고 느낀다. 우리는 두 가지를 분리해 생각하는 경향이 강하다. 그런데 로크는 두 경우가 동시에 가능해야만 자유라고 말한다. 로크의 이런 구별은 많은 경우에 매우 유용한 기준을 제공한다. 예를 들어 우리는 자발적 노예를 가정할 수 있다. 스스로 노예가 된 것이다. 이 경우에 노예가 자유를 가지고 있다고 말할 수 있는지에 대한 논란이 있다. 로크의 기준으로 보면

---

8 존 로크, 『인간지성론 1』, 354쪽.

자발적 노예에게 자유는 없다.

　로크에게서 의지는 자유의 담지자가 아니다. 의지는 자유의 주체가 될 수 없다. 오직 행위자만 자유의 주체가 될 수 있다. 의지는 자유처럼 행위자에 귀속되는 속성이지 주체가 아니다. 그렇다면 주체가 갖는 속성으로서 의지는 어떤 경로를 거쳐 능동적 힘을 발휘하는가? 어떤 행위를 하겠다고 결심하는 것이 의지라면, 그 결심은 어떻게 이루어지는가? 이 부분에서 로크는 의지의 실행인 의욕(willing/volition)은 자유가 아니라 필연성이 지배적이라고 말한다.[9] 로크는 이처럼 자유의지를 부정하면서 자연주의적 결정론의 관점을 취한다. 인간의 의지와 의욕은 필연적인 인과 관계에 의해 결정된다. 인간은 어떤 의지의 결정을 행동으로 옮길 수도 있고, 그렇지 않을 수도 있다. 따라서 인간은 의지의 결정 과정에서는 자유가 없고, 결정 후에 행동으로 옮길지 여부를 결정할 자유만을 갖는다. 그렇다면 의지의 결정은 누가 하는가?

　앞에서 살펴본 것처럼 의지의 결정이 외부에서 주어지는 목적에 의해 영향을 받는다고 생각하는 것이 목적론이다. 특히 최종 목적을 의지와 행위의 최초 근거로 삼는 목적론은 고전적 형이상학이다. 홉스는 이미 이런 목적론과 작별했다. 그는 자기 보존의 욕망에서 의지와 행위의 원인을 찾는다. 로크도 마찬가지이다. 그는 인간의 의지가 즐거움과 쾌락을 주는 것을 지향한다고 본다. 로크에 따르면, 의지는 항상 더 즐거운 것, 더 좋은 것, 더 행복을 주는 것으로 여기는 것을 결정한다.

　로크의 말처럼 인간이 항상 가장 좋은 것을 의지한다면 인간은 항상 좋은 것만을 결정하게 된다. 그렇다면 인간 세계는 좋은 것으로 넘쳐나야 한다. 그러나 인간은 실제로 나쁜 것을 선택한다. 인간 세계는 좋은 것만큼 나쁜 것도 많다. 왜 이런 일이 발생하는가? 로크의 대답은 간단하다. 사람들마다 좋은 것과 나쁜 것에 대한 판단이 다르기 때문이다. 모든 인간이 좋은 것을 지향하고 결정하지만, 그것이 다른 모든 인간에게

---

9 존 로크, 『인간지성론 1』, 363쪽 참조.

도 좋은 것은 아니다. 어쨌거나 의지의 결정 과정은 쾌락을 지향하는 인간의 조건으로부터 자연주의적으로 결정된다. 인간은 스스로 결정하는 것처럼 보이지만 사실은 인과적 고리에 따라 필연적으로 결정된다.

이 결정 과정에는 언뜻 다양한 선택 가능성이 주어지는 것처럼 보인다. 인간은 현재의 쾌락과 미래의 쾌락을 놓고 계산기를 두드릴 수 있다. 물론, 계산기는 개인마다 다르다. 심지어 어떤 계산기는 고장 난 경우도 있다. 더 결정적으로는 계산해야 할 변수들을 고려하는 능력에 차이가 있다. 여러 가지 이유로 다양한 결정이 이루어지고 그 과정에서 나쁜 결정도 등장한다. 로크는 행위자마다 계산이 다르다고 해서 각 행위자에게 자유가 있다고 보지 않는다. 행위자는 다양한 선택지를 놓고 계산기를 두드려 가장 큰 즐거움을 줄 것, 가장 큰 행복을 줄 것, 다시 말해 가장 좋은 최선의 것으로 판단한 것을 선택한다. 이때 인간은 계산을 잘못할 수는 있어도 계산에 역행하는 선택을 할 수는 없다. 따라서 의지의 결정 과정은 자유가 아니라 필연이 지배한다. 의지는 자유롭게 결정하는 것이 아니라 도구적 이성에 따라 결정을 내린다.

로크의 자유론은 자유의지를 부정하고 자유 행동만을 인정함으로써 확고한 자연주의적 관점을 지지한다. 비교적 명료하게 정리된 현대적 자유론이다. 그러나 한 가지 문제가 남는다. 그의 주장처럼 인간에게 행동의 자유가 있다면, 인간은 의지가 결정한 것을 실천적으로 수행할지 여부를 다시 결정할 수 있어야 한다. 여기서 두 가지 문제가 등장한다. 첫째, 행위 수행 여부의 결정은 무엇이 하는가? 로크는 행위자가 결정한다고 한다. 행위자의 결정이 결국 의지의 결정 아닌가? 둘째, 의지의 결정은 무엇이 하는가? 의지의 결정도 인간의 행위가 아닌가?

인간의 신체적 행위와 정신적 행위는 모두 의지의 결정에서 시작된다. 의지의 결정, 곧 의욕은 행위의 시작인(action starter)이다. 로크에 따르면, 인간은 지성 활동을 통해 가장 최선의 것을 결정한다. 이 의지 결정도 분명 인간의 활동이다. 이 의지 결정이 활동이라면, 이것은 또 다른 의지 결정에 의해 의욕되어진 것이어야 한다. 결국 앞에서 제기된 두 가지 문제가 하나로 모여 무한 소급에 빠진다.

인간은 행위를 수행할지 여부를 자유롭게 결정할 수 있다. 이 결정은 의지와 무관하게 이루어질 수 없다. 모든 행위의 시작인(始作因)은 의욕이다. 의욕은 의지의 결정이다. 그런데 이 의지의 결정도 하나의 행위이다. 의지가 행위이듯이, 행위도 의지이다. 의지에는 자유가 없고, 행위에는 자유가 있다는 것은 불가능하다. 의지와 행위에는 모두 자유가 있거나 없어야 한다. 그렇지 않으면 로크의 논변은 무한 소급에 빠진다. 로크는 이 문제를 의식했다. 그런데 로크는 무한 소급을 해결하기보다 그 자체가 불합리하다는 이유를 들어 무시한다.[10]

로크의 자유론은 이처럼 의지 결정론을 받아들임으로써 논리적 어려움에 봉착한다. 그러나 이런 어려움만큼 강점도 보유하고 있다. 로크는 무엇보다 자유를 의지의 문제로 소급하면서 주관화할 가능성을 차단한다. 그에게서 자유는 나의 의지에 따라 주어지는 것이 아니다. 자유에 의지하면서도 실제로는 자유로부터 도피하는 사람들에게 로크는 자유인의 자격을 부여하지 않는다. 여기서 로크의 자유론의 중요한 성격이 암시된다. 자유는 어떤 것을 하겠다는 의지를 갖는 것도 아니고 안 하겠다는 의지를 갖는 것도 아니다. 의지는 타산성 계산에 따라 선택할 뿐이다. 그러므로 로크의 자유론은 타산성 계산에 따른 의지 결정을 자유라고 보지 않는 것이다.

자유는 타산성 계산에 따라 결정된 것을 수행할지 여부를 재결정할 수 있는 능력이다. 여기서 다시 자유는 타산성 계산에 따른 의지 결정을 따르는 것도 아니고 따르지 않는 것도 아니다. 자유는 타산성 계산에 따른 의지 결정을 수행할 것인지 여부를 합리적으로 사고해 결정한다. 이때에만 인간은 자유롭다. 자유는 타산성에 복종하는 것도 아니고 무시하는 것도 아니다. 타산성에 따른 의지 결정을 새로운 지평에서 재결정하는 것이 자유이다. 예를 들어보자.

---

10 존 로크, 『인간지성론 1』, 365쪽 참조.

노예는 주인의 의지를 따르기로 결정한다. 그것이 타산성에 맞기 때문이다. 그런데 노예는 이미 끝난 타산성 계산을 다시 하지 않은 상태에서 의지 결정을 따를지 여부를 재결정할 수 있다. 만약 노예가 의지 결정에 따른 행위의 여부를 고민하고 스스로 결정하는 순간, 그는 더 이상 노예가 아니다. 그러나 노예제가 사라진 현대 사회에서 임금 노동자가 타산성 계산에 따라 이직하지 않기로 의지 결정을 내렸다고 하자. 그런데 그는 이 결정을 행동으로 옮길지를 두고 어떤 숙고도 하지 않았다. 아무런 사유 과정 없이 그저 타산성 계산에 따른 의지 결정에 따라 행동했다면 그는 자유인이 아니다. 이처럼 로크의 자유론은 현대 사회에서 나타나는 현상, 특히 프롬이 말한 자유로부터의 도피를 비판할 수 있는 규범적 기준을 제공할 수 있는 것으로 보인다.

한국에서 학생과 부모의 관계를 살펴보자. 많은 부모가 자녀에 대한 넘치는 사랑으로 학습 전문 매니저만이 할 수 있는 서비스를 제공한다. 부모의 사랑은 너무나 크기 때문에 언제 어디서나 발원한다. 지속적으로 발원하는 사랑도 있지만 어떤 맥락도 없이 불쑥 튀어 오르는 창의적 사랑도 있다. 이 모든 사랑은 그야말로 자녀를 위한 사랑이기 때문에 언제나 정당하다. 더구나 부모는 자녀가 평생 노력해도 획득하기 힘든 재산을 가지고 있다. 이런 부모의 넘치는 사랑을 받은 자녀는 항상 자신의 행동이 부모의 사랑에 부합하는지를 스스로 검열한다. 부모는 언제라도 자신에게 떠오른 사랑의 감정과 그것을 이룰 대책이 마련되면 자녀의 삶에 진입할 수 있다. 이 진입은 결코 자의적인 것으로 보이지 않는다. 더구나 부모의 사랑의 진입은 권력자의 그것과는 너무나 거리가 먼 것처럼 보인다. 그러나 바로 이런 부모의 넘치는 사랑이 전형적으로 타인의 삶에 자의적으로 간섭할 수 있는 잠재적 권력이다. 이런 넘치는 사랑에 의존해 혹은 사랑에 보답하기 위해 자녀가 내린 자발적 의지 결정은 자유가 아니다. 사랑이 넘치는 부모와 인자한 주인의 차이는 실제로 크지 않다. 부모는 자신의 모든 행위가 자녀를 위한다고 말하지만, 주인은 뻔뻔하게 자기만을 위하는 것이 당연한 듯 행동한다는 점만 서로 다르다.

로크의 자유를 기준으로 본다면, 부모는 자유를 향유하고 있지만 자녀는 노예에 가깝다. 자의적 간섭과 지배에 노출된 사람은 결코 자유로울 수 없다.

로크에 따르면, 자신을 타인의 절대적이고 자의적인 권력 아래에 두는 것은 노예가 되는 것이라고 말한다. 이런 사람은 타산성의 노예이기도 하다. 로크가 이처럼 어떤 방식으로든 자의적 지배의 가능성을 차단할 때에만 자유롭다는 관점을 유지한다고 볼 때, 우리는 그를 적극적 자유론이나 혹은 비(非)지배(non-domination) 자유론의 편에 세울 수 있다. 로크에게서 자유는 자신이 자신의 지배자가 되는 적극적 자유만이 아니라 타인이 나의 지배자가 되지 않도록 하는 비지배 자유의 성격을 동시에 가진 것으로 보인다.[11] 로크는 적어도 자의적 자유를 부정하듯이, 자의적 권력과 자유의 공존도 부정한다. 그에게서 자유는 타산성 계산과는 무관한 특별한 지위를 가진다. 이 맥락에서 우리는 홉스가 아니라 로크를 진정한 최초의 자유주의자로 해석할 수 있다. 로크의 『통치론』은 홉스의 『리바이어던』에서처럼 자연 상태라는 사고 실험을 단행한다.

정치권력을 올바로 이해하고 그것을 기원으로부터 이끌어 내기 위해 우리는 모든 인간이 자연스럽게 살아가는 상태, 곧 완전한 자유 상태에 대해 숙고해야 한다. 이 상태는 다른 사람의 의지를 따를지 말지를 묻지 않고, 자연법의 경계 안에서 자신들이 맞다고 생각하는 바에 따라 자신의 행동을 규율하고, 자신의 소유물과 인격체(persons)를 배치할 수 있는 상태이다. 그곳은 모든 권력과 법적 권한이 상호적이며 누구도 다른 사람보다 더 많은 권력과 권한을 갖지 않는 평등의 상태이다.[12]

---

11 이런 맥락에서 로크의 관점을 해석하면서 그를 신(新)공화주의자로 규정하는 해석에 대해서는 Philip Pettit · Frank Lovett, "Neorepublicanism: A Normative and Institutional Research Program", in: *Annual Review of Political Science* 12, 2009, pp. 15ff. 참조.

12 John Locke, *An Essay Concerning Human Understanding* II, sect. 4. 매우 중요한 부분

로크가 자연 상태를 설계한 목적은 두 가지 이유에서 명확하다. 첫째, 정치권력을 올바르게 이해하기 위해서이다. 여기서 우리는 로크의 자연 상태가 비판의 규범적 근거를 마련하려는 목적으로 설계되었다는 것을 알 수 있다. 올바른 이해를 지향하는 설계도는 완전히 새로운 정치권력을 창조하는 작업이 아니라 다양하게 논의되고 있는 정치권력에 대한 비판의 프레임을 새로 짜려는 것이다. 여기서 자연 상태를 설계한 두 번째 목적이 자연스럽게 제시된다. 로크는 자연 상태를 통해 정치권력이 어디서 출발(starting) 했는지가 아니라 그 기원(original)을 찾고자 했다. 자연 상태가 역사적으로 실재했던 상태가 아니라는 것을 분명하게 말한다. 자연 상태는 정치권력이 규범적으로 어떠해야 하는지를 추적하기 위해 설계된 가상 세계이다.[13]

이기 때문에 직접 인용한다. "To understand political power right, and derive it from its original, we must consider, what state all men are naturally in, and that is, a state of perfect freedom to order their actions, and dispose of their possessions and persons, as they think fit, within the bounds of the law of nature, without asking leave, or depending upon the will of any other man. A state also of equality, wherein all the power and jurisdiction is reciprocal, no one having more than another ……." 인용문에서 한글로 옮기기 어려운 부분은 'dispose of their possessions and persons'이다. 로크 전공자들은 대부분 이 부분을 '자신의 소유물과 인신(人身)을 처분할 수 있는'으로 옮긴다. 여기서 소유물의 처분권은 쉽게 이해될 수 있다. 그런데 인신을 처분한다는 말은 이해하기 어렵다. 인신은 그야말로 '사람의 몸'이나 혹은 '사람의 신상'을 가리키는 말이다. 따라서 개인이 자신의 몸을 마음대로 처분할 수 있는 권한을 갖는다는 말은 로크의 입장으로 보기 어렵다. 왜냐하면 인간의 몸은 생명의 담지자이다. 그런데 로크는 인간이 자신의 생명에 대한 권한이 없다고 분명하게 말한다. 따라서 나는 'persons'를 부득이하게 '인격체'(人格體)로 옮겼다. 'person'은 일반적인 의미에서 개인이나 개체를 가리키는 말이 아니다. 실천철학에서 'person'은 도덕과 법 규범의 담지자이다. 특히 법철학에서 'person'은 대체로 소유권을 가진 개인을 가리키는 경우가 대부분이다. 따라서 문제가 되는 부분을 오해 없이 이해하도록 하려면 '자신의 소유물과 그 소유권을 가진 자신을 자기가 맞다고 생각하는 바에 따라 배치할 수 있는 상태'로 옮겨야 한다. 이 맥락에서 나는 '소유권을 가진 자신'을 '인격체'로 옮겼다. 나아가 로크가 개인의 소유물과 인격체를 자신이 맞다고 생각하는 대로 처분할 권리를 주었다고 할 때의 처분권은 분명한 제약이 따른다. 나는 이 제약을 보다 명확하게 드러내기 위해 'dispose'를 처분이 아니라 '배치'로 옮긴다.

로크가 가상으로 설계한 자연 상태는 완전한 자유와 평등의 상태이다. 완전한 자유란 우선 타인의 의지에 종속되지 않는 상태이다. 타인의 의지에 종속되지 않는다는 것은 단순히 타인의 의지에 따르지 않는다는 말로 제한되지 않는다. 로크는 한 발짝 더 나아가 완전한 자유란 타인의 의지를 고려하지 않는 것이다. 타인의 의지를 따를지 말지를 고려하는 것은 이미 타인으로부터 완전히 자유로운 상태가 아니다. 주인의 의지, 군주의 의지, 부모의 의지, 상사의 의지, 교수의 의지를 따를지 말지를 고려하는 사람은 그 의지를 따르지 않기로 결심하더라도 완전히 자유롭지 않다. 누군가의 의지를 고려하는 순간, 그 사람은 자신을 검열하게 된다. 최소한의 자기 검열도 필요하지 않은 상태를 로크는 완전한 자유 상태라고 말한다.

자연 상태를 이처럼 완전한 자유 상태로 설계함으로써 로크 철학은 두 가지 상반된 유형의 사유와 연결된다. 먼저 로크는 완전한 자유 상태의 설계도에서 모든 사람을 그들이 속한 사회적 관계로부터 완전하게 분리한다. 흔히 말하는 원자적 개인이 탄생한다. 로크가 설계한 인간은 세상 어디에도 없는, 역사적으로 실재한 적이 없는 인간이다. 모든 인간은 사회적 관계 속에서 태어나고 성장하며 살아간다. 심지어 어떤 원자도 물리적 세계에서 독립적으로 존재하지 않는다. 개인도 마찬가지이다. 그러나 로크가 설계한 자연 상태에서 태어난 개인은 어떤 사회적 관계도 없다. 자연 상태의 개인에게는 부모도 없다. 그는 사생아가 아니라 철학자 로크의 자녀이다. 철학자 로크는 실험실의 자연과학자들처럼 가상적으로 설계한 상황에서 관찰되는 현상으로부터 보편적 법칙을 찾고자 한다.

완전한 자유를 가진 개인을 탄생시킨 로크 철학의 두 번째 특징은 엉

---

13 로크 자신은 자연 상태를 허구적 가상으로 여기지는 않았다. 그는 자연 상태가 실재하지 않았다는 반론에 대해 계약이 체결되지 않은 국가들 사이의 관계가 자연 상태의 상을 보여 준다고 말한다. 설득력은 없지만 적어도 그가 자연 상태의 실재성을 논증하고 싶어 했다는 것은 분명하다. 이에 대해서는 John Locke, *An Essay Concerning Human Understanding* II, sect. 14 참조.

뚱하게도 장-폴 사르트르(Jean-Paul Sartre)의 실존주의와 만난다. 즉 자연 상태에서 자유인으로 태어난 개인은 엉뚱하게도 실존적 인간과 동일한 운명에 처한다. 무엇보다 로크의 개인은 실존주의에서 요구하듯이, 모든 형태의 본질 규정에서 벗어난 그야말로 벌거벗은 실존이다. 로크의 개인은 사르트르의 개념을 빌리자면 '무'(無)이다. 로크의 개인에게 주어진 자유는 실존적 의식의 자유와 동일하다. 그의 자유는 온전히 그 자신의 의지에만 따를 뿐이다. 다른 어떤 것도 로크의 개인과 사르트르의 실존적 개인에게 간섭할 수 없다. 사르트르의 말처럼 로크의 개인도 자유라는 저주를 선고받았다. 이 맥락에서 '실존은 본질에 앞선다'라는 사르트르의 명제를 로크의 개념 구성으로 바꾸면 아마도 '자연은 문화에 앞선다'가 될 것이다.

로크의 자유로운 개인은 사르트르의 실존적 개인과 유사한 면이 있지만 근본적 차이가 있다. 사르트르의 실존적 개인의 자유는 소외나 무기력으로 체험된다. 다른 말로 하면 자유가 개인의 소외나 무기력을 은폐하는 장막으로 작용한다. 자유롭도록 저주받은 개인은 저주를 받아들이지 않으며 소외되고 무기력에 휩싸인다. 소외와 무기력에서 빠져나오기 위해 휘몰아치는 변화와 생사를 넘나드는 위험과 폭력에 공동으로 맞서면서 개인은 자유인이 된다. 따라서 자유는 실존적 개인의 개별성과 동시에 편재성이다.

> 나와 함께 행동하는 타자 안에서 나의 자유는 동등한 것으로, 즉 개별성과 편재성으로 인식될 수밖에 없다. …… 이때 자유는 수동적 활동에서부터 공동 목표를 향한 자유로운 활동으로서의 변신과 같은 것이다.[14]

모든 관계를 벗어던진 자유는 소외와 무기력을 동반할 수밖에 없다.

---

14 장 폴 사르트르, 박정자·윤정임·변광배·장근상 옮김, 『변증법적 이성비판 2: 실천적 총체들의 이론』, 나남출판, 2009, 113쪽.

벌거벗은 자유는 그 자체가 소외와 무기력의 다른 표현이다. 모든 관계를 벗어던진 개인은 가진 것이 없는 나약한 존재이다. 자연 상태에서 완전한 자유를 가진 개인은 사실 빈털터리이다. 개인은 다양한 위험에 노출되어 있다. 사르트르에 따르면, 개인은 공동의 위험에 맞서는 공동 실천을 통해 온전한 자유를 확인할 수 있다. 그러나 로크의 자연 상태에서는 공동 실천의 계기가 없다. 자연 상태에는 친구도 없지만 적도 없기 때문이다.

로크의 자연 상태에서 자유로운 개인은 완전한 벌거숭이이자 빈털터리이다. 적어도 바깥으로 보이는 외모는 그렇다. 그러나 로크는 벌거숭이 상태로 개인을 들판으로 내몰면서 그들 모두에게 같은 질의 두꺼운 철 갑옷을 한 벌씩 선물로 준다. 홉스가 이 옷을 사회계약의 체결로 만들어진 코먼웰스의 유일한 주권자인 리바이어던에게만 주었다면, 로크는 자연 상태의 모든 개인에게 선물한다.

로크가 설계한 완전한 자유 상태인 자연 상태에도 자연법이 있다. 로크의 자연 상태는 무법천지가 아니다. 자연 상태는 자유 상태이기는 하지만 '방종 상태'(state of licence)는 아니다.[15] 자연 상태의 자유로운 개인은 자연법을 준수해야만 한다. 자연법은 인간이 만든 법이 아니라 자연이 만든 법이다. 엄밀하게 말하면, 자연의 이름을 빌려 로크가 제안한 법이다. 자유인은 자연법의 테두리 안에서 자연권을 향유할 수 있다. 거꾸로 말해도 로크의 생각은 왜곡되지 않는다. 자연법은 자연권을 지키는 법이다. 왜냐하면 자연법이 자유로운 개인에게 가하는 유일한 제약(constraint)은 자연권을 지키라는 것이다. 로크의 자연법은, 인간은 누구의 자연권도 빼앗을 수 없다고 확정하고 있다. 자연 상태에서 인간은 완전한 자유를 갖지만, 자신과 타인의 자연권을 침해하는 과정에서 자연법을 위반할 자유는 가지고 있지 않다.

로크가 말하는 자연권은 세 가지, 곧 생명, 자유, 소유의 권리이다. 자

---

15 John Locke, *An Essay Concerning Human Understanding* II, sect. 6 참조.

연권은 모든 개인이 향유하는 권리이다. 하지만 어떤 개인도 자연권을 입법하지 않았다. 인간은 자연권의 주권자가 아니다. 자연 혹은 자연을 창조한 절대자가 자연권의 주권자이다.[16] 따라서 어떤 사람도 자연권을 임의로 포기하거나 침해할 권한이 없다. 인간은 세 가지 자연권인 생명, 자유, 소유에 대해 주권자로서 처분할 권한을 가지고 있지 않다. 인간은 타인의 생명만이 아니라 자신의 생명도 침해할 권한이 없다. 마찬가지로 인간은 타인의 자유와 소유만이 아니라 자신의 자유와 소유도 침해할 권한이 없다. 따라서 인간은 타살(他殺)만이 아니라 자살(自殺)할 권리도 없다. 인간은 타인을 노예로 만들 수 없을 뿐만 아니라 자신도 타인의 노예로 만들 수 없다.[17] 인간은 타인의 소유물을 빼앗을 수 없을 뿐만 아니라 자신이 소유한 어떤 피조물도 파괴할 수 없다. 특히 생명체의 경우에 자신의 소유물을 파괴하는 일은 자연권을 심각하게 훼손한 것이다.

> 이런 상태〔자유 상태〕에서 사람은 비록 어떤 통제도 받지 않고 자신의 인격체와 소유물을 배치할 수 있는 자유를 갖지만, 자신을 파괴할 자유를 갖거나 그의 소유물 가운데 어떤 피조물도 파괴할 자유는 없다. 다만 그것이 피조물을 단순히 보전하는 것보다 더 고귀한 사용인 경우는 가능하다.[18]

로크는 분명하게 자연 상태가 완전한 자유 상태라고 말한다. 그러나 완전한 자유 상태에서 자유는 완전하지 않은 것처럼 보인다. 왜냐하면 어떤 제약도 없는 자유만이 완전하다고 말할 수 있기 때문이다. 생명, 자

---

16 John Locke, *An Essay Concerning Human Understanding* II, sect. 6 참조.

17 John Locke, *An Essay Concerning Human Understanding* II, sect. 23 참조.

18 "But though this be a state of liberty, yet it is not a state of licence: though man in that state have an uncontrolable liberty to dispose of his person or possessions, yet he has not liberty to destroy himself, or so much as any creature in his possession, but where some nobler use than its bare preservation calls for it." John Locke, *An Essay Concerning Human Understanding* II, sect. 6.

유, 소유에 관한 자연권이 완전하려면 그 권리에는 양도권도 포함되어 있어야 한다. 예를 들어 내가 만약 사적 소유물에 대해 그 소유를 양도할 수 있는 권한이 없다면, 나의 소유권은 매우 불안정한 것이다. 그런데 로크는 자연권이 양도할 수 없는 권리(unalienable right)라고 말한다. 그만큼 개인은 자신의 생명, 자유, 소유에 제약을 받는다. 자연법이 자연권을 제약한다.

로크는 자연권의 제약을 정당화하는 근거로 조물주 주권론과 인간의 합리적 이성을 제시한다. 그는 먼저 자연법과 이성을 동일시한다. 그러고는 이성이 조언을 구하는 인류에게 다음과 같이 가르친다고 말한다. "모든 사람 존재는 평등하고 독립적이다. 그러므로 어떤 사람도 다른 사람의 생명, 건강, 자유 혹은 소유물에 위해를 가해서는 안 된다."[19] 이는 논증이라기보다 선언에 가깝다. 이성은 전혀 다른 조언을 할 수 있기 때문이다. 따라서 자연법을 정당화하는 논증은 오히려 조물주 주권론에서 더 많은 설득력을 가진다.

인간과 인간의 자연 공동체를 구성하는 주권자는 전지전능한 조물주이다. 우리가 자연권을 침해하는 것은 곧바로 조물주의 주권을 침해한다는 것이 로크의 논리이다. 이 논리 역시 창조주로서의 신을 인정하지 않는 사람들을 설득할 수는 없다. 그러나 로크의 시대에 어쩌면 이보다 더 강력한 논리는 없었을 것이다. 어쨌든 그것의 설득력과 무관하게 중요한 것은 로크가 자연권의 저자와 독자, 발신자와 수신자를 나누었다는 사실이다. 자연권의 발신자는 신이고, 그것의 수신자는 인간이다. 자연법도 마찬가지이다. 다만 자연권을 침해하거나 그를 통해 자연법을 위반한 사람에 대한 처분권은 인간이 갖는다. 자기 보존과 그것이 가능한 평화를 위해, 그리고 모든 인류의 보존을 위한 자연법의 집행은 모든 사람의 손에 달려 있다. 즉 모든 사람은 법을 위반한 자를 위반한 만큼 처벌할 권리를 가지고 있다. 모든 사람이 자연법의 수신자이면서 집행자이다.

---

19 John Locke, *An Essay Concerning Human Understanding* II, sect. 6.

로크는 자연법의 수신자로서 인간은 누구나 자연법을 어긴 타인을 처벌할 수 있다고 말한다. 자연 상태에 자연적 사법 질서를 인정하는 것이다. 개인이 자연법에 따라 타인의 죄를 처벌하는 제도인 사형제가 사라진 것은 오래되지 않았다. 지금도 일부 나라에서는 사형제가 부분적으로 통용된다. 사형제는 법치주의체계가 갖추어지지 않는 곳에서는 어디서나 가능하다. 그러니 로크가 자연 상태에서 사형제의 가능성을 제시한 것은 쉽게 납득할 수 있다. 그런데 여기서 우리는 보다 중대한 전환을 감지할 수 있어야 한다.

홉스의 경우에 자연 상태에서 자연법의 사적 집행은 허용되지 않는다. 홉스가 설정한 자연 상태의 개인은 사회계약을 체결하기 직전까지 어떤 사회적 관계도 형성하지 않는다. 따라서 개인에게는 사회계약을 체결하기 위해 필요한 사회적 관점과 전망을 학습할 기회가 제공되지 않는다. 반면에 로크는 자연 상태에서 개인이 법을 집행할 수 있다고 말함으로써 개인이 순수하게 1인칭 단수의 전망을 고집할 수 없도록 만든다.

법을 집행하려는 개인은 1인칭 단수의 관점만이 아니라 때로는 1인칭과 2인칭의 복수의 관점도 취해야 한다. 이 과정에서 개인은 사회적 전망을 학습하고 나아가 사회적 관계망으로 진입할 수밖에 없다. 이런 방식으로 자연법의 집행 능력을 확장했다면, 로크는 자연 상태의 개인이 사회계약 체결 이전에 계약을 체결할 충분한 능력과 동기가 있었음을 해명할 수 있었을 것이다. 그러나 로크는 자연법의 집행 과정에서 솟아오르는 상호 주관적 관점으로부터 사회계약의 동력을 끌어내지 않는다.

자연권의 발신자와 수신자를 분리함으로써 로크는 자연권을 양도 불가능한 권리로 만들었다. 이때 양도 불가능성은 자연권을 제약함과 동시에 자연권에 불가침성이라는 강력한 힘을 부여한다. 심지어 자신조차 자신의 권리를 양도할 수 없다. 이 양도 불가능성을 통해 자연권은 어떤 정치체제나 문화체제보다 우선성을 갖게 된다. 로크는 자연권을 불완전하게 만듦으로써 완전하게 만든다. 이 과정에서 로크는 개인의 생명, 자유, 소유가 국가보다 우선한다는 것을 확정한다. 어떤 경우에도 국가는 개인의 자연권을 침해할 수 없다. 국가는 오직 개인의 자연권을 보존하고 증진할 때에만 정당성을 갖는다. 따라서 로크의 자연권은 국가와 정부, 정치체제를 비판할 수 있는 기준으로 작용할 수도 있다.

2. 자연권과 소유권, 그리고 자유

로크에 의해 강력한 힘을 부여받은 자연권에는 생명과 자유의 권리만이 아니라 소유권도 포함되어 있다. 여기서 소유권은 개인의 사적 재산권이다. 그런데 이 부분과 관련해 소유권이 생명과 자유와 동일한 지평의 권리가 될 수 있는지의 문제가 지속적으로 제기되어 왔다. 우리는 로크가 생명과 자유를 양도 불가능한 절대적 자연권으로 상정한 것에 대해 논리적으로 동의하지 않더라도 정서적으로 크게 거부감을 갖지는 않는다. 그러나 소유권이 생명권이나 자유권과 동등한 지위를 갖는다는 것에 대해서는 논리적 정당화에 앞서 정서적 반감을 갖는 경우가 많다. 국가주의자가 아니라 자유주의자들 중에서도 사유 재산이 국가보다 더 우선성을 갖는다거나 국가가 사유 재산을 위한 도구이어야 한다는 주장에 거부감을 드러내는 사람은 많다. 그만큼 이 부분에 대한 로크의 정당화는 여전히 뜨거운 감자이다.

대지와 모든 열등한 피조물은 모든 사람에게 공동 재산이다. 그렇지만 각자는 자신(인격체)에 대한 소유권을 가진다. 그 권리는 어떤 형태든 그 자신 외에 누구에게도 없다. 그가 한 육체적 노동과 손으로 한 작업은 당연히 그에게 속한다고 말할 수 있다. 그렇다면 자연이 만들어 그자리에 남겨둔 것을 꺼내 거기에 자신의 노동을 결합하고 무엇인가 자신의 것을 첨가한다면, 이제 그것은 그 사람의 소유가 된다. 그것은 그사람으로 인해 자연이 놓아둔 공유 상태에서 벗어나 노동이 부가한 무엇인가를 가지게 되며, 그 무엇 때문에 타인과의 공유 권리로부터 분리된다. 노동에서 나온 것은 그 노동을 한 사람의 소유물이며, 그에 어떤 의문도 제기될 수 없다. 그를 제외한 어떤 사람도 그것(노동)과 결합된 것에 대한 권리를 가질 수 없다. 단 거기에는 적어도 다른 사람들이 공유할 수 있는 충분하고 좋은 것이 남아 있어야 한다.[20]

로크에게서 소유권은 자연권이다. 조물주가 부여한 권리이면서 이성이 합당하다고 여긴 자연적 권리이다. 이 경우에 소유권의 정당성을 두고 다툴 여지는 사라진다. 소유권은 인간들 사이의 합의에 앞서는 자연권이기 때문이다. 관심을 끄는 것은 로크가 자연권으로서 소유권을 공동 재산과 사유 재산에 대한 권리로 나눈다는 사실이다. 새로운 시대에 대한 열망이 폭발하던 당시 유럽의 철학자들, 사고 실험을 통해 현대를 설계했던 철학자들은 대부분 소유권을 중요하게 다루었다. 그들 대부분은 공적 소유를 사적 소유의 출발점으로 삼았으며,[21] 만물이 만인의 공동 재산인 상태를 상상했다. 그런 다음 어떻게 사유 재산을 정당화할지에 대해 숙고했다. 로크도 유사한 고민을 한다.

로크는 인간을 제외한 모든 존재가 인간의 공동 재산이라고 말한다. 단 공동 재산의 공동 소유권자인 인간만은 공유 대상이 아니다. 개별 인격체는 공유 대상도 아니고 사유 대상도 아니다. 조물주만이 인간의 소유권을 주장할 수 있다. 단 인간을 제외한 모든 존재에 대한 소유권을 인간이 신으로부터 위임받았듯이, 개별 인격체는 자신에 대한 소유권을 신으로부터 위임받았다. 모든 소유권은 이처럼 위임받은 것이기 때문에 그것을 행사하는 데에 일정한 제약이 따른다. 앞에서 언급한 것처럼 조물주로부터 위임받은 소유권은 그것이 공유권이든 사유권이든 다시 위임할 수 없다. 따라서 소유권은 어떤 경우에도 침범할 수 없다.

인격체로서 개인은 두 가지 소유권을 가지고 자연 상태에서 태어난다.

---

20 John Locke, *An Essay Concerning Human Understanding* II, sect. 27.
21 John Locke, *An Essay Concerning Human Understanding* II, sect. 34 참조.

개인은 인간을 제외한 만물에 대한 공유권과 함께 자신에 대한 사유권을 가진다. 자연 상태에서 개인은 공유 재산을 사유 재산으로 만들 수 있는데, 다음의 두 가지 조건을 충족해야 한다. ① 어떤 방식으로든 자신의 노동이 가미되어야 한다. ② 다른 사람들을 위해 충분할 만큼 공유 재산을 남겨 두어야 한다.

①에 대해 이의를 제기할 수 있다. 노동만으로 어떻게 소유권을 주장할 수 있는가? 그런데 엄밀하게 보면, 개인은 노동 이전에 이미 공유권을 가지고 있다. 따라서 노동을 통해 소유권을 새로 갖는 것은 아니다. 노동은 공유권을 사유권으로 만든다. 노동 자체가 그 노동을 제공한 사람의 사유권이기 때문이다. 이처럼 '소유개인주의'(possessive individualism)와 노동에 기초한 로크의 소유론은 그를 자유지상주의자로 분류하는 주요 근거로 작용한다. 크로포드 B. 맥퍼슨(Crawford B. Macpherson)은 소유개인주의를 구성하는 일곱 가지 특성을 다음과 같이 제시한다.

(i) 한 사람을 인간으로 만드는 것은 다른 사람의 의지에 의존하지 않는 자유이다.

(ii) 다른 사람에게 의존하지 않는 자유는 개인이 자신의 고유한 이익을 고려해 자발적으로 맺은 관계를 제외하고, 타인과의 다른 모든 관계로부터의 자유를 의미한다.

(iii) 개인은 본질적으로 자신의 인격과 능력의 소유권자이며, 사회에는 어떤 책임도 없다. ……

(iv) 개인은 그 자신의 인격체가 전적으로 보유한 소유권을 양도할 수 없지만, 자신의 노동 능력을 양도할 수는 있다.

(v) 인간 사회는 일련의 시장 관계로 구성된다. …… 개인들이 자유인일 경우에만 인간이기 때문에, 그리고 자기 자신의 소유자일 경우에만 자유인이기 때문에 인간 사회는 오직 독자적 소유자들 사이의 일련의 관계, 곧 일련의 시장 관계에 불과하다.

(vi) 타인의 의지로부터의 자유가 한 사람을 인간으로 만드는 것이므로 각 개인의 자유는 타인의 동일한 자유를 확보하기 위해 필요한 의무와 규칙에 의해서만 제한될 수 있다. ……

(vii) 정치 사회는 개인이 자신의 인격과 재산의 소유권을 지키기 위한 인간적 수단이며, 자기 자신의 소유권자인 인격체들 사이의 질서 있는 교환 관계를 유지하기 위한 수단이다.[22]

로크의 관점은 맥퍼슨이 제공하는 소유개인주의의 기준에 대체적으로 부합하는 것처럼 보인다. 맥퍼슨이 말하듯이, 소유개인주의는 자신이 자신의 주인이라는 직접적 의미를 훨씬 능가하는 일종의 이데올로기이다. 소유개인주의는 모든 사회적 관계를 시장 관계, 곧 경제적 관계로 환원한다. 정치적 관계도 예외가 아니다. 따라서 인간 상호 간의 모든 관계와 합의는 시장에서의 질서 있는 교환 관계를 위한 수단으로 전락한다. 이처럼 소유개인주의는 경제지상주의와 자유지상주의를 정당화하기 위한 가장 기초적인 밑그림에 해당한다.

로크의 소유론이 소유개인주의에 토대를 두고 있다는 것은 명백해 보인다. 그렇다고 로크가 곧바로 경제지상주의자나 자유지상주의자가 되는 것은 아니다. 로크는 소유권을 양도할 수 없는 자연권으로 설정하면서도 거기에 일정한 제약을 가한다. 앞의 인용문에서 알 수 있듯이, 로크는 노동을 통해 사유 재산을 확장하는 과정에서 반드시 "다른 사람들이 공유할 수 있는 충분하고 좋은 것"을 남겨야 한다고 말한다. 로크가 개별 소유권자에게 최소한의 사회적 책임을 요구하고 있다고 말할 수 있다. 여기서 로크와 자유지상주의자들 사이에 약간의 틈이 벌어진다고 볼 수 있다. 그러나 여전히 경제지상주의에 대한 혐의는 강하게 남는다.

로크는 사회계약을 통해 성립한 정치 공동체가 어떤 경우에도 개인의

---

22 Crawford B. Macpherson, *The Political Theory of Possessive Individualism: Hobbes to Locke*, Oxford University Press, 1962, pp. 263~64.

소유권을 침범해서는 안 된다고 말한다. 사람들이 국가를 만드는 사회계약에 서명하는 것은 그들의 자연권을 일부 양도하더라도 생명을 지키기 위해서가 아니다. 로크는 홉스와는 다른 설계도를 그렸다. 로크에게서 자연권은 양도할 수 없는 권리이다. 그런데 자연 상태에서 사법권은 자연권을 유지하기에는 지나치게 자의적이다. 자의성을 없애려면 사회계약이 필요하다. 따라서 사회계약은 자연권을 보다 체계적으로 지키고 확장하기 위한 정치적 설계이다. 이 설계에 따르면, 국가는 어떤 경우에도 자연권을 훼손할 수 없다. 더구나 자연권 중에서 소유권은 생명권이나 자유권과 동등한 지위를 요구한다. 이 맥락에서 로크의 사회계약론은 국가를 개인의 자유와 생명, 그리고 소유를 지키기 위한 수단이자 도구로 삼는다고 말할 수 있다. 더구나 배타적 소유권을 주장하기 때문에 그의 사회계약론은 정치를 경제로 환원하는 경제지상주의와 시장지상주의라는 혐의를 지속적으로 받고 있다.

이런 혐의에서 벗어나기 위해 로크는 공유 재산의 사유화 과정에 대한 정당화의 요구를 보다 면밀하게 받아들여야 한다. 그의 말처럼 세계는 만인의 공유 재산이다. 그런데 간단한 노동으로 공유 재산을 사유화할 수 있다는 것은 지나치게 단순한 논리이다. 만약 세계가 공유 재산이라면, 노동을 통해 그 일부를 획득한 사람은 인류에게 그에 합당한 세금을 지불해야만 하지 않을까? 만약 한 사람이 마을의 공유지를 경작해 100만 원의 수익을 창출했다면, 그에 합당한 토지 사용료를 마을에 제공하는 것이 상식이다. 그런데 로크의 말대로라면 개인은 자신의 노동을 근거로 마을 경작지를 자신의 소유라고 주장할 수 있다. 더구나 마을의 다양한 사회적 관계나 정치적 합의는 개인의 소유권을 보호하는 도구가 되어야만 한다.

물론, 로크는 소유권을 일부 제약한다. 다시 말해 마을에 다른 사람을 위해 충분한 양질의 재화를 남겨야 한다. 그러나 이 부분도 로크는 충분하게 해명하지 않는다. 그의 말처럼 다른 사람을 위해 충분한 양질의 재화를 남겨 둘 수 있다면 배타적 소유권은 왜 필요한가? 소유권과 사회계약은 기본적으로 재화 부족을 전제로만 가능한 설계도이다. 따라서 그가 간접적으로 제시하고 있는 소유권의 제약과 사회적 책임은 선언적인 의미가 크다. 비록 선언적이기는 하지만 소유권을 일부 제약하고 있다는 측면과 소유권의 정당화 근거를 노동에서 찾는다는 점에서 로크의 소유론은 일부 협의를 벗고 있다. 하지만 다른 쪽에서 그는 협의를 더 강화한다.

> 자연은 소유권의 한도를 인간의 노동 강도와 생활의 편의에 따라 잘 규제한다. 어떤 사람의 노동도 모든 것을 정복하거나 수취할 수 없다. 그가 소비하고 향유할 수 있는 것도 매우 적은 부분에 불과하다. 따라서 어떤 사람이 다른 사람의 권리를 침해하거나 그의 이웃에 피해가 될 정도로 소유권을 취득하는 것은 불가능하다. …… 화폐를 발명하고 암묵적으로 그것에 가치를 부여하는 합의를 해서 …… 대규모의 재산과 그것에 대한 권리를 도입하지 않았더라면, …… 모든 사람은 자신이 사용할 수 있는 만큼 소유해야 한다는 규칙은, 세계에는 현재 거주민의 두 배를 부양하기에 충분한 땅이 있기 때문에 어느 누구도 궁핍함이 없이, 여전히 유효할 것이다.[23]

로크는 한편으로 사유 재산에 대한 제약이 자연스럽게 이루어질 것이라는 낙관론을 펼친다.[24] 그는 자연법을 빌려 자신이 노동할 수 있는 한도에서 토지를 점유하고(노동 제약), 부패시키지 않을 만큼 충분히 이용할 수 있는 한도에서 재화를 취득하고(자연 제약), 나아가 다른 사람도 점유하고 취득할 수 있는 충분한 양질의 토지와 재화를 남겨 두라고 말한

---

23 John Locke, *An Essay Concerning Human Understanding* II, sect. 36.
24 로크는 국가의 법률에 의해 자연권을 제약할 수 있는 가능성을 열어 둔다. 하지만 그는 제약이 매우 자연스러워야 한다고 강조한다. 이는 그가 이자율을 법률로 끌어내리는 것을 반대한 부분에서 분명하게 드러난다. 그는 이자율도 법률보다는 수요와 공급의 관계에 따라 결정되어야만 한다고 주장한다. John Locke, *Some Considerations of the Consequences of Lowering of Interest, and Raising the Value of Money* (In a Letter sent to a Member of Parliament, in the Year 1691), CreateSpace, 2015 참조.

다(사회 제약). 아마도 그의 바람처럼 자연법이 잘 지켜진다면 사회계약을 위한 동력은 쉽게 확보되지 않을 것이다. 물론, 자연법을 지키지 않는 사람은 나올 수밖에 없으며, 자연 상태에서 그에 대한 처벌이 자의적이기 때문에 이로부터 사회계약의 동력이 생겨날 수 있다.

　로크는 그 시대의 경제체계 안에서 매우 소박한 수준으로 사유 재산의 제약 가능성을 낙관하고 있다. 그런데 그는 제약 가능성을 논의한 후에 곧바로 반대 논증을 한다. 그는 전혀 엉뚱하게도 화폐 경제가 사유 재산에 대한 제약을 불가능하게 만들었다고 말한다. 화폐는 로크가 말한 사유 재산의 제약 근거를 벗어난다. 첫째, 화폐는 먼저 노동을 요구하지 않기 때문에 노동 제약을 벗어난다. 둘째, 화폐는 부패하지 않으니 자연 제약도 벗어난다.[25] 마지막으로 화폐는 무한히 늘어날 수 있음으로 인해 사회 제약도 받지 않는다. 화폐라는 마법을 통해 사유 재산은 어떤 제약도 없이 극대화할 수 있게 되었다.

　로크는 화폐를 통한 거래가 확장되면 사유 재산이 무한 증가할 뿐만 아니라 소수에게 집중될 수 있다는 것을 자각하고 있었다. 화폐는 사용 가치가 아니라 교환 가치만을 갖는다는 특성 때문에 자연법의 제약에서 벗어난다. 화폐는 스스로 노동하지 않지만 노동을 구매할 수 있다. 화폐는 어떤 사람이 자신의 노동을 투하할 수 없는 양의 토지를 소유할 수 있도록 만든다. 여기에는 어떤 제약도 따르지 않는다. 화폐는 사물을 직접 이용하지 않지만 이용할 권한을 구매할 수 있다. 화폐는 어떤 사람이 모든 재화를 지금이 아니더라도 언제든지 필요할 때 이용할 수 있도록 한다. 화폐는 직접 사용할 수 없지만 사용할 수 있는 모든 것과 교환할 수 있다. 따라서 화폐는 사람들이 현재를 넘어 미래에 사용할 재화까지 무

25　다음의 인용문에서 우리는 로크가 화폐의 사용에 얼마나 많은 가치를 두었는지를 확인할 수 있다. "And thus came in the use of money, some lasting thing that men might keep without spoiling, and that by mutual consent men would take in exchange for the truly useful, but perishable supports of life." John Locke, *An Essay Concerning Human Understanding* II, sect. 47.

한 축적할 수 있도록 한다. 로크는 이처럼 화폐를 통해 사유 재산이 무한 축적되고, 그 과정에서 사회 전체의 재산이 증가하면 대부분의 사람이 이 재산의 혜택을 누릴 수 있을 것이라고 생각한 것처럼 보인다.

> 거기서는(주민들이 여타의 인류처럼 공통의 화폐를 사용하는 것에 동의하지 않는 곳에서는) 아직도 황무지로 남아 있는 광활한 대지를 발견할 수 있다. 대지는 그 위에 머무르고 있는 사람들이 실제로 사용하거나 사용할 수 있는 것보다 더 많으며, 따라서 여전히 공동 재산으로 남아 있다. 이런 일은 화폐 사용에 동의한 인류가 살고 있는 지역에서는 매우 드문 일이다.[26]

로크에 따르면, 화폐는 사유 재산의 무한 축적을 가능하게 만들고, 이 때문에 황무지가 사라지면서 인류는 더 풍족한 삶을 기대할 수 있게 되었다. "분수대로 흐르는 물은 모두의 것이지만, 주전자에 있는 물은 오직 그 물을 담은 사람의 소유라는 것을 누가 의심하겠는가?"[27] 의심할 이유가 없다. 그런데 화폐는 어떤 제약도 없이 분수대로 흐르는 모든 물을 주전자에 담을 수 있다. 분수대는 무한히 개발될 수 있으니, 앞의 행위는 더 이상 제약할 근거가 없다. 로크는 이 맥락에서 소유의 한계를 소유의 양과 연계하는 것에 반대한다. 소유의 한계는 소유물의 사용 가능성 여부에 의해 결정된다. 사용할 수 있는 소유라면 그것의 한계는 없다.[28] 이처럼 화폐를 통해 소유의 실제적 한계가 사라지면서 사유 재산의 불평등과 불균등(a disproportionate and unequal possession of the earth)이 생겨나는 것은 자연스럽다.[29] 우리는 로크가 화폐 경제가 만들어 내는 사유 재

---

26 John Locke, *An Essay Concerning Human Understanding* II, sect. 45.

27 "Though the water running in the fountain be every one's, yet who can doubt, but that in the pitcher is his only who drew it out?" John Locke, *An Essay Concerning Human Understanding* II, sect. 29.

28 John Locke, *An Essay Concerning Human Understanding* II, sect. 46 참조.

산의 지나친 확장과 불평등한 분배를 국가가 사회적 합의를 통해 제약할 수 있는 길을 제시할 것으로 기대할 수 있다. 그러나 로크는 이 부분에 대해 매우 혼란스러운 예들을 들어가면서 대답을 회피한다. 다만 분명한 것은 그가 노동 생산물의 축적과 금융 자산의 축적이 사유 재산의 제약을 불가능하게 만들었어도, 그 사유 재산은 자연권에 해당하기 때문에 정당하다고 말한다는 것이다. 만약 로크가 최소 국가론, 국가 도구론, 경제지상주의, 시장지상주의와 관련된 혐의를 벗어나려면, 국가가 개인의 소유권을 제약할 수 있는 근거와 방법을 제시해야만 한다.

로크가 설계한 것처럼 우리는 자연 상태에서 벗어나는 사회계약에 합의하고 서명할 수 있다. 그리고 그의 말처럼 자연권의 존중을 사회계약으로 만들어진 국가와 그 속의 제도들에 대한 평가 기준으로 삼을 수 있다. 자연권을 존중하고 확장하는 제도를 갖춘 나라는 정당성을 갖는 반면에, 그렇지 않은 나라는 정당성을 잃을 것이다. 실제로 로크는 이 맥락에서 저항권을 인정한다. 그런데 그에게서 저항권의 정당화는 민주주의의 문제가 아니다. 개인의 생명, 자유, 재산의 보호와 확장이 기준이다. 따라서 확고한 민주주의 정치체제와 그 속에서 민주적으로 구성된 입법, 사법, 행정 기관이 있다고 하더라도 그것들이 자연권을 침해하거나 축소하면 부당한 것이 된다. 자연권과 시민권의 상호 제약, 주권과 인권의 상호 제약, 사적 자율성과 공적 자율성의 상호 제약 등 그 어떤 제약도 허용되지 않는다. 다만 로크는 어렴풋이 자연권과 시민 정부의 상호 제약의 가능성을 열어 놓고 있는 것으로 보인다.

수차례 언급한 것처럼 로크는 자연권으로 사회계약, 정부, 국가를 강력하게 제약한다. 이 맥락에서 그는 자유지상주의자와 시장지상주의자로 의심을 받는다. 그러나 우리가 쉽게 간과하는 부분이 있다. 시민 정부를 규제하는 자연권으로 돌아가 보자. 생명, 자유, 소유에 관한 배타적 권리가 자연권이다. 우리는 세 가지 자연권이 지나치게 포괄적이고 추상

---

29 John Locke, *An Essay Concerning Human Understanding* II, sect. 50 참조.

적인 권리라는 것을 알아차릴 수 있다. 그 때문에 우리는 구체적 현실 속에서 생명, 자유, 소유에 대해 세부적으로 규정해야 한다. 또한 모든 사람이 세 가지 자연권에 대한 규정을 달리하는 경우도 가정할 수 있다. 사회의 복잡성이 증가하는 만큼 자연권에 대한 규정 역시 상상할 수 없을 정도로 복잡해진다. 이 경우에 자연권을 규정할 수 있는 권한은 누구에게 주어지는가?

자연권과 관련된 시민 정부(사회)의 역할을 논의할 때, 로크는 생명이나 자유보다 소유권에 초점을 맞춘다. 그는 사람들이 사회계약을 하는 가장 큰 목적은 자신들의 재산을 지키기 위한 도구와 수단인 법을 만들기 위해서라고 한다.[30] 따라서 그는 국가의 최고 권력도 소유권자의 동의 없이 그의 재산을 취할 수 없도록 입법을 해야 한다고 말한다.[31] 국가는 자의적으로 개인의 재산을 침범할 수 없다. 이는 마치 정부가 세금을 거두어들일 때마다 개인의 동의를 받아야만 정당한 것처럼 들린다. 이 경우에 동의할 사람은 많지 않다. 동의에 기초한 세금 징수는 현실성이 전혀 없다. 따라서 모든 사람이 동의하는 세금 징수의 절차를 법률로 만들어야 한다. 로크에 따르면, 사회계약은 다수의 결정에 따르는 합의이기 때문에 세법은 다수결로 확정할 수 있다. 이 경우에 세법은 적어도 형식적으로는 모두의 동의를 받은 것이 된다. 이처럼 개인의 사적 소유의 세부적인 규정은 법률에 의거해야만 한다. 다시 말해 개인의 소유권은 법률이 정하는 것에 따라야 한다.

> 최고 권력은 어떤 사람으로부터 그의 동의 없이 그의 재산의 일부를 취할 수 없다. …… 그러므로 사회에서 재산을 가지고 있는 사람은 공동체의 법이 그들의 것이라고 인정한 재화에 대해 권리를 가지며, ……[32]

---

30 John Locke, *An Essay Concerning Human Understanding* II, sect. 134 참조.

31 John Locke, *An Essay Concerning Human Understanding* II, sect. 138 참조.

32 "The supreme power cannot take from any man any part of his property without his own consent ……. Men therefore in society having property, they have such a right to

앞의 인용문은 로크가 자연권으로서 소유권과 시민사회의 상호 제약 가능성을 논의하는 거의 유일한 부분이다. 이 부분에 어느 정도 힘을 실어 해석하면 우리는 로크를 자유지상주의나 시장시장주의와 분리할 수 있다. 하지만 여전히 중요한 문제는 남는다. 로크는 생명권과 소유권, 자유권과 소유권이 충돌할 경우에 문제 해결의 방법을 제안해야 한다. 현대 사회에서 우리는 개인의 소유권이 생명권과 자유권을 심각하게 훼손하는 경우를 확인할 수 있다. 예를 들어 지적 재산권과 특허권을 동원한 다국적 제약 회사의 소유권은 가난한 나라와 가난한 사람들의 생명권을 심각하게 위협하고 있다. 인류의 공유 재산과 그곳에 접근하는 통로를 점유한 거대 자본의 소유권은 자유권에 심각한 제한을 가한다. 거대 자본이 지구와 인류 전체의 생명과 자유를 위협하고 있다는 것은 더 이상 구호가 아니라 사실이다. 이런 문제를 해결하려면 자연권, 특히 소유권의 배타적 우선성은 포기되어야 한다. 모든 개인의 자연권을 실제적으로 보호하고 증진하기 위해서는 사회적 복잡성이 증가하는 만큼 민주주의를 강화해야만 한다. 이를 통해 법치주의와 민주주의, 자연권과 시민권, 인권과 주권, 사적 자율성과 공적 자율성, 경제적 자유와 정치적 자유의 상호 제약 가능성을 열어야 한다. 그런데 로크는 전자에 우선성을 부여함으로써 자유와 함께 폭력이 동시에 증가하는 문제에 둔감한 것으로 보인다.

> 자유는 법 아래에서 사는 인간이 그것이 허락하는 범위 안에서 인격과 행위, 그리고 소유물과 모든 재산을 그가 원하는 대로 처분하고 명령할 수 있는 것이다.[33]

---

the goods, which by the law of the community are their's, ……." John Locke, *An Essay Concerning Human Understanding* II, sect. 138.

33 John Locke, *An Essay Concerning Human Understanding* II, sect. 57.

로크의 자유는 분명 간섭의 부재가 아니다. 자유와 법은 서로 적대적이지 않다. 자유는 소유권처럼 법에 의해 규정되어야 한다. 그런데 법은 세부적인 규정을 가질수록 자유를 침해할 우려가 크다. 법으로 모든 문제를 해결하려는 순간, 인간은 자유를 잃은 사물로 전락한다. 사물화를 차단하려면 민주주의가 법치주의를 규제해야만 한다. 자유는 법만이 아니라 경제와도 조화를 이루어야 한다. 생존이 불가능한 경제에서 자유를 노래하는 것은 불가능하다. 그러나 경제가 성장하면 할수록 자유조차 노예로 만든다. 돈으로 자유를 사는 순간, 인간은 자신의 인격조차 사물로 매매한다. 이런 사물화를 차단하려면 정치적 자유가 경제적 자유를 규제할 수 있어야 한다. 그런데 경제적 자유로 정치적 자유를 규제하려는 힘은 커지는 반면에, 그것에 반작용하는 힘은 점점 작아지고 있다.

로크의 자유론과 사회계약론, 시민사회, 그리고 국가의 모습은 그가 설계한 자연 상태에 이미 내장되어 있다. 모든 사회계약론은 그것의 설계자가 제시한 계약 이전의 모습을 보면 계약 이후의 모습을 쉽게 추론할 수 있다. 사회계약론과 관련된 담론에서 계약 이전의 자연 상태를 그린 설계도에 대한 정당화 담론이 필요한 까닭이다. 이는 또한 자연 상태가 설계된 가상 세계라는 전제 위에서 요구되는 담론이다. 그런데 로크는 자신의 자연 상태가 실재했다고 주장한다. 그의 말처럼 자연 상태가 실재했다는 것이 사실이라면 그에 대한 정당화는 불필요하다. 그만큼 그의 이론은 힘을 받을 수 있다. 로크는 아메리카를 자연 상태로 간주한다.

> 이처럼 처음에는 모든 세계가 아메리카였고, 지금의 아메리카보다 더 아메리카에 가까웠다. 화폐와 유사한 것들은 어디에도 알려지지 않았다. 만약 어떤 이가 그의 이웃들 중에서 화폐의 용도와 가치를 가진 어떤 것을 발견했다면, 당신은 그 사람이 곧바로 자신의 재산을 키워 가기 시작하는 것을 볼 수밖에 없다.[34]

---

34 John Locke, *An Essay Concerning Human Understanding* II, sect. 49.

로크에게서 미국은 자연 상태가 실재한다는 증거였다. 물론, '무역플랜테이션위원회'의 서기장까지 지낸 로크가 아메리카가 자연 상태가 아니라는 것을 몰랐다고 가정하기는 어렵다. 미국에는 원주민이 그들 방식대로 사회계약을 체결하고 정치 공동체를 형성하면서 거주하고 있었다. 로크의 표현을 빌리자면, 아메리카의 원주민은 다른 사람에게 충분한 양질의 재화를 남겨 두었다. 로크의 말처럼 아메리카에 온 외국인이 이 재화를 노동을 통해 소유하는 것은 정당하다고 말할 수 있다. 아메리카가 원주민만의 것이 아니라 모든 인류의 공유 재산이라고 생각하면 된다. 그러나 외국인들은 자기들이 필요로 하는 재화보다 더 많은 것, 곧 자신들이 노동을 투하할 수 있는 땅을 훨씬 넘어서는 토지를 소유하고 싶었다. 그들은 자신들이 사용할 수 있는 양을 초과하는 재화를 소유하고 싶어 했으며, 심지어 원주민의 소유지도 소유하고 싶었다. 그런 다음에 소유지가 없는 원주민을 노동에 투하하고 싶었다. 이런 식민주의자의 욕망이 아메리카를 문명을 모르는 자연 상태로 만들어 버린다.

로크는 식민주의자가 아니다. 그는 유럽인이 아메리카를 정복하는 것에 찬성하지 않았다. 명예혁명의 전사이자 자유의 철학자가 식민지 정복에 찬성하는 것은 자기모순이다. 다만 그는 아메리카를 원주민의 것이 아니라 인류의 자산으로 만들어야 한다고 생각했다. 방법은 아메리카를 자연 상태로 규정하는 것이다. 자연 상태에서 모든 개인은 전체에 대한 공동 소유권과 함께 노동에 근거한 사적 소유권도 갖는다. 이 점에서 아메리카의 원주민과 외국인 사이는 완전히 자유롭고 평등하다.

차이는 하나이다. 아메리카 원주민은 사물을 교환하며 필요한 만큼만 소유하면서 살아가는 반면에, 외국인은 화폐를 교환하며 사적 소유를 무한히 확장하면서 살아간다. 로크의 관점에서 보면, 원주민과 외국인은 모두 정당하다. 그들 각자는 독립적인 시민 상태를 만들 수 있다. 그러나 그들 사이는 아직 자연법이 지배한다. 각자는 자연법을 어긴 타인을 자신의 방식으로 처벌할 수 있다.

원주민은 자연법을 어긴 외국인을 창과 화살로 처벌할 수 있고, 외국인은 자연법을 어긴 원주민을 총과 대포로 처벌할 수 있다. 소유권의 한계를 넘어 너무 많이 소유하는 사람은 자연법을 위반한 사람이기에 임의로 처벌할 수 있다. 노동을 투하할 수 없는 땅을 소유했거나 이용할 수 없는 재화를 소유한 사람은 처벌의 대상이다. 그리고 울타리가 없는 땅은 주인이 없다는 것도 명심해야 한다. 외국인이 보기에 원주민은 노동을 통해 소유한 땅이 거의 없기 때문에, 그리고 울타리를 친 적도 없기 때문에 아메리카의 소유권을 주장하는 순간 자연법을 위반하는 것이다.

우리는 앞에서 로크가 자연법의 집행권을 부여함으로써 개인에게 상호 주관적 전망을 가질 수 있는 계기를 마련했다고 말했다. 그러나 그는 사법의 집행 과정에서 발생하는 충돌로부터 어떤 긍정적 동력도 끌어내리 하지 않는다. 그는 홉스처럼 1인칭 단수의 관점으로 이러한 충돌을 극복하는 길을 사회계약으로 제시할 뿐이다. 아마도 그 이유는 그가 아메리카를 자연 상태로 가정한 데에 있는 것으로 보인다. 그의 관점에서 보면, 원주민은 지금처럼 적은 노동으로 자연에서 필요한 만큼만 취해 소비하고 살아가면 된다. 원주민이 정당하게 소유한 것을 제외한 모든 것은 화폐를 통해 재산을 늘리는 외국인의 것이 된다. 사회계약은 이 상태를 안정화하는 제도이다.

결국 원주민에게는 세 가지 가능성만이 남아 있다. 먼저 지금처럼 살아가는 방법이 있다. 그러나 머지않아 필요한 만큼 채집, 사냥, 경작할 토지마저 사라질 가능성이 높다. 화폐는 절제를 모른다. 두 번째는 창칼로 외국인을 처벌하는 것이다. 그러나 총포와 대결하는 창칼은 자살이다. 마지막 방법은 외국인과의 사회계약에 서명하는 것이다. 앞의 두 가지 방법에 기댄 원주민은 죽음을 맞이했다. 그렇다고 마지막 길을 선택한 원주민이 있었던 것은 아니다. 그러나 외국인은 원주민과 사회계약을 통해 세계 역사에서 가장 자유로운 정치 공동체인 미국을 만들었다고 믿는다. 토머스 제퍼슨(Thomas Jefferson)의 「독립선언문」은 미국을 탄생시킨 사회계약서라고 볼 수 있다.[35] 여기에 로크의 이상(理想)이 새겨져 있다.

3. 자발성의 자유와 자연주의의 극단

로크를 겨냥한 것은 아니지만 흄은 자연 상태를 허구로 본다. 그는 자연 상태를 시인들이 고안한 황금 시대와 비교한다. 자연 상태가 전쟁, 폭력, 불의가 넘쳐난다면, 황금 시대는 평화로운 유토피아 상태이다. 정반대의 모습이지만 가상 세계라는 점에서는 동일하다.[36] 홉스와 로크는 자신들이 설계한 자연 상태를 사실처럼 설명하려는 유혹에 자주 노출되었다. 하지만 회의주의자인 흄에게는 이런 유혹이 없다. 그의 이름을 항상 따라다니는 회의주의는 사실 그의 엄밀한 과학적 사고에서 비롯된 것이다.[37]

흄은 경험적으로 관찰될 수 없는 모든 지식을 의심했는데, 이런 자연주의적 태도는 그를 단호하게 만들었다. 자유를 규정하는 과정에서도 흄은 같은 자연주의 계열의 홉스나 로크보다 분명한 태도를 취한다. 그는 홉스나 로크보다 분명하게 자유의지를 부정하고 자유 행동만 인정한다.

우리는 자신의 행동이 대개 의지를 따른다고 느낀다. 또 의지 자체는 어떤 것에도 예속되지 않는다고 상상한다. 왜냐하면 의지의 자유를 부

---

35 잘 알려진 것처럼 제퍼슨이 집필한 「독립선언문」의 서문에는 로크의 자연권이 새겨져 있다. "그들(모든 사람)은 창조자로부터 타고난, 그리고 양도할 수 없는 (inalienable) 권리를 부여받았다. 그 권리에는 생명, 자유, 행복 추구(the pursuit of happiness)가 있다." 제퍼슨은 로크의 자연권에 있는 소유를 대신해 행복 추구를 양도 불가능한 권리로 제시한다. 제퍼슨은 양도 불가능한 생명권과 자유권을 내세워 영국의 절대왕정에 대항해 미국의 독립과 혁명을 정당화하려고 한 반면에, 소유권 대신에 행복 추구권을 내세워 미국을 공화주의체계로 이끌어 가려 했다. 이에 대해서는 김희강, 「미국 독립선언문의 사상적 기원과 제퍼슨 공화주의」, 『국제정치논총』 46(2), 2006, 121쪽 이하 참조.

36 David Hume, *A Treatise of Human Nature*, Lewis A. Selby-Bigge (ed.), Oxford University. Press, 1888, p. 493(국역본: 데이비드 흄, 이준호 옮김, 『인간 본성에 관한 논고 3: 도덕에 관하여』, 서광사, 1998, 65쪽 이하 참조). 번역은 대체로 이준호의 것을 따랐으나, 필요한 경우에 내가 고쳐 옮겼다.

37 김은희, 「흄의 정치철학과 보수주의」, 『철학』 109, 2011, 125쪽 이하 참조.

정함으로써 우리가 의지를 시험할 마음이 내킬 때, 우리는 의지가 어떤 방향으로든 쉽게 움직이고, 의지가 작용하지 않는 측면에도 의지 자체의 영상을 산출한다고 느끼기 때문이다. …… 그러나 이런 노력은 완전히 헛된 것이다. 그리고 우리가 변덕스럽고 불규칙적인 모든 행동을 실행할 수도 있다지만, 우리의 자유를 명시하려는 욕구야말로 우리 행동의 유일한 동기이다. 따라서 우리는 필연성의 굴레를 결코 벗어날 수 없다. 우리는 자기 내면에서 자유를 느낀다고 상상할 수도 있다. 그러나 관찰자는 외부에서 우리의 동기나 성격을 통해 우리의 행동을 추정할 수 있다. 그리고 실제로 그렇게 추정할 수 없을 때에도 자신이 우리의 처지와 기분 그리고 우리의 표정과 성향의 가장 은밀한 원천을 완전히 알 수만 있다면, 우리의 행동을 추정할 수 있으리라고 추론하는 것이 일반적이다. 위의 학설에 따르면, 이것이 필연성의 실제 본질이다.[38]

흄은 먼저 자발성의 자유(liberty of spontaneity)와 무차별의 자유(liberty of indifference)를 구별한다. 자발성의 자유는 폭력(violence)의 반대이다. 혹은 강제(Zwang)의 반대이다. 의지가 결정할 것을 수행하거나 수행하지 않을 수 있는 힘(power)이 자유이다.[39] 이 부분에서 흄의 자발성의 자유는 로크의 자유 행동과 거의 동일하다. 흄의 자유도 의지에 따라 결정한 대로 행동하는 것이 아니라 행동 여부를 재결정할 수 있는 힘이다. 자

---

38 David Hume, *A Treatise of Human Nature*, 1888, pp. 408~09(국역본: 데이비드 흄, 김성숙 옮김, 『인간이란 무엇인가』, 동서문화사, 1994, 445쪽). 번역은 김성숙의 것을 따른 경우도 있지만, 경우에 따라 내가 고쳐 옮겼다.

39 "By liberty, then, we can only mean a *power of acting or not acting, according to the determinations of the will*; that is, if we choose to remain at rest, we may; if we choose to move, we also may. Now this hypothetical liberty is universally allowed to belong to every one who is not a prisoner and in chains. Here, then, is no subject of dispute." David Hume, *Enquiries concerning the human understanding and concerning the principles of morals*, Lewis A. Selby-Bigge (ed.), Oxford University Press, 1951, p. 95; David Hume, *Eine Untersuchung über den menschlichen Verstand*, Stuttgart: Reclam, 1982, p. 124.

유의지를 사실로 받아들이는 사람에게는 자유 행동의 의미가 크지 않다. 자유의지에서 이미 인간의 자유를 인정하기 때문이다. 그러나 자유의지를 부정하는 관점에서 행위 여부를 재결정하는 자유는 필수적이다. 그렇지 않으면 인간은 어떤 자유도 없는 존재로 추락한다.

의지의 자유는 기본적으로 개인의 문제이다. 의지에도 다른 사람과 사회가 간접적인 방식으로 관여한다. 그렇지만 의지는 외부의 간섭을 자기 안에서 재구성한다. 의지는 자기와 자기의 관계이고, 자유의지 역시 독단적 주체성 안에서 형성된다. 반면에 행위의 자유는 사회적 관계에서 형성된다. 행위는 외부 세계의 제약을 받는다. 행위는 그 자체가 외부 세계에 개입하는 신체의 운동이다. 손등을 뒤집는 간단한 행위조차도 외부 세계의 제약을 받는다.

행위가 외부 세계의 제약을 받는다고 자유가 사라지는 것은 아니다. 외부 세계의 제약에도 불구하고 혹은 그 제약의 조건 위에서 수행하기로 결정한 행위를 할 수 있을 때, 흄은 자발성의 자유를 말할 수 있다. 이 맥락에서 보면, 자연적 조건 때문에 자발성의 자유가 침해받을 가능성은 없다. 예를 들어 보자. 당신은 독수리처럼 하늘을 날고 싶다. 의지가 분명하게 결정을 내렸다. 이제 당신은 실제로 하늘을 나는 행위를 하거나 하지 않을 힘이 있어야 자유롭다. 자유를 향한 참을 수 없는 열망을 가진 당신은 하늘을 나는 행위를 수행하기로 결정하고 아파트 옥상에 올라가 뛰어내렸다. 이 경우에 당신은 자유롭다고 말할 수 있는가? 당신은 날지 못하고 바닥으로 떨어져 죽었다. 이 경우에 우리는 당신의 자유가 자연에 의해 저지당했다고 말하지 않는다.

자유를 향한 열망이 큰 사람은 그만큼 자유로운 행위와 관련된 사항들에 대해 알아야 한다. 적어도 행위와 관련된 맥락을 파악해야 한다. 관련된 맥락을 구성하는 체계에 대해서도 알아야 한다. 그리고 행위로부터 생겨날 수 있는 작용과 부작용에 대해서도 알아야 한다. 자유로운 행위를 위해 필요한 지식 중 대부분은 세계의 자연법칙이다. 자연법칙은 또한 대부분 필연성의 영역이다. 이 맥락에서 우리가 누릴 수 있는 자유의 크기는 앎의 크기에 비례한다. '아는 것이 힘이다'라는 프랜시스 베이컨 (Francis Bacon)의 명제에서 힘은 흄이 자유를 정의할 때 사용한 힘 개념과 동일하다. 따라서 두 철학자의 명제를 삼단 논법의 형식으로 결합하면 다음과 같다. "아는 것은 힘이다. 여기서 힘은 의지가 결정할 것을 수행하거나 수행하지 않을 수 있는 자유와 같다. 아는 것이 자유이다."

앎이 자유의 지평을 확장한다. 당신은 아는 만큼 자유롭다. 그러니 자유인은 호기심이 넘칠 수밖에 없다. 호기심을 잃은 사람은 이미 자연법칙에 순응하는 기계적 삶에 취한 사람이다. 자유인은 하늘을 날기 위해 옥상으로 올라간다. 그러나 거기서 뛰어내리지는 않는다. 옥상에서 뛰어내리기 전에 책상에서라도 뛰어내리는 연습을 하는 사람이 자유인이다. 책상을 높여 가면서 수차례 뛰어본 자유인은 옥상에서 뛰어내리지 않는다. 자유인이 옥상으로 올라갈 때는 새의 날개가 될 만한 것을 만들어 올라간다. 이런 자유인들에 의해 우리는 지금 놀라운 교통과 소통의 수단을 향유하고 있다.

자연은 인간의 자유로운 행동을 제약한다. 그렇다고 시인이 아니라면 자연이 자유를 침해했다고 말하지는 않는다. 따라서 행동에 있어서의 자유, 곧 흄의 표현인 자발성의 자유는 오직 사회적 관계에서만 위협받고 저지될 수 있다. 책상에서 뛰어내리는 당신은 위·아래층의 이웃으로부터 항의받을 수 있다. 당신이 합리적인 숙고나 혹은 주변 사람들의 조언을 받아 이웃의 항의를 수용했을 때에도 당신은 여전히 자유롭다. 항의를 수용하거나 거부할 수 있는 힘이 당신에게 있기 때문이다. 그러나 만약 당신에게 그런 힘이 없다면, 그래서 당신이 그 항의의 타당성 여부와 상관없이 무조건 수용해야 한다면 당신은 행위의 자유를 빼앗긴 것이다. 이 맥락에서 자발성의 행위는 사회적으로 제약된 자유이다. 자발성의 자유는 사회적 조건에 따라 제약되는 자유이다. 언제 어디서나 실현될 수 있는 무조건적 자유가 아니다.

자발성의 자유를 합당한 이유 없이 침범하는 것은 폭력(강제)이다. 그러나 비록 자발성의 자유에 대한 제지라고 할지라도, 그것이 만약 합당하다면 그 제지는 침범도 폭력도 아니다. 따라서 자발성의 자유는 한편으로 ① 지식의 확대와 함께 ② 사회적 합의를 통해 더 많이 향유될 수 있다. 이 두 가지를 방해·무시하는 행위나 제도도 자발성의 자유를 침해하는 폭력이다. 이때 자발성의 자유는 폭력에 저항하는 것이다.

폭력(강제)이 자발성의 자유를 침해하는 것이라고 할 때, 흄이 말하는 무차별적 자유에는 이런 침해 요인이 없다. 물론, 무차별적 자유를 추구하는 사람은 필연성을 부정하고 심지어 적으로 간주한다. 그는 옥상에 올라가 혼자 몸을 던지는 대신에 사람들을 옥상으로 오도록 유도한다. 그런 다음 뛰어내리는 사람은 반드시 구원받을 수 있다고 말한다. 이때 이들에게 자유는 옥상에서 뛰어내리는 것이다. 흄은 이 경우에 자유를 필연성에 대립하는 우연일 뿐이라고 말한다. 그리고 그는 우연이란 실재하지 않는다고 말한다. 그가 무차별적 자유를 부정하는 근거이다.[40]

자유에 있어서도 강단에서 일컫는 자발성의 자유와 무차별의 자유를 구별할 수 있는 사람은 거의 없다. 바꾸어 말해 폭력에 대립하는 자유와 필연성과 원인의 부정을 의미하는 자유 따위를 구별할 수 있는 사람도 거의 없다. 첫 번째 자유는 가장 일반적인 뜻이다. 그리고 이것은 우리가 보존해야 할 유일한 자유이기도 하다. 우리의 사유는 주로 이런 종류의 자유에 몰두한다. 그리고 이런 종류의 자유를 두 번째 종류와 혼동하는 것이 거의 일반적이다.[41]

---

40 "And if the definition above mentioned be admitted; liberty, when opposed to necessity, not to constraint, is the same thing with chance; which is universally allowed to have no existence." David Hume, *Enquiries concerning the human understanding and concerning the principles of morals*, p. 96; "Und wenn die oberngegebene Definition zugestanden wird, ist Freiheit als Gegenteil von Notwendigkeit, nicht des Zwanges, dasselbe wie Zufall, der allgemein für nichtexistent gilt." David Hume, *Eine Untersuchung über den menschlichen Verstand*, p. 125.

41 David Hume, *A Treatise of Human Nature*, pp. 407~08; 데이비드 흄, 『인간이란 무엇인가』, 444쪽.

우리는 내가 자유롭게 한 행위에 대해서만 책임을 진다. 강제로 이루어진 행위와 폭력으로 억압된 행위에 대한 책임은 없다. 이 맥락에서 흄은 자발성의 자유에 대해서만 책임을 지울 수 있다고 말한다. 먼저 행위자의 의지나 욕구에 의해 자유롭게 결정하고 그 결정에 따라 외적 폭력이나 강제 없이 행위가 이루어진 경우에, 행위자는 자신의 자발성의 자유에 대해 책임을 져야 한다. 반면에 그는 의지에는 자유가 없다고 단언한다.

의지를 자연주의 관점에서 관찰하는 흄의 현미경에 인간의 자유는 보이지 않는다. 오직 신만이 의지의 자유를 소유하고 있다. 신의 의지는 모든 자연 현상의 최초의 원인, 최초의 의지, 최초의 자유이다. 하지만 인간의 의지는 신에게서 비롯된 최초의 원인으로부터 필연적인 과정을 따라간다.[42] 인간의 의지는 신이 만들어 낸 자연적 욕망의 산물이다. 욕망에는 자유가 없다. 욕망은 자연의 법칙을 따른다. 이런 관점에서 자유의지를 부정하는 흄에게는 지속적으로 도덕적 책임의 근거를 제시하는 압박이 따라다닌다. 도덕적 책임을 행위자와 연결하려면 행위자에게 자유가 있어야만 한다. 그런데 흄에게는 그 자유가 보이지 않는다는 의심이 많다.

『인간 본성론』에서 흄은 의지의 자유를 명시적으로 부정한다. 그런데 『인간 지성에 관한 탐구』에서 흄은 마치 의지의 자유를 인정하는 것 같은 몸짓을 취하기도 하는데, 이 책에서 그는 자발성의 자유와 유사한 개념으로 가설적 자유를 제시한다. 가설적 자유는 "욕망(의지)의 결정에 따라 행동하거나 행동하지 않는 힘"을 가리킨다. 여기서 '욕망(의지)의 결정'을 보면, 마치 흄이 의지가 자유로운 결정을 하는 것으로 기술하는

---

42 이 부분에서 흄이 자유의지론을 부정하고 결정론의 입장을 취한다는 것에 대한 이견은 거의 없었다. 그런데 최근 인과에 관한 그의 두 가지 정의를 재해석하면서 흄을 약한 결정론으로 재해석하려는 경향이 있다. 이에 대해서는 김병재, 「"자유와 필연"에 관한 흄의 화해 프로젝트와 도덕적 책임의 문제」, 『철학논구』 38, 2010, 51쪽 이하; 양선이, 「흄의 인과과학과 자유와 필연의 화해 프로젝트」, 『철학』 제113집, 2012, 27쪽 이하; 최성민, 「자유와 필연의 화해: 흄 철학에서의 도덕, 책임, 그리고 자유의 연결」, 『근대철학』 13, 2019, 49쪽 이하 참조.

것처럼 보인다. 예를 들어 보자. 당신은 친구의 연인에게 사랑을 고백하기로 결정을 내렸다. 물론, 고백하지 않기로 결정할 수도 있었다. 그러나 고백하기로 결정한 만큼 당신은 자유로운 결정을 한 것으로 간주한다. 하지만 흄은 의사 결정 자체를 두고 가설적 자유라고 말하고 있지 않다.

흄이 주목하는 것은 '욕망(의지)의 결정에 따라' 부분이 아니라 '결정에 따라 행동하거나 행동하지 않는' 부분이다. 행동할 수도 있고, 하지 않을 수도 있다는 측면에서 가설적 자유이다. 행동 여부는 당신 혼자만의 내부적 조건으로 결정되지 않는다. 당신은 행동하려고 했지만, 외적 강제에 의해 행동하지 못할 수도 있다. 이 경우에 당신의 행동의 자유는 외부적 조건에 의해 억압된다. 당신은 자유가 아니라 부자유를 경험한다. 반면에 외부적 강제가 있다고 하더라도, 당신에게 그 강제를 극복할 힘이 있다면 당신은 자유롭게 행동할 수 있다. 따라서 당신의 행동과 그 행동을 제약하는 힘의 역학 관계에 의해 자유의 실현 여부가 결정된다. 이는 의지의 자유가 아니라 행동의 자유를 가리킨다.

당신은 친구의 연인에게 당신이 사랑하고 있다는 것을 고백하기로 결정했다. 흄은 이 결정이 자유롭게 이루어졌다는 것을 인정하지 않는다. 물론, 우리는 대부분 자신의 의지가 자유롭게 결정했다고 믿는다. 하지만 흄에 따르면, 이는 순전히 내적 인상일 뿐이다. 고백하기로 결정한 것은 자유로운 의지가 아니라 어떤 다른 욕망이다. 구애의 욕망은 소유에의 욕망, 행복에의 욕망, 인정에의 욕망 등에 의해 조건 지어진 2차, 3차의 욕망이다. 욕망은 다른 욕망에 의해 규제되고 통제된다. 이 맥락에서 욕망에 자유는 없다는 것이 흄의 생각이다. 이처럼 『인간 본성론』만이 아니라 『인간 지성에 관한 탐구』에서도 흄은 일관되게 의지의 자유를 부정한다. 그에게서 자유는 행동의 지평에서만 가능하다.

앞에서 살펴본 것처럼 흄에게서 행동의 자유는 두 가지 제약 조건을 갖는다. 먼저 자유는 행위자의 의지(욕망)의 결정이어야 한다. 다른 사람의 결정에 따른 행위는 자유가 아니라 억압이다. 물론, 행위자의 결정이 진정으로 행위자의 결정일 수 있는지의 문제가 남는다. 만약 결정에 자유가 없다면, 그것을 행위자의 것이라고 할 수 있는지에 대한 의문이 제기될 수 있다. 이는 다시 자유의지의 문제로 되돌아가는 것이다. 그런데 흄은 의지의 자유를 부정하더라도 행위자의 책임을 물을 수 있다고 본다. 왜냐하면 행동의 자유도 책임의 충분한 근거가 된다고 보기 때문이다. 여기서 행동의 자유를 제약하는 두 번째 조건이 중요하다. 두 번째 조건은 외적 강제 없이 행동이 이루어져야 한다는 것이다. 정리하면 나의 의지에 따른 결정과 외부의 강제 없이 이루어진 행위는 자유이며, 이에 대해 나는 책임을 져야 한다.

사람들은 흄의 자유론이 도덕적 책임을 정당화할 수 없다는 의심을 제기한다. 의지의 자유가 없다면, 다시 말해 나의 결정이 나의 자유로운 의지에 따른 것이 아니라면 왜 내가 그 행위에 대해 책임을 져야 하는지를 물을 수 있다. 이런 의심이 제기될 때마다 흄은 거꾸로 도덕을 형이상학적 기반 위에서 이성을 동원해 이론적으로 정당화하는 것에 반대한다. 그는 형이상학을 버리고 자연주의로 간다. 그는 이성이 아니라 감각(감성)에서 도덕을 찾는다. 그는 자기에게 도덕적 책임의 문제를 제기하는 쪽과 다른 도덕 지평, 요즘 표현으로 하면 다른 도덕 패러다임 위에 있다.

흄에 따르면, 지금 현재 정확하게 설명할 수는 없지만 인간에게서 나타나는 감각적 반응은 반드시 그 원인에 의해 설명될 수 있다. "인간의 마음은 자연적으로 형성되는 것이어서 특정 성격, 기질, 행동이 나타나면, 인간의 마음은 즉각적으로 승인 혹은 비난의 감정을 느낀다."[43] 이처럼 흄의 도덕은 정서적 느낌과 그것의 승인 여부에 따라 결정된다. 여기서 그의 도덕 감정론은 확고한 이론적 정당화를 보여 주지는 못한다. 하지만 흥미롭게도 그의 도덕은 한 사람의 내면에서 이루어지는 자유로운 결정에서 최종 근거를 찾지는 않는다. 오히려 감각과 감정의 지평으로 옮아간 그의 도덕 패러다임에서 우리는 도덕적 책임을 독단적 개인이

---

43 David Hume, *Enquiries concerning the human understanding and concerning the principles of morals*, p. 102.

아니라 상호 주관적 승인의 과정에서 찾아야 할 수도 있다.

가설적이기는 하지만 두 가지 길에서 상호 주관적 승인의 문제가 발생한다. 흄의 관점에서 볼 때, 당신의 행동의 자유는 당신의 의지 결정과 외적 강제의 부재가 결합되어야 한다. 먼저 당신의 의지 결정은 자유로운 실천이성의 힘이나 순수한 자유의지와 무관하다. 당신의 의지는 곧 당신의 욕구의 표현이다. 당신의 결정은 의지(욕구)에 의해 이루어진 것이다. 욕구는 흄에게서 자유가 아니라 필연이다. 그의 말처럼 당신의 의지 결정이 필연이라면, 이때 당신의 결정은 궁극적으로 신으로까지 소급할 수 있다. 당신의 의지 결정은 신의 의지 결정에서 출발해 필연적인 경로에 이른 것이다. 그렇다면 이 부분에서 흄의 의도와 상관없이 당신의 의지와 신의 의지 사이에 상호 주관적 승인의 문제가 발생한다.[44]

다음으로 당신의 행동의 자유는 외적 강제가 없어야만 한다. 외적 강제가 있다고 하더라도 당신에게 그 강제를 이겨 낼 힘이 있으면 당신의 자유는 실현된다. 외적 강제는 여러 가지 방식으로 이루어질 수 있다. 물리적·정신적 강제가 있을 수 있다. 정신적 강제에는 도덕적 강제도 가능하다. 당신의 행위가 부도덕하다는 감정을 가진 타인이 당신을 압박할 수 있다. 이때 당신과 타인은 서로 다른 도덕 감정을 가지고 상호 승인의 투쟁에 진입한다. 당신은 당신의 행동의 자유를 억제하려는 타인의 도덕 감정을 받아들여 행위하지 않기로 재결정할 수도 있다. 이 경우에 당신의 행동의 자유는 억압된 것이 아니라 유보된 것이다. 반면에 타인의 도덕 감정을 받아들이지 않으면 당신은 자유롭게 행동을 결정할 수 있다. 이 경우에 당신은 당신의 행동의 자유에 책임을 져야 한다. 물론, 당신의

---

44 David Hume, *Enquiries concerning the human understanding and concerning the principles of morals*, p. 100 참조. 흄에 따르면, 좋은 원인으로부터 시작된 행위에 대해 인간은 윤리적으로 비난받을 필요가 없다. 이때의 인간 행위를 도덕적으로 비난하려는 순간, 우리는 인간 행위의 최후의 원인(ultimate cause)이자 최초의 의지인 신에게 비난을 돌려야 하는 문제와 만난다. 신은 인과적으로 이루어진 인간 행위의 저자(author)이자 발신자이다.

도덕 감정이 타인의 도덕 감정보다 더 정당하다면 책임은 사라질 것이다. 이 지평에서 개인과 개인의 상호 주관적 책임 구성은 제도적 차원으로 넘어간다. 그러나 홉스와 로크, 흄의 철학에서 사회계약의 순간을 제외하면 상호 주관성의 흔적을 찾기는 어렵다. 더구나 흄에게서는 자연상태가 존재하지 않기 때문에 사회계약도 없다.

홉스와 로크, 흄은 자연사와 인간사의 궁극 원인으로서 절대자, 조물주, 창조주, 신을 인정한다. 그러나 신의 의지로부터 인간 세계를 설명하지 않는다. 이들은 전통적인 형이상학과의 이별을 선고한다. 이들은 경험적으로 관찰 가능한 지식만을 가지고 세계를 이해하고 해석한다. 이들은 법과 도덕 규범의 근거도 관찰 가능한 경험에서 찾는다. 경험적으로 관찰 가능한 세계를 철학은 종종 자연 세계로 표기한다. 자연에는 인간도 포함된다. 자연에서 획득한 지식으로 법과 도덕 규범을 해명하려는 철학을 우리는 자연주의라고 한다. 세 철학자는 자연주의를 대표한다.

홉스와 로크는 자연에서 권리와 법을 만들어 낸다. 그들이 말하는 자연권과 자연법이다. 그런데 자연권은 자연주의 프레임을 뒤틀어 버릴 위험을 가지고 있다. 자연권은 비록 그 구체적 권리가 인간의 자연적 욕구와 경험에서 비롯된 것이라고 하더라도 도덕적 요구와 결합될 수밖에 없다. 강한 법실증주의적 관점에서 볼 때, 자연법은 기본적으로 형이상학의 기초 위에 세워진 권리체계이다. 실제로 자연법의 뿌리는 신법(神法)이었다. 자연법은 스토아 철학에서 발원해 스콜라 철학을 거쳐 현대의 철학자들로 흘러온 물결이다.[45]

인간은 자연에 속한다. 자연에서 모든 인간은 몸과 마음을 구성하는 공동의 자산을 가지고 있다. 따라서 자연권과 자연법은 특별한 사람을 위해서가 아니라 모든 사람을 위한 권리와 법이다. 자연권과 자연법은 보편타당성을 요구하는 규범체계이다. 이 맥락에서 홉스와 로크의 자연

---

45 원상철, 「자연법론의 흐름과 법실증주의 비교검토」, 『법학연구』 17, 2004, 617쪽 이하 참조.

권 이념은 인간의 자연적 본성으로부터 보편적 규범을 이끌어 내고 있다고 말할 수 있다. 이 부분에서 두 철학자는 자연주의를 일관성 있게 관철하지 않고 있다는 평가를 받는다. 반면에 흄은 이들보다 더 철저하게 자연주의를 관철한다.

흄을 자연주의자로 분류하는 데에 이의를 제기하는 경우는 많지 않다. 다만 자연주의의 스펙트럼이 너무 넓기 때문에 어떤 자연주의를 말하는 지가 분명해져야 한다. 이 지점에서 자연주의를 간단하게 살펴볼 필요가 있다. 다만 스토아 철학에서 스콜라 철학으로 이어지는 자연주의를 제외한 현대의 자연주의만을 정리해 보자.

자연주의는 오랫동안 과학주의나 환원주의와 유사한 개념으로 사용되었다. 그러나 최근 자연주의를 과학주의(환원주의)와 분리하려는 시도가 많았다. 이 과정에서 다양한 수식어를 통해 자연주의를 구별하는 일이 생겼다. 과학적 자연주의(scientific naturalism)와 개방적 자연주의(liberal naturalism)의 구별이나[46] 강한 자연주의(hard naturalism)와 약한

---

46 Mario De Caro · David MacArthur (eds.), *Naturalism and Normativity*, Columbia University Press, 2010, pp. 3ff. 참조. 'liberal naturalism'은 주로 '개방적 자연주의'로 옮겨지는데, 가장 정확한 번역은 '자유로운'이라고 본다. '개방적'으로 옮길 경우에 자연주의가 과학주의를 근간으로 다른 방법론에 대해 열린 관점을 유지한다는 어감에서 벗어나기 어렵다. 반면에 '자유로운'으로 옮길 경우에 자연주의는 과학주의를 당연시하지 않고 오히려 그것의 한계를 넘어서려고 한다는 의미를 가질 수 있다. 과학적 자연주의는 과학적 방법을 통해 파악된 지식만을 정당한 것으로 간주하는 반면에, 개방적 자연주의는 과학적 지식과 모순을 일으키지 않는 지식과 규범을 인정하는 태도에 해당한다. 개방적 자연주의와 유사한 개념으로 '창발적(emergent) 자연주의'나 '스코틀랜드 자연주의'라는 말이 쓰인다. 최근 철학에서는 '강한 자연주의'보다는 '약한 자연주의'를 선호하는 경향이 뚜렷하게 형성되고 있다. '강한 자연주의'와 '약한 자연주의'를 구별하고 그에 대한 체계를 세운 것은 피터 F. 스트로슨(Peter F. Strawson)과 존 맥도웰(John McDowell)이다. 『회의주의와 자연주의』(*Skepticism and Naturalism: Some Varieties*, 1985)에서 스트로슨은 엄격한(strict) 또는 환원적(reductive) 자연주의를 '강한 자연주의'로, 포용력 있는(catholic) 또는 개방적(liberal) 자연주의를 '약한 자연주의'로 분류한다. 스트로슨과 맥도웰이 지향하는 '약한 자연주의'는 다음과 같은 두 가지 한계 규정을 갖는다. ① 과학이 모든 것을 밝히지는 못한다(과학의 한계 규정). ②합리적 지식은 과학을 통해 검증되어야 한다(지식의

자연주의(soft naturalism), 적나라한 자연주의(bald naturalism)와 완화된 자연주의(relaxed naturalism), 교설적 자연주의(doctrinal naturalism)와 프로그램적 자연주의(programmatic naturalism)의 구별이 이런 사례에 해당한다.[47] 이런 구별과 무관하게 현대적 관점에서 모든 자연주의적 관점이 공유하는 입장들이 있다.

현대의 자연주의는 우선 신화적·종교적·형이상학적 세계관을 공적

한계 규정). 이런 한계 규정을 통해 '약한 자연주의'는 환원주의에서 벗어난다. 하지만 '약한 자연주의'가 과학주의로부터 온전히 벗어났는지는 논란이 있다. 이와 다른 맥락에서 흄의 자연주의는 대상 영역에 따라 존재론적 자연주의, 인식론적 자연주의, 방법론적 자연주의로 나누어 해석할 수 있다. 최희봉, 「흄의 자연주의와 도덕론: 스코틀랜드 자연주의와의 관련을 중심으로」, 『철학연구』 36, 고려대 철학연구소, 2008, 31쪽 이하; 노양진, 「인식에서 경험으로: 인지과학과 철학적 자연주의」, 한국철학회 학술대회 발표문, 2019, 65쪽 이하; 김현철, 「자연주의적 자연법 이론의 가능성」, 『법철학연구』 20(1), 2017, 35쪽 이하; 양선이, 「자연주의와 도덕적 가치 그리고 규범성에 관하여: 흄의 자연주의와 현대 흄주의를 중심으로」, 『철학』 139, 2019, 91쪽 이하; 김효명, 『영국경험론』, 아카넷, 2001, 92쪽 이하; Peter F. Strawson, *Scepticism and Naturalism*, Routledge, 2008, pp. 30ff.; Don Garrett, "Reasons to act and believe: naturalism and rational justification in Hume's philosophical project", in: *Philos Stud* 132, 2007, pp. 1~16 참조. '창발적 자연주의'는 듀이의 개념이다. 자유주의에 관한 듀이의 관점을 서술하는 과정에서 그의 '창발적 자연주의'가 어떤 방식으로 과학주의의 굴레를 벗어나지 못하는지 살펴볼 것이다.

47 20세기에 다양한 방식으로 소통된 자연주의는 크게 '존재론적 자연주의'(ontological naturalism)와 '방법론적 자연주의'(methodological naturalism)로 구별된다. '존재론적 자연주의'는 자연 세계와 초자연 세계를 각각 정의하고 구별하는 문제를 다루며, 일반적으로 초자연적 세계를 부정하거나 혹은 스스로 물리적이지 않은 어떤 실체가 있고 그것이 물리적인 세계에 영향을 끼칠 수 있다는 생각을 부정한다. 물론, 물리적 세계에 직접적으로 영향을 끼치지 않는 비물리적 실체, 예를 들어 수학적이고 논리적인 지식까지 부정하지는 않는다. 존재론적 자연주의자들은 우리의 두뇌와 마음, 영혼의 바깥에 존재하는 어떤 것이 물리적 세계에 어떤 식으로든 영향을 끼친다는 생각을 받아들이지 않는다. 반면에 '방법론적 자연주의'는 철학이 어떻게 과학의 방법을 차용할 수 있는지를 다룬다. 일반적으로 방법론적 자연주의자들은 철학이 과학처럼 경험을 기반으로 확정되지 않은 진리를 찾아가는 학문이어야 한다고 주장한다. 따라서 이들은 경험적으로 관찰되지 않거나 혹은 선험적 방법으로 지식체계를 구성하는 것에 반대한다. William L. Craig · J. P. Moreland (eds.), *Naturalism: A Critical Analysis*, London/New York: Routledge, 2002, pp. 4ff. 참조.

영역에서 지지하지 않는 경향이 강하다. 물론, 사적 영역에서 신화와 종교, 형이상학을 부정하는 것 자체는 오히려 반자연주의적 태도라고 볼수 있다. 유사한 맥락에서 현대의 자연주의는 경험적으로 관찰 불가능한세계로부터 이끌어 낸 명제나 규범을 지지하지 않는다. 자연주의는 직관주의와 정서주의와도 거리를 둔다. 무엇보다 자연주의는 규범의 뿌리를초월적 이성이나 선험적 논리에서 찾는 것에 반대하는 경향이 매우 강하다. 현재의 자연주의에 가장 가까운 고전은 흄이라고 볼 수 있다.

가장 단순하게 정의하면, 자연주의는 자연에서 오지 않은 관념, 이념, 규범, 지식, 이론 등을 배제하는 태도나 입장이다. 자연에서 온 것은 경험을 통해 관찰 가능한 것이어야만 한다.[48] 최근의 연구 성과를 종합해보면, 흄은 규범과 관련해 회의주의자보다 자연주의자에 가깝다. 그가부정한 것은 도덕적 규범이 아니라 이성이 만들어 낸 규범이다. 흄의 자연주의는 이성의 한계를 명확하게 설정하는 데서 시작한다. 그는 이성을철학의 우울증과 망상(philosophical melancholy and delirium)의 진원지로간주한다.[49] 정념의 노예인 이성이 정념을 지배하는 현상이 그에게는 망상이고 우울을 야기했다.[50] 흄은 자연만이 자신이 앓고 있는 철학의 우울증과 망상을 치료할 수 있다고 본다.

흄에 따르면, 이성은 우리 영혼 안에 있는 놀랍지만 알 수 없는 어떤본능(a wonderful and unintelligible instinct)이라고 말한다. 이성을 가지고우리는 섬세하고 세련된 추상적 추론을 한다. 이성이 수행하는 추론은학문을 위해 필수 불가결한 것이다.[51] 그러나 이성은 동시에 우리를 회

---

48 David Hume, *A Treatise of Human Nature*, pp. 163, 179, 347, 361 참조. 흄은 기본적으로 모든 인식은 경험에서 비롯된다고 말한다. 이때 경험은 기본적으로 1인칭 관찰자 시점에서 이루어지는 감각 경험이다. 물론, 감각 경험은 일상적 삶으로 확장할 수도 있고, 나아가 사회적으로 확장할 수도 있다. David Hume, *Enquiries concerning the human understanding and concerning the principles of morals*, p. 107 참조.

49 David Hume, *A Treatise of Human Nature*, p. 269 참조.

50 David Hume, *A Treatise of Human Nature*, p. 415 참조.

51 David Hume, *A Treatise of Human Nature*, p. 268 참조.

의주의로 이끈다. 회의주의가 바로 그가 말한 철학의 우울이다. 이성에서 비롯된 철학의 우울은 철학이 치료할 수 없다. 그렇다면 자연은 어떻게 흄과 같은 처지에 빠진 이론적 회의주의자들을 구제할 수 있을까? 흄은 감각 경험과 생생한 인상, 그리고 일상적 경험이 이론적 회의주의를 실천적 낙관주의로 전환할 수 있다고 본다. 이런 관점 아래 흄은 먼저 이성에는 실천을 이끌어 가는 힘이 없다는 것을 강조한다. 그에 따르면, 이성은 근본적으로 '비활동적'(inactive)[52]이다. 정서적인 변화나 행위를 하는 데에 이성은 영향을 발휘하지 못한다. 이처럼 무능한 이성이란 무엇일까?

흄에게서 "이성은 참과 거짓의 발견이다".[53] 참과 거짓을 구별하는 능력이다. 흄은 진리 대응설에 따라 참과 거짓을 구별한다. 관념(ideas)이 실재(real)나 사실(fact)과 일치하면 참이고, 불일치하면 거짓이다. 따라서 관념과 사실의 일치 여부를 엄밀하게 따질 수 없다는 것이 밝혀지는 순간에 회의주의로 내몰린다. 그런데 사실과의 일치 여부를 따질 수조차 없는 관념은 이성의 대상 자체가 아니다. 흄이 보기에 실천의 영역에서 등장하는 정념(passions), 의욕(volitions), 행동(actions)은 그것과의 일치 여부를 따질 수 있는 실재나 사실이 없다. 따라서 이성은 실천의 지평에서 아무런 힘이나 영향력이 없다.[54]

---

52 David Hume, *A Treatise of Human Nature*, p. 457; 데이비드 흄, 『인간 본성에 관한 논고 3: 도덕에 관하여』, 27쪽.

53 David Hume, "Reason is the discovery of truth or falsehood", *A Treatise of Human Nature*, p. 458; 데이비드 흄, 『인간 본성에 관한 논고 3: 도덕에 관하여』, 28쪽. 이성은 사실과의 일치 여부를 판정하는 과정에 참여하지만, 이 과정에서 한계에 직면한다. 그러나 관념과 관념 사이의 관계를 구성하는 데서 이성은 제 힘을 발휘한다. 논리학과 수학에서처럼 연역적 추론의 영역이 여기에 해당한다. 물론, 이성은 귀납적 추론에서도 힘을 발휘한다. 과학적 실험 연구에서 이성의 역할이 여기에 속한다.

54 흄은 이성이 행위에 아무런 영향력도 끼칠 수 없다고 말하는 것이 아니다. 그에 따르면, 이성은 두 가지 절차에서 행위에 간접적 영향을 끼친다. 예를 들어 보자. 당신은 사랑의 정념을 가지고 있다. 이성은 당신이 사랑할 만한 사람이나 사물을 당신에게 알려 준다. 이제 당신은 사랑의 감정이 깨어남을 느낄 수 있다. 그런데 당신은 사랑의 감

실천의 영역에서 도덕은 선과 악을 나눈다. 선과 악은 참과 거짓을 구별할 때처럼 사실과의 일치 여부에 따라 나누어지지 않는다. 참과 거짓은 관념과 사실의 일치 여부에 따라 구별되며, 이때의 기준은 사실이지 관념이 아니다. 관념은 일치하는 사실이 없으면 거짓이 되지만, 관념이 없는 사실은 거짓이 아니다. 관념에는 오류 가능성이 상존한다. 그러나 사실은 오류와 무관하다. 반면에 참과 거짓의 구별은 객관적 사실에서 기준을 찾을 수 없다. 기준은 객관적 대상의 세계가 아니라 주체 안에 있다.

흄에 따르면, 어떤 행위는 그 자체로 선도 악도 아니다. 심지어 모든 사람이 명백하게 악으로 규정하는 살인 행위도 그 자체로는 선도 악도 아니다. 살인이 악이 되는 것은 그 행위에 대한 지각(perception)에서 이루어진다. 흄이 말하는 지각은 "보고, 듣고, 판단하고, 사랑하고, 미워하며, 생각하는 이 모든 작용"[55]이다. 따라서 살인을 지각한 사람 속의 강한 거부감과 혐오감이 살인을 악으로 규정하는 뿌리이다. 달리 말하면, 도덕적 선은 인간의 지각 작용이 우호적인 반응을 불러일으키는 것이다. 이처럼 다양한 행위를 포함한 대상 세계에 대한 인간 내부의 감각적 반응이 선과 악을 구별하고 그에 따른 행위를 이끌어 낸다.

흄은 도덕을 이성적 판단과 실천에서 감성적 느낌과 행위로 옮기려고 시도했다. 그에 따르면, 인간의 행위는 기본적으로 기쁨(pleasure)에 가까이 가고 고통(pain)에서 멀어지려고 한다. 흄은 여기서 한 단계 더 나

정을 어떻게 표현해야 할지 고민할 수 있다. 이때 이성은 당신을 도울 수 있다. 꽃으로 당신의 사랑을 표현하라는 이성의 지도를 받아들이면 당신은 이제 감정을 바깥으로 드러낼 구체적 계기를 마련하게 된다. 이처럼 이성은 잠재된 감정을 깨우고 깨어난 감정을 적합하게 실현할 계기를 마련하는 데에 영향을 끼친다. 흄이 강조하는 것은 이성이 행위를 이끌어 내는 독립 변수가 아니라 종속 변수일 뿐이라는 점이다. 연역 추리나 귀납 추리를 통해 이성은 정념을 자극하고 행동의 계기를 제공할 수는 있다. 하지만 정념이 없는 행동을 이성은 이끌어 내지 못한다. David Hume, *A Treatise of Human Nature*, p. 458; 데이비드 흄, 『인간 본성에 관한 논고 3: 도덕에 관하여』, 28쪽 참조.

55 David Hume, *A Treatise of Human Nature*, p. 456; 데이비드 흄, 『인간 본성에 관한 논고 3: 도덕에 관하여』, 26쪽.

아가 쾌락과 덕, 불쾌와 부덕을 연결한다. 쾌락은 좋은 것이고 불쾌는 나쁜 것이다. 이를 그는 가장 분명한 도덕의 원천으로 간주한다. 기쁨과 고통을 기준으로 덕과 부덕을 나누면 도덕은 매우 간편하고 편리하게 다가온다. 자연에서 발견되는 기준으로 명석 판명한 사유를 할 수 있고, 이를 통해 도덕적 청렴과 타락의 기원도 밝힐 수 있기 때문이다.[56] 감각적 반응, 곧 지각이 '자연적'이다. 흄은 '자연적'(natural)의 의미를 '문화적'(civil)이나 '도덕적'(moral)인 것과 대비한다. 그리고 자연적인 것과 비자연적인 것을 어떻게 구별할지 말한다.

> 가장 비철학적인 체계는 덕(virtue)이 곧 자연적인 무엇이고 부덕(vice)은 비자연적인 무엇이라고 주장하는 것이다. 자연이라는 단어의 첫째 의미는 기적(miracles)과 반대된다는 것인데, 바로 이 의미에서 부덕과 덕은 모두 똑같이 자연적이기 때문이다. 그리고 자연이라는 단어의 두 번째 의미는 비일상적인 것(what is unusual)과 반대된다는 것인데, 이 두 번째 의미에서 아마 덕이 가장 비자연적이라는 점이 밝혀질 것이기 때문이다. 영웅적인(heroic) 덕은 비일상적이기 때문에 아주 짐승 같은 야만성과 마찬가지로 거의 자연적이지 않다는 점은 인정되어야 한다. 자연적이라는 단어의 세 번째 의미에 대해 부덕과 덕은 모두 인위적이며(artificial) 자연과 무관하다는 점은 확실하다. 어떤 행동의 가치와 허물 따위의 개념을 두고 자연적인지 비자연적인지 논란을 벌일 수는 있겠지만, 그렇다고 하더라도 그 행동 자체는 분명히 인위적이며 일정한 의도와 의향에 따라 수행되기 때문이다. 그렇지 않다면 그 행동은 가치와 허물 따위의 이름으로 평가될 수 없다.[57]

---

56 David Hume, *A Treatise of Human Nature*, p. 475; 데이비드 흄, 『인간 본성에 관한 논고 3: 도덕에 관하여』, 46쪽.

57 David Hume, *A Treatise of Human Nature*, p. 475; 데이비드 흄, 『인간 본성에 관한 논고 3: 도덕에 관하여』, 45~46쪽.

흄에게서 참과 거짓의 구별은 실재와 사실에 따라 이루어진다. 그러나 선과 악, 미와 추는 사실과 무관하다. 선과 미는 우리 안에서 발생하는 우호적 감정이 바깥 세계로 나아가 투사된 것이다. 악과 추도 마찬가지로 투사된 것이다. 다만 악과 추는 긍정적 감정이 아니라 부정적 감정이 투사되었다는 차이만 있다. 투사 과정에서 인간은 대상에 채색이나 도금을 입히는 특성이 있다. '도금 또는 채색'(metaphor of gilding or staining)의 은유는 무한히 확장될 수 있다. 흄은 이 은유를 가지고 도덕과 예술을 해명하는 가운데 실천의 영역에서 회의주의에서 자연주의로의 전환을 이룬다.

흄의 자연주의는 반이성주의가 아니다. 그가 이성주의를 반대하는 것은 이론이 아니라 실천의 영역에서 벌어지는 이성의 과도한 개입일 뿐이다. 흄은 실천철학에서 이성이 과도하게 개입하는 것과 동일하게 자연이 오용되는 것도 비판한다. 많은 도덕 이론은 자연에 이미 선과 악이 내재되어 있는 것처럼 말한다. 성선설과 성악설도 이런 종류에 해당한다. 인간의 자연적 본성은 선과 악으로 구별할 수 있다는 생각 자체가 자연에 대한 오용의 대표적 사례이다. 자연 개념을 오용하는 또 다른 사례는 그것을 선악의 기준으로 삼는 경우이다. 사람들은 도덕적으로 매우 악한 사람이 자연을 위배했다고 비난한다. 그러나 가장 부도덕한 행위도 그 뿌리로 가면 자연적이다. 물론, 가장 선한 행위도 마찬가지이다. 따라서 자연은 선과 악을 구별하는 기준이 될 수 없다.[58]

인용문에서 우리는 흄의 자연주의에서 자연의 의미가 세 가지 지평을 갖는다는 것을 확인할 수 있다. ① 자연에는 기적이 없다. ② 자연은 일상적이다. ③ 자연스러운 덕과 인위적으로 가공된 덕은 다르다. ①을 강조하면 흄의 자연주의는 과학주의라는 혐의에 빠질 수 있다. 이를 피하려면 기적을 과학적 지식과 충돌을 일으키는 주장으로 좁혀 해석해야 한다. 과학적으로 입증된 것만이 참은 아니다. 입증도 반증도 이루어지

---

58 흄은 목적론에 기초한 도덕론이 자연을 오용한 것으로 비판한다.

지 않은 명제는 그 단계에서 존중받을 수 있다. 흄의 자연주의는 입증도 반증도 이루어지지 않은 명제를 폐기하거나 오류로 치부하지 않고 단지 진리 주장을 하지 않도록 요구한다. 이 지점은 흄의 자연주의와 회의주의가 만나는 지점이다. 나는 흄이 양쪽으로 다 갈 수 있다고 본다.[59]

②를 통해 흄은 일상적으로 확인할 수 있는 자연법칙, 곧 인과 법칙에 의해 결정되지 않거나 설명할 수 없는 것들을 부정한다. 흄은 이 지점에서 명확하게 자유의지를 부정한다. 앞에서 살펴본 것처럼 흄은 자유의지가 아니라 자유 행동에서 도덕적 책임의 가능성을 찾는다. 그 때문에 그의 자연주의는 도덕적 회의주의와는 일정하고 분명한 거리를 확보한다. ②와 관련해 흄은 자연권도 부정한다. 자연권은 자연법칙으로 확인할 수 없다. 자연권은 사실이 아니라 권리의 문제이다. 따라서 자연권에서 사회계약의 가능성을 이끌어 내는 이론과 자연주의는 화해하기 어렵다.

③과 관련해 흄의 자연주의는 자연적 덕과 인위적 적을 구별한다. 자연적 덕은 대체적으로 도덕 감정(moral sense), 곧 기쁨과 고통에 뿌리를 둔 감정과 연계된다. 자연적 덕은 감각적 지각과 반응에 따라 기쁨을 주는 좋은 것으로 간주되는 것이다. 자식 사랑은 이웃 사랑보다 더 강하다는 것이 자연적 덕이라고 할 수 있다. 이 경우에 자연적 덕은 다양한 채색과 도금을 가미해 은유적으로 확장된다. 그런데 어느 순간 자연적 덕과 지평을 달리하는 인위적 덕이 생겨난다. 따라서 자연적 덕인지 인위적 덕인지를 구별하는 것은 그것의 뿌리를 올바르게 파악하는 데에 결정적으로 중요하다. 인위적 덕은 자연 감정으로부터 곧바로 도출되지 않는다.

도덕 감정을 단순화하면 쾌락과 불쾌로 나뉜다. 쾌락과 불쾌는 대상에 의해 결정되지 않는다. 도덕 감정은 우리 내부의 마음에서 형성된다. 그만큼 주관적이다. 이처럼 주관적 감정이 도덕성을 갖는 것은 그 감정이

---

59 흄 연구자인 로버트 J. 포젤린(Robert J. Fogelin)이 회의주의와 자연주의 사이의 경계를 상세하게 밝히고 있다. Robert J. Fogelin, *Hume's Skepticism in the Treatise of Human Nature*, London: Routledge & Kegan Paul, 1985, pp. 2ff. 참조.

다른 사람과 공유될 수 있기 때문이다. 쾌락과 불쾌는 공감(sympathy)을 통해 도덕성을 얻는다. 기쁨과 고통, 쾌락과 불쾌가 도덕의 기준이 될 수 있으려면 그런 자연적 감정이나 정념을 사람들이 공유해야만 한다.[60]

우리는 공감의 본성과 그 위력을 새롭게 살펴봄으로써 시작할 수도 있다. 모든 사람의 정신은 그 느낌이나 작용에서 유사하며, 다른 사람이 어느 정도 느낄 수 없는 감정 때문에 행동하게 되는 사람은 있을 수 없다. 현(絃)들이 똑같이 울릴 때, 한 현의 운동이 다른 현에 전달되는 것처럼 모든 감정들은 어떤 사람에서 다른 사람으로 쉽게 옮아가며, 모든 인간 존재 각각에게 (각 감정에) 걸맞는 운동을 일으킨다.[61]

공감은 두 가지 단계로 이루어질 수 있다. 먼저 타인의 감정에 들어가 그 감정을 공유하는 공감이 있다. 이때 공감의 느낌은 나에게 관념으로 나타난다. 다음 단계는 타인의 감정을 나의 감정으로 전환한 공감이다.

---

60 흄은 사실 판단의 진위(眞僞)는 사실과의 대응 여부에 따라 이루어진다고 본다. 그러나 대응할 사실이 없는 도덕 판단이나 취향 판단은 공감 여부에 따라 선·악, 미·추의 구별이 이루어진다고 말한다. "우리가 우애를 갖지 않는 낯선 사람이 느끼는 쾌락이 우리를 즐겁게 만드는 것은 단지 공감으로 인한 것이다. 그러므로 우리가 유용한 모든 것에서 발견하는 아름다움은 이 원리에 기인한다"(David Hume, *A Treatise of Human Nature*, p. 576; 데이비드 흄, 『인간 본성에 관한 논고 3: 도덕에 관하여』, 147쪽). "공감은 인간 본성의 대단히 강력한 원리이고, 또 아름다움에 대한 우리의 취향에 지대한 영향을 끼치며, 모든 인위적인 덕에 있어서 우리의 도덕적 감정을 낳는다"(David Hume, *A Treatise of Human Nature*, pp. 577~78; 데이비드 흄, 『인간 본성에 관한 논고 3: 도덕에 관하여』, 149쪽). '공감'은 'sympathy'의 번역어이다. 그런데 흄이 쓰고 있는 'sympathy'는 오늘날의 언어 사용에 비추어 보면 'empathy'에 가깝다. 어떤 낱말을 쓰든 관계없이 흄에게서 'sympathy'는 '타인의 입장이 되어 보고, 타인의 감정을 공유하고 자기화하는 것'을 의미한다. 이와 동일한 의미로 최근에는 'empathy'가 자주 쓰이고 있다는 것을 고려할 필요가 있다. 전남대학교 감성인문학연구단, 『공감장이란 무엇인가』, 도서출판 길, 2017, 37쪽 이하 참조.

61 David Hume, *A Treatise of Human Nature*, pp. 575~76; 데이비드 흄, 『인간 본성에 관한 논고 3: 도덕에 관하여』, 147쪽.

이때 공감의 느낌은 인상으로 나타난다. 관념으로서의 공감이 인상으로서의 공감으로, 타인의 느낌이 나의 느낌으로 바뀌는 단계이다.[62] 두 단계를 거치면서 이루어지는 공감은 도덕 감정을 정당화한다. 그런데 모든 공감이 도덕 감정을 산출한다고 보지는 않는다. 공감이 도덕성의 원천이 되려면 그만큼 확장력이 있어야 한다. 특수한 상황과 특정인, 특수한 시간과 장소에 제한된(limited) 공감은 도덕성을 요구할 수 없다.[63]

흄은 덕에 관한 정서(sentiment)가 의존해야 하는 것은 '확장적 공감' (the extensive sympathy)[64]이라고 단언적으로 말한다. 확장성은 두 가지 방향으로 생각할 수 있다. 먼저 한 개인에 대한 공감이 특정 시간과 장소, 상황에서 시작해 그의 인생 전반으로 확장되는 경우가 가능하다. 두 번째는 특수한 개인에 대한 공감이 다른 모든 사람에 대한 공감으로 확장되는 경우이다. 명확하게 입장을 밝히고 있지는 않지만, 흄은 확장성이 큰 공감일수록 도덕적이라는 생각을 가진 것으로 보인다. 그런데 확장성은 기본적으로 상대적이다. 아무리 확장성이 큰 공감이라고 하더라도 제한된 공감일 수밖에 없다. 또한 공감은 언제나 주관주의에 빠질 위험이 크다.

공감은 도덕과 관련해 그 가치가 높이 평가되는 만큼 많은 의심을 받고 있다. 최근의 연구 결과를 보면, 공감은 편파적이고 편향된 시선을 동반하는 경우가 많을 뿐만 아니라 폭력 충동을 유발할 수 있는 가능성도 매우 높다. 더구나 잘못된 편견이나 정치적 선동에 공감할 경우에 상상을 초월하는 집단적 악행이 범해지기도 한다.[65] 흄은 공감의 이런

---

62 David Hume, *A Treatise of Human Nature*, pp. 358, 385, 427 참조. 양선이는 흄의 공감이 세 단계로 이루어진다고 말하면서 공감의 결과로 생겨난 느낌을 세 번째 단계로 설정한다. 양선이, 「허치슨, 흄, 아담 스미스의 도덕감정론에 나타난 공감의 역할과 도덕의 규범성」, 『철학연구』 114, 2016, 314~15쪽 참조.

63 David Hume, *A Treatise of Human Nature*, p. 385 참조.

64 David Hume, *A Treatise of Human Nature*, p. 586; 데이비드 흄, 『인간 본성에 관한 논고 3: 도덕에 관하여』, 157쪽. 이준호는 'the extensive sympathy'를 '포괄적 공감'이라고 옮기고 있다.

65 Paul Bloom, *Against Empathy: The Case for Rational Compassion*, New York: Harper

한계를 분명히 의식하면서 공감의 도덕적 일반화를 위해 감정의 수정(correction)을 제안한다. 흄에 따르면, 공감은 수정을 통해 확장되는 과정에서 생동감은 상실하지만 일반화에 이를 수 있다. 흄은 확장적 공감과 제한된 관대함 사이의 모순이 서로를 부정하지 않으면서 공존할 수 있다고 말한다. 확장적 공감은 상상력을 통해 '사태의 일반적 관점'(the general views of things)[66]을 확보하면서 동시에 제한된 감정과 모순 없이 유지될 수 있다.

흄은 이를 설명하기 위해 한 가지 예를 든다. 당신은 지금 적의 수중에 있는 도시(요새)를 바라보고 있다. 당신은 그 요새가 완전히 파괴되기를 바란다. 동시에 당신은 그 요새의 힘을 인정하면서 아름답다고 말한다. 흄이 보기에 요새에 대한 미학적 평가는 확장적 공감과 연관된다. 반면에 요새가 파괴되기를 바라는 감정은 제한된 공감만을 불러일으킬 뿐이다. 두 공감은 모순 없이 공존할 수 있다. 다만 제한된 공감에 비해 확장적 공감은 강한 느낌을 유발하지는 않는다.

> 이 공감은 우리 자신의 이익이나 우리 친구의 이익이 관심사일 때만큼 생생하지 않고, 우리의 사랑과 증오에도 그와 같은 영향력을 미치지 않는다. 그렇지만 이 공감도 우리의 차분하고 일반적인 원리에 적합하므로 우리의 이성에 대해 대등한 권위를 가지며, 판단력과 의견을 지배한다.[67]

Collins 2006 참조. 폴 블룸(Paul Bloom)은 공감 개념을 매우 좁혀 규정한다. 그가 비판적으로 성찰한 공감은 "다른 사람들이 느끼고 있다고 생각하는 감정을 당신도 느끼는 행위"(the act of feeling what you think others are feeling, p. 4)이다. 블룸은 이 규정이 중요할 뿐 그것을 표현하는 낱말이 무엇인지는 상관없다고 말한다. 아마도 'sympathy', 'empathy', 'compassion' 같은 유사 개념들을 둘러싼 논쟁을 의식한 것으로 보인다.

66 David Hume, *A Treatise of Human Nature*, p. 587; 데이비드 흄, 『인간 본성에 관한 논고 3: 도덕에 관하여』, 158쪽.

67 David Hume, *A Treatise of Human Nature*, pp. 583~84; 데이비드 흄, 『인간 본성에 관

공감이 일반적 관점을 취하게 되면 그만큼 도덕의 뿌리로서 정당성을 확보할 수 있다. 그리고 공감을 통해 타인의 관점에서 자신의 부당한 행동을 비판할 수 있다. 공감을 통해 개인이 사회적 관점과 인류의 보편적 관점까지도 취할 수 있다.[68] 그러나 이 과정에서 공감은 자연적 덕과 거리가 멀어진다. 공감과 거리가 멀어진 덕과 규범도 등장한다. 자연적으로 형성되는 공감과 그것의 일반화 과정으로부터 멀어진 인위적 덕이 여기에 해당한다. 물론, 흄에게서 공감은 인위적 덕을 평가하는 기준으로 작용한다.[69]

흄이 인위적 덕으로 제시하는 것이 정의이다. 그에 따르면, 정의와 불의의 구별은 자연적으로 이루어지 않는다. 흄은 인간의 자연적 조건이 정의와 같은 인위적 덕을 만들어 냈다고 말한다. 그에 따르면, 인간은 동물들 가운데 가장 가혹한 조건에서 태어났다. 인간은 다른 동물들보다 더 다양한 욕망(필요)을 가지고 있다. 반면에 인간은 욕망을 실현할 수단을 다른 동물들보다 더 적게 가지고 있다. 다른 동물들은 욕구와 그것의 실현 사이에 간격이 넓고 깊지 않다. 반면에 인간은 그들의 욕구를 실현하기에는 개인 능력이 턱없이 부족하다. 이 낙차를 극복하기 위해 인간은 사회를 형성한다.

흄에 따르면, 최초의 사회는 이성 간의 자연적 욕망을 통해 형성된다. 인간은 철저하게 자기중심적이다. 자기보다 자기를 사랑하는 사람은 없다. 그러나 포괄적 사랑이 아무리 작더라도 가장 큰 자기중심적 사랑보다는 크다. 따라서 성욕에서 출발한 욕망은 가족과 사회를 형성한다.[70] 자연적 욕망으로 형성된 가족 단위의 사회를 넘어 공동 이익에 대한 반

한 논고 3: 도덕에 관하여』, 155쪽.

68 David Hume, *A Treatise of Human Nature*, pp. 499, 579, 578 참조.

69 David Hume, *A Treatise of Human Nature*, p. 577; 데이비드 흄, 『인간 본성에 관한 논고 3: 도덕에 관하여』, 149쪽.

70 David Hume, *A Treatise of Human Nature*, pp. 486~87; 데이비드 흄, 『인간 본성에 관한 논고 3: 도덕에 관하여』, 56~76쪽 참조.

성과 함께 사회가 형성된다. 그런데 흄은 여기서 매우 흥미로운 주장을 한다. 그는 공동 이익을 위한 반성이 매우 단순하고 명백해 사회를 형성하는 데에 오랜 시간을 요구하지 않는다고 말한다. 이로부터 흄은 인간의 최초 상태가 이미 사회적 상태였으며, 그 때문에 사회계약론이 주장하는 자연 상태는 없었다고 말한다.[71] 그렇다면 사회를 형성할 수밖에 없는 단순하고 명백한 공동 이익이란 무엇인가? 사회는 어떻게 야만적이고 고독한 인간을 행복한 상태로 인도할 수 있는가?

> 모든 개인이 저마다 혼자서 오직 자신을 위해 노동한다면, 중대한 일을 수행하기에는 개인의 힘이 너무 약하다. 개인의 노동이 자신의 여러 가지 필요를 모두 충족시키기 위해 투입되면, 특정한 기술에서는 개인이 결코 완전함을 얻지 못한다. 개인의 힘과 성공이 늘 일치하는 것은 아니므로, 특정한 기술 가운데 어느 하나에서의 아주 조그만 실패는 반드시 파멸과 불행을 수반한다. 사회는 다음 세 가지 폐단에 대한 해결 방안을 제공한다. (개인의) 힘이 결합하여 우리의 능력이 증대된다. 직업의 분화를 통해 우리의 기량이 향상된다. 그리고 상호 부조를 통해 우리는 운명과 우발적 사고에 거의 노출되지 않는다. 이처럼 추가된 힘과 기량 그리고 안전성을 통해 유익한 사회가 이루어진다.[72]

흄에 따르면, 사회는 개인에게 힘과 능력, 그리고 안정성을 제공한다. 그러나 이런 유익한 사회도 정의 없이는 유지될 수 없다고 흄은 말한다.[73] 정의는 앞에서 언급한 것처럼 인위적 덕이다. 인위적 덕은 확장된

---

71 David Hume, *A Treatise of Human Nature*, p. 493; 데이비드 흄, 『인간 본성에 관한 논고 3: 도덕에 관하여』, 63쪽 참조.

72 David Hume, *A Treatise of Human Nature*, p. 485; 데이비드 흄, 『인간 본성에 관한 논고 3: 도덕에 관하여』, 56쪽.

73 David Hume, *A Treatise of Human Nature*, p. 41; 데이비드 흄, 『인간 본성에 관한 논고 3: 도덕에 관하여』, 113쪽 참조.

공감에서 상상력을 통해 도달한 '일반적 관점'에 기초한다. 따라서 정의는 제한된 공감의 차원에서는 불쾌감을 줄 때도 있다. 이 불쾌감에도 불구하고 정의라는 인위적 덕을 선택하는 것은 사회를 통해 공동 이익을 추구하려는 반성이 일종의 '자발적 묵계'(voluntary convention)[74]를 이루기 때문이다. 인간은 자연적 감정이 불쾌하더라도 묵계에 의해 정의라는 '일반적 관점'에 찬성할 수 있다.

묵계에 의해 정당화된 인위적 덕으로서의 정의는 공동 이익을 위해 만든 사회의 지평에서만 도덕적이다. 개인은 정의를 향한 자연적 동기를 가지지 않을 수 있다. 그렇지만 정의가 사회적 이익 혹은 사회적 효용성을 산출하는 것이 명백하다면 인위적 동기가 생겨날 수 있다. 이 맥락에서 흄은 정의의 중심 문제로 소유를 다룬다. 그에 따르면, 소유의 뿌리는 정의의 원천에서 설명되어야 한다. 소유와 정의의 원천은 동일한 책략에 있다.[75] 이 원천이란 공동 이익을 위한 책략과 자발적 묵계이다.

흄에 따르면, 묵계는 약속이나 계약이 아니다. 묵계는 공동 이익에 대한 '일반적 감각'(general sense)이다. "사회 구성원은 모두 공동의 이익이라는 일반적 감각을 서로 표명하고, 이 일반적 감각을 통해 일정한 규칙에 따라 행동하게 된다."[76] 바로 이 일반적 감각이 정의와 소유에 대한 원칙을 형성한다.

소유권은 일반적으로 분배의 정의와 직접적으로 관련된다. 흄은 분배적 정의의 문제를 사회적 약속이나 합리적 계약이 아니라 묵계를 가지고 설명한다. 묵계는 어떤 특정한 시점에서 합리적 타산성 계산에 따라

---

74 David Hume, *A Treatise of Human Nature*, p. 579; 데이비드 흄, 『인간 본성에 관한 논고 3: 도덕에 관하여』, 150쪽. 'convention'을 묵계(默契)가 아니라 규약으로 옮길 수도 있다. 그러나 규약에는 약속의 어감이 있어 흄이 'convention'을 계약이나 약속과 분리하려는 의도를 살리기 위해 묵계로 옮긴다.

75 David Hume, *A Treatise of Human Nature*, p. 491; 데이비드 흄, 『인간 본성에 관한 논고 3: 도덕에 관하여』, 61쪽 참조.

76 David Hume, *A Treatise of Human Nature*, p. 490; 데이비드 흄, 『인간 본성에 관한 논고 3: 도덕에 관하여』, 60쪽.

성립된 계약이 아니다. 묵계는 공동 이익에 대한 일반적 감각이 역사 속에서 축적되어 확립된 것이다. 따라서 묵계는 공동 이익을 사회적·역사적으로 보장하는 안전 장치이다. 종국적으로 묵계에 의해 확립된 인위적 덕으로 정의와 소유의 현재적 관점은 그 자체로 정당성을 확보한다. 그만큼 많은 사람이 오랜 세월 감각적으로 합의해 온 결과물이기 때문이다.

> 모든 사람은 자신이 지금 장악하고 있는 것을 계속 향유하며, 소유권 또는 항상적 소유가 직접적 소유와 결합되는 것이 가장 자연적인 방편으로 즉각 나타난다.[77]

흄은 점유 취득(Occupation), 시효(Prescription), 증식(Accession), 상속(Succession)으로 이어지는 사적 소유의 정당성을 오랜 세월 수많은 사람이 축적해 온 묵계에서 찾는다. 여기서 그는 모든 사람이 각자의 소유에 대해 권한을 부여하는 것이 묵계에 의해 자연스럽게 형성된 원칙이기 때문에 존중해야 한다고 말한다. 흄은 앞에서 정의를 인위적 덕으로 규정하면서 자연주의적 태도와 일정한 거리를 두는 것처럼 보였다. 그러나 그는 인위적 덕이 갖는 일반적 관점이 묵계에 의한 것이고, 다시 묵계는 일반적 감각의 축적이라고 설명하는 가운데 자연주의적 관점을 강화한다. 그런데 그가 자연주의적 태도로 정당화한 소유권은 현실을 비판할 수 있는 어떤 기준도 제공하지 못한다. 소유권을 통해 그의 자연주의가 도달한 곳은 관습과 현실의 무비판적 인준이다.[78] 더구나 그는 현재의 소유권을 강제하기 위해 정부 제도가 필요하다고 말한다. 정부는 사회적

---

77 David Hume, *A Treatise of Human Nature*, p. 503; 데이비드 흄, 『인간 본성에 관한 논고 3: 도덕에 관하여』, 73쪽.

78 김영래, 「이기심과 정의: 흄의 정의론을 중심으로」, 『범한철학』 77, 2015, 181쪽 이하 참조. 흄의 자유주의를 옹호하는 논의로는 이병택, 「자유주의와 공공성: 데이비드 흄의 논의를 중심으로」, 『사회과학연구』 20(1), 2012, 110쪽 이하 참조.

복잡성이 낮은 단계에서 묵계에 의해 확립된 소유권과 정의의 원칙을 확장된 사회에서 관철하기 위한 수단으로 전락한다.

흄에 따르면, 정부는 사회계약을 통해 합리적으로 만들어진 것이 아니다. 정부는 처음부터 폭력의 산물이다. 우리는 정부의 수립에 합의하고 그 합의에 따라 충성하는 것이 아니다. 오히려 폭력으로 만들어진 정부가 오랫동안 우리를 지배했기 때문에 우리는 계속해서 정부에 충성한다. 이처럼 흄은 정부의 형성과 정부에 대한 충성을 정당화하려고 시도하지 않는다. 그에게서 정부와 정부의 권력은 타산성이 아니라 사실성에 기초하고 있다.

흄은 소유권과 정의론, 나아가 정부론과 충성론에 이르기까지 자연주의적 태도를 유지한다. 이 경우에 일반적으로 저항권은 성립하지 않는다. 저항을 권리로서 정당화하려는 순간, 자연주의에서 벗어나기 때문이다. 그렇다고 흄이 저항의 가능성을 부정하는 것은 아니다. 그는 정부에 대한 저항도 자연주의적으로 설명한다. 그에 따르면, 정부는 오직 공공의 이익과 사회의 이익을 위해 발명한 도구일 뿐이다. 따라서 그 이익이 사라지면 복종해야 할 이유도 사라진다. 따라서 정부와 통치자로부터 이익의 감각이 훼손될 경우에, 그리고 그 훼손이 오래 지속되면서 회복 가능성이 사라질 경우에 일반 여론은 더 이상 복종하지 않고 저항할 수밖에 없다.[79]

흄은 홉스나 로크보다 더 철저하게 자연주의적 태도를 유지한다. 그의 자연주의는 과학주의나 환원주의라는 비판과 일정한 거리도 확보하고 있다. 아울러 그의 자연주의는 자유의지만 부정하는 것이 아니라 홉스나 로크가 설계한 자연권과 사회계약도 부정한다. 그의 자연주의는 도덕과 법의 규범과 정의로부터 이성을 분리한다. 그의 자연주의는 행위 능력과 이성을 분리한다. 그의 자연주의는 자연적 감각과 감동, 그리고 공감과

---

79 David Hume, *A Treatise of Human Nature*, p. 553; 데이비드 흄, 『인간 본성에 관한 논고 3: 도덕에 관하여』, 124쪽 이하 참조.

묵계로 도덕과 정의, 그리고 소유와 정부를 설명한다. 그의 자연주의는 개인의 이익 관심으로부터 모든 사회적 관계와 제도를 설명한다. 그의 자연주의는 어떤 추상적 이념이나 규범, 심지어 이성을 동원하지 않고도 자유로운 사회에 대한 상을 제시한다. 이처럼 대단한 설명력과 설득력에도 불구하고 그의 자연주의는 현실을 비판하기보다는 인준하는 경향이 매우 강하다. 그의 자연주의를 무기 삼아 우리가 비판할 수 있는 것은 현실이 아니라 현실 비판의 기준을 제공하는 이론들뿐이다. 흄의 자연주의는 이성을 앞세우는 이론들에는 무서운 칼을 들이댄다. 그러나 그의 자연주의는 살아 움직이는 현실 속에는 어떤 적도 발견하지 못한다. "그처럼 암흑 속에서 싸우면 적도 없는 허공으로 헛주먹을 휘두르게 된다."[80]

---

80 "In such a manner of fighting in the dark, a man loses his blows in the air, and often places them where the enemy is not present." David Hume, *A Treatise of Human Nature*, p. 464; 데이비드 흄, 『인간 본성에 관한 논고 3: 도덕에 관하여』, 35쪽.

제3부

다원주의 사회에서
자유의 가능성과 현실성

제8장

다원주의와 보편주의 사이에서
자유를 확장하는 윤리학

오늘날 철학적 담론을 이끌어 가고 있는 거의 모든 철학자는 다원주의를 거부할 수 없는 사실로 인정하지만, '다원주의의 제약'(Constraint of Pluralism) 문제에서는 몇몇 주목할 만한 차이를 드러낸다. 칸트적 전통을 고수하는 롤스, 오트프리트 회페(Otfried Höffe), 알브레히트 벨머(Albrecht Wellmer), 아펠, 그리고 하버마스 등은 다원성을 주어진 사실로 인정하고 공공성의 지반을 정당화하는 가운데 다원주의의 제약 가능성을 제시하려고 시도한다. 반면에 포괄적 의미에서 공리주의와 니체적 전통을 고수하는 한스 알베르트(Hans Albert), 찰스 스티븐슨(Charles Stevenson), 파울 파이어아벤트(Paul Feyerabend), 리처드 로티(Richard Rorty), 장-프랑수아 리오타르(Jean-François Lyotard), 아르놀트 겔렌(Arnold Gehlen) 등은 다원주의를 실천철학의 최종 심급으로 규정함으로써 이론의 꼭지점으로 지정한다. 후자에 속하는 철학자들 대부분은 근대 윤리학의 계몽주의적 기획이 실패했다는 전제를 공유하고 있으며, 나아가 다원주의의 사실을 넘어서는 어떤 당위적 차원도 인정하지 않는 경향을 가지고 있다.

오랫동안 보편주의적 입장을 옹호하는 철학자들이 다원주의의 위험성만을 강조하는 가운데 독단적이고 포괄적인 철학적 교설 안에서 다원주의의 제약 가능성을 찾는 편협성을 벗어나지 못한 반면에, 상대주의자들 역시 다원주의의 미학만을 웅변했을 뿐 다원주의의 제약 필요성을 간과함으로써 허무주의에 빠진다는 우려를 막아내지 못했다. 이 글에서는 이 두 가지 입장을 모두 교정함으로써 다원주의가 이론의 출발점이 될 수는 있지만 종착점이 되어서는 안 된다는 입장을 견지할 것이다. 다원성을 견지하면서도 실천적 합의 가능성을 포기하지 않는 철학적 전망은 파편화되지 않은 다원주의와 통일을 강제하지 않는 절차적 보편주의가 서로 화해할 수 있을 때 비로소 설득력을 가질 수 있을 것이다.

　철학적 담론을 주도하는 많은 현대적 관점은 다원주의와 보편주의 사이의 갈등과 불일치가 극복될 수 없다고 주장한다. 반면에 나는 이 글에서 다원주의와 보편주의 사이에 불가피하게 성립한다고 여겨졌던 모순과 충돌이 순전히 가상적인 허구는 아니라 할지라도, 지나치게 과장된 측면이 있다는 것을 보이려고 한다. 이러한 목적을 수행하기 위해서는 무엇보다 극단적인 형태로 이해되어 온 다원주의와 보편주의에 대한 입장이 수정되어야만 한다.

　나는 먼저 다원주의를 이론의 출발점으로 인정하는 입장과 꼭지점으로 간주하는 이론을 구분하면서 전자를 '태도로서의 다원주의'로, 후자를 '허무주의적 에고이즘'으로 규정한다(1). 그런 다음에 하버마스의 담론윤리학을 비판적으로 탐구하는 과정에서 태도로서의 다원주의와 양립 가능한 보편주의의 모습을 단편적으로 조망해 볼 것이다(2). 담론윤리학에서 하버마스가 보여 주는 것처럼 이제 보편주의는 이성 자체가 우연적으로 생성되었다는 생각까지 허용할 정도로 후퇴할 수밖에 없다. 그럼에도 불구하고 나는 보편주의가 문화적 다원성과 개인의 인격을 훼손하는 포괄적 개념체계에 대해서까지 가치 중립적이어서는 안 된다는 입장을 고수할 것이다. 이처럼 더 이상 물러설 수 없는 지점이 있다는 것을 분명히 하기 위해 나는 '양립 불가능성', '공존 가능성', '소통 가능성', 그리고 '공약 가능성'의 개념을 동원해 다원주의의 제약 필요성과 가능성을 검토할 것이다(3). 이 과정에서 나는 다양한 삶의 체계들 사이의 대칭적 소통과 공존을 지향하는 가운데, 그러한 체계들의 관계를 공약 불가능성으로 특징짓지 않는 제약된 다원주의를 하나의 철학적 시각으로 정당화하려고 한다.

1. 다원주의와 에고이즘

우리는 다원주의와 절차주의를 절대적 보편주의와 극단적 상대주의를 극복하기 위한 철학적 시도로 간주할 수 있을 것이다. 다원주의가 절대주의라는 암초와 상대주의라는 소용돌이 사이를 가로지르기 위해 상대주의자들이 사용하는 항해도라면, 절차주의는 보편주의자들이 올린 돛대이다. 먼저 다원주의와 절차적 보편주의가 극복하고자 하는 절대적 보편주의는, 이성의 시대를 찬미한 볼테르(Voltaire)가 주장하듯이, "오직 하나의 지리학이 있는 것처럼 오직 하나의 도덕이 있다"라는 명제를 통해 잘 표현된다.[1]

이와는 달리, 다원주의의 얼굴을 하고 있지만 실제로는 극단적 상대주의를 표방하는 겔렌은 다음과 같이 말한다. "같이 작용할 수도 있고 그렇지 않을 수도 있는, 그러나 서로 독립적인 수많은 감각이 있는 것처럼 윤리적 태도들의 상호 독립적인 수많은 최종 뿌리가 있을 수 있다."[2] 잘 알려진 것처럼 겔렌은 인간 사회를 추동하는 힘을 문화적·정신적인 것과는 무관한 오로지 제도적이고 기술적인 종류의 힘으로 이해하고, 현재를 소극적이고 냉소적으로 진단함으로써 '포스트 역사'(Posthistoire)의 입

---

1 Arnold Gehlen, *Moral und Hypermoral: Eine pluralistische Ethik*, Frankfurt am Main/
   Bonn: Athenäum, 1969, p. 38.
2 Arnold Gehlen, *Moral und Hypermoral*, p. 38.

장을 대변한 철학자이다.[3] 겔렌의 윤리적 다원주의는 문화를 단지 순간적인 현상으로 치부함으로써 문화에서 그 어떤 원칙적인 것도 기대하지 않으며, 나아가 역사 전체의 종결을 주장함으로써 허무주의의 함정에 빠져 있는 것으로 보인다. 겔렌과 유사한 방식으로 다원주의를 하나의 철학적 도덕 이론으로 제시하는 관점들을 하버마스는 '강한 비인지주의'(der starke Nonkognitivismus)라고 부른다.[4]

하버마스에 따르면, 스티븐슨의 정서주의(Emotivismus)와 포퍼와 초기 리처드 헤어(Richard Hare)의 결단주의(Dezisionismus)가 이 같은 비인지주의적 도덕 관점에 속한다. 이들은 도덕적 언어가 주장하는 모든 형태의 인지적 성분을 일종의 공상으로 치부한다. 이들의 입장에서 볼 때, 도덕 관점의 정당화 담론에서 언표된 판단과 입장 표명의 배후에는 한낱 주관적 정서와 감정 또는 결단이 숨겨져 있을 뿐이다.[5] 비인지주의자들은 모든 형태의 도덕 관점이 주관적 정서와 결단에 의존하고 있기 때문에 합리적으로 정당화될 수 없다고 말한다. 만약 이들의 주장처럼 모든 형태의 도덕적 발언이 개인적 선호로 환원된다면, 어떤 형태의 보편적 도덕 관점의 정당화도 불가능할 것이다. 이들은 일상적인 도덕적 직관으로부터 인지적 성분을 발견하려는 모든 시도를 부정함으로써 부지불식간에 철저하게 파편화되고 원자화된 다원주의를 하나의 도덕적 이론으로 제시하고 있는 것이다. 나는 이들의 관점이 엄밀한 의미에서 다원주의가 아니라 에고이즘이라고 생각한다.[6]

비인지주의적 관점은 구속력 있는 도덕적 원칙과 규범의 타당성이 더

---

3 볼프강 벨쉬(Wolfgang Welsch)는 겔렌의 '포스트 역사적 관점'을 '포스트 모던적 관점'과 구별한다. 이에 대한 상세한 논의는 볼프강 벨쉬, 박민수 옮김, 『우리의 포스트모던적 모던 1』, 책세상, 2001, 65쪽 이하 참조.

4 Jürgen Habermas, *Die Einbeziehung des Anderen: Studien zur politischen Theorie*, Frankfurt am Main: Suhrkamp, 1996, p. 14.

5 Jürgen Habermas, *Die Einbeziehung des Anderen*, p. 14 참조.

6 여기서 우리는 에고이즘 대신에 '유아론'(Solipsism)이라는 개념을 사용할 수도 있을 것이다.

이상 형이상학을 통해 정당화될 수 없는 다원화된 현대 사회 안에서 일견 정당해 보인다. 이들의 주장대로 비인격적인 도덕 언어가 존재하지 않는다면 비인격적인 보편적 도덕 관점의 정당화도 불가능한 것이 된다. 정서주의를 대표하는 스티븐슨이 주장하는 것처럼 '좋음'이나 '옳음'으로 표현되는 도덕적 판단이 단순히 화자의 정서와 태도를 표현하는 기능과 청자의 태도에 영향을 주는 기능만을 갖는다고 할 때, 개인적인 선호의 표현과 가치 평가적 표현은 서로 구별되지 않는 것이다.[7]

만약 이들의 주장이 옳다면 실천적 도덕 담론은 어떤 모습으로 존재할까? 모두가 자신의 정서와 결단을 위장한 채 각자의 관점을 보편적으로 관철하려고 한다면, 담론 참가자 모두는 다른 모두에 대해 더 이상 목적이 아니라 수단으로만 등장하게 될 것이다. 더욱이 정서주의는 어떤 감정과 태도가 어떤 절차를 통해 도덕적으로 승인받을 수 있는가에 대해 침묵하기 때문에, 주관적 정서에 뿌리내리고 있는 도덕적 언표들은 서로 모순적인 상태를 벗어날 탈출구를 갖지 못한다. 이처럼 실천적 도덕 담론의 참여자들 사이에 어떤 공약 가능한 기준과 절차도 정당화될 수 없는 상황에서 담론 참여자들 상호 간의 도덕적 판단의 불일치는 본질적이고 항구적인 것이 될 수밖에 없다.

나는 정서주의와 결단주의가 주장하는 강한 비인지주의는 이처럼 도덕적 가치 판단을 취미 판단이나 권력 관계로 환원함으로써 반(反)다원주의적 근본주의로 변질될 수 있다고 본다. 이들은 다원주의를 이론의 출발점이 아니라 꼭지점으로 주장함으로써 다원주의가 아닌 허무주의적 에고이즘으로 귀착할 수 있다. 에고이즘으로 전락한 다원주의는 합리성의 다원주의를 인정하지 않고 모든 형태의 합리성을 부정함으로써 허무주의라는 위험에 항구적으로 노출되어 있는 것이다. 반면에 철학적 태

---

7 스티븐슨은 도덕적 판단에 사용되는 명제의 의미에 대한 이론으로 정서주의를 제시한다. Charles Stevenson, "The Emotive Meaning of Ethical Terms", in: *Mind* 46, 1937, pp. 14~31 참조. 그리고 이에 대한 비판으로는 알래스데어 매킨타이어, 이진우 옮김, 『덕의 상실』, 문예출판사, 1997, 제2~3장 참조.

도로서 다원주의가 추구하는 다원성은 임의성과 우연성으로 전락하거나 그것의 배양소가 됨으로써 피상적 절충주의 또는 잠정적 협정주의를 요구하는 것이 아니다. 다원주의는 임의적이고 우연적인 것의 혼합이나 원칙 없는 절충주의적 합의를 목표로 하지 않는다. 다원주의적 태도에서 보았을 때, 그러한 것들은 다원성을 존중하고 실현하는 것이 아니라 오히려 모든 차이를 사소하고 하찮은 것으로 치부함으로써 다원성을 소멸시킨다. 이들에게서 '차이에 대한 존중'의 요구는 '권력 감각에 기초한 편들기'의 문제로 폄하된다.

그런데 다원주의를 이론이 아닌 태도로 간주한 철학자는 흥미롭게도 반다원주의자로 간주되는 칸트이다. 칸트는 그의 저서 『실용적 관점에서 본 인간학』에서 다원주의를 에고이즘과 대립해 설명한다. "에고이즘에 대립될 수 있는 것은 다원주의뿐이다. 즉 그것은 전 세계를 자기 안에 포괄하는 것으로 자기를 생각하고 행동하는 것이 아니라 단순한 세계 공민으로서 생각하고 행동하는 사고방식이다."[8] 그러나 다원주의에 관한 칸트의 설명은 이것이 전부이다. 따라서 그가 생각하는 다원주의를 이해하기 위해서는 그것에 대립하는 것으로 설명된 에고이즘에 대해 좀더 살펴볼 필요가 있다.

칸트에 따르면, 에고이즘은 논리적 오성의 영역과 심미적 취미 판단, 그리고 실천적 관심의 영역에서도 가능하다.[9] 각각의 영역에서 에고이스트는 자신의 판단을 다른 사람의 판단에서 음미해 보는 상호 주관적 역할 교환을 거부하는 독백적 홀로주체성의 패러다임에 묶여 있다. 특히 우리의 관심인 도덕적 담론 안에서 에고이스트는 모든 목적을 자신에 제한하고, 자신을 만족시키는 것 말고는 어떠한 효용도 인정하지 않는 사람이다. 칸트는 자기 의지의 최고 규정 근거를 보편적으로 타당한 의무 개념 안에 두지 않고 자기 행복에만 두는 행복론자(Eudämonist)들

---

8 임마누엘 칸트, 이남원 옮김, 『실용적 관점에서 본 인간학』, 울산대학교출판부, 1998, 23쪽.
9 임마누엘 칸트, 『실용적 관점에서 본 인간학』, 21쪽.

이 대표적인 실천적 에고이스트라고 말한다.[10] 여기서 흥미로운 것은 칸트가 보편주의적 도덕 관점을 다원주의가 아닌 에고이즘과 대립시킨다는 점이다. 복수성의 인정과 상호 주관적 의사소통을 지향하는 다원주의적 태도는 보편주의와 상호 보완적 관계에 있지만, 에고이즘과는 서로 양립할 수 없다는 입장이다. 내가 지향하는 태도로서의 다원주의는 칸트의 그것과 크게 다르지 않다. 더구나 칸트는 합리성 또는 이성의 다원성과 그것들 사이의 공약 불가능성을 부각한 모범적인 철학자이다.[11] 그럼에도 불구하고 나는 칸트의 다원주의적 태도가 그 자신의 도덕 관점과 해소 불가능한 충돌의 씨앗을 가지고 있다고 생각한다. 잘 알려진 것처럼 칸트는 이 지구 안과 밖에 거주하는 모든 지성적 존재에게 언제 어디서나 보편적으로 타당한 도덕 관점의 정당화를 공동체의 상호 주관적 복수성이 아닌, 독백적 홀로주체성의 패러다임 안에서 시도하기 때문이다. 칸트의 도덕 관점은 다원주의의 사실(Faktum des Pluralismus)이 아니라 '이성의 사실'(Faktum der Vernunft)에서 출발한다.[12] 그렇다면 철학적 태도로서의 다원주의와 양립 가능한 보편주의는 어떤 조건을 충족해야만 하는가?

2. 다원주의적 사실과 절차적 보편주의

나는 다양한 윤리적 관점이 있다는 것과 하나의 도덕 관점이 있다는

---

10 임마누엘 칸트, 『실용적 관점에서 본 인간학』, 23쪽.

11 볼프강 벨쉬, 『우리의 포스트모던적 모던』, 665, 720쪽 참조.

12 Immanuel Kant, *Kritik der praktischen Vernunft*, Kants Werke V, Akademie Textausgabe, Berlin: De Gruyter, 1912, pp. 31, 47, 55. 칸트에게서 이성이란 본질적으로 '보편자로부터 특수자를 이끌어 내는 능력'을 가리킨다. 하버마스는 이성의 사실을 연역적으로 근거 지을 수 없지만, 논증 규칙 (U)를 근거 지음으로써 밝힐 수 있다고 말한다. 이에 대해서는 Jürgen Habermas, *Moralbewusstsein und kommunikatives Handeln*, Frankfurt am Main: Suhrkamp, 1983, pp. 140ff. 참조.

말이 상호 모순되지 않는다는 하버마스의 입장에 동의한다.[13] 보편주의적 도덕 관점의 정당화 가능성이 부정될 수 없는 한에서 하나의 도덕 관점이 있을 수 있다는 것 또한 부정될 수 없다. 그러나 다원주의적 태도와 양립할 수 있는 하나의 도덕 관점은 하나의 지리학이 있는 것과는 다른 방식으로 있어야만 한다. 서로 간에 환원될 수 없는 다수의 문화 형식과 생활 형식, 그리고 언어 형식을 인정하는 하나의 도덕 관점은 무엇보다 '객관적 세계'와 관련된 '진리 문제'가 아니라 '사회적 세계'와 관련된 '정의 문제'에 해당한다. 따라서 '강한 인지주의'(der starke Kognitivismus) 입장을 고수하는 하나의 도덕 관점은 좋음의 다원성을 기초로 건립된 다수의 윤리적 관점을 인정할 수 있는 방식으로만 정당화되어야 한다.[14] 무엇보다도 다원주의적 태도를 고수하는 보편주의적 도덕 관점은 다원주의를 자민족중심주의나 회의주의 또는 극단적 상대주의로 폄하하지 않고 오히려 사실로서 인정해야만 한다.

이러한 맥락에서 다원주의의 사실을 인정하는 하버마스의 담론윤리학은 윤리적 다원주의와 양립하기 위해 전방의 강한 보편주의적 도덕 관점으로부터 깊숙이 후퇴한다.[15] 그 과정에서 담론윤리학은 ① 예상 가능한 도덕적 충돌을 비편파적으로 해소할 수 있는 다공적(porös) 절차를 제공하면서도 ② 사회적 연대성의 에너지를 손상하지 않는 ③ 상호 주

---

13 이 문제에 대한 상세한 논의는 Jürgen Habermas, "Vom pragmatischen, ethischen und moralischen Gebrauch der praktischen Vernunft", in: *Erläuterungen zur Diskursethik*, Frankfurt am Main: Suhrkamp, 1991, pp. 100~18 참조. 여기서 우리는 다원주의가 근본적으로 두 얼굴을 가지고 있다는 것을 간과해서는 안 된다. 한편으로 다원주의는 획일화와 탈연대성을 불러오는 도구적 이성의 지배를 의미하지만, 다른 한편으로는 차이와 이질성에 대한 인내와 감수성을 요구한다. 따라서 『계몽의 변증법』에서처럼 이데올로기 비판이나 문명 비판의 관점에서 다원주의를 분석할 때 그것의 야누스적 얼굴에 관심을 가져야 하지만, 이 연구에서처럼 사회 비판을 가능하게 하는 비판의 기준 또는 척도의 규범적 정당화만을 주제로 삼을 때는 다원주의적 사실 그 자체로부터 출발할 수 있을 것이다.

14 Jürgen Habermas, *Die Einbeziehung des Anderen*, p. 15 참조.

15 Jürgen Habermas, *Die Einbeziehung des Anderen*, p. 75.

관적 세속윤리학으로 만족하며, ④ 반증주의를 수용함으로써[16] ⑤ 객관주의적 오류에 빠진다는 혐의를 벗고자 노력하면서 ⑥타자성의 유폐나 동화를 요구하지 않는 약한 보편주의적 도덕 관점을 모색한다. 하버마스가 이처럼 뒤로 물러서는 이유는 무엇보다 윤리적 다원주의를 옹호하는 맥락주의자의 비판으로부터 절차적 윤리학을 방어하기 위해서이다.

담론윤리학은 무엇보다도 통일성과 다원성의 통일성을 지향하지 않으며, 동시에 양자의 배타적 병립을 선호하지도 않는다. 하버마스에 따르면, 다원성에 대한 통일성의 우선성을 주장하는 형이상학적 입장과 통일성에 대한 다원성의 우선성을 주장하는 맥락주의자의 입장은 서로 대립적인 것처럼 보이지만 실제로는 은밀한 공범자들(Komplizen)이다.[17] 형이상학으로의 복귀를 주장하는 절대주의자와 맥락 포괄적 관점을 추적하는 모든 이론을 거부하는 회의주의자는 이상과 현실 중에서 어느 한쪽을 절대시한다. 반면에 담론윤리학은 이상과 현실의 긴장을 유지함으로써 다원주의적 사회 안에서 훼손 가능한 인격체의 보호 장치로서 도덕 관점을 정당화하려고 시도한다. 다원주의가 사실이라면 절차적 보편주의는 인격체의 보호 장치로서 도덕적 당위의 성격을 갖는다.

다원주의적 태도와 양립 가능한 도덕 관점을 어떻게 정당화할 수 있는가? 하버마스는 먼저 "지금 여기서 진리로 간주되는 견해와 이상화된 조건 아래에서 진리로 수용될 수 있는 견해를 구별"[18]한다. 객관주의적 오

---

16 "반증주의는 담론적 절차의 불확정성과 사용할 수 있는 정보와 근거들의 지역적 제한성, 그리고 미래에 대한 우리의 유한한 정신의 지방성에 의지한다." 세계 해석들의 다원주의, 즉 그것들의 경쟁과 공존을 비롯해 합리적 불일치를 인정하는 것은 탈형이상학적 조건들의 수용을 통해 가능하다. 그러나 탈형이상학화를 통해 다원주의적 태도를 수용하는 절차주의는 단순한 잠정적 협정(modus vivendi)에 체념적으로 동의하지 않는다. 이런 입장을 고수하는 담론윤리학은 원칙적으로 개방된 합의 가능성을 확정되지 않은 미래로 연기하지만, 결코 포기하지는 않는다. 이에 대해서는 Jürgen Habermas, *Die Einbeziehung des Anderen*, pp. 206ff.; Jürgen Habermas, *Nachmetaphysiches Denken*, Frankfurt am Main: Suhrkamp, 1989, pp. 184ff. 참조.

17 Jürgen Habermas, *Nachmetaphysiches Denken*, pp. 154ff. 참조.

18 Jürgen Habermas, *Nachmetaphysiches Denken*, pp. 176ff.

류와 자민족중심주의의 오류를 모두 피하기 위해 하버마스는 이상과 현실의 긴장 위에 자신의 의사소통적 행위이론과 담론윤리학을 위치시키고자 하는 것이다. 무엇보다도 그의 담론윤리학은 각각의 구체적 문화가 품고 있는 다양성을 추상화함으로써 어떤 구체적인 내용도 제시하지 않고 단지 실천적 담론의 절차, 즉 우연적 내용들의 진입에 대해 개방성을 유지하는 담론 절차에 대한 형식적 원칙을 제시하는 데 만족한다.

맥락 포괄적 보편주의는 문화들 사이의 모든 구체적 차이가 공존할 수 있는 형식적인 용기(用器)일 뿐이다. 다양한 형태의 문화적 내용은 맥락 포괄적 절차를 통해 이루어지는 구체적이고 실천적인 담론에서 자기 목소리를 낼 수 있다. 이처럼 하버마스의 담론윤리학은 문화적으로나 역사적으로 상이한 자기 정체성을 형성하고 있는 공동체와 그 구성원이 갖는 이질성을 유폐하거나 차단하는 것이 아니라 포용할 수 있도록 만인에게 개방된 도덕 공동체를 기획한다. 따라서 담론윤리학이 문화적 차이와 다원성을 인정하지 않는 강한 보편주의에 반대한다는 것은 의심의 여지가 없다. 담론윤리학이 제안하는 절차주의는 계속해서 이방인으로 머물고자 하는 타자에 대해서까지 개방성을 유지하는 약한 보편주의를 표방한다. 만일 하버마스의 이러한 설명 방식이 구체적으로 입증될 수 있다면, 우리는 담론윤리학의 절차주의와 다원주의가 상호 모순 없이 공존할 수 있다고 말할 수 있을 것이다.

그런데 양자의 조화는 동일한 경험의 층위에서 성취되는 것이 아니라 이상과 현실이라는 특정한 가르기의 층위에서 가능하다. 하버마스는 담론윤리학과 그것의 심장부에 해당하는 의사소통적 합리성이 칸트의 두 왕국 학설과 결별하고도 규범적 이상과 사실적 현실 사이의 긴장을 유지한다고 주장한다. 담론 이론은 더 이상 천상과 지상의 긴장 관계가 아니라 생활세계 내부에서 유지되는 이상과 현실 사이의 긴장을 지향한다. 형식주의적이고 절차주의적인 담론윤리학의 도덕 관점은 한편으로 특수한 문화적 연관을 파괴하고 초월하는 무조건적 타당성을 요구하고 주장하는 의무론적인 강한 인지주의를 표방한다. 다른 한편으로 담론윤리학은 모든 담론 참여자에게 그들 자신의 맥락 의존적 관심과 문화적 연관에 따라 '예/아니오'를 아무 거리낌없이 말할 수 있는 해석학적 민주주의를 인정한다.[19] 그러나 문제는 하버마스가 생활세계 내부에서 사실성과 타당성의 긴장이 유지될 수 있는 확고한 지점을 제시하는 데 실패했다는 진단이다.

이상과 현실의 긴장을 유지하면서 사회 비판을 위한 규범적 기준을 제시하려고 시도하는 하버마스의 기획이 성공했는지에 대해서는 크게 두 가지 문제로 좁혀 논의할 수 있다. ① 하버마스가 제시한 의사소통적 행위이론의 성공 여부와 ② 절차적 보편주의를 표방하는 담론윤리학적 도덕 관점의 정당화 가능성 문제가 여기에 속한다. 근본적으로 ②는 ①에 대한 평가에 의존하고 있지만, 동시에 ①과 ②는 서로 밀착되어 있으면서 상호 제약적 관계에 있다. 따라서 한쪽이 부정되면 다른 한쪽도 같이 무너진다고 볼 수 있을 것이다. 먼저 ①과 관련된 모든 전문적 논의를 거슬러 올라갔을 때, 우리는 언제나 의사소통적 행위가 실제로 다른 모든 행위 유형들(목적론적 행위, 규범적 행위, 연출적 행위)을 가로지르는 포괄적 합리성을 함축하고 있는지의 여부를 묻는 물음과 만나게 된다. 여기서 내재적 비판을 시도하는 이론가들은 특히 의사소통 개념의 비실재성을 문제삼는다. 예를 들어 정호근은 의사소통을 합의와 불일치, 이해와 오해, 해방과 지배의 관계에서 각각 등근원적인 것으로 볼 것을 주문하면서 하버마스가 제시하는 의사소통적 행위는 목적 합리성의 특수한 경우일 뿐이라고 본다. 그 때문에 의사소통적 행위를 여타의 다른 행위 유형들의 '상위 개념'으로 인정할 수 없다는 입장을 견지한다.[20]

---

19 Jürgen Habermas, *Nachmetaphysiches Denken*, pp. 182ff. 참조.

20 정호근, 「의사소통적 합리성과 권력 그리고 사회구성」, 장춘익 외, 『하버마스의 사상』, 나남출판, 1996, 123쪽 이하 참조. 정호근의 비판을 몇 가지로 요약해 보면 다음과 같다. ① 의사소통적 행위가 행위인 한은 자기 이익 관심으로부터 벗어날 수 없고, ② 발화 수반적 행위가 발화 효과적 행위보다 근원적이라고 단정할 근거는 없다. 아울러 ③ 행위 지향에 따른 유형론(상호 이해 지향적/ 성공 지향적)은 무의미하며, ④ 상호 이해 지향적 행위도 합의 도달이라는 목표를 갖는다는 점에서 궁극적으로는 목적 합

여기서 우리는 정호근이 제기한 비판의 정당성 여부를 단정할 수 없다. 그러나 앞의 비판에 이어 "하버마스의 의사소통 개념은 다름, 이질성, 차이를 경쾌하게 뛰어넘는다"[21]라는 그의 비판적 평가는 다소 성급한 결론으로 보인다. 특히 하버마스의 이론을 이질성에 대한 신화적 공포를 가진 동일성 이론으로 확대 해석하는 것은 하버마스의 담론 이론이 어느 곳에서도 다원주의적 사실을 부정하지 않으며, 오직 그것과 화해 가능한 범위 안에서만 의사소통적 합리성의 근거 짓기를 시도한다는 사실을 폄하하는 것으로 보인다. 우리는 이 문제에 관한 비판적 평가를 ①이 아니라 ②와 관련해 다른 방향으로 제기할 수 있을 것이다. 예를 들어 우리는 특정한 문화 공동체의 성원으로서 담론 참여자가 왜 자신의 특수한 가치 체계를 뛰어넘거나 포기해야만 하며, 더 나아가 의무론적 보편주의의 틀 안에서 형식적으로만 대칭적인 인정 관계에 스스로를 포용시켜야만 하는지에 대해 담론윤리학이 확고한 근거를 제시하고 있는지를 물을 수 있다. 내가 보기에 이 물음에 관한 최종적 대답을 하버마스는 '수행적 자기모순' 개념에서 찾는다.

하버마스는 우리가 더 이상 이성의 사실로부터 초월론적 도덕 관점을 연역할 수 없다고 할지라도, 화용론적 전제를 인정하는 것이 불가피함을 증명함으로써 도덕 관점을 정당화할 수 있다고 한다. 하버마스는 이를 약한 의미에서의 초월론적 증명이라고 말한다. 그리고 만일 회의론자가 담론을 통해 논증의 수행적 전제를 부당하다고 주장하거나 그것의 보편 타당성을 부정한다면, 그는 스스로 수행적 자기모순을 범한다고 비판한다. 하버마스는 이처럼 수행적 자기모순 개념을 통해 도덕 관점의 원리에 대한 최종 근거 짓기를 시도하지 않으면서도, 동시에 그것을 특수한 생활세계의 배경 지식으로 환원하는 것을 막아 낼 수 있다고 간주한다.[22]

리성을 띠기 때문에, ⑤ 오히려 의사소통적 행위가 아닌 목적론적 행위 유형이 여타의 행위 유형들의 '상위 개념'으로 이해되어야 한다.

21 정호근, 「의사소통적 합리성과 권력 그리고 사회구성」, 135쪽.

22 Jürgen Habermas, "Vom pragmatischen, ethischen und moralischen Gebrauch der

그러나 회의주의자가 수행적 자기모순을 범하고 있다는 것을 입증하려면, 하버마스는 그에 앞서 수행적 전제를 '보편 화용론'을 통해 입증해야만 한다. 그때에서야 비로소 하버마스는 회의론자가 자신이 품고 있는 회의에 대한 논증 과정에서 드러내는 발화 수반적(illokutionär) 의지를 동시에 명시적으로 부정하는 수행적 자기모순을 범한다고 말할 수 있다. 따라서 아직 '가설적으로 제공된 재구성'의 결과물이라는 자격만을 가진 수행적 전제를 부정하는 회의론자는 당위(Sollen)와 의지(Wollen)의 논리적 모순에 빠질 수는 있지만, 의지와 의지의 화용론적 모순을 범하는 것은 아니다.[23]

하버마스가 제시하는 수행적 자기모순 개념은 처음부터 보편주의적 도덕 관점을 적극적으로 방어하기보다는 반대편에 서 있는 회의주의자의 자기모순을 입증함으로써 자기편의 정당성을 내세우려는 소극적 전략이라는 한계를 가지고 있다. 따라서 수행적 자기모순 개념을 통해 하버마스가 시도하는 근거 짓기가 절차적 보편주의를 지켜내기 위한 중요 진지임에는 틀림없지만 최후 방어선은 아니다. 오히려 담론 이론의 최후 방어선은 이상화 자체의 정당성에 있다. 왜냐하면 하버마스는 이미 화용론의 일반적 전제 조건이 행위 책무의 성격을 갖지 않는다고 말함으로써 담론 참여자의 행위를 제약하는 도덕적 규범의 지위를 요구하지 않기 때문이다.[24]

---

praktischen Vernunft", p. 194 참조.

23 이에 대한 상세한 논의는 박구용, 「하버마스 담론윤리학의 형식적 보편주의와 발화이행적 자기모순」, 『철학』 69, 2001, 189쪽 이하 참조.

24 Jürgen Habermas, "Vom pragmatischen, ethischen und moralischen Gebrauch der praktischen Vernunft", pp. 132ff.; Jürgen Habermas, *Die Einbeziehung des Anderen*, 1996, p. 62 참조. 이러한 입장 수정을 통해 하버마스는 담론윤리학을 약한 보편주의로 규정한다. 담론윤리학은 수행적 전제들에서 행위 책무의 성격을 제거하는 대신에 선험론적 강제의 성격을 부여한다. 이런 맥락에서 볼 때, 약한 보편주의는 여전히 담론과 수행적 전제들의 불가분적 관계를 포기한 것은 아니다. 의사소통적 담론과 전략적 담론을 구별하는 것 자체가 포기될 수 없기 때문이다.

하버마스는 의사소통적 이성의 개념 속에는 여전히 선험적 가상의 그림자가 드리워져 있다고 말한다. 의사소통적 행위의 전제 조건이 이상화의 기능을 갖고, 이 이상화가 가상의 꼬리를 늘어뜨리고 있는 것이다. 그러나 동시에 이 선험적 가상의 그림자는 실체화되는 것을 거부할 만큼 충분히 회의적으로 구상된 것이다. 의사소통적 이성의 개념 속에 드리워져 있는 선험적 가상의 무제약성은 담론의 비판적 절차로 증발되어야 할 형식적 무제약성일 뿐이다. 의사소통적 이성이 함의하는 것은 좋은 삶의 전형을 제시하는 것이 아니라 단지 일그러지지 않은 삶의 형식을 위한 필연적 전제 조건들을 형식적으로 서술하고 있다.[25] 하버마스에 따르면, 빗나가지 않은 삶의 형식은 예견할 수 없다. 그럼에도 불구하고 그것이 훼손되지 않은 상호 주관성을 전제해야만 한다는 것은 분명하다. 그런데 이 상호 주관성은 다시 자유롭고 호혜적인 상호 인정에 근거한 대칭적 관계의 출현을 의미한다. 이 대칭적 관계를 하버마스는 상호 이해의 필연적 조건의 분석을 통해 밝혀내려고 시도한 것이다.

3. 공약 불가능성과 소통 가능성

우리는 서로 다른 전통 속에서 상이한 형태의 합리성을 지닌 각기 다른 문화적 전통이 규범의 정당화 절차에서 양립 불가능한 주장을 내세우고 서로 충돌하는 상황을 쉽게 가정해 볼 수 있다. 이 상황에서 내가 옹호했던 '태도로서의 다원주의'는 '합리적 불일치'(reasonable disagreement)를 수용하면서 동시에 경쟁 관계에 있는 언어와 생활 형식의 불일치로 인해 발생하는 충돌을 상호 주관적 합의 절차에 따라 해소할 수 있다는 입장을 대변한다.[26] 그러나 논리적으로 양립 불가능한 것처럼 보이는 다

---

25 Jürgen Habermas, *Nachmetaphysiches Denken*, pp. 184ff. 참조.

26 여기서 내가 언급한 합의는 실천적 담론의 절차 속에서 증발되어야 할 형식적 지향점

원적 생활 형식들의 상호 대칭적 공존 가능성을 지향하는 입장이 정당화되기 위해서는 무엇보다 합리적 불일치를 야기하는 경쟁 당사자들 사이의 의사소통이 가능해야만 한다. 다원주의는 의사소통의 필요성을 요구하지만 의사소통의 가능성을 보장하지는 않기 때문이다. 물론, 다원주의적 태도를 이론의 출발점으로 수용할 때 우리는 동시에 다원주의 자체를 부정하는 어떤 특수한 가치(문화)체계까지 허용하는 것은 아니다. 모든 문화가 동등한 가치를 갖는다는 전제 아래에서 다름을 다름으로 인정하는 것이 다원주의적 관용의 미덕이라고 할 때, 관용의 한계선은 다원주의 자체를 억압 또는 파괴하는 지점이다. 그렇지 않을 경우에 우리는 수행적 자기모순에 빠지게 된다.[27] 그러나 이것은 어디까지나 제약된 다원주의가 갖추어야만 할 최소한의 조건일 뿐, 적극적으로 다원주의의 제약 가능성을 제시하지는 못한다. 따라서 우리는 상이한 문화들 사이의 의사소통이 가능하기 위한 최소한의 조건은 무엇인가에 대해 먼저 물어야 한다.

하버마스에 따르면, 상이한 문화들 사이의 의사소통이 가능하기 위해서는 맥락 포괄적 합리성의 토대 위에서 다원주의적 언어와 생활 형식의 공약 가능성(Kommensurabilität)이 인정되어야만 한다. 반면에 알래스데어 매킨타이어(Alasdair MacIntyre)는 "맥락 포괄적 합리성 개념을 요청하지 않고서도 서로 낯선 전통들 사이의 의사소통이 가능하다"[28]라는 입장이다. 하버마스가 객관주의와 상대주의 모두에 대항해 추상적인 절차적 보편주의의 입장에 선다면, 매킨타이어는 상대주의뿐만 아니라 하버마스적인 절차적 보편주의에 대립해 맥락주의를 옹호한다.

일 뿐, 유토피아로 투사될 수 있는 실체적 이상이 결코 아니다.

27 이런 맥락에서 하버마스는 다양한 문화의 자기 보존 요구를 생태학적인 '종의 보호'와 동일한 차원에서는 수용할 수 없다고 말한다. Jürgen Habermas, *Die Einbeziehung des Anderen*, p. 259 참조.

28 Jürgen Habermas, "Vom pragmatischen, ethischen und moralischen Gebrauch der praktischen Vernunft", p. 211.

매킨타이어가 스스로 인정하는 것처럼 어떤 형태의 '합리적 중첩 지대'도 인정하지 않는 맥락주의는 상대주의의 유혹에 말려드는 것을 철저하게 막을 수 있는 장막을 자체 안에 가지고 있지 않다.[29] 그러나 이러한 유형의 비판은 도덕 관점의 정당화를 시도했던 계몽의 기획이 완전히 실패했다고 진단하는 매킨타이어 자신에게는 크게 중요한 의미를 갖지 않는 것으로 보인다. 그럼에도 불구하고 매킨타이어는 허무주의로 귀착되는 극단적 상대주의가 수행적 자기모순을 범할 수밖에 없다는 것을 잘 알고 있었다. 따라서 그는 상대주의에 대립해 "낯선 전통들로부터 배울 수 있는 것처럼 그렇게 자기중심적인 전통들 간에도 유익한 의사소통이 마찬가지로 가능하다는 명제를 정당화한다".[30] 맥락주의를 대표하는 매킨타이어는 '학습 이론'의 도움으로 허무주의적 상대주의에 빠지는 것을 피하고자 한다. 그러나 매킨타이어가 제안한 내생적(endogen) 개종(Konversion)을 통한 학습 이론은 맥락 포괄적 합리성을 부정하기 때문에 국지적 타당성만을 갖는다는 비판이 가능하다.

매킨타이어의 내생적 학습 이론은 전통적 패러다임 안에서 해결할 수 없는 윤리적 문제를 새로운 패러다임의 도움을 받아 설명하고 해소하면서도 이제까지 전승되어 온 전통의 일정한 연속성을 보장해야만 한다는 상반된 요구를 관철하려고 시도한다.[31] 그러나 이 모든 것이 가능하기 위해서는 학습 주체가 동일한 문제에 대한 상이한 두 전통의 설명력을 비교할 수 있을 때에만 가능하다. 어떤 도덕적 문제에 관한 설명력과 해소 능력에 있어 자기 전통보다 오히려 낯선 전통이 우월하다는 판단을 자기 전통의 관점 안에서 동기 부여하기 위해서는 관련된 도덕적 문제를 중심으로 두 전통을 비교할 수 있는 공약 가능성이 전제되어야만 한다.

---

29 알래스데어 매킨타이어, 『덕의 상실』, 404쪽 참조.

30 Jürgen Habermas, "Vom pragmatischen, ethischen und moralischen Gebrauch der praktischen Vernunft", p. 211.

31 Alasdair MacIntyre, *Whose Justice? Which Rationality?*, Notre Dame: University of Notre Dame Press, 1988, p. 362 참조.

그렇지 않을 경우에 내생적 학습 이론은 오직 자신의 전통에 계속 묶여 있는 윤리적 관점에서만 다른 편으로부터 학습할 수 있다는 '비대칭적인 자기중심적 소통'만을 강조하는 양상이 된다. 이런 맥락에서 하버마스는 매킨타이어가 모든 해석 과정을 자기 소통(Selbstverständigung)의 과정에 맞추어 재단할 위험이 있다고 경고한다.[32] 맥락주의자는 모든 형태의 보편주의를 '보편성을 가장한 특수주의'라고 비판하고 그 과정에서 보편주의적 도덕 관점이 은밀하게 그들에게로 동화(Assimilation)나 개종(Konversion)할 것을 요구한다고 폭로한다. 그러나 맥락주의자는 '우리'와 '그들' 사이의 선입견 없는 대칭적 의사소통의 가능성을 부정하고 오직 자기중심적인 비대칭적 의사소통만을 고집함으로써, 오히려 스스로가 인종 중심적 자기중심화의 함정에 빠지는 것으로 보인다.

매킨타이어는 여기서 상이한 두 언어 또는 생활 형식 사이의 합리적 중첩 지대를 부정하면서도 둘 사이의 소통 가능성과 공약 가능성을 보여 줄 수 있다고 가정한다. 그는 한편으로 도덕 관점들의 '합리적 불일치'를 조정하고 해결할 수 있는 보편적 절차의 합리적 정당화 가능성을 부정한다. 이 맥락에서 그는 두 관점의 공약 가능성을 보장할 수 있는 합리성은 입증할 수 없다고 단언한다. 그러나 그는 다른 한편으로 한 전통의 몰락과 부흥의 과정을 학습 이론과 연관 지어 설명하는 가운데, 경쟁적 전통들 사이의 비교와 공약 가능성을 인정할 수밖에 없다고 말한다.[33] 해석학적 의미에서 '지평 융합'과 '지평 확장'의 가능성을 긍정하기 위한 공약 가능성을 인정하면서도 보편주의적 도덕 관점을 위한 공약 가능성 테제는 부정하는 것이다.[34] 이렇게 볼 때, ① 맥락 포괄적 합리성을

---

32 Jürgen Habermas, "Vom pragmatischen, ethischen und moralischen Gebrauch der praktischen Vernunft", p. 218 참조.

33 알래스데어 매킨타이어, 『덕의 상실』, 402~04쪽 참조.

34 매킨타이어나 찰스 테일러(Charles Taylor) 같은 맥락주의자들은 일반적으로 한스-게오르크 가다머(Hans-Georg Gadamer)가 제시하는 것처럼 자기 입장을 기준으로 다른 입장을 동화시키거나 역으로 다른 입장에 자기 입장을 복속시키는 것이 아니라 자기가 변화하는 가운데 남을 받아들이는 가다머의 지평 융합적 문화 소통을 다원주

부정하면서도 ② 공약 가능성과 소통 가능성을 인정하는 것이 가능하다. 문제는 매킨타이어가 상대주의의 함정을 빠져나오기 위해 제시한 학습 이론이 서로 다른 도덕적 지평의 충돌이 영속적으로 반복되는 상황에 대해서는 어떤 도덕적 해결 관점도 제시하지 않는다는 사실이다. 따라서 그가 제시하는 ①과 ②의 조화는 다원주의의 제약 가능성을 찾는 우리의 노력에 어떤 구체적 도움도 제공하지 못하는 것으로 보인다.

매킨타이어의 한쪽 입장에 따르면, 어떤 특수한 전통과 관계도 없고 내재적이지도 않은 도덕적 합리성은 정당화될 수도 없고 존재하지도 않기 때문에 두 개의 양립할 수 없는 경쟁적 도덕 전통이 충돌할 때, 충돌의 비편파적인 합리적 해결은 불가능하다. 그러나 다른 쪽에 서 있는 매킨타이어는 상이한 전통들에 내재하는 상호 배타적인 합리성들이 더 이상 중첩되지 않는 '번역 불가능한 지대'(Zonen des Unübersetzbaren)에 관한 직관적 언급을 통해 '순전한 타자'(schlechthin Anderen)와의 의사소통과 경험적 학습의 가능성을 해명하려고 시도한다.[35] 그런데 두 번째 제시된 관점은 두 가지 근본적 한계를 갖는 것으로 보인다. 첫째, 매킨타이어가 언급하는 의사소통은 앞에서 지적한 것처럼 자기중심적인 비대칭적 의사소통이며, 그런 의미에서 온전한 의사소통이 아니다. 단지 자신의 기준에 따라 경쟁 관계에 있는 상대방을 이해하고 평가하는 학습 절차로서의 의사소통은 상호 주관적으로 진행될 수 없기 때문이다.[36] 둘째,

---

의의 규범으로 받아들인다.

35 Jürgen Haberams, "Vom pragmatischen, ethischen und moralischen Gebrauch der praktischen Vernunft", p. 215 참조.

36 매킨타이어와 유사한 맥락에서 문성원은 자크 데리다(Jacques Derrida)로부터 차용한 '환대'(hospitalité)의 윤리(문화)를 주장한다. 그가 주장하는 환대는 주인과 이방인 사이의 구별을 전제로 이방인의 권리를 가리키는 칸트의 환대(Hospitalität, 낯선 땅에서 적대적으로 대우받지 않을 권리)와는 구별된다. 데리다와 에마뉘엘 레비나스(Emmanuel Lévinas), 문성원처럼 칸트적 전통에 반대하는 철학자들은 '순전한 타자'에 대해서까지 열려 있으면서 어떠한 상호적이고 쌍무적인 제약도 요구하지 않는 무조건적이고 비대칭적인 환대의 윤리를 상호 대칭적 인정의 윤리에 대한 대안으로 제시한다. 그러나 이러한 주장은 '권고의 도덕'과 '금지의 도덕', '좋음'과 '옳음', 그리

매킨타이어가 제1언어에서 제2언어로의 번역 불가능성을 제3언어를 통해 설명할 수 있다는 것은 번역 불가능성 테제가 보편타당성을 요구할 수 없는 가상 문제라는 것을 스스로 보여 주고 있는 것이다.[37] 이런 맥락에서 볼 때, 그가 주장하는 낯선 문화들 사이의 합리적 중첩 지대 없는 의사소통과 공약 가능성은 비대칭적 자기중심주의의 또 다른 표현에 불과하다.

우리는 이 세상에 존재하는 수많은 언어와 생활, 그리고 문화 형식에 대해 그것들 모두를 초월해 가치 평가할 수 있는 어떤 비편파적인 절대적 기준을 가지고 있지 않다. 이런 정황에서 우리는 매킨타이어 같은 맥락주의자들의 입장에 쉽게 동의할 수 있을 것이다. 그런데 우리는 다원주의적 사실을 인정하는 모든 윤리적 관점이 모든 문화를 무차별적인

'윤리적 관점'과 '도덕 관점'의 차이를 무시할 뿐만 아니라 궁극적으로는 다원주의 사회 속에서 불가피한 갈등과 충돌을 사소한 것으로 전락시킬 위험이 있다. 환대의 윤리에 대한 논의는 문성원, 『배제의 배제와 환대』, 동녘, 2000, 123쪽 이하 참조.

37 여기서 하버마스는 윌러드 밴 오먼 콰인(Willard Van Orman Quine)의 '개념체계'(conceptual scheme)에 대한 도널드 데이비드슨(Donald Davidson)의 비판적 관점을 수용하고 있는 것으로 보인다. 데이비드슨은 콰인이 주장하는 번역의 비결정성을 인정하는 대신에, '자비의 원리'(principle of charity)를 좀더 확장할 것을 주문하면서 콰인이 번역의 비결정성을 정당화하는 근거로 개념체계를 제시하는 것에 반대한다. 번역 불가능성이라는 개념이 성립되지 않는다고 주장하는 데이비드슨에 따르면, 콰인의 개념체계는 근본적으로 비정합적이다. 먼저 번역 불가능성은 번역 불가능한 개념체계들을 가정한다. 이 상이한 개념체계들이란 먼저 그것을 설정할 수 있는 기본적 장(場)으로서 하나의 공통적 지반이 존재하는 한에서만 의미를 갖는데, 개념체계들이 전제하는 이 '중립적이고 공통적인 어떤 것' 자체가 이미 번역 가능성을 암시한다. 매킨타이어는 개념체계가 이해되고 학습될 수는 있지만 엄밀한 의미에서 개념체계들의 차이가 극복될 수 없으며, 그런 맥락에서 번역 불가능성을 주장하는 것으로 보인다. 반면에 하버마스는 데이비드슨과 마찬가지로 완전한 번역 불가능성을 하나의 가상 문제로 취급한다. 이들이 의역(Paraphrasierung)과 이해 가능성에 관심을 집중하는 반면에, 매킨타이어는 이해와 번역의 차이를 강조하는 것으로 보인다. 이 문제에 대해 노양진은 콰인의 '번역의 비결정성(indeterminacy of translation) 이론'에 대한 이언 해킹(Ian Hacking)과 데이비드슨의 비판을 '체험주의'(experientialism)가 제시하는 해명을 통해 진전된 새로운 이해를 보여 주고 있는 것으로 본다. 노양진, 「번역은 비결정적인가?」, 『철학』 48, 1996, 275~301쪽 참조.

평균적 방식이 아니라 구체적 차이에 민감한 방식으로 동등하게 존중할 것을 정당하게 요구할 수 있어야만 한다. 이것이 가능하기 위해서는 무엇보다도 먼저 다양하게 전승된 전통 맥락들 사이의 소통을 위한 공약 가능한 어떤 교량이 있어야 한다. 서로 다른 전통들은 다양한 형태의 합리성을 가지고 있으면서도 동시에 그것들을 가로지르는 의사소통적 합리성을 내재적으로 함유하고 있어야만 그들 사이의 상호 주관적 의사소통과 대칭적 공약이 가능하기 때문이다. 이런 맥락에서 우리는 맥락주의자들의 맞은편에 서 있는 하버마스의 견해에 동의하게 된다.[38] 맥락주의자들이 올바로 지적하는 것처럼 합리성은 단수가 아닌 복수로 존재하지만, 그것들 사이의 상호 주관적 의사소통이 가능하기 위해서는 공동의 다공적인 탈형이상학적 토대가 있어야만 한다.[39] 내가 보기에 맥락 포괄적 토대를 거부하고 의사소통과 공약 가능성만을 요청하는 이론들은 무엇보다 탈형이상학적 상호 주관성으로의 패러다임 전환을 수용하지 않기 때문에 다원주의를 제약하기에는 너무 허약하다.

4. 자유를 확장하는 윤리학의 가능성

하버마스는 의사소통적 합리성과 담론윤리학적 복안을 통해 다원주의와 절차적 보편주의의 화해 가능성과 필요성을 설득하려고 시도한다. 하버마스의 담론 이론은 타자성과 이질성을 동일성으로 포섭, 동화, 환원, 흡수하도록 강제하기보다는 다름을 다름으로 인정하고 포용함으로써 다원성과 차이에 대해 열려 있는 절차적 보편주의를 표방한다. 그는 생활세계 깊숙이 닻을 내리고 있는 다원성이 존중되고 보호되기 위해

---

38 Jürgen Habermas, "Vom pragmatischen, ethischen und moralischen Gebrauch der praktischen Vernunft", p. 213 참조.

39 Jürgen Habermas, "Vom pragmatischen, ethischen und moralischen Gebrauch der praktischen Vernunft", pp. 207ff. 참조.

전제되어야 할 공공성의 지점을 보여 주려는 것이다. 하버마스에 따르면, 공공성이 추상적이면 추상적일수록 강제 없는 담론이 많아지면 많아질수록 모순과 불일치는 다양해진다. 그런데 절차적 담론의 공공성은 모순과 불일치의 다양한 목소리를 통해 자각된다. 서로 공약 불가능한 것처럼 보이는 관점들의 대칭적 상호 인정은 모든 대화 속에 잠재적으로 설치되어 있으며, 이 때문에 언어적 이해와 합의의 상호 주관성을 가능하도록 제약한다. 이 점에서 다원성과 공공성은 개념적으로만 서로를 제약하는 것이 아니라 실천적으로도 제약한다. 그럼에도 불구하고 하버마스가 의사소통적 합리성의 우선성을 확고하게 제시했는지에 대해서는 여전히 논란이 있다. 나아가 그의 담론윤리학이 '정당화 문제'에서 맥락 초월성을 입증하지 못하고 '동기 부여'와 '적용 문제'에 있어 선천적인 동력 부재라는 비판을 쉽게 극복할 수 있을 것으로 보이지도 않는다. 무엇보다도 탈역사적이고 탈맥락적인 도덕 관점이 탈형이상학적 세계에서 논리적 정합성을 유지하는 것 자체가 불가능할 수도 있다. 그럼에도 불구하고 우리는 그가 '이성의 이상'(Vernunftideal)을 성취할 수 있다고 선전하거나 형이상학의 잔재를 가지고 세계를 미화하려고 시도하지 않는다는 것을 폄하할 필요는 없을 것이다.[40]

우리는 담론윤리학적 보편주의가 다원주의의 사실을 인정하는 지점까지 후퇴했다고 할지라도, 그 인정은 어디까지나 특수한 공동체의 문화가 개인의 권리를 훼손하지 않는다는 전제 아래에서만 보장된다고 비판할 수 있을 것이다. 실제로 하버마스의 절차적 보편주의는 다원주의를 훼손하고, 궁극적으로는 개인의 존엄성을 훼손하는 문화에 대해서까지 가치 중립적이지는 않다. 이 점에서 앞의 비판은 설득력을 갖는 것처럼 보인다. 일반적으로 보편주의자들은 다원주의적 사회 안에서 훼손 가능한 인격체의 보호 장치로서의 도덕 관점이 공동체의 좋음과 관련된 다원주의적 윤리 관점보다 우선성을 갖는다고 주장한다. 그러나 약한 보편

---

40 Jürgen Habermas, *Nachmetaphysiches Denken*, pp. 184ff.

주의자인 하버마스는 조지 허버트 미드(George Herbert Mead)가 정식화한 개인화와 사회화의 동근원성 테제로부터 정의와 연대성의 상호 제약적 관계를 올바로 인식하고 있었다. 따라서 그는 담론윤리학을 통해 인격의 보호 장치로서 도덕 관점의 보편성을 포기하지 않으면서도 정의의 문제로 축소되지 않고 오히려 연대성을 포괄하려고 시도한다. 그러나 담론윤리학 안에서 요청된 연대성은 다원주의 사회 안에서 개인의 정체성과 밀접하게 연관된 특수한 공동체의 구체적 맥락을 상실한 연대성이다. 나의 판단에 따르면, 담론윤리학은 이념적으로는 정의와 연대성의 동근원성을 주장하지만 부지불식간에 전자의 우선성을 고착화한다. 이런 고착화는 담론윤리학이 상호 주관적인 호혜적 인정 관계를 구체적 과정이 아닌 이상적 형식으로 축소하고, 나아가 특수성과 보편성의 모순적 인정 관계에서 보편성의 우선적 적용을 암시함으로써 맥락에 따른 다양한 변화 가능성을 소홀히 취급하는 한 수정될 수 없을 것이다.[41]

반면에 윤리적 관점의 우선성을 주장하는 맥락주의자들은 보편주의에 대한 비판을 제기하는 동안, 부지불식간에 삶의 체계와 문화를 폐쇄적으로 이해하는 경향이 있다. 그들에게서 문화는 사실상 단자처럼 자기폐쇄적인 것으로서 번역 불가능한 신화의 세계로 극화될 수 있는 것이다. 그런데 그들이 주장하는 문화 상호 간의 번역 불가능성 테제가 성립하려면, 하나의 문화권 안에서 소단위 집단들 사이의 번역 불가능성뿐만 아니라 모든 원자적 개인 상호 간의 번역 불가능성도 인정되어야만 한다. 이 경우에 우리는 다원주의의 제약 가능성을 포기하는 주관적 허무주의로부터 벗어날 수 없을 것이다.[42] 그러나 이러한 난점에도 불구하고 맥락주의자들이 보편주의자들보다 실제로 차이에 대해 민감성을 발휘할 수 있는 보다 많은 장치를 가지고 있는 것도 사실이다. 실제로 보편성

---

41 박구용, 「도덕의 원천으로서 '좋음'과 '옳음'」, 『철학』 74, 2003 참조.

42 이와 유사한 관점에서 힐러리 퍼트넘(Hilary Putnam)은 로티의 자민족중심주의를 유아론과 다름없는 회의주의를 불러온다고 비판한다. 이에 대해서는 힐러리 퍼트넘, 원만희 옮김, 『과학주의 철학을 넘어서』, 철학과현실사, 1998 참조.

과 특수성이 충돌할 경우, 맥락에 따라 특수성은 보편성에 대한 우선성을 주장할 수 있어야 한다. 자신의 정체성과 불가분적 관계에 있는 특수성에 대한 존중과 인정이 사라진 곳에서 인격의 보호는 불가능하다. 따라서 절차적 보편주의와 다원주의적 맥락은 상호 보완적 관계로 이해되어야만 한다. 이를 위해 담론윤리학은 개인의 권리와 문화의 권리, 보편성과 특수성, 옳음과 좋음, 정의와 연대성, 그리고 이상과 현실의 관계가 각각 전자의 절대적 우위성으로 굳어지지 않도록 양자의 긴장 관계를 유지할 수 있는 장치를 마련해야만 한다. 마지막으로 다원주의의 사실을 인정하는 하버마스의 담론윤리학에 대한 나의 비판적 탐구는 보편주의와 다원주의 사이에서 발생 가능한 갈등과 충돌을 제거하려는 적극적 시도가 아니라 앞의 충돌을 지나치게 강조함으로써 그것을 확대 재생산하는 이론들을 겨냥한 소극적 비판이라는 것을 밝혀 두고 싶다.

제9장

제약된 다원주의로서 정치적 자유주의

다름, 이질성, 차이, 그리고 다원성에 대한 예민한 감수성을 요구하는 대부분의 현대 철학자는 다양한 방식으로 이성과 합리성에 대한 적대감을 드러낸다. 그런데 이러한 흐름에 역류하듯이, 하버마스와 롤스는 이성과 다원성을 모순 관계로 파악하지 않고 오히려 상호 제약적 관계로 파악하는 가운데 다원주의와 보편주의의 양립 가능성을 옹호한다. 이들은 대륙 철학과 영미 철학이라는 서로 다른 지적 전통에 서 있는 것처럼 보이지만, 칸트로부터 형식적이고 절차적인 보편주의를 수용함으로서 다원주의의 도전을 극복하려고 시도한다는 점에서 동맹 관계를 맺고 있다. 이들은 무엇보다 통일성과 다원성의 통일성을 지향하는 강한 보편주의자들뿐만 아니라 맥락 포괄적 관점을 추적하는 모든 형태의 이론을 거부하고 다원성의 미학으로 도피하는 상대주의자들과도 결별한다. 타자성의 유폐나 동화를 요구하지 않는 약한 보편주의적 관점의 정당화를 시도하는 하버마스와 롤스의 이론은 모두 다원주의의 사실(Faktum des Pluralismus)에서 출발한다.[1]

현대성을 단숨에 뛰어넘으려는 탈현대 철학자들뿐만 아니라 과거의 형이상학적 전통으로의 복귀를 통해 현대성의 문제를 해결하려고 시도하는 맥락주의자들 역시 다원주의와 보편주의 사이의 갈등과 불일치를 극복 불가능한 모순인 것처럼 지나치게 강조한다. 이들은 전반적으로 다원주의를 실천철학의 최종 꼭지점으로 규정하는 가운데 다원주의의 제약(constraint) 필요성과 가능성을 제시하지 못한다. 이들에게 다원주의는 이미 하나의 포괄적 교설이며 형이상학적 열망을 간직한 이론의 꼭지점이다. 이처럼 제약 지점을 제시하지 못하는 '이론으로서의 다원주의'와 구별해 나는 이론의 출발점을 형성하면서도 약한 보편주의적 관점에 의해 제약된 다원주의를 '태도로서의 다원주의'로 규정한다. 정서주의, 결단주의, 맥락주의, 그리고 해체주의가 '이론으로서의 다원주의'를 지향한다면, 하버마스의 담론 이론과 롤스의 정치적 자유주의는 '태도로서의 다원주의'적 관점을 대표하는 것으로 보인다.

나는 다원주의를 ① 거부할 수 없는 사실로서 인정하고 ② 이성과의 적대적 관계가 아닌 상호 제약적 관계에서 파악하며, ③ 꼭지점이 아닌 출발점으로 규정하는 가운데 ④ 탈형이상학적 토대에서 다원주의의 제약 가능성을 제시하려고 시도하는 약한 보편주의적 관점에 동의한다. 나는 이 같이 약한 보편주의적 관점을 통해 제약되지 않는 다원주의는 임의적이고 우연적인 것들의 혼합이나 원칙 없는 피상적 절충주의를 탈출구로 모색하는 잠정적 협정주의(modus vivendi)에 빠질 수밖에 없다고 생각한다. 잠정적 협정주의로 귀착하는 다원주의의 가장 큰 문제는 그것이 '이질성의 포용'을 요구하는 도덕 관점조차도 '권력 감각에 기초한 편들기'로 폄하함으로써 다원성을 존중하고 실현하기보다는 오히려 모든 차이를 사소하고 하찮은 것으로 치부함으로써 다원성을 소멸시킨다는 점이다. 이러한 맥락에서 볼 때, 처음부터 모든 형태의 제약 가능성을 부정하는 '이론으로서의 다원주의'는 오히려 반다원주의적 근본주의로 변질

---

1 이들은 여기에서 이성의 사실(Faktum der Vernunft)에서 출발하는 칸트와는 다른 길을 간다.

될 수 있다.[2]

이 글의 주된 목적은 '태도로서의 다원주의'적 관점을 견지하는 것으로 보이는 롤스의 정치적 자유주의가 다원주의의 제약 가능성을 어느 정도 설득력 있게 제시하는지를 비판적으로 탐구하는 것이다. 잘 알려진 것처럼 '듀이 강의'(The Dewey Lecture) 이후에 롤스가 보여 준 맥락주의적 전환은 로티의 해석처럼 그를 실용주의적 공동체주의자로 해석할 수 있을 만큼 파격적인 것이다. 물론, 나는 로티의 해석에 동의하지 않는다. 엄밀한 의미에서 로티의 해석은 윤리적 다원주의와 도덕적 보편주의가 양자택일적인 배타적 관계를 형성할 때에만 정당하기 때문이다. 그런데 앞에서 지적한 것처럼 롤스의 정치적 자유주의는 윤리적 다원주의와 도덕적 보편주의가 서로 양립 가능하다는 입장을 대변한다. 그러나 양립 가능성이 옹호될 수 있기 위해 롤스는 상대주의자들이 제기하는 비판뿐만 아니라 절대적 보편주의자들의 비판도 막아내야 한다. 분명한 것은 맥락주의자들뿐만 아니라 보편주의자들 또한 가치와 문화, 종교다원주의를 하나의 사실이자 출발점으로서, 그리고 지속 보존되어야 할 가치로서 인정한다는 점이다. 차이가 있다면 전자는 다원주의의 지속 보존이 맥락주의적 틀에서 이루어지는 다원적 평등을 통해서만 가능하다는 것

---

2 여기서 내가 옹호하는 '태도로서의 다원주의'는 ① 담론의 출발점에서 합리성, 합당성, 무당파성, 동일성 등의 원리를 기반으로 한 어떤 형태의 배제도 허용하고 않고, ② 승인, 포섭, 조화 등의 논리를 동원해 차이, 모순, 불일치, 타자성, 이질성 등의 동화를 요구하지 않음으로써, ③ 순수한 다원주의의 사실에서 출발하며, 나아가 ④ 이론의 오류 가능성을 수용하고 ⑤ 기꺼이 타자성을 간직한 타자로 남고자 하는 사람과 문화에 대해 열려 있는 다공적(porös) 절차를 제공하는 것에 만족하는 약한 보편주의적 관점과 양립 가능한 철학적 태도를 가리킨다. 따라서 '태도로서의 다원주의'는 비록 다원주의를 이론의 출발점으로 인정하지만, 이론의 꼭지점으로 간주하지는 않는다. 왜냐하면 내가 지향하는 '태도로서의 다원주의'는 상호 주관적 담론 절차를 통해 정당화된 약한 보편주의를 통해 다원주의가 제약되어야 한다는 입장을 수용하기 때문이다. 반면에 다원주의에 대한 모든 형태의 제약을 부정하는 '이론으로서의 다원주의'는 다원주의를 이론의 꼭지점에 자리매김한다. '태도로서의 다원주의'와 '제약된 다원주의'에 대한 보다 자세한 설명에 대해서는 박구용, 「다원주의와 담론윤리학」, 『철학』 76, 2003 참조.

이며, 후자는 절차적 보편주의를 통해 가능하다는 것이다.

나는 여기서 롤스가 감행한 맥락주의적 전환의 결정체인 『정치적 자유주의』와 『만민법』을 다원주의와 다원주의의 제약이라는 문제의식 속에서 비판적으로 재해석하려고 한다. 좀더 구체적으로 이 글은 롤스의 정치적 자유주의를 현대 사회의 중요한 특징인 다원주의를 올바르게 이해하고 그것의 제약 가능성을 설득력 있게 제시하는 이론으로 규정하면서 그것의 강점과 약점을 공정하게 평가하는 가운데, 다원주의와 보편주의의 양립 가능성을 진단하려는 목적을 갖는다. 이를 위해 나는 먼저 롤스의 정치적 자유주의가 함축하고 있는 실체적 정의관을 절차주의 문제와 연관해 논의하고(1), 정치적 자유주의가 이론의 출발점으로 설정하고 있는 다원주의의 사실을 합리성(rationality)과 합당성(reasonableness)의 문제에 대한 논의를 통해 설명할 것이다. 그 과정에서 나는 롤스의 다원주의를 내가 옹호하는 '태도로서의 다원주의'와 일치하지 않는 '자유주의적 다원주의'로 규정할 것이다(2). 그런 다음에 다원주의와 양립 가능한 절차적 보편주의의 안정성을 확보하기 위해 롤스가 제시하는 공적 이성(public reason)과 그것의 형식인 중첩적 합의(overlapping consensus) 개념이 '태도로서의 다원주의'와 양립할 수 없는 배제의 논리를 함축하고 있다는 비판적 관점을 제기할 것이다(3). 나아가 나는 『정치적 자유주의』가 함축하고 있는 것으로 보이는 배제의 논리가 『만민법』에서 극복되기보다는 오히려 구체화되고 있다는 논거를 제시할 것이다. 특히 최소 인권과 정의로운 전쟁에 관한 입장 속에 표현된 롤스의 사상은 충분히 다원주의적이지 못한 상태에서 성급하게 친(親)자유주의적 노선을 전제하고 있는 것으로 평가될 것이다(4). 전체적 논의 과정에서 나는 롤스의 『정치적 자유주의』와 『만민법』이 '차이에 민감한 보편주의를 지향하기보다는 차이를 안정적으로 관리할 수 있는 보편주의'를 지향하고 있다는 비판을 제기할 것이다.

1. 절차주의와 실체적 정의관

일찍이 루소는 사회·경제적 정의의 문제와 관련된 핵심적 요인에 있어 실재하는 불평등을 알지 못하도록 두꺼운 무지의 장막(veil of ignorance)을 씌움으로써 정의의 이름으로 불의가 정당화된다고 경고한 바가 있다. 루소에 따르면, 불평등은 사회적 강자가 기획한 무지의 장막 뒤에서 이루어진 사회계약으로부터 기원한다. 무지의 장막은 사회계약이 강자와 약자, 부자와 가난한 사람 사이에 이루어진다는 것을 숨기고, 단지 인간들 사이에서 이루어진 것처럼 현실을 기만한다. 이렇게 이루어진 사회계약을 통해 보장되는 형식적 평등은 현실적인 물질적 불평등을 장막으로 씌우는 역할을 지속적으로 수행할 수 있다고 비판한다.[3]

이처럼 불평등의 원천으로 간주되던 무지의 장막은 롤스의 정의론에서 화려하게 부활한 뒤, 사회계약론과 관련된 논의에서 가장 많은 관심을 받게 된다.[4] 롤스에 따르면, 불의와 관련된 모든 중요한 차이를 원초적 입장(original position)의 참여자들이 알지 못하도록 무지의 장막을 씌움으로써 올바른 정의의 원칙이 도출될 수 있다. 루소가 무지의 장막에서 불평등과 불의가 기원했다고 말한다면, 롤스는 반대로 무지의 장막을 통해 공정으로서의 정의가 도출된다고 주장하는 것이다.

롤스에 따르면, 사회계약론은 네 가지 가설적 합의를 의미한다. 사회계약은 ① 사회의 일부 구성원이 아닌 전체 구성원의 합의이며, ② 사회 안의 특정 지위와 역할을 가진 개인 간의 동의가 아닌 사회 구성원(시민)으로서의 합의이며, ③ 합의 당사자들은 자유롭고 평등한 도덕적 인격체

---

3 이 문제에 대한 루소의 관점은 장-자크 루소, 주경복·고봉만 옮김, 『인간 불평등 기원론』, 책세상, 2003, 제2부 참조.

4 John Rawls, *Political Liberalism*, New York: Columbia University Press, 1993, p. 23(국역본: 존 롤즈, 장동진 옮김, 『정치적 자유주의』, 동명사, 1998, 28쪽) 참조. 앞으로는 PL 28쪽(국역본 쪽수)/23(원서 쪽수)으로 본문에 표기했다. 인용은 대부분 번역서를 따랐으나, 필요한 경우에 내가 번역을 수정했다.

로 간주되고, ④ 합의 내용은 사회의 기본 구조를 규제하는 제1원칙이다 (PL 322쪽/258ff.). 따라서 이러한 가설적 합의를 토대로 합당한 정의 내용을 발견하려고 시도한 롤스의 사회계약론은 무지의 장막이 설치된 원초적 입장과 그곳에서의 계약을 가설적·비역사적인 것으로 인식한다 (PL 339쪽/273ff.). 전통적 사회계약론이 지배의 정당화 이론이라면, 현대적 사회계약론은 사회·정치적 정의의 원칙을 다루는 도덕 이론이다.[5] 특히 롤스가 생각하는 사회계약론은 사회의 기본 구조를 정의의 첫 번째 주제로 설정하는 이론이다. 따라서 롤스의 사회계약론의 주된 목적은 복잡한 제도들과 연관된 전통적이고 친숙한 사회 정의의 문제에 대한 합리적 안내를 할 수 있는 제1원칙을 찾는 것이다(PL 321쪽 이하/258).

사회계약론이 이룩한 이론적 성과를 높이 평가하면서도 그것의 한계를 넘어서려고 시도했던 헤겔 철학의 전통에 서 있는 철학자들은 계속해서 모든 사회계약론이 근본적으로 이론의 자기 완결성을 가질 수 없다는 비판을 제시한다.[6] 사회계약론은 이론의 정당화 과정을 사회계약론 자체를 통해 수행할 수 없기 때문에 언제나 외부의 힘을 필요로 한다. 사고 실험을 통해 가상적으로 구성된 원초적 계약 상황의 도덕성을 보장하고 계약과 계약을 통해 성립된 원칙의 규범적 타당성을 정당화할 수 있는 조건은 사회계약론적 정당화를 통해 주어질 수 없다. 예를 들어 롤스의 경우에 무지의 장막이 설치된 원초적 입장이라는 가상적 계약 상황은 계약론을 통해 정당화될 수 없고, 오히려 계약론 밖에서 정당화의 기제를 가져와야 한다. 롤스의 정치적 자유주의는 그것을 미국이 대

---

5 롤스의 정치적 자유주의가 비록 탈형이상학적이고 포괄적 도덕과 거리를 유지한다고 하더라도, 그것은 어디까지나 정치적 규범을 정당화하고 이를 통해 공적인 정치 문화를 변호하려는 도덕 이론이다. Wolfgang Kersting, *John Rawls zur Einführung*, Hamburg: Junius, 1993, p. 228 참조.

6 이 점에서 롤스는 헤겔을 적극적으로 수용한다. 헤겔에 대한 롤스의 해석에 대해서는 John Rawls, *Lectures on the History of Moral Philosophy*, Harvard University Press, 2000, pp. 365ff. 참조; Lutz Wingert, *Gemeinsinn und Moral*, Frankfurt am Main: Suhrkamp, 1993, pp. 252ff. 참조.

표하는 입헌적 자유민주주의의 공적 정치 문화에서 가져온다. 이러한 맥락에서 볼 때, 정치적 자유주의는 오직 그것이 의존하고 있는 정치 문화를 공유한 사람들만 설득할 수 있다는 의심을 받을 수 있다.[7]

근본적으로 모든 사회계약론은 설득된 사람들만을 설득할 수 있는 이론이다. 왜냐하면 각각의 사회계약론이 제시하는 원칙에 대한 설득의 힘이 사회계약론 밖에 있기 때문이다. 따라서 어떤 사회계약론도 사회·정치철학적 담론에서 보편주의적 관점의 최종 근거를 제시할 수 없기 때문에, 그의 시대에 일반화된 도덕적 정의감을 사상의 이름으로 포착하고 그것에 부합하는 인간관과 사회관을 제시해야 한다. 롤스의 정치적 자유주의는 사회계약론의 이러한 근본적 한계를 정확하게 인식한 최초의 사회계약론이다. 사회계약론은 이제 최종 터 다지기(Letztbegründung)를 지향하는 형이상학과 거리를 유지해야 할 뿐만 아니라 시공간을 초월한 보편타당성을 요구하는 절대적 보편주의와도 작별해야 한다. 롤스의 사회계약론이 보편타당성을 요구하기 위해서는 그가 살고 있는 자유주의 사회의 정의감을 철학적으로 구성하고 해명하는 것에 만족해야 한다. 이처럼 보편주의는 한편으로 시대의 담을 넘어서지 않을 때에만 보편타당성을 요구할 수 있을 만큼 약해진 것처럼 보인다. 그러나 다른 한편에서 보면 국지적 공간에서 정당화된 자유주의가 보편적 적용을 관철할 수 있을 만큼 현실적 힘이 강해진 것이기도 하다. 롤스 역시 한편으로는 보편타당성을 요구하기에는 너무 허약해진 형이상학과 작별하고 다원주의에 대한 감수성을 갖춘 약한 보편주의를 필요로 했지만, 다른 한편으로는 자유주의가 약한 보편주의적 정당화에 만족할 만큼 정치적으로 충분히 강해진 것이다.

다원주의적 도전에 대응해『정의론』을 정치적 관점으로 수정한 결과로서 롤스의『정치적 자유주의』의 주된 목적은 ① 합당하지만 양립 불가

---

7 이러한 맥락에서 롤스의 정의관이 순환 논증에 빠진다는 비판이 있다. Wolfgang Kersting, *John Rawls zur Einführung*, pp. 230ff. 참조.

능한 포괄적 교설들이 안정적으로 공존할 수 있고, ② 자유롭고 평등한 시민의 기본권을 안정적으로 보장하면서도 심각한 교의적 갈등으로 분열되어 있는 시민 상호 간의 사회적 협력을 가능하게 할 수 있는 공정한 정치적 정의관의 조건을 밝히고, ③ 제시된 정치적 정의관이 포괄적 교설들에 의해 인정(또는 합의)될 수 있는 가능성과 조건을 밝히는 것이다.[8] 다시 말하면, 롤스는『정치적 자유주의』에서 합당하지만 양립 불가능한 포괄적 교설들이 안정적으로 공존하기 위해 합의할 수밖에 없는 정치적 정의관의 구조와 내용을 제시하려고 시도하는 것이다. ①이 다원주의 문제와 관계된다면, ②는 공정으로서의 정의 원칙에 관한 문제이며, ③은 다원주의의 제약 가능성으로서 중첩적 합의 문제와 연관된다. ①과 ③은 다음 장(章)에서 각각 다루기로 하고, 여기에서는 먼저 ②에 관심을 집중하기로 하자.

롤스는『정의론』에서 제기된 정의의 두 원칙을 다음과 같이 수정한다.

　　a. 각각의 모든 사람은 평등한 기본적 자유의 완전히 적합한 도식(a fully adequate scheme)에 대해 평등한 권리를 가진다. 이 도식은 모든 사람의 자유를 위한 유사한 형태의 도식과 양립할 수 있어야 한다.[9]

　　b. 사회·경제적 불평등은 다음 두 조건을 만족시켜야 한다. 첫째, 사회·경제적 불평등은 공정한 기회 평등의 조건 아래에서 모든 사람에게 개방된 직위와 직책에 결부되어야 한다. 둘째, 사회·경제적 불평등

8　롤스는『정치적 자유주의』의 목적을 다음과 같은 문제에 답하는 것이라고 말한다. "합당하지만 양립 불가능한 종교적·철학적, 그리고 도덕적 교리들로 심원하게 나누어진 자유롭고 평등한 시민들 상호 간에 안정된 정의로운 사회를 상당 기간 동안 지속시키는 것이 어떻게 가능한가?"(PL xxiii쪽/xviii)

9　첫 번째 원칙의 보다 구체적 표현은 다음과 같다. "각자는 평등한 기본권과 자유에 입각한 완전한 적정 구조에 대한 동등한 주장을 할 수 있는 권리를 가진다. 이 구조는 모든 사람에게 해당되는 동일한 구조와 양립할 수 있다. 그리고 이 구조에서는 평등한 정치적 자유, 그리고 다만 그러한 자유들이 그 공정한 가치를 보장받을 수 있도록 되어야 할 것이다"(PL 6쪽/5).

은 사회의 최소 수혜자 성원들의 최대 이익을 위한 것이어야 한다(PL 359쪽/291).

롤스는 여기서『정의론』에서 사용된 '가장 광범위한 총체적 체계' (the most extensive total system) 대신에 '완전히 적합한 도식'이라는 표현을 사용함으로써, 기본적 자유의 체계를 정하고 조정하는 데 극대화 이념(idea of a maximum)을 적용할 수 없다는 것을 분명히 한다(PL 404쪽 이하/331f.). 그러나 이 점을 제외한다면 평등주의적 자유주의(egalitarian liberalism)를 지향하는 두 가지 정의의 원칙은『정의론』에서와 별 차이가 없다. 평등한 기본적 자유와 공정한 기회 평등의 원칙, 그리고 차등의 원칙(difference principle)은 변화 없이 유지되고 있으며, 그것들 사이에 우선성의 원칙 또한 그대로 유지되고 있다.[10] 무엇보다 중요한 것은 롤스가 여전히 실체적(substantive) 정의관을 대변하고 있다는 점이다. 절차주의의 한계를 벗어나고 있다는『정의론』에 대한 비판이『정치적 자유주의』에서도 여전히 극복되지 않고 있는 것이다.[11]

---

10 롤스는 우선성 문제에 관해 축자적 서열의 원칙을 말한다. 그것에 따르면 제1원칙이 제2원칙보다 우선성을 가지며, 제2원칙에서는 공정한 기회 평등의 원칙이 차등의 원칙에 우선한다. 우선성 논쟁에서 우리는 제1원칙의 핵심인 자유가 자유를 위해서만 제한될 뿐, 제2원칙과 관련된 정의의 관점을 위해 제한되지 않는다는 것을 유념해야 한다. 기회 평등의 원칙과 차등의 원칙 역시 개인들에게 도덕적으로 부여된 응분의 몫에 의해서가 아니라 조건부 차등이 최소 수혜자들의 처지를 향상시키는 데 기여한다는 사회적 유용성에 의해 정당화된다. 이러한 입장을 통해 롤스는 다수의 복지를 위해 소수의 자유를 희생시킬 수 없다는 관점을 제시함으로써 공리주의의 한계를 극복하고 있는 것처럼 보이지만, 복지와 밀접한 연관 속에 있는 사회적 연대성과 정의의 상호 제약적 관계를 정의의 원칙 속에 담아내지 못한다. 축자적 서열에 대한 논의는 존 롤즈, 황경식 옮김,『정의론』, 이학사, 2003, 81쪽 이하 참조.

11 롤스의 정의관이 충분히 절차주의적이지 못하다는 비판에 대해서는 Jürgen Habermas, *Die Einbeziehung des Anderen: Studien zur politischen Theorie*, 제2장(국역본: 위르겐 하버마스, 황태연 옮김,『이질성의 포용』, 나남출판, 2000) 참조. 절차주의와 관련된 하버마스와 롤스의 입장 차이에 대해서는 Thomas McCarthy, "Kantischer Konstruktivismus und Rekonstruktivismus: Rawls und Habermas im Dialog", in:

앞에서 언급한 것처럼 모든 사회계약론은 이론의 출발점인 자연 상태 (Naturzustand)나 원초적 입장을 계약론적 방식으로 정당화할 수 없다. 이를 정확히 인식했던 롤스는 원초적 입장의 정당성이 사회계약 또는 합의라는 절차를 통해 주어질 수 없으며, 따라서 자신의 정의관 역시 실체적이라고 말한다.[12] 절차 자체는 절차를 통해 구성된 것이 아니라 단순히 설계된 것이다.[13] 반면에 그는 자신이 제시하는 정의의 원칙을 순수한 절차적 정의(pure procedural justice)로 이해하고, 이를 완전한 절차적 정의(perfect procedural justice)나 불완전한 절차적 정의(imperfect procedural justice)와 대비한다. 잘 알려진 케이크의 정의로운 분배의 문제에서처럼 ① 정의로운 결과를 평가할 독립적 기준뿐만 아니라 ② 정의로운 결과에 도달할 수 있는 절차를 제시할 수 있을 때 완전한 절차적 정의가 성립한다. 그리고 형사 재판의 경우에서 볼 수 있듯이, 불완전한 절차적 정의는 ①은 있으나 ②가 주어지지 않은 경우라면, 반대로 순수한 절차적 정의는 축구 경기에서처럼 ②는 주어져 있으나 ①이 제시될 수 없는 경우를 가리킨다.[14]

Deutsche Zeitschrift für Philosophie 44, 1996 참조.

12 롤스의 사회계약론은 엄밀한 의미에서 정합 이론(Kohärenztheorie)에 근거한 논증과 절차주의적인 계약 논증의 결합이다. 엄격한 의미에서 두 가지 정의의 원칙을 선택하고 그것을 결정하는 규칙과 토대의 원칙만이 절차적으로 정당화될 수 있을 뿐, 다른 모든 논의는 정합 이론에서 비롯된 것이다. 이 문제에 관한 상세한 논의는 Wolfgang Kersting, *Die politische Philosophie des Gesellschaftsvertrags*, Darmstadt: Primus, 1996, pp. 282ff. 참조. 롤스의 정합 이론은 무엇보다 반증주의(fallibilism)를 수용한 정당화 전략이라는 데 장점이 있다.

13 이 점에 대해 롤스는 분명하게 언급한다. 그에 따르면, 자유롭고 평등한 시민의 대표들이 중첩적 합의를 통해 정치적 정의관을 이끌어 내도록 마련된 가상적 장치인 원초적 입장은 구성된 것이 아니라 단순히 설정된 것이다(PL 128쪽/103). "모든 것이 구성되는 것은 아니다. …… 정치적인 옳음과 정의의 내용을 상술하는 실체적인 원칙들만이 구성된다. 절차 자체는 기본적인 사회관과 인간관, 실천이성의 원칙들, 그리고 정치적 정의관의 공적인 역할을 출발점으로 삼아 단순히 설계되었다"(PL 130쪽/104). "실천이성의 원칙들이 구성되지 않는 것과 마찬가지로, 이성의 개념으로서의 사회관과 인간관들도 확실하게 구성되지는 않는다"(PL 134쪽/108).

그렇다면 롤스의 정치적 자유주의는 실체적인가 절차적인가? 그는 원초적 입장의 구성에 있어서는 실체적이지만 정의의 원칙은 절차적이라고 말할 것이다. 그러나 실제로 정의의 원칙 가운데 특히 차등의 원칙은 실체적 정의관으로부터 강하게 영향받고 있음에 틀림없다. 차등의 원칙은 분명히 순수절차주의적 원칙이지만, 만약 원초적 입장에 초대된 대표자들이 최소 수혜자를 가장 우선적으로 고려하도록 미리 마련된 장치가 없다면 합의될 수 없다. 절차주의적 차등의 원칙에 대한 합의는 이처럼 당사자들에게 최소 수혜자가 될 가능성으로부터 정의의 원칙에 대해 숙고하도록 설정된 원초적 입장에 전적으로 의존하고 있다. 원초적 입장의 구상에서 가정된 실체적 정의관이 없다면 합의 절차의 당사자들은 차등의 원칙에 동의하지 않을 것이기 때문이다. 이처럼 롤스의 정의관은 순수한 절차 이상의 어떤 합의를 전제하고 있기 때문에 실체적임에 틀림없다.

> 공정으로서의 정의는 절차적으로 중립적이지 않다. 공정으로서의 정의의 원칙들은 명백하게 실체적이며, 절차적 가치들보다 훨씬 많은 것을 표현하고 있으며, 그리고 원초적 입장 속에서 묘사된 그것의 정치적 사회관과 인간관 역시 실체적이다(PL 237쪽/192).

롤스가 제시한 정의의 원칙은 추상적 형식주의와 순수한 절차주의를 넘어서는 실체적 내용을 함축하고 있다. 이 점은 많은 사람이 롤스의 정의관을 높이 평가하는 가장 중요한 이유 가운데 하나이다.[15] 이들은 순수

---

14 이 문제에 대한 상세한 논의는 존 롤즈, 『정의론』, 133쪽 이하 참조. 여기에서 공리주의가 제시하는 분배의 정의를 불완전한 절차적 정의로, 마르크스주의적 정의를 완전한 절차적 정의로 규정하는 것은 설득력 있어 보이지만, 마르크스주의에 대한 지나친 단순화의 위험이 있는 것으로 보인다. 황경식, 『개방사회의 사회윤리』, 철학과현실사, 1996, 97쪽 참조.

15 황경식, 『개방사회의 사회윤리』, 757쪽 참조.

한 절차만을 제공하는 이론보다 사회주의 도덕관을 포용할 수 있는 실체적 특성이 롤스가 제안한 정의관의 매력이라고 말한다. 이러한 맥락에서 볼 때, 롤스의 정의관은 완전·불완전 절차주의가 아니며, 그렇다고 순수한 절차주의도 아니다. 오히려 그의 정치적 자유주의는 비순수절차주의(impure proceduralism)에 토대를 둔 실체적 정의관이다.[16] 이 때문에 롤스는 자신의 실체적 정의관에 대한 하버마스의 비판에 대해 모든 절차적 정의가 실체적 정의에 의존할 수밖에 없다고 강변하면서 오히려 절차주의를 고집하는 하버마스를 공격한다.[17] 모든 절차는 암묵적으로 실체적 가치를 함축하고 있기 때문에 절차적 합의 자체가 함축된 실체적 가치에 의존할 수밖에 없다는 것이다. 롤스는 결과가 정의로울 것으로 예상될 때에만 절차에 대한 합의가 가능하다는 의미에서 절차적 정의관은 궁극적으로 실체적 정의관에 의존할 수밖에 없다고 말한다. 그러나 다원주의 사회에서 실체적 정의관에 대한 실질적 합의가 가능할까?

롤스의 정치적 자유주의는 절차주의를 넘어서는 과정에서 오는 이론적 부담을 보편주의적 관점의 약화를 통해 보완하려고 시도하는 것처럼 보인다. 롤스는 이제 형이상학뿐만 아니라 철학적이고 도덕적인 관점과도 결별한 정치적 관점에 만족할 것을 주문한다. 따라서 롤스는 정치적 자유주의의 정당화가 다원주의로부터 출발한다고 말한다. 그러나 실체적 정의관이 함축하고 있는 도덕적 이상을 지키기 위해 다원주의를 사실로서 인정하면서도 허무주의적 상대주의의 함정에 빠지지 않는 길을 찾는 것은 쉽지 않아 보인다. 롤스의 정치적 자유주의는 분명히 허무주

---

16 James Bohman, *Public Deliberation*, Cambridge MA: MIT Press, 1977, p. 7 참조.

17 이 문제에 대한 상세한 내용은 John Rawls, "Reply to Habermas", in: *The Journal of Philosophy* XCII, 1995, pp. 170ff. 참조. 그런데 하버마스는 어떤 절차도 규범적 함축으로부터 자유로울 수 없다는 롤스의 명제에 전적으로 동의한다. 그러나 그는 실체적 내용이 절차에 맡겨지지 않고 예견되는 것에는 분명히 반대한다. 하버마스는 철학이 합의 가능한 정의 사회의 이념을 실체적 방식으로 구성하는(konstruktiv) 것에 반대하며, 오직 공적 담론의 민주적 절차를 재구성하는(rekonstruktiv) 것에 만족할 것을 요구한다. 위르겐 하버마스, 『이질성의 포용』, 93, 125쪽 참조.

의로 귀착되지 않지만, 내가 요구하는 '태도로서의 다원주의적 관점'을 일관되게 관철하지도 못할 뿐만 아니라 자신의 실체적 정의관 속에 함축된 도덕적 이상을 지켜내지도 못한다. 나는 다원주의 문제는 뒤로 넘기고 우선적으로 후자의 문제를 먼저 간략하게 언급하고자 한다.[18]

롤스는 『정치적 자유주의』에서 평등주의적 관점과 차등의 원칙을 포기하지 않고 있다는 것을 강조한다(PL 7쪽/6f.) 그러나 차등의 원칙이 갖는 위상은 분명히 변했다. 차등의 원칙은 법률적 단계로 내려간다. 이는 롤스가 입헌민주주의에서 차등의 원칙이 도출될 수 없다는 것을 인식했기 때문이다. 그렇다고 롤스의 정치적 자유주의가 약화된 보편주의이기는 하지만 반(反)보편주의는 아니다. 그런데 롤스는 차등의 원칙이 헌법의 본질적 요건은 아닐지라도 긴박한 기본적 정의의 문제에 속하며, 따라서 공적 이성의 정치적 가치에 의해 결정되어야 한다고 말한다(PL 283쪽/228f.). 이러한 맥락에서 롤스는 자신이 정치적 자유주의에서 결코 평등주의적 관점을 포기하지 않았다는 것을 강조한다(PL 8쪽/7). 롤스는 기본적 자유의 원칙이 헌법의 본질적 요건으로 간주되는 반면에, 공정한 기회 평등의 원칙과 차등의 원칙은 그에 해당하지 않는다고 말한다(PL 285쪽/230). 그에 따르면, "헌법은 정의로운 정치적 절차를 구체화하고 기본적 자유를 보호하며, 동시에 그 우선성을 확보하는 규정을 포함하게 된다". 따라서 정의의 두 번째 원칙은 입법적 단계에 맡겨진다고 할 수 있다(PL 414쪽/339).

---

18 나는 롤스의 실체적 정의관이 그것의 보편타당성을 정당화하기도 어렵지만 반드시 필요한 것도 아니라고 본다. 실체적 정의관은 자유주의국가의 법 패러다임의 한계를 극복하는 데는 성공적일 수 있지만, 온정주의의 함정에 빠진 사회복지국가의 법 패러다임을 부정적 방식으로 재생산하는 결과를 가져올 수 있기 때문이다. 그럼에도 불구하고 롤스의 정의론이 여전히 설득력을 갖기 위해서는 차등의 원칙에 포함된 도덕적 이상을 지켜내야 한다. 이것이 포기되면 롤스의 정치적 자유주의는 평등한 자유주의가 아니라 자유주의적 정치관으로 전락할 수 있기 때문이다. 이 문제를 인권 담론과 연관시킨 논의로는 박구용, 「인권의 보편주의적 정당화와 해명」, 『사회와 철학』 7, 2004, 170쪽 이하 참조.

이와는 다른 측면에서 롤스는 기본권의 우선성을 강조하는 가운데 차등의 원칙이 함축하고 있는 실체적 정의관을 온전하게 지켜내지 못한다. 나는 근본적으로 기본적 자유의 우선성이 고착화되어서는 안 된다는 입장이다.[19] 기본적 자유에 포함되는 사상의 자유, 양심의 자유, 정치적 자유와 집회·결사의 자유, 자유와 인격적 통합에 의해 구체화되는 자유들의 우선성은 인권 담론에서 사회권에 대한 자유권의 우선성을 고착적으로 옹호하는 결과를 가져오기 때문이다.[20] 롤스는 기본적 자유들의 우선성이 일관되게 지켜질 수 없다는 것을 인식하고 있었다. 그는 이 우선성이 모든 조건에서가 아니라 합당한 우호적 조건에서 요구된다고 말한다. 그리고 적어도 미국의 상황이 그러한 조건에 해당한다고 진단한다. 그럼에도 불구하고 롤스는 기본적 자유의 우선성이 사실로서 가정되어야 한다는 점을 강조한다(PL 365쪽 이하/296f.).

문제는 일반적 상황에서 정의의 제1원칙이 제2원칙에 우선한다는 것에 동의할 수 있다고 할지라도, 만약 두 원칙이 구체적 상황에서 격렬하게 충돌을 일으킬 경우에 언제나 기본적 자유의 우선성에 동의한다는

---

19 이 점에 대해서는 인권과 관련해 논의해 볼 수 있는데, 무엇보다 흥미로운 것은 롤스가 정치적 자유를 정의의 첫 번째 원칙에 포함하고 있다는 사실이다. 그는 기본적 자유가 단순히 형식적이라는 비판을 정치적 자유의 공정한 보장을 통해 획득되는 절차의 공정성에 의해 극복할 수 있다고 말한다. 절차의 공정성이 주어지면 기본적 자유는 단순히 형식적인 것이 아니라 구체적으로 실현될 수 있다. 그런데 이러한 절차의 공정성은 단순히 정치적 자유의 보장만이 아니라 정의의 두 번째 원칙인 차등의 원칙에 의해 보장된다(PL 404쪽/330f.). 이는 매우 흥미롭다. 왜냐하면 앞의 논의에서 롤스는 은연중에 자유권과 사회권, 그리고 참정권의 상호 제약성을 선취하고 있다는 분석을 가능케 하기 때문이다. 그럼에도 불구하고 롤스는 기본적 자유의 우선성을 일관성 있게 주장하고 있으며, 정의의 제2원칙과 관련된 자유를 중요하게 다루기는 하지만 그것이 기본적 자유에 속하지 않는다는 것도 분명히 한다(PL 443쪽/363). 롤스가 기본적 자유의 우선성을 통해 말하고자 하는 것은 어떤 정치적 합의로도 기본적 자유의 침범이 정당화될 수 없다는 것이다(PL 446쪽/365).

20 롤스에 따르면, 기본적 자유는 한 가족을 형성하기 때문에 우선성을 가지는 것 역시 하나의 자유가 아니라 한 가족으로서의 기본적 자유라고 할 수 있다(PL 435쪽/356f.).

것은 차등의 원칙이 함축하고 있는 도덕적 이상을 기만한다는 것이다. 더구나 무엇보다도 기본적 자유의 우선성이 강조되면 될수록 사회·경제적 불평등이 증대된다는 역사적 경험에 비추어 볼 때(PL 397쪽/325), 정의의 두 원칙 사이의 충돌은 일시적이고 우연적인 사건이 아니라 본질적인 것이라고 볼 수 있다. 따라서 두 원칙 사이의 우선성이 고착되어서는 안 된다. 정의의 두 번째 원칙의 핵심인 차등의 원칙이 기본적 자유와 동등한 지위를 갖지 않는다면, 그것은 처음부터 뻔한 결론을 예고한다. 롤스 자신이 실체적 정의관과 함께 주장하듯이, 예상되는 결과가 정의롭지 못할 때에 그것의 절차에 대한 합의는 불가능하다. 따라서 그의 실체적 정의관이 함축하고 있는 도덕적 이상이 지켜지기 위해서는 다른 정의의 원칙이 차등의 원칙에 대해 고착적인 우선성을 요구해서는 안 된다. 이는 옳음과 좋음, 자유권과 사회권, 그리고 정의와 연대성 사이의 긴장 관계가 전자의 우선성으로 고착되어서는 안 되는 이유와 맥을 같이 한다.[21]

2. 합당한 다원주의

롤스의 정치적 자유주의는 다원주의적 도전에 대응해 정의론을 정치적 관점으로 수정한 것이다. 따라서 그의 정치적 자유주의는 다원주의와 다원주의의 제약이라는 두 가지 문제를 핵심적으로 다룬다. 정치적 자유주의는 다원주의의 사실로부터 출발해 다원주의의 제약을 위한 분기점을 가리키는 억압의 사실(fact of oppression)로 진행된다.[22] 이 과정에

---

21 이 문제에 대해서는 박구용, 「도덕의 원천으로서 '좋음'과 '옳음'」 참조.
22 롤스는 민주적인 사회의 정치 문화를 세 가지 일반적인 사실로 특징짓는다. ① 합당한 다원주의의 사실이 일시적인 역사적 현상이 아니라 지속적이라는 것, ② 포괄적 교설의 인정을 통해 결속된 정치 공동체는 국가권력의 억압적 사용을 통해 다원성을 통제할 때에만 유지될 수 있다는 것(억압의 사실), 그리고 ③ 정치적 정의관은 합당한 포괄

서 특히 합당성은 롤스의 관점을 올바르게 이해하기 위한 핵심 개념에 해당한다.[23] 롤스가 이론의 출발점으로 인정하는 다원주의의 사실 역시 단순한 다원주의(simple pluralism)가 아니라 합당한 다원주의(reasonable pluralism)만을 대상으로 하며(PL xxiii/xviii), 같은 맥락에서 합당한 포괄적 교설은 정치권력을 통한 제약의 대상에서 제외된다. 물론, 부당한 (unreasonable) 포괄적 교설을 억압하기 위해 정치권력을 사용하는 것은 허가될 수도 있다(PL 77쪽/61). 문제가 되는 포괄적 교설의 합당성이 그 교설에 대한 제약의 정당성과 부당성을 구분하는 기준이다. 그렇다면 롤스가 말하는 합당성은 무엇을 의미하는가?

롤스의 정치적 자유주의를 올바르게 해석하기 위해서는 그가 독특한 의미로 사용하는 '합당한 것'이 함축하고 있는 의미를 정확하게 이해해야 한다. 롤스는 일반적 이해와는 달리, 합리적인 것과 합당한 것을 구별한다. 그에 따르면, 두 개념의 차이는 칸트로 거슬러 올라간다. 먼저 합리적인 것이 가언명령을 사용하는 경험적 실천이성과 관련된다면, 합당한 것은 정언명령을 사용하는 순수한 실천이성과 연관된다(PL 61쪽/ 48f.). 그런데 롤스가 이해하는 합리성은 베버의 목적 합리성이나 비판철학자들의 도구적 합리성에서 소진되지 않는다. 합리성은 단순한 수단-

---

적 교설에 의해 지지될 때에만 안정성을 확보할 수 있다는 사실이 그것이다(PL 45쪽 이하/36ff.). 다른 책(John Rawls, *Die Idee des politischen Liberalismus*, Frankfurt am Main: Suhrkamp, 1994, pp. 334ff. 참조)에서 롤스는 네 번째 일반적 사실을 추가적으로 언급한다. ④ 입헌민주주의를 위해 적합한 정치적 정의관을 도출할 수 있는 근본적인 직관적 사상이 민주 사회의 정치 문화 속에 함축되어 있다. ①과 ②가 정치적 자유주의의 문제의식을 표현한다면, ③은 정치적 자유주의의 이론적 목표를 가리키며, 마지막으로 ④는 정치적 자유주의가 가지고 있는 희망의 표현이다.

23 하버마스를 비롯한 대부분의 독일 학자들은, 롤스가 'rationality(rational)'와 구별되는 독특한 의미를 갖는 개념으로 사용하고 있는 'reasonableness(reasonable)'를 'Vernünftigkeit(vernünftig)'로 옮기고 있다는 점에 비추어 볼 때, 이성성(이성적)으로 번역하는 것이 가능할 것이다. 그러나 독일 철학의 전통에 비추어 볼 때, 이성은 오히려 롤스가 말하는 'rationality'와 'reasonableness'의 의미를 동시에 함축하고 있는 개념으로 사용되는 경우가 많기 때문에, 이를 구별하기 위해 롤스의 'reasonableness'를 '합당성'으로 번역하는 것이 유용할 것으로 보인다.

목적 계산에 국한되지 않고 목적 자체를 공동체적 맥락 속에서 문제 삼는 가치 합리성을 포괄한다(PL 63쪽/50f.)[24] 그러나 롤스가 말하는 합리성은 "공정한 협력 자체에 참여하고자 하고, 또한 동등한 인격체인 다른 사람들이 인정하리라고 합당하게 기대할 수 있는 조건으로 협력에 참여하고자 하는 욕망에 내재하는 특정한 형태의 도덕감"을 결여하고 있다. 이러한 맥락에서 볼 때, 합리성과 합당성의 근본적 차이는 공정한 조건 속에서의 상호 협력을 지향하는 도덕감을 가지고 있는지의 여부에 따라 주어진다. 보다 엄밀한 의미에서 롤스는 합당성이 이성의 공적 사용을 의미한다면, 합리성은 공적인 것이 아니라고 말한다(PL 67쪽/53). 합리성이 좋음의 관점을 위한 능력과 연관된다면, 합당성은 정의감을 위한 능력과 관련된다(PL 65쪽/52).[25] 롤스는 합리성과 합당성이 상호 제약적인 보완 관계를 형성한다고 말하면서 자신의 원초적 입장이 그러한 관계를 잘 보여 준다고 설명한다. 특히 무지의 장막은 원초적 입장의 합당성을 보증하는 장치라고 할 수 있다.

롤스의 합당성은 상호성의 토대에서 공정한 협력을 지향하는 도덕감이며, 판단의 부담(burdens of judgment)을 인식하는 가운데 이성의 공적 사용을 통해 얻어진 결과를 기꺼이 수용한다. 아울러 정의감을 위한 능력으로서 좋음의 관점을 위한 능력인 합리성과 상호 제약적 보완 관계를 맺고 있다. 롤스에 따르면, 합당한 사회는 결코 순수하게 이타적인 성인들의 사회도 아니며, 또한 순수하게 이기적인 사람들만의 사회도 아니다. 즉 합당한 사회는 자유롭고 평등한 개인들 모두가 받아들일 수 있는 공정하고 정의로운 조건에서 서로 협력할 수 있는 평범한 인간 세계의 한 부분이다(PL 68쪽/54).

---

24 합리성은 목표를 달성하기 위해 가장 효과적인 수단을 채택하는 것, 가능성이 많은 대안을 선택하는 것, 가능한 한 좋음의 극대화를 지향하는 것, 그리고 목표들 사이의 갈등을 조정하는 것이다.

25 롤스가 묘사하고 있는 합당하고 합리적인 존재로서의 시민관에 대해서는 PL 101쪽 이하/81ff. 참조.

앞에서 언급한 것처럼 롤스는 다원주의와 이성을 배타적 관계가 아닌 상호 제약적 관계로 파악한다. 그가 말하는 다원주의는 편협성이나 무지, 그리고 비합리성에서 비롯된 것이 아니라 오히려 사태에 대한 충분한 인식과 균형 잡힌 시각, 그리고 합리성을 전제한 다원주의이다. 롤스는 현대 민주주의 사회에서 모든 시민이 자신들의 이성을 충분히 사용하고도 다원주의를 거부할 수 없는 이유를 판단의 부담 혹은 이성의 부담(burdens of reason) 개념을 사용해 설명한다.[26] 이성의 부담에서 비롯되는 다원주의의 원천을 그는 여섯 가지로 설명한다. 다원주의는 ① 사태와 관련된 해당 증빙 자료들의 복잡성과 그것들 사이의 모순, ② 고려 사항들이 지닌 가치의 경중에 대한 이견, ③ 사용된 개념들의 모호성과 애매성, ④ 증빙 자료들의 평가와 비중 검토가 개인들의 경험의 총합에 의존되어 있음, ⑤ 상이한 힘을 가진 상이한 종류의 규범적 사고들의 공약 불가능성, 그리고 ⑥ 모든 도덕적·정치적 가치를 무제한적으로 수용할 수 있는 사회 제도의 체계 불가능성 때문에 임의로 제거될 수 없는 사실인 것이다(PL 70쪽 이하/56ff.).

여기서 우리는 상이한 인격체들이 사태와 관련된 중요한 정보를 인지하고 있으면서 동시에 비편파적·합리적으로 숙고한다고 할지라도 서로 다른 견해와 판단을 가질 수 있다는 것을 알 수 있다. 합당한 개인은 논리적 모순을 범해서도 안 되며, 동시에 사태와 관련된 일반적 사실에 무지해서도 안 된다. 명백한 논리적 모순과 사태에 대한 무지에서 비롯된 의견의 불일치는 합당한 불일치(reasonable disagreement)가 아니라 단순한 불일치일 뿐이다. 이러한 맥락에서 롤스는 개인들 사이의 합당한 불일치가 합당한 개인들 사이의 불일치이며 포괄적 교설들, 즉 좋음의 합당한 다원주의가 합당한 좋음들 사이의 불일치라고 말한다. 합당한 다원주의는 합당하지만 서로 공약 불가능한 좋음들의 다원주의를 가리킨다.

---

26 롤스는 판단의 부담과 이성의 부담 개념을 동일한 의미로 사용한다. 이성의 부담에 대해서는 John Rawls, *Die Idee des politischen Liberalismus*, pp. 336ff. 참조.

그렇다면 어떤 좋음이 합당한가? 합당한 불일치에서와 마찬가지로 편파적이고 비합리적이면서 동시에 그 사회에서 일반적으로 인정된 정치 문화를 수용하지 않는 좋음들 사이의 다원주의는 합당한 다원주의가 아니라 단순한 다원주의일 뿐이다. 따라서 어떤 좋음이 롤스가 제안한 원초적 입장의 입헌 담론에 참가하기 위해서는 비편파성과 합리성, 그리고 자유주의의 정치 문화에서 일반적으로 인정받은 사실을 수용해야 한다. 그런 좋음만이 합당하며, 합당한 좋음만이 합당한 다원주의의 이름으로 관용되는 것이다. 그리고 자유주의 사회에서는 적어도 정치적인 의미에서 자유주의적 좋음만이 합당하며, 자유주의적 다원주의만이 합당하다.

여기에서 우리는 롤스가 말하는 합당한 포괄적 교설 또는 합당한 다원주의가 가리키는 의미를 보다 구체적으로 파악할 필요가 있다. 어떤 하나의 포괄적인 종교적·철학적·윤리적 교설이 합당하기 위해서는 어떤 조건을 충족해야 하는가? 먼저 그의 정치적 다원주의가 출발점으로 제시하는 합당한 다원주의는 정치적 정의관 같은 '옳음'의 다원주의를 말하는 것이 아니라 포괄적 교설이 타당성을 요구하는 '좋음'의 다원주의를 말한다. 그러나 모든 형태의 좋음이 합당한 것은 아니다. 좋음으로 표현되는 포괄적 교설들은 서로 양립 불가능하더라도 정치적 자유주의가 제시하는 옳음과 공존할 수 있어야 한다. 그때에만 좋음은 합당성의 자격을 부여받게 된다. 이러한 맥락에서 보았을 때 옳음과 충돌하는 좋음은 더 이상 합당하지 않으며, 따라서 원초적 입장에서 다원주의의 이름으로 대변될 수 없다. 정치적 자유주의의 출발점이 비록 다원주의이기는 하지만 부당한 다원주의는 처음부터 배제된다.

합당한 다원주의는 다원주의가 합당하다는 것을 의미하는 것이 아니라 합당한 좋음만이 다원주의의 이름으로 관용될 수 있다는 것을 의미한다. 그렇다면 롤스의 정치적 자유주의는 다원주의의 사실에서 출발해 다원주의의 제약 가능성을 제시하는 이론이 아니라 처음부터 제약된 다원주의로부터 출발하고 있는 것이다. 정치적 자유주의는 기꺼이 타자로 머물고자 하는 좋음에 대해서까지 열려 있는 태도로서의 다원주의로부터 출발해 다공적 체계를 갖춘 보편주의를 통해 다원주의의 제약 지점을 밝히는 것이 아니라 이미 제약된 다원주의로부터 출발함으로써 차이에 대한 감수성이 약해지고 오히려 차이를 안정적으로 관리할 수 있는 보편주의적 관점을 지향하는 것으로 보인다.[27] 정치적 자유주의는 태도로서의 다원주의에서가 아니라 자유주의의 정치 문화에 동조하는 자유주의적 다원주의에서 출발한다.

포괄적 교설과 정치적 자유주의는 서로 양립할 수도 있지만 모순되는 경우도 있을 수 있다. 롤스는 양자가 모순되는 경우에 대해서는 관심을 기울이지 않는다(PL 199쪽/160). 특히 그는 포괄적 교설이 완전히 포괄적이지 않고 느슨하다고 가정함으로써 완전히 포괄적인 교설과 정치적 자유주의의 충돌 가능성을 논의 대상에서 배제한다(PL 209쪽/168). 이처럼 그의 정치적 자유주의의 출발점인 다원주의의 사실은 좋음과 관련된 모든 종류의 관점을 허용하는 것도 아니며, 나아가 그것에 발전할 수 있는 동일한 기회를 부여하는 것도 아니다. 그럼에도 불구하고 롤스는 자신의 정치적 자유주의가 모든 종류의 좋음에 대해 가장 공정한 옳음의 관점을 제공한다고 말할 것이다.

롤스는 '손실 없는 사회 세계는 없다'라는 벌린의 명제를 빌려 다원주의의 제약 불가피성을 설명한다. 다원주의의 제약 필요성에 대한 그의 설명은 옳다. 그의 말처럼 개인을 억압하고 배제하는 포괄적 교설까지 허용할 수는 없다(PL 243쪽/197). 이 점에서 나는 공정으로서의 정의가 포괄적 교설에 제약을 가하는 것을 막을 수 없다는 롤스의 말에 동의한

---

27 롤스의 정치적 자유주의는 차이에 대한 예민한 감수성을 요구한다. 그는 크게 네 가지 종류의 차이에 관해 언급한다. ① 도덕적·지적 능력과 기술의 차이성, ② 천부적 능력을 토대로 질병과 사고의 영향을 포함하는 육체적 능력과 기술의 차이성, ③ 시민의 가치관의 차이성(합당한 다원주의의 사실), 그리고 ④ 기호와 선호의 차이성이 그것이다(PL 227쪽/184). ①, ②, ④에서 나타나는 차이는 정의의 두 원칙, 특히 차등의 원칙과 사회복지체계를 통해 해소될 수 있을 것으로 전망한다. 반면에 ③에서 나타나는 차이는 다원주의와 관련된 본질적 문제를 제기한다. Wolfgang Kersting, *John Rawls zur Einführung*, p. 225 참조.

다. 모든 포괄적 교설이 동일하게 허용된다는 것이 불가능하다고 할 때, 그것들에 대한 제약은 다원주의가 허무주의로 전락하는 것을 막는 중요한 역할을 수행한다. 그리고 다원주의에 대한 제약이 다원적인 포괄적 교설의 타당성을 한정하지만, 그것이 가지고 있는 좋음의 실체적 내용에 관여하지는 않는다(PL 260쪽/210f.). 문제는 롤스가 제시하는 다원주의의 제약이 정치적 자유주의의 출발점에서부터 강제된다는 점이다. 정치적 자유주의는 처음부터 합당성의 조건을 충족하지 못하는 포괄적 교설을 다원주의의 이름으로 배제한다. 모든 포괄적 교설은 중첩적 합의의 주체로서 인정받기 이전에 합당성이라는 조건을 충족해야 한다. 그렇지 않은 모든 종교적·철학적·윤리적인 포괄적 교설은 정치적 자유주의가 제시하는 정치적 담론에 참여할 수 없다. 이러한 맥락에서 볼 때, 롤스의 다원주의는 처음부터 제약된 다원주의일 뿐 사실로서의 다원주의는 아니다.

롤스 스스로 밝히고 있는 것처럼 정치적 자유주의에서 다원주의는 처음부터 이론이성이나 실천이성을 통해 제한되어 있거나 또는 공정으로서의 정의의 한 부분으로 고정되어 있다. 그러나 나는 다원주의의 제약이 하나의 절차적 과정으로서만 제시되어야 한다고 생각한다. 우리는 롤스의 정의론이 제공하는 가상적 장치인 원초적 입장에서 무지의 장막으로 둘러싸인 합의 당사자들에게 다음과 같은 질문을 던질 수 있을 것이다. 인공적 행위자로서 모델화된 합리적이고 자율적인 시민 대표인 합의 당사자들은 자신들의 사회·경제적 위치, 능력과 심리적 성향에 대해 모를 뿐만 아니라 자신들이나 자신들이 대변하는 사람들이 추구하는 세계관이나 좋음에 대한 관점을 알지 못한다. 그런데 이들이 만약 자유주의자들에 의해 합당하지 않은 것으로 분류되는 포괄적 교설이 있다는 것을 알고 있으며, 한 사람이 자신의 정체성과 불가분의 관계를 형성하고 있는 포괄적 교설을 수정할 수 있는 능력을 가지고 있지만 그것이 처음부터 인정받지 못했을 때 그가 겪게 되는 고통의 깊이를 안다면, 이처럼 부당하게 취급되는 포괄적 교설을 대표하는 자들에게 그들을 대변할 수 있는 기회를 원천적으로 봉쇄하는 것에 동의할 수 있을까? 나는 그럴 수 없다고 본다. 나는 그것이 자유주의적 다원주의가 아니라 민주주의적 다원주의를 지향하는 사람들의 도덕관이라고 생각한다. 여기에 민주주의는 민주주의를 부정하는 사람들의 목소리를 빼앗지 않고도 유지될 수 있을 만큼 강하다는 신념이 추가된다.

그런데 롤스는 처음부터 한정적인 좋음의 관점을 전제한다. 그에 따르면, 우리는 완전히 포괄적인 종교적·철학적 또는 윤리적 견해를 가지고 있지 않다. 오히려 대부분의 사람의 정치관은 부분적으로만 포괄적이라는 것이다(PL 257쪽/208). 롤스의 주장은 말 그대로 일반적으로만 옳으며, 더욱이 자유주의국가에서만 일반적으로 옳다. 그의 주장은 처음부터 자유주의의 정치 문화가 허용하는 다원주의를 앞세운 배제의 논리를 함축하고 있다. 그는 포괄적 교설들 사이의 심오한 차이와 이질성에 둔감한 자유주의적 다원주의로 너무 멀리 간 것이다.[28]

롤스의 정치적 자유주의가 출발점으로 삼고 있는 합당한 다원주의 또는 자유주의적 다원주의는 분명히 배제의 논리를 함축하고 있는 규범적 요구를 전제한다. 그런데 롤스는 경험적으로 합당한 다원주의의 사실이 아니라 다원주의의 사실 자체가 민주 사회의 특징이라는 것을 인정한다.[29] 왜냐하면 민주주의 안에는 수없이 많은 부당한 관점이 있기 때문이다(PL 79쪽 이하/63f.). 그렇다면 왜 롤스는 민주주의 사회의 현실에 부합하는 다원주의의 사실 자체에서 출발하지 않고 합당한 다원주의의 사실에서 출발하는가? 그에 따르면, 정치적 자유주의에 대한 설명의 첫 번째 단계에서 양자의 차이는 중요하지 않다. 왜냐하면 어떤 관점으로부터

---

28 William A. Galston, "Pluralism and social unity", in: *Ethics* 99(4), 1989, p. 712 참조.

29 롤스는 입헌민주주의 사회의 공적인 정치 문화가 순전히 합당한 포괄적 교설들로만 이루어졌다고 가정하지 않는다. 오히려 민주주의의 공적 정치 문화에는 합당한 포괄적 교설과 합당하지 않는 포괄적 교설들이 함께 있다(PL 49쪽/39). 양자의 차이는 공적 정의관의 수용 여부이다. 그런데 롤스는 합당하지 않은 포괄적 교설이 사회의 본질적 정의를 근본적으로 훼손할 정도로 횡행해서는 질서 정연한 민주적 사회가 정치적 정의관에 의해 운영될 수 없다고 말한다.

출발하든 관계없이 동일한 정의의 원칙이 선택되기 때문이다(PL 80쪽 이하/64f.). 롤스는 잠정적 협정을 거쳐 헌법적 합의에 이르는 과정에서 단순한 다원주의가 합당한 다원주의로 변화한다고 말한다(PL 203쪽 이하/163f.). 여기에서 우리가 읽어 낼 수 있는 것은 롤스의 정치적 자유주의가 반드시 합당한 다원주의에서 출발한 것은 아니라는 점이다. 그는 오히려 출발점이 단순한 다원주의든 합당한 다원주의든 상관없다는 태도를 취한다. 다만 그는 중첩적 합의에서는 합당한 다원주의에서 출발해야 한다고 말한다.

그렇다면 첫 번째 단계에서 잠정적으로 선택된 정의의 원칙에 대한 안정성의 문제를 설명하는 두 번째 단계에서 단순한 다원주의와 합당한 다원주의의 사실 사이의 차이는 어떤 의미를 갖는가? 먼저 안정성 문제에서 가장 먼저 등장하는 핵심적 개념이 중첩적 합의이다. 여기에서 롤스는 공정으로서의 정의의 원칙이 포괄적 교설에 의해 안정적인 지지를 확보하지 못할 경우에 언제나 위험에 처할 수 있다고 말한다. 그리고 정의의 원칙이 안정적인 지지를 확보하기 위해서는 합당한 포괄적 교설만을 합의의 주체로 상정할 필요가 있다고 본다. 그렇지 않을 경우에 정의의 원칙은 항구적인 불안 상태를 벗어날 수 없다는 것이다. 이러한 맥락에서 롤스는 두 번째 단계에서는 다원주의의 사실 자체가 아니라 합당한 다원주의의 사실에서 출발해야 한다고 말한다(PL 81쪽 이하/65f.). 그러나 이 출발점은 엄밀한 의미에서 이미 배제의 논리를 함축한 제약된 다원주의일 뿐, 태도로서의 다원주의는 아니다. 이러한 배제의 논리에도 불구하고 우리는 다원주의와 관련된 롤스의 논의가 크게 세 가지 점에서 강점을 가지고 있다는 것을 잊어서는 안 된다. ① 다원주의와 이성을 배타적 모순 관계로 파악하지 않는 점, ② 다원주의를 현대 민주 사회의 영속적인 특징으로 규정한 점, ③ 다원주의와 보편주의의 양립 가능성을 제시하려고 시도한 점이 여기에 해당된다. 그러나 롤스의 논의는 ① 이성과 양립할 수 없는 다원주의, ② 자유민주주의에 동의하지 않는 다원주의, ③ 보편주의의 타자로 머물려고 하는 이질적 다원주의를 처음부터 배제한다. 이러한 배제의 논리를 극복하기 위해 나는 롤스의 정치적 자유주의가 보다 철저하고 급진적인 '태도로서의 다원주의'로부터 출발해야 한다고 생각한다. 즉 공정으로서의 정의론은 단순한 다원주의나 합당한 다원주의가 아니라 태도로서의 다원주의로부터 출발해야 한다. 태도로서의 다원주의는 단순성과 합당성의 구별에 앞선 철학적 태도이다.

3. 중첩적 합의와 공적 이성

롤스에 따르면, 정치적 자유주의는 크게 두 단계로 설명된다. 그는 첫 번째 단계에서 시민 사이의 협력의 공정한 조건을 밝히고자 하며, 두 번째 단계에서는 정의의 원칙들의 안정성 문제를 논의한다.[30] 그의 정치적

---

30 롤스의 정치적 자유주의는 사회적 안정성과 통합의 기초를 마련하려는 의도를 가지고 있다. 이를 위해 롤스가 택하는 방법은 모든 시민이 동의할 수 있는 정치적 정의관을 제시하는 것이다. 그런데 나는 롤스가 사회적 안정성의 확보를 정의의 문제로 축소하고 있다고 생각한다. 사회적 안정성은 정의와 연대성의 상호 보완을 통해서만 가능하다는 것이 나의 입장이다. 그러나 그의 정치적 자유주의는 사회적 연대성의 문제에 대해 지나치게 둔감하다. 물론, 차등의 원칙이 정의와 연대성의 상호 제약적 관계를 어느 정도 고려하고 있기는 하다. (차등의 원칙을 통해 롤스는 연대성 문제를 정의관의 내부 문제로 끌어옴으로써 정의를 형식주의적으로 이해하는 한계를 극복하고 있지만, 연대성의 문제를 경제적 문제로 축소한 측면이 있다.) 롤스는 정의로운 사회에서 성장한 시민이 정의감을 획득하게 되고, 이렇게 획득된 정의감에 의해 안정성이 확보될 수 있다고 말한다(PL 177쪽/142). 롤스는 포괄적 교설과 연관된 사회적 통합과 연대성을 포기한다고 단언한다. 그는 합당한 다원주의라는 사실에 의해 그와 같은 연대성이 배제된다고 말한다. 그의 정치적 자유주의는 입헌정체에 적합한 정치적 정의관에 대한 중첩적 합의로부터 파생될 것으로 기대하는 연대성에 만족하고자 한다. 민주적 제도에 내재된 자유와 관용에 의한 제약을 받아들이는 사람들은 이러한 연대성에 만족해야 한다는 것이다(PL 248쪽 이하/201). 롤스의 말처럼 정의는 이상적인 사회의 충분조건이 아니다. 그러나 그가 요구하는 것처럼 정의의 원칙이 자유와 평등, 그리고 공동의 좋음이라는 세 관념의 복합체로 표현되기 위해 정의를 연대성과 분리해 사고해서는 안 된다. 이 문제에 대해서는 존 롤즈, 황경식·이인탁·이민수·이한구·이종일 옮김, 『공정으로서의 정의』, 서광사, 1988, 13쪽 참조.

자유주의는 포괄적 교설의 영향으로부터 독립된 정의관을 지향하고 있다. 여기에는 다원주의의 기초 위에 성립된 정의관은 탈형이상학적이어야 한다는 롤스의 신념이 스며들어 있다. 여기에서 그가 취하는 탈형이상학적 태도가 형이상학의 가능성 자체를 부인하는 것은 아니다. 다만 그는 어떤 형이상학도 보편타당성을 요구할 수 없다는 의미에서 탈형이상학적 태도를 취한다. 그렇다면 포괄적 교설로부터 자유로운 탈형이상학적 정의관은 어떻게 안정적인 보편타당성을 요구할 수 있는가? 롤스는 먼저 단순한 다원주의가 아니라 합당한 다원주의를 특징으로 하는 입헌민주주의 사회에서는 포괄적 교설을 전제하는 '정의론'과 '질서 정연한 사회' 개념이 비현실적이며, 그만큼 안정적인 합의를 이끌어 낼 수도 없다고 말한다(PL xxii/xvii). 이 때문에 롤스는 『정치적 자유주의』에서 중첩적 합의라는 개념을 도입하고 거기서 자신의 정의관에 대한 안정적 합의 가능성을 찾는다. 그런데 그가 말하는 중첩적 합의는 어떻게 가능한가? 즉 합당하지만 양립 불가능한 포괄적 교설에 사로잡힌 담론 참여자들이 어떻게 포괄적 교설이 아닌 정치적 정의관에 합의할 수 있는가?

정치적 정의관과 그것의 안정성 확보는 롤스가 『정치적 자유주의』에서 다루는 가장 중요한 두 가지 문제이다. 상식적으로 모든 정치적 입장과 원칙은 안정성을 추구한다. 안정성 확보에 실패한 정의관은 실천적 타당성뿐만 아니라 이론적 정당성 자체를 의심받을 수 있기 때문이다. 선도와 설득, 그리고 강요는 안정성 확보를 위한 전통적 방법들이다. 그런데 롤스는 자신의 정치적 자유주의가 설득이나 강요와는 차별화된 방식으로 안정성을 추구한다고 말한다(PL 177쪽/142). 공정으로서의 정의는 합당하지만 상충적이고 공약 불가능한 한 가지 이상의 포괄적 교설을 가지고 있고, 아울러 합리적이고 합당하면서 자유롭고 평등한 시민으로부터 자신들의 공적 이성을 토대로 한 동의를 이끌어 냄으로써 안정성을 확보하고자 한다. 이처럼 정치적 자유주의가 표명하는 공정으로서의 정의는 단순히 합리적이고 합당한 개인들만이 아니라 합리적이고 합당한 포괄적 교설로부터도 동의를 받고자 한다. 롤스의 정치적 자유주의는 모든 합리적이고 합당한 개인과 포괄적 교설로부터 합리적이고 합당하다는 인정을 받을 수 있으며, 이를 통해 안정성을 확보할 수 있다고 확신한다. 그런데 여기서 우리는 롤스가 말하는 동의 자체가 실제적인 동의를 의미하는지에 대해 의문을 제기할 수 있을 것이다.

중첩적 합의는 이성에 의해 인위적으로 고안된 인간인 원초적 입장의 대표자들이(PL 94쪽/75) 자신들의 합당한 포괄적 교설을 유지하면서도 그것의 기준에 입각해 정치적 정의관에 합의한다는 것을 의미한다. 이러한 견해는 분명히 지나치게 낙관적이다. 그러나 롤스는 다른 한편으로 중첩적 합의의 불가능성을 인정한다. 그에 따르면, "합당한 교설들 사이의 중첩적 합의는 수많은 역사적인 조건 아래에서는 가능하지 않을 수 있다. 왜냐하면 합의에 도달하려는 노력들이 합당하지 않고 심지어 비합리적인(그리고 때로는 광적인) 포괄적 교설에 의해 압도될 수도 있기 때문이다"(PL 157쪽/126). 그러나 롤스는 이 점에 대해 별다른 관심이 없다. 그는 오히려 잠정적 타협이 입헌적 합의를 통해 점진적으로 장기간에 걸쳐 중첩적 합의로 발전한다는 낙관적 관점을 가지고 있다. 롤스는 그 근거를 사람들이 통상적으로 부분적으로만 포괄적이라는 사실에서 끌어온다(PL 257쪽/208). 그의 말처럼 오랜 역사적 과정을 살펴볼 때, 사람들의 정치관은 분명히 부분적으로만 포괄적이며, 따라서 학습과 지평 융합 등을 통해 지속적으로 변화한다. 더구나 정치적 협력이 성공적으로 유지되고 시민 상호 간의 신뢰가 확대될 때, 그들은 자신들의 포괄적 교설에 고착되지 않고 끊임없이 지평을 확장한다. 그러나 이러한 모든 설명은 중첩적 합의가 불가능한 것은 아니라는 전망을 제시할 수 있을 뿐, 가능하다는 것을 해명하는 것은 아니다. 포괄적 교설의 포괄성이 부분적이라는 설명은 중첩적 합의의 유토피아적 성격에 대한 비판을 극복하기에는 지나치게 빈약하다. 더구나 이러한 설명은 포괄적 교설에 묶여 정치적 자유주의가 제시하는 정의의 원칙에 동의하지 않는 시민에게는 어떤 설득력도 제공하지 못한다.

이러한 비판은 자연스럽게 롤스가 말하는 중첩적 합의가 도대체 합의

인가에 대한 의문으로 이어진다. 어쩌면 롤스의 중첩적 합의는 이질적인 것들과의 의사소통을 통한 합의가 아니라 이질적인 것들을 제거하고 동일한 것만을 찾아내는 반성을 통한 합의일 수 있다. 실제로 롤스는 반성적 합의(reflective agreement)에 만족하는 것처럼 보인다(PL 191쪽/153). 물론, 그는 자신의 정치관이 정의의 기본적 문제들에 대해 정치적으로 합의할 수 있도록 '토론과 반성을 지도해 주는 지침의 틀'이라고 말한다 (PL 194쪽/156). 그러나 나는 롤스의 자유주의적 정치관이 토론보다는 반성에 무게 중심을 두고 있다고 본다. 중첩적 합의의 내용인 정치적 정의관이 근본적으로 구체적 토론을 통한 현실적 합의의 내용이 아니라 반성을 통한 개념적 규정이기 때문이다. 이러한 맥락에서 중첩적 합의는 이미 합의가 존재할 때 그 합의를 공고히 하는 장치일 수는 있지만, 합의가 아직 존재하지 않은 곳에서 합의를 이끌어 낼 수 있는 절차로 설계된 것이 아니라는 비판이 가능할 것이다.[31]

이러한 비판에도 불구하고 내가 보기에 롤스가 제시하는 중첩적 합의 개념은 안정성을 합의와 연결하는 장점이 있다.[32] 물론, 정의관이 합의를 통해서만 안정성을 확보할 수 있다는 입장은 단점이 될 수도 있다. 정의관의 정당화가 당사자들의 합의에 의존할 때, 합의의 내용은 언제나 최소한의 것으로 축소될 수밖에 없기 때문이다. 그런데 만약 중첩적 합의가 많은 비판가에 의해 제기된 것처럼 단순한 잠정적 협정에 불과하다면, 앞에서 제시한 장점은 사라지고 단점만 남게 될 것이다. 이 때문에 롤스는 중첩적 합의와 잠정적 협정을 엄격하게 구별해 설명한다. 그에 따르면, 전자가 도덕적인 반면에 후자는 도구적일 뿐이며, 전자가 안정

---

31 위르겐 하버마스, 『이질성의 포용』, p. 81 참조.
32 이 점과 관련해 김석수는 롤스의 정치적 자유주의를 중첩적 합의론을 통해 안정성을 확보하지 못하는 잠정적 협정에 기초한 자유주의뿐만 아니라 합의를 확보하지 못하는 포괄적인 도덕적 자유주의의 한계를 극복하려는 시도로 해석한다. 김석수, 「실천철학에서 칸트와 롤즈의 관계에 대한 비교 분석」, 한국칸트학회 편, 『칸트와 현대 영미철학』, 철학과현실사, 2001, 116쪽 참조.

적이라면 후자의 안정성은 우연적이고 상대적인 균형을 의미할 뿐이다 (PL 183쪽 이하/147f.). 아울러 전자가 합당성의 기초 위에 세워진 것이라면, 후자는 자기 이익을 추구하는 합리성을 통해 주어진 것이다. 롤스의 해명처럼 합리성과 합당성이 엄격하게 구별되고 합리성으로부터 합당성이 도출되지 않는다면, 중첩적 합의와 잠정적 협정은 엄격하게 구별될 것이다(PL 179쪽 이하/144ff.). 그러나 롤스의 해명은 지속적으로 의심을 받고 있다. 더구나 그는 앞에서 제시한 구별이 중첩적 합의와 잠정적 협정을 구별해 주는 필요조건일 뿐 충분조건은 아니라는 비판을 쉽게 극복할 수 없을 것으로 보인다.[33]

나는 양립 불가능하지만 합당한 포괄적 교설의 중첩적 합의가 잠정적 협정주의로 추락하는 것을 막기 위해 공적 이성 개념을 롤스가 마련한 가장 중요한 장치라고 생각한다.[34] 합당한 다원주의 사회에서 정의의 원칙에 대한 중첩적 합의가 가능하기 위해서는 합의 당사자들이 중첩적 합의에 앞서 그것에 합의할 수 있는 건전하고 동일한 근거를 확보해야 한다. 이러한 근거는 헌법의 본질적 요건이나 정의의 기본적 문제에 관한 공적 담론에서 시민의 이성적 사고를 의미하는 공적 이성으로부터 주어진다(PL 12쪽/10).

롤스에 따르면, 공적 이성의 이상은 합당한 포괄적 교설의 다원성으로 특징지어지는 입헌민주주의의 적절한 보완 요소이다. 특히 공적 이성은 헌법의 본질적 요건과 기본적 정의의 문제에 관계된 사항들에만 적용될 뿐, 모든 정치적 질문에 적용되는 것은 아니다(PL 265쪽/214). 공적 이성은

---

33 이에 대한 논의는 정원규, 「도덕합의론과 공화민주주의」, 서울대학교 박사학위논문, 2001, 52쪽 이하 참조. 다른 맥락에서 볼프강 케르스팅(Wolfgang Kersting)은 롤스의 정의관이 비록 정치적 관점으로는 잠정적 협정 이론이 아니라고 할지라도 도덕 관점에서는 잠정적 협정이라고 말한다. Wolfgang Kersting, *John Rawls zur Einführung*, p. 230 참조.

34 만약 중첩적 합의가 공적 이성에 의해 이루어진다면, 그것은 실제적이고 구체적인 합의가 아니다. 그 때문에 중첩적 합의는 잠정적 협정주의와 엄격하게 구별될 수 있기 때문이다.

공적 담론에서 정치적 주장이나 선거 운동에 참여할 때, 그리고 그러한 근본적 문제들에 대해 투표할 때 시민에게 적용된다. 공적 이성은 특히 사법부가 결정을 내릴 때 적용된다. 의회최우선주의를 거부하는 롤스는 대법원을 공적 이성의 제도적 표본으로 간주한다(PL 286쪽 이하/231ff.).

롤스에 따르면, 사적 이성은 없다. 따라서 이성은 공적 이성과 비공적(nonpublic) 이성으로 구별된다.[35] 후자는 포괄적 교설에 근거한 포괄적 이성(comprehensive reason)을 포함해 대학과 학회, 전문가 집단 같은 모든 종류의 협회의 이성을 포괄한다. 롤스에 따르면, 비공적 이성은 특정한 배경 문화(background culture)를 전제하고 있는 사회 내부 구성원의 측면에서는 공적으로 보이지만, 정치 사회와 평등한 시민의 측면에서 볼 때에는 비공적인 것이다. 따라서 비공적 이성은 입헌민주주의의 공적 정치 문화의 이상적 시민관에서 도출된 것은 아니지만, 분명히 사회적인 것이며 사적인 것은 아니다(PL 272쪽 이하/220ff.).

롤스가 말하는 평등한 시민의 공적 이성은 근본적인 정의의 문제들을 주제로 사회의 정치적 정의관에 의해 표현된 이상과 원칙에 주어진 내용을 토대로 공적 담론을 이끈다. 이 때문에 비공적 이성은 많은 반면에, 공적 이성은 하나밖에 없다는 명제가 도출된다(PL 272쪽/220). 마치 합당한 포괄적 교설과 그것들이 제시하는 좋음의 다원성에 맞서 하나의 옳음만 있다고 주장하는 것처럼 롤스는 오직 하나의 공적 이성만 있다고 말하는 것이다. 롤스는 쟁점이 되는 주제들에 대한 합당한 불일치가 존재하고 이로부터 합당한 다원주의가 사실로서 인정되어야 하지만, 헌법의 본질적 요건과 기본적 정의의 문제를 다루는 담론에서 공적 이성은 모든 사람이 합당하게 지지할 수 있는 정치적 가치를 토대로 하나의 합당한 답변을 제시할 수 있다고 가정해야 한다는 것이다(PL 298쪽 이

---

35 롤스의 정치적 자유주의는 공적 담론의 장(場)에서 공적 이성을 사용하고 비공적 이성에 대한 공적 이성의 우선성을 인정하는 시민을 주체로 설정함으로써, 은연중에 공적 담론에서 비공적 이성을 사용하는 시민을 배제하고 있다는 의심을 받을 수 있다.

하/240f.). 그러나 공적 이성이 제시하는 답변은 합당한 절차를 통한 합의라기보다는 공공성의 이름으로 정치적 가치를 비교·평가한 결과일 뿐이다. 이 때문에 공적 이성은 상호 주관성으로의 패러다임 전환을 철저하게 수행하지 않고 있다는 비판이 가능할 것이다.[36] 롤스 자신이 거론하는 낙태 문제의 예에서 볼 수 있듯이, 정치적 가치의 합당한 비교·평가를 통해 주어진 공적 이성의 답변은 합리적이지만 독단적이다(PL 302쪽 이하/243f.).

공적 이성은 대부분의 중요한 정치적 질문에 대해 한 가지 이상의 합당한 답변이 허용될 수 있다는 사실을 정치적 가치의 합당한 비교·평가를 통해 극복할 수 있다고 말한다. 또한 롤스는 주어진 문제가 제기하는 쟁점에 대한 정치적 가치들 사이의 합당한 비교·평가를 통해 공적 이성이 제시하는 균형점을 지지하지 않는 포괄적 교설은 합당하지 않다고 말한다. 롤스에 따르면, 공적 이성은 언제나 합당한 하나의 답변을 가지고 있다. 포괄적 교설은 공적 이성의 결론을 올바르게 찾을 수도 있지만 그렇지 못할 수도 있다. 문제는 공적 이성이 제공하는 정답을 알아내지 못하거나 인정하지 않는 포괄적 교설은 부당하며, 따라서 정치적 의미에서 정당하지 못하다는 비난을 감수해야 한다는 것이다(PL 306쪽/246f.). 롤스에 따르면, 공적 이성이 가질 수 있는 모순은 이처럼 쉽게 사라진다. ① 공적 이성의 결론을 지지하는 포괄적 교설만이 합당하고, ② 합당한 포괄적 교설들 사이의 중첩적 합의에 의해 공적 이성은 지지되며, ③ 공적 이성과 정의의 원칙은 본질적으로 동일한 근거를 가지기 때문에, ④ 오직 하나일 뿐인 공적 이성은 언제나 모순 없이 정당하다.

롤스는 질서 정연한 사회의 합당한 시민은 공적 담론의 장에서 공적 이성을 사용해 정치적 정의관에 합의하지만, 합의 결과를 자신에게 정당화할 때에는 비공적 이성을 사용할 수 있다고 말한다. 롤스는 분명히 합당한 시민에게 언제나 공적 이성에 따라 사고하고 행동할 것을 요구하

---

36 위르겐 하버마스, 『이질성의 포용』, 119쪽 이하 참조.

는 것은 아니다. 오히려 일상적인 사적 공간에서 시민은 자신이 소유하고 있는 포괄적 교설에 따라 살아가는 것이 정당하다. 그러나 공적 담론의 영역에서 시민은 포괄적 교설을 벗어나 공적 이성을 사용해야 한다. 롤스는 이처럼 시민의 양면적 사고를 상이한 영역에서 인정하지만, 공적 영역에서 공적 이성과 비공적 이성이 충돌할 경우에는 전자의 우선성을 배타적으로 옹호한다.

이처럼 롤스가 공적 의지와 엄격하게 구별되는 공적 이성에서 정치적 합의의 정당성을 찾으려는 이유 가운데 하나는 다원주의 사회에서 불가피하게 등장하는 규범적 불일치를 극복하는 것이 공적 의지를 통해서는 불가능하다는 비관적 전망 때문이다. 이러한 맥락에서 롤스는 정치적 합의의 절차를 도덕(공적 의지)과 분리한 다음에, 공적 이성에 기초한 중첩적 합의의 결과에 도덕적 구속력을 부여한다. 그에 따르면 정의롭고 안정적인, 따라서 도덕적인 사회는 합당한 종교적·철학적·도덕적 교설에 대해 중립적인 공적 이성에 기초한 합의를 통해 가능하다. 탈도덕적인 공적 이성을 통해 사회적 합의가 도덕적 구속력과 정당성을 갖는다는 것이다. 공적 이성은 도덕과 무관하지만, 공적 이성으로부터 얻어진 합의는 국민 통합을 이끌어 내는 도덕적 힘으로 표현된다.

공적 이성과 공적 의지의 롤스적 구별은 칸트가 법과 도덕을 구별했을 때 염두에 두었던 동기와 유사하다. 칸트가 도덕적 정당화의 최종 근거를 내면적 의지에서 찾은 반면에, 법을 외적으로 표출된 행위의 문제로 한정하는 것은 법의 영역에서 도덕적 부담을 덜어내는 것이다. 법 공동체의 시민은 자신들의 의지와 무관하게 외적으로 드러난 행위를 통해 평가된다. 따라서 정치권력의 정당성 역시 실천이성을 통한 사회계약을 통해 주어진다. 유사한 맥락에서 롤스는 정치적 자유주의의 체계에서 공적 이성에 부합하는 정치적 합의만이 최고의 구속력과 정당성을 가진다고 말한다. 그런데 이때의 공적 이성은 공적 의지와는 전적으로 다르다. 공적 이성은 공적 의지의 형태로 전환될 것을 요구하지 않는다. 따라서 공적 이성은 실제의 시민에 의해 집단적으로 의지된 이성이 아니라 이상화된 시민이 가져야 하는 이성이다. 여기에서 우리는 먼저 롤스의 공적 이성이 갖는 비현실성과 배타성, 그리고 공적 자율성을 약화시키는 것에 대해 비판할 수 있을 것이다. 나아가 롤스의 공적 이성은 칸트의 실천이성과 마찬가지로 여전히 독백적 따로주체성의 패러다임에 사로잡혀 있다고 비판할 수 있을 것이다.[37]

롤스의 정의론이 태도로서의 다원주의를 수용한다면 자신 속에 내면화된 포괄적 교설에 따라 행동하는 모든 시민에 대해 공정해야 할 것이다. 그런데 다원주의의 제약 가능성으로 제시된 롤스의 정치적 자유주의는 공적 이성을 사용하는 합당한 사람에게 우호적인 편파성을 가지고 있다는 의심을 받을 수 있다. 물론, 롤스의 정의론이 질서 정연한 사회에서 합당하지 못한 사람과 다른 사람이 동일한 자유를 향유할 수 없다고 말하는 것은 아니다. 그러나 비자유주의적인 사람은 공적 담론에 참여할 수 있는 자격을 박탈당한다. 이는 롤스의 정치적 자유주의가 다원주의와 양립할 수 없는 배제의 논리를 함축하고 있다는 것을 말해 준다. 이러한 비판은 과연 정당한가? 롤스는 아마도 자신의 정의관이 정치적인 의미에서 자유민주주의를 전제하고 있기 때문에 비자유주의적인 문화에 대한 적용뿐만 아니라 비자유주의적인 포괄적 교설에 사로잡힌 사람의 태도는 문제가 되지 않는다고 답변할 것이다. 여기에서 롤스는 자신의 정치적 자유주의가 절대적인 무당파성을 지향하지 않는다는 것을 분명히 한다. 오히려 그는 제한된 의미에서만 중립성을 유지하는 약한 중립성을 지향한다.[38]

공적 이성은 두 가지 문제에서 배제의 논리를 함축하고 있다. 첫째, 롤스가 질서 정연한 민주주의 사회 속에서 형성되어 있는 것으로 간주하

---

37 이러한 비판은 롤스의 정치적 자유주의가 칸트의 초월적 관념론과 구별되지 않는다는 주장으로 확장되어서는 안 될 것이다.

38 김비환은 이와 연관된 관점에서 정치적 자유주의가 함축한 배제의 논리를 올바르게 지적한다. 김비환, 「롤즈 정치철학의 두 가지 문제점: 완전주의와 정치 없는 정치철학」, 『한국정치학회보』 30(2), 한국정치학회, 1996, 31쪽 이하 참조.

는 공적 이성을 수용하지 않는 시민은 공적 담론의 장에서 배제된다. 둘째, 헌법 또는 기본적 정의와 관련된 문제이면서도 처음부터 공적 이성의 이념에 부합하지 않는 관점은 토론에서 배제된다. 롤스는 노예제와 농노제, 그리고 양심의 자유처럼 최소 인권에 해당되는 문제들을 공적 담론의 주제로 상정하지 않는다. 롤스는 정의와 헌법의 이념과 관련된 일부 핵심 문제들은 영원히 정치적 담론의 주제에서 벗어날 수 있다고 말한다. 그에 따르면, 공적 이성의 관념에 충실할 경우에 이러한 배제는 합리적인 것으로 받아들여진다. 그런데 엄밀한 의미에서 제시된 두 가지 배제의 논리는 서로 밀착되어 있다. 왜냐하면 공적 이성을 수용하지 않는 사람은 다름 아닌 공적 이성의 이념에 부합하지 않는 관점을 공적 담론의 장에서 대변하는 사람이기 때문이다.

롤스가 공적 이성이 함축하고 있는 배제의 논리를 완화한다면 정치적 자유주의에 대해 제기된 다양한 비판을 극복할 수 있을 것이다. 그러나 공적 이성이 함축하고 있는 배제의 논리를 포기 또는 극복하는 것이 간단한 문제는 아니다. 왜냐하면 롤스의 근본적 문제는 정치 담론에서 도덕 관점을 배제함으로써 생겨나는 부담을 극복하려는 노력에서 비롯된 것이기 때문이다. 그런데 과연 도덕 관점에 대한 합의가 전혀 없는 곳에서 정치적 합의를 토대로 다원주의를 제약한다는 것이 가능한가? 그는 그것의 불가능성을 누구보다 먼저 감지했기 때문에 공적 이성 개념을 통해 다원주의로부터 발생하는 충돌과 모순을 제약하고자 한 것이다. 여기에서 우리는 롤스가 다원주의에 대해 이중적 태도를 취하고 있다는 것을 알 수 있다. 한편으로 롤스는 합리적 불일치를 수용하는 합당한 다원주의를 사실로서 인정하면서도, 다른 한편으로는 다원주의 사회에서 불가피하게 등장하는 포괄적 교설들 사이의 심각한 불일치를 질서 정연한 사회의 안정성을 위협한다는 관점에서만 바라볼 뿐, 그것을 사회 발전의 동력으로 인정하지 않는다. 따라서 그는 다원주의의 제약 지점을 상호 주관적인 의사소통적 담론을 통해서가 아니라 독단적인 따로주체성의 공적 이성을 통해 확정하고자 한다.

공적 이성이 함축하고 있는 배제의 논리는 몇 가지 어려운 문제를 해결하는 역할을 담당한다. 공적 이성은 헌법의 핵심 내용이 정치적 절충이나 타협 또는 잠정적 협정에 의해 좌우되지 않도록 안전장치를 마련함으로써, 최소 인권의 불가침성을 함축하고 있는 정의의 원칙을 담론이 아닌 이성에 의해 확정하기 때문에 다원주의 사회에서도 정의의 원칙이 안정적으로 실현될 수 있는 토대를 제공한다. 이러한 배제의 논리가 중첩적 합의를 용이하게 한다. 공적 이성을 통해 중첩적 합의는 잠정적 협정과 엄격하게 구별된다. 그러나 그 때문에 중첩적 합의는 더 이상 상호주관성으로 전환되지 않은 따로주체성의 패러다임에 묶인 배제의 논리를 극복하지 못한다. 중첩적 합의는 더 이상 합의가 아니라 공적 이성에 의한 합리적 반성이다.

다원주의를 사실로서 인정하는 어떤 이론도 더 이상 "너는 나처럼 생각하라, 그렇지 않으면 죽임을 당할 것이다"라고 말하지 않는다. 그러나 알렉시스 드 토크빌(Alexis de Tocqeville)이 올바르게 지적한 것처럼 오늘날 많은 이론은 "나처럼 생각하지 않는 것은 너의 자유이다. 그렇지만 오늘 이후 너는 우리들 사이에서 이방인이 될 것이다"라고 말한다. 그들은 다원주의를 형식적으로만 인정하는 것이다. 과연 롤스의 정치적 자유주의는 이러한 비판으로부터 자유로운가? 롤스가 요구하는 중첩적 합의는 시민의 의지를 문제시하지 않는다. 어떤 의지를 가지고 있는가는 너의 자유이다. 그러나 나처럼 생각하지 않는 것은 네가 공적 이성을 가지고 있지 않기 때문이다. 공적 자율성과 공적 의지를 갖지 않는 것은 너의 자유이지만, 공적 이성을 가지고 있지 않는 너는 우리들 사이에서 이방인일 수밖에 없다. 롤스는 이렇게 말하고 있는 것이 아닌가?

4. 최소 인권과 적정한 다원주의

『정치적 자유주의』에서 합당성이 다원주의의 제약 분기점을 제공한다면,『만민법』에서는 적정성(decency)이 동일한 역할을 수행한다. 개념적으로 적정성이 합당성보다 느슨하고 완화된 가르기의 기준선이라고 할 때, 우리는『정치적 자유주의』가 함축하고 있는 것으로 보이는 배제의 논리가『만민법』에서 어느 정도 극복되기를 기대할 수 있을 것이다. 이러한 기대는 정치적 자유주의에서 합당한 포괄적 교설만이 다원주의의 이름으로 관용될 수 있었다면, 만민법(Law of Peoples)에서는 비자유적 사회를 포괄하는 적정한 사회까지도 관용의 범주에 포함된다는 점에서 정당한 것으로 보인다.[39]

롤스는 만민법 개념을 '국제법 및 국제 관행의 원칙과 규범에 적용되는 옳음과 정의에 기초한 특수한 정치관'을 가리키는 개념으로 사용한다.[40] 그는 먼저 국제 사회를 다섯 가지 유형, 즉 ① 자유주의 사회, ② 적정 수준의 사회, ③ 무법국가, ④ 불리한 여건으로 고통받는 사회, 그리고 ⑤ 자애적 절대주의의 체제로 구별한다. 그에 따르면, ①과 ②는 최소 인권이 존중되고 국민이 정치적 결정에서 의미 있는 역할을 수행하는 질서 정연한 사회에 해당된다. 그러나 ③과 ④에서는 인권이 존중되지 않으며, ⑤에서는 인권은 존중되나 정치적 참정권이 보장되지 않는다.[41] 롤스의『만민법』은 정치적 자유주의에서 정당화된 정의관을 ①과 ②로 확장하는 절차를 다룬 이상적 이론(ideal theory)과 ③을 제약하고 ④를 지원할 규범적 근거를 제시하는 비이상적 이론(nonideal theory)으로 구성되어 있다.

현실적 유토피아를 지향하는 롤스의 만민법 사상은 합의의 주체를 국민이나 개인이 아닌 만민으로 설정한 점,[42] 차등의 원칙을 더 이상 합의 가능한 정의의 원칙으로 설정하지 않은 점,[43] 그리고 적정성이라는 탄력

---

39 관용의 문제에 대해서는 존 롤스, 장동진·김기호·김만권 옮김,『만민법』, 이끌리오, 2000, 98쪽 이하 참조.

40 존 롤스,『만민법』, 13쪽.

41 존 롤스,『만민법』, 14쪽 이하, 104쪽 이하 참조.

42 존 롤스,『만민법』, 25쪽 이하, 44쪽 이하 참조.

적 개념을 수용한 점을 제외하면 정치적 자유주의 이념과 큰 차이가 없다. 분명한 것은 이론의 출발점이 합당한 다원주의에서 적정한 다원주의로 전환되었다는 점이다. 그러나 그것이 비록 합당성에서 적정성으로 완화되었다고 하더라도 여전히 제약된 다원주의가 출발점이라는 것이다. 아울러 무지의 장막이 처진 원초적 입장, 그리고 중첩적 합의와 공적 이성은 정치적 자유주의에서와 유사한 방식으로 배제의 논리를 함축하고 있다.[44] 기본적으로 앞에서 언급한 ①과 ②의 대표자만이 원초적 입장에 참가할 수 있을 뿐, ③, ④, ⑤의 대표자는 배제된다. 더구나 흥미로운 것은 자유주의 사회들만이 참가한 원초적 입장에서 채택된 만민법을 적정한 사회들이 참가한 원초적 입장에서도 동일하게 선택할 것이라는 점이다.[45] 롤스의 말처럼 적정성이 비록 합당성보다 훨씬 약하지만 합당성

43 롤스는 『정의론』에서 국내 사회의 분배의 정의 원칙으로 제시한 차등의 원칙과는 구별되는 원조의 원칙을 『만민법』에서 제시한다. 차등의 원칙이 평등주의적 원칙이라면 『만민법』에서 원조의 의무는 비평등주의적 원칙이다. 여기에서 우리는 차등의 원칙을 『만민법』에게까지 확장해야 하는지에 관해 논의할 수는 없다. 우리의 주제와 관련해 볼 때, 문제가 되는 것은 롤스가 왜 차등의 원칙을 국제 사회에서도 적용하지 않는가가 아니라 왜 국제 사회에 적용될 수 없는 원칙이 국내 사회에서는 합의될 수 있다고 생각하는 근거가 제시될 수 있는가이다. 『만민법』에서 설정된 원초적 입장에 진입할 수 있는 국민은 자유주의국가와 적정 수준의 사회를 대표하는 사람들이다. 이들은 『정의론』이나 『정치적 자유주의』의 원초적 입장에 들어서는 주체들과 동일한 수준의 동질성을 가지고 있다. 따라서 그들 사이의 합의 수준도 비슷하거나, 경우에 따라서는 『만민법』에서보다 『정치적 자유주의』에서 마련된 원초적 입장이 합의 가능성을 더 어렵게 한다는 반론이 가능할 것이다. 롤스가 『만민법』에서 합의 불가능한 것으로 규정한 내용을 『정치적 자유주의』에서 합의 가능한 것으로 상정한 것은 그의 정치적 자유주의가 얼마나 비정치적인 정치를 전제한 이론인가를 역설적으로 보여 준다. 이 문제에 대한 논의로는 장동진, 「롤즈의 국제사회 정의관: 『만민법』을 중심으로」, 『국제정치논총』 41(4), 한국국제정치학회, 2001, 329쪽 이하 참조.

44 적정 수준의 사회(국가) 또는 국민에 대한 롤스의 정의 속에는 이미 만민법의 핵심적 내용이 전제되어 있다. 만민법의 핵심이 최소 인권의 존중이라고 할 수 있는데, 적정 수준의 사회란 다름 아니라 비록 자유주의적이지는 않다고 할지라도 최소 인권을 존중하는 사회이기 때문이다. 이는 이미 최소 인권에 대한 합의가 존재하는 국가의 대표만이 만민법을 다루는 원초적 입장에 들어설 수 있다는 것을 의미한다. 장동진, 「롤즈의 국제사회 정의관: 『만민법』을 중심으로」, 327쪽 참조.

과 동일한 종류의 규범임에는 틀림없다. 이러한 정황에 비추어 볼 때, 나는 제1절과 제2절에서 논의한 배제의 논리가 만민법에 대한 논의에서도 유사한 방식으로 논증될 수 있다고 전제하면서 이에 대한 논의를 생략하고자 한다. 다만 나는 롤스가 자신의 만민법 사상에서 적정한 다원주의의 제약 기준으로 제시한 두 가지 기준 가운데 핵심 개념에 해당하는 '팽창주의를 포기한 평화주의'와 '최소 인권' 개념과 관련된 배제의 논리만을 간략하게 언급하고자 한다.[46]

롤스는 자유민주주의 사회의 만민(萬民)이 채택하고 적정한 위계적 사회를 대표하는 만민이 동의할 정의의 원칙 여덟 가지를 제시한다.[47] 그중에서 네 번째가 불간섭의 의무, 다섯 번째가 자기방어의 권리이며, 여섯 번째가 인권 존중이다. 여기에서 롤스가 말하는 인권은 최소 인권을 가리킨다. 생명의 권리(집단 학살과 인종 청소로부터 인종 집단의 보호 등), 자유권(노예와 농노 신분으로부터의 자유, 양심의 자유), 소유권, 형식적 평등권이 여기에 해당된다.[48] 롤스에 따르면, 만민법의 정당화를 통해 보편타당성을 획득한 인권은 기본적으로 세 가지 역할을 수행한다. 첫째, "인권의 구현은 한 사회의 정치 제도와 법질서의 적정함에 대한 필수 조건"이며, 둘째, "인권의 구현은 정당화되고 강제적인 타국민의 간섭, 가령 외교적 및 경제적 제재 또는 중대한 경우에 군사력에 의한 간섭을 배제하는 충분조건"이며, 셋째, "인권은 만민 간의 다원주의에 대한 하나의 한

---

45 존 롤스, 『만민법』, 105쪽 참조.

46 롤스가 제시하는 적정 수준의 위계적 사회를 위한 첫 번째 기준은 다른 사회의 사회·정치적 질서를 존중하고 정당한 방식으로 자국의 이익을 추구하며, 결코 다른 사회를 부당하게 공격하지 않는 것이다. 두 번째 기준은 최소 인권의 존중과 도덕적 의무와 책무의 부과, 그리고 합당한 신념을 가진 판사와 관료가 존재하는 것이다. 이에 대한 상세한 내용은 존 롤스, 『만민법』, 106쪽 이하 참조.

47 존 롤스, 『만민법』, 65쪽 참조.

48 존 롤스, 『만민법』, 107쪽 이하, 128쪽 참조. 롤스는 1993년에 발표한 논문 「만민법」에서 ① 생존과 안전의 권리, ② 사유 재산권, ③ 법의 지배, ④ 양심의 자유, ⑤ 집회의 자유, ⑥ 이민의 자유를 인권의 최소 항목의 여섯 가지로 규정한다. 존 롤스, 『만민법』, 90쪽.

계를 설정한다".[49]

이상의 논의에서 예상할 수 있듯이 롤스는 적정성이라는 기준, 즉 팽창주의를 포기하고 평화주의를 채택해 최소 인권을 존중하라는 만민법의 원칙을 지키지 않는 사회(국가)는 경제적뿐만 아니라 군사적으로도 간섭받을 수 있다고 주장한다. 이때 롤스는 수행된 정의로운 전쟁의 목적이 만민 사이의 정당하고 지속적인 평화를 유지하는 것이라고 말한다.[50] 그에 따르면, 최소 인권을 침해하고 이를 정당화하는 무법국가는 관용의 한계를 벗어나기 때문에 이들 국가에 대한 정의로운 전쟁을 수행할 수 있으며, 이 전쟁에서 자유주의국가와 적정 수준의 국가가 연대할 수 있다. 그런데 롤스가 말하는 정의로운 전쟁의 정당성은 무법국가가 최소 인권을 침해한다는 것에서 곧바로 주어지지 않는다. 오히려 정의로운 전쟁의 직접적 근거는 무법국가가 최소 인권의 침해를 정당화하는 가운데 팽창주의적 정책을 수행한다는 데 있다. 무법국가에 대한 불관용의 근거는 무법국가의 공격성이며, 따라서 무법국가에 대한 군사적 간섭은 엄밀한 의미에서 『만민법』이 제시한 네 번째 원칙인 '불간섭의 의무'를 위반한 것이 아니다. 오히려 전쟁으로 발전할 수 있는 불관용의 원칙은 다섯 번째 원칙인 '자기방어의 권리'와 '인권 존중'이라는 여섯 번째 원칙을 실현한 것일 뿐이다.[51] 그러나 내가 보기에는 여기에 롤스 이론이 갖는 한계가 있다. 첫째, 롤스는 최소 인권을 훼손하는 무법국

---

49 존 롤스, 『만민법』, 130쪽. 롤스가 다원주의의 제약 기준으로 제시한 최소 인권은 「세계인권선언」의 내용조차도 함축하고 있지 않다는 비판이 있다. 장동진, 「롤즈의 국제사회 정의관: 『만민법』을 중심으로」, 324쪽 이하 참조.

50 존 롤스, 『만민법』, 152쪽 참조. 롤스는 인권을 침해하는 국가에 대한 군사적 간섭을 '정당한 방어 전쟁'으로 규정하고 그것이 여섯 가지 원칙의 제한을 받아야 한다고 말한다.

51 장동진, 「롤즈의 국제사회 정의관: 『만민법』을 중심으로」, 328쪽 이하 참조. 문성원은 유사한 맥락에서 롤스의 만민법이 힘 있는 자유주의 사회의 행위를 규율하기보다는 그 사회 중심의 질서를 다른 사회에 대한 관계에 덮어씌우는 데 일조할 가능성이 있다고 비판한다. 문성원, 「자유주의와 정의의 문제」, 『시대와 철학』 12, 2001, 282쪽 참조.

가만이 공격성을 가진 것처럼 상정한다. 따라서 자유주의국가나 적정 수준의 정치 사회는 공격성을 가진 팽창주의국가일 수 있는 가능성 자체가 논의되지 않는다. 이는 롤스의 만민법 사상이 충분히 다원주의적이지 못한 상태에서 성급하게 친(親)자유주의적 노선을 전제한 것에서 비롯된다고 생각한다. 이라크 전쟁을 수행한 미국을 생각해 보자. 우리는 롤스가 미국이 자유주의국가라는 것을 부정할 것으로 생각하지 않는다. 자유주의국가의 상징인 미국은 이라크 전쟁에서 팽창주의적 공격성 이외의 그 어떤 합리적 근거도 제시하지 못하고 있다. 그렇다면 롤스의『만민법』은 자유주의적이면서 팽창주의적인 국가에 대한 국제적 수준의 경제적이거나 군사적인 간섭에 대해 무엇을 말할 수 있는가? 롤스가 이러한 의문에 대해 정확하게 답변하지 못할 때, 그의 만민법 사상은 배제를 배제하지 못할 뿐만 아니라 '인권=도덕제국주의'라는 보편주의에 대한 지속적 비판을 막아 낼 수 없을 것이다.[52]

5. 다원주의 제약의 경계

롤스의 정치적 자유주의는 공리주의와 맥락주의뿐만 아니라 자유지상주의조차도 현대 사회의 징표인 다원주의를 올바르게 이해하지 못하고 있다는 것을 정확하게 지적한다. 롤스는 다원주의에 대한 성숙한 관점을 가지고 있는데, 먼저 좋음의 극대화를 옳음으로 규정하는 공리주의를 비판하는 과정에서 다원주의와 다원주의의 제약 가능성에 대한 올바른 문제의식을 가지고 있다. 공리주의는 무엇보다 효용성의 원리에 배타적 우선성을 부여함으로써 개인들 사이의 차이와 그것의 가치를 올바르게 인식하지 못하는 가운데, 다원주의와 양립 가능한 보편주의를 제시

---

52 '인권=도덕제국주의'라는 비판의 극복 문제와 연관된 구체적 논의로는 박구용, 「인권의 보편주의적 정당화와 해명」, 160쪽 이하 참조.

하지 못한다. 좋음의 다원주의(윤리적 다원주의)와 옳음의 보편주의(도덕적 보편주의)를 결합하려는 롤스의 시도는 로버트 노직(Robert Nozick)이 표방하는 자유지상주의와도 구별되어야 한다.[53] 노직의 자유지상주의가 기초하고 있는 소유개인주의는 엄격한 의미에서 다원주의와 양립할 수 없다. 왜냐하면 소유개인주의는 사회화 이전에 완성된 개인을 상정함으로써 문화와 종교, 그리고 윤리적 다원주의를 이론의 출발점으로 인정하지 않는다. 그렇다고 롤스의 정의론과 정치적 자유주의가 상호 주관성으로 패러다임을 전환하는 데 성공한 것으로 보이지도 않는다.[54] 롤스는 여전히 따로주체성의 틀에서 벗어나지 못하고 있다.[55] 또한 롤스는 다원주의를 이론의 출발점이 아니라 꼭지점으로 몰고 가는 맥락주의의 한계를 극복하려고 시도한다. 나는 이 글이 특히 관심을 가지고 있는 다원주의 문제에 한정해 볼 때, 롤스의 정치적 자유주의가 공리주의와 맥락주의, 그리고 자유지상주의의 한계를 올바르게 인식하고 있으며, 일정 부분 그들의 한계를 극복하고 있다고 평가한다. 그럼에도 불구하고 그가 다원주의의 제약 문제에만 관심을 집중하고 다원주의 자체가 갖는 힘을 과소평가한 이유는 무엇인가?

『정의론』에서 『정치적 자유주의』를 거쳐 『만민법』에 이르는 과정에서 롤스는 다원주의에 대한 감수성을 점차적으로 발전시키는 가운데 정의의 개념과 원칙을 약화시켰다는 평가를 받는다.[56] 이러한 평가는 『정의

---

53 이 문제에 대해서는 윤평중, 「탈현대의 정치철학」, 『철학』 56, 1998, 307쪽 이하 참조.

54 롤스는 개인의 정체성이 사회와 불가분의 관계에 있다는 것을 인식하고 있다. 그에 따르면, "우리는 사회에 존재하기 이전에는 자기 정체성을 가지지 않는다"(PL 51쪽/41).

55 이러한 맥락에서 롤스의 개인주의적 인간관이 차등의 원칙과 양립할 수 없다는 마이클 샌델(Michael Sandel)의 비판은 여전히 유효한 것으로 보인다. Michael Sandel, *Liberalism and the Limits of Justice*: Cambridge University Press, 1982, pp. 180ff. 참조.

56 Thomas McCarthy, "On the Idea of a Reasonable Law of Peoples", in: James Bohman · Matthias Lutz-Bachmann (Hg.), *Perpetual Peace: Essays on Kant's Kosmopolitan Ideal*, Cambridge: The MIT Press, 1997, pp. 206ff. 참조.

론』에서 합리성 개념이 차지한 중추적 역할을『정치적 자유주의』에서는 합당성이, 그리고『만민법』에서는 적정성이 수행한다는 해석과 연관된다. 이러한 해석은 전체적으로 타당한 것처럼 보이지만, 어디까지나 일면적으로만 타당하다. 나는 롤스가 비록 정의의 개념과 원칙을 약화시킨 것이 사실이라고 할지라도 차이와 타자성에 대한 감수성을 발전시켜 왔다고 보지는 않는다. 그는 다원주의에 대한 제약의 원칙을 합리성과 합당성, 그리고 적정성으로 약화시키는 가운데 다원주의 자체를 폭넓게 이해한 것처럼 보인다. 그러나 롤스는『정의론』에서와 마찬가지로『정치적 자유주의』와『만민법』에서도 역시 다원주의를 합당성과 적정성의 기준에 앞선 이론의 출발점으로 인정하지 않는다. 롤스의 다원주의는 자유주의적 다원주의일 수는 있어도 태도로서의 다원주의는 아니다.[57] 이러한 이유는 근본적으로 어디에서 발생하는가? 그것은 롤스의 정의론이 '실체주의적 정의관'을 형성했다는 데에 그 원인이 있는 것으로 보인다. 나는 ① '실체주의적 정의관'이 롤스의 순수절차주의와 양립 불가능하며, ② 정당화되기도 어렵지만 꼭 필요한 것도 아니며, ③ 롤스가『정치적 자유주의』나『만민법』에서 '실체주의적 정의관'을 지켜내지도 못하면서 보편주의를 지나치게 약화시킬 뿐만 아니라 ④ 점점 약화된 그의 보편주의는 다원주의와의 친화력을 확장하기보다는 약화시키는 경향이 있다고 본다. 이렇게 볼 때, 롤스의 정의관은 다원주의를 정치적 자유주의 이론의 출발점으로 인정하는 것처럼 보이지만, 롤스가 인정하는 합당한 다원주의는 자유주의적 다원주의일 뿐이다. 롤스는 다원주의로부터 출발하는 것이 아니라 자유주의에서 출발하며, 이때의 자유주의는 현재 미국의 입헌민주주의가 구현하고 있는 자유주의이다. 따라서 롤스의 정치적 자유주의는 다원주의에서 출발하는 이론이 아니라 자유주의에서 다원주의의 제약 가능성을 찾는 이론이다.

---

57 염수균은 롤스의 정치적 자유주의를 신자유주의나 자유지상주의와 구별하기 위해 '민주적 자유주의'라고 부른다. 염수균,『롤즈의 민주적 자유주의』, 천지, 2001 참조.

이 글에서 나는 롤스의 정치적 자유주의에 대한 내재적 비판을 통해 다원주의와 보편주의의 올바른 관계를 설정하려고 시도했다. 따라서 나는 자유주의와 공동체주의, 보편주의와 맥락주의의 경쟁 관계에 대한 그동안의 논의를 반복적으로 서술하는 것에 관심을 기울이지 않았다. 이 글은 오히려 정치적 자유주의와 약한 보편주의를 대표하는 정치철학자 롤스에 대한 내재적 비판을 통해 그의 정의관이 폐쇄성과 배제의 논리를 함축하고 있다는 것을 밝히는 데 집중했다. 특히 롤스의 정의관에 내재된 폐쇄성이 이미 제약된 다원주의에서 출발한 점과 그의 실체주의적 정의관에서 비롯된 것이라는 주장을 전개했다. 이러한 맥락 속에서 나는 그의 정의관이 다공적이고 열린 체계를 갖기 위해서는 무엇보다 목적의 중립성(neutrality of aim)과 대비되는 절차의 중립성(neutrality of procedure)을 중심으로 재구성되어야 하며(PL 238쪽/192),[58] 태도로서의 다원주의로부터 출발해야 한다는 것을 제안한다. 특히 롤스의 정의관이 지향하는 순수한 절차적 정의를 보다 일관성 있게 추진하는 것이 필요할 것이다. 결과에 집착하는 비순수 절차는 도덕적으로는 순수하지만 정치적으로는 지나치게 야심 차다.

---

58 롤스는 목적의 중립성을 절차의 중립성뿐만 아니라 효과나 영향의 중립성(neutrality of effect or influence)과도 구별한다(PL 239쪽 이하/193f.).

제10장

세계민주주의: 자유의 최대화

나는 여기서 세계화와 다원화의 압력 속에서 새롭게 등장한 '법다원주의'(Rechtspluralismus) 패러다임을 법철학적 관점에서 해명하고, 이 문제에 대한 대안으로 하버마스의 담론 이론이 제시하는 '의사소통적 세계민주주의' 관점을 비판적으로 탐구하고자 한다. 이를 위해 나는 먼저 (1) 세계화와 다원화의 빛과 그림자를 논의하고, (2) 법다원주의와 그것의 제약 문제를 설명한 다음에, (3) 사회과학에서 논의되고 있는 거버넌스 담론을 우리 주제와 관련해 간략하게 소개할 것이다. 이 과정에서 나는 경제적 세계화에 대항하는 대안 세계화의 필요성과 가능성에 관심을 집중할 것이다. 이로부터 얻어진 성과를 토대로 나는 (4) 민주주의의 대표적 규범 모델을 자유주의와 공화주의, 그리고 하버마스의 담론 이론이 제시하는 토론 정치로 설명하고 그것들의 강점과 약점을 비판적으로 논증할 것이다. 나아가 (5) 하버마스의 의사소통적 세계민주주의관을 '세계 정부 없는 세계시민적 세계 내부 정치'로 규정하고, (6) 그것의 정당성의 기초가 시장이 아닌 토론을 통해 획득되기 위해서는 NGO의 역할이 중요하다는 것을 밝힐 것이다. 이 과정에서 이 연구가 제시하고자 하는 관점은 법다원주의를 사실(Faktum)로 인정하면서 동시에 그것을 제약할 수 있는 세계시민민주주의의 법체계는 의사소통적 절차, 즉 토론정치를 통해서만 정당화될 수 있다는 것이다. 그러나 이 연구에서 세계시민법이 국민국가의 통일적 법체계와 어떤 관계를 형성하며, 나아가 국내법과 국제법의 강제성을 뛰어넘는 정당한 구속력을 주장할 수 있는지에 대해서는 상세하게 논의하지 않는다.

1. 세계화와 다원화의 압력

시대정신으로까지 불리는 세계화란 도대체 무엇을 의미하는가? 앤서니 기든스(Anthony Giddens)에 따르면, 세계화는 국지적 사건과 원거리 사건이 서로 영향을 끼치도록 만드는 사회적 관계들의 전 세계적 긴밀화를 의미한다.[1] 이러한 전 세계적 차원의 긴밀화는 자본주의 경제 시스템의 세계화에서 비롯된 것임에 틀림없다. 국경의 한계나 차이를 뛰어넘어 전 세계를 대상으로 활동하는 공세적이고 전략적인 초국적 기업과 자본의 성장, 그리고 그것에 대한 신자유주의의 긍정적 평가에서 세계화 담론이 시작되었기 때문이다. 그런데 세계화를 슬로건으로 내세우는 신자유주의는 국가적 차원의 각종 규제와 제한의 철폐, 나아가 노동의 유연화를 요구하고, 그것만이 세계 시장의 성장과 세계시민 모두의 이익을 조화시킬 수 있다고 주장한다. 그러나 자본의 세계화가 약속하는 장밋빛 전망의 현실화 여부와는 상관없이 그것의 어두운 그림자가 현실로 다가오고 있다. 정치가 탈규제화된 초국적 자본의 전횡 앞에서 무기력해지고 사회복지 정책이 급속도로 해체되면서 OECD 국가들에서조차 절대적 빈곤이 항구화됨에 따라 사회적 연대의 원천이 고갈되고 있다. 하버마스는 장기적 관점에서 볼 때, 이로부터 세 가지 귀결이 예상된다고 말한다.

---

1 Anthony Giddens, *The Consequences of Modernity,* Polity Press, 1990, p. 64 참조.

첫째, 그동안 경제적 부를 향유해 온 선진국가 내부에서 새롭게 형성된 하층 계급이 사회적 긴장을 양산한다. 이들에게는 미래에 대한 어떤 희망도 존재하지 않는다. 이들의 절망은 흔히 자기 파괴적이거나 목표를 상실한 폭동으로 방출되지만, 사회는 이들에게 탈출구를 제공할 수 없을 만큼 자본의 논리에 따라 조직되어 있다. 오직 억압적 수단을 통해서만 이들을 통제할 수 있을 뿐이다. 따라서 이들을 통제할 수 있는 강압적 수단인 감옥의 건설이나 국내 치안 전반의 조직화가 성장 산업이 된다. 둘째, 하층 계급의 사회적 방치와 물질적 빈곤화는 도시의 특정 빈민가에 머물지 않는다. 희망을 잃고 빈민가를 떠도는 하층민의 적개심은 도시의 하부 구조를 넘어 사회 전체로 확산된다. 희망을 잃은 그들의 불안과 원한 감정은 모든 사람의 원초적 불안으로 안착한다. 셋째, 사회 전체로 확산된 하층 계급의 적개심은 공화주의적 공동체의 정당성 자체를 위협하는 사회의 도덕적 부식(Erosion)을 초래한다. "몰락을 위협받는 중간층의 지위 불안과 자기주장적 반사 행동만을 반영하는 다수결에 따른 결정, 즉 형식적으로 정확하게 성립하는 다수결 결정은 절차와 제도의 정당성을 파괴한다. 민주적 참여를 기초로 자국민을 통합함으로써 국민국가가 성취한 것들이 이런 과정을 통해 상실된다."[2] 초국적 자본의 세계화는 전 세계를 도덕적 빈곤으로 몰아가는 것이다.

나는 초국적 자본의 신자유주의적 세계화를 모든 것의 상품화로 이해한다. 세계화의 물결 속에서 상품의 개념은 전면화되었다. 기술과 공학뿐만 아니라 의료·보건, 교육, 문화를 비롯해 심지어 우리의 몸과 생명까지 상품화되었다. 이처럼 공적인 것으로 여겨졌던 모든 것을 사적인 것으로 전환하는 전면적 상품화의 요구는 새로운 대립을 야기한다. 경쟁력 있는 상품 생산이라는 자본의 요구가 모든 영역으로 확대되면서 개인과 공동체, 정의와 연대성, 경제와 정치, 시장과 사회의 대립이 격화된다. 그러나 격화된 대립은 경쟁력이라는 표어 아래 곧바로 사적 정의를

---

2 Jürgen Habermas, *Die Einbeziehung des Anderen*, p. 148 참조.

표방하는 시장 경제 논리의 승리로 종결된다. 무한 경쟁의 논리 앞에서 정치는 더 이상 경쟁의 규범을 제시할 수 없다. 제한된 경쟁의 틀에서만 가능한 사회적 연대성의 기반이 흔들릴 수밖에 없으며, 이를 통해 민주적 법치국가의 정당성 자체가 위기에 직면하게 된다.

오늘날 중요한 실천철학적 담론 주제로 인정받고 있는 거점 논쟁 (Standortdebatte)은 금융 시장과 노동 시장, 그리고 산업 생산의 관점에서 경제의 탈국가화, 즉 세계화가 가속화하면서 국민국가적으로 한정된 행동 공간과 전 지구적으로 조직된 경제적 생산체계 사이의 간극에 대한 의식을 고취하고 있다. 오늘날 초국적 기업들은 신기술의 가속적인 발전과 확산, 그리고 저렴한 노동력의 강력한 증가에 힘입어 안정적 성장을 이루고 있으며, 그만큼 막강한 영향력을 행사한다. 반면에 선진국에서조차 국가 경쟁력 제고라는 경제 논리에 의해 정치가 퇴출되고, 그에 따라 사회복지 정책이 후퇴하면서 높은 실업률이 항구화되어 소수 집단의 주변화가 강화되고 있다는 진단이 거점 논쟁을 통해 설득력 있게 제기되고 있다.[3]

사회적 연대성의 원천이 고갈된 OECD 국가 내부에서 후진국형 생활조건이 확산되고 있는 것이다. 이처럼 초국가적 경제체계에 의해 생활세계(Lebenswelt)의 내적 식민지화가 지속적으로 강화되면서 사회복지국가의 해체라는 비관적 전망이 계속해서 제기된다. 이들 전망에 따르면 먼저 하층민의 블록화가 이루어지고, 이들의 목적 없는 자기 파괴적 폭동이 늘어남으로써 억압적 통제 수단으로만 통제할 수 있는 사회적 긴장이 고조된다. 감시와 처벌의 공포 정치가 일반화되는 것이다. 헤겔이 오성(悟性)국가를 비판하면서 제시한 근거인 '하층민의 도덕적 천민화'와 '몰락의 위협 앞에 서 있는 중간층의 불안'이 OECD 국가들을 지배하는 것이다.[4] 거점 논쟁은 이러한 비관적 시나리오가 사고 실험에 의한

---

3 거점 논쟁에 대해서는 Jürgen Habermas, *Die Einbeziehung des Anderen*, pp. 147, 187 참조.

단순한 가상만은 아니라는 점에서 출발한다.

신자유주의적 세계화가 강요하는 거점 경쟁(Standortkonkurrenz)에서 승리하기 위해 정치는 경제에 권력을 내준다. "권력은 정부가 아닌 시장이 가지고 있다"라는 고(故) 노무현 대통령의 발언은 단순히 정치적 발언이 아니다. 전 세계를 아무런 제약 없이 돌아다닐 수 있는 자본은 국민의 지지를 필요로 하지 않는다. 자본과 시장은 이미 민주적 지지를 통해 정당화된 정치권력을 통제하는 권한을 가지고 있다. 한국의 경우에 정치권력은 어느 정도 민주화되었지만, 자본은 민주화와는 무관한 권력을 행사한다. 정치권력을 가진 정부의 임무는 이제 세계적 경쟁의 조건 아래, 자국의 입지 조건을 매력적으로 만드는 것으로 제한된다.[5] 경제의 탈국가화 또는 세계화가 정치의 무력화를 통해 사회복지 시스템을 해체하고 무한 경쟁의 체계를 도입케 함으로써 사회의 모든 집단이 몰락의 위협에 항구적으로 노출된다. 이 때문에 전통적인 국민국가에서 법적으로 매개된 사회적 연대성, 즉 '이방인들 사이의 유기적 연대성'[6]조차 사라지고 있다. 그런데 더 이상 윤리적이고 종교적인 세계관의 동일성 속에서 사회적 연대성을 찾을 수 없는 복잡하게 다원화된 현대 사회에서 탈연대성의 강화는 곧바로 국가 공동체의 정당성 자체를 위협할 수 있다.[7]

---

4 헤겔이 제시하고 있는 오성국가 또는 시민사회의 내적 모순에 대한 상세한 논의로는 박구용, 『우리 안의 타자』, 340쪽 이하 참조.

5 Jürgen Habermas, *Die postnationale Konstellation: Politische Essays*, Frankfurt am Main.: Suhrkamp, 1998, p. 158 참조.

6 Jürgen Habermas, *Die Einbeziehung des Anderen*, p. 189.

7 이러한 현상은 최근 한국 사회의 위기를 잘 설명해 준다. 내가 보기에 한국 사회는 정치적 민주화를 통해 급속도로 다원화되어 가고 있다. 그런데 우리가 향유하는 다원화는 두 개의 얼굴을 가지고 있다. 첫째, 다원화된 한국 사회는 더 이상 전통적인 세계관을 통해 사회적 연대성을 보장할 수 없다. 따라서 둘째, 사회적 연대성은 오직 공론장을 통해서만 확보될 수 있다. 그러나 한국 사회 전체가 경제 논리에 쉽게 굴복함으로써 그것을 견제할 수 있는 공론장을 형성하는 데에 실패했다는 것이다. 따라서 무엇보다 시급한 과제는 경제적 세계주의에 대항하는 공론장의 형성을 통해 경제민주주의를 실현하는 것이다. 그럼에도 불구하고 이미 시장에 항복한 정치의 민주화만을 주장하는 것은 정치의 빈곤화를 초래할 뿐이다. 내가 보기에 노무현 정부의 불행은 여기서

이 같은 자본의 경제적 세계화에 대한 비극적 전망은 곧바로 기술적·생태적·정치적·문화적 세계화의 귀결에 대한 의심을 불러일으킨다. 그런데 모든 변화에는 빛과 그림자가 있듯이, 각 영역에서 가속화하고 있는 세계화에도 어두운 그림자만 있는 것은 아니다. 예를 들어 NGO의 세계화, 인권 담론의 세계화, 생태 운동의 세계화 등에서 볼 수 있는 것처럼 사회, 정치, 경제, 문화의 경계와 차이를 넘어서는 보편적 가치에 대한 인식과 총체적 붕괴의 위험에 직면한 인류 공동체에 대한 인식의 확장은 부정적 세계화에 대항하는 긍정적 세계화, 즉 대안 세계화의 가능성을 보여 준다.[8] 경제적 능력에 따라 개별 국가들을 제1세계, 제2세계, 제3세계로 분열시키는 단계를 넘어 세계화는 한편으로 세계 전체를 위험 공동체로 만들기도 하지만, 총체적 위험에 대한 공동의 인식을 통해 의사소통과 협력의 세계화로 발전하기도 한다.[9] 국경을 경계로 작동해 온 공론장의 한계를 뛰어넘어 지구적으로 이루어지는 의사소통은 무엇보다도 보편적 가치에 대한 인식을 확장한다.

이런 정황을 통해 지구적 차원에서 보편적 가치에 대한 인식의 확장으로 발전하는 세계화는 국내에서는 역설적으로 다원화의 압력으로 밀려온다. 현대 사회는 더 이상 어떤 하나의 근본적 믿음과 그것의 바탕 위에서 유지되는 신뢰와 믿음의 공동체가 아니다. 세계적 의사소통망의 형성과 함께 다원성은 현대를 특징짓는 상징적 기호가 되었다. 이러한 변화는 근본적으로는 사회 구조의 변화에 수반되는 현실적인 요구이기도 하다. 서로 대립적이고 경우에 따라서는 모순적인 복수의 가치관이 그것의 추종자들에 의해 경쟁 관계를 형성하고, 나아가 그들 사이의 대칭적 상호 주관이 확대되는 것은 현대 민주주의 문화의 독특한 특징이다. 민주주의 사회 안에서 다원주의는 종교와 문화, 그리고 가치의 포괄적 개

시작된 것으로 보인다.

8 세계화와 관련된 다양한 관점에 대해서는 성염 외, 『세계화의 철학적 기초』, 철학과현실사, 1999 참조.

9 Jürgen Habermas, *Die Einbeziehung des Anderen*, p. 214 참조.

념 체계가 서로 상충하면서도 공존 가능하다는 입장을 가리킨다. 다원주의는 포괄적 교설들이 각각의 개념체계 안에서 합리성을 가지고 있다고 할지라도 이들 간의 불일치를 불가피한 것으로 보며, 마찬가지로 합리적 개인들 사이의 불일치 또한 자연스러운 것으로 수용한다. 따라서 서로 환원될 수 없는 종교와 문화, 그리고 가치의 다원성을 사실로 인정하는 다원주의의 징표인 불일치는 비합리적 불일치가 아니라 '합리적 불일치'(reasonable disagreement)를 의미한다.[10] 여기서 중요한 것은 합리적 불일치를 인정하는 다원주의적 태도가 허무주의라는 함정에 빠지지 않으면서 동시에 상이한 기준들의 공존 가능성을 무너뜨리지 않는 제약 가능성을 제시하는 것이다. 그런데 다원주의의 제약은 다원주의를 사실로 인정하는 보편주의를 통해서만 가능하다. 종교와 문화, 가치체계의 경계를 가로지르는 보편주의적 관점을 통해 제약될 수 없는 다원주의는 곧바로 허무주의로 귀착된다. 다원주의는 근본적으로 두 가지 얼굴을 가지고 있다. 한편으로 다원주의는 차이와 이질성에 대한 인내와 감수성의 확대를 의미하지만, 다른 한편으로는 획일화와 탈연대성을 불러오는 도구적 이성의 지배로 귀착될 수도 있다.

오늘날 다원화와 세계화의 관계는 하나의 몸을 공유한 채 다른 얼굴을 가진 야누스와 유사한 모습이다. 이제 세계화와 다원화는 세계적 현상이며, 이러한 현상 자체는 재앙도 축복도 아니다. 그것은 재앙이 될 수도 있고 축복이 될 수도 있기 때문이다. 그러나 세계화와 다원화가 재앙이 아니라 축복이 되기 위해서는 양자를 제약할 수 있는 가능성이 제시되어야 한다. 그런데 앞에서 언급한 것처럼 세계화와 다원화의 압력은 법규범의 정당화 과정과 적용 절차가 국가적 경계와 국제적 관계를 넘어선 초국가적 차원으로 확대될 것을 요구한다. 세계화와 다원화의 폭발적인 압력 아래, 전통적인 국내법이나 국제법을 통해 해결할 수 없는 수없

---

10 이에 대한 상세한 논의는 존 롤즈, 「공정으로서의 정의: 형이상학적 입장이냐 정치적 입장이냐」, 『공정으로서의 정의』, 140쪽 이하 참조.

이 많은 문제 상황은 하나의 국가를 단위로 하는 법 패러다임이 소진되었다는 것을 의미한다. 이러한 상황을 나는 '법다원주의'로 파악한다.

2. 법다원주의와 상호 합법성

세계법철학회의(IVR: Internationales Verein für Rechts- und Sozial-philosophie)는 2001년 6월 19일부터 6월 23일까지 암스테르담 자유대학에서 "다원주의와 법"이라는 주제로 국제 학술 대회를 개최했다. 그러나 이 대회에서 발표된 주제 강연이나 논문들에서는 어떤 뚜렷한 기본 시각이나 합의 가능한 법다원주의에 대한 철학적 원리를 찾아볼 수 없다. 기본적으로는 법과 다원주의의 개념적 연관성조차도 밝혀지지 않은 것으로 보이며, 나아가 세계화와 다원화의 내적 연관성과 그로부터 발생하는 탈연대성(Desolidarisierung) 문제를 해소할 수 있는 대안 제시에도 실패한 것으로 보인다. 그럼에도 불구하고 대부분의 법철학 연구자들은 전통적인 법철학적 이론이나 패러다임으로는 오늘날 새롭게 등장한 초국가적 현상과 문제를 더 이상 올바로 설명하거나 해석할 수 없다는 데에 인식을 같이 하고 있다. 따라서 세계법철학회의가 주관한 2001년 국제 학술 대회는 전통적 법철학이 해체되고 법철학의 새로운 패러다임이 등장할 것을 예견하는 대회에 만족한 것으로 보인다.[11]

현재까지 국내에서 '법다원주의'를 하나의 철학적 개념체계 또는 패러다임으로 규정하려는 시도는 없었다. 국내에서는 실천철학을 연구하는 철학자들뿐만 아니라 법철학을 연구하는 법학자들조차도 아직 '법다원주의'와 관련된 문제를 상세하게 다루고 있지 않다. 최근 이상돈과 변종필은 독일 법철학자 클라우스 귄터(Klaus Günther)와의 공동 연구를

---

11 세계법철학회의에 대한 상세한 소개는 최종고, 「법과 다원주의」, 『법철학연구』 4, 한국법철학회, 2001, 327쪽 이하 참조.

통해 법의 영역에서 이루어지는 세계화의 현상으로 인해 법의 정당성의 기초가 새롭게 마련되어야 한다고 주장하면서 그러한 기초를 마련하는 데 유용한 관점으로 법다원주의 패러다임을 소개한다.[12] 이들에 따르면, 세계화의 압력 속에서 발생하는 법의 정당성 위기는 근본적으로 세계 헌법, 세계 정부, 그리고 세계적 공론 영역이 사회, 정치, 문화, 특히 경제 영역에서 이루어진 세계화의 수준과 비교할 때 미성숙한 단계에 머물러 있기 때문이다.[13] 더구나 법다원주의적 관점에서 볼 때, 전 지구적으로 단일한 법문화를 형성한다는 것은 거의 불가능하다. 국내법과 국제법의 패러다임으로 해결할 수 없는 문제가 등장함으로써 초국가적 법 패러다임이 요구되지만, 그것은 많은 현실적 제약 앞에서 좌절할 수밖에 없다. 이는 초국가적 세계시민법(das Weltbürgerrecht)이 국내법이나 국제법에서와는 달리, 정부나 국민국가 중심의 권위적이고 통일적인 통치 시스템으로 정당화할 수 없다는 것을 의미한다. 세계시민법은 오직 법다원주의를 사실로 인정했을 때에만 정당화될 수 있다.

그런데 법다원주의자들에 따르면, "개인들이 국제적인 법 규범에 호소하는 행위나 국제 기구 내부에서의 역동적인 법 정립 행위, 이해관계 집단들 사이의 상호 작용, 그리고 국가적인 규율 사이의 상호 작용, 다양하고 이질적이면서도 네트워크를 형성하는 NGO들의 역할, 상사 중재와 같은 분쟁 조정 절차의 실제 …… 등과 같이 다양하고 복잡한 요소들의 작용 속에서 초국가적 단위의 법이 정당하게 형성될 수 있다".[14] 그러나 초국가적 단위의 법이 곧바로 세계시민법을 의미하지는 않는다. 세계시민법은 법다원주의를 사실로 인정하면서 그것을 이론의 출발점으로 받아들이지만, 종착점으로 인정하지 않았을 때에야 비로소 성립 가능하

---

12 이상돈·변종필·K. 귄터, 「세계화에 따른 법문화의 변화와 법개혁의 과제」, 『법철학 연구』 7(1), 한국법철학회, 2004, 7쪽 이하 참조.

13 이상돈·변종필·K. 귄터, 「세계화에 따른 법문화의 변화와 법개혁의 과제」, 26쪽 이하 참조.

14 이상돈·변종필·K. 귄터, 「세계화에 따른 법문화의 변화와 법개혁의 과제」, 30쪽.

다. 반면에 법다원주의를 법 패러다임의 종착점으로 규정할 때에 세계시민법은 불가능하며, 단지 국가 사이의 합의를 기초로 하는 국제법만 가능하다. 그렇다면 법다원주의와 양립할 수 있는 세계시민법은 어떤 성격을 가져야만 하는가? 나는 다원주의에 관한 논의를 통해 그것과 양립 가능하면서 제약의 분기점을 제공할 수 있는 보편주의는 오직 절차적 보편주의만이 가능하다는 것을 밝힌 바 있다.[15] 마찬가지로 법다원주의를 사실로 인정하면서 동시에 그것을 제약할 수 있는 세계시민법 역시 서로 다른 법체계를 상호 주관하는 절차로만 정당화될 수 있을 것이다. 즉 초국가적 세계시민법은 그것의 정당화 절차에서 가능한 한 모든 관련 국가나 국제 기구, 나아가 관련 단체와 관련자 모두의 참여와 그들 사이의 상호 합법성(Interlegalität)의 토대 위에서만 정당화될 수 있기 때문이다.

3. 거버넌스

21세기의 사회과학적 담론은 거버넌스(governance)에서 시작되고 있다. 정부 중심의 통치를 의미하는 거번먼트(government)의 역할과 권력, 그리고 권력의 정당화 절차에 대한 회의로부터 시작된 담론이 거번먼트를 보완하거나 대체할 수 있는 구체적 대안으로 거버넌스론을 제시하기 시작한 것이다. 현재 진행되고 있는 담론에서 거버넌스는 일반적으로 정부 중심의 통치 방식에서 정부를 포함한 사회의 다원적 주체들 사이의 비위계적이고 협력적인 통치 방식, 즉 협치(協治)를 의미하는 새로운 형태의 사회 운영 방식으로 정의된다.[16] 따라서 거버넌스는 공동의 목적과 상호 의존성을 자각한 행위 주체들(중앙 정부, 지방 정부, 사회·정치적

---

15 박구용, 「다원주의와 담론윤리학」 참조.
16 염재호, 「한국 시민단체의 성장과 뉴 거버넌스의 가능성」, 『아세아연구』 45(3), 2002, 139쪽 참조.

단체, NGO, 민간 조직 등)이 상호 신뢰를 바탕으로 수평적인 협력을 통해 사회 문제를 해결하는 기능을 수행하는 것이다. 거버넌스는 국가로부터 권력을 위임받은 행위자들뿐만 아니라 담론 주제와 관련된 모든 이해 당사자가 참여해 자율적으로 규범을 설정하고 수행하는 메커니즘이다. 거버넌스는 전통적 의미의 통치가 아니라 비위계적으로 정형화된 사회적 상호 작용(patterned social interaction)이다. 정부 없는 통치는 있을 수 없지만, 정부 없는 거버넌스는 가능하다는 주장은 이러한 맥락에서 비롯된 것이다.[17]

거버넌스 담론은 대상과 주제, 운영 방식 또는 주체에 따라 다양한 방식으로 제안되고 있다. 여성 거버넌스, 사이버 거버넌스, 그린 거버넌스, 인권 거버넌스, 경제 거버넌스, 안보 거버넌스, 정보 통신 거버넌스, 다차원(multi-level) 또는 다중심적(multi-centric) 거버넌스, NGO 거버넌스, 지방(local) 거버넌스, 지역(regional) 거버넌스, 국제적(international) 거버넌스, 글로벌(global) 거버넌스 등이 여기에 속한다. 이 중에서 특히 지역 거버넌스와 글로벌 거버넌스는 초국가적(supranational) 거버넌스로서 한 국가 또는 국가들 사이의 문제가 아닌 지구적 성격의 문제를 해결하기 위한 대안으로 제시되고 있다. 글로벌 거버넌스는 사회·정치·경제 분야에서부터 군사·안보 분야에 이르기까지 여러 분야에 걸쳐 하나의 개별 국가가 해결할 수 없는 초국가적 딜레마를 해결하기 위해 지구적·지역적·지방적 차원에서의 합의(arrangement)를 조율(orchestrate)하려는 노력이다.[18] 무엇보다 세계화와 다원화의 압력이 가속화하면서 글로벌 거버넌스에 대한 담론이 전 지구적으로 확장되고 있다.

시민의 법적 지위와 문화적 귀속성의 내적 결합을 통해 구축된 국민국

---

17 유현석,「글로벌 거버넌스와 주권, 지구 시민사회」, 한국정치학회 2005년 춘계 학술대회보,『21세기 민주주의와 한국정치』, 2005, 82쪽 이하 참조.

18 Andy Knight, "Engineering Space in Global Governance: The emergence of Civil Society in Evolving 'New' Multilateralism", in: Michael Schechter (ed.), *Future Multilateralism*, London: Macmillan, 1999, pp. 259ff. 참조.

가의 사회적 연대성과 행위 능력이 세계화와 다원화의 압력 앞에서 이미 그 한계를 드러내고 있다. 내부에서 몰아치는 다원주의의 폭발력과 외부에서 불어오는 세계화의 압력이라는 도전에 직면한 현대 사회는 우리로 하여금 국민국가가 가지고 있었던 사회 통합의 능력과 국가적 법체계의 구속성에 대한 등가물을 국내법이나 국제법이 아닌 초국가적 법체계 안에서 찾도록 강제한다.[19] 그런 압력 속에서 법다원주의와 글로벌 거버넌스로의 패러다임 전환이 강하게 요청된다. 그러나 우리는 아직 법다원주의를 제약할 수 있는 가능성을 글로벌 거버넌스가 제공할 수 있는지에 관해 확인하지 않았다.

4. 자유주의와 공화주의

세계화와 다원화는 야누스의 얼굴을 가지고 있다. 그러나 신자유주의적 세계화에는 어두운 그림자만 있을 뿐 희망의 빛은 없다. 빛은 오히려 신자유주의적 세계화, 즉 항구적이고 총체적인 위험의 세계화를 규제하려는 행위자들의 세계적 네트워크의 형성에서부터 시작된다. 그것은 여전히 살아 있는 가능성이다. 세계화의 압력 속에서 진행되고 있는 변화들이 민주적 과정 자체의 기능과 정당성의 조건 자체를 위협하는 것이 아니라 강화한다고 볼 수 있기 때문이다. 세계화와 다원화가 요구하는 변화들이 위협하는 것은 민주주의가 아니라 국민국가의 행위 공간이며 정당성의 범위이다.[20] 여기서 우리는 세계화와 다원화의 압력 아래, 거부할 수 없는 사실이 된 법다원주의를 제약할 수 있는 것은 더 이상 국민국가의 민주주의가 될 수 없다는 것을 알 수 있다. 이제 우리는 국민국가적 범주를 넘어서는 세계적 차원의 민주주의를 통해서만 법다원주의를 제

---

19 Jürgen Habermas, *Die Einbeziehung des Anderen*, p. 141 참조.
20 Jürgen Habermas, *Die postnationale Konstellation*, p. 103 참조.

약할 수 있다. 그렇다면 범세계적 민주주의(kosmopolitische Demokratie)는 어떻게 정당화될 수 있는가? 이에 대한 논의에 앞서 우리는 먼저 민주주의의 전통적 규범 모델을 살펴볼 필요가 있다.

하버마스는 민주주의 규범적 모델을 세 가지로 나누어 설명한다. 자유주의와 공화주의, 그리고 담론 이론적 모델이 그것이다.[21] 물론, 현재 일반적으로 통용되는 모델은 자유주의와 공화주의이다. 포스트민주주의 시대에도 자유주의만큼 공화주의도 현실적으로 강력한 힘을 발휘하고 있다. 어쩌면 시민의 정치적 무관심과 양극화가 심화되는 포스트민주주의 시대에 공화주의에 대한 향수가 깊어지고 있다. 향수를 불러일으키는 공화주의는 다양하다. 로마의 공화주의에서부터 포스트민주주의 시대에 등장한 신공화주의에 이르기까지 수많은 모형이 있다.

다양한 공화주의 모형을 가로지르는 공통의 개념이 있다면 당연히 '공화국'일 것이다. 공화국은 국가가 아니다. 공화국은 국가의 여러 정치체제 가운데 하나이다. 공화국은 로마가 발견한 정치체제, 곧 'res publica'를 가리키는 말이다. 라틴어 'res'는 관심을 끌고 있는 것 내지 논란이 일어난 것이라면, 'publica'는 공적 시민 또는 공중이다. 따라서 'res publica'는 모두가 관심을 가지고 있는 것 또는 논란이 되고 있는 것에 대한 합의와 결속을 가리킨다.

> 로마인들은 논란이 되고 있는 것을 res라고 부른다. …… 어떤 것에 대해 담판하다를 뜻한다. res publica(공화국)는 국가를 의미하는 것이 아니고 국민 모두에게 명확하게 관련되는 것, 즉 국민 모두의 관심을 '붙잡고' 있는 것, 그래서 공적으로 협의되는 것을 의미한다.[22]

---

21 하버마스는 미국에서 이루어지고 있는 자유주의와 공동체주의의 논쟁을 모델로 삼아 이러한 구분을 제시한다.

22 마르틴 하이데거, 이기상·신상희·박찬국 옮김, 『강연과 논문』, 이학사, 2008, 225쪽. 라틴어 'res'가 인간에게 와 닿는 것, 관련된 것, 논란이 되는 것 등을 가리키는 것은 명확하다. 그러나 로마 공화국의 주권자라고 할 수 있는 'populus'는 국민이 아니라 공

공화주의는 시민이 공동의 삶을 구성하고 조율하는 데 있어 중요한 문제를 스스로 논의하고 합의해 시행하는 정치체제를 가리킨다. 로마는 이러한 시민을 단순한 집단이나 군집을 가리키는 'coetus'가 아니라 정의에 대한 합의와 공유된 이익을 통해 형성된 결속을 가리키는 'societus'로 본다.[23] 공화주의가 지향하는 공화국은 누구의 소유물이 될 수 없는 것, 곧 공화국은 개인의 소유물도 아니지만 집단의 소유물도 아니다.

공화국은 사유만이 아니라 공유의 대상도 아니다. 공화주의가 지향하는 공화국은 시민이 공동의 삶을 위해 서로 부담을 나누어 가지면서 공동의 것을 만들어 가는 연대의 산물이다. 따라서 공화국은 관련된 구성원의 공유물을 가리키는 공동체(communitas)와 다르다. 공동체는 역사와 문화, 경제를 포함한 대부분의 것을 공유하는 도덕체계에 가깝다. 반면에 공화국은 공동의 문제와 관심사를 사회적 연대를 기초로 처리하는 정치체계이자 법체계이다. 공화주의가 'res publica'를 지향한다면, 자유주의는 'res privatae'를 우선시한다. 공화주의는 자유주의가 국가를 사적인 이익 관심으로 환원하고 있다고 비판한다. 반면에 자유주의는 공화주의가 개인보다 국가를 우선시한다고 비판한다. 자유주의와 공화주의는 국가와 개인 중에서 하나에 배타적 우선성을 부여한다고 서로를 비판한다. 이런 비판은 다양한 층위에서 지금도 계속되고 있다.

공공성과 친밀성에 대한 담론은 자유주의와 공화주의 사이의 포스트 민주주의 논쟁에 해당한다고 볼 수 있다. 공화주의는 공공성에서 공화국의 존재 가치와 정당성 해명의 근거를 찾는다. 반면에 모든 형태의 자유주의는 공공성 자체의 순수성에 의심을 제기하거나 혹은 그것의 폭력성을 들춘다. 자유주의와는 거리가 먼 마르틴 하이데거도 공공성에 대해 의심을 제기한다.

적 시민이라고 할 수 있다.

23 Marcus Tullius Cicero, *De Republica: De Legibus*, Harvard University Press, 2000, 1, 39/ 1, 41/ 3, 43 참조.

'일상인'의 평균성은 공공성(Öffentlichkeit)으로서 평준화를 수행한다. 공공성은 요구들과 욕구들을 통제하고, 현존재를 해석하는 양식과 범위, 그리고 물음의 가능성들을 위한 경계를 형성한다. 공공성은 친숙성과 근원적 전유(Aneignung)에서 성립되는 것이 아니라 대개 사태에 깊숙이 개입하지 않고 수준 차이에 대한 무감각함을 통해 올바로 유지된다. 공공성은 근원적 결단으로부터 벗어나 항상 이미 어떤 임의의 사람을 위해 선택한 상태이다. 공공성은 현존재의 경향, 즉 편하고 쉬운 것을 따른다. 거기에서 공공성은 끈질기게 자신의 지배를 유지하려고 한다. 모든 사람은 그 자신이 아닌 타인들이다. '일상인'은 '아무도 아닌 자'(Niemand)이다. 이 아무도 아닌 자에게 일상적 현존재는 전적으로 자신을 내다 바친다.[24]

하이데거를 따르면, 공공성은 현대 사회의 부조리와 병리의 진원지처럼 보인다. 공화주의자들에게 공공성은 개인과 국가보다 시민과 사회의 빛이다. 자유주의자들에 따르면, 특수한 개별적 실존이 공공성의 어둠 속에 갇혀 있다. 이 점에서 하이데거는 자유주의의 편에 서 있다. 이들 편에서 보면 사생활과 친밀성에 드리워진 공공성의 그늘을 벗겨내야 한다.[25] 물론, 공화주의도 친밀성에 큰 관심을 보여 왔다. 차이가 있다면 공화주의는 친밀성의 영역을 탈정치적인 공간으로 추상화하는 것을 거부한다는 점이다. 공공성에서 분리되어 탈정치화된 친밀성의 공간으로서의 사적 영역은, 루소가 염려했듯이, 사회 내부에서도 밖에서도 편안히 살 수 없는 도착적 상태에 빠질 수 있다. 더구나 이 경우에 사적 영역은 자유를 키우기보다 오히려 폭력을 은폐하는 경우가 많다. 이 맥락에서 공화주의를 대표하는 철학자 아렌트는 사적인 친밀성의 영역이 정치적으로 중요하다는 것을 보여 준다.[26]

24　마르틴 하이데거, 김재철 옮김, 『시간개념』, 도서출판 길, 2013, 39~40쪽.

25　Karlfriedrich Herb (et al.), "Im Schatten der Öffentlichkeit", *Jahrbuch für Recht und Ethik* 19, 2011, pp. 275ff. 참조. 이 논문의 저자들은 포스트민주주의 시대의 규범적 모델로 자유주의와 공화주의, 공동체주의를 든다.

26　김선욱, 「한나 아렌트의 프라이버시 개념과 그 규범성」, 『철학』 143, 2020, 57쪽

하버마스에 따르면, 자유주의적 모델과 공화주의적 모델의 본질적 차이는 민주적 절차의 역할에 대한 이해와 관련된다. 잘 알려진 것처럼 자유주의적 관점에서의 민주적 절차는 사회적인 사적 이해관계를 결집하고 관철할 수 있도록 국가를 조직하는 것이며, 국민 통합은 오직 자기 이익에 몰두하는 사적 개인(Privatperson)이 모여 있는 시장과 위계적 행정 권력을 통해서만 주어진다.

반면에 공화주의적 관점은 자연적으로 형성된 인륜 공동체의 연대성을 사회적 통합의 핵심적 원천으로 규정하는 가운데, 민주적 절차를 경제 사회로부터 분리한다.[27] 따라서 자유주의적 정치 모델에서 시민은 외적 강제로부터 자유롭게 사적 개인이 자기 이익을 추구할 수 있도록 국가권력을 통제하는 것에 관심을 갖는다면, 공화주의적 모델에서의 시민은 정치적 결정 과정에 적극적으로 참여하는 것에 관심을 갖는다. 따라서 전자에서는 사적 자율성이 강조된다면, 후자에서는 공적 자율성과 참정권이 강조된다. 두 모델의 차이에서 하버마스가 특히 주목하는 것은 자유주의적 모델이 정치적 절차를 전략적 행위로 규정하는 반면에, 공화주의적 모델은 상호 이해 지향적인 의사소통적 행위로 이해한다는 점이다. 따라서 전자의 정치적 절차를 규정하는 것이 시장이라면, 후자의 정치 패러다임은 대화(Gespräch)에 의해 규정된다.[28]

자유주의자들이 국가를 시장의 논리가 지배하는 경제 사회의 수호자로 규정한다면, 공화주의자들에게 국가는 인륜적 공동체이다.[29] 따라서 전자가 민주적 의견과 의사 형성 자체를 이해관계의 타협이라는 도구주의적 관점에서 바라본다면, 후자는 문화적으로 숙지된 배후적 합의에 기

이하 참조. 아렌트는 루소를 "최초의 의식적인 친밀성의 발견자이자 또한 어느 정도 이론가"라면서 치켜세운다. Hannah Arendt, *Vita activa oder Vom täitigen Leben*, München/Zürich: Piper, 2006, p. 49.

27 Jürgen Habermas, *Die Einbeziehung des Anderen*, pp. 277ff. 참조.

28 Jürgen Habermas, *Die Einbeziehung des Anderen*, p. 282 참조.

29 Jürgen Habermas, *Die Einbeziehung des Anderen*, p. 285 참조.

초한 윤리적 자기 이해의 형식으로 이해한다. 전자가 민주적 절차를 실용적 관점에서만 파악한다면, 후자는 윤리적 관점에서만 파악하는 것이다. 그러나 우리는 정치적으로 제정된 법이 정통성을 갖기 위해서는 법의 정당화 절차가 이해관계의 조정과 타협으로 환원되거나 또는 윤리적 자기 이해로 축소되어서는 안 된다는 점을 인식해야만 한다. 법치국가의 민주적 절차의 정당성은 실용적 관점과 윤리적 관점에 도덕적 관점이 부과되어야만 한다. 민주적 절차는 전략적 협상과 자기 이해의 논리뿐만 아니라 정의의 관점의 내적 연관을 요구한다. 실용주의와 연대성, 그리고 정의의 긴장 관계 위에서만 민주적 절차는 정당화될 수 있다.

여기서 우리는 두 가지 정치 모델을 가지고 세계화와 다원화의 압력 속에서 거부할 수 없는 사실로 등장하는 법다원주의를 제약할 수 있는지에 대해 물어볼 수 있다. 나는 먼저 자유주의적 정치 모델을 가지고는 세계시민사회를 총체적으로 위협하는 부정적 세계화를 극복할 수 없으며, 그런 맥락에서 법다원주의를 제약할 수도 없다고 본다. 자유주의 모델은 국가권력으로부터 개인의 자유를 배타적으로 보호함으로써 다원화의 폭발력으로부터 발생할 수 있는 허무주의를 극복하는 데 유리하다. 그러나 자유주의 모델은 무엇보다 최소주의적 규범만을 제공함으로써 시장과 자본을 규제할 수 없으며, 결국 경제적 세계화의 부정적 결과인 정치의 무력화와 탈연대성을 치유할 수 없는 것으로 보인다. 반면에 공화주의적 정치 모델은 인륜적 공동체에 뿌리를 둔 강한 연대성을 토대로 자본의 세계화를 어느 정도 제약할 수 있을 것이다. 그러나 공화주의적 모델은 세계화의 다른 얼굴인 다원화의 압력을 설득력 있게 극복하지 못할 것으로 보인다.

세계화와 다원화의 결과로서 법다원주의를 제약하기에 자유주의 모델이 지나치게 약한 규범만을 제시한다면, 공화주의 모델은 너무 강한 규범을 내세운다. 자유주의는 무엇보다 시장의 효율화가 비용과 수익의 긍정적 관계뿐만 아니라 사회적으로도 정의로운 분배를 보장할 수 있다는 것을 입증해야만 한다. 우리가 효율화된 시장에서 규범적으로 수용

가능한 분배의 정의를 기대할 수 없다면, 우리는 법의 정당성 자체를 위협하는 탈연대성을 극복할 수 없다. 하버마스에 따르면, 민주적 과정은 탈연대성의 위험을 극복하기 위해 사회적으로 승인된 정의의 척도를 만족시켜야만 한다. 장기적인 관점에서 볼 때, 민주적 과정은 권리의 공정한 분배를 통해서만 정당한 것으로 인정받을 수 있으며, 나아가 연대성을 증진할 수 있다.[30] 이 점에서 자유주의의 규범적 모델은 너무 허약하며, 특히 정치적 의사의 형성 과정을 지나치게 시장의 논리에 따라 교환법칙으로 환원하는 경향을 보인다. 자유주의 모델은 사적 자율성과 공적자율성이 상호 제약적이며, 그 때문에 시민이 법의 수신자이면서 동시에 저자일 때에만 자유로울 수 있다는 직관을 거부한다. 이런 맥락에서 볼때, 자유주의적 모델은 법다원주의의 제약 가능성을 제시할 수 없으며, 결국 자본의 세계화에 대항하는 대안 세계화를 제시할 수도 없다는 결론이 나온다.

반면에 공화주의 모델은 비록 정치적 의견 및 의사의 형성 과정을 중요하게 다루지만, 그것이 전제하는 강한 윤리적 규범은 현대 사회에서 일반적 합의를 이끌어 낼 수 없다. 그럼에도 불구하고 자연스러운 합의를 전제하는 것은 배제의 논리를 강제하는 것이다. 공화주의는 '정치적 담론을 윤리적으로 협소화'[31] 한다. 공화주의의 이러한 한계를 극복하기 위해서는 무엇보다 정치적 의사의 형성 과정을 집단적 행위 능력이 있는 시민 공동체에 위임해서는 안 된다. 오히려 토론 정치가 가능하도록 적절한 절차를 제도화하는 것으로 만족해야만 한다.

자유주의와 공화주의는 모든 사람이 자신들의 기호를 성취하거나 또는 정치적 의지를 관철할 수 있는 동등한 기회를 갖는다는 규범을 전제한다. 자유주의자가 이 규범을 사적 관심의 추구로부터 설명한다면, 공화주의자는 정치적 자율성의 향유로 설명한다. 전통적으로 로크의 관점

---

30 Jürgen Habermas, *Die postnationale Konstellation*, p. 117 참조.
31 Jürgen Habermas, *Die Einbeziehung des Anderen*, p. 283.

이 전자에 속한다면, 밀의 관점은 후자에 속한다고 할 수 있다. 현대 사회의 정치철학적 담론에서는 신자유주의자들이 전자에 속하는 반면에, 공동체주의적 관점을 가진 공화주의자들이 후자에 속한다고 할 수 있다.

하버마스의 담론 이론은 두 가지 관점과 차별화된 제3의 가능성을 모색하는 것으로 보인다. 담론 이론이 절차주의적 관점 아래에서 제시하는 토론 정치(deliberative Politik)는 민주적 절차의 정당성을 더 이상 참여나 의지 표현에서가 아니라 토론 과정의 보편적 접근 가능성(Zugänglichkeit)에서 가져온다. 민주주의에 대한 이 같은 담론 이론적 이해는 민주 정치의 정당성 조건에 대한 이론적 요구를 변화시킨다. 잘 작동되는 공론장이나 의견 형성의 담론 구조가 전통적 방식으로 수행된 결정이나 대의 절차를 완전히 대치할 수는 없다. 그러나 토론 정치 안에서의 무게 중심은 인격체들의 주권적 의지의 신체화나 선거 행위, 투표에서 의사소통의 절차와 결정의 절차로 이동한다. 이 과정에서 민주적 정당화와 국가적 조직 형태 사이의 연결이 느슨해졌다.[32] 이러한 방식으로 절차주의적 토론 정치는 제3절에서 언급한 거버넌스의 관점과 동맹 관계를 형성하는 것으로 보인다. 하버마스에 따르면, 정치체계는 통속적 의미를 넘어 다른 체계들에 의존적이다. 거버넌스처럼 토론 정치도 위계적 통치체제를 벗어나 사회의 다원적 주체들 사이의 수평적인 협력체계에 대해 우호적이다.

토론 정치는 그것이 제도화된 의견 및 의사 형성의 공식적 절차에 따라 진행되든, 아니면 정치적 공론장의 네트워크 속에서 단지 비공식적으로 진행되든 간에 상관없이 토론 정치에 우호적인 방식으로 합리화된 생활세계의 맥락들과 내적 연관 관계를 맺고 있다. 이처럼 토론을 통해 정제된 정치적 의사소통은 …… 생활세계의 자원들에 의지하고 있다. 이 자원들은 대부분 자발적으로 형성되고 재생된 것이며, 어떤 경우

---

32 Jürgen Habermas, *Die postnationale Konstellation*, pp. 165ff. 참조.

든 정치적으로는 조종하기가 매우 힘들다.[33]

여기서 우리는 담론 이론이 제시하는 민주주의와 세계민주주의의 규범을 살펴보기 전에 제4절의 본래적 물음을 상기할 필요가 있다. 앞에서 우리는 세계화와 다원화의 압력 아래 거부할 수 없는 사실이 된 법다원주의의 제약이 국민국가적 범주를 넘어서는 세계적 차원의 민주주의를 통해서만 가능하다고 할 때, 그와 같은 범세계적 민주주의가 어떻게 정당화될 수 있는지를 물었다. 이제까지의 논의를 토대로 우리는 보다 구체적으로 다음과 같은 물음을 던질 수 있을 것이다. 자유주의와 공화주의는 법다원주의를 제약할 수 있는 범세계적 민주주의의 규범적 모델로서 적절한가? 이제까지의 논의 과정에서 나는 이 물음에 대해 부정적인 답변을 할 수밖에 없는 이유를 대부분 설명했다. 자유주의는 다원화의 압력은 극복할 수 있지만 세계화의 압력에 굴복함으로써 전 세계의 상품화를 극복할 수 없으며, 공화주의는 이념적으로는 세계화의 압력을 극복할 수 있는 것처럼 보이지만 다원화의 압력을 과소 평가함으로써 정치적 절차를 윤리적으로 해석하는 가운데 세계화에 대항할 수 있는 초국적 법체계를 정당화할 수 없는 것으로 보인다.

5. 세계 내부 정치

세계화와 다원화의 진행이 가속화되면서 그 그림자가 지구 전체를 어둡게 하고 있다. 그러나 국내법과 국제법은 전 지구적 위험을 극복할 수 있는 힘을 가지고 있지 않다. 이런 정황 속에서 강한 보편타당성을 주장할 수 있는 통일적 법은 정당화될 수 없다. 나는 이 같은 현실을 앞서 법다원주의로 규정했다. 그러나 나는 법다원주의를 이론의 출발점으로 인

---

33 Jürgen Habermas, *Die Einbeziehung des Anderen*, p. 292.

정할 뿐 종착점으로 간주하지는 않는다. 내가 보기에 이론의 꼭지점에 있는 법다원주의는 허무주의로 귀착할 뿐이다. 허무주의는 세계화와 다원화의 압력에 부정적 방식으로 굴복하는 결과를 가져올 수밖에 없다. 허무주의의 그늘 아래, 세계화는 상품화로 다원화는 파편화로 변질되기 때문이다. 따라서 나는 법다원주의를 사실로 인정하면서 동시에 그것의 제약 가능성을 제시할 수 있는 초국적 세계시민법 패러다임이 제시되어야 한다고 생각한다. 그런데 앞의 논의에서 나는 자유주의나 공화주의가 이러한 요구를 담지할 수 없는 약점이 있다는 것을 밝혔다. 따라서 나는 마지막으로 토론 정치라는 민주주의의 절차주의적 규범 모델, 즉 의사소통적 세계민주주의 모델이 제공하는 '세계 정부 없는 세계 내부 정치' (Weltinnenpolitik ohne Weltregierung)[34]를 비판적으로 고찰하고자 한다.

이러한 논의에 앞서 우리는 탈국민국가적 민주주의의 토대 위에서 정당화된 초국적 시민법의 정당성 자체를 부정하는 관점이 있다는 것을 의식해야만 한다. 모든 형태의 세계주의가 강자의 팽창주의를 정당화하는 이데올로기라는 비판은 역사적 현실에 비추어볼 때 정당한 경우가 많다. 여기서 우리는 이 문제에 관해 상세히 논의할 수는 없다. 나는 다만 앞에서 지적한 것처럼 이러한 형태의 회의주의는 허무주의로 귀착하는 가운데 세계의 상품화에 굴복하고 만다는 입장을 전제한다. 무엇보다 이들은 정치의 종말을 선언하는 가운데 경제의 추종자로 전락할 위험을 감수해야만 한다.[35] 슈미트 같은 민속적 국가주의자들은 유사한 맥락에서 세계민주주의에 반대한다. 그들은 세계시민을 묶어주는 윤리적·문

---

34 Jürgen Habermas, *Die postnationale Konstellation*, p. 165.

35 하버마스는 이러한 관점에서 포스트모더니즘과 신자유주의가 동일한 결론, 곧 정치 종말의 테제에 도달한다고 비판한다. 하버마스에 따르면, 포스트모더니즘과 신자유주의는 모두 개인들과 소단위 집단들의 생활세계가 마치 단자들처럼 전 세계에 걸쳐 펼쳐져 있고, 기능적으로도 대등한 네트워크들 위에 흩어져 있는 것으로 간주한다. 특히 이들 두 조류는 생활세계가 사회적 통합의 과정에서 다양한 층위의 거대한 정치적 통일 속에 중첩되어 있다는 것을 인정하지 않는다. 이에 대한 상세한 논의는 Jürgen Habermas, *Die postnationale Konstellation*, pp. 133ff. 참조.

화적 정체성이 없기 때문에 세계시민 공동체가 불가능하다고 말한다. 이 문제 역시 여기서 자세히 논의할 수는 없다. 다만 국민국가에서와 달리, 세계시민 공동체는 집단적 정체성을 토대로 자연스럽게 형성된 윤리적 연대성을 요구하지 않으며, 요구할 수도 요구할 필요도 없다는 것을 분명히 해야 한다. 세계시민 공동체에서 요구되는 연대성은 인권 같은 보편적 가치의 이념 위에서만 가능하다.

세계시민이 조직되고 민주적으로 선출된 대표자 조직이 만들어진다고 할지라도, 이들을 묶어 주는 것은 윤리적이거나 정치적인 자명성을 통해 얻어지는 것이 아니라 유일하게 법적이고 도덕적인 자명성을 통해서만 획득된다. 배제의 가능성이 없는 세계 정치 공동체의 규범적 모델은 도덕적 인격체들의 우주, 칸트식으로 표현하면 목적의 왕국이다.[36]

여기서 하버마스가 제시하는 법적이고 도덕적인 자명성은 다름 아닌 인권이다. 그러나 하버마스가 생각하는 세계시민 공동체를 도덕 공동체로 이해해서는 안 된다. 그에게 인권은 처음부터 법적 개념이다.[37] 따라서 엄밀하게 말하면, 하버마스가 이해하는 세계시민 공동체는 세계시민의 법 공동체이다. 도덕은 법 공동체의 정당화 과정에서 중요한 역할을 수행하지만 어디까지나 하나의 요소일 뿐이다. 세계시민의 법 공동체 안에서 연대성의 토대는 분명 도덕적일 수밖에 없지만, 여기서 도덕의 내용이 확정된 것은 아니다. 하버마스가 제시하는 법 공동체의 도덕은 순수하게 절차주의적이다. 이런 맥락에서 볼 때, 초국적 차원의 사회적 연대성을 위한 통합의 힘은 세계시민적 공론장의 의사소통망에 의존하게

---

36 Jürgen Habermas, *Die postnationale Konstellation*, p. 162.

37 인권에 대한 하버마스의 관점에 대해서는 박구용, 「인권의 보편주의적 정당화와 해명」, 153쪽 이하 참조.

된다. 이제까지 국가 단위로만 작동해 온 공론장의 한계를 뛰어넘는 의사소통을 위한 네트워크가 형성되지 않는다면 세계민주주의나 세계시민법은 존재할 수 없다. 민주적 의지 형성의 틀이 없이 정당한 법과 국가가 생성될 수는 없기 때문이다. 그런데 초국민국가의 범주에서 민주적 의지 형성은 역사적·문화적 기제를 통해서가 아니라 법적 제도화에 의해 순환적으로 작동하는 시민적 의사소통의 흐름에 따라 결정된다.[38]

하버마스는 세계시민 공동체가 윤리적이거나 정치적인 공동의 정체성을 기반으로 가지고 있지 않기 때문에 세계 정부를 통한 통치는 처음부터 불가능하다는 것을 명확하게 인식하고 있다. 국민국가 안에서 정치적 행위자는 도구적 합리성을 넘어서는 가치관을 공유하고 있다. 그만큼 국민국가에서 이루어지는 합의는 두터운 의사소통망과 강하게 맞물려 있다. 그러나 독립국가들 사이에서 이루어지는 국제적 협상이 벌거벗은 자연 상태에서 이루어질 수밖에 없다고 할 때, 엷은 의사소통망의 기초 위에서 세계 정부를 통한 세계 내부 정치를 조직한다는 것은 불가능하다.[39] 이러한 정황을 기초로 하버마스가 범세계적 민주주의의 모델로 제시할 수 있다고 생각한 것이 바로 '세계 정부 없는 세계 내부 정치'이다.

하버마스는 아쉽게도 의사소통적 세계민주주의를 '세계 정부 없는 세계 내부 정치'로 규정하면서 그것의 구체적 내용에 대해서는 상세하게 취급하지 않는다. 나는 그가 말하는 세계 정부 없는 세계 내부 정치를 앞에서 소개한 '글로벌 거버넌스'로 이해할 수 있다고 생각한다. 그에 따르면, 경제적으로 줄이 끊긴 세계 사회를 다시 정치적으로 새롭게 묶는 것은 오직 다음과 같은 조건 아래에서만 가능하다. 즉 세계적으로 행위할 수 있는 세력들이 사회 보장의 수준을 유지하면서 극단적인 사회적 불평등을 제거하려는 관심을 가지고 초국가적 의지 형성을 위한 제도적 절차, 즉 다차원적 의사소통 절차에 관심을 가졌을 때에만 가능하다. 이

---

38 Jürgen Habermas, *Die Einbeziehung des Anderen*, p. 191 참조.
39 Jürgen Habermas, *Die postnationale Konstellation*, pp. 163ff. 참조.

를 위해 이들 세력은 국가적 관심을 넘어 '글로벌 거버넌스'의 관점으로 자신들의 관점을 확장해야만 한다.[40]

국제 관계에서 세계 내부 정치로의 이러한 관점 변화는 세계시민 의식의 성장을 요구한다. 아직까지 세계 사회의 민주적 규범화를 위한 구체적 프로젝트는 제안된 적이 없다. 그런데 세계 내부 정치를 위한 프로젝트가 의사소통의 절차를 통해 제안과 동의를 거쳐 구체적 실현에 이르기 위해서는 세계시민 의식이 전제되어야 한다. 정치인은 미리 선취된 가치 지향을 가지고 세계시민 의식을 가진 국민의 공감을 얻어야 하며, 국민은 국가적 독립성에 사로잡히지 않고 범세계적 협력 절차에 관심을 갖는 정치를 지지해야만 한다. 하버마스는 세계시민 의식의 성장을 통해 먼저 유럽을 하나의 사회로 만들 것과 그 유럽이 범세계적인 글로벌 거버넌스에 관심을 갖기를 기대하고 있다.[41]

6. 시장과 토론

만약 의사소통적 세계민주주의 절차에 따라 글로벌 거버넌스가 정착되고 그 과정에서 세계시민법과 세계시민 공동체가 설립된다면, 세계화의 어두운 그림자가 제거되고 법다원주의가 허무주의의 함정에서 빠져나올 수 있을까? 실제로 세계국가는 앞으로 인류가 추구해야만 할 바람직한 정치 공동체인가? 앞에서 언급한 것처럼 세계국가가 전제적 세계 지배로 귀착할 수밖에 없다는 비판은 지속적으로 제기되어 왔으며 앞으로도 그럴 것이다. 그러나 나는 그러한 비판이 갖는 내용적 타당성에도

---

40 Jürgen Habermas, *Die postnationale Konstellation*, pp. 167ff. 참조.

41 Jürgen Habermas, *Die postnationale Konstellation*, p. 169 참조. 내가 보기에 하버마스는 초국가적 거버넌스론에 관심을 갖는다. 그는 특히 유럽연합(EU)을 하나의 구체적인 지역 거버넌스로 생각하면서 그것을 확장해 글로벌 거버넌스의 실현 가능성으로 모색하는 것 같다.

불구하고, 그 비판이 허무주의로 귀착하는 가운데 시장의 논리에 굴복할 수밖에 없다는 관점을 가지고 있다. 따라서 나는 빈곤을 항구화하고 세계 전체를 위험에 빠뜨리는 부정적 세계화를 극복하기 위해서는 세계시민 공동체 또는 세계국가가 확립되어야만 한다는 입장을 가지고 있다. 세계국가의 글로벌 거버넌스는 무엇보다 세계화된 시장에 맞서 목소리를 빼앗긴 정치의 기능을 회복해야 한다. 글로벌 거버넌스는 시장의 논리에 종속되지 않은 상태에서 범세계적인 문제를 민주적인 의사소통 절차를 통해 주제화해야만 한다. 그 과정에서 이루어지는 모든 규범화의 정당성은 시장의 패러다임이 아니라 토론에서 주어져야만 한다.

그런데 세계시민 공동체에 동의하는 모든 이론이 토론 정치에 동의하는 것은 아니다. 예를 들어 회페가 '정치적인 세계 연방 모델'을 제시한다면,[42] 페터 베렌스(Peter Behrens)는 신자유주의적 관점에서 '사법에 기

---

42 Otfried Höffe, *Demokratie im Zeitalter der Globalisierung*, München: C. H. Beck, 1999 참조. 회페의 정치철학은 '수준 높은 민주주의'(qualifizierte Demokratie)를 기초로 한다. 그가 제안하는 수준 높은 민주주의는 다수결의 원칙이나 국민 투표에서 소진되지 않는 이념, 즉 인권이라는 정의의 원칙을 전제한다. 정의의 원칙이 민주주의의 필요조건으로써 우선성을 향유하는 것이다. 이런 맥락에서 회페는 수준 높은 민주주의가 보편적이고 초문화적 타당성을 갖는다고 주장한다. 그에 따르면, 민주적으로 형식화된 공권력, 즉 국가는 인권과 정의의 원칙을 구현하기 위해서는 보편적이고 필연적이다. 아울러 세계화의 문제 역시 수준 높은 민주주의라는 형식을 갖춘 세계 공화국을 통해 해결될 수 있다. 물론, 그가 말하는 세계국가는 절대권력을 가진 리바이어던이 아니다. 그가 제안하는 세계국가는 차이에 대한 권리를 가진 독립국가의 연합체로서 보조성의 원칙에 입각한 세계 공화국이다. 여기서 나는 회페가 제시하는 세계 공화국의 일반적 이념에 대해 반대하지 않는다. 인권과 정의의 원칙을 토대로 차이에 민감한 세계 공화국을 건설하는 것은 칸트 이래로 많은 철학자의 이상이다. 그러나 문제는 그렇게 간단하지 않다. 회페는 무엇보다도 보조적 세계 공화국이 모든 문화적 차이를 포괄하는 정당성을 어떻게 획득할 수 있는지를 답변해야만 한다. 회페가 실제로 독일과 미국의 연방제를 확대 개편한 형태의 세계 공화국 모델을 제시하고 있다는 점을 감안할 때, 다른 국가 또는 세계시민의 민주적 동의를 획득하기는 불가능할 것으로 보인다. 나 역시 독일식 연방국가나 유럽연합의 형태를 세계 공화국이 지향할 수 있는 모범으로 생각하지만, 그것이 세계시민의 동의를 받을 수 있다고 생각하지는 않는다. 회페의 제안은 공화주의자의 관점보다 약화된 것이기는 하지만, 다원화의 압력을 막아내

초한 세계시민사회 모델'을 제시한다.[43] 여기서 우리는 이들의 관점을 구체적으로 논의할 수 없다. 그렇지만 세계시민 공동체가 토론에 기초하더라도, 시장의 복사판이 될 수 있다는 것을 인식해야만 한다. 실제로 많은 학자는 현재 시도되고 있는 글로벌 거버넌스가 신자유주의 연합의 지배 메커니즘의 하나로 전락할 위험이 있다고 말한다. 따라서 단순히 글로벌 거버넌스에서 희망을 찾을 것이 아니라 지배 메커니즘으로서의 글로벌 거버넌스가 아닌, 곧 신자유주의 이데올로기에 대항하는 글로벌 거버넌스의 가능성을 찾는 것이 과제이다. 전자가 정치를 경제의 하부 변수로 전락시키는 전체주의적 특성을 갖는다면, 후자는 공론장의 활성화를 통해 경제지상주의에 대한 저항 지대의 형성을 목적으로 한다.

여기서 우리는 글로벌 거버넌스와 국제적 거버넌스의 차이가 NGO의 역할 확대와 관련되어 있다는 것을 인식할 필요가 있다.[44] 글로벌 거버넌스는 개별 국민국가나 국제 기구뿐만 아니라 세계시민사회를 형성하는 NGO 또는 INGO를 핵심적 행위 주체로 인정하는 것이다. 따라서 신자유주의 이데올로기에 대항하는 글로벌 거버넌스의 가능성 역시 NGO의 역할에서 찾아야 할 것이다. NGO는 권위적 지배나 통치 시스템으로써의 정치·경제적 메커니즘에 대한 비판을 수행할 뿐만 아니라 보편적 이념의 확산에도 기여한다. NGO는 전통적으로 국가나 국제 기구의 독점 영역이라고 여겨지던 모든 영역에 관여한다. 예를 들어 이 과정에서 NGO는 특히 대인지뢰와 국제형사재판소 협약에 대한 협정을 성사시키는 데 큰 역할을 수행했다. 여기서 중요한 것은 NGO가 글로벌 거버넌스의 정통성 확보와 글로벌 거버넌스에서 결정된 것에 대한 정당

기에는 지나치게 강하다. 화폐의 관점에 대한 비판적 논의로는 Klaus Günther, "Alles richtig! Otfried Höffes Entwurf einer subsidiären und föderalen Weltrepublik auf der Basis des Allgemeinmenschlichen", in: *Rechtshistorisches Journal*, 2000, pp. 232ff. 참조.

43 Peter Behrens, "Weltwirtschaftsverfassung", in: *Jahrbuch für Neue Politische Ökonomie*, 1999 참조.

44 이와 유사한 관점에 대해서는 김석수, 「세계화와 신자유주의, 그리고 새로운 시민 주체」, 사회와철학연구회, 『세계화와 자아 정체성』, 이학사, 2001, 78쪽 이하 참조.

성의 기초를 제공한다는 점이다. NGO에 대한 시민사회의 포괄적 지지가 곧바로 글로벌 거버넌스의 결정 및 활동에 정당성을 부여하는 토대로 작동한다. 따라서 오늘날 개별 주권국가뿐만 아니라 UN을 비롯한 국제 기구들, 나아가 이들 국제 기구를 장악하고 있는 강대국들은 글로벌 거버넌스에 NGO가 참여하는 것을 제한적으로 인정하는데, 이는 자신들의 결정에 정당성을 부여하기 위함이다.

여기서 우리는 개별 국가와 국제 기구들이 NGO와 글로벌 거버넌스의 역할을 제한적으로 인정한다는 것을 인식해야만 한다. 더구나 경제 관련 글로벌 거버넌스에서는 NGO의 참여가 완전히 차단되어 있다. 이런 현실을 고려할 때, 글로벌 거버넌스의 실제적 역할과 활동에 대해 지나치게 과장해서는 안 된다. 현실적으로 글로벌 거버넌스에서 NGO가 협의적 지위(consultative Status)에 머물고 있다는 것과 NGO의 글로벌 거버넌스에 대한 참여 자체가 개별 국가의 입장에 따라 결정된다는 현실을 직시해야만 한다. 나아가 NGO의 역할 및 능력이 국력의 차이에 크게 좌우되고 있다는 것도 주목해야만 한다.[45] 그럼에도 불구하고 글로벌 거버넌스가 시장의 논리에 굴복하지 않고 토론 정치를 통해 정당성의 기초를 마련하기 위해서는 국가나 국제 기구와 동등한 자격으로 NGO가 참여할 수 있는 제도가 정착되어야 한다. 따라서 세계 정부 없는 세계 내부 정치, 즉 글로벌 거버넌스 프로젝트의 첫 번째 수신자는 정부가 아니라 시민과 시민 운동일 수밖에 없다.

---

45 글로벌 거버넌스와 NGO의 관계에 대한 논의는 주로 유현석의 논의를 참조했다. 유현석, 「글로벌 거버넌스와 주권, 지구 시민사회」, 한국정치학회, 2005, 88쪽 이하 참조.

제11장

자유와 폭력의 경계에서 행복의 그림자

이 장(章)에서 나는 자유와 폭력의 경계에서 행복 담론의 빛과 그림자를 밝히고자 한다. 나는 자유의 최대화와 폭력의 최소화에 기여하는 행복론을 지향한다. 이를 위해 먼저 자유와 폭력의 변증법적 관계를 기초로(1), 에피쿠로스(Epikouros)와 아리스토텔레스의 행복론을 비판적으로 검토한다. 이 과정에서 나는 행복론이 불행한 의식에 빠지지 않으려면 행복과 불행의 이분법을 벗어나야 하며(2), 목적이나 수단이 아니라 과정으로서의 행복을 권리의 지평에서 정당화해야 한다는 입장을 제시한다(3). 나아가 나는 프롬과 마르쿠제의 긍정심리학과 부정심리학의 경계에서 행복론이 상실된 자아를 찾아가는 과정이 되어야 한다고 논증한다(4). 마지막으로 나는 행복 담론이 자기 침잠과 자기 연민에서 나와 바깥으로 나아가는 과정이 되어야 한다는 것을 밝힌다(5).

1. 자유와 폭력의 변증법

국민 행복 시대에 행복하지 않은 나는 국민인가, 난민인가? 국가가 폭력의 거대 주체였던 어둠의 시대를 경험했고, 여전히 국가의 그림자에 촉수를 꽂고 있는 나에게 국민의식은 무기력한 체념이다. 부정한 국가를 부정할 수 있는 권리, 곧 저항권을 인정하는 법치국가에서 국민은 허가받지 않은 저항을 할 수 없다. 그 때문에 국가 안의 바깥에 감금된 사람의 시선으로 국가를 신문(訊問)하는 사람에게 국민 행복은 또 하나의 배제 장치이다.

기억이 없고 꿈이 없는, 그래서 과거와 미래에 얽매이지 않고 언제나 현재를 살아가는 동물은 지금 이 순간, 바로 여기 이 자리에서 욕구가 충족되면 행복하다. 아니 행복한 것이 아니라 행복한 것처럼 보인다. 동물에게는 행복과 불행의 구별 자체가 없으니, 동물의 행복을 논하는 모든 이론은 잘못된 비유로 자기 정당화를 시도하는 전략을 쓰고 있는 것이다. 물론, 이를 인정하고 은유의 지평에서 동물이 행복한 이유를 찾을 수 있다. 이런 맥락에서 니체는 생명에의 의지가 다른 모든 의지를 압도하기 때문에 동물이 행복할 수 있다고 말한다.[1] 그의 말대로 행복을 원하는 사람이라면 과거나 미래가 아니라 현재의 삶에 충실해야 할 것이다. 그러나 인간은 동물이지만 사유하는 동물이다.

생각하는 동물은 생명만큼 자유에의 의지가 강하다. 도구적 이성이 전면화된 사회에서 사고는 자연법칙과 시장의 논리에 종속될 수 있다. 그렇다고 비판적 이성이 죽은 것은 아니다. 감시와 처벌의 사회에서 움츠러들고 쪼그라지며 꺾일 위험에 처했을 뿐이다. 그러니 자유를 향한 사유의 열망이 사라진 것은 아니다. 배제와 감금의 체계에서 사고는 바깥을 향한 자유의지를 키운다.

자유의지는 행위 결과에 대한 만족을 지향하지 않는다. 그러니 자유를

---

1   프리드리히 니체, 이진우 옮김, 『반시대적 고찰』, 책세상, 2005, 290쪽 참조.

향한 열망이 커질수록 그만큼 행복은 멀어진 것처럼 보인다. 그래서 역으로 자유를 포기하면서 노동을 팔고, 상품을 팔고, 때로 인격까지 파는 사람의 얼굴이 더 환하게 웃고 있는 모습을 떠올릴 수 있다. 폭력이 난무하는 세상에서 자신은 가해자도 아니지만 피해자도 아니라며 방관자의 행복을 노래하는 사람도 만날 수 있다. 이런 방식으로 거짓 행복에 젖었거나 전도하는 사람이 적지 않지만 큰 문제도 아니다. 가해자가 아니라면 언제든 교정 가능하기 때문이다.

문제는 가해자이면서 가해자 의식이 없는 경우이다. 문명은 자연 상태에서 이루어지는 기본적인 억압과 폭력을 능가하는 과잉 억압(surplus repression)과 폭력의 기초 위에서 확장되어 왔다.[2] 하지만 폭력은 보이지 않는다. 어마어마한 폭력이 문명의 이름으로 감추어졌기 때문이다. 그러니 가해자는 가해자 의식을 가지고 있지 않다. 무자비한 폭력이 없이는 식탁의 평화가 유지될 수 없는 문명 사회에서 도살장은 골목 곳곳에 파고들어 숨죽이면서 확장한다. 그러므로 자유의지는 평화의 뒷면에 은폐된 폭력을 의식하고 그것의 최소화를 지향하는 과정이어야 한다.

문명 사회의 폭력이 도살장에 갇혀 있는 것만은 아니다. 자연에 대한 문명의 과잉 폭력은 특수한 시간과 장소가 아니라 모든 시간과 장소에 난무한다. 과학의 이름으로 수행되는 동물 실험에서 원자력 에너지의 생산 과정에 이르기까지 인간을 사로잡은 생명에의 의지는 이제 폭력 그 자체가 되었다. 특히 보다 많은 시간과 장소를 사적으로 소유하려는 자본주의적 인간의 욕망은 자연의 폭동으로 극대화한다.

호르크하이머에 따르면, 계몽의 최종 결과로서 추상적 자아는 자기 보존을 위해 모든 것을 수단이나 도구 혹은 목적 없는 합목적적 자연으로 변형시킨다. 삶과 생명에의 의지, 다른 말로 자기 보존에의 욕망에 사로잡힌 자아는 자연만이 아니라 다른 자아인 타인을 굴복시킴으로써 자신을 유지하려고 한다. 이를 위해 자아는 자신의 내적 자연인 동물적 자아,

---

2 H. 마르쿠제, 김인환 옮김, 『에로스와 문명』, 나남출판, 2009, 114쪽 이하 참조.

곧 몸의 목소리까지 희생한다. 이런 방식으로 수행된 계몽의 기획은 자유의 최대화를 지향하지만 자연과 인간에 대한 폭력의 최대화로 둔갑한다.

폭력의 대상으로 전락한 인간의 내적 자연은 원한 감정을 쌓아 간다. 도구적 이성에 의해 이런저런 방식으로 감금되고 배제된 사람은 스스로 희생한 내적 욕망의 등가물을 찾는다. 실재에 대한 열망은 이런 방식으로 불안한 사람을 사물의 노예로 만든다. 하지만 끝없이 미끄러질 수밖에 없는 실재에 대한 열망은 쉽게 폭력으로 재조직된다. 내적 욕망을 조작하면서까지 도구적 이성의 규율에 복종했지만, 바로 그 도구적 이성의 논리에 따라 희생된 사람은 자신이 불행한 원인을 다른 자연성을 가진 사람에게서 찾도록 만드는 것이다.

지배자는 한편으로 실업의 고통에 시달리는 사람에게 자기 관리에 실패한 너의 잘못이니 충분히 자책하라고 충고하면서 동시에 너를 그렇게 만든 사람을 찾아 우리 밖으로 몰아내라고 부추긴다. 너보다 더 부족한데도 싼값에 노동을 파는 사람과 외국인 노동자를 비롯해 다양한 형태의 하층민과 사회복지 제도의 혜택을 받는 사람들, 그리고 그들의 편에서서 그들을 보호하고 그들과 연대하는 다양한 형태의 시민사회와 정치 세력에 대해 원한 감정을 분출하라고 책동하는 것이다.

이런 방식으로 조직된 자연의 폭동은 모든 형태의 이성과 합리적 여론의 형성 과정을 비하하고 순수한 자연적 감정과 생명에의 의지를 찬양하면서 잔혹한 폭력으로 발전한다. 하지만 자연의 폭동은 도구적 이성에 의한 자연의 억압을 해방함으로써 자유의 최대화에 기여하기보다는 역으로 억압을 강화함으로써 폭력만을 최대화한다. 스페인 화가 프란시스코 드 고야(Francisco de Goya)의 말처럼 이성이 잠들면 악마가 나타나는 법이다.

이른바 모든 자연 폭동의 도식은 이와 같은 방식으로 역사 전반에 걸쳐 나타난다. 자연이 최고의 원칙으로 추앙되고 사유와 문명에 대항하는 사유의 무기가 될 때마다, 사유는 일종의 기만으로 전락하며 양심의

가책(ein schlechtes Gewissen)을 양산해 낸다. 왜냐하면 사유가, 겉으로 보기에는 자신이 맞서 싸우는 바로 그 원칙을 포괄적으로 받아들이기 때문이다. 이러한 관점에서 농경 생활의 장점에 대한 로마 궁중 시인의 칭송, 그리고 혈통, 대지, 성실한 농민들을 축복하는 독일 중공업자의 빈말 사이에는 거의 차이가 없다. 두 가지 모두 제국주의적 선전에 봉사한다. 실제로 자연 폭동의 한 형태인 나치 정권은 그 자체가 폭동으로서 의식된 바로 그 순간에 허구가 되었다. 나치 정권은 기계화된 문명을 거부한다고 주장했지만, 결국 기계화된 문명의 하수인으로서 문명에 내재해 있는 억압적인 수단들을 받아들였다.[3]

자유의 최대화를 향한 현대 휴머니즘의 기획이 왜 이처럼 폭력의 최대화로 왜곡되었을까? 뿔뿔이 흩어진 개인은 보다 많은 시간과 장소를 자신의 소유로 만드는 데 성공했지만 왜 항구적 불안 상태에서 잠재적 폭력성을 키우고 있는가? 오랫동안 경제 공동체이자 인륜 공동체였던 가족이 자본주의 생산체계에 따라 사랑의 공동체로 변화했지만 그 안에서 행사되던 폭력은 왜 줄어들지 않고 교활해질 뿐인가? 교통과 소통 수단의 기술적 혁신과 가상 세계의 놀라운 확장을 기초로 우주의 관점을 운운하는 시대에 왜 국가는 여전히 적과 동지의 이분법에 사로잡혀 전 지구를 파괴할 폭력 수단만을 축적하는가? 그리고 이처럼 폭력이 최대화된 사회에서 행복을 향한 열망은 왜 이토록 강한가? 어떻게 하면 행복론은 자유를 최대화하면서 폭력을 최소화할 수 있는 길을 찾을 수 있는가?

2. 행복과 불행의 이분법

폭력이 난무하고 그것에 희생된 자연과 인간의 고통이 넘쳐나는 세계

---

3 막스 호르크하이머, 『도구적 이성 비판』, 184쪽.

에서 불행하지 않은 나는 불감증 환자인가, 마조히즘 환자인가? 나에게는 신을 향한 갈망도 죽음에 대한 두려움도 없다.[4] 보다 정확히 말하면 두려움이 없는 것이 아니라 아직은 시간이 충분할 것이라는 판단 때문에 느껴지지 않는 것이다. 어쨌거나 에피쿠로스의 말처럼 신과 죽음에 대한 두려움을 느끼지 않는 나는 그 때문에 고통이 없는 상태를 유지함으로써 불행하지 않을 뿐만 아니라 심지어 가끔 행복을 느끼는 것일까? 만약 그것만으로 행복을 얻을 수 있다면 탈형이상학적 과학주의 시대에 저편의 세계에 대한 비합리적 열망은 이미 사라졌을 것이다. 그러니 쾌락과 행복까지는 아니더라도 불쾌하지도 불행하지도 않은 상태를 위해서는 미지의 두려움뿐만 아니라 당장의 두려움도 극복해야 한다. 쾌락의 정원사인 에피쿠로스가 행복을 위해 욕심을 억제하라고 말한 까닭일 것이다.[5]

마르쿠스 툴리우스 키케로(Marcus Tullius Cicero)가 전해 주듯이, 에피쿠로스는 과욕을 부리지 않고 가진 것에 만족하면서 삶을 위해 꼭 필요한 것들, 예를 들어 약간의 옷과 음식, 몇 명의 친구와 철학만으로 충분한 행복을 누렸을 수도 있다.[6] 물론, 그가 운영한 '쾌락의 정원'에서 행복

4　아마도 모든 삶의 가장 원초적 고통은 죽음일 것이다. 하지만 잘 알려진 것처럼 에피쿠로스는 죽음을 두려할 필요가 없다고 주장한다. 존재와 죽음은 결코 함께 할 수 없기 때문에 산 사람이나 죽은 사람 모두에게 죽음은 무의미하다는 것이다. 산 사람은 죽음을 감각적으로 경험할 수 없고 죽은 사람은 고통을 느낄 수 있는 감각 자체가 없기 때문이다. "죽음은 우리에게 아무것도 아니다. 왜냐하면 분해된 것은 감각이 없기 때문이다. 감각이 없는 것은 우리에게 아무것도 아니다." 에피쿠로스, 오유석 옮김, 『쾌락』, 문학과지성사, 1998, 13쪽.

5　에피쿠로스는 욕망을 다음과 같이 구분한다. "욕망들 중 어떤 것은 i) 자연적인(physikai) 동시에 필연적(anangchaiai)이며, 다른 것은 ii) 자연적이기는 하지만 필연적이지 않고, 또 다른 것은 iii) 자연적이지도 않고 필연적이지도 않으며, 다만 헛된 생각에 의해 생겨난다"(에피쿠로스, 『쾌락』, 20쪽). 에피쿠로스에 따르면, i)에 해당하는 욕망은 다시 몸의 휴식을 위한 것과 행복을 위한 것, 그리고 삶 자체를 위한 것으로 나뉘며 그만큼 충족되어야만 한다. 반면에 ii)에 해당하는 욕망은 고통을 느끼지 않는 범위에서만 충족하면 되기에 과욕하면 안 되고, iii)은 헛된 욕망이니 피해야 한다고 말한다. 에피쿠로스, 『쾌락』, 45쪽 참조.

은 몸이 고통스럽지 않고 평온한 상태인 아포니아(aponia)와 마음이 더 이상 유혹 때문에 불안하지 않은 상태인 아타락시아(ataraxia)를 요구한다.[7] 에피쿠로스가 바라듯이, 절제할 수 있는 용기와 지혜가 있다면 적절한 금욕은 쾌락일 것이다.

하지만 금욕의 즐거움은 일시적이고 불안전하다. 따라서 어떤 욕망을 잘못된 방식으로 억제하면 다른 욕망이 기형적으로 발전할 수 있다. 만약 금욕의 과정에서 오랫동안 고통을 참는다고 누구나 지속적으로 쾌(快)한 행복을 느낄 수 있다면, 과욕이란 인간 세상에서 이미 사라졌을 것이다. 하지만 인간의 역사가 점점 더 과욕이 넘치는 세계로 나아가는 것을 보면 금욕의 쾌락이 주는 행복은 일시적이고 불안전하다.

실제로 욕망을 줄여야 행복해지는 것이 아니라 행복해야 욕망이 줄어드는 법이다. 물론, 적절한 욕망 통제를 통해 더 큰 행복을 추구하는 것은 개인에게 권고할 만하며, 실제로 많은 사람이 이렇게 삶을 구성해 간다.[8] 그러나 이런 방식으로 돈과 권력, 명예 또는 육체적 충동을 억제하라는 권고를 받아들일 사람은 많지 않다. 에피쿠로스의 말처럼 육체적 충동과 돈, 권력, 명예가 주는 쾌락은 무한하다. 이런 것들은 충족되는 만큼 더 커지며, 어느 순간 키우는 것 자체가 목적이 된다. 그러니 한계를 설정할 수 없고 따라서 목표점을 확정할 수도 없다. 이처럼 맹목적이고 무한한 욕망, 곧 몸의 고통이나 마음의 혼란을 주는 욕망으로부터 자유를 꿈꾸는 것은 추천할 만하지만 그만큼 실효성이 없다.[9] 더구나 현대

---

6 마르쿠스 툴리우스 키케로, 김창성 옮김, 『키케로의 최고선악론』, 서광사, 1999, 34~ 38쪽 참조.

7 "마음의 동요가 없음(ataraxia)과 몸의 고통이 없음(aponia)은 정적 쾌락이다. 하지만 즐거움(chara)과 환희(euphrosyne)는 운동을 동반한 실제적 쾌락(kata kinesin energeia)이다"(에피쿠로스, 『쾌락』, 36쪽).

8 에피쿠로스에게서 절제는 그 자체로 가치를 갖는 것이 아니다. 그에게 절제는 쾌락을 피하기 위해서가 아니라 더 큰 쾌락을 낳기 위한 선택일 뿐이다.

9 에피쿠로스에게서 삶의 목적으로서의 쾌락은 육체적인 즐거움이 아니라 몸의 고통과 마음의 혼란으로부터의 자유를 의미한다. 에피쿠로스, 『쾌락』, 47쪽 참조.

사회, 특히 자본주의 사회는 이런 욕망들을 한편으로는 잘못된 방식으로 규율하고 통제하면서 다른 한편으로는 다양한 형태의 문화적 부흥회를 통해 확대 조작한다.

도대체 어떤 것이 즐거움과 쾌락, 행복을 주면서 그 자체로 정당하고 나아가 정의롭다고 말할 수 있을까? 폭력이 난무하는 세상에서도 욕심을 절제하고 죽음을 대수롭지 않게 여기며, 아무런 공포심도 없이 불멸의 신들에 관한 진실을 감지하면서 행복을 추구할 수 있을까? 도대체 폭력이 최대화되고 그 수단만이 끝없이 발전하는 세계에서 행복과 불행을 나누는 기준은 무엇일까? 에피쿠로스의 관점에서 보면, 폭력적인 사회에서 행복은 불가능하다.

> 행복하고 개방적이며 단순하고 올바른 삶이란 얼마나 훌륭한 것인가! …… 당신들이 말하기를 지나친 쾌락을 부여받은 자라고 하는 에피쿠로스는 선언하기를, 지혜롭고 도덕적이고 정의롭게 살지 않으면 즐겁게 살 수 없고, 즐겁게 살지 않으면 지혜롭고 도덕적이고 정의롭게 살 수 없다고 하였습니다. 사실 내란을 겪고 있는 도시국가는 행복할 수 없고, 부부 사이가 화목하지 못할 때 가정은 행복할 수 없습니다. 그처럼 정신이 스스로와 불일치하고 불화하는 경우에는 순수하고 구애받지 않는 쾌락 중에서 어느 것도 향유할 수 없습니다. 또한 언제나 대립하며 모순되는 열정과 계획을 지닌 자는 결코 평안한 상태에서 아무것도 볼 수 없고 평정을 가질 수도 없습니다.[10]

에피쿠로스의 말처럼 안정, 화목, 평정, 평화가 없는 곳에는 쾌락도 행복도 없는 것처럼 보인다. 나아가 절제, 용기, 도덕, 정의, 지혜가 없는 사람은 진정한 쾌락과 행복을 모른다고 말할 수 있다. 이런 관점에서 보면, 폭력적인 사회에서 사람들이 느끼는 행복은 대부분 거짓된 것이다. 그렇

---

10 마르쿠스 툴리우스 키케로, 『키케로의 최고선악론』, 41~42쪽.

다면 무자비한 폭력이 은폐된 곳에서 자행되고 모든 것을 파괴할 수 있는 폭력 수단이 세계 곳곳에 은밀히 배치된 현대 사회의 체계를 바로 인식한 사람에게 행복은 불가능할 것이다. 안정과 평화가 없기 때문이다. 역으로 감추어진 폭력과 폭력 수단을 제대로 의식할 만큼의 지혜가 없는 사람, 알아도 체념과 무기력에 빠져 저항할 용기조차 없는 사람, 나아가 도덕과 정의에 대한 감각 자체가 무뎌진 사람은 작위적으로 행복을 향유할 수는 있지만, 이는 불감증 환자의 사이비 감정에 불과하다. 그러니 세계 곳곳에서 쉼 없이 행사되는 폭력에 대한 감수성이 뛰어난 사람은 행복할 수 없다.

쾌락과 불쾌, 행복과 불행을 나누기 위해 에피쿠로스가 제공하는 다양한 기준을 엄격하게 적용하면 부정적이고 부조리한 사회에서 즐거움과 행복은 없거나 허위일 가능성이 높다. 순수하고 추상적인 사유 속에서 마련된 쾌락과 행복의 척도는 불행한 현실에서 보다 나은 삶을 형성해 가는 구체적 기준이 될 수 없다. 기준은 너무나 순수한 반면에 현실은 너무나 불순하기 때문이다. 그래서 오직 불행한 현실로부터 자유로운 세계, 곧 순수 사유의 세계에서만 행복은 성취된다. 한쪽에서 고귀한 쾌락과 행복의 이념이 넘쳐나도, 다른 한쪽에서는 폭력적인 사회와 그 속에서 원한 감정에 사로잡힌 개인들의 불만 없는 불안만이 항구화된다.

이런 이유 때문에 현대 사회에서 사람들은 이상적인 쾌락과 행복의 이념을 현실이 아닌 가상의 세계에서 실현하려고 한다. 가상 세계에서 이상과 그것의 실현은 어떤 형태의 갈등과 투쟁 없이도 하나가 될 수 있기 때문이다. 하지만 이런 방식으로 회의주의에 사로잡히면 곧바로 불행한 의식에 빠질 가능성이 높다. 헤겔은 이렇게 아무런 매개도 없이 순수 사유와 현존, 이상과 현실, 현실과 가상을 통일함으로써 불감증으로 도피하는 것을 불행한 의식이라고 말한다.

이처럼 **자신 안에서 분열된** 불행한 의식(Dieses unglückliche, in sich entzweite Bewußtsein)은 자기의 본질상 나타나는 모순을 떠안은 채 **하**

나의 의식을 이루고 있기 때문에 한쪽의 의식 속에 항상 다른 한쪽의 의식을 가지고 있을 수밖에 없다. 그래서 불행한 의식은 통일을 성취했다는 생각을 가지고 이제 막 숨을 돌리려고 하는 순간 곧바로 다시 어느 한쪽에서 일어나는 반발에 직면한다.[11]

행복에 대한 이상적 열망은 가상 속에서 실현될 수 있다. 하지만 가상 세계에서 현실 세계로 되돌아오는 순간 불행이 엄습한다. 현실적 분열과 가상적 통일이 이쪽저쪽을 들락거리면서 하나가 된 것처럼 보이지만 우왕좌왕은 멈추지 않는다. 몸은 이편에 마음은 저편에 두고 왔다갔다 헤매는 불행한 의식은 행복을 느끼려고 몸부림치지만 현실의 배반 앞에서 매번 좌절하고 만다. 에피쿠로스의 쾌락주의는 이처럼 회의주의와 만나면 불행한 의식에 침식당할 위험이 크다. 그렇다고 불행한 의식을 나쁘다고만 말할 수 없다. 불행한 의식은 비록 현실에서 허가받지 못한 행복을 가상 세계에서 구하지는 못하지만, 현실 속에 행복이 있다고 조작하지는 않는다.

불행한 의식의 출구는 행복과 불행을 나누는 기준을 찾으려는 시도를 멈추는 곳에 있다. 행복과 불행을 나누는 기준은 수없이 제안될 수 있지만, 기준이 많아지는 만큼 행복은 과정이 아니라 결과로 측정되고 평가될 뿐이다. 그러므로 행복과 불행의 이분법은 다른 모든 이분법처럼 자유가 아니라 폭력을 키울 가능성이 높다. 양자택일을 요구하는 이분법 앞에서 행복이 아니라 불행을 선택할 사람은 없다. 버트런드 러셀(Bertrand Russell)의 말처럼 불행한 사람은 자신의 불행을 자랑하며 삶을 왜곡할 수 있다. 하지만 그런 사람도 이분법이 강요되는 상황에서는 행복을 선택한다.[12] 이처럼 진위와 선악, 미추의 이분법처럼 행복과 불행의

---

11 G. W. F. Hegel, *Phänomenologie des Geistes*, Frankfurt am Main: Suhrkamp, 1986, p. 163.
12 "불행한 사람은 잠을 잘 못 잔 사람처럼 언제나 불행하다는 사실을 자랑한다. 아마도 이러한 자랑은 꼬리를 잃은 여우의 자랑과 같은 것이리라. 그렇다면 치료법은 그들에게 어떻게 하면 새로운 꼬리를 자라게 할 수 있는가를 지적해 주는 것이다." 버트런드

이분법에는 한쪽의 독단론이 숨어 있을 뿐이다.

이분법의 폭력에서 벗어나려면 선택하지 않고 사유해야 한다. 이분법의 강요에 못 이겨 행복을 선택하면 곧바로 불행한 의식이 몰려올 뿐이다. 결과로서 행복을 선택하는 것이 아니라 과정으로서 행복을 사유할 때 의식은 비로소 '이것이냐, 저것이냐'의 족쇄에서 빠져나올 수 있다.[13] 여기서 내가 말하는 사유는 실존적 개인의 고독한 사색이나 반지성적 통념이 아니다. 자유로운 사유는 이분법을 통해 독단적 동일성을 강요하는 현실의 지배체계에 저항하는 과정이다. 불행 속에 깃든 빛을 찾아내고 행복이 강요하는 그림자에 대해 소통하는 사유만이 과정 속에서 자유로운 행복을 만들어 갈 수 있다. 자유로운 사유가 만들어 가는 행복은 개인의 의식과 무관한 객관적 사실도 아니지만 사회적 현실에서 독립된 주관적 관념도 아니다. 행복은 나와 너의 관계 속에서 만남과 소통, 그리고 연대를 통해 형성되는 담론이다.

3. 수단에 의한 목적의 전복

존재 이유와 생의 목적을 알지 못하는 나에게 행복은 수단인가, 목적인가? 기준은 다르지만 아리스토텔레스의 행복주의도 에피쿠로스의 쾌락주의처럼 언제나 불행한 의식에 사로잡힐 가능성이 높다. 그가 제안한 행복의 조건 역시 언뜻 현실적인 것처럼 보이지만 지나치게 이상적이기 때문이다. 아리스토텔레스에 따르면, "모든 인간이 행복을 추구하고 있다"라는 명제는 논증할 필요 없이 우리 모두가 동의할 수밖에 없는 자명한 사실, 곧 대전제이다. 따라서 행복이 무엇이며 어떻게 그것을 성취할 수 있느냐에 대해서는 이견이 있을 수 있지만, 모든 인간이 추구하는 최

러셀, 황문수 옮김, 『행복의 정복』, 문예출판사, 2013, 22쪽.
13 테오도르 아도르노·막스 호르크하이머, 『계몽의 변증법』, 353쪽 참조.

고로 좋은 것은 이견 없이 행복이라는 것이다.[14]

잘 알려진 것처럼 아리스토텔레스에게서 행복은 좋은 삶이다. 그에게서 좋음은 언제나 목적과 관계한다. 예를 들어 의학의 목적은 건강이며, 건강을 구현하는 의학은 좋은 것이다. 마찬가지로 승리는 병법의 목적이면서 좋음이다. 이처럼 모든 행동이 추구하는 목적이 달성되면 좋음이 된다. 이런 맥락에서 삶이 추구하는 목적은 행복이기 때문에 행복한 삶이 곧 좋은 삶이라는 것이다. 물론, 삶의 목적은 행복만 있는 것이 아니다. 삶은 순간순간 수많은 목적을 추구하고 구현한다. 아리스토텔레스는 삶의 수많은 목적 가운데 언제나 그 자체를 위해 바랄 뿐 절대 다른 어떤 것 때문에 바라는 일이 없는 것이 있다고 보면서 이것이 바로 조건 없이 그 자체로 추구되는 목적, 곧 행복이라는 궁극적 목적이라고 말한다.[15]

우리는 행복을 언제나 그 자체 때문에 선택하지, 결코 다른 것 때문에 선택하지는 않기 때문이다. 우리가 명예, 즐거움, 지성(nous), 그리고 모든 탁월성들을 선택하는 것은 물론 그 자체 때문이기도 하지만(이것들로부터 아무것도 나오지 않는다고 해도 우리는 그것들 각각을 선택할 것이니까), 이것들을 통해 행복해질 것이라고 생각하며 행복을 위해서도 선택하는 것이다. 반면에 누구도 이런 것들을 위해서 행복을 선택하지는 않으며, 일반적으로 다른 어떤 것 때문에 선택하지도 않는다.[16]

이처럼 아리스토텔레스에게서 행복은 자기 목적적이라는 의미에서

---

14 아리스토텔레스, 『니코마코스 윤리학』, 16~18쪽 참조. 『니코마코스 윤리학』은 전체 10권으로 이루어져 있는데, 제1권에서는 행복(eudaimonia)을 위한 외부적 조건을 다루고, 제2~5권에서는 정의와 용기, 절제 같은 도덕적 탁월성(arete)을, 제6권에서는 지적인 훌륭함을 나타내는 실천적 지혜(phronesis)에 대해, 그리고 제7~10권에서는 순수한 관조(theoria)를 온전한(teleion) 행복이 가능하기 위한 요인으로 논한다.

15 아리스토텔레스, 『니코마코스 윤리학』, 26~27쪽 참조. 아리스토텔레스에 따르면, 행복은 그 자체 때문에 선택하지 다른 것 때문에 선택하지 않는다.

16 아리스토텔레스, 『니코마코스 윤리학』, 27~28쪽.

모든 행동과 삶의 궁극적인 목적이며, 그만큼 자족적이다.[17] 여기서 분명한 것은 그에게서 행복은 순간순간 느끼는 즐거움이나 쾌락과는 거리가 멀다는 점이다. 그에게서 행복은 궁극적이고 자족적인 삶의 목적이므로, 일정 시간에 느끼는 인간의 주관적 감정이 아니라 삶 전체를 통해 이루어야 할 객관적 지향성이다.[18]

아리스토텔레스의 말처럼 행복이 객관적이라면 그만큼 심리적인 것만이 아니라 외부적인 요인, 곧 사회적인 조건의 영향을 받을 수밖에 없다. 실제로 그는 행복이 친구나 재산만이 아니라 출신 성분, 가족 환경, 외모나 용모에서 좋은 조건을 구비해야만 한다고 말한다. 그 때문에 아리스토텔레스의 행복은 최소 수혜자들에게는 불가능에 가까우며 역으로 최대 수혜자들에게는 비교적 어렵지 않게 도달할 수 있는 복(福), 곧 행운에 의존한다.[19] 물론, 행운이 행복의 조건이라고 해서 불운한 사람이 반드시 불행해야만 하는 것은 아니다. 오히려 불운한 사람에게 행복의 조건을 구비해 주는 것이 곧 정치의 몫이 된다. 그 때문에 아리스토텔레스에게서 행복의 조건은 개인에게 불운을 극복할 수 있는 훌륭한 덕을 요구하는 이유이기도 하지만, 다른 한편으로는 정치에 고통과 비참을 안겨 주는 폭력적이고 불운한 상황을 극복하도록 요구하는 비판의 기준으로 작용할 수 있다.

나는 아리스토텔레스의 객관주의적 행복론이 행운론에 빠지거나 불행한 의식으로 침몰하지 않으려면 정치 비판의 기준으로 발전해야 한다

---

17 이 같이 궁극성(teleion)과 자족성(autarkes)은 아리스토텔레스가 행복을 좋은 삶을 위한 최종 목적이라고 말하는 근거이다.

18 "한 마리의 제비가 봄을 만드는 것도 아니며 (좋은 날) 하루가 봄을 만드는 것도 아니니까. 그렇듯 (행복한) 하루나 짧은 시간이 지극히 복되고(makarios) 행복한 사람을 만드는 것도 아니다"(아리스토텔레스, 『니코마코스 윤리학』, 30쪽). 이런 맥락에서 아리스토텔레스에게서 행복은 다름 아닌 좋은 삶의 문제라고 할 수 있다. 이에 대해서는 Bernard Williams, *Ethics and the Limits of Philosophy*, Cambridge, Mass: Harvard University Press, 1985, p. 34 참조.

19 아리스토텔레스, 『니코마코스 윤리학』, 35~37쪽 참조.

고 생각한다. 다시 말해 정치가 사회의 최소 수혜자에게도 행복이 가능하기 위한 최소한의 조건을 마련해 주면, 그 조건을 기준으로 현실 정치를 비판할 수 있기 때문이다. 이런 맥락에서 아리스토텔레스의 행복론을 재구성하는 것이 그의 행복론에서 현재성을 찾을 수 있는 가장 바람직한 길일 것이다. 이처럼 행복론은 — 행운론이 아니라 행복권으로 재구성하기 위해서는 — 행복의 요소가 되는 좋음보다 행복의 조건이 되는 좋음에 더 큰 관심을 가져야 할 것이다.

> 국가(Polis)는 일종의 동등한 자들의 공동체(koinonia tis tōn homoiōn)이고, 그 목적은 가능한 최선의 삶이다. 그런데 최선의 것(to ariston)은 행복이고, 행복은 덕(arete)의 구현과 완전한 실천에 있다.[20]

행복이 좋은 삶을 위한 최종 목적이라면, 이를 위한 최소한의 조건은 모든 사람에게 기본권으로서 보장되어야 한다. 이 경우에만 행복은 역할 중심의 목적론적 윤리학과 정치학의 틀을 벗어나 정의와 연대의 긴장 위에서 정당화될 수 있다. 따라서 개인화와 타자화, 사회화의 동근원성을 인정하는 행복론이라면 행복권을 법의 원칙으로 정당화해야만 한다. 행복권을 실제로 보장함으로써 사회적 신뢰와 연대가 축적되지 않으면 사회 정의론은 정의 사회를 구현하기보다 오히려 동화되지 않는 이질적인 타자를 배제하는 이데올로기로 변질될 수 있다. 따라서 행복권은 정의에 무관심한 주관적 심리학이 아니라 정의를 실현할 수 있는 가능성의 조건이자 비판의 기준으로 정당화되어야 한다.[21]

그런데 행복을 보편적 권리로 정당화하기 위해서는 무엇보다 행복을 좋은 삶의 궁극적 목적으로 확정해서는 안 된다. 좋은 어머니, 좋은 아내, 좋은 친구, 좋은 선생님이 반드시 좋은 사람은 아니다. 더구나 왜곡

---

20 Aristoteles, *Politik*, Hamburg: Felix Meiner, 1981, VII 8, 1328a.
21 박구용, 「도덕의 원천으로서 '좋음'과 '옳음'」, 252쪽 이하 참조.

된 사회, 부조리한 사회, 폭력적 사회에서 자신의 역할을 충실하게 수행함으로써 '좋은 ○○○'이라는 평가를 받는다는 것은 그런 사회를 인준하는 나쁜 삶일 가능성이 높다. 예를 들어 1980년 5월 광주에서 시민을 향해 발포한 군인은 명령에 충실하게 따름으로써 좋은 군인으로 포상받았을 수 있다. 그러나 잘못된 명령을 거부하지 않고 무조건 복종한 군인은 좋은 군인일 수는 있지만, 경우에 따라 폭력에 대한 감수성이 전혀 없는 사람이라면 스스로의 삶을 행복하고 좋은 삶이라고 평가할 수도 있을 것이다. 이처럼 궁극 목적으로서의 좋은 삶은 역할 중심의 윤리를 벗어나지 못함으로써 폭력에서 도덕적 맥락을 탈취하는 가운데 가해자에 대한 비판과 처벌을 무력화할 수 있다.

물론, 누구나 자신이 수행해야만 하는 역할에 따른 요구와 명령을 거부하는 것이 쉬운 일은 아니다. 하지만 분명한 것은 목적이 아니라 과정으로서의 행복을 추구하는 사람이라면 누구나 잘못된 요구와 명령을 거부할 힘이 있을 뿐만 아니라 때로는 생사를 걸고 거부해야만 한다.[22] 이를 위한 힘은 아리스토텔레스의 말처럼 중용을 따르는 실천적 지혜에서 올 수도 있다. 하지만 이는 누구나 쉽게 도달할 수 없는 무거운 윤리이기 때문에 누구에게나 요구할 수 없다. 그러니 그 힘은 덕의 윤리가 아니라 정의를 지향하는 도덕에서 가져와야 한다. 그렇지 않으면 명령에 따라 폭력을 행사한 사람을 비판할 수 없을 뿐만 아니라 경우에 따라서는 행복의 이름으로 그의 삶을 포장할 수도 있다. 그러나 아리스토텔레스의 논리에 따르더라도 저들은 노예와 같은 삶이기 때문에 결코 행복할 수 없다.

아리스토텔레스의 행복론은 기본적으로 시민에게만 해당된다. 그에게서 시민이란 물론 자유인이다. 자유인은 가계(oikos)의 대표인 가장으로서 공적 담론의 장(場)인 광장에서 정치적 여론을 형성하는 주체이다. 이를 신분 질서가 해체된 현대적 담론에서는 다음과 같이 재구성할 수

---

22 Bernard Williams, *Der Begriff der Moral*, Stuttgart: Reclam, 1986, pp. 61ff. 참조.

있다. 오늘날 국가는 모든 시민이 공적 담론에 참여할 수 있는 자유를 보장해야 할 뿐만 아니라 그들에게 행복한 삶, 나아가 제각기 훌륭한 삶을 구성할 수 있는 최소한의 조건을 제공해야만 한다. 그렇다고 국가가 시민의 삶의 목적을 지정해서는 안 된다.

나는 나의 존재 이유와 삶의 목적을 모른다. 하지만 나는 불행하지 않다. 더구나 폭력이 난무하는 사회에서 무탈하게 살아가면서 때로 행복을 느끼고 추구한다. 아리스토텔레스의 말처럼 자연이 내게 부여한 목적을 실현하고 있기 때문은 아니다. 더구나 이성적인 판단력과 실천적 지혜를 가지고 있기 때문도 아니며, 철학을 하기 때문은 더더욱 아니다. 감각적인 향유를 할 수 있어서도 아니고 매사를 긍정적으로 사고하기 때문도 아니다. 그런데 나는 또 불행하다. 이 또한 아리스토텔레스가 말하는 이유와 무관하다. 오히려 내 불행의 원천은 목적이 없어서가 아니라 수단이 목적으로 둔갑하는 가운데 삶의 의미와 자유를 잃어가고 있기 때문이다. 다시 말해 나의 존재 이유와 삶의 목적을 스스로 만들어 갈 수 없는 것이 불행의 진정한 원천이다.

장미에게 목적이 있을까? 살아남는 것, 번식하는 것, 꽃을 피우는 것, 세상을 아름답게 하는 것, 아니면 목적을 주신 신의 뜻을 찾아 따르는 것일까? 장미에게 물어볼 수는 있으나 대답을 기대할 수 없으니 알 길이 없다. 그렇다면 물음에 답할 수 있는 사람에게는 목적이 있을까? 아니 나 스스로에게 물어보면 어떨까? 도대체 나는 목적을 가진 존재인가? 살아남는 것, 종족을 유지하는 것, 세상을 정의롭게 하는 것, 아니면 신의 뜻을 실현하는 것 중에 인간의 목적이 있을까? 사람마다 제각각 말할 수는 있으나 이야기를 나눌수록 알 수 없는 것이 사람의 목적이다. 아니 어쩌면 이 시대를 살아가는 모든 사람은 어떤 목적도 정해지지 않은 삶을 살아가야 하는 고통을 견뎌야 한다.[23]

---

23 헤겔에 따르면, 형식적이고 주관적인 자유가 법적으로 보장된 사회라고 할지라도 사회적 삶, 나아가 공적인 역할을 스스로 찾을 수 없는 사람은 무규정성의 고통을 감내

어떤 것의 목적은 그것을 만든 자(주인)만이 알 수 있다. 장미꽃을 보기 위해 장미를 심은 사람에게 장미의 목적은 꽃을 피우는 것이다. 하지만 장미의 뿌리를 약초로 쓰고자 하는 사람에게 꽃은 장미의 목적과는 무관하다. 어쨌거나 장미의 목적은 그것을 심는 사람이 만든 것이지 장미 스스로가 세운 것은 아니다. 그러니 장미의 목적은 장미를 수단이나 도구로 생각하는 데서 비롯된다. 이처럼 장미를 심은 사람에게 수단인 것이 장미에게는 목적으로 둔갑한다. 그렇다면 사람은 어떤가?

칸트는 사람을 수단이 아니라 목적으로 대하는 것이 최소한의 도덕이라고 했다. 그러니 웅장하고 거룩한 도덕이 아니라 일말의 도덕이라도 지키면서 살려면 사람을 목적으로 간주해야 한다. 그런데 장미의 예에서 볼 수 있는 것처럼 '철수'의 목적을 철수가 아닌 다른 사람이 정하는 순간, 철수는 목적을 정한 사람의 수단으로 전락한다. 그러니 나는 다른 사람의 삶의 목적에 대해 어떤 말도 해서는 안 된다. 그것이 그를 목적으로 대하는 것이다. 그렇지 않고 타인의 목적을 지정하려는 사람은 그를 수단으로 간주하는 것이기 때문에 단순히 부도덕한 사람이 아니라 최소한의 도덕도 없는 사람이 된다.

그렇다면 내 삶의 목적은 오로지 나 스스로만 말할 수 있어야 한다. 아마도 어떤 것도 자명한 것이 없는 사회에서 스스로 목적을 정해야만 한다면, 누구나 다른 사람에 의해 대체될 수 없고 동일화될 수 없는, 따라서 물건처럼 교환될 수 없는 어떤 것을 자신의 목적으로 정할 것이다. 하지만 그것이 무엇인지는 일반화해 말할 수 없다. 다만 목적을 찾아가는 삶의 과정이 수단으로 전락해서는 안 된다는 것이다. 목적이 구체적이고 명시적이지 않은 경우에 수단은 언제나 목적을 전복하기 때문이다.

삶의 목적과 존재 이유에 대해 생각하지 않는 사람도 대부분의 경우에 어떤 말이나 행동을 할 때는 그것의 목적을 설정한다. 그런데 대부분의

해야 한다. 이에 대해서는 Axel Honneth, *Leiden an Unbestimmtheit*, Stuttgart: Reclam, 2001, pp. 59ff. 참조.

목적은 다시 다른 것의 수단이다. 미용실에 갈 때는 머리카락을 자르는 것이 목적이었다면, 머리카락을 자른 것은 세상 사람들의 심미적 기준에 호응하기 위해서이고, 그 호응은 그래야만 비난을 피할 수 있을 뿐만 아니라 운이 좋으면 호감까지 살 수 있기 때문이다. 비난보다 호감을 사려는 것은 그래야만 정신 건강에 좋고, 정신이 좋아야 몸도 좋기 때문이다. 그리고 건강은 행복의 조건이면서 생존의 조건이다. 그런데 이런 방식으로 생각하면 삶의 모든 과정은 행복의 수단으로 전락한다. 삶 자체가 어떤 내용도 없이 텅 빈 목적을 위해 수단이 되고 만다. 이처럼 삶이 행복이라는 목적에 합목적으로 구성되어야만 한다면 인간도 장미처럼 사회 체계의 수단이 되고 만다. 그러니 역으로 삶과 삶의 과정이 목적을 형성하는 과정이 되려면 장미부터 목적으로 만나야 한다.

아리스토텔레스처럼 행복을 삶의 궁극적 목적으로 설정하면 가장 행복한 사람은 누가 될까? 아마도 그는 두 가지로 말하고 있는 것처럼 보인다.[24] ① 먼저 행복의 다양한 조건과 기준을 최대한 충족하는 사람이 행복한 사람이다. ② 다음으로 다양한 조건과 기준 가운데 가장 좋은 것, 그의 말대로라면 순수한 관조적 삶을 살아가는 철학자가 가장 행복한 사람일 것이다.[25] 우선 ②를 현대적인 의미로 재구성한다면 아마도 어떤 목적을 위해서가 아니라 순수하게 진리와 정의, 그리고 아름다움을 지향하는 사람이 가장 행복한 사람일 것이다. 칸트의 표현을 빌리자면, 개별적인 사심 혹은 특수한 이해나 요구 없이 세계를 바라보고 이해하고 해석하는 가운데 기쁨과 즐거움을 느끼는 사람이다. 그러나 이처럼 관심이나 목적 없이 세계 인식에 열정을 쏟을 수 있는 사람은 많지 않다. 더구나 그들이 누리는 향유는 수많은 사람의 희생 없이는 불가능하다. 그

---

24 김대오, 「아리스토텔레스의 행복론」, 『서양고전학연구』 15, 2000, 63쪽 이하; 김상돈, 「아리스토텔레스의 행복의 두 가지 개념」, 『윤리연구』 73, 2009, 169쪽 이하 참조.

25 "관조가 지속되는 만큼 행복도 지속되며, 더 많이 관조하는 사람에게 행복도 더 많이 귀속되는 것이다. 관조는 그 자체로 영예로운 것이니까. 따라서 행복은 어떤 종류의 관조일 것이다." 아리스토텔레스, 『니코마코스 윤리학』, 376쪽.

러니 철학자가 행복한 세상이 아니라 세상을 행복하게 만드는 철학자가 필요하다. 따라서 ②의 관점은 탈형이상학적 다원주의 사회에서 보편적으로 지지받기 어려운 관점이다.

다음으로 ①의 관점에서의 행복은 그것의 조건과 기준을 평가할 수 있어야만 하는데, 이는 시대와 장소에 따라 맥락 의존적일 수밖에 없다. 그런데 이를 현대적 지평에서 재해석하면 행복론은 두 가지 상이한 길로 갈 수 있다. 먼저 앞에서 언급한 것처럼 행복은 한 사회를 구성하는 다양한 요인과 관점이 다차원적으로 교차하는 법 패러다임 위에서 구성원 모두에게 보장되어야 할 최소한의 기본권으로 정당화할 수 있다. 이 경우에 행복권은 구체적으로 확정할 수 있는 명시적 권리라기보다는 법 공동체 구성이 지향하는 다양한 형태의 행복한 삶이 교차하는 곳에서 법체계를 재구성하고, 이를 통해 부조리하고 부정적인 것을 비판할 수 있는 정치적 기준이라고 말할 수 있다. 두 번째는 행복을 개인의 삶을 평가하는 기준으로 설정하는 것이다. 이 경우에 행복을 평가할 수 있는 수많은 지표가 개발되어야 하고 각 지표의 타당성과 중요도를 검증해야 한다. 하지만 이 경우에 행복은 지나치게 맥락 의존적이기 때문에 보편적인 지표를 개발하고 지표의 중요도에 따라 누구나 인정 가능한 가중치를 산정한다는 것은 불가능에 가깝다. 더욱이 이런 방식으로 계량화된 행복론은 사람들의 행복을 증진하는 데는 기여하지 못하면서 불행의 원인을 개인의 문제로 환원할 위험이 크다. 행복은 누려야 할 권리이지 등수를 따지는 성적이 아니다.

4. 긍정과 부정의 경계에서의 심리학의 길

초자아의 억압을 느낄 수 없을 만큼 향락이 넘치는 사회에서 여전히 거세 위협에 시달리는 나는 불행한 과거에 붙잡힌 노예인가, 아니면 사회적 과잉 억압에 저항하는 자유인인가? 노예에게는 어떤 집에서 사느냐가 중요하다면, 자유인에게는 그보다 누구와 사느냐가 중요하다. 노예에게는 무엇을 먹느냐가 우선이라면, 자유인에게는 누구와 먹느냐가 우선이다. 그런데 행복 전도사에게는 어떤 집에서 누구와 사느냐보다, 무엇을 누구와 먹느냐보다, 어떤 마음으로 먹고 사느냐가 문제이다. 주관적 관념론자에게는, 노예나 자유인은 마음먹기에 달린 부차적인 문제일 뿐이다.

에피쿠로스와 아리스토텔레스가 말한 다양한 기준을 행복 지표 혹은 쾌락 척도로 상정하고 이를 문항으로 만들어 수량화 가능한 점수로 산정한 다음에 종합적으로 행복과 불행의 정도를 정하려는 이론들이 넘쳐나는 사회이다. 물론, 이런 방식으로 행복지수를 산정하려는 시도는 지속적으로 있어 왔고, 지금은 보다 체계적인 행복지수의 산출 방식과 유형이 새롭게 제안되고 있다고 말할 수 있다. 모든 척도나 모듈은 맥락 의존적일 수밖에 없기 때문에 이런 노력은 지속적으로 갱신되어야 할 가치가 있는 것일까?[26]

1990년대 후반부터 세계적으로 범람하기 시작한 행복지수의 산정 척도를 분석해 보면, 에피쿠로스가 제안한 쾌락의 기준과 아리스토텔레스가 제공하는 행복의 기준을 크게 벗어나지 않는 것처럼 보인다. 변한 것이 있다면 철학이 아니라 심리학이 행복 담론을 주관하고 있다는 점이다. 특히 마틴 셀리그먼(Matin Seligman)의 행복심리학은 심리학을 넘어 '자기 관리', '코칭과 리더십', '멘토링', '진로 지도'의 이름으로 사회과

---

26 행복 추구권을 비롯한 기본권과 사회복지체계의 법적 정당화와 비판을 위해 행복지수와 관련된 포괄적 연구를 진행하는 것은 나름의 의미를 가질 수 있다. 하지만 이 또한 매우 제한된 범위에서 진행되어야 하고 그것의 적용 또한 사회적 합의를 요구한다. 그렇지 않고 충분히 숙의되지 않은 '국민 행복 수준'을 정부의 각종 위원회에서 공공 정책 수립의 자료로 무분별하게 활용할 경우에는 공리주의적 행복주의가 난립할 수 있다. 이 경우에 계산될 수 없는 행복과 불행에 관한 담론은 무의미하게 된다. 어쨌거나 최근 들어 '국내총생산' 대신에 '국민 행복 수준'을 정부의 공공 정책에 활용해야 한다는 논의는 많으나 그것의 철학적 근거는 미약하다. 김윤태, 「행복지수와 사회학적 접근법」, 한국사회학회 심포지움 논문집, 2009, 79쪽 이하 참조.

학, 나아가 신학까지 점령해 가고 있다.[27] 프로이트는 어느 순간에 잡신 (雜神)처럼 허공을 떠돌며 허망한 꿈이나 나르는 주술사 취급을 받는다. 하지만 현실을 긍정할 수만은 없는 사람들, 행복에 쉽게 취할 수 없는 사람들, 항구적 불안 상태를 쉽게 극복할 수 없는 사람들에게 프로이트와의 대화는 여전히 의미를 갖는다.

프로이트에 따르면, 자아는 한편으로 이드와 초자아에 종속적이면서 다른 한편으로는 그것들을 통제하는 역할을 한다. 자아는 무력하지만 동시에 강력하다. 이드 혹은 초자아와 분열된 자아는 허약하지만 그것들과 융합된 자아는 힘을 발휘한다.[28] 프로이트의 자아는 단순히 생명체로서 자기를 보존하는 데 만족하지 않고 오히려 타자의 사랑을 받으면서 그와 결합하려는 성적 충동의 주체이다. 사랑을 잃는 것은 곧 거세의 위협이고 초자아의 응징이다. 이런저런 이유와 방식으로 분할의 위험을 인식한 자아는 '불안' 신호를 보냄으로써 이드에서 일어나려고 하는 리비도의 집중 과정을 방해하고 억제한다.[29] 분할의 고통과 불안의 불쾌감을 피하기 위해 자아는 스스로를 억압한다. 그러나 자아는 이런 방식으로 불안의 주체가 되는 과정에서 곧바로 불안에 굴복하는 노예, 곧 불안의 대상으로 전락한다. 억압하는 자아는 또한 무력한 자아가 된다.

〔그러나〕 공포증의 본질인 불안한 정서는 억압 과정에서 생겨난 것도 아니고 또 억압된 충동들에 대한 리비도 집중에서 생겨난 것도 아닌, 억압 그 자체에서 생겨난 것이었다. 즉 동물들에 대한 공포증에 속하는 불안은 아직 바뀌지 않은 거세의 두려움이었던 것이다. 따라서 그것은 현

---

27 셀리그먼은 "행복에도 공식이 있다"라고 하면서 'H=S+C+V'라는 공식을 제안한다. "여기서 H는 지속적인 행복의 수준, S는 이미 설정된 행복의 범위, C는 삶의 상황, V는 개인이 스스로 통제할 수 있는 자발적 행동을 가리킨다." 그가 제안한 긍정심리학에서 가장 중요한 문제는 V이다. 마틴 셀리그만, 김인자 옮김, 『긍정심리학』, 물푸레, 2020, 110쪽.
28 지그문트 프로이트, 황보석 옮김, 『정신병리학의 문제들』, 열린책들, 2003, 219쪽 참조.
29 지그문트 프로이트, 『정신병리학의 문제들』, 252쪽 참조.

실적인 두려움, 사실상 임박해 있거나 실제적인 것이라고 판단되는 위험에 대한 두려움이었다. 그러므로 불안이 억압을 일으키는 것이지, 내가 전에 믿었던 것처럼 억압이 불안을 일으키는 것은 아니다.[30]

일반적으로 우리는 억압에서 불안이 만들어지는 것처럼 생각하지만, 사실은 불안이 억압을 만든다. 물론, 프로이트에게서 불안의 뿌리는 거세, 곧 분할과 분리의 위협이다.[31] 원초적 불안의 원천인 거세의 위협은 희박해질 수는 있지만 결코 사라지지는 않는다. 거세 위협은 사라지지 않고 언제나 다른 방식으로 변형되고 강화될 수 있다. 따라서 본질적으로 사랑(애정)의 상실이나 분할의 위협은 거세로 거슬러 올라갈 수 있는 위험이다.[32] 그 때문에 프로이트가 본 불안은 기본적으로 출생, 곧 어머니로부터의 분리에서 시작하며 잠재되어 있다가 위험한 상태, 곧 분리와 분할의 위협이 다가오면 반복적으로 나타나는 위험에 대한 반응이다.[33]

프로이트에 따르면, 거세 불안은 오이디푸스 단계를 거치면서 도덕적 불안이나 사회적 불안, 곧 초자아가 화를 내거나 처벌하거나 또는 더 이상 좋아하지 않는 상황에서 반복된다.[34] 즉 전승된 문화적 기억과 규범의 상징적 질서가 지배하는 집단으로부터의 분리 위협이 이제 실제적인 불안의 원천이 되는 것이다. 여기서 중요한 것은 불안이 이드나 초자아에

---

30 지그문트 프로이트, 『정신병리학의 문제들』, 233쪽.
31 프로이트는 이처럼 억압과 불안의 관계를 역전시키지만, 동시에 억압받는 동안에 본능적 충동의 리비도 집중에서 불안이 생겨난다는 것도 부정하지 않는다. 다시 말해 불안의 원천은 이드이면서 동시에 자아인 것이다. 그런데 프로이트의 후기 정신분석학은 후자의 문제에 관심을 집중한다.
32 프로이트는 이런 맥락에서 자기 보존의 본능을 성적 요인들과 무관하게 해석하려는 일련의 시도를 비판적으로 바라본다. "우리는 지금까지 불안을 위험에 대한 정서적인 신호로 간주해 왔지만 이제 그 위험은 흔히 거세의 위험인 만큼, 우리가 보기에는 그것이 상실과 분리에 대한 반응으로 보인다." 지그문트 프로이트, 『정신병리학의 문제들』, 258쪽.
33 지그문트 프로이트, 『정신병리학의 문제들』, 262쪽 이하 참조.
34 지그문트 프로이트, 『정신병리학의 문제들』, 269쪽 참조.

서는 생겨날 수 없고 오직 자아에 의해서만 느껴질 수 있다는 것이다.[35] 그만큼 자아는 분리의 위험과 불안에서 벗어나기 위해 타자와 결합하려는 성적 충동, 나아가 상징적 질서와 통합하려는 의식으로 발전한다. 분리되고 쪼개지고, 그런 방식으로 배제되고 감금되지 않기 위해 자아는 상징적 질서와 하나가 되고자 한다. 불안 없는 안정을 원하기 때문이다. 그 때문에 상징적 질서와 집단은 자아에게 분할의 위협을 강화하는 만큼 자아를 무력화할 수 있다. 불안의 주체가 되지 않으려는 자아는 그만큼 쉽게 불안의 대상으로 전락한다. 그렇다면 자아는 불안으로부터 자유로울 수 없는가?

비판이론은 이 지점에서 두 갈래로 나누어지는 것으로 보인다. 아마도 한쪽에 프롬이 있다면, 다른 한쪽에는 마르쿠제가 있을 것이다. 잘 알려진 것처럼 프롬에 따르면, 인간은 안락과 자유, 퇴행과 진보라는 실존적 이분법 속에서 좌절할 수도 있지만 삶에 대한 사랑과 사랑의 기술을 통해 자유와 진보의 길을 갈 수 있다. 비록 인간은 수용 지향형(recepting), 탈취 지향형(exploiting), 저장 지향형(hoarding), 애사 지향형(necrophilic), 시장 지향형(marketing) 같은 소외와 사물화의 노예가 될 수도 있지만, 그것을 근원적으로 극복할 수 있는 가능성도 담지하고 있다는 것이다.[36] 따라서 프롬에게서 거세, 분리, 분할, 배제의 위협은 사라질 수 없는 문명의 본질이 더 이상 아니다.

> 프롬에 의하면 개인에게 가하는 사회의 부정적 충격은 더욱 심각하지만, 이것은 생산적 사랑과 생산적 사고를 실천하는 데에 하나의 도전이 될 뿐이다.[37]

---

35 지그문트 프로이트, 『정신병리학의 문제들』, 270쪽 참조.

36 에리히 프롬, 송낙헌 옮김, 『인생론』, 문학출판사, 1981, 80쪽 이하; 임채광, 「소외개념에 대한 프롬과 마크쿠제의 정신분석학적 해명」, 『동서철학연구』 67, 2013, 392쪽 이하 참조.

37 H. 마르쿠제, 『에로스와 문명』, 311쪽.

잘 알려진 것처럼 마르쿠제는 프롬을 성욕의 역할에 대해 경시한 수정주의자로 규정하고 비판한다. 마르쿠제는 수정주의가 "무게 중심을 무의식에서 의식으로, 이드에서 자아로 옮길 뿐만 아니라 인간 현존재의 아직 승화되지 않은 표현들에서 이미 승화된 표현들로 옮긴다"[38]라고 비판한다. 반면에 마르쿠제는 비록 현대의 기술 산업 사회가 쾌락 원칙과 현실 원칙을 대립시키는 과잉 억압(surplus repression)의 상태이기 때문에 이를 폐기하고 놀이 충동 혹은 에로스적 충동을 발전시키면 다시 두 원칙이 통합할 수 있다고 말하기는 하지만, 결코 문명의 기본 억압이 폐기될 수 있는 가능성을 예견하거나 주장하지는 않는다. 마르쿠제는 수정주의자가 지향하는 생산, 사랑, 행복, 건강 등의 조화를 전면적으로 부정하지 않지만, "오늘날 문명 생활에는 두 사람이 소박하고 자연스럽게 사랑할 장소가 이미 없다"라는 프로이트의 입장을 고수한다.[39]

프롬과 마르쿠제는 현대의 기술 산업 사회와 자본주의 경제가 인간의 심리적 황폐화와 소외를 고착화하는 것을 폭로하고 비판한다.[40] 그렇지만 그들이 방법론적 측면에서 동일한 정신분석학적 해명을 시도하는 것으로 보이지는 않는다. 또한 그들은 모두 기술과 자본이 주관하는 상징적 질서에 편입되지 않고 비판할 수 있는 의식, 곧 부정의 힘을 통해 자유의 확장을 꿈꾼다. 그렇지만 그들이 비록 유사한 개념을 통해 해방의 가능성을 꿈꾼다고 해서 같은 방식으로 이론을 구성하는 것은 아닌 것으로 보인다.

이런저런 방식으로 수정주의적 전통을 따르는 정신분석학자들은 프로이트가 자본주의라는 특수하게 문화적이고 사회적이면서 역사적인 환경에 의해 나타난 가학 피학증적이고 항문애적인 성격 등을 마치 불변하는 인간의 조건으로 환원한다고 비판한다. 따라서 이들은 나르시시

---

38 지그문트 프로이트, 김석희 옮김, 『문명 속의 불만』, 열린책들, 2012, 282쪽 참조.
39 H. 마르쿠제, 『에로스와 문명』, 309쪽 참조.
40 임채광, 「소외개념에 대한 프롬과 마르쿠제의 정신분석학적 해명」, 398쪽 이하 참조.

즘과 마조히즘, 항문애 증상 같은 성격적 특성들이 사회와 환경(Milieu)을 조건 짓는 것 못지않게 사회와 환경의 생산물이기 때문에 긍정심리학을 통해 극복할 수 있다는 가능성을 찾는다. 이들이 리비도적 갈등보다 사회·윤리적 갈등에 관심을 집중하는 것은 이 때문이다. 수정주의 전통은 이런 방식으로 희망과 긍정의 심리학을 전파하는데, 이 과정에서 정신분석학의 핵심 문제는 자연(태고적·전(前) 개인적 욕동)에서 문화(개인의 창조적 잠재력, 현대 대중 사회에서의 개인의 소외)로 대체된다.[41]

프롬을 비롯한 수정주의자들은 신경증을 발생시키는 결정적 요인인 불안을 거세와 분리, 나아가 오이디푸스 콤플렉스가 아니라 어린이의 불쾌한 경험에서 찾는다. 따라서 이들은 어린이가 삶에 대한 사랑을 발달시킬 수 있는 환경을 제공하는 것이 중요하다고 말한다. 무엇보다 "어린 시절에 따뜻하고 애정어린 사람들과 자주 접촉하는 것, 자유롭고 아무 위협도 없는 상태, 내면적 조화와 힘을 기르는 원리의 가르침, 설교보다는 시범으로 행하는 '살아가는 기술'에 대한 지도, 남에게 영향과 자극을 받고 이에 반응하는 것"[42]이 심리학의 중심이 되면서 거세 위협 역시 '사회적 준거'(social referencing)로 대체된다. 심리학이 사회학으로 되돌아가는 것이다. 이런 맥락에서 아도르노는 거세 위협을 정신분석학에서 제거하면, 결국 정신분석 자체가 거세된다고 비판한다. 더구나 그는 사회적 준거를 통해 형성된 성격은 상처(성격의 특성을 형성하는)를 덮는 것이 아니라 상처의 진정한 고통을 덮는다고 주장한다.[43]

---

41 슬라보예 지젝, 이만우 옮김, 『향락의 전이』, 인간사랑, 2002, 32쪽 이하 참조.

42 에리히 프롬, 황문수 옮김, 『인간의 마음』, 문예출판사, 2002, 82쪽.

43 Theodor W. Adorno, "Die revidierte Psychoanalyse", in: (ders.), *Soziologische Schriften* I, Frankfurt am Main: Suhrkamp, 1979, p. 25 참조. 아도르노에 따르면, 수정주의자들은 부단히 개인에 대한 사회의 영향에 관해 이야기하는 동안 개인뿐만 아니라 개인성의 범주 역시 사회의 생산물이라는 것을 망각한다. 개인을 형성하는 영향을 기술하기 위해 사회적 과정으로부터 개인을 분리하는 대신에, 분석적 사회심리학은 개별자를 규정하는 사회적 힘들의 가장 내적인 기제(Mechanismen)를 발견해야만 했다. 이런 맥락에서 아도르노는 사회적 영향에 관해 이야기하는 것 자체를 의문시한다. 그것은

긍정과 부정의 심리학이 대치된 상황에서 어느 한쪽의 손을 쉽게 들 필요는 없을 것이다. 거세와 분할의 위협과 불안, 그리고 억압을 해소할 수 없는 모순으로 남겨 둠으로써 합리성의 비합리성을 끝없이 폭로하고 부정하는 심리학만큼 사랑과 에로스의 힘을 가꾸고 키우는 심리학을 통해 비합리성의 합리성을 밝히는 것도 비판의 동력이 될 수 있기 때문이다. 그러나 우리가 부정할 수 없는 것은 긍정과 부정의 심리학 모두 사회·역사적 맥락으로부터 완전히 자유로울 수 없다는 것이다.

프로이트의 충동 이론은 이드와 초자아 사이의 매개자로서 자아의 상대적 자율성을 유지할 수 있었던 19세기의 이론임이 분명하다. 프롬과 마르쿠제의 이론 역시 산업 사회에서 축적된 자본주의의 횡포가 초국적이지 않았던 20세기에 적합한 비판이론일 수 있다. 그러나 오늘날처럼 지식 기반 경제에서 초국적 자본이라는 초자아의 현실태가 등장한 사회, 나아가 한국처럼 자아(개별성과 주체성)의 상실을 통해 자기 보존을 해 온 나라에서 '자율적이고 매개적인 종합의 집행자'인 자아는 제거되었으며, 소외와 사물화를 비판하고 극복할 수 있는 출구로서의 사랑의 힘과 에로스적 효과는 오히려 사랑과 에로스의 상품화를 강화하는 자양분으로 교환되고 있다. 이런 사회에서 자아는 억압의 승화가 아니라 승화를 억압하는 곳에서만 주체가 된다.

초국적 자본이 주관하는 상징적 질서에서 자아는 항구적 불안에 빠진다. 동일한 것의 반복으로서 불안이 어느덧 원본 없는 복제의 기술을 통해 전면화했다. 향락이 끝없이 전이되는 곳에서 자아는 해체되고 욕망의 교환, 곧 자연의 질서와 폭동이 문명을 지배한다. 자아는 소외, 곧 타자가 된 것이 아니라 타자가 자아가 되었다. 타자가 실체화된 세상의 어둠은 깊어 가지만 등불은 보이지 않는다. "밤길로 접어든 나그네는 자신의 두려움을 부정하기 위해 어둠 속에서 큰소리로 노래 부를 수는 있지만,

---

개별화된 사회의 이데올로기적 표상을 단순히 반복하는 것일 수 있기 때문이다. 이에 대해서는 Theodor W. Adorno, "Die revidierte Psychoanalyse", p. 27 참조.

그렇더라도 한치 앞을 볼 수 없을 것이다."[44] 그러니 행복론의 제1과제는 초자아와 이드의 도착적 화해 때문에 상실된 자아를 되찾아가는 과정이어야만 한다.

5. 바깥으로 나아가는 행복론

행복론이 넘쳐나는 사회에서 자기 침잠과 자기 연민에 사로잡힌 나는 자기만 긍정하는 나르시스인가, 자기조차 부정하는 에코인가? 여전히 삶에 대한 만족과 긍정, 그리고 주관적 안녕의 지평에서 행복을 논의하고 평가하는 것이 대세이다. 하지만 그에 못지않게 삶의 기초로서 사회적 질(social quality)을 기준으로 객관적이고 공적인 지평에서 행복 지표를 재구성하려는 노력도 다양하게 시도되고 있다.[45] 이 경우에 사회·경제적 안전, 사회적 신뢰와 결속, 사회적 포용과 인정, 사회적 역량 강화 같은 기준들을 통해 기본권과 사회복지의 실현 정도를 포괄적으로 평가할 수 있다.[46] 하지만 어떤 방식으로든 행복을 수량화하려는 대부분의 시도는 사회적 지평을 개인적 지평으로 환원할 위험성이 크다.

이는 한국심리학회가 최근 서구에서 개발한 정신 건강의 척도를 우리말로 바꾸어 제안한 한국판 정신 건강 척도(K-MHC-SF: Korean-Mental Health Continuum Short Form)에서도 분명히 확인할 수 있다.[47] 제안서는 정신적 웰빙 척도를 사회적 웰빙(5개 문항), 심리적 웰빙(6개 문항), 정서

---

44 지그문트 프로이트, 『정신병리학의 문제들』, 218쪽.

45 공적 행복에 관한 논의로는 김선욱, 『행복의 철학: 공적 행복을 찾아서』, 도서출판 길, 2011, 47쪽 이하 참조.

46 유럽의 사회적 질 재단(EFSQ)에 따르면, 사회적 질은 "자신의 안녕과 개인적 잠재력을 강화할 수 있는 조건에서 자신의 공동체에서 사회경제적 생활에 참여할 수 있는 정도"를 가리킨다. 김윤태, 「행복지수와 사회학적 접근법」, 83쪽 참조.

47 임영진·고영건·신희천·조용래, 「정신적 웰빙 척도(MHC-SF)의 한국어판 타당화 연구」, 『한국심리학회지: 일반』 31 (2), 2012, 369쪽 이하 참조.

적 웰빙(3개 문항)으로 구성하고 있다. 이처럼 K-MHC-SF는 일반적인 긍정심리학이나 행복심리학이 제시하는 지표와 달리, 사회적인 부분을 충분히 고려한 것처럼 보인다. 그런데 실제로 제안된 사회적 웰빙 지표를 보면 모두 사회에 대한 개인의 감정과 느낌을 묻는 것들뿐이다.[48] 이처럼 웰빙 혹은 참살이의 이름으로 수량화된 사회적 행복은 공리주의의 함정으로 되돌아간다.

만약 웰빙(well-being)이 ① 영원성과 초월성에 사로잡힌 이성의 독재에 저항하고, ② 몸의 소리에 민감한 미학적 지평의 확장을 통해, ③ 구체적이고 개별적인 좋은 삶을 생활세계 내부에서 지향하는 문화를 가리킨다면,[49] 이는 이성중심주의라는 현대적 가치에 대한 근본적 반성을 내포한 급진적 문화 의식일 수 있다. 칸트와 프리드리히 실러(Friedrich Schiller), 그리고 헤겔 이래로 우리는 미학적 지평이 이성의 억압적 질서와 독재에 대항해 감성의 해방과 그것의 질서를 수립하고 강화한 다음, 궁극적으로는 억압적 현실 원칙에 의해 산산이 찢어진 두 영역, 즉 이성과 감성, 정신과 몸, 자연과 자유의 화해를 지향한다는 것을 알고 있다.

우리는 미학적 지평이 현대 문명을 파괴하는 것이 아니라 감각의 해방을 통해 오히려 현대성의 기초를 견고하게 한다는 것을 알고 있다. 프랑스 화가 폴 세잔(Paul Cézanne)의 말처럼 미학적 지평은 혼돈과 질서 중에서 어느 하나를 선택할 필요가 없는 것과 마찬가지로 감각과 사고 가운데 어느 하나를 선택해야 한다고 주장하지 않는 것이다. 이런 맥락에서 미학적 지평은 처음부터 현대와 탈현대의 긴장 위에서 확장된다. 아름다움에 대한 감수성과 놀이 충동의 강화, 그리고 일상으로부터의 일탈

---

48 구체적으로 제안된 사회적 웰빙 지표는 다음과 같다. ① "나는 사회에 공헌할 만한 능력을 지니고 있다고 느꼈다", ② "공동체(사회 집단이나 이웃 같은)에 소속되어 있다고 느꼈다", ③ "우리 사회가 나와 같은 사람들에게 더 살기 좋은 곳이 되어가고 있다고 느꼈다", ④ "사람들은 기본적으로 선하다고 느꼈다", ⑤ "우리 사회가 돌아가는 방식이 이해할 만하다고 느꼈다." 임영진·고영건·신희천·조용래, 「정신적 웰빙 척도(MHC-SF)의 한국어판 타당화 연구」, 386쪽.

49 김선욱, 「웰빙 라이프의 정치적 구조」, 『철학연구』 95, 2005, 1쪽 이하 참조.

을 통해 확장되는 미학적 지평은 현재를 지속적으로 혁신하는 새로움, 곧 급진적 새로움을 지향한다.[50] 그렇다면 웰빙 지향의 행복론은 어떤 방식을 통해 미학적 차원으로 확장될 수 있을까?

현대 사회에서 행복하고 아름다운 삶을 지향하는 사람들은 과학과 도덕의 논리, 형이상학적 권위의 논리, 이성의 논리에 대한 대항의 논리를 가지고 있기보다는 오히려 그것들에 의해 식민화된 참살이에 현혹된 것처럼 보인다. 잘 알려진 것처럼 현대 사회에서 참된 삶과 옳은 삶의 문제는 일반적으로 공적 담론의 주제로 특화되면서 형식주의와 절차주의의 틀로 파악되는 경향을 갖는다. 반면에 행복하고 아름다운 삶의 문제는 사적 담론의 주제로 전환하고 있다. 여기서 우리는 상호 주관적 이성에 공적 담론이 정치적이라면, 감성에는 사적 담론이 정치적이라는 것을 인식할 필요가 있다. 그러나 공적 담론이나 사적 담론 모두 경제의 논리, 즉 도구적 이성의 논리에 의해 식민화되는 순간 급진적 저항의 성격을 상실한다. 이런 상황에서 사회적 지평을 개인적 지평으로 환원하는 웰빙 행복론은 경제 논리에 의한 획일화에 저항하는 것이 아니라 오히려 새로운 획일화를 조작할 가능성이 높다.

참살이를 지향하는 행복론은 물질적 풍요에 만족하지 않고 정신적 가치를 동시에 추구할 수 있다. 그 때문에 이런 행복론은 산업 사회가 요구하는 양화의 법칙에 저항할 수 있는 가능성도 담지하고 있는 것처럼 보인다. 그러나 문화 산업에 의해 전도되는 웰빙 지향의 행복론은 생각 없는 개인들을 빨아들이는 강력한 유혹의 메시지이다. 연극과 그림 속의 주인공이 접근 불가능한 거리 두기를 통해 관람객의 삶에 접근한다면, 경제 논리의 전도사인 문화 산업은 관람객의 복사품인 것처럼 배우들을 치장하지만 그들 사이의 거리는 결코 좁혀지지 않는다. 문화 산업이 지배하는 곳에서 모든 사람은 동일한 유적 존재로 끊임없이 복사되지만 복제품들 사이에는 더 이상 건널 수 없는 심연이 생긴다.[51]

---

50 H. 마르쿠제, 『에로스와 문명』, 207쪽 이하 참조.

이런 이유 때문에 웰빙 지향의 행복론은 성공한 사람들이 성공할 수 없는 사람들을 지배하는 성공 이데올로기의 변주곡이라는 비판을 극복해야만 한다. 웰빙 지향의 행복론이 우리에게 웰빙으로 기호화된 성공 신화의 내면화를 요구하면서 내면화에 성공하지 못하면 이방인, 즉 '우리 안의 타자'가 될 것이라고 끝없이 위협하기 때문이다. 실제로 '신세대', 'X세대', 'N세대', '386세대', 그리고 '웰빙족'으로 이어지는 한국 사회의 세대 담론은 이처럼 언제나 '우리 안의 타자'를 양산함으로써 자본의 이익을 관철하는 배제의 논리로 작동해 왔다.

"행복이란 단순한 만족의 느낌이 아니라 현실에서의 자유와 만족의 느낌이다."[52] 행복의 사회적 지평을 개인적 지평으로 환원해서는 안 되는 것처럼 불행의 원인 중에 개인의 심리 부분을 사회 제도의 문제로 단순화해서도 안 된다. '평균 연봉', '평균 석차' 같이 계량화가 판을 치는 사회에서 개인적인 것은 항상 사회적으로 평가된다. 이 경우에 평균화되지 않는 만족은 단순히 무의미하거나 무용한 것이 아니라 유해한 것이다. 이런 방식으로 사회는 부정적인 것을 부정할 수 있는 힘을 개인으로부터 탈취한다. 이런 논리에서 벗어나려면 행복과 불행의 개인적 지평 역시 독자적인 논의 구조를 가져야 한다.[53]

러셀은 그의 행복론에서 "내가 만나는 모든 얼굴에 가냘픔과 슬픔의 빛이 깃들여 있노라"라고 말하면서 현대 사회를 살아가는 "군중에게서는 불안과 지나친 긴장, 소화 불량, 경쟁 이외에는 아무것도 생각하지 않는 무관심, 마음 놓고 즐기지조차 못하는 초조함, 동료들을 의식하지 못하는 태도"만이 보인다고 말한다.[54]

---

51 테오도르 아도르노·막스 호르크하이머, 『계몽의 변증법』, 187쪽 참조.

52 H. 마르쿠제, 『에로스와 문명』, 129쪽.

53 러셀에 따르면, 인간을 불행하게 만드는 사회 제도는 "전쟁, 경제적 착취, 잔인과 공포를 조장하는 교육 제도, 결혼 제도" 등을 생각할 수 있다. 그는 이혼조차도 도덕이라는 속박에 얽매여 인간을 죄의식에 빠뜨리게 한다고 보며, 결혼 제도 자체도 부도덕한 인간의 제도로 파악한다. 버트런드 러셀, 『행복의 정복』, 13쪽; 버트런드 러셀, 김영철 옮김, 『결혼과 도덕에 관한 10가지 철학적 성찰』, 자작나무, 1999, 65쪽 이하 참조.

러셀에 따르면, 인간이건 동물이건 간에 모든 행복의 근본 요소는 온 갖 사업에 대한 자연적인 열정과 욕망에 있는데, 그릇된 세계관과 비뚤 어진 윤리, 옳지 않은 생활 습관 등으로 인해 이 열정과 욕망은 파괴되고 결국 불행하게 된다. 그렇다면 이런 불행에 빠지는 사람들은 누구인가? 러셀은 "자기에 대한 침잠과 전념이 너무 심한 사람들"이 바로 이런 사 람들이라고 한다. 이런 종류의 사람으로 러셀은 죄의식에 사로잡힌 사람 (sinner), 자기도취에 빠진 사람(narcissist), 그리고 과대망상에 걸린 사람 (megalomania) 등 세 가지를 제시하고 있다.

자기 침잠과 자기 전념, 그리고 자기 연민이 너무 강한, 그래서 다른 방법으로는 고칠 길이 없는 불행한 사람에게는 자아 속에 갇혀 있지 말 고 바깥으로 나오는 외적 훈련이 필요하다고 말한다. 다시 말해 사회적 이고 공적인 것에 관심을 갖는 것이다. 그것만이 나르시스와 에코의 비 극에서 빠져나올 수 있는 유일한 길이다.

> 행복의 비결은 다음과 같다. 가능한 한 폭넓은 관심을 가져라. 그리고
> 가능한 한 당신이 흥미를 가지고 있는 사물이나 인간에 대해 적대적이
> 기보다 우호적인 반응을 보여라.[55]

헤겔에 따르면, 자아는 한편으로 바깥으로 나아가는 것을 불안해하지 만, 그렇다고 바깥 세계에 맞서 완강하게 자기의식을 고집하면 자유로울 수 없다. 그가 말하는 정신의 힘이란 오히려 바깥으로 나아가는 가운데 서도 자기를 잃지 않는 주체, 곧 내적인 자기와 외적인 자기를 모두 떠안 는 데 있다.[56] 이처럼 바깥으로 나아가는 주체만이 자기 자신을 부정하면 서 형성하는 자유로운 주체가 될 수 있다. 헤겔의 말처럼 자유의 최대화

---

54 버트런드 러셀, 『행복의 정복』, 11, 12쪽.

55 버트런드 러셀, 『행복의 정복』, 152쪽.

56 G. W. F. Hegel, *Phänomenologie des Geistes*, p. 588 참조.

는 자기 침잠이나 자기 연민에서 빠져나와 타자성을 가진 타자와의 만남과 소통의 연대를 통해서만 가능하다.

이처럼 바깥으로 나아가는 연습만이 외부적 환경에 매달리지 않고 자기 자신에게 달려 있는 행복에 이르는 길이다. 러셀 자신은 세상에 행복한 몸으로 태어나지 않았고, 자신의 앞길에 가로놓인 권태(ennui)의 그림자를 예견하고는 청년 시절의 인생을 증오하면서 자살을 생각했다고 한다. 하지만 수학에 대한 학구열이 그의 자살을 방지했고, 그가 진실로 원하는 것이 무엇인지 발견하고는 이를 점차적으로 추구했으며, 한편으로 어떤 욕망의 대상을 깨끗이 잊었다고 한다. 그는 자기 부족에 무관심해지면서 주의력을 바깥 세계에 집중해 살아가기 시작하면서 권태를 완전히 막아 낼 수 있었다고 한다. 러셀은 세계인의 평화 문제에 관심을 가지고 반전과 평화 운동을 활발히 펼쳐 나갔다. 그는 자기 자신에 대한 관심으로는 진보적 행동으로 나아갈 수 없다고 본 것이다. 자기에 대한 관심은 기껏해야 일기를 쓴다든가, 정신분석을 한다든가, 수도사가 된다는 것인데, 수도사도 외적인 일에 몰두하기 전에는 행복할 수 없다고 보았다. 거리의 청소부가 되더라도 종교에서 얻는 만큼의 행복을 얻을 수 있다는 것이다.[57] 그러면서 그는 생애를 지배한 세 가지 열정으로 사랑에의 갈망, 지식의 탐구, 인류의 고뇌에 대한 참을 수 없는 연민을 들고 있다.

고독과 무기력에서 벗어날 수 있는 가장 구체적이고 유일한 길은 바깥으로 나아가 접속하고 결합하는 것이다. 그러나 무엇(누구)과 접속하고 결합할까? 문제는 접속하기가 쉽지 않다는 것이다. 나와 코드가 맞는 사람과 접속하면 좋은데, 온갖 제도가 그것을 막는다. 코드를 맞추어 접속하는 것이 힘들다. 그러니 사람들은 접속하기보다 소유하려고 한다. 소유하면 접속에서 오는 고통과 아픔을 잊고 행복할 수 있을 것처럼 보이기 때문이다. 그러나 바깥을 소유하려는 모든 시도는 폭력을 키울 뿐이다. 폭력을 최소화하려면 바깥으로 나아가 만나고 소통하면서 연대하는

---

57 버트런드 러셀, 『행복의 정복』, 16쪽 참조.

것에서 멈추어야 한다. 남편과 애인에 의해 살해당한 사람들, '우리'의 이름으로 구속되고 감금된 사람들, 정상과 비정상을 나누는 갖가지 기준에 의해 무시되고 배제된 사람들, 그리고 생산체계와 문화 산업에 의해 경험을 탈취당한 사람들은 소유에서 접속으로 나아가는 길에서 소유 패러다임에 희생된 사람들이다. 그들의 시선으로 세상을 보면 온통 검은색이다.

> 대열에서 낙오된 자들, 때려 눕혀진 자들 …… 자유를 통째로 빼앗긴 이들이 구스타프 말러(Gustav Mahler)에게는 몸에 자유를 품고 있는 사람들이다. 어떤 약속도 하지 않는 그의 교향곡들은 짓밟힌 사람의 발라드이다. "이제 곧 밤이다"라는 것이 그 이유이다.[58]

철학과 예술의 경계, 그리고 양자의 역할 분리와 교환에 대해 확정적으로 말하기는 어렵다. 하지만 적어도 나에게 분명한 것은 철학이나 예술이 문제를 풀이하는 역할, 곧 사람들의 물음에 현자처럼 대답하는 역할을 할 수도, 해서도 안 된다는 것이다. 철학과 예술이 삶의 처세술이 아니라는 것을 확정적으로 말하지 않는다면, 그것은 이미 철학도 예술도 아니다. 거꾸로 철학과 예술은 삶과 사회, 그리고 다양한 권력, 예를 들어 도덕적·문화적·정치적·경제적 권력만이 아니라 일상의 삶 속에 깊숙이 관여하고 있는 미시권력에 대해 문제를 던지는 역할을 해야 한다. 곧 문제 찾기의 역할을 수행해야 한다.[59] 문제는 상징체계의 바깥에서 안으로 침범해 들어오는 과정, 곧 체계에 구멍을 만들어 가는 과정이다.

따라서 철학과 예술은 참세상과 바른 사회, 좋은 삶만이 아니라 행복도 현재하지 않는다고 말하는 데서 시작해야 한다. 무한 긍정할 수 있는

---

58 Theodor W. Adorno, *Die musikalischen Monographien*, Frankfurt am Main: Suhrkamp, 1971, p. 309.

59 알랭 바디우·슬라보이 지젝, 민승기 옮김, 『현재의 철학을 말하다』, 도서출판 길, 2013, 25쪽 참조.

이상 사회, 아름다운 행복이 현존한다는 생각을 가지고 있는 철학과 예술에서는 가치 있는 것을 찾을 수 없다. 쓰레기 더미에서 구할 수 있는 것보다 값이 없다. "진짜는 아직 없었어!"라고 외치면서 철학과 예술을 시작해야 하는 이유이다. 그렇다고 이편이 아닌 저편에서 행복을 찾겠다는 형이상학으로 회귀해서도 안 된다. 아니면 이제야 새로운 행복을 찾았다고 호들갑을 떨어서는 더더욱 안 된다. 부재의 실재, 미래의 고향처럼 '참살이'는 다가올 과거이기 때문이다. 그 때문에 진리는 사건처럼 왔거나 올 것이다.

사건을 찾아가는 경험이 필요하다. 하지만 우리 시대는 경험 자체가 불가능한 시대이다. 경험의 상실은 대체 불가능하고 교환 불가능한 삶의 구성이 불가능해졌다는 것을 말한다. 그러니 바깥으로 나아가 나를 형성하고 그 과정에서 행복을 구성할 수 있는 삶을 위해 필요한 경험을 되찾아야 한다. 그렇다고 우리가 찾으려는 경험이 진정한 의미에서 잃어버린 것은 아니다. 잃어버렸기 때문에 되찾고자 한다면 진정한 경험이 실재했다고 말해야 하기 때문이다. 하지만 잃어버린 과거의 진정한 경험은 실재한 것이 아니다. 사건 속에서 나타났다가 사라졌다고 말하더라도 그것은 실재한 것이 아니라 부재한 것이다. 그러니 행복을 말하려는 철학과 예술은 이제 '부재의 실재'를 찾아가는 과정이 되어야 한다. 자유의 최대화와 폭력의 최소화를 지향하는 행복론은 '있음'에 대한 긍정적 사고가 아니라 '있음'을 신문하는 부정적 사고이다.

제4부

인권과 복지,
그리고 자치의 정당화와 자유

제12장

인권의 보편주의적 정당화와 자유

나는 『우리 안의 타자』에서 인권의 보편주의적 정당화와 해명의 문제를 다루었다.[1] 이 책에서 나는 담론 이론을 인권의 보편주의에 대한 정당한 비판을 극복할 수 있는 가장 설득력 있는 이론으로 보았다. 인권 담론은 엄밀한 의미에서 정치 담론이다. 그것이 소통되는 다양한 정치적 맥락을 무시하고 인권의 배타적 보편성을 주장하는 것은 사회적 인정과 상호 주관적 동의 없이 자유를 신성시하는 것과 유사하다.

(신)자유주의는 인권, 그중에서도 자유권의 배타적 우선성을 주장한다. 자유, 특히 소극적이고 방어적인 자유가 더 많은 사람의 인권 보장에 유리하다는 (신)자유주의의 논리는 그 자체로 설득력 있는 것처럼 보인다. 어떤 가치와 이념도 동의받은 만큼만 정당성을 요구할 수 있다는 것은 무시할 수 없는 현실이다. 하지만 이런 자유주의적 인권 담론은 곳곳에서 제기되는 비판을 견뎌내기 어렵다.

하버마스는 지속적으로 제기되어 온 보편주의적 인권에 대한 다양한

---

1 박구용, 『우리 안의 타자』, 제8장 참조.

비판, 예를 들어 보편타당성을 요구하는 인권은 ① 도덕제국주의(엄숙주의, 유토피아)의 표현이고, ② 자유주의와 소유개인주의의 유산(사회적 연대성의 훼손, 특수한 문화적 전통의 파괴)이며, ③ 다원주의 사회와 모순되기 때문에, ④ 맥락 의존적으로 정당화된 문화제국주의의 기호라는 비판을 상호 주관성의 패러다임에서 극복하려고 시도한다.

하버마스는 먼저 ① 인권 담론과 도덕 담론을 구별하고 그 과정에서 법에 대한 도덕의 우위성을 요구하는 도덕형이상학을 포기하면서 인권을 법적 개념으로 이해할 것을 제안하며, ② 독백적 의식철학에서 상호주관성으로의 패러다임 전환을 통해 자연법 사상과 초월철학적 논증과 단절하고, ③ 자유주의와 사회복지국가의 법 패러다임의 한계를 극복하기 위해 절차주의적 법 패러다임을 제안하면서 그 속에서 세 가지 기본권(자유권, 참정권, 사회권)의 위계적 서열화에 반대하고, 그것들 간의 상호 제약적 공속성을 밝히려고 시도한다. 마지막으로 ④ 문화 담론과 인권 담론을 차별화하는 과정에서 한편으로 다원주의를 인권 담론의 출발점으로 인정하고, 다른 한편으로는 보편주의적 인권 이념에서 다원주의의 제약 가능성을 찾는다.

나는 다원주의와 탈형이상학적 상호 주관성의 패러다임과 양립 가능한 보편주의적 인권의 정당화를 시도하는 하버마스의 기획이 회의주의자들의 비판을 상당 부분 약화시킨다고 판단한다. 무엇보다 그의 기획은 자유를 소극적이고 주관적인 사적 자유로 환원하려고 시도하는 (신)자유주의 전략을 극복할 수 있는 논리를 제공한다.

이 맥락에서 나는 『우리 안의 타자』에서 진행한 연구를 여기서 좀더 섬세하게 진행하려고 한다. 나는 하버마스의 담론 이론이 제시하는 인권의 보편주의적 정당화 과정에 대한 비판적 탐구를 통해 회의주의자들의 저항에 맞서 보편주의적 인권 이념의 방어 가능성과 그 조건을 밝히고자 한다. 이러한 목적을 위해 나는 먼저 인권의 보편주의적 정당화의 가능성과 그것의 방법 및 절차, 그리고 범위에 대한 관점에서 상호 교차적인 다양한 관점을 네 가지(강한 상대주의, 약한 상대주의, 강한 보편주의, 약한 보편주의) 유형으로 단순화해 규정하고, 그 과정에서 상대주의자들에 의해 제기된 정당한 비판을 극복하기 위해 인권의 보편주의적 정당화 절차가 반드시 갖추어야 할 최소한의 조건을 제시할 것이다. 그런 다음에 나는 제시된 조건을 수용하면서도 여전히 인권 이념의 보편적 타당성을 주장하는 하버마스의 인권 담론을 세 가지 주제를 가지고 논의하고자 한다. 첫째, 법과 도덕이 인권과 어떤 관계를 설정해야만 하는지를 살펴보고, 둘째, 보편주의적 인권의 내용이 어디까지 확장될 수 있고 인권의 서열화가 가능한지의 문제를 고찰하며, 셋째, 문화 담론과 인권 담론의 올바른 관계를 정립하는 과정에서 다원주의와 양립 가능한 인권의 보편주의적 정당화 가능성을 논의하려 한다.

1. 현대 인권철학의 주요 흐름과 쟁점들

자유와 삶의 의미 상실이라는 베버의 시대 진단에서 시작된 현대성과 탈현대성의 갈등이 해소되지 않고 잠복한 상태에서 탈형이상학과 다원주의적 관점은, 절대적 본질주의자들이나 근본주의자들의 지속적 반격에도 불구하고 거부할 수 없는 사실(Faktum)로서 인정되고 있다. 현대성과 관련된 철학적 담론의 잠정적 성과는 탈형이상학적 사유와 사실로서의 다원주의를 거부하는 어떤 이론과 태도도 더 이상 설득력을 가질 수 없다는 반사실적 합의 속에 투영되어 있다. 그런데 이러한 합의의 이면에는 영원성과 확실성, 엄밀성에 대한 본질형이상학적 열망의 포기뿐만 아니라 이성, 자유, 도덕, 그리고 국가가 향유했던 아우라의 상실이라는 위협이 도사리고 있다. 이런 정황 속에서 인권의 보편주의적 정당화를 시도하는 것은 희망 없는 열망, 즉 절망에서 나온 나르시스적 희망의 표현처럼 보인다.

실천철학적 담론에서 보편주의적 도덕 관점을 전면적으로 거부하는 철학자들은 인권 담론에서도 대부분 강한 상대주의적 관점을 대변한다.

인권 같은 권리의 존재를 믿는 것은 마녀의 존재를 믿는 것과 동일하다는 테제를 대변하는 매킨타이어나 보편주의적 인권의 정당화 가능성을 전면적으로 부정하는 제러미 벤담(Jeremy Bentham)의 입장, 인권을 정치권력의 이데올로기적 도구나 정치적 전략의 한 수단으로 간주하는 슈미트와 요제프 이젠제(Josef Isensee)의 입장, 그리고 인권의 제국주의를 비판하는 리오타르의 입장 등이 여기에 속한다고 할 수 있다.[2] 이들은 근본적으로 인권의 개념을 객관적이고 비인격적인 기준을 제시하려는 헛된 시도 속에서 만들어진 도덕적 가상이나 유토피아로 규정함으로써 인권의 보편주의적 정당화 자체를 부정하고, 나아가 인권과 관련된 도덕적 규범의 현실적 적용을 강자(권력자와 강대국)의 이익에 봉사하는 도덕제국주의의 도구라고 비판한다.

보편주의적 인권 담론에 비판적인 입장을 견지하면서도 강한 상대주의자들과는 일정한 거리를 유지하는 약한 상대주의자들은 인권의 문화상대주의적 정당화 가능성과 그것의 현실적 적용을 제한적으로 인정한다. 자민족중심주의를 표방함으로써 인권이 특정한 문화권 안에서 상대적으로만 정당화될 수 있다는 로티의 입장, 인권을 기껏해야 공동체들 상호 간의 문화 교류를 통해 획득된 경험적 공통성을 토대로 우연히 도달한 상대적 합의의 산물로 간주하는 마이클 왈저(Michael Walzer)의 입장, 그리고 서로 다른 집단들의 문화 담론이 서로 양립할 수 없는 공약 불가능성을 갖지만 동시에 인간의 행위에 적용되어야 하는 규범, 즉 인권에 대해서는 중첩적 합의가 가능하다는 찰스 테일러(Charles Taylor)의 입장이 상이한 문화를 가로지르는 교차적 접근(cross-cultural approach)

---

2 알래스데어 매킨타이어, 이진우 옮김, 『덕의 상실』, 문예출판사, 1977; Jeremy Bentham(1792), "Anarchical Fallacies. Being an Examination of the Declaration of Rights Issued During the French Revolution", in: John Bowring (ed.), *The Works of Jeremy Bentham*, vol. II, Edinburgh: William Tait, 1853 참조. Carl Schmitt, *Der Begriff des Politische*, Berlin 1963; Josef Isensee, "Weltpolizei für Menschenrechte", in: *Juristische Zeitung* 50, 1995; Jean François Lyotard, *Der Widerstreit*, 2. Auflage, München: Wilhelm Fink, 1989 참조.

방법을 강조하는 약한 상대주의에 속한다고 할 수 있다.[3] 이들은 보편적 타당성을 요구하는 도덕적 규범으로서의 인권을 정당화하려는 모든 시도가 맥락 의존적일 수밖에 없기 때문에 문화적 특수성이나 이데올로기적 전제로부터 자유로울 수 없다고 주장한다. 이들은 맥락 의존적으로 정당화된 규범이 맥락 초월적 타당성과 함께 그것의 엄숙주의적 적용을 요구하는 것은 내적 정합성이 없을 뿐만 아니라 궁극적으로 다원주의를 억압하는 도덕제국주의로 전락할 수 있다고 비판한다.

인권 담론에서 상대주의자들은 그들의 관점이 갖는 강약의 정도와 무관하게 보편주의와 다원주의가 상호 배타적이라는 입장을 전제하고 있다. 따라서 보편주의와 다원주의 사이에 대립과 충돌이 불가피하게 형성된다고 할지라도, 다원주의와 양립 가능한 보편주의적 관점의 정당화 가능성이 제시될 수 있다면 상대주의자들의 비판을 큰 틀에서 극복할 수 있는 실마리를 찾을 수 있을 것이다. 여기서 나는 ① 특정한 종교와 형이상학의 토대 위에서 정당화된 인권 개념, ② 홉스와 로크의 자연법적 전통을 고수하는 신자유주의적 인권 개념, 나아가 ③ 칸트의 초월론적 논증에서처럼 독단적 실천이성을 통해 정당화된 도덕에 법을 종속시키는 사회계약론적 인권 개념은 모두 다원주의와 양립하기에는 너무 강한 도덕 관점을 가지고 있다고 생각한다. 특히 강한 보편주의를 고수하는 이들의 관점은 인권이 자유주의와 소유개인주의(der possessive Individualismus)라는 서구 사회의 유산을 내포하고 있기 때문에 개인보다는 공동체의 가치를 강조하는 문화들의 자기 보존을 위협하고 이 과정에서 사회적 연대성을 훼손한다는 비판을 쉽게 극복할 수 없을 것으로 보인다.

예를 들어 내가 보기에 인간의 존엄성이나 자기 합목적성에 절대적 가

---

3 리처드 로티, 「인권·이성·감성」, S. 슈트 엮음, 민주주의법학연구회 옮김, 『현대사상과 인권』, 사람생각, 2000, 145쪽 이하 참조; Michael Walzer, *Spheres of Justice; A Defense of Pluralism and Equality*, Basic Books, 1983; 찰스 테일러, 「인권에 대한 비강제적 합의의 조건」, 『계간사상』, 사회과학원, 1996, 57~74쪽.

치를 부여함으로써 보편주의적 인권의 정당화를 시도하는 로베르트 슈
페만(Robert Spaemann)이나 초월철학적 논증을 통해 인권에 객관주의적
의미를 부여하는 아펠과 회페의 관점, 그리고 특정한 도덕적 표상을 토
대로 인권의 무차별적(egaltär) 보편주의를 요구하는 에른스트 투겐타트
(Ernst Tugendhat)의 관점이 모두 강한 보편주의에 속한다.[4] 이들은 인권
을 도덕 관점의 틀 안에서 정당화함으로써 도덕과 법, 자연법과 실정법,
인권과 주권, 그리고 타당성과 사실성의 상호 제약적 관계를 각각 전자
중심으로 해석하는 경향이 있다. 이들의 관점은 근본적으로 독단적 실천
이성을 통해 정당화된 도덕에 법을 종속시키는 도덕형이상학에 의탁하
고 있기 때문에, 그들이 주장하는 보편주의적 인권 이념이 도덕제국주의
나 현실성 없는 유토피아로 전락한다는 비판이 계속해서 제기된다. 그럼
에도 불구하고 이들이 이러한 비판을 쉽게 극복하지 못하는 이유는, 이
들이 인권을 비롯한 도덕 관점의 철학적 정당화 과정에서 상호 주관성
의 패러다임을 일관성 있게 관철하지 않는 데서 비롯되는 것으로 보인
다. 아펠은 비록 하버마스와 함께 화용론을 통해 상호 주관성을 자기 철
학의 내적 동력으로 발전시키지만, 그의 선험 화용론은 도덕 관점의 정
당화 과정에서 최후 담론을 전제함으로써 독백적 의식철학으로 돌아선
다. 이 점에서 아펠의 선험 화용론은 하버마스의 보편 화용론과 명확히
구별된다.[5]

---

4   Robert Spaemann, "Über den Begriff der Menschenwürde", *Grenzen. Zur ethischen
    Dimension des Handelns*, Stuttgart: Klett-Cotta, 1987, pp. 107~22; Karl-Otto Apel,
    Transformation der Philosophie, Frankfurt am Main: Suhrkamp, 1973; Otfried Höffe,
    "Transzendentaler Tausch. Eine Legitimationsfigur für Menschenrechte?", Stefan
    Gosepath · Georg Lohmann (Hg.), *Philosophie der Menschenrechte*, Frankfurt am
    Main: Suhrkamp. 1998, pp. 29~48; Ernst Tugendhat, "Die Kontroverse um
    die Menschenrechte", Stefan Gosepath · Georg Lohmann (Hg.), *Philosophie der
    Menschenrechte*, Frankfurt am Main: Suhrkamp, 1998, pp. 48~61; Ernst Tugendhat,
    Vorlesungen über Ethik, Frankfurt am Main: Suhrkamp, 1993, 제17장 참조.
5   '보편 화용론'(Universalpragmatik)과 아펠의 '선험 화용론'(Traszendentalpragmatik)
    의 구분에 대해서는 Jürgen Habermas, "Was heißt Universalpragmatik?", Karl-Otto

자연법이나 이성법의 전통 위에서, 원자적 개인주의와 주관성의 패러 다임에 묶인 상태에서 인권의 보편타당성을 요구하는 강한 보편주의자 들은 무엇보다 '인권=소유개인주의'라는 비판을 극복해야 한다. 이를 위해 강한 보편주의자들은 자신들을 감싸고 있는 독단적 형이상학을 중 성화하는 탈형이상학과 상호 주관성의 패러다임을 수용함으로써 강한 도덕주의에서 벗어나야 한다. 이성법적 소유개인주의의 테두리 안에서 자신의 영혼과 육체를 스스로 소유할 수 있도록 권한을 부여받은 인격 체(Person)는 더 이상 타인뿐만 아니라 그가 속한 공동체에도 자신의 권 리를 양도할 의무가 없으며, 마찬가지로 다른 사람의 몸과 마음 역시 그 의 소유이며, 그에 대한 권리는 서로 양도할 수 없다. 문제는 나의 몸과 마음이 나의 소유라는 소유개인주의의 근본 명제가 원자론적이고 실체 적인 자아관을 가진 근대 유럽의 독단적 형이상학에 의탁하고 있다는 것이다. 그러나 인권 담론에서 강한 보편주의자들이 전제하고 있는 폐쇄 적이고 배타적인 원자적 개인관은 다원주의로 특징되는 현대 사회에서 보편적 구속력을 갖는 결정으로서는 너무 강하다. 인권은 모든 형태의 사회화에 앞서 개인의 존재를 가정하는 자연 상태(Naturzustand)에서 도 덕적으로 이미 주어진 것이 아니기 때문이다.

인권의 보편주의적 관점을 고수하면서도 강한 도덕주의와 일정한 거 리를 유지하는 약한 보편주의자들은 한편으로 인권 담론을 문화 담론과 명확하게 구별함으로써 상대주의자들과 차별성을 갖는다. 다른 한편으 로 이들은 인권 담론과 도덕 담론을 동일시하지 않음으로써 강한 보편 주의자들에 대한 회의주의자들의 비판을 극복하려고 시도한다. 약한 보 편주의는 무엇보다 ① 법에 대한 도덕의 우위성을 요구하는 도덕형이상 학을 포기하고, ② 다원주의를 사실로서 인정함으로써 인권 담론의 출발 점으로 받아들이며, ③ 상호 주관적 절차에 따른 합의를 지향하며, ④ 인

Apel (ed.), *Sprachpragmatik und Philosophie*, Frankfurt am Main: Suhrkamp, 1976, pp. 353ff. 참조.

권의 정당화와 그것의 적용을 구별한다. 인권을 정치적 입장 위에서 상대적으로 정당화하려는 롤스의 시도와 탈형이상학적 상호 주관성의 패러다임을 형식적 절차주의의 틀 안에서 일관되게 관철함으로써 인권의 보편타당성 요구를 인권과 주권의 상호 제약적 긴장 관계를 통해 정당화하려는 하버마스와 로베르트 알렉시(Robert Alexy)의 입장이 여기에 속한다고 할 수 있다.[6]

인권 담론에서 강한 보편주의가 전통적 의미에서 자유권 중심의 인권을 강조한다면, 약한 보편주의자는 일반적으로 자유권과 사회권의 상호 제약적 관계를 받아들임으로써 사회권을 보편주의적 인권의 필수 불가결한 구성 요소로 규정한다. 그럼에도 불구하고 약한 보편주의에는 자유권과 사회권의 대칭적 지위를 하나의 법 공동체로 한정하느냐 혹은 전 지구적 차원으로 타당성 범위를 확장하느냐의 문제가 남는다. 롤스의 관점이 전자에 속한다면, 하버마스는 후자의 입장을 대변한다. 롤스는 사회적 정의를 사회적 인권으로 규정함으로써 자유권과 사회권의 동등한 지위를 인정하는 것처럼 보인다. 그러나 그의 사회적 정의론은 특정한 공동체 안에서만 타당성을 갖는다. 국제적 정의의 문제에서 그는 오히려 최소한의 원칙만이 정당화될 수 있다는 입장을 가짐으로써 사회권을 제한한다.[7] 반면에 하버마스는 비록 인권의 보편주의적 정당화 가능성을 부정하지 않지만, 도덕적 규범으로서의 인권의 보편타당성을 정당화 과정이나 그것의 내용 및 구조에서가 아니라 효력 범위와 관련된 적용 영

---

6 존 롤스, 『만민법』 참조; Jürgen Habermas, *Faktizität und Geltung: Beiträge zur Diskurstheorie des Rechts und des demokratischen Rechtsstaats,* Frankfurt am Main: Suhrkamp, 1992; Jürgen Habermas, *Die Einbeziehung des Anderen: Studien zur politischen Theorie,* Frankfurt am Main: Suhrkamp, 1996; Jürgen Habermas, *Die postnationale Konstellation: Politische Essays,* Frankfurt am Main: Suhrkamp, 1998 참조.

7 롤스는 1993년 발표한 『만민법』에서 인권의 최소 항목을 다음과 같이 여섯 가지로 규정한다. ① 생존과 안전의 권리, ② 사유 재산권, ③ 법의 지배, ④ 양심의 자유, ⑤ 결사의 자유, ⑥ 이민의 권리가 그것들이다. 여기에는 전통적인 의미의 자유권을 넘어서는 인권의 내용이 포함되어 있지 않다. 이에 대해서는 존 롤스, 『만민법』, 90쪽 참조.

역에서만 요구한다.[8] 이런 맥락에서 하버마스는 인권을 적법한 기본권의 형식으로 정당화함으로써 도덕적 권리 개념이 아니라 법적 권리 개념으로 이해할 것을 요구한다.

집단적 삶의 형식들 상호 간의 다원주의가 사실로서 인정되는 바로 그곳에서 다원주의의 제약 가능성에 대한 논의가 보편주의적 관점의 정당화에 대한 요구로 자연스럽게 촉진되고, 그 과정에서 인권 담론은 언제나 실천철학의 다양한 쟁점을 첨예하게 대립시킨다. 이론과 실천, 사실과 가치, 권리와 의무, 자유와 평등, 도덕과 법, 자연법과 실정법, 개인과 공동체, 정의와 연대성, 그리고 인권과 주권의 긴장은 인권의 보편주의적 정당화의 가능성과 그것의 방법 및 절차와 범위에 대한 관점에 따라 상호 교차적인 다양한 스펙트럼을 형성한다. 나는 앞서 인권 담론의 다양한 스펙트럼을 네 가지로 단순화해 논의하는 가운데 상대주의자들에 의해 제시된 정당한 비판을 극복하기 위해 인권의 보편주의적 정당화 절차가 지켜야 할 몇 가지 조건을 제시했으며, 이런 조건을 수용하면서도 여전히 인권 이념의 보편타당성을 주장하는 입장을 약한 보편주의로 규정했다(1). 이제 나는 약한 보편주의적 인권 이념의 정당화를 시도하는 하버마스의 기획을 주요 논의 대상으로 삼아 먼저 인권 이념의 정당화 절차를 그것의 타당성 범위와 연관해 규정하기 위해 법과 도덕이 인권과 어떤 관계를 맺어야만 하는지를 살펴볼 것이다(2). 이를 토대로 나는 인권의 구체적 내용이 어디까지 확장될 수 있고 인권의 서열화가 가능한지의 문제를 하버마스의 제안을 비판적으로 탐구하는 과정에서 밝히고자 한다(3). 마지막으로 하버마스의 보편주의적 인권 담론이 다원주의와 양립 가능한지를 간략하게 살펴볼 것이다(4). 하버마스의 담론 이론이 제시하는 인권의 보편주의적 정당화 과정에 대한 비판적 탐구를

---

8 Jürgen Habermas, *Die Einbeziehung des Anderen*, p. 222 참조. 하버마스의 저서에서 번역본이 있는 경우에 본문 인용은 번역본을 참고하되, 필요한 경우에는 원문을 직접 번역하는 것을 원칙으로 했으며 쪽수는 원문을 따랐다.

통해 나는 회의주의자들의 저항에 맞서 보편주의적 인권 이념의 방어 가능성과 그 조건을 밝히려고 한다.

2. 인권은 선국가적인 도덕적 개념인가, 법적 개념인가

인권 담론에서 강한 보편주의를 고수하는 철학자들은 인권의 정당화가 도덕 관점 위에서 이루어져야 하며, 그때에만 인권의 보편타당성이 요구되고 관철될 수 있다고 말한다. 실제로 인권은 오랫동안 도덕적 개념이었으며, 오늘날에도 대부분의 철학자는 인권을 도덕적 개념으로 이해한다. 이들의 주장처럼 인권의 도덕적 정당화가 불가능하지는 않다. 문제는 도덕적으로 정당화된 인권의 현실적 적용이 언제나 법을 필요로 한다는 것이다. 따라서 칸트적 전통을 고수하는 강한 보편주의는 법을 도덕에 종속시킴으로써 도덕적으로 정당화된 인권의 무조건적 적용을 법에 요구한다. 그러나 인권에 대한 이 같은 해명 구도는 '인권=도덕제국주의'라는 비판을 쉽게 극복할 수 없다. 그럼에도 불구하고 이들이 인권을 법적 개념으로 전환하는 것에 반대하는 이유는 법적 규범의 타당성이 국지적이기 때문이다. 그렇다면 인권의 보편주의적 정당화를 시도하는 모든 이론은 도덕 관점에 의존할 수밖에 없는가, 아니면 법적 담론을 통해서도 가능한가? 하버마스는 후자의 관점을 택한 거의 유일한 철학자이다.

하버마스가 이해하는 법은 다원주의 사회 안에서 개인적 자유에서 비롯된 갈등의 잠재력을 감소시키는 역할을 수행하는데, 이때의 법 규범은 의사소통적 자유라는 흔들리는 기초 위에서 정당한 것으로 인정받는 한에서만 강제력을 행사할 수 있다. 하버마스는 법의 이러한 역설 안에서 사실성과 타당성의 긴장을 포착하고 이를 도덕과 법, 자연법과 실정법, 인권과 주권, 그리고 사적 자율성과 공적 자율성의 관계로 확장한다. 그는 먼저 자연법(도덕)과 실정법(법) 사이에 위계 관계를 설정하는 칸트적 전통과 단절을 선언한다.[9] 그에 따르면, 실정법은 자신의 정당성을 더 이상 한 차원 높은 도덕법으로부터 도출할 수 없으며, 오직 합리적이라고 추정되는 의견 형성과 의지 형성의 절차로부터만 도출할 수 있다. 나아가 하버마스는 정당화 담론과 적용 담론을 구분함으로써 보편주의적 도덕 규범인 인권의 엄숙주의적 적용에도 반대한다. 이런 맥락에서 하버마스는 인권과 국민 주권의 내적 연관 관계를 설명하면서 인권을 법적으로 정당화된 기본권으로 설정한다.

하버마스가 시도하는 인권의 보편주의적 정당화는 의사소통적 전제 조건들, 좀더 구체적으로 말해 상호 대칭적 인정, 상호 호혜적 관점 수용, 서로 타자의 눈으로 자신의 전통을 관찰하고 학습할 수 있는 공동의 준비가 반사실적으로 전제되었을 때에만 가능하다.[10] 따라서 하버마스는 인권 담론을 "가능한 모든 관련 당사자가 합리적 담론의 참여자로서 동의할 수 있는 행동 규범만이 타당하다"라는 담론 원칙(D)으로부터 시작한다.[11] 여기서 우리는 하버마스가 담론 원칙을 도덕과 법으로부터 중립적인 위치에 배치한다는 것에 주목해야 한다. 그에 따르면, 담론 원칙은 도덕 원칙인 보편화 원칙(U)과 동일한 것이 아니며,[12] 오히려 도덕 원칙과 민주주의 원칙(Dm)의 토대를 형성한다. 하버마스는 이처럼 담론 원칙을 도덕 원칙과 구별한 다음에 민주주의 원칙을 담론 원칙과 법 형식(Rechtsform)의 상호 침투에서 이끌어 내고, 민주주의 원칙을 적법한 입법 절차로 규정함과 동시에 상호 침투 자체를 권리의 논리적 생성으로 이해한다.[13] 민주주의 원칙에 따르면, 법적으로 규정된 담론적 입법

9   Jürgen Habermas, *Faktizität und Geltung*, pp. 109ff. 참조.

10 Jürgen Habermas, *Die postnationale Konstellation*, p. 191 참조.

11 Jürgen Habermas, *Faktizität und Geltung*, p. 138; Jürgen Habermas, *Die Einbeziehung des Anderen*, pp. 59ff. 참조.

12 하버마스가 제안한 논증 규칙 또는 도덕 원칙으로서의 보편화 원칙(U)에 따르면, "어떤 규범이 타당한 것은 사람들이 일반적으로 그것에 따라 행동할 경우에 개개인의 이익의 충족과 관련해 발생할 결과와 부작용이 모두에 의해 비강제적으로 받아들여질 수 있는 경우뿐이다". Jürgen Habermas, *Die Einbeziehung des Anderen*, p. 60.

과정에서 모든 법 동료가 동의할 수 있는 법규만이 정당성을 주장할 수 있다. "민주주의 원칙은 서로를 자유의지에 따라 결성된 법 공동체의 자유롭고 평등한 구성원으로 인정하는 법 인격체들이 공동으로 내리는 자율적 결정의 수행적 의미를 설명해 준다."[14] 하버마스는 이처럼 담론 원칙과 법 형식의 상호 침투에서 민주주의 원칙을 도출하면서 그것의 제도화 과정에서 단계별로 법적 인권, 즉 기본권의 정당화를 시도한다.

앞의 설명에서 알 수 있듯이, 하버마스는 순수한 도덕적 권리 개념으로서의 인권을 포기하고 단지 법적 권리 개념으로 전환하기 위해 담론 원칙과 도덕 원칙을 철저하게 구별한다. 물론, 하버마스도 인권이 윤리적이거나 실용적인 관점의 혼합 없이 순수한 도덕적 논증을 통해 정당화할 수 있다는 것을 부정하지는 않는다.[15] 그럼에도 불구하고 하버마스는 "인권이 바탕부터 법적 본성을 가지고 있다"[16]라는 것을 누차 강조한다. 이 부분에서 몇몇 해석자는 하버마스가 한편으로는 인권의 보편주의적 정당화가 도덕적 근거를 갖는 것처럼 설명하면서, 다른 한편으로는 인권을 도덕적 권리가 아닌 법적 권리로 규정하는 혼란에 빠진다고 말한다. 안드레아스 빌트(Andreas Wildt)가 주장하는 것처럼 두 입장은 서로 모순되는 것처럼 보인다.[17]

앞에서 볼 수 있었던 것처럼 하버마스는 인권을 법 담론을 통해 정당화하려고 시도한다. 그에게서 인권의 정당화 담론은 법 담론의 주제이다. 그런데 하버마스는 법 담론에 도덕적 관점뿐만 아니라 윤리적 관점과 실용적 관점이 공동으로 관여하지만, 그럼에도 불구하고 인권의 법적 정당화가 윤리적·실용적 관점의 도움 없이 순수한 도덕적 관점만으로

13 Jürgen Habermas, *Faktizität und Geltung*, pp. 155, 674ff. 참조.

14 Jürgen Habermas, *Faktizität und Geltung*, p. 141.

15 Jürgen Habermas, *Die Einbeziehung des Anderen*, p. 223.

16 Jürgen Habermas, *Die Einbeziehung des Anderen*, p. 222.

17 Andreas Wildt, "Menschenrechte und moralische Rechte", Stefan Gosepath·Georg Lohmann (Hg.), *Philosophie der Menschenrechte*, Frankfurt am Main: Suhrkamp. 1998, pp. 126ff. 참조.

도 가능하다는 것을 부정하지 않는다. 우리는 여기서 표현된 하버마스의 입장을 도덕 담론을 통해 인권을 정당화하려는 관점들과 혼동해서는 안된다. 하버마스는 인권을 도덕 담론을 통해 정당화한 다음에 다시 법 담론을 통해 도덕 규범으로서의 인권을 법 규범으로 전환할 것을 요구하는 것이 아니다. 하버마스는 오직 법 담론을 통해 인권을 기본권의 형식으로 정당화할 것을 주문하면서 인권의 이 법적 정당화 담론에서 도덕적 관점이 개입할 수 있다는 것을, 나아가 오직 도덕적 관점만이 개입할 수도 있다는 것을 지적하는 것이다. 다소 현학적으로 들리는 하버마스의 이러한 논증 방식 속에서 우리는 그가 해결하려고 시도하는 문제의 본질을 정확하게 인식할 필요가 있다.

하버마스는 인권의 보편주의적 정당화 과정에서 '인권=도덕제국주의'라는 비판을 극복하기 위해서는 법실증주의뿐만 아니라 자연법의 전통과도 분명한 거리를 유지해야 한다고 생각했다. 이 문제를 해결하기 위해 하버마스는 ① 인권을 법 담론을 통해 정당화할 것을 요구하고, ② 담론 원칙과 도덕 원칙을 구별하고 후자가 아닌 전자로부터 인권의 정당화를 시도하면서도, ③ 인권의 정당화에 관계하는 법 담론에 도덕적 관점이 핵심적인 역할을 수행한다고 말한다. 내가 보기에 하버마스는 ①을 통해 '인권=도덕제국주의'라는 비판을 극복하고, ②를 통해 자연법론 전통에서 벗어나는 한편, ③의 장치를 통해 법실증주의나 상대주의의 함정에서 벗어나려고 시도한다.

이러한 의도를 가지고 마련된 이론적 장치가 설득력을 갖기 위해서는 무엇보다 하버마스 스스로 강조하는 것처럼 법이 도덕의 하위 보충 개념으로 이해되어서는 안 된다.[18] 따라서 우리는 좀더 구체적으로 담론 원칙과 법 형식의 상호 침투 과정에서 민주주의 원칙이 도출된다는 하버마스의 설명에서 담론 원칙이 실제로 도덕적으로 중립적인가에 대해 물어야 한다. 이 부분과 관련해 게오르크 로만(Georg Lohmann)은 하버마

---

18 이에 대한 상세한 논의로는 Jürgen Habermas, *Faktizität und Geltung*, pp. 665ff. 참조.

스를 비판한다. 그가 불명확한 태도를 취한다는 것이다.[19] 로만에 따르면, 하버마스는 한편으로 담론 원칙이 도덕 원칙과 민주주의 원칙에 대해 중립적인 것처럼 말하면서, 다른 한편으로는 담론 원칙이 비편파성이라는 규범적 성분을 가지고 있다는 서로 상반된 주장을 한다. 하버마스는 분명히 담론 원칙 안에 도덕 원칙이 잠재되어 있다는 것을 부정하지 않는다. 그럼에도 불구하고 하버마스가 담론 원칙을 도덕 원칙과 명확히 구별하는 이유는 무엇인가? 내가 보기에 하버마스의 담론 원칙은 먼저 ① 도덕뿐만 아니라 법과도 명확하게 구별되면서 ② 도덕뿐만 아니라 법으로도 발전할 수 있는 가능성을 동시에 내포하고 있으며, 따라서 ③ 도덕과 법의 추상화 영역에 위치한다. 이렇기에 담론 원칙이 잠재적으로 도덕적 성분을 가지고 있다는 하버마스의 설명을 마치 그가 법에 대한 도덕의 우선성을 부지불식간에 가정하고 있는 것처럼 해석하는 것은 정당하지 않은 것으로 보인다. 이러한 해석은 ① 담론 원칙에 민주주의 원칙이 종속되어 있으며, ② 담론 원칙이 도덕적 성분을 함축하고 있기 때문에, ③ 민주주의 원칙과 관계된 법은 도덕에 종속된다는 추론에 근거하고 있다. 그러나 이러한 해석은 하버마스의 담론 원칙이 도덕적 성분뿐만 아니라 법적 성분을 동시에 함축하고 있다는 것을 간과하고 있다. 만약 우리가 앞의 해석과 달리 담론 원칙이 함축하고 있는 법적 성분만을 일면적으로 강조한다면, 하버마스는 법에 도덕이 종속된다는 주장을 하고 있는 것처럼 보인다. 그러나 하버마스의 진실은 법과 도덕의 비대칭적 종속 관계가 아니라 상호 보완적 제약 관계로 표현된다.

하버마스는 법 담론을 통해 인권의 정당화를 시도하면서도 법실증주의로 회귀하지 않는 유일한 철학자이다. 그런데 인권을 도덕적 규범으로 정당화하려는 강한 보편주의적 전통을 고수하는 로만은 앞에서 논의한

---

19 Georg Lohmann, "Menschenrechte zwischen Moral und Recht", Stefan Gosepath · Georg Lohmann (Hg.), *Philosophie der Menschenrechte*, Frankfurt am Main: Suhrkamp. pp. 71ff. 참조.

것처럼 하버마스가 제시하는 민주주의 원칙 내부에 도덕이 작용하고 있다는 비판을 제기함과 동시에 법 담론의 중심 개념인 권리가 법의 테두리를 벗어난 곳, 즉 도덕에 뿌리를 두고 있다는 자신의 관점을 하버마스 역시 은연중에 공유하고 있다고 말한다.[20] 로만에 따르면, 하버마스는 법의 제도화 과정에서 '모든 사람의 동등한 존중'(die gleiche Achtung aller)이라는 법 공동체 구성원의 도덕적 직관을 전제하고 있으며, 따라서 하버마스의 법 담론 안에서 법은 법의 권한 밖에 정당성의 원천(Quellen der Legitimation)을 가지고 있다. 로만의 이러한 주장은 일면 타당해 보인다. 그러나 그는 여기서 하버마스가 말하는 법 공동체 구성원의 도덕적 직관이 다름 아닌 국민의 민주적 인륜성이라는 것을 정확하게 인식하고 있지 않은 것처럼 보인다. 하버마스에 따르면, "법은 나르시스처럼 자기 안에 폐쇄된 체계가 아니라 국민의 민주적 인륜성과 그것을 환대하는 자유주의적 정치 문화를 먹고산다".[21]

로만에 따르면, 하버마스는 법 담론의 내부에서뿐만 아니라 외적으로 작용하는 도덕을 통해서도 인권의 법적 성격을 수정하려고 시도한다.[22] 이러한 로만의 설명은 부분적으로 옳지만, 이러한 설명으로부터 올바른 결론을 도출하지는 못하는 것으로 보인다. 로만의 결론은 하버마스가 순수한 법적 이해에 기초한 기본권보다 도덕에 뿌리를 둔 인권에 보다 강력한 지위를 부여해야만 한다는 것이다.[23] 로만의 결론은 근본적으로 잘못된 전제에서 비롯된다. 그는 하버마스가 인권을 순수하게 법적 개념으로 설명하고 있다고 전제한다. 그러나 하버마스는 인권을 오히려 도덕과 법의 긴장 관계로 설명함으로써 자연법이나 이성법의 전통뿐만 아니라

---

20 Georg Lohmann, "Menschenrechte zwischen Moral und Recht", p. 66 참조. 로만이 올바르게 지적하는 것처럼 인권의 선(先)국가성을 강조할 경우에 인권의 도덕적 관점이 강조되는 반면에, 인권의 보장에 대한 관심이 강조될 경우에는 인권의 법적 관점이 중요시된다.

21 Jürgen Habermas, *Faktizität und Geltung*, p. 678.

22 Georg Lohmann, "Menschenrechte zwischen Moral und Recht", p. 76 참조.

23 Georg Lohmann, "Menschenrechte zwischen Moral und Recht", p. 75 참조.

법실증주의의 전통을 극복하려고 시도했다. 이를 위해 하버마스가 마련한 또 다른 장치는 인권의 정당화와 적용을 구별하는 것이다. 그에 따르면, 인권의 정당화는 한 국가의 법질서 테두리 안에서 이루어지지만 동시에 모든 인격체를 대상으로 하기 때문에, 그것의 적용은 법질서의 틀 안으로 제한되면서도 국민이 아닌 모든 인격체를 위한 권리의 자격으로 집행된다. 하버마스가 적절하게 지적하고 있는 것처럼 "인권이 비록 한 국가의 법질서의 틀 안에서만 집행된다고 하더라도 그것의 효력 범위 안에서는 국민만을 위한 권리가 아니라 모든 인격체를 위한 권리를 정당화한다".[24] 따라서 비록 인권에 대한 국민적 이해와 실현 가능성이 개별 국민이 처한 상황에 따라 차이가 있다고 하더라도, 인권의 세계화를 위한 노력은 국제적 협력 관계를 통해 확산돼야 한다. 물론, 이러한 노력이 서구 자본주의국가의 이익을 대변하는 이데올로기의 확대 재생산으로 발전해서는 안 된다. 따라서 인권 문제를 세계적 차원으로 이해하고 이를 국제적 차원의 제도화로 이어가는 노력은 개별 국가만이 아니라 다양한 국제 조직, 특히 비정부기구(NGO)에 의해 이루어져야 한다.[25]

하버마스에 따르면, 독일 기본법의 건축술은 인권의 이념에 의해 규정되었다. 따라서 모든 독일 내 거주민은 헌법의 보호를 받는다. 외국인 역시 내국인과 동등한 의무와 권리를 갖는다. 이처럼 하버마스는 자신의 인권 사상을 독일 헌법을 모델로 설명한다. 비록 인권의 정당화 절차가 자연법이나 이성법적 도덕을 통해 이루어지지 않고 오히려 인권이 탈형이상학적 입법 절차를 통해 기본권의 형태로 전환된다고 할지라도, 인권은 모든 인격체를 위한 권리로 정당화될 수 있다고 말한다. 물론, 도덕이 아닌 법적 절차를 통해 정당화된 기본권의 효력 범위는 한 국가의 법질서 내부로 제한될 수밖에 없다. 그렇다고 하버마스가 인권의 보편주의적 정당성 자체를 부정하는 것은 아니다. 이 문제에 관해 하버마스는 더

---

24 Jürgen Habermas, *Die Einbeziehung des Anderen*, p. 223.
25 박구용, 『우리 안의 타자』, 180쪽 참조.

이상 상세하게 논의하지 않는다. 따라서 내가 보기에 하버마스의 입장을 정확하게 이해하기 위해 그가 담론윤리학에서 제안한 도덕적 규범의 정당화 담론과 적용 담론의 구별을 인권 담론에 끌어들이는 것은 유익할 것으로 보인다.

내가 보기에 하버마스는 인권의 정당화 담론에서 인권과 주권, 도덕과 법, 사실성과 타당성의 긴장을 유지하는 가운데, 인권을 보편타당성을 갖는 법적 규범으로 정당화한다. 여기서 보편타당성과 법적 규범이라는 두 개념은 서로 모순되는 것처럼 보인다. 법의 타당성은 법 공동체 내부로 제한될 수밖에 없기 때문에 보편타당성이 아닌 국지적 타당성의 의미로 축소되기 때문이다. 하버마스는 이러한 모순을 잘 인식하고 있다. 그러나 그는 이러한 모순이 인권의 정당화 담론이 아닌 적용 담론을 통해 해결되어야 한다는 입장을 갖는 것으로 가정된다. 만약 정당화 담론에서 발생하는 모순을 그것의 내부에서 해결하려 한다면, 인권 담론은 순환 논증에 빠지거나 아니면 다시 법을 도덕에 종속시키는 자연법 사상이나 역으로 도덕에 대한 법의 우선성을 강조하는 법실증주의의 함정에 빠질 수밖에 없기 때문이다. 따라서 하버마스는 정당화 담론에서 불가피하게 등장하는 모순의 해결을 적용 담론의 주제로 이전한다. 그는 인권의 적용 담론에서 구체적으로 법다원주의와 의사소통적 세계민주주의를 주제화한다.[26] 여기서 우리는 이 문제에 대해 더 이상 논의할 수 없다. 다만 분명하게 밝혀야 할 것은 정당화 담론에서 발생하는 모순을 해결하기 위해 우리는 회페나 로만처럼 칸트주의자로 돌아갈 필요가 없다는 것이다. 로만은 하버마스가 오직 인권의 도덕적 관점을 수용할 때에만 기본권의 보편타당성을 요구할 수 있다고 주장한다.[27] 로만의 하버마스에 대한 비판은 하버마스가 인권의 정당화를 오직 순수한 법 담론

---

26 Jürgen Habermas, *Faktizität und Geltung*, p. 659; Jürgen Habermas, *Die Einbeziehung des Anderen*, p. 192; Georg Lohmann, "Menschenrechte zwischen Moral und Recht", p. 79 참조.

27 Georg Lohmann, "Menschenrechte zwischen Moral und Recht", p. 79 참조.

절차로만 이해했다는 잘못된 전제에서 출발한다. 그러나 하버마스는 실제로 인권의 정당화 과정에서 도덕 관점을 수용한다. 그가 여러 곳에서 지적하고 있는 것처럼 법 담론은 도덕 관점뿐만 아니라 실용적 관점과 윤리적 관점을 동시에 함축하고 있다. 여기서 분명한 것은 그가 인권의 정당화 과정에서 도덕 관점을 배제하는 것이 아니라 다만 도덕 관점의 우위성을 부정한다는 것이다.

로만처럼 인권의 정당화 절차가 도덕에서 출발해야만 인권 이념이 상대주의의 함정에 빠지지 않을 수 있다는 입장을 견지하는 것은 일면 타당해 보인다. 인권이 보편주의적 도덕 관점에 의해 정당화되지 않고 법적 이념으로 규정될 경우에 국지적 타당성을 가질 수밖에 없는 것처럼 보이기 때문이다. 그러나 로만처럼 칸트적 전통을 따르는 철학자들은 어떻게 인권의 정당화 과정에서 전제된 도덕 관점이 보편적으로 정당화될 수 있는지를 먼저 보여 주어야 한다. 나아가 도덕적으로 정당화된 보편적 규범으로서의 인권이 어떻게 보편적으로 적용될 수 있는지에 대해서도 대답해야 한다. 이들은 이 과정에서 과연 문화다원주의와 종교다원주의, 그리고 법다원주의와 충돌하지 않는 탈형이상학적 도덕 관점을 제시할 수 있는가? 이것이 불가능할 때, 법에 대한 도덕의 우선성 테제에서 출발한 보편주의적 인권 이념은 도덕제국주의의 이데올로기라는 비판을 극복할 수 없다. 다원주의 사회에서 어떤 규범의 보편타당성은 더 이상 논리적으로 추론되는 것이 아니다. 그것은 구성원들의 합의를 이끌어 내야 한다. 형이상학적 가치체계(슈페만)와 초월론적(회페)·인간학적(투겐타트) 전제로부터 출발하는 모든 도덕 관점은 다른 형태의 형이상학이나 인간관을 가진 사람들로부터 동의를 이끌어 낼 수 없다. 실제적 합의를 이끌어 낼 수 없는 규범의 보편타당성을 주장하는 것은 하나의 이론적 체계로서는 인정될 수 있다. 그러나 그렇게 정당화된 규범의 보편적 적용을 주장하는 것은 이론으로 현실을 조작하는 폭력으로 발전할 수 있다. 일찍이 헤겔은 프랑스혁명이 공포 정치로 치달은 이유를 여기에서 찾았다. 헤겔에 따르면, 현실과 분리된 방식으로 정당화된 보편적 도덕 관점의 무차별적인 현실 적용의 요구는 현실을 이상적으로 변화시키는 것이 아니라 이상으로 현실을 파괴하는 것이다.

다원주의가 오늘날 인권 담론이 거부할 수 없는 현실이라고 한다면, 보편주의적 도덕 관점에 법을 종속시키는 인권 담론은 다원주의라는 사실에 뿌리를 두고 이상(Ideal)을 정당화한 것이 아니기 때문에 보편주의라는 이상에 동의하지 않는 집단을 유폐시키는 이데올로기로 발전할 수 있다. 이런 이유 때문에 하버마스는 인권 담론과 도덕 담론을 엄격하게 구별하는 것이다.

3. 인권의 서열화는 가능한가

인권 담론에서 하버마스의 전략은 세 가지 점에서 장점을 갖는 것으로 보인다. 하버마스는 ① 인권을 더 이상 법에 대한 도덕의 우위성을 토대로 정당화하지 않음으로써 회의주의자들이 인권의 이념에 대해 제기한 '도덕제국주의'와 '도덕유토피아주의' 비판을 극복할 수 있는 것으로 보이며, ② 인권 이념의 타당성 범위를 권리의 담지자(Träger) 관점에서는 전 지구적 타당성을 요구하면서도 권리의 수신자(Adressaten) 관점에서는 하나의 법 공동체로 제한된 국지적 타당성만을 주장함으로써 인권의 구체적 내용을 자유권으로 제한하지 않고 정치권과 사회권으로 확대할 수 있는 철학적 근거를 제시하고 있는 것으로 보인다. ③ 마지막으로 하버마스는 자유주의와 공화주의의 일면성을 극복함으로써 인권의 내용을 자유권과 참정권 가운데 하나를 다른 하나로 환원하지 않고 양자의 상호 보완적 동근원성을 보여 주며, 나아가 자유주의와 사회복지 패러다임의 한계를 규명하는 가운데 자유권과 사회권의 상호 제약적 관계를 절차주의적 법 패러다임을 통해 보여 준다. 나는 앞 절에서 ①에 관한 논의를 중심으로 하버마스의 입장을 집중적으로 분석했으며, 그 과정에서 인권의 정당화와 적용, 나아가 인권의 수신자와 담지자의 구별에 관해 논의하는 가운데 ②의 문제에 어느 정도 접근했다. 그런데 권리의 담지자와 수신자에 대한 인권 담론은 자연스럽게 권리의 내용 및 대상에 대한 논의로 확장된다. 여기서 우리가 관심을 갖게 될 ②와 ③은 인권의 내용에 대한 물음에서 하버마스의 기획이 갖는 강점이다.

인권의 철학적 정당화와 가장 밀접한 관련을 맺고 있는 인권의 내용에 대한 물음은 곧바로 인권의 효력 범위와 서열에 관한 복잡한 물음과 관계한다. 인권의 내용과 대상에 대한 현대적 인권 담론은 매우 복잡한 스펙트럼을 가지고 있다. 실제로 인권 담론에 참가하는 대부분의 철학자는 각기 다른 방식으로 인권의 내용에 관해 자신의 입장을 제시한다. 이러한 다양성에도 불구하고 인권의 내용에 관한 논의는 크게 두 가지, 즉 인권의 내용에 관한 전통적 구별인 자유권과 사회권, 그리고 참정권에 한정된 논의와 그것을 벗어난 논의로 구별된다. 첫 번째 논의는 근본적으로 인권을 개인의 권리로 규정하고 있는 반면에, 두 번째 논의는 인권을 집단의 권리로 확대하려는 노력과 관련되어 있다. 나는 먼저 인권에 관한 하버마스의 입장을 첫 번째 문제를 중심으로 논의하고, 다음 절에서 두 번째 문제를 다원주의 문제와 관련해 간략하게 논의하고자 한다.

인권의 내용에 따른 다양한 구별에도 불구하고, 우리는 우선 오늘날의 일반적 구별에 따라 인권을 ① 자유주의적 방어권(Abwehrrecht), ② 정치적 참정권(Teilnahmerechte), 그리고 ③ 사회적 급부권(Soziale Leistungsrechte)으로 구별할 수 있을 것이다. 먼저 방어권(자유권)은 국가의 개입을 통해 실현되는 적극적 권리가 아니라 국가권력의 자의적 행사로부터 개인의 자유를 보호하는 소극적 권리에 해당한다. 예를 들어 인종, 피부색, 성(性), 언어, 종교, 정치적 견해, 민족적 또는 사회적 출신, 재산에 따른 모든 종류의 차별로부터의 자유를 포함해 개인의 생명과 자유, 자의적 체포와 구금으로부터의 자유 또는 재산 소유의 권리 등이 여기에 해당한다. 정치적 참정권은 시민의 정치적 자율성이 행사되고 시민이 사회·정치적 여론 형성과 결정에 동등하게 참여할 수 있는 권리를 가리킨다. 참정권은 법적 주체에게 법질서의 저자라는 역할을 부여하는 특성이 있다. 사회적 급부권(사회권)은 시민적 권리를 행사하는 데 필요한 생활 조건의 균등하고 적합한 보장을 위한 적극적인 경제적·문화적·기술적·생태적 권리를 가리킨다.

앞에서 제시된 세 가지 인권의 내용은 비록 모든 지역과 국가에서 균등하게 실현된 것은 아니지만, 적어도 「세계인권선언」(Universal Declaration of Human Rights, 1948)이나 「시민적·정치적 권리에 관한 국제 규약」(The Covenant on Civil and Political Rights, 1976 /일명 'B 규약'), 그리고 「경제적·사회적 및 문화적 권리에 관한 국제 규약」(The Covenant on Economic, Social and Cultural Rights, 1976/일명 'A 규약') 등을 통해 어느 정도 국제적 합의를 확보한 상태이다. 그럼에도 불구하고 인권 담론이 인권 내용의 효력 범위와 서열화에 대한 합의점에 도달한 것은 아니다. 예를 들어 로크와 칸트의 전통을 따르는 철학자들은 자유권만을 보편적 타당성을 갖는 인권으로 인정하고 나머지는 제한된 범위 안에서 상대적 타당성을 갖는 시민권(Bürgerrechte)으로 간주한다. 이러한 입장을 가질 경우에 인권에 상응하는 부정적 의무는 모든 사람에게 타당한 반면에, 시민권에 상응하는 긍정적 권리는 제한된 범위의 타당성만을 갖게 되므로 인권의 서열화 내지는 등급화가 자연스럽게 이루어진다.[28] 반면에 자

---

28 인권의 내용을 자유권으로 제한하는 입장들은 크게 로크의 전통과 칸트의 전통을 따르는 관점으로 구별할 수 있다. 오늘날 신자유주의적 전통에 서 있는 철학자들이 전자에 속한다면, 회페의 입장은 후자에 속한다고 할 수 있을 것이다. 이들은 사회권에 대한 자유권의 우선성을 강조한다는 점에서 공통 지반 위에 서 있는 것처럼 보이지만, 전자가 사회권과 자유권을 배타적 반비례 관계로 바라보는 것과 달리, 후자는 자유권과 사회권을 배타적 관계로 보지는 않는다. 그럼에도 불구하고 우리가 유념해야 할 것은, 특히 칸트가 자신의 『법론』에서 인권으로서의 자유 개념을 매우 협소하고 순수하게 부정적인 의미에서 행위를 강제하지 않는 것으로 규정함으로써 실제로 오늘날의 자유주의자들이 주장하는 것보다 더 좁은 의미를 갖는 것으로 축소한다는 사실이다. 이에 대한 논의로는 Andreas Wildt, "Menschenrechte und moralische Rechte", p. 139 참조. 나아가 우리는 칸트의 인권 담론이 근본적으로 소유개인주의의 틀에 묶여 있다는 것을 간과해서는 안 된다. 이에 대한 상세한 논의로는 Jürgen Habermas, *Faktizität und Geltung*, p. 592 참조. 물론, 칸트적 전통을 고수하는 철학자들이 모두 자유권의 우선성을 옹호하는 것은 아니다. 롤스와 투겐타트는 오히려 사회권과 자유권을 동등

유권과 사회권의 동등한 지위를 주장하는 철학자들은 자유권을 부정적 권리로 제한하는 것에 반대하며, 나아가 사회적 정의의 이념을 구성하고 구체화하는 것으로 사회권을 규정하는 가운데 인권의 서열화에 반대하는 경향이 있다.[29]

그러나 자유권과 동등한 지위를 사회권에 부여하는 철학자들이 대부분 사회권의 전 지구적 타당성을 요구하는 것은 아니다. 사회권을 분배의 사회적 정의로 이해하는 롤스는 비록 사회권과 자유권의 상호 의존성을 강조하면서도 사회권의 정당화가 오직 특정한 사회의 내부에서만 가능하다는 것을 강조한다. 실제로 사회권이 보편타당성을 요구할 수 있는 명실상부한 인권인가, 아니면 국지적 타당성만을 갖는 권리인가에 대한 물음은 인권 담론의 핵심적인 논쟁의 소재이다. 그런데 인권의 효력 범위와 관련된 이 문제는 근본적으로 인권의 정당화 절차와 밀접하게 연관되어 있다. 정당화 과정에서 인권을 도덕적 권리로 설명하는 대부분의 철학자는 한편으로 사회권과 자유권의 등급화에 반대하면서도, 다른 한편으로는 사회권을 하나의 법 공동체로 제한된 국지적 타당성만을 갖는 인권으로 간주한다. 실제로 대부분의 인권 담론은 이러한 입장에 동의하는 경향이 있다. 이 같은 경향은 인권의 내용이 구체화하면 할수록 그것의 효력 범위가 공간적으로 축소될 수밖에 없다는 경험적 증거에 비추어 볼 때 자연스러워 보인다.[30]

왈저가 지적하는 것처럼 인권의 내용을 확대하고 그것의 실천적 강제성을 지나치게 강조하면 인권의 보편타당성 자체가 위협받을 수 있다. 인간들 상호 간의 협력 관계가 밀착할수록 그들을 강제하는 도덕 규범

하게 간주하려고 시도한다.

29 투켄타트, 헨리 슈(Henry Shue), 롤스, 그리고 슈테판 고제파트(Stefan Gosepath)의 입장이 여기에 속한다고 할 수 있다. 슈의 입장에 대해서는 Henry Shue, *Basic Rights, Subsistence, Affluence, and US Foreign Policy*, Princeton University Press, 1996 참조.

30 이에 대한 상세한 논의로는 Peter Koller, "Der Geltungsbereich der Menschenrechte", Stefan Gosepath · Georg Lohmann (Hg.), *Philosophie der Menschenrechte*, Frankfurt am Main: Suhrkamp, 1998, pp. 96ff. 참조.

의 구속성은 강해질 수밖에 없기 때문이다. 그러나 역으로 도덕적 구속성이 지나치게 강해지면 도덕 규범의 타당성 영역이 그만큼 좁아질 수밖에 없으며, 문제가 된 규범의 타당성을 일반적으로 수용하는 특정한 공동체 내부에서 끊임없이 새로운 타자를 양산해 유폐할 위험성이 있다는 것을 간과해서는 안 된다. 이런 맥락에서 볼 때, 인권의 효력 범위를 지나치게 협소화하는 것은 인권의 구체적 실현에 도움이 될 수도 있지만, 역으로 인권의 이념에 반하는 폭력으로 전환할 수도 있다. 따라서 나는 인권의 효력 범위가 공동체주의자들이 요구하는 것처럼 공간적으로 협소해져서는 안 된다고 생각한다.

공동체주의자들이 인권 담론의 공간을 축소함으로써 인권의 내용이 확장될 수 있다는 것을 강조한다면, 자유주의자들은 인권의 내용을 축소함으로써 인권 담론의 공간을 최대화할 수 있다고 말한다. 전자가 끊임없이 새로운 타자를 양산한다면, 후자는 모든 형태의 타자를 제거하는 방식으로 인권의 실현을 이야기한다. 또한 전자가 인권의 서열화에 반대하면서 동시에 인권의 보편타당성 자체를 의심한다면, 후자는 보편주의의 족쇄에 묶여 자유권을 중심으로 인권을 서열화하거나 극단적인 경우에는 자유권만을 인권으로 인정한다. 따라서 자유권 중심으로 인권 담론을 이끌어 가는 후자가 자유주의적 법 모델을 발전시키는 동안에, 전자는 사회권에 절대적 의미를 부여하는 사회복지국가적 법 모델을 지향하는 경향성을 갖게 된 것이다. 그러나 이러한 차이에도 불구하고 양자는 모두 인권의 내용과 그것의 효력 범위를 반비례 관계로 규정하는 공통 지반을 가지고 있다. 따라서 이들은 인권의 내용과 범위 중에서 하나를 강조할 수밖에 없으며, 궁극적으로는 자유권을 근본적인 것으로 규정하거나 사회권에 절대적 의미를 부여함으로써 부지불식간에 인권을 서열화한다.

하버마스의 인권 담론은 정치적 참정권을 부각함으로써 상호 배타적인 것처럼 보이는 자유권과 사회권의 각축장을 벗어나려고 시도한다. 앞절에서 언급한 것처럼 하버마스는 담론 원칙과 법 형식의 상호 침투에서 민주주의 원칙을 도출하고, 그것의 제도화 과정에서 단계별로 기본권(인권)의 정당화를 시도한다. 기본권의 발생은 "담론 원칙을 — 법 형식 자체를 구성하는 — 주관적 행동 자유의 권리에 적용하는 것으로부터 시작해 정치적 자율성을 담론적으로 행사할 수 있는 조건들의 법적 제도화로 종결된다".[31] 하버마스에 따르면, 민주주의 원칙으로부터 사적 자율성과 정치적 자율성이 기본권으로 제도화하는 과정에서 민주주의와 기본권은 순환 과정을 이루며, 그런 의미에서 법전과 정당한 법의 생산 메커니즘인 민주주의 원칙은 동근원적이다.[32] 법의 형성 과정에 모든 개인이 최대한 자유롭고 동등하게 참여한다는 것이 민주주의 원칙이라면, 그것이 법전으로 제도화한 것이 기본권이다.

이처럼 민주주의 원칙과 법 형식의 상호 침투로부터 도출되는 기본권의 생성 과정은 추상에서 구체로 진행된다. 하버마스는 보편주의적 의미의 절대적 구속력을 요구하는 다섯 가지 기본권의 정당화를 시도한다. 처음 세 가지 기본권은 법적 주체의 사적 자율성의 보장과 법의 수신자로서의 지위를 인정하는 의사소통적 권리이다. 이 사적 자율성은 의사소통적 자유와 결부된 책무로부터의 해방이라고 할 수도 있다. 하버마스는 '의사소통적 자유'를 상호 이해 지향적 행동 속에서 상호 간에 전제되어 있는 가능성, 즉 상대방의 발화와 그 발화 속에서 함께 제기되고 상호 주관적 인정에 의존하는 타당성 주장에 대해 입장을 취할 수 있는 가능성으로 이해한다. 이 자유는 책무와 결합되어 있는데, 법적으로 보장된 주관적 자유는 바로 이 책무로부터 분리된다. 이러한 맥락에서 볼 때, 담론 이론을 통해 정당화된 사적 자유의 기본권은 도덕적 규범으로서의 인권이 갖는 약점을 다양한 방식으로 보완한다.[33]

---

31 Jürgen Habermas, *Faktizität und Geltung*, p. 155.
32 Jürgen Habermas, *Faktizität und Geltung*, p. 155.
33 추상적 차원에서 도입된 세 가지 의사소통적 권리는 다음과 같다. "(1) 가능한 최대의 평등한 주관적 행동의 자유의 권리에 대한 정치적으로 자율적인 조형으로부터 생겨나는 기본권, (······) (2) 법 동료들의 자유의지적 연합체 속에서 그 구성원의 지위

하버마스가 제시하는 네 번째 기본권은 '시민이 자신들의 정치적 자율성을 행사하고 정당한 법을 제정하는 데 필수적인 의견 형성과 의지 형성의 과정에 동등하게 참여할 수 있는 기본권'으로서 법적 주체들에게 법질서의 저자(Autoren)라는 역할을 부여한다. 여기에서 하버마스는 국민 주권과 인권의 상호 공속성과 함께 정치적 자율성과 사적 자율성의 동근원성을 해명하려고 시도한다. 다섯 번째 기본권으로 하버마스는 개인화와 사회화의 동근원성으로부터 요구되는 정의와 연대성의 상호 제약적 관계를 토대로 정당화되는 '생활 조건의 사회적·기술적·생태적 보장에 대한 기본권'을 제시한다.[34]

하버마스가 담론 이론을 통해 제시하는 기본권은 주관적 자유의 보장에서 소진되지 않는다. 앞에서 알 수 있듯이, 의사소통적 전제 조건들과 정치적 의견 형성과 의지 형성 절차의 제도화를 통해 정당화되는 기본권은 주관적 자유와 함께 집단적 의지 형성에의 참정권과 사회적 생활 조건의 보장에 대한 구체적 권리를 포함한다. 이렇게 정당화된 기본권은 원자적인 소유개인주의와 자유주의의 한계를 극복하면서 사회적 연대성의 증진을 도모한다.

그러나 우리는 여기서 하버마스가 자유권, 참정권, 사회권을 서열화하

에 대한 정치적으로 자율적인 조형으로부터 생겨나는 기본권, (3) 권리의 소송 가능성으로부터, 그리고 개인적 권리 보호에 대한 정치적으로 자율적인 조형으로부터 직접 생겨나는 기본권"(Jürgen Habermas, *Faktizität und Geltung*, pp. 155ff.)이 그것들이다. 그런데 여기서 우리가 유념해야 할 것은 제시된 세 가지 권리가 일반적으로 통용되는 자유권과 동일한 것이 아니라는 점이다. 하버마스에 따르면, 앞의 세 가지 권리는 참정권을 가진 정치적 입법자들에 의해 맥락에 따라 해석되고 조형되었을 때 비로소 자유권의 의미를 갖는다. 이를 통해 앞에서 언급한 평등한 주관적 행동의 자유의 권리가 인간의 존엄성, 인격체의 자유, 생명, 신체적 불가침성으로 해석되고 조형된다면, 두 번째 구성원의 지위에 대한 권리는 망명자 송환 금지, 정치적 망명의 권리로서, 그리고 세 번째 법률적 수단의 보장에 대한 권리는 소송 절차상의 보장, 소급 처벌의 금지, 일사부재리 원칙에서 표현되는 자유권으로 조형된다. 이에 대한 상세한 내용은 Jürgen Habermas, *Faktizität und Geltung*, pp. 159ff. 참조.

34 Jürgen Habermas, *Faktizität und Geltung*, pp. 156ff. 참조.

고, 그 과정에서 특히 사회권의 비중을 현저하게 약화시키고 있는 것은 아닌지에 대한 의심을 제기할 수 있을 것이다. 앞에서 언급한 것처럼 하버마스는 사회권을 자유권과 참정권의 보장을 위해 요구되는 '생활 조건의 보장에 대한 기본권', 즉 사회적 재화의 분배를 요구할 수 있는 참여권(Teilhaberecht)으로 규정하고 이를 다섯 번째 기본권으로 제시한다. 또한 하버마스는 자유권과 참정권이 절대적으로 근거 지어진 반면에, 사회권(참여권)은 단지 상대적으로 근거 지어진 권리라고 말한다.[35] 여기서 우리는 그가 사회복지국가를 지향하는 법 모델을 부정하고 자유주의적 법 모델로 회귀하는 것은 아닌가라는 의문을 가질 수도 있을 것이다. 그러나 하버마스는 오히려 언급한 두 가지 법 모델 사이의 양자택일적 담론을 비판하면서 그것의 한계를 극복하려고 시도한다.

하버마스는 자유주의와 사회복지국가의 법 패러다임이 갖는 한계를 극복하기 위해 절차주의적 법 패러다임을 제시한다.[36] 그는 자유주의의 법 패러다임이 사회적 문제에 대해 둔감한 것에 비해 사회복지국가의 법 패러다임은 사적 자율성의 억압에 대해 둔감해졌다고 비판한다.[37] 역사적으로 사법(Privatrecht)이 개인의 자기 결정을 보호한다는 목표를 넘어 사회 정의의 실현에 이바지해야 한다는 사회·윤리적 관점과 결합하면서 자유주의의 법 패러다임은 사회복지국가의 법 패러다임의 도전에 직면했다. 실제로 시장의 메커니즘은 자유주의의 법 패러다임이 가정했던 방식으로 기능하지 않았으며, 개인적 자유의 영역은 사회 정의의 보장 없이 보호될 수 없다는 것이 명백한 것처럼 보였다. 원하는 것을 소유할 수 있는 자유권은 그것을 실질적으로 행사할 수 있는 비차별적 조건, 즉 법적 능력의 평등이 보장될 때에만 실현될 수 있는 것으로 밝혀졌다. 따라서 사회권의 등장과 함께 생기는 것처럼 보이는 자유권의 제약은

---

35 Jürgen Habermas, *Faktizität und Geltung*, p. 157 참조.

36 Jürgen Habermas, *Faktizität und Geltung*, 제9장 참조.

37 Jürgen Habermas, *Faktizität und Geltung*, p. 470 참조.

엄밀한 의미에서 제약이 아니라 자유권이 실현되기 위한 조건인 것이다. 하버마스에 따르면, 보편적 자유권은 보편적 평등권, 즉 실질적인 법적 평등을 보장하는 규범에 따라 동등하게 대우받을 수 있는 권리를 함축하고 있다. 따라서 사회복지국가의 법 패러다임에서 어느 한 당사자에게 가해지는 자유의 실제적 제약은 주관적 자유의 평등한 배분과 양립할 수 없는 특권의 폐지일 뿐 자유권 자체의 제약이 아니다.[38] 이런 맥락에서 볼 때, 자유권과 사회권은 제로섬 관계에 있는 것이 아니라 상호 제약적 보완 관계를 형성한다. 그러므로 사회복지국가 모델은 자유권의 보장을 위해 사법을 제한하고 국가라는 행동 주체의 권한을 강화한다.

이처럼 사회복지국가의 법 패러다임은 사적 자율성에 대한 이해 방식의 변화를 토대로 부르주아 형식법에 대한 개혁주의적 비판을 통해 등장했다. 하버마스에 따르면, 이 같이 사회적으로 생산된 부(富)의 보다 정의로운 분배에 대한 요구를 근거 짓는 새로운 기본권으로서의 사회권 또는 참여권은 주관적 행동의 자유의 평등한 배분을 근거 짓는 보편적 자유권의 구체적 실현을 위해 상대적으로 근거 지어진 권리이다.[39] 자유권과 사회권은 서로에 대해 충분조건은 아니지만 필요조건임에 틀림없다. 그럼에도 불구하고 자유권이 사회권이 가능하기 위한 절대적 필요조건이라면, 사회권은 자유권이 가능하기 위한 상대적 필요조건이라는 지위에 만족해야만 한다. 여기서 하버마스는 상대적으로 근거 지어진 사회권의 배타적 강화가 사법의 협소화에 관심을 고착화한 사회복지국가의 관료화 현상과 함께 사회복지국가의 법 패러다임이 목표로 했던 사적 자율성의 회복에 기여하기보다는 오히려 그것을 위협하는 쪽으로 발전했다고 비판한다.[40]

---

38 Jürgen Habermas, *Faktizität und Geltung*, pp. 483ff. 참조.

39 Jürgen Habermas, *Faktizität und Geltung*, p. 485 참조.

40 이에 대한 하버마스의 구체적 언급은 Jürgen Habermas, *Faktizität und Geltung*, pp. 499ff. 참조.

서비스를 제공하고 삶의 기회를 배분하는 사회복지국가는 고용, 생활 보장, 의료, 주거, 최저 소득, 교육, 레저, 삶의 자연적 기초들을 보장함으로써 처음으로 모든 사람에게 인간으로서의 존엄한 삶을 영위할 수 있는 물질적 기초를 제공했다. 그러나 개인의 생활 속 깊이 침투하는 이러한 급부 때문에 사회복지국가는 개인의 자율성을 침해할 위험을 안고 있다. 하지만 이 자율성은 다름 아니라 그것이 소극적 자유를 사용할 수 있는 평등한 기회를 위한 실질적 전제 조건을 제공함으로써 보장하려고 했던 바로 그 자율성이다.[41]

이처럼 하버마스는 사회적 참여권을 기본권의 한 축으로 정당화하면서도 그것의 절대적 의미를 부정한다. 한편으로 하버마스는 법적 평등(자유)과 사실적 평등(자유)의 긴장 관계에 주목함으로써 사회권을 기본권으로 정당화하지만, 다른 한편으로 자유주의적 법 모델뿐만 아니라 사회복지국가적 법 모델의 한계를 극복할 수 있는 절차주의적 법 패러다임을 제안하는 과정에서 사회권을 상대화한다. 생활 조건의 보장에 관여하는 사회권은 자유권과 참정권을 향유할 수 있는 균등한 기회를 제공하기 위해 반드시 요구되는 사회적·기술적·생태적 기본권이지만, 그것의 내용이 사례별로 결정되어야만 한다는 의미에서는 상대적으로 정당화된 기본권이다.[42] 여기서 우리는 하버마스가 기본권을 위계적 질서에

---

41 Jürgen Habermas, *Faktizität und Geltung*, p. 490.

42 여기서 인권 담론은 몇 가지 중요한 물음에 직면한다. 어떤 사회적 재화가 사회적 기본권에 따라 분배되어야 할 재화인가? 어떤 사람에게 어떤 방식으로 사회적 재화가 분배되어야만 하는가? 공정한 분배를 요구할 수 있는 권리는 누구에게 주어지는가? 불평등한 분배가 정의로울 수 있는가, 있다면 어떤 조건 아래에서 가능한가? 이 같은 물음에 대해 각기 독자적인 설명 방식으로 대답을 시도하는 상이한 이론들의 강점과 약점을 비교하는 것은 중요한 작업이다. 그러나 이 과정에서 반드시 유념해야 할 것은 사회적 정의를 분배의 정의로 축소해서는 안 된다는 것이다. 하버마스에 따르면, 자유주의뿐만 아니라 사회복지국가 패러다임도 이처럼 정의를 분배의 문제로 협소하게 이해함으로써 정의가 자유를 보증하는 것이어야 한다는 의미를 놓치고 있다. 자유주의가 권리를 분할하고 소유할 수 있는 재화에 포섭한다면, 사회복지국가 패러다임은

따라 서열화하지 않는다는 것을 인식하기 위해 그의 절차주의적 법 패러다임이 사회권의 구체적 내용과 그것의 정당화 절차를 의사소통 형식으로 소급한다는 것에 주목할 필요가 있다.

하버마스에 따르면, 법적 평등에 고착된 자유주의의 법 패러다임이 동일한 권리의 차별적 사용을 가능하게 만드는 사실적 불평등을 산출함으로써 보편적 자유권의 법적 평등 자체를 위협한 반면에, 사회복지국가의 법 패러다임은 사실적 평등을 보장하기 위해 수혜자들의 행동 공간을 심각하게 제한하는 후견적 온정주의와 결합되면서 오히려 개인의 사적 자율성을 제약하는 결과를 가져왔다고 본다. 오랫동안 상호 경쟁적 관계를 형성해 온 두 패러다임은 자유권과 사회권 중에서 어느 한쪽의 우선성을 토대로 사적 자율성의 보장을 역설해 왔지만, 이제 어느 쪽도 법적 평등과 사실적 평등, 사적 자율성과 공적 자율성, 그리고 사실성과 타당성의 변증법적 긴장 관계를 설명하지 못하고 오히려 이것들의 관계를 제로섬의 딜레마에 빠뜨린다. 두 패러다임의 근본적 한계는 양자가 모두 법적 인격체를 법의 저자가 아닌 수신자 또는 담지자로서만 이해하고 그들의 권리를 보장하기 위한 사실적 전제를 규정하는 것에만 관심을 가져왔다는 데에 있다.[43] 이러한 진단을 토대로 하버마스는 법적 인격체를 법질서의 수신자일 뿐만 아니라 저자로서 규정하는 절차주의적 법 패러다임을 제안하면서 그 속에서 자유권과 참정권에 해당하는 기본권의 정당화를 시도한다.

그런데 하버마스가 제안하는 절차주의적 법 패러다임 안에서는 사회권만 상대적으로 정당화되는 것이 아니다. 그에 따르면, 방어권이라는 전통적인 자유주의적 인권조차도 근원적인(originär) 것은 아니다.[44] 방

권리를 공통적으로 소비하는 집합체로 이해한다. 그러나 하버마스는 두 패러다임 모두가 정의를 권리의 평등한 분배로 환원하는 오류를 범하고 있다고 비판한다. 이에 대한 상세한 내용은 Jürgen Habermas, *Faktizität und Geltung*, pp. 504ff. 참조.

43 Jürgen Habermas, *Faktizität und Geltung*, pp. 491ff. 참조.

44 Jürgen Habermas, *Faktizität und Geltung*, p. 673 참조.

어권은 하버마스가 첫 번째 기본권으로 정당화한 주관적 행동의 자유의 권리가 변형된 것으로서, 선(先)국가적으로 정당화된 도덕적 권리가 아니라 법치국가의 성립과 동근원성을 갖는 이차적 기본권이다. 특히 하버마스는 자유주의의 법 패러다임 안에서 일반적으로 자유권의 핵심으로 간주되어 온 방어권조차도 국가의 성립 이전에 정당화할 수 있는 권리로 인정하지 않는다. 오히려 하버마스는 방어권의 담지 자체를 국가 귀속성과 결합해 설명한다.[45] 여기서 우리는 하버마스가 사회권(참여권)뿐만 아니라 자유권까지도 상대화하는 것은 아닌지에 대해 의심을 제기할 수 있을 것이다.[46] 실제로 그가 기본권의 정당화를 오직 공적 자율성과 관계된 참정권에서만 찾는다면 앞의 의심은 정당할 것이다.

하버마스가 제안한 절차주의적 법 패러다임에 따르면, 탈형이상학적 다원주의라는 현실 조건 속에서 법의 정당성은 오직 평등한 권리를 가진 시민의 담론적 의견 형성 및 의지 형성의 과정을 통해서만 주어진다. 더구나 하버마스는 사적 자율성의 발생이 오직 공적 자율성을 통해서만 보장된다는 것을 수없이 강조한다. 그러나 이러한 언급으로부터 그가 자유권이나 사회권에 대한 참정권의 우선성을 강조하는 것처럼 이해하는 것은 그의 인권철학에서 일면만을 의도적으로 강조하는 왜곡된 해석이다. 그는 분명 권리체계의 실현을 위한 사회적 토대가 시장이나 사회복지국가가 아니라 시민사회와 정치적 공론장이라고 말한다. 그러나 이는 법적 인격체가 권리체계의 수신자일 뿐만 아니라 저자라는 것을 강조함으로써 권력에 휘둘리지 않는 정치적 공론장의 역할을 절차주의적으로 규명한 것일 뿐이다.

하버마스의 진정한 의도는 사적 자율성과 공적 자율성의 순환 관계 안에서 기본권의 정당화를 시도하는 데에 있다. 그에 따르면, 기본권의 정

---

45 Jürgen Habermas, *Faktizität und Geltung*, p. 158 참조.
46 특히 이러한 비판에 대해서는 Georg Lohmann, "Menschenrechte zwischen Moral und Recht", p. 78 참조.

당화뿐만 아니라 실현도 오직 동근원적인 사적 자율성과 공적 자율성을 평등하게 보장하는 한에서만 가능하다.[47] 이런 맥락에서 그의 인권철학을 정당하게 해석한다면, 우리는 그가 기본권을 위계적으로 서열화하는 것이 아니라 오히려 기본권들의 상호 관계를 해명하려고 시도한다는 것을 알 수 있을 것이다.

잘 알려진 것처럼 방어권은 국가권력의 자의적 행사로부터 개인의 자유를 보호하는 권리를 의미하기 때문에 국가권력이 법적으로 조직되기 이전에는 의미를 갖지 않는다. 따라서 하버마스가 의사소통적 권리로서 제안한 세 가지 기본권은 국가 성립에 앞서 자유롭게 연합한 시민의 상호 관계만을 규제하는 역할을 갖기 때문에 아직 방어권의 의미를 갖지 못한다. 나아가 사적 자율성의 보장과 관계된 세 가지 기본권은 네 번째 기본권과 결합하지 않으면 추상적이고 그만큼 불완전하다는 것이 그의 생각이다. 앞에서 이미 언급한 것처럼 하버마스가 시도하는 기본권의 정당화 전략은 추상에서 구체로 진행된다. 특히 처음에는 담론 원칙이 법이라는 매체에 적용되는 순간에 가장 추상적이면서도 도덕적 성격이 강한 기본권이 출현하고, 이것이 점점 구체적인 법 공동체 속으로 내면화하는 과정을 통해 새로운 기본권이 등장하며, 그 과정에서 각각의 기본권은 도덕으로부터 벗어나 구체화하고 완전하게 된다. 그러나 참정권을 가진 정치적 입법자들에 의해 맥락에 따라 해석되고 조형되지 않은 세 가지 기본권은 여전히 불포화 상태에 있으며, 그런 의미에서 아직은 일반적으로 말하는 자유권의 지위를 갖지 않는다. 따라서 참정권에 따른 입법자들의 정치적 자율성의 행사는 불포화 상태의 기본권을 구체화하고, 그 과정에서 자유권이 형성된다. 그러나 역으로 이 자유권은 또한 정치적 자율성의 행사를 가능하게 만드는 필수 조건이다. 이런 맥락에서 하버마스는 사적 자율성과 공적 자율성의 동근원성을 비롯해 인권과 주권의 공속성을 주장하고, 그 위에서 자유권과 참정권의 상호 대칭적 제

---

47 Jürgen Habermas, *Faktizität und Geltung*, pp. 492ff., 515 참조.

약 관계를 해명한다.[48]

인권 담론에서 소유개인주의에 뿌리를 둔 자유주의적 관점뿐만 아니라 일반의지(volonté générale)로 표현되는 정치적 자율성에 관심을 집중하는 공화주의적 관점 역시 자유권과 참정권의 관계를 제로섬 관계로 이해하는 경향이 있다. 유사한 맥락에서 자유주의의 법 패러다임과 마찬가지로 사회복지국가의 법 패러다임도 자유권과 사회권의 관계를 역비례 관계로 설명한다. 따라서 전통적인 인권 담론은 언제나 인권의 위계적 서열화에 관심을 갖는다. 자유주의가 참정권과 사회권에 대한 자유권의 우선성을 주장한다면 공화주의는 참정권의 우선성을, 사회복지국가의 법 패러다임은 사회권의 우선성을 주장한다. 그러나 하버마스가 제안하는 절차주의적 법 패러다임은 세 가지 기본권의 위계적 서열화에 반대하면서 그것들 사이의 상호 제약적 공속성을 밝히려고 시도한다.[49] 절차주의적 법 패러다임에 따르면, 모든 기본권은 서로에 대해 충분조건은 아니지만 필요조건에 해당된다. 그런데 각각의 기본권은 한편으로 임의로 처분될 수 없는 보편성을 함축하지만 그렇다고 다른 권리를 제한하지는 않는다. 절차주의적 법 패러다임은 다른 전통적 패러다임과는 달리, 권리를 분할하고 소유할 수 있는 재화로 해석하는 것에 반대한다.

하버마스에 따르면, 권리는 분할하고 소유할 수 있는 것이 아니라 자유롭고 평등한 시민의 상호 주관적 인정 관계에서 나온 것이다.[50] 따라서

---

48 Jürgen Habermas, *Faktizität und Geltung*, pp. 161ff. 참조.

49 절차주의적 법 패러다임이 비록 인권의 위계적 서열화에는 반대하지만, 그것들 사이의 우선성 논쟁 자체를 무의미한 것으로 치부하지는 않는다. 실제로 위계적 관계가 아닌 인권의 등급화는 인권의 서로 다른 규범들 사이의 충돌과 모순이 발생할 경우에 매우 유용한 것처럼 보인다. 엄격한 의미에서 인권의 서열화는 불가능하지만 그렇다고 인권의 등급화가 무의미한 것은 아니다. 인권의 자격을 갖는 권리 규범들의 현실적 충돌과 모순이 불가피하다고 할 때, 이들의 등급화 역시 불가피하다. 그러나 인권의 등급화가 위계적 서열 관계로 고착해서는 안 된다. 오히려 인권들 사이의 우선성 문제는 맥락에 따른 사례별 담론의 절차적 합의 과정에 맡겨져야 한다. 따라서 중요한 것은 인권의 서열화가 아니라 인권들 사이의 충돌과 모순을 해소할 수 있는 민주적 과정의 절차적 조건들을 보호하는 것이다.

절차주의적 법 패러다임은 권리의 평등한 분배를 통해 정의를 실현하기보다는 오히려 사적 자율성과 공적 자율성의 내적 연관을 밝힘으로써 권력에 휘둘리지 않는 정치적 공론장에 활기를 불어넣는 일에 관심을 집중한다. 그 때문에 그의 인권 담론이 자유권이나 사회권보다 정치적 참정권에 우선성을 부여하는 것처럼 보인다. 하지만 그의 진정한 의도는 자유권과 사회권을 상대화하는 것이 아니라 그것들을 탈형이상학적 관점과 다원주의, 그리고 민주주의와 공존할 수 있는 보편주의적 틀 안에서 정당화하는 것이다. 하버마스는 사회복지국가의 법 패러다임에 대한 비판을 통해 자유주의로 후퇴하려는 것이 아니라 사회복지국가 프로젝트를 한 차원 높은 성찰 단계에서 계승하려고 시도하는 것이며, 그 가능성을 절차주의적 법 패러다임을 통해 제공한다.

4. 보편주의적 인권은 다원주의와 양립 가능한가

하버마스는 탈형이상학적 세계 속에서 더 이상 거부할 수 없는 사실이 된 다원주의와 양립 가능한 보편주의적 인권의 정당화를 시도한다. 이 과정에서 그가 설정한 목적은 무엇보다 지속적으로 제기되어 온 보편주의적 인권에 대한 다양한 비판, 예를 들어 보편타당성을 요구하는 인권은 도덕제국주의(엄숙주의, 유토피아)의 표현이며, 자유주의와 소유개인주의의 유산(사회적 연대성의 훼손, 특수한 문화적 전통의 파괴)이자 다원주의 사회와 모순되며, 따라서 맥락 의존적으로 정당화된 문화제국주의의 기호라는 비판을 극복하는 것이다. 제1절에서 밝힌 것처럼 보편주의적 인권에 대한 상대주의자들의 이러한 의심을 극복하기 위해 인권 담론은 법에 대한 도덕의 우위성을 요구하는 도덕형이상학을 포기하고 독백적

---

50 이 문제에 대한 상세한 논의로는 Jürgen Habermas, *Faktizität und Geltung*, pp. 504ff. 참조.

의식철학에서 상호 주관성으로의 패러다임 전환을 통해 자연법 사상과 초월철학적 논증과 단절해야 하며, 이를 통해 다원주의와 화해 가능한 절차주의적 법 패러다임을 설득력 있게 제시할 수 있어야 한다. 또한 큰 폭에서 이러한 입장을 수용하는 하버마스의 약한 보편주의는 보편주의와 다원주의 사이에 대립과 충돌이 지나치게 확대 재생산되는 것을 막을 수 있는 확고한 장치를 마련하려고 시도한다.

앞에서 살펴본 것처럼 하버마스는 인권 담론과 도덕 담론을 구별하고, 인권을 법적 개념으로 이해하는 절차주의적 법 패러다임을 제시하는 가운데 상대주의자들의 비판을 상당 부분 약화시키고 있다. 그러나 그의 인권 담론에 관한 이제까지의 논의에서 나는 개인의 권리로 규정된 인권만을 다루었다. 따라서 인권을 집단의 권리로 해석함으로써 인권의 내용적 범위를 확대하려는 최근의 경향은 앞의 논의에서 자연스럽게 제외되었다. 그런데 오늘날 내용적 측면에서 인권의 범위는 지속적으로 확장되고 있다. 즉 그것은 자유권과 참정권, 사회권을 넘어 연대권, 집단 자결권, 평화권, 환경권, 발전권 등으로 그 범위가 넓어지고 있다. 전통적 입장이 인권을 개인의 권리로 이해했다면, 최근의 인권 담론에서는 집단의 권리로 확대하는 경향이 있다. 흔히 2세대 혹은 3세대로 불리는 이 새로운 권리 항목들은 집단의 권리와 관계된다. 아울러 그것의 실현이 국가 공동체의 범위를 넘어 전 인류 차원의 대응을 요구한다는 특징이 있다. 따라서 여기에 해당하는 권리들을 전통적 인권과 함께 보편타당성을 갖는 기본권으로 정당화하는 것은 쉽지 않아 보인다. 그럼에도 불구하고 집단의 권리를 인권의 범위에 포함하려는 요구가 지속적이고도 강도를 더해 가는 이유는 집단의 권리에 대한 보호 없이 개인의 권리가 보호될 수 없다는 실천적 경험 때문이다.

특히 인권 담론에서 약한 상대주의적 관점을 견지하는 테일러 같은 공동체주의자들은 자신들의 문화다원주의적 입장을 배경으로 상이한 종족 집단과 그들의 문화적 생활 형식의 등권적 공존을 인권 수준에서 인정할 것을 요구한다.[51] 이들의 입장에 반해 하버마스는 집단의 권리를 느순한 형태로 인정하면서도 다문화의 보존을 인권과 동등한 차원의 권리로 인정하는 것에는 반대한다. 그는 생존 보장을 집단의 권리로 인정하지 않는다고 할지라도, 상이한 하위 문화(Subkultur)와 다원적 생활 형식들의 등권적 공존이 가능하다고 말한다.[52] 그렇다면 하버마스는 어떻게 문화다원주의와 자신이 대변하는 인권의 보편주의를 화해시킬 수 있는가?

나는 하버마스가 상대주의자들의 비판을 극복하기 위해 인권 담론을 도덕 담론과 구별했던 것처럼 이제 보편주의와 다원주의를 화해시키기 위해 인권 담론과 문화 담론을 차별화한다고 생각한다. 그는 먼저 인권 담론과 문화 담론을 법적 당위와 사실의 영역으로 구별하고 문화다원주의를 보편주의적 인권 담론의 출발점으로 인정하지만, 그것이 종착점이 되는 것에는 반대한다. 동시에 그는 다원주의가 허무주의나 극단적 상대주의로 귀착하는 것을 막아 주는 다원주의에 대한 제약의 분기점에 보편주의적 인권 담론을 위치시킨다. 그에 따르면, 다양한 집단적 삶의 형식들 사이의 다원주의가 사실로서 인정되는 바로 그곳에서 다원주의의 제약 가능성에 대한 논의가 보편주의적 관점의 정당화에 대한 요구로 자연스럽게 촉진되고, 그 과정에서 인권 담론은 언제나 다원화한 사회에서 공공성의 지반을 형성한다. 인권 담론이 많으면 많을수록 모순과 불일치가 증가하고 다원주의가 사실로서 인식되는 것처럼 그만큼 공공성에 대한 자각도 증대한다는 것이다. 따라서 다원성과 공공성이 실천적으로 서로를 제약하는 인권 담론에서 다원주의가 출발점을 형성한다면, 이질성과 차이에 대한 예민한 감수성을 요구하는 문화 담론에서의 보편적 인권 이념은 양립 불가능한 것처럼 보이는 이질적인 것들의 소통 가능성과 공존 가능성을 보장하는 최후의 보루 같은 역할을 담당한다.[53] 이런

---

51 Charles Taylor, *Multikulturalismus und die Politik der Anerkennung*, Frankfurt am Main: Fischer, 1997 참조.

52 이 문제에 대한 상세한 논의로는 Jürgen Habermas, *Die Einbeziehung des Anderen*, 제4부 참조.

53 이 문제에 대한 상세한 논의로는 박구용, 「다원주의와 담론윤리학」 참조.

맥락에서 그는, 다원성을 본질로 하는 문화의 보존을 인권과 동일한 차원에서 요구하는 것은 다원주의를 인권 담론의 종착점으로 규정함으로써 문화 담론 안에서 인권을 상대적인 것으로 전락시키는 결과를 가져온다고 본다.

하버마스의 이러한 관점에는 탈형이상학적이고 다원화된 복잡 사회에서 타자와의 사회적 연대성을 확보할 수 있는 통로 가운데 법을 통해 표현되는 정치적 통합이 약하지만 유일하게 정당한 통로라는 그의 신념이 깔려 있는 것으로 보인다. 정치에 앞서 구속력을 발휘하는 공동체의 윤리적·문화적 규범은 연대성을 유발하는 강한 통합력을 가지고 있지만, 다원주의와 양립하기에는 너무 강하다는 것이 그의 생각이다. 이런 맥락에서 하버마스는 자신의 절차주의적 관점이 '합리적 불일치'(reasonable disagreement)의 가능성을 부정하는 근본주의와는 양립할 수 없다고 말한다.[54] 그는 같은 것을 같게, 다른 것을 다르게 취급하지 않고 어느 한쪽을 절대시함으로써 다른 쪽의 동화를 요구하는 것에 반대한다. 그에 따르면, 다원성을 부정하는 근본주의와 다원성을 절대시하는 맥락주의는 서로 대립적인 것처럼 보이지만 실제로는 은밀한 공범자들(Komplizen)이다.[55]

다원주의를 출발점으로 삼는 하버마스의 인권 담론이 문화적 생활 형식들의 상호 주관과 등권적 공존을 지향한다는 것은 의심의 여지가 없다. 그는 개인의 정체성이 집단적 정체성과 불가분의 관계에 있으며, 개인화가 사회화와 동근원적이라는 명제로부터 자연스럽게 다원적 문화 형식들에 대한 존중과 인정, 그리고 나아가 그동안 부당하게 차별받은 집단과 그들의 문화에 우선적 권리를 부여하는 역차별이 요구될 수 있다고 말한다. 그럼에도 불구하고 그는 차별받거나 소멸의 위험에 처해

---

54 이에 대한 상세한 논의로는 Jürgen Habermas, *Erläuterungen zur Diskursethik*, pp. 204ff. 참조.

55 Jürgen Habermas, *Nachmetaphysisches Denken*, pp. 154ff. 참조.

있는 문화의 보존이 동·식물의 종족 보존과 동일한 차원에서 주장될 수는 없다고 말한다. 그에 따르면, 생물 종의 보호를 주장하는 생태주의적 관점은 결코 문화의 영역으로 확장될 수 없다. 더불어 테일러가 강조하는 특수한 문화의 보존과 인정에 대한 요구는 모든 성원에게 언제라도 '예/아니오'를 아무 거리낌없이 말할 수 있는 해석학적 민주주의를 보장할 때에만 정당하다. "전승된 문화적 전통과 그 속에 표출된 생활 형식들은 일반적으로 그것들을 포착해 스스로 자신의 인격 구조에 각인하는 사람들을 확신시킴으로써, 즉 생산적 전유(Aneignung)와 지속의 동기를 부여함으로써 재생산된다."[56] 문화는 오히려 가차 없는 자기 비판과 자기 수정, 그리고 다른 문화와의 소통과 상호 학습을 통해서만 생명을 유지할 수 있다. 문화의 변형과 생존은 근본적으로 이질적인 것과의 단절을 통해서가 아니라 소통과 교환을 통해 가능하기 때문이다. 이런 맥락에서 그는 문화적 생활 형식들의 등권적 공존을 법적으로 보장하려는 노력은 모든 개인에게 해석학적 민주주의를 보장함과 동시에 자기 문화를 스스로 변형할 수 있는 가능성을 제공하는 것에 만족해야 한다고 말한다.[57]

잘 알려진 것처럼 하버마스는 개인화와 사회화의 동근원성 테제로부터 출발해 기본적으로 정의와 연대성을 상호 제약적 관계로 설명한다. 그럼에도 불구하고 우리는 다원주의와 보편주의의 화해를 시도하는 그의 인권 담론이 부지불식간에 연대성에 대한 정의의 우선성을 고착화한다는 의심을 갖게 된다.[58] 실제로 그는 강한 연대성의 원천이라고 할 수 있는 도덕 담론과 문화 담론을 인권 담론과 명확하게 구별한다. 그는 사회권을 절대적인 실체적 권리로 인정하는 사회복지국가의 온정주의적 패러다임을 극복하는 과정에서 도덕으로부터 사회적 연대성을 찾는 것

---

56 Jürgen Habermas, *Die Einbeziehung des Anderen*, p. 259.

57 Jürgen Habermas, *Die Einbeziehung des Anderen*, pp. 260ff. 참조.

58 이 문제에 대한 상세한 논의로는 박구용, 「도덕의 원천으로서 '좋음'과 '옳음」 참조.

에 반대한 것처럼 인권을 집단의 권리로 확장하려는 공동체주의자들의 문화근본주의적 태도를 극복하기 위해 하위 문화의 윤리적 통합력에서 연대성을 이끌어 내는 입장에도 반대한다. 그는 각각 독립적인 공동체의 문화와 윤리로부터 도출되는 연대성은 사회를 강력하게 통합할 수는 있지만, 다원주의와 보편주의의 양립 가능성을 부정하는 결과를 가져온다고 본다. 따라서 그는 탈형이상학적이고 다원화된 복잡 사회에서 타자와의 사회적 연대성을 확보할 수 있는 통로 가운데 법을 통해 표현되는 정치적 통합이 약하지만 유일하게 정당한 통로라는 입장을 견지한다. 법적 정의의 토대 위에서 정치적 자율성을 통해 확보되는 사회적 연대성만이 다원주의와 보편주의를 정당하게 화해시킬 수 있기 때문이다. 특히 그는 문화와 도덕에 뿌리를 둔 연대성과 정치적 연대성의 차이에 대한 인식을 강조한다. 그에 따르면, 양자의 차이가 무시되면 곧바로 다수 문화가 국가적 특권을 찬탈하고 문화적 생활 형식들의 등권적 공존을 훼손하게 된다.[59]

인권 담론에서 상대주의자들뿐만 아니라 강한 보편주의자들 역시 절차주의적 법 패러다임에 토대를 두는 정치적 통합력보다 도덕이나 문화에 뿌리를 두는 윤리적 통합력에서 인권의 정당화를 위한 근거를 찾고자 한다. 그러나 하버마스가 올바로 지적하는 것처럼 다원화된 사회 속에서 구성원 전체가 실체적인 윤리적 가치들에 대한 합의를 통해 연대성을 구축하는 것은 실제로 불가능하다. 그럼에도 불구하고 윤리적으로 통합된 공동체의 경계 안에서 주어지는 연대 의식을 강조하고 그로부터 다원성을 본질로 하는 문화의 권리를 인권과 동등한 차원에서 요구하는 것은 다양한 문화의 등권적 공존이 아니라 오히려 특정 문화의 특권을 정당화하는 방향으로 전도될 위험이 있는 것으로 보인다. 이런 맥락에서 우리는 문화 담론과 인권 담론을 구별하는 하버마스의 관점에 동의할 수 있을 것이다.

---

59 Jürgen Habermas, *Die Einbeziehung des Anderen*, pp. 262, 382ff. 참조.

그렇다면 급속도로 해체되어 가는 사회적 연대성은 인권 담론 안에서 어떻게 회복될 수 있는가? 하버마스에 따르면, "오늘날 사회적 연대성의 힘은 오직 의사소통적 자기 결정이라는 실천의 형식을 통해서만 회복될 수 있다".[60] 여기서 우리는 그가 제안하는 인권 담론의 출발점이 사실로서의 다원주의라면, 최종 귀착지는 언제나 의사소통적 구조를 가진 권력화되지 않은 공론장이라는 결론에 이르게 된다. 그는 성스러운 실체를 상실한 국가가 위험에 빠지지 않으려면 특수한 사회적 이념이나 좋은 삶에 대한 문화적 전통으로 복귀해서는 안 되며, 오직 민주적 담론 구조를 가진 공론장의 활성화를 통해서만 연대성의 약화에서 비롯되는 결함을 메워야 한다고 말한다. 나아가 그는 탈국민국가화가 가속화하고 그에 따라 인권 담론이 초국가적 차원의 대응을 요구하는 문제들로 확대되는 상황에서도 유일한 희망은 세계적 공론장의 민주적 확장이라고 말한다.[61] 그런데 우리는 이 부분에서 그가 인권 담론 안에서의 인권의 실현보다 담론의 실현을 너무 강하게 요청한다는 인상을 지울 수 없다. 그 때문에 나는 그의 인권 담론이 담론을 통한 인권의 정당화를 넘어 정당화된 인권의 실현을 위한 실천으로 발전할 수 있어야 한다고 생각한다. 그래야만 절망에서 나온 이론적 희망이 현실에서 또 다른 절망으로 전복되지 않을 것이다.

---

60 Jürgen Habermas, *Faktizität und Geltung*, p. 236.
61 Jürgen Habermas, *Faktizität und Geltung*, pp. 234ff. 참조.

제13장

인권과 복지의 경계와 상호 제약적 해명

아랍의 봄은 너무 늦지 않은 늦가을에 겨울을 이겨 낼 풍성한 결실을 거둘 것으로 보였다. 2010년 10월 18일, 튀니지의 한 청년 모하메드 부아지지(Mohamed Bouazizi)가 노점상의 생존권을 위협하는 경찰 단속에 분신 저항하면서 시작된 재스민 혁명이 아랍 정치의 상징처럼 보였던 이집트의 호스니 무바라크(Hosnī Mubārak)와 튀니지의 진 엘 아비딘 벤 알리(Zine El Abidine Ben Ali) 정권을 무너뜨렸다. 시민들의 희생과 열정이 출구 없는 성의 철벽을 무너뜨리고 자유가 넘치고 인권이 존중되는 민주주의, 무엇보다 아랍 시민 스스로가 주권자로 등극한 민주주의를 만들기 시작한 것이다. 하지만 아랍의 민주화가 열광했던 것처럼 단행될 가능성은 낮다. 어떤 체제가 무너진다고 곧바로 신세계가 열리는 것은 아니다. 독재나 전쟁 이후도 마찬가지이다. 디스토피아 뒤에 유토피아가 실현되지 않는다. 더구나 세계정신이 부재한 상황에서 등장한 새로운 체계는 불확실성과 불안정이 한동안 지배적일 수밖에 없다. 이 틈을 타고 반혁명(counter revolution)의 자양분이 급격하게 번식할 수 있다.

재스민 혁명은 실제로 반혁명에 의해 전복된 것처럼 보인다. 이집트는 군사 정권이 들어서면서 억압적 체계가 다시 귀환했다. 시리아와 예멘에서 벌어진 전쟁은 수많은 시민의 생명을 앗아갔다. 시리아 국민의 3분의 1이 고향을 떠나 튀르키예, 요르단, 레바논의 난민 캠프에 머무르고 있다.

이들의 불행은 외세의 군사적 개입에서 시작되었다. 시리아, 예멘, 리비아, 이집트는 패권을 노리는 국가들 사이의 대리 전쟁의 현장이다. 이집트 정치를 교란하는 러시아는 물론, 튀르키예와 사우디아라비아, 이란도 자국의 이익을 위해 재스민 혁명을 무력화하고 있다.

반면에 민주주의를 대변하는 세계의 경찰국가 미국이 조성한 이라크의 정치 환경은 어떤가? 독재자 사담 후세인(Saddam Hussein)으로부터 이라크 국민의 인권을 되찾아 준다는 명목으로 '이라크의 자유'(Freedom of Iraq)라는 작전 명령에 따라 시작된 전쟁은 2003년에 끝났다. 그렇지만 이라크에서 민주주의와 인권이 실현되었다는 신호는 들리지 않는다. 처음부터 자기 나라의 민주주의와 법체계의 발신자가 되지 못하고 미국이 발신한 정치체제의 수신자로 전락한 이라크 시민은 여전히 참혹한 분쟁과 전쟁을 겪고 있다.

아랍의 봄은 아랍 시민이 처음으로 거리와 광장에서 상호 주관적으로 형성한 의견과 의지로 독재를 전복했다. 비록 지금 아랍은 이전보다 더 참혹한 고통을 받고 있지만, 주권자로서 저들이 가졌던 경험은 언젠가 인권국가와 복지국가를 형성하는 데 큰 자산이 될 것이다. 실제로 재스민 혁명의 발원지인 튀니지가 그 희망을 보여 주고 있다.

다른 아랍의 나라들과 달리, 튀니지는 인권과 복지가 성장할 수 있는 좋은 토양을 가지고 있었다. 1956년 독립한 튀니지는 처음부터 세속화된 국가체제를 만들었는데, 무엇보다 여성의 인권을 신장했다. 튀니지 여성은 이슬람의 억압적 교리로부터 자유를 누릴 수 있었을 뿐만 아니라 사회생활에 적극적으로 참여하면서 뛰어난 경력을 쌓을 수도 있었다. 더구나 튀니지에서는 강력한 노동조합이 자유롭게 활동할 수 있었으며, 건강 보험이나 연금 보험을 포함한 최소한의 사회복지 제도를 갖추고 있었다. 자유로운 노동조합과 독립적인 언론, 활발하게 사회적 실천에 동참하는 시민, 그리고 무엇보다 여성들이 튀니지를 재스민 혁명의 전위 역할을 하도록 뒷받침하고 있었다. 여기서 잊지 말아야 할 것은 튀니지가 패권국가들의 관심 바깥에 있다는 것이다. 튀니지는 자율적이면서도 민주적으로 인권과 복지의 나라를 만들어 갈 수 있었다.

1980년 서울의 봄은 5·18 학살의 깊은 절망을 이겨내지 못하고 끝이 보이지 않는 겨울의 심연 속으로 사라진다. 학살과 혁명이 교차하던 광주에서 많은 시민은 그때까지 민주주의와 인권의 수호자로 믿었던 미국의 역할에서 희망을 찾았다. 그러나 5·18을 기점으로 미국은 이전과는 전혀 다른 나라로 인식되기 시작했다. 하지만 군부 독재는 시민에게서 주권자 의식이 성장한 것을 알지 못했다. 독재자가 다양한 돌연변이를 거치면서 증식하는 동안에, 이 나라의 시민은 민주주의와 인권의 발신자와 수신자가 다를 수 없으며 달라서도 안 된다는 것을 깨닫고 실천했다. 그 결과 민주주의와 인권의 범위와 성격이 확장되고 깊어졌다. 그러나 그만큼 시장과 자본의 힘뿐만 아니라 그것의 작용 영역과 실제적 영향력도 커졌다.

시장과 정치, 자본과 국가의 균형이 아직 아슬아슬하게 유지되고 있지만, 지금과 같은 속도로 소수에 의한 다수의 지배와 조정이 강화된다면 민주주의와 인권의 성장에서 자양분을 가져왔던 사회 통합과 국민 통합 자체가 붕괴할 위험이 상존한다. 이 같이 의심 많은 진단은 바람직한 치유의 방법을 올바로 제시할 수 있는 기초임에 틀림없다. 하지만 발신자와 수신자, 저자와 독자의 역할을 실천적으로 동시에 경험한 시민의 축적된 힘은 이미 민주주의와 인권에 대한 새로운 패러다임을 형성할 만큼 커졌다. 시민은 더 이상 정치 참여를 선거로 축소해 제한하는 상징 조작에 쉽게 휘둘리지 않으며, 인권을 국가폭력에 의해 보호되어야 할 개인의 권리 혹은 기회 균등과 소극적 자유로 환원하는 국가주의의 함정에 갇혀 있지만은 않다.

시민은 이제 민주주의와 인권의 형식과 내용을 새롭게 구성하는 담론의 상호 주체가 되고자 한다. 최근 활성화되고 있는 복지 담론은 이런 맥락에서 민주주의와 인권의 새로운 지평을 열어 갈 것으로 전망된다. 인권에 대한 철학적 성찰이 복지 담론과 연계하고 소통해야 할 이유이다. 이는 곧 인권과 복지의 관계가 그것의 주체가 되어야 할 시민이 참여하는 민주주의를 통해 구성되어야 한다는 것을 의미한다. 시민이 어떤 민주주의를 구성하는가에 따라 인권과 복지의 경계와 매개의 지점이 달라질 것이다.

이런 관점을 토대로 나는 (1) 인권과 복지의 경계와 상호 제약적 관계를 해명하기 위해 먼저 국가론에 관한 담론을 짧게 재구성하면서 경찰국가와 민주국가의 차이를 드러내고, (2) 인권 관련 담론의 주요 쟁점 중에서 상대주의자들의 비판을 극복하기 위해 도덕이 아닌 법의 지평에서 인권의 보편주의적 정당화를 시도하는 하버마스의 관점을 재해석하면서 인권제국주의와 복지온정주의를 극복하기 위한 출구로서 기본권들 사이의 상호 대칭적 제약 관계를 밝힐 것이다. (3) 나아가 복지 담론에서 기능주의와 평등주의 관점이 인권과 복지 혹은 자유권과 사회권의 경계에서 양자의 상호 제약적 동반 성장을 위한 통로라고 할 수 있는 민주주의를 시야에서 놓치고 있다는 점을 밝히고, (4) 마지막으로 법치국가의 기본 권리로서 인권과 복지가 함께 발전할 수 있는 최선의 통로로 '차이에 민감한 민주적 공론장의 최대화'를 제안할 것이다.

1. 아주 짧은 국가론

우리는 오늘날 'state(Staat)', 'nation(Nation)', 'country(Land)'를 국가(國家)와 동일한 의미를 갖는 말로 이해하고 사용한다. 그런데 유럽에서와 달리, 한자 문화권에서 나라(國)와 가족(家)이 분리될 수 없이 연결되어 있다는 점을 고려한다면 국가에 대한 두 언어권의 이해는 근본적으로 상이하다는 것을 알 수 있다. '수신제가치국평천하'(修身齊家治國平天下)에서 알 수 있듯이, 유교 문화권에서는 나(身)-가족(家)-나라(國)-세계(天下)는 상호 제약적 관계를 맺고 있다. 외적으로 상위 범주의 개념이 하위 범주의 개념을 규제하지만, 내적으로는 하위 범주의 개념이 상위 범주의 개념을 구성한다. 자신의 몸과 마음을 잘 닦는 사람이 가족을 반듯하게 이끌어 갈 수 있으며, 그만이 또한 나라를 다스리고 세계를 평정할 수 있다는 점에서 우선 하위 범주는 상위 범주의 구성적 본질로서 지위를 갖는다.[1] 그렇지만 동시에 하위 범주는 상위 범주를 지향할 때에만 규범적 정당성을 갖는다는 측면에서 상위 범주의 규제를 받는다고 할 수 있다. 그런데 이 같은 상호 제약적 관계는 범주들 사이의 엄격한 구별보다는 통일에 기초하고 있다.

전통적인 유교 문화권에서 "나 없이는 가족도 없고, 가족 없이는 국가도 없다"라거나 "국가 없이는 가족도 없고, 가족 없이는 나도 없다' '라는 논리는 처음부터 성립하지 않는다. 오히려 나, 가족, 국가, 나아가 세계가 하나의 통일체를 형성하는 것이 정치와 윤리의 이상이었던 것이다. 이런 맥락에서 나라와 가족이 하나로 통일된 국가(國家) 개념이 자연스럽게 형성되었던 것이다. 물론, 유교 문화권의 국가를 개인과 가족이 모여 결성한 나라로 해석할 수도 있다.[2] 하지만 여기서 개인은 사람이라는 단 하나의 이유 때문에 인격체로서 존중받을 권리, 곧 인권을 갖는 현대 사회의 개인이 아니라 가족을 이끌어 갈 권한을 부여받은 가부장을 가리킨다. 모든 사람이 수신제가치국평천하의 수혜자 혹은 대상이 될 수는 있지만, 주체는 일부 권력층 혹은 천하를 지휘할 수 있는 한 사람의 통치자일 뿐이다. 그렇다고 이 같은 권력 구조와 가치관이 유가(儒家)만의 것은 아니다. 흔히 민주주의가 시작된 곳으로 평가되는 그리스 도시국가의 폴리스(Polis) 구성원 역시 자유를 향유할 수 있는 가부장으로 제한된다. 이 점에서 동·서의 정치 문화 사이의 차이는 크지 않다. 두 문화권의 차

---

1 맹자(孟子)에 따르면, "사람들이 항상 말하기를 천하·나라·가족이라 하니, 천하의 근본은 나라에 있고, 나라의 근본은 가족에 있으며, 가족의 근본은 나에 있는 것이다." 『孟子』, 「離婁」, "人有恒言, 皆曰, 天下國家, 天下之本在國, 國之本在家, 家之本在身."

2 정병석, 「맹자의 국가론」, 『동양철학연구』 63, 2010, 274쪽 참조.

이는 나라와 가족의 관계 규정에서 명확하게 나타난다. 유가에서 나라가 가족의 확장 개념이라면, 그리스에서 폴리스는 가족 공동체이자 경제 공동체를 뜻하는 오이코스(Oikos, 家計/家門)와 엄격하게 분리된 정치 공동체를 가리킨다.[3]

물론, 유럽의 정치사에서 폴리스의 이러한 전통이 지켜진 것은 아니다. 비록 나라가 'res publica', 'civitas', 'regimen', 'imperium'과 같이 다양한 이름으로 불리면서도 가족과 국가의 엄격한 구별 의식은 유지되지만, 국가의 규모와 역할이 커지면서 정치와 경제는 더 이상 분리될 수 없었다. 오히려 국가는 정치와 경제뿐만 아니라 사회와 문화 전반에서 하나의 일원된 권력 구조와 법체계를 갖추는 방향으로 발전한다. 역사적으로 통치체제나 법 패러다임에 따라 군주정, 귀족정, 민주정, 공화주의, 자유주의, 사회주의 등의 통치와 법체계에 대한 담론들은 축적되어 왔지만 국가에 대한 합의된 규정이 정립된 것은 아니다. 특히 동·서를 막론하고 전통 사회에서 국가와 관련된 담론은 주로 지배와 통치의 바람직한 체제 혹은 지배체제 사이의 차이에 관한 논의에 집중되어 있으며, 체제 자체의 정당성에 대한 물음을 제기하지는 않는다.

국가적 지배와 통치체제의 정당성에 관한 물음은 현대의 사회계약론에서 시작된다. 홉스, 로크, 루소와 칸트가 제시했던 사회계약론에서 국가는 합리적 이익 관심을 가진 개인들이 자기 보존을 위해 체결한 계약의 결과물로서 정당성을 확보한다. 사회계약론에서는 누가 어떤 조건 아래에서 어떤 목적을 위해 누구와 어떤 계약을 체결하느냐에 따라 국가의 통치체제와 구성원의 성격도 다르게 규정된다.[4] 홉스나 로크처럼 계

3　유가(儒家)는 비록 공과 사의 엄격한 구별을 미덕으로 간주하지만 나라 정치의 공적 영역과 가족 경제의 사적 영역을 정치체제에서 구별하지 않는 것으로 보인다. 그런데 사적 영역과 엄격하게 분리된 공적 영역으로서 폴리스 역시 현대적 의미에서의 국가는 아니며, 오히려 자유 시민의 좋은 삶을 지향하는 공동체였다. Wolfgang Kersting, *Die politische Philosophie des Gesellschaftsvertrags*, Darmstadt: Primus, 1996, p. 6 참조.

4　Wolfgang Kersting, *Die politische Philosophie des Gesellschaftsvertrags*, p. 57 참조.

약의 주체를 이기적 시민으로 규정할 경우에 국가는 시민의 사적 이익의 관심을 조정하는 도구로서 보편성을 획득한다면, 루소와 칸트처럼 계약의 주체인 주권자를 자유롭고 정의로운 도덕적 시민으로 규정할 경우에 국가는 단순한 조정자의 역할을 넘어 정의를 실현하는 자율적 주체로서 보편성을 갖는다. 이처럼 중요한 차이에도 불구하고 사회계약론에서 국가는 시민을 국가 구성의 주체, 곧 주권자로 인정한다는 조건 아래에서 정당한 지배권을 갖는 보편적 실재성을 획득한다. 물론, 사회계약론에서 주권자로서의 시민의 권리는 가상적 사고 실험을 통해서만 확인된다. 그 때문에 국가의 보편성 역시 이념적 가상의 지평을 넘어서지 못한다는 비판이 가능하다.

잘 알려진 것처럼 마르크스는 국가의 보편성 자체를 인정하지 않는다. 그에게서 국가는 사적 이익을 추구하는 시민의 이해관계를 공정하게 조정하지 않을 뿐만 아니라 공적 시민의 자율적 주권을 실현하지도 않는다. 그에게서 국가의 보편성은 허구적 상상이나 이데올로기적 착시에서 비롯된 것일 뿐이다. 그가 본 현대의 국가는 모든 시민이 아니라 지배 계급만의 이익을 대변하는 조직이다. 이런 관점에서 보면, 국가의 보편성은 지배 계급의 특수성이 이데올로기적으로 둔갑한 것에 불과한 것이다. 이 경우에 지배자의 이익을 관철하는 도구이자 수단으로 전락한 국가는 자본과 시장으로부터 자율성을 완전히 상실한 것처럼 보인다.[5] 마르크스의 주장처럼 우리는 다양한 형태로 자본과 시장의 종속 변수로 추락한 국가의 모습을 그려볼 수 있고, 그에 대한 경험적 근거를 제시할 수도 있을 것이다. 그러나 우리는 또한 지배 계급의 특수성을 대변하는 보편

---

5 "국가란 지배 계급의 개인들이 그들의 공동의 이해를 관철하는 형태, 어떤 시기의 시민사회 전체가 총괄되어 있는 형태이기 때문에, 모든 공동의 제도가 국가에 의해 매개되어 하나의 정치적 형태를 가지게 된다는 결과가 나온다. 따라서 법률이란 의지, 더욱이 그 현실적 토대로부터 떨어져 나온 의지, 즉 자유의지에 근거하고 있는 것 같은 환상이 생겨난다. 마찬가지로 권리 또한 다시 법률에 환원된다." K. 마르크스·F. 엥겔스, 최인호 외 옮김, 『독일 이데올로기(저작 선집 1)』, 박종철출판사, 1991, 260쪽.

성뿐만 아니라 그것을 통제하는 국가의 보편성도 찾을 수 있을 것이다. 나아가 자본과 시장에 휘둘리는 국가만이 아니라 그것을 지휘하는 국가의 실재도 볼 수 있다.[6]

전쟁과 치안뿐만 아니라 정의와 불의를 가르고 합법과 불법을 심판하는 주체로서 실재하는 현대의 국가는 물리적 영역에서뿐만 아니라 상징적 지평에서도 강제력의 독점을 확장한다고 말할 수 있다. 이런 맥락에서 베버는 국가를 주어진 영토 안에서 정당한 물리적 강제력이라는 지배 수단 혹은 폭력 행사의 독점을 요구하는 인간 공동체로 규정한다.[7] 베버가 말하는 국가는 내·외부의 약탈과 폭력으로부터 구성원의 보호를 근거로 자원을 추출하고(세금) 소유권을 관장하면서 정당한 폭력 행사의 유일한 원천이라는 독점적 지위를 향유한다. 물론, 여기서 강제력의 독점이 국가의 보편성에서 비롯된 것인지, 아니면 독점적 지위에서 보편성이 생겨난 것인지에 대한 논란이 있을 수 있다. 그런데 양측 모두 역사적인 경험적 근거를 제시할 수 있기 때문에 어느 한 방향으로의 흐름을 선택적으로 강조할 수는 있다. 어쨌거나 국가는 자신의 독점권력을 정당화하기 위해서라도 자신의 보편성을 입증하려고 시도한다. 그러나 정당화의 요구는 지속적으로 제기될 수밖에 없다. 따라서 국가는 안정적인 정당성 확보를 위해 물리적 권력뿐만 아니라 상징권력의 독점을 요구한다. 실제로 국가는 교육과 사법, 국립 묘지나 국가 유공자의 관리체계뿐만 아니라 인문학과 사회학, 자연과학과 공학, 그리고 예·체능을 포함한 모든 분야의 관리를 통해 상징 자본과 권력을 독점하려고 시도한다.[8]

---

6 실제로 마르크스 자신은 국가에 대한 통일된 이론체계를 만들지 않았다. 그 때문에 그의 저서에 따라 서로 다른 국가관이 공존하고 있다는 해석도 많다. 그럼에도 불구하고 국가의 보편성에 대한 비판은 일관된 것으로 보인다. Jon Elster, *Making Sense of Marx*, Cambridge University Press, 1985, pp. 408ff. 참조.

7 막스 베버, 김진욱 외 옮김, 『직업으로서의 학문·정치』, 범우사, 2002, 81쪽 이하 참조.

8 Pierre Bourdieu, "Rethinking the State: Genesis and Structure of the Bureaucratic Field", in: George Steinmetz (ed.), *State/Culture*, Ithaca: Cornell University Press, 1999, pp. 56ff. 참조.

국가는 상징권력을 동원해 자신의 보편성과 함께 물리적 권력의 독점을 정당화한다. 그러나 이런 방식으로 확장된 현대 국가의 보편성은 특수한 공간(영토)과 문화권으로 제한될 수밖에 없기 때문에 '모두'가 아니라 '우리'의 보편성일 뿐이다. 따라서 현대 국가가 상징권력을 통해 자신의 보편성을 강화할수록 그만큼 '우리'의 안팎에서 감금과 배제도 강화된다. '우리'라는 국가 공동체는 다른 국가 공동체의 구성원과 함께 국가 공동체들 사이에 거주하는 디아스포라를 '우리 밖의 타자'로 규정하고 배제한다. 그뿐만 아니라 모든 현대의 국가 공동체는 공간적으로 혹은 법적으로 '우리' 안에 거주하면서도 '우리'를 형성하는 상징체계와 동일화를 못하거나 거부하는 '우리 안의 타자'를 감금한다. 여기서 현대 국가는 딜레마에 빠진다. 보편성을 지향하는 국가는 그 때문에 우리 안팎의 타자를 감금하고 배제하는 가운데 자신의 특수성을 드러낸다. 세계화(보편성)가 다원화를 동반할 수밖에 없으며, 다원화는 역으로 지역화(특수성)를 불러오는 까닭이다.

베버는 모든 국가가 권력 혹은 폭력의 독점을 기초로 하고 있으며, 무정부주의자가 아니라면 국가의 이런 본성을 인정하고 받아들여만 한다고 말한다.[9] 베버의 주장을 받아들이는 사람은 국가주의와 무정부주의 가운데 하나를 선택하도록 강요받는다. 그런데 베버가 사용하는 양자택일의 논리 속에서는 권력과 폭력이 구별되지 않는다. 그에게서 권력이 사람이 사람을 지배하는 힘, 곧 다른 사람의 의지와 상관없이 자신의 뜻을 관철하는 힘이라면, 폭력은 지배권력을 관철하는 물리적 수단이다. 물론, 국가권력의 극대화는 국민이 자발적으로 권력자의 뜻에 따르는 경우에 성취될 것이다. 이 경우에 폭력은 자동적으로 최소화한다. 따라서 바람직한 국가는 폭력을 최소화하고 권력을 최대화하는 길을 찾아야 할

---

9 "만일 수단으로서의 폭력 행사와 전혀 관계없는 사회 조직만이 존재한다면, 그야말로 '국가'의 개념은 소멸하고 이처럼 특수한 의미로서 '무정부 상태'라고 불러도 좋을 듯한 사태가 틀림없이 출현했을 것이다." 막스 베버, 『직업으로서의 학문·정치』, 81쪽.

것이다. 이를 위해 아렌트는 권력의 재규정을 시도한다. 폭력을 최소화하는 권력은 다른 사람들의 의지와 상관없이 지배하는 힘이 아니라 오히려 그들의 모인 의지에서 지배의 정당성을 가져오는 것이어야만 하기 때문이다. 그렇지 않고 국가권력을 국민의 뜻을 꺾는 것으로 정의하면 국가의 폭력만 극대화하는 것이 아니라 그에 저항하는 폭력도 커질 수밖에 없다. 이 경우에 국가는 폭력이 난무하는 전쟁터와 다를 것이 없다. 국가의 권력 독점이 이 같은 폭력 상태를 극복하는 데서 정당성을 가질 수 있다면 권력 역시 폭력을 사용하지 않는 길을 찾아야 한다. 이를 위해 아렌트는 권력을 개인의 소유물이 아니라 사람들이 공동 행동(action in concert)하는 과정에서 형성하는 것으로 규정한다.

> 권력은 그냥 행동하지 않고 제휴해 행동할 수 있는 인간의 능력에 조응한다. 권력은 결코 개인의 고유 특성이 아니다. 그것은 집단에 속하는 것이며 집단이 함께 보유하는 한에서만 존속한다. 어떤 사람이 '권력을 갖고' 있다고 말할 경우에 실제적으로는 그가 일정한 다수의 사람들로부터 그들의 이름으로 행동하도록 권력을 위임받았다는 것을 지지한다. 권력을 생성시켰던 집단(인민의 권력potestas in populo, 사람들이나 집단이 없다면 권력은 결코 존재하지 않는다)이 사라지는 순간에, '그의 권력'도 소멸한다.[10]

국가는 권력을 독점적으로 소유할 수 있는 인격체가 아니다. 국가권력은 국가가 아니라 국민 혹은 시민이 함께 만들어 가는 것이다. 권력은 주권자가 함께 행동할 때 그들 사이에서 형성되고 그들이 흩어지면 사라지는 것이다. 따라서 주권자는 민주주의적 절차를 통해 자신들이 형성한 권력을 국가에 위임한 것이다. 주권자인 국민의 뜻에 반하는 국가의 공권력은 권력이 아니라 폭력인 까닭이다. 따라서 폭력을 규제해야 하는 국

---

10 한나 아렌트, 김정한 옮김,『폭력의 세기』, 이후, 1999, 74쪽.

가권력의 정당성은 주권자의 의지와 뜻을 모으고 확인하는 과정인 민주주의 없이는 불가능하다. 민주주의 없는 국가는 기본적으로 '우리 안팎의 타자'를 감금하고 배제하는 국가, 다시 말해 경찰국가이기 때문이다.

역사적으로 경찰국가에서 민주국가로의 패러다임 전환은 모든 국민에게 동일한 투표권과 동등한 참정권이 법적으로 보장되면서 시작되었다. 그런데 민주국가 안에서 시민의 뜻은 쉽게 한 곳으로 모이지 않는다. 오히려 민주주의가 발달할수록 '같음'보다는 '다름'이 커진다. 따라서 민주주의는 '다름'을 '틀림'으로 감금하거나 배제하지 않고 '따로 또 함께' 갈 수 있는 길을 찾아야 한다. 물론, 대부분의 민주국가는 상징권력을 동원하거나 경제 부흥을 이끌어 가면서 '다름'보다는 '같음'을 키우고 확장하는 길을 모색한다. 그러나 세계화와 다원화의 압력이 거세지고 사회의 복잡성이 증가하면서 '다름'은 전(全) 방위적으로 확산한다. 더불어 그만큼 정치, 경제, 사회, 문화에서 확대된 개인과 집단 사이의 '차이와 다름'은 은연중에 '차별과 틀림'으로 전복될 수 있는 개연성이 높아졌다.

국민이 비교적 광범위하게 민속적 정체성을 공유하고 있고 경제 부흥과 정치적 민주주의를 실현한 국가에서조차도 서로 다른 집단 사이의 대립과 갈등은 피할 수 없다. 경제에서 대기업과 중소기업, 자본가와 노동자, 정규직 노동자와 비정규직 혹은 하청업체 노동자의 이해관계가 대립한다면, 사회에서는 남성과 여성, 성인과 미성년, 다수자와 소수자, 세대별 혹은 지역별 차이뿐만 아니라 정상과 비정상이라는 범주로 분리된 다양한 집단이 서로 갈등 관계를 형성한다. 민주국가는 이러한 대립과 갈등, 그리고 차이에도 불구하고 국민 통합의 힘을 구축하지 못하면 주권자로부터 권력을 정당하게 위임받을 수 없게 된다. 따라서 민주국가는 ① 상징권력이나 경제 부흥만이 아니라 ② 대립과 갈등을 공정하게 조정하고 ③ 차별과 특권을 규제하면서 동시에 ④ 모든 주권자가 국가 권력의 형성 과정에 실제적으로 동등하게 참여할 수 있는 조건을 제공해야만 한다. 현대 사회에서는 ①, ②, ③뿐만 아니라 ④까지 실현한 민주국가만이 세계화와 다원화의 압력을 극복할 수 있는 보편성을 주장할 수 있는 국가, 곧 인권국가와 복지국가가 될 수 있다.

2. 기본권의 서열화를 넘어

인권만큼 인류의 역사에서 가장 많은 문화권의 사람들로부터 동의와 찬사를 받은 개념도 없을 것이다. 그러나 그만큼 인권의 그림자 또한 짙고 두텁다. 잘 알려진 것처럼 미국은 이라크에 전쟁을 선포하면서 ① 대량 살상 무기 보유, ② 테러 지원, ③ 이라크 국민의 인권 보호라는 세 가지 정당성 근거를 제시했지만, 곧바로 ①과 ②의 증거 없음이 밝혀지자 오직 ③만이 수많은 사람의 생존권을 파괴할 수밖에 없는 전쟁의 이유가 되었다. 이렇게 인권의 이름으로 인권을 파괴하는 인권 전쟁은 급진적인 관점에서 보면 사랑의 이름으로 사랑을 파괴하는 종교 전쟁처럼 경제(석유) 전쟁일 가능성이 크다. 그러나 모든 분쟁과 전쟁이 경제적 이해관계로부터 자유로울 수 없다고 해서 환원주의에 빠지면 그것에 대적할 수 있는 대항 담론을 형성하는 것은 불가능하다. 따라서 종교 전쟁이나 경제 전쟁에 맞설 수 있는 저항 담론으로 인권 담론을 발전시키기 위해서는 먼저 인권과 전쟁을 분리하는 철학적 반성이 필요하다.

롤스처럼 최소한의 인권조차 침해하는 국가에 대해 국제 사회가 외교적·경제적 제재를 넘어 전쟁까지 감행하는 것이 정당하다고 주장한다면,[11] 인권은 정치권력과 정략의 수단이거나 비슷한 이유에서 도덕제국

---

11 롤스의 최소 인권은 이처럼 정의로운 전쟁의 충분조건이면서 다원주의를 제약할 수 있는 최소 지점이고 나아가 한 사회체계의 적정성을 평가하는 지표 역할을 수행한다. 이에 대해서는 존 롤스, 『만민법』, 130쪽 참조. 롤스는 1993년에 최소 인권을 여섯 가지, 즉 ① 생존과 안전의 권리, ② 사유 재산권, ③ 법의 지배, ④ 양심의 자유, ⑤ 집회의 자유, ⑥ 이민의 자유로 제시했는데(존 롤스, 정태욱 옮김, 「만민법」, 민주법학회 편역,『현대사상과 인권』, 사람생각, 2000, 90쪽 참조), 1999년에는 ① 노예와 농노 신분으로부터의 자유, ② 양심의 자유, ③ 인종 청소와 집단 학살로부터의 인종 집단의 보

주의를 정당화하는 이데올로기라는 비판을 지속적으로 받을 수밖에 없을 것이다.[12] 현실적으로 국제 정치에서 자유와 민주, 평화, 그리고 인권을 위한 정의로운 전쟁의 가능성을 전면적으로 부정할 수는 없을 것이다. 그러나 이런 사실을 근거로 모든 형태의 당위를 부정하는 것은 전면적으로 현실을 부정하는 방식으로 부정적 현실을 긍정하고 인준하는 딜레마에 빠지기 쉽다. 그 때문에 중요한 것은 이 같이 고귀한 이념들이 억압과 독재, 전쟁의 정당화를 위한 도구로 전락하지 않도록 부정적 현실이나 이론을 전면적으로 부정하기보다 지속적으로 비판할 수 있는 이념으로 발전시켜야 한다.

인권의 이념도 자연법적 전통을 그대로 고수할 경우에는 이라크 전쟁에 대항할 수 있는 담론보다 오히려 그것을 인준하는 이데올로기에 휩싸일 수 있다. 이라크 전쟁을 정의로운 전쟁으로 포장하고 있는 인권 개념은 한편으로는 '국가폭력으로부터 보호되어야 할 개인의 권리'로 축소된 것이면서, 다른 한편으로는 이라크 국민을 포함한 세계 모든 국가의 국민이 무차별적으로 향유해야 할 권리로 확장된 의미를 갖는다. 상대주의자들의 비판으로부터 인권의 이념을 보호하면서 강한 보편주의적 타당성을 견지하기 위해 이처럼 인권의 내용을 최소화하는 전략은 언뜻 자연스럽고 설득력 있어 보인다. 그러나 보편타당성을 위해 인권의 구체적 내용을 제한하는 것은 인권이 전쟁의 논리로 이용되는 것을 차단할 수 없다. 실제로 이런 방식으로 인권 담론을 구성하는 것은 인권의 범위를 자유권이 아니라 사회권으로 확장했을 때, 인권국가라고 자부할 수 없는 신자유주의 강대국의 경제 전쟁을 변호할 가능성이 높다. 따라서 인권을 경제 전쟁에 대항할 수 있는 이념으로 발전시키기 위해서는

호라는 세 가지로 항목을 축소한다(존 롤스, 『만민법』, 128쪽 참조).

12 이와 관련된 자세한 내용은 박구용, 「인권의 보편주의적 정당화와 해명」, 『사회와 철학』 제7집, 2004, 154쪽 이하; Carl Schmitt, *Der Begriff des Politische*, Berlin, 1963, p. 55; Josef Isensee, "Weltpolizei für Menschenrechte", 1995, pp. 421ff.; Jean-François Lyotard, *Der Widerstreit*, 2.Auflage, München: Wilhelm Fink 1989 참조.

역으로 이념의 내용을 최소한으로 제한하기보다 최대로 확장하면서 보편타당성의 의미를 재규정하는 것이 바람직한 것으로 보인다. 이런 맥락에서 하버마스가 제시하는 인권 담론은 매우 유효한 전략이다.

잘 알려진 것처럼 하버마스는 주관성에서 상호 주관성으로의 패러다임 전환을 통해 근대 자연법 전통에서 비롯된 소유개인주의적 관점(der possessive Individualismus)으로 인권의 보편타당성을 요구할 수 없음을 밝힌다. 상호 주관성의 패러다임에서 인권의 보편타당성은 상호 대칭적 인정과 함께 타자의 눈으로 자신의 전통을 관찰하고 서로 학습할 수 있는 의사소통적 전제 조건들이 반사실적으로 전제되었을 때에만 가능하다.[13] 그런데 하버마스는 인권을 상호 주관성의 패러다임 안에서 보편적인 도덕 규범으로 정당화할 경우에는 적용 과정에서 폭력과 전쟁을 위한 이데올로기로 전복될 수 있다고 본다. 이런 가능성을 차단하기 위해 그는 무엇보다 인권의 정당화를 도덕 담론이 아닌 법 담론을 통해 수행한다.[14] 인권을 보편적 도덕 규범으로 정당화할 경우에 인권의 수호는 도덕적 의무가 되며, 그 때문에 이라크에서처럼 인권을 위한 전쟁 역시 불가피한 것처럼 보인다. 반면에 인권을 법적 권리로 받아들일 경우에 인권의 수호는 1987년 시민혁명이나 재스민 혁명에서처럼 주권자의 권리 찾기의 과정이 된다. 이런 맥락에서 하버마스는 "인권이 바탕부터 법적 본성을 가지고 있다"[15]라고 말한다.

법적 권리로서 인권의 보편타당성과 그것의 현실적 적용은 한 국가의 법질서 테두리 안에서 적법한 절차를 통해 획득되고 수행되어야 한다. 그렇다고 법적 권리로서의 인권이 일국적 타당성만을 가진다고 단정할 필요는 없다. 하버마스가 지적하는 것처럼 "인권이 비록 한 국가의 법질서 틀 안에서만 집행된다고 하더라도 그것의 효력 범위 안에서는 국민만

---

13 Jügen Habermas, *Die postnationale Konstellation*, 1998, p. 191 참조.

14 이에 대한 자세한 내용은 박구용, 「인권의 보편주의적 정당화와 해명」, 160쪽 이하 참조.

15 Jürgen Habermas, *Die Einbeziehung des Anderen*, p. 222.

을 위한 권리가 아니라 모든 인격체를 위한 권리로 정당화된다".[16] 이런 관점을 수용할 경우에 우리는 비록 타국민의 인권을 위해 전쟁을 수행할 충분한 이유를 가질 수 없다. 무엇보다 인권의 보편적 정당화 절차 자체가 각 나라의 상황과 그 나라 주권자의 의지에 맡겨져야 하기 때문이다. 그렇지만 우리는 동시에 내 나라 안에서는 자국민뿐만 아니라 외국인이나 경계인을 포함해 '우리'의 이름으로 누구도 배제되고 감금되지 않도록 인권의 담지자를 최대로 확장해야 할 충분한 이유를 찾을 수 있다. 나아가 어떤 특정 국가의 인권뿐만 아니라 전 세계인의 인권을 위해 국제적 차원의 제도화를 위한 협력 관계를 확산시켜야 할 근거도 충분하다.[17]

이처럼 한 국가의 법질서로 효력 범위를 제한하더라도 인권은 의무가 아니라 권리라는 의미에서 모든 사람이 보유하고 향유할 수 있어야 한다. 이 경우에 인권의 구체적 내용을 제한해야 할 근거도 사라진다. 각 나라의 상황과 주권자의 의지와 합의에 따라 인권은 최대로 확장할 수 있으며, 그만큼 한 국가에서만이 아니라 전 지구적으로도 보다 나은 인간적 삶을 위한 이념으로 발전할 수 있다. 그럼에도 불구하고 여전히 대부분의 인권 담론은 인권을 서열화하려는 경향이 강하다.[18] 일반적으로 자유주의자들은 자유권만을 보편적 권리로 승인하면서 사회권은 선택적인 보조적 권리로만 인정하는 반면에, 사회민주주의자들은 자유권과 사회권의 동등한 지위를 요구하는 경향이 강하다. 그렇지만 사회민주주의자들 역시 자유권과 사회권의 동등성 자체를 보편적 관점에서 주장하지는 않는다. 그들 역시 인권의 내용과 범위를 확대하기 위해서는 그 효력 범위를 공간적으로 축소할 수밖에 없는 이유를 들어 사회권의 타당성 주장을 제한적으로 요구하는 경향이 있다. 그러나 하버마스처럼 법적 권리의 지평에서 인권의 보편타당성을 주장할 경우에 인권의 내용과 효

---

16 Jürgen Habermas, *Die Einbeziehung des Anderen*, p. 223.

17 박구용, 『우리 안의 타자』, 180쪽 참조.

18 인권의 서열화와 관련된 내용은 박구용, 「인권의 보편주의적 정당화와 해명」, 170쪽 이하 참조.

력 범위를 반비례 관계로 고정할 이유는 없다. 오히려 모든 인권은 보편적이면서 동시에 상대적인 법적 권리가 될 수 있기 때문이다.

하버마스는 『사실성과 타당성』에서 법적으로 이해된 인권, 곧 민주주의 원칙(Dm)과 법 형식의 상호 침투로부터 도출되는 기본권을 사적 자율성과 공적 자율성, 법질서의 수신자와 저자라는 두 가지 지평에서 다섯 가지로 구별해 정당화를 시도한다. 언뜻 생각하기에 주권자로서의 지위를 강조하는 하버마스의 철학에 비추어 볼 때, 그는 법질서의 저자가 갖는 공적 자율성으로부터 기본권을 정당화할 것으로 예상할 수 있다. 그러나 반대로 그는 법의 수신자로서의 지위를 인정하는 사적 자율성과 관계된 세 가지 의사소통적 기본권, 즉 ① 최대로 평등한 주관적 행동의 자유의 권리, ② 법 공동체 구성원의 지위, ③ 개인적 권리의 보호와 소송 가능성에 대해 정치적으로 자율적 조형으로부터 생겨나는 기본권의 정당화로부터 시작한다.[19] 그가 여기서 제시한 세 가지 기본권은 입법자의 조형을 거치지 않고 추상적으로 정당화한 권리이기 때문에 법 공동체의 성립 이전에 도덕적 타당성을 갖는 자유권이 아니라 법치국가의 성립과 동근원성을 갖는 자유권이다.[20] 의사소통적 권리로서 자유권은 이처럼 추상적으로 보편타당성을 요구하지만 구체적으로는 입법자의 의지와 합의 과정에 의존하는 상대적 타당성만을 갖는다.[21]

법적 권리의 수신자로서 시민의 사적 자율성의 현실적 구현을 위해서는 법적 권리의 저자로서 시민의 공적 자율성이 함께 기본권으로 조형되어야 한다. 그 때문에 하버마스는 입법자로서의 시민이 공적 의견을 형성하고 합의하는 과정에 동등하게 참여할 수 있는 권리, 곧 참정권을

---

19 위르겐 하버마스, 한상진·박영도 옮김, 『사실성과 타당성』, 나남출판, 1999, 155쪽 이하 참조.

20 위르겐 하버마스, 『사실성과 타당성』, 673쪽 참조.

21 물론, 하버마스가 자유권을 상대적 권리라고 규정하지는 않는다. 그는 오히려 상호 주관성의 패러다임에서 의사소통적 자유권의 보편성을 주장하지만, 이를 공적 자율성과 무관하게 정당화될 수 없다는 의미에서 근본적인 도덕적 권리로 승인하는 것과 차별화한다. 이를 내가 상대적 타당성을 요구하는 권리로 표현한 것이다.

네 번째 기본권으로 정당화한다. 이때 참정권은 시민의 의사소통적 자유권의 현실적 실현 가능성의 조건이지만 그 역도 성립한다는 의미에서 자유권과 마찬가지로 보편적·상대적이다. 그런데 이처럼 시민이 법질서의 수신자만이 아니라 저자로서의 권리를 향유할 수 있기 위해서는 사회적으로 비차별적인 조건이 성취되어야 한다. 다시 말해 사적 자율성과 공적 자율성의 실제적 보장을 위해서는 시민이 공론 영역에 동등하게 참여할 수 있는 조건인 담론 자원의 실제적 보장, 곧 '생활 조건의 사회적·기술적·생태적 보장에 대한 기본권'이 정당화되어야 한다.[22] 이처럼 하버마스는 의사소통적 자유권이나 참정권처럼 사회권을 기본권이라는 동등한 지위로 정당화할 것을 요구한다. 그럼에도 불구하고 그는 자유권이나 참정권과는 다른 지평에서 사회권을 상대적 권리로 규정한다.[23]

사회권은 다른 기본권보다 구체적인 권리이지만, 엄밀한 의미에서 추상적으로 정당화한 기본권의 실현을 위해 특권을 배제하는 권리로서의 지위를 갖는다. 따라서 사회권은 다른 기본권의 실현을 위한 가능성의 조건이라는 의미에서 보편적이지만, 그 구체적 내용과 방법이 입법자의 의지와 조형에 달려 있다는 의미에서는 상대적이다. 이처럼 공적 입법자의 조형에 의존한다는 의미에서 사회권과 자유권은 다 같이 상대적이라고 말할 수는 있지만, 상대성의 의미는 전적으로 다르다고 볼 수 있다. 왜냐하면 자유권과 사회권은 입법자의 정치적 조율에 의존하는 정도에서 큰 차이를 갖기 때문이다. 정치적 입법자는 사적 자율성의 조율과 관련된 자유권의 내용을 임의로 변경하거나 맥락에 따라 자유롭게 해석할 수 없지만, 사회권의 조형에 있어서는 자유권과 참정권의 최대화를 위해 최적의 조건을 창출할 수 있는 최선의 권리체계를 구성해야 한다. 앞에서 언급한 것처럼 모든 기본권은 법 패러다임의 지평 위에서 보편적이면서 상대적이다. 하지만 자유권과 사회권의 관계로 제한해 볼 때, 양자

---

22 위르겐 하버마스, 『사실성과 타당성』, 156쪽 이하 참조.
23 위르겐 하버마스, 『사실성과 타당성』, 157쪽 참조.

는 서로의 가능성을 제약하는 상보적 관계이지만 상대성의 편차에 있어 서는 큰 차이가 있는 것이다.

앞에서 살펴본 것처럼 자연법의 패러다임 위에서 인권을 도덕적 자 유권으로 제한할 경우, 즉 자유권을 다른 기본권에 대해 배타적 우선성 을 갖는 절대적 권리로 상정할 경우에는 인권이 정의로운 전쟁 수단으 로 전락할 수 있는 위험이 상존한다. 그런데 하버마스는 사적·공적 자율 성의 최대화를 이유로 사회권의 배타적 우선성을 강화하는 것이 역으로 자율성의 최소화로 왜곡될 수 있다고 지적한다. 그에 따르면, 이런 방식 으로 관료화한 사회복지국가의 법 패러다임은 복지온정주의로 변질되 면서 자율성을 위협할 가능성이 높아진다.[24] 사회민주주의의 형식에 있 어 사회복지국가의 법 패러다임에 대한 하버마스의 이 같은 비판은 서 유럽 법체계의 변화와 위기에 직면한 복지국가에 대한 철학적 반성에서 비롯한 것으로 보인다. 그의 관점에서 보면, 자유권만이 아니라 사회권 의 배타적 우선성을 주장하는 것도 의식철학적 주관성의 패러다임에 묶 여 법적 인격체를 법질서의 저자라기보다 수신자로 취급하는 결과를 가 져온다. 이 경우에 보편적 인권으로서의 자유권과 사회권은 함께 성장하 는 승승(勝勝) 관계가 아니라 승패(勝敗) 관계로 이해될 수밖에 없다. 이 런 문제를 극복하기 위해서는 무엇보다 법질서의 저자로서 입법자의 권 리를 상호 주관성의 법 패러다임 위에 체계적으로 구축해야만 한다. 이 런 맥락에서 하버마스는 자유주의와 사회복지국가의 법 패러다임을 넘 어설 수 있는 가능성을 절차주의적 법 패러다임에서 찾는데,[25] 그것의 성 공 여부와 상관없이 우리에게 중요한 것은 자유권과 사회권의 보편성과 상대성의 긴장 위에서 양자의 최대화를 위해서는 무엇보다 인권과 복지 를 시장이나 국가에 위탁할 것이 아니라 시민이 정치적 공론장의 활성 화를 통해 뜻을 모으고 키워 내야 한다는 점이다.[26]

---

24 위르겐 하버마스, 『사실성과 타당성』, 499쪽 이하 참조.
25 위르겐 하버마스, 『사실성과 타당성』, 제9장 참조.

3. 기능과 평등의 저편에서

일반적으로 인권의 측면에서 보자면, 복지는 주로 사회권과 관련된다. 그런데 앞에서 살펴본 것처럼 사회권으로서의 사회복지는 사적 자율성과 공적 자율성의 실질적 보장을 위해 반드시 필요한 권리로 정당화됨에도 불구하고, 실제로 자유권과 참정권이 현대 사회에서 지속적으로 성장해 온 것에 비추어 보면 사회권은 단선적이고 점증적인 발달을 보이지 않았다고 말할 수 있다.[27] 그 때문에 복지국가를 지향하는 사회 이론들은 대부분 '사회권의 보편적 제도화를 통한 시민권의 완성'을 주장한다.[28] 특히 우리나라가 자유권과 참정권이 보장된 민주주의를 이미 성취했다고 볼 경우에, 시민권의 완성은 곧 사회권의 제도적 보장 문제로 단순화된다. 역사적으로 자유권과 참정권으로부터 사회권의 확장으로 관심이 이동한다는 것에 비추어 볼 때, 이러한 입장들은 쉽게 동의할 수 있을 것처럼 보인다.

그러나 이런 통념이 모든 나라의 역사에서 타당한 것은 아니다. 예를 들어 독일의 비스마르크는 자유권과 참정권을 제한하기 위해 사회복지를 신장했으며,[29] 사회주의국가나 산유국에서 사회권의 보장이 자유권

---

26 이처럼 공적 자율성을 강조할 경우에 참정권이 자유권과 사회권보다 배타적 우선성을 갖는 것으로 오해할 수 있다. 그러나 하버마스가 참정권을 통해 자유권과 사회권이 선순환 관계를 형성할 수 있다고 보듯이, 사회권의 보장을 통해서만 사적 자율성과 공적 자율성도 선순환 관계를 맺는다고 본다는 점에서 그는 기본권의 서열화에 반대한다고 해석하는 것이 옳을 것이다. 그가 제안한 절차주의적 패러다임은 자유주의와 사회복지 패러다임 사이의 대립만이 아니라 자유주의와 공화주의 간의 대립도 동시에 극복하려는 구상이다. 위르겐 하버마스, 『사실성과 타당성』, 161쪽 이하 참조.

27 라메쉬 미쉬라, 남찬섭 옮김, 『복지국가의 사상과 이론』, 한울, 2011, 55쪽 참조.

28 이상이 편저, 『역동적 복지국가의 논리와 전략』, 밈, 2011, 66쪽 참조.

29 1883~89년 사이에 독일에서 비스마르크 정권 주도로 질병 보험, 산업 재해 보험, 노령 및 폐질 보험 같은 공공 보험이 처음으로 출현했는데, 이 같이 시작된 조합주의 형식의 사회복지는 공장 노동자들만을 위한 것이었다. 이것이 전 국민으로 확장된 것은 1960년대 말에 이루어졌다. Carsten G. Ullrich, *Soziologie des Wohlfahrtsstaates*, Frankfurt am Mein: Campus, 2005, p. 25; 라메쉬 미쉬라, 『복지국가의 사상과 이론』,

과 참정권의 신장을 가로막는 장애물로 기능했다는 것은 잘 알려져 있다. 더구나 하버마스가 복지온정주의나 후견주의의 문제를 제기하는 곳에서 알 수 있듯이, 사회권의 신장이 유럽에서 반드시 자유권과 참정권의 보장에 기여하는 것만도 아니다. 이는 자유권과 참정권이 보장되어야만 사회권이 보장된다는 논리적 선후 관계뿐만 아니라 그 역의 관계도 필연적이지 않음을 말해 준다.[30] 그럼에도 불구하고 사회권 혹은 사회복지권이 민주적 법치국가의 기본권으로 제도화하는 과정에서 다른 권리와의 상보적 관계는 분명하게 나타난다. 그리고 이런 맥락에서 사회권의 제도화가 최대선, 적정선, 최저선 가운데 어떤 방향을 선택해야 하는지는 단순히 기술적 판단의 문제가 아니라 민주주의의 발전, 곧 공론 영역의 활성화와 연계된 것으로 보아야 한다. 그런데 민주적 법치국가에서 사회권을 최저선으로 보장하자는 요구는 이론적으로나 실천적으로도 많지 않기 때문에 여기서는 최대선을 요구하는 평등주의와 적정선을 요구하는 기능주의에 대해 비판적 성찰이 요구된다. 이를 위해서는 먼저 복지의 주체가 조합에서 국가로 발전하는 과정을 살펴볼 필요가 있다.

59쪽 참조.

30 자유권과 참정권의 범위와 보장 수준에 대한 정치적 이견이 있을 수 있다. 무엇보다 우리나라처럼 이제 막 정치적 민주주의를 성취한 나라의 경우에 자유권과 참정권은 언제든지 흔들릴 수 있는 가능성이 있다. 특히 국가보안법이 엄존하는 한 그 가능성은 현실성이기도 하다. 그럼에도 불구하고 두 권리의 가치와 본질에 대한 의심을 제기하는 정치인이 성공하기란 불가능하다. 그런 면에서 두 권리는 어느 정도 확고한 지반을 구축했다고 볼 수 있다. 그에 반해 사회권 혹은 사회복지권은 우리나라뿐만 아니라 유럽의 사회주의나 사회민주주의형 복지국가에서조차 정치적 논쟁의 중심에 있다. 이는 자유권과 사회권이 언제나 상보적이거나 상호 제약적인 관계를 형성하는 것이 아니라 때로는 경쟁적이고 상호 적대적인 경우도 있기 때문이다. 실제로 오늘날 사회복지와 관련된 많은 담론에서 보수주의자들이나 시장지상주의자들은 사회권이 자유권을 침범하는 것을 고발하는 경우가 많으며, 진보주의자들 역시 사회복지 없는 자유권의 공허함과 무기력에 대해 지속적으로 비판을 제기한다. 대부분의 선진 민주주의국가에서 정치적 논쟁이 주로 사회권의 범위와 방법을 둘러싸고 이루어진다면, 신생 민주주의국가에서는 여전히 자유권과 사회권의 갈등이 정치적 논쟁의 주요 쟁점이다. 우리나라는 두 가지 경향이 혼재되어 있지만 아직은 후자가 주된 경향이라고 할 수 있다.

'사회'라는 용어는 일반적으로 두 가지 의미로 쓰인다. 첫 번째 의미의 사회(S1)는 개인과 국가 사이에서 형성된 다양한 형태의 집단이나 공동체, 예를 들어 가족 공동체나 혈연 공동체, 지역 공동체, 직업 공동체 혹은 종교 공동체를 포함해 두 사람 이상이 동일성을 기초로 형성한 공동체를 통칭하는 포괄적인 개념이다. 이 경우에 사회는 일정한 규범과 규약을 토대로 공동의 목표를 지향하는 모든 형태의 모임이나 단체를 가리키기 때문에 공동체와 동일한 개념이다. 그러나 여기서 개인의 자율성과 독립성의 정도는 큰 문제가 되지 않는다.

이에 반해 두 번째 의미의 사회(S2)는 구성원들 사이의 동일성보다는 각자의 자율성과 독립성, 그리고 이 때문에 두드러질 수밖에 없는 타자와의 차이와 이질성을 기초로 형성한 단체와 집단을 가리킨다. S2가 자유로운 시민으로서의 개인들이 결성한 조직을 가리킨다면, S1은 S2와 공동체를 아우르는 포괄적 개념이다. 따라서 일상적인 대화에서 사용하는 사회 개념은 일반적으로 S1의 의미를 갖는다고 볼 수 있다. 그러나 공동체로부터 개인의 독립성과 자율성을 배타적 출발점으로 삼는 현대 사회는 S1보다 S2의 성격이 강하다고 볼 수 있다.[31]

개인화와 탈공동체화의 과정과 정당성에 대한 평가는 관점에 따라 다를 수밖에 없다. 그럼에도 불구하고 민주주의와 법치주의를 부정할 수 없는 오늘날, 개인의 자유와 자율성을 인정하지 않는 공동체를 도덕과 법의 규범적 주체로 세우는 것은 불가능하다. 나아가 전통적인 공동체의 해체를 바람직하지 못한 것으로 평가하는 경우에도 산업화와 도시화,

---

31 퇴니에스가 1887년 발표한 『공동체와 사회』(*Gemeinschaft und Gesellschaft*)에서 공동체가 자연적·실제적이면서 살아 있는 신체 같은 조직으로 규정된다면, 사회는 가공된 것으로서 개인의 특수한 이해와 요구, 그리고 의지에 따라 구성된 조직을 가리킨다. 공동체에서는 구성원 상호 간에 보호와 도움을 주지만, 불평등한 유기적 조직으로서의 사회는 구성원 상호 간에 주고받는 교환 관계로 이루어졌다. 퇴니에스 이후에도 사회와 공동체를 구별하는 유형화는 다양한 방식으로 이루어졌다. 이에 대해서는 Michael Opielka, *Gemeinschaft in Gesellschaft: Soziologie nach Hegel und Parsons*, Wiesbaden: VS, 2006, pp. 21ff. 참조.

자본주의화를 거꾸로 되돌릴 수 없는 한, 국가의 안팎에서 발생하는 문제는 공동체가 아닌 사회의 지평에서 해석하고 풀이할 수밖에 없다. 이런 맥락에서 사회적 위험의 최소화를 위한 사회복지는 개인주의적 삶의 양식을 비판하면서 전통적인 공동체를 회복하려는 것이 아니라 오히려 개인주의의 기반 위에서 사회적 연대를 강화하는 것이다. 사회복지는 S2의 지평에서 발생하는 다양한 위험을 예방하고 완화하면서 해소하는 현대 사회의 문제 해결 패러다임이다.[32]

전통 사회에서도 교육, 고용, 질병, 노후의 문제가 있었지만, 그것들은 주로 공동체의 규범적 질서에 따라 해결되었다. 그러나 산업화와 민주화가 진척된 S2에서 공동체는 더 이상 문제 해결의 주체가 될 수 없다. 전통적인 위험만이 아니라 산업 재해나 실업 같은 새로운 문제까지도 개인의 삶과 가족의 행복을 언제나 위협할 수 있게 되었기 때문이다. 유동성을 생명으로 하는 자본주의가 발전할수록 개인은 더 많은 위험에 노출되고 그만큼 우연에 의해 불행한 삶으로 추락할 가능성도 높아진다. 이처럼 공동체가 해체된 상황에서 발생하는 구조적인 문제 해결의 주체가 사회인 경우를 사회복지라고 한다면, 사회복지를 체계적으로 지원하고 책임지는 국가를 복지국가라고 할 수 있다.

공동체에서와 마찬가지로 초기 산업 사회에서 복지는 국가가 아니라 주로 노동조합 같은 직업 단체가 맡았다. 헤겔이 『법철학』 강의에서 밝힌 것처럼 산업화와 함께 욕망의 각축장이 된 시민사회에서 사법(Rechtspflege)이 개인의 소유권과 인격을 보호하는 역할을 수행했다면,[33] 개인의 생계와 복지를 공적인 차원에서 마련하는 역할은 주로 복지 행

---

32 전통적인 공동체를 회복하는 것이 아니라 오히려 개인의 자율성을 배타적으로 존중하면서 그것의 한계를 보완하는 새로운 유형의 공동체를 형성하려는 다양한 시도들이 있다. 그러나 이들이 지향하는 '친밀 공동체'(intimate communities, Intimgemeinschaften)는 S1보다 S2의 성격이 더 강하다고 볼 수 있다. 무엇보다 '친밀 공동체'는 개인들의 자율적인 의사 결정에 따라 참여하고 형성되기 때문이다.

33 G. W. F. Hegel, *Grundlinien der Philosophie des Rechts,* in Werke in zwanzig Bänden Bd. 12, Frankfurt am Mein.: Suhrkamp, 1970, §230.

정(Polizei)이 수행했다.[34] 복지 행정은 그리스의 폴리스(Polis, Politeia)에서 유래한 개념으로 17~18세기 유럽에서 근대 국가의 법제적 관료체제 확립과 더불어 시민 생활 전반에 걸친 규제와 지도, 나아가 사회복지를 증진하는 경제와 사회 정책을 총괄하는 개념으로 발전한다.[35] 따라서 초기 산업 사회에서 복지 행정은 오늘날의 경찰 행정(police)을 훨씬 넘어서는 역할을 했다. 예를 들어 생산자와 소비자 사이의 상반된 이해관계의 조정, 생필품 가격의 지정, 상품 검사, 가로등이나 교량 건설 등의 업무를 총괄했다.[36] 그러나 18세기까지 사법과 복지 행정은 최저 생계의 보장이나 교육과 의료 불평등 해소, 나아가 산업 사회의 고유한 문제인 재해나 실업 같은 문제에는 적극적으로 개입하지 않았다. 그 당시 이러한 과제는 주로 직업 단체가 떠맡았다.

상공업 중심으로 형성된 직업 단체는 중세의 길드와는 달리 구성원의 참여가 자율적인 '조합'(Genossenschaft)이었다.[37] 물론, 직업 단체 중에서 노동조합의 역할과 규모가 확대되었다. 무엇보다 노동조합은 우연히 닥칠 수 있는 불행으로부터 조합원을 보호하고 보다 나은 삶을 위해 서로 배려하고 인정하는 역할을 한다. 그러나 직업 단체가 구현할 수 있는 사회복지는 오늘날 조합주의 형식의 복지로서 그 한계가 명확하다. 무엇보다 직업별 차이만큼 동일 직업과 직장 내에서조차 차이가 크고 복잡해진 현대 사회에서 조합 중심의 복지는 보편성을 갖기 힘들다.

조합주의 형식의 복지는 조합 구성원의 특수한 이익을 중심에 두기 때문에 언제든지 특수성에 매몰될 수 있다. 예를 들어 대기업 정규직을 구성원으로 하는 노동조합이 비정규직 노동자나 하청업체 노동자의 복지

---

34 G. W. F. Hegel, *Grundlinien der Philosophie des Rechts*, §188.

35 Wolfgang Kersting, "Polizei und Korporation in Hegels Darstellung der Bürgerliche Gesellschaft", in: *Hegel-Jahrbuch* 16, 1986, p. 373 참조.

36 G. W. F. Hegel, *Grundlinien der Philosophie des Rechts*, §236.

37 직업 단체와 관련된 내용은 G. W. F. Hegel, *Grundlinien der Philosophie des Rechts*, §236ff. 참조.

에 반하는 경우를 쉽게 볼 수 있다. 더구나 조합주의는 여성, 아동, 빈민, 노인, 장애인, 실업자 등의 복지를 외면할 수밖에 없기 때문에 불평등을 해소하기보다 강화하는 결과를 가져올 수도 있다. 이런 맥락에서 19세기 이후 유럽에서는 국가가 사회복지를 책임지는 가장 적합한 조직이라는 생각이 널리 퍼졌다.[38] 이는 복지국가 없는 사회복지가 안정된 직업을 가진 노동 중산층의 복지에만 기여할 뿐 보편적 의미의 복지와는 거리가 멀다는 것을 경험적으로 학습한 결과이다. 이런 맥락에서 현대 사회의 복지는 민주적 법치국가의 권리인 사회권으로 제도화하며, 이 과정에서 국가가 사회복지의 주체로 등장한다.

국가복지의 체계가 등장하면서 그것에 유형화 작업이 다양한 방식으로 이루어졌지만, 최근의 관련 논의를 살펴보면 괴스타 에스핑-안데르센(Gøsta Esping-Andersen)의 유형화가 일반화한 것처럼 보인다.[39] 잘 알려진 것처럼 그는 무엇보다 "개인 또는 가족이 시장에 참여하는 것과 관계없이 사회적으로 받아들일 수 있을 만큼의 생활 수준을 유지하는 정도"[40]를 가리키는 탈상품화(decommodification)를 대표 기준으로 삼아 세 가지 유형으로 나눈다. 영미권 국가들의 자유주의(liberal) 유형과 서유럽 국가들의 보수주의(conservative) 유형, 스칸디나비아 국가들의 사회민주주의(social-democratic) 유형이 그것들이다.[41] 그런데 국가복지체계의 이런 유형화는 현대 사회에서 이해와 해석 자체가 불가능할 정도로 증가하는 복잡성에 비추어 볼 때, 오히려 혼란과 혼선을 야기할 가능성이 높다. 특히 이런 유형화 담론은 복지 관련 담론을 정치적 대립과 분쟁의 도구로 전락시킬 위험을 가지고 있다. 따라서 유형화 담론을 참고하되, 그에 앞

---

38 Carsten G. Ullrich, *Soziologie des Wohlfahrtsstaates*, 2005, p. 23 참조.

39 복지국가체계의 유형과 특성에 대한 상세한 내용은 박구용, 「복지국가 담론의 형성과 정과 쟁점」, 황경식 외, 『공정과 정의사회』, 조선뉴스프레스, 2011, 제5장 참조.

40 Gøsta Esping-Andersen, *The three worlds of Welfare capitalism*, Harvard University Press, 1990, p. 37; Gøsta Esping-Andersen, *Social Foundations of Postindustrial Economies*, Oxford University Press, 1999, p. 43 참조.

41 Gøsta Esping-Andersen, *The three worlds of Welfare capitalism*, pp. 27ff., 77 참조.

서 국가복지체계에 대한 철학적 담론의 지평에서 재구성할 필요가 있다.

이 문제와 관련해 우리는 국가복지체계를 우선 롤스의 평등주의적 관점과 니클라스 루만(Niklas Luhmann)의 기능주의적 관점으로 파악할 수 있을 것이다.[42] 잘 알려진 것처럼 롤스는 사회적 정의론을 사회계약론의 관점에서 새롭게 제시하고 있지만, 복지체계에 관한 고유한 이론을 제시하지는 않는다. 그렇지만 그는 '평등한 기본적 자유의 원칙'과 '공정한 기회 균등의 원칙', 그리고 '차등의 원칙'을 정의의 원칙으로 정당화하고 평등주의적 자유주의(egalitarian liberalism)라는 이념 아래 앞의 원칙들 사이의 축자적 서열을 주장한다.[43] 이 같은 관점에서 그는 복지국가자본주의(welfare state capitalism)가 정의의 원칙을 구현할 수 없다고 비판하면서 재산소유민주주의(property-owning Democracy)와 자유민주사회주의(a liberal democratic Socialism)가 공정으로서의 정의에 부합하는 모델이며, 특히 전자가 더 바람직한 입헌민주주의의 체제라고 말한다.[44]

롤스가 차등의 원칙을 통해 구현하고자 했던 평등주의적 복지 관점의 특징을 간략하게 정리하면 다음과 같다. 첫째, 그의 평등주의는 공공 부조를 중심으로 최소 수혜자에게 최소의 복지만을 제공하는 국가체계에 반대하고 역으로 최소 수혜자에게 최대의 복지를 제공하는 복지국가를 지향한다. 둘째, 이 과정에서 그는 사회복지의 적정성을 경제 성장의 논리에 따라 기술적으로 판단하는 것에 반대하지만,[45] 동시에 복지 비용의 조달을 소득세가 아니라 불로 소득세에서 충당하도록 함으로써 시장에 종속되지 않지만 시장을 압박하지 않는 복지의 최대화를 원한다.[46]

---

42 이와 관련된 상세한 내용은 박구용, 「민주적 법치국가의 권리로서 복지」, 『사회와 철학』 22, 2011 참조.

43 John Rawls, *Political Liberalism*, New York: Columbia University Press, 1993, p. 291 참조.

44 John Rawls, *Justice as Fairness: A Restatement*, Erin Kelly (ed.), Cambridge/London: The Belknap Press, 2001, pp. 135ff. 참조.

45 John Rawls, *Justice as Fairness: A Restatement*, pp. 137ff. 참조.

46 롤스는 『정의론』에서 소득 과세는 경제적 효율성을 높이는 방향으로 부과하되, 불

최대의 복지를 구현하기 위한 롤스의 평등주의적 관점은 그만큼 최대의 비용을 요구할 뿐만 아니라 이론적 정당화와 실천적 제도화에서도 큰 부담을 가질 수밖에 없다. 평등주의적 관점이 비록 한 나라의 복지 정책을 비판하는 도덕적 규범으로 유효할 수는 있지만, 최대의 복지 제도를 법제화하려면 복잡성이 증가한 현대 사회에서는 법률 유보가 남발되면서 행정에 의한 법령의 과밀화 현상이 나타나고 그만큼 주권자로서의 국민 권리가 축소될 위험성이 많다.[47] 더구나 최대의 복지를 위한 사회·경제적 조건이 우호적이지 않을 경우에, 평등주의적 관점은 최소 수혜자가 아니라 최대 수혜자의 최대 복지를 위한 이데올로기로 전락할 수 있다.[48] 롤스는 이런 문제점을 차단하기 위해 차등의 원칙이 입법 주체인

로 소득세는 차등의 원칙에 따라 최대의 복지를 위한 비용을 충당할 수 있도록 부과할 것을 주문한다. 이에 대해서는 John Rawls, *A Theory of Justice*. Revised Edition, Cambridge/London: Harvard University Press, 2003, p. 245 참조. 오늘날 일반적으로 신자유주의는 시장의 자유를 키움으로써 복지와 성장의 선순환 구조를 창출하려 한다. 반면에 사회민주주의는 복지를 위한 국가의 역할을 키움으로써 성장과 복지의 선순환 구조를 창출하고자 한다. 성장이 커지면 복지가 커진다는 것만이 아니라 복지가 커지면 성장도 커진다는 것은 모두 경험적으로 입증된 것처럼 동시에 경험적으로 반증된 것도 사실이다. 그 때문에 복지와 성장의 논리적 연관 관계가 없다고 주장할 수도 있지만, 그보다는 선순환 구조의 입증과 반증의 갈림길을 찾는 것이 합리적일 것이다. 물론, 그 길을 찾기 위해서는 광범위한 사회과학적 선행 연구가 축적되어야 하는데, 그렇지 못한 상황에서 우리는 시장의 성장과 사회적 권리의 신장을 서로 적대적인 반비례 관계가 아니라 상보적인 비례 관계로 볼 수 있는 전거에 만족할 수밖에 없다. 그러나 시장의 자율성과 생산 능력이 성장한 나라에서는 그렇지 못한 나라보다 사회 복지가 양적으로뿐만 아니라 질적으로도 더 발전했다는 통계와 함께, 이와는 반대로 자본주의 성장과 함께 빈부의 격차가 격화되고 계급간 갈등이 심화되면서 구성원들의 불안이 최대로 증폭되고 복지가 사회적 약자가 아니라 오히려 강자를 중심으로 이루어진다는 통계도 제시할 수 있다. 이런 맥락에서 사회복지의 성장과 발달을 단순히 억압과 착취에 대한 저항이나 인정투쟁의 결과물로 환원할 수 없으며, 동시에 자본주의적 불평등과 착취를 은폐하고 갈등을 완화함으로써 자본의 통제를 효율적으로 제조직하고 안정시키려는 시장과 국가의 합작품으로 환원할 필요도 없다. 역사적으로 보면, 두 가지 모두 동시에 작동했으며 지금도 작동하고 있다.

47 '유보'(Vorbehalt)와 '위임'(Delegation)에 대한 상세한 내용은 박구용, 「민주적 법치 국가의 권리로서 복지」, 제5절 참조.

의회에서 공적 이성(public reason)을 통해 법률적으로 보장되어야 한다고 말하지만, 이 과정에서 그는 시민이 공론 영역에서 형성하는 의사소통적 권력에는 무관심하다.[49] 그런데 시민의 공적 자율성의 성장 없이 최대의 복지체계를 제도화한다는 것은 불가능할 뿐만 아니라 바람직하지 못하다. 무엇보다 그의 평등주의는 주권자로서 시민을 법률의 저자가 아니라 수신자로 전락시킬 위험성이 크며, 나아가 시민의 사적 자율성조차 침해할 수 있다. 시민이 아니라 국가가 주체가 된 복지는 그만큼 시민을 국가에 예속시킬 수 있다.

루만은 복지국가의 이러한 위험성을 누구보다 진지하게 생각했다. 그에 따르면, 고도의 복합성과 복잡성을 가진 체계들이 기능적으로 분화된 현대 사회에서 '최대의 복지'를 구현하기 위해서는 국가가 다른 모든 체계를 중앙에서 통제해야만 한다. 이는 체계들 사이의 위계를 부정하는 그의 체계 이론적 관점에서 볼 때 바람직하지 않다. 왜냐하면 국가복지의 정치체계가 법체계와 경제체계를 과도하게 통제하는 것은 두 체계의 자율 생산(Autopoiesis) 구조를 무너뜨리기 때문이다.[50] 따라서 루만은 사회복지 정책을 정치체계의 자기 참조(Selbstreferenz) 원리 안에서 자율적으로 생산하고 재생산하는 구성 요소로 제한할 것을 주문한다. 그래야만 사회복지 정책이 기능적으로 분화된 체계의 기능을 파괴하지 않는 적정성을 구현할 수 있다고 보기 때문이다. 그렇다고 그가 체계의 폐쇄성만을 배타적으로 주장하는 것은 아니다. 잘 알려진 것처럼 그의 체계 이론에 따르면, 다른 체계와 마찬가지로 정치체계도 외부의 환경 요인에서 제기되는 문제를 인지하고 수용해야만 한다.[51] 그의 관점을 따를 경우에

---

48 박구용, 「민주적 법치국가의 권리로서 복지」, 249쪽 이하 참조.

49 롤스에 따르면, 공적 이성을 가진 시민은 오직 '공적 정치 포럼'(public political forum)을 통해서만 차등의 원칙을 입법할 수 있는 과정에 참여할 수 있다. 존 롤스, 『만민법』, 210쪽 참조.

50 Niklas Luhmann, "Politische Theorie im Wohlfahrtsstaat", in: *Analysen und Perspektiven* Bd. 8/9, München: Olzog, 1981, p. 96 참조.

51 Niklas Luhmann, "Politische Theorie im Wohlfahrtsstaat", p. 68ff. 참조.

우리는 사회복지와 관련된 문제 찾기의 과정에서는 정치체계 외부의 환경에서 영향을 받지만, 문제 풀이의 과정에서는 철저하게 정치체계의 내부 원리에 따라야 한다.[52] 이 경우에 사회복지는 정치체계의 자율 생산에 가장 적합한 최적의 복지에 만족해야만 한다.

이처럼 최적의 복지를 지향하는 루만의 기능주의적 관점은 경제체계와 법체계의 자율성을 훼손하지 않는 문제 찾기의 범위에서만 법과 화폐를 활용해야 한다.[53] 그렇다고 정치체계 안에서 기능적으로 최적의 복지를 찾는 길이 공론 영역에서 시민이 형성하는 의사소통적 합의에 의존하는 것은 물론 아니다. 오히려 그는 민주주의가 최적의 복지에 부적합하다고 생각한다. 민주주의 정치는 장기적인 관점에서 국가체계의 기능을 최적화하기보다는 단기적으로 반복되는 선거를 통해 경제체계와 법체계를 위협하는 최대의 복지를 지향한다고 루만은 단정한다.[54] 실제로 민주주의가 발전한 나라에서 정치인은 다수의 상대적 빈곤층과 중산층의 지지를 받기 위해 더 나은 사회복지 정책을 제안할 수밖에 없고, 나아가 권력 창출을 원하는 정당은 짧은 시간에 효과를 체험할 수 있도록 복지 정책의 구현을 위해 노력한다.[55]

더구나 민주주의와 사회복지의 역사적 동반 성장을 입증할 수 있는 통계 자료는 충분하다. 그럼에도 불구하고 최대의 민주주의가 사회복지 정책을 경제체계와 법체계를 위협할 만큼 과도하게 추진한다는 증거는 찾아보기 어렵다. 오히려 최대의 민주주의는 사회 · 경제적 맥락과 무관한 최대의 복지가 아니라 주어진 조건과 상황에서 구현할 수 있는 최선의

52 Niklas Luhmann, *Soziale System, Grundriß einer allgemeinen Theorie*, Frankfurt am Main: Suhrkamp, 1984, pp. 249ff.; Niklas Luhmann, "Politische Theorie im Wohlfahrtsstaat", pp. 45ff. 참조.

53 Niklas Luhmann, "Politische Theorie im Wohlfahrtsstaat", pp. 156ff. 참조.

54 Niklas Luhmann, "Politische Theorie im Wohlfahrtsstaat", p. 10 참조.

55 Manfred G. Schmidt, "Wohlfahrtsstaatliche Politik in jungen Demokratie", in: Aurel Croissant etc. (Hg.), *Wohlfahrtsstaatliche Politik in jungen Demokratie*, Wiesbaden: VS, 2004, p. 44 참조.

복지를 지향한다고 볼 수 있다. 최대의 민주주의국가에서 입법자로서의 시민은 법질서의 수신자이기 이전에 저자이며, 그 때문에 법질서를 붕괴 시키는 복지를 지향하지는 않기 때문이다. 루만의 주장처럼 최대의 민주 주의가 기능주의적 관점에서 최적의 복지는 아니지만 참여자적 관점에 서 최적의 복지를 추구할 가능성은 높다. 그러나 루만에게서 사람은 최 대의 복지를 원하는 소유 중독자일 뿐, 더 나은 공동의 삶을 위해 사회복 지의 과잉 요구를 중단할 수 있는 존재는 아니다. 그렇기 때문에 기능주 의적 관점에서 민주주의와 시민의 공적 자율성, 곧 참정권은 가치를 상 실한다. 그렇지만 이런 방식으로 사람이 아닌 체계의 기능이 주체가 된 복지는 그만큼 사람을 기능적으로 관리할 수 있다.[56]

4. 담론 자원의 불평등을 넘어[57]

OECD가 제공하는 "Society at a Glance 2011"을 보면 소득 성장이 빈 곤의 해결책일 수 없으며, 사회복지의 혜택을 가장 많이 받는 계층은 소 득 기준 하위 30퍼센트가 아니라 중위 40퍼센트라는 것을 명확히 알 수 있다.[58] 더구나 사회복지와 관련된 각종 지표에서 우리나라는 OECD 회 원국 중에서 가장 열악한 상황이며, 이를 극복할 수 있는 환경 또한 취약 한 실정이다. 무엇보다 복지국가를 향한 사회적 기초라고 할 수 있는 구

---

56 루만의 기능주의체계 안에는 사람이 없다. 그에게서 사회체계는 인간들 혹은 인간 들의 행위가 아니라 오직 인간들 사이의 소통들(Kommunikationen)로 이루어져 있 다. 그 때문에 사람은 정치체계 바깥의 환경으로 밀려난다. 이에 대해서는 Niklas Luhmann, "Politische Theorie im Wohlfahrtsstaat", p. 19 참조.

57 제4절의 주요 내용은 참여사회연구소가 2011년 창립 15주년을 기념해 "복지국가의 길을 묻다"라는 주제로 개최한 국제 심포지엄에서 장은주 교수가 발표한 「복지국가, 하나의 시민적 기회: 분배정의를 넘어서는 한국 복지국가의 도덕적 기초의 모색」에 대한 토론을 위해 쓴 글을 수정한 것이다.

58 OECD, *Society at a Glance*(=*SAG*), Paris, 2011.

성원들 사이의 신뢰도가 매우 낮은 수준이기 때문이다.

타인에 대한 높은 수준의 신뢰도에 있어 OECD 평균이 59퍼센트인데 비해, 우리나라는 40퍼센트밖에 되지 않는다. 관련 자료를 분석해 보면, 사회적 신뢰도는 국가 전체의 소득 수준보다 국가 내부의 공정한 소득 재분배의 정도에 비례하는 것으로 나타난다. 이런 맥락에서 소득 재분배의 효과가 높은 사회복지를 구현하는 것이 정의와 연대를 동시에 실현하는 것처럼 보인다. 그런데 이 같이 이상적인 사회복지를 위해 서로 공정하게 나눌 수 있는 방법도 중요하지만 필요한 재원을 합리적으로 확보하는 방법도 찾아야 한다.

우리나라는 2009년 기준 GDP 대비 약 7.53퍼센트만을 사회복지를 위한 공공 재원으로 사용했다. 진보 진영이 모범으로 내세우는 스웨덴이 27.33퍼센트, 보수 진영의 이상국가 모델인 미국이 16.20퍼센트를 사용하고 있는 것과 비교하면 우리의 복지 담론은 구름 속을 헤매고 있는지도 모른다. 조세 부담에서도 미국이 소득세 14.8퍼센트, 사회보장기금 7.7퍼센트를 합쳐 22.4퍼센트인데 비해, 한국은 각각 4.2퍼센트, 7.6퍼센트, 합계로 11.8퍼센트인 점을 고려하면 무엇보다 사회복지를 위한 재원 확보가 우선적으로 해결해야 할 문제임에 틀림없다.[59] 그렇다면 더 많은 재원을 위해 누가 더 많이 기여할 것인가?

일반적으로 분배를 정의의 관점에서 접근하면 많이 버는 사람이 많이 내고 적게 버는 사람이 많이 받는 것이 공정할 것이다. 특히 노동을 통해 벌어들인 소득에 대해서는 비교적 낮은 누진세율을 적용하더라도 상속이나 투기를 통해 벌어들인 소득에 대해서는 강력한 세금을 부과하는 조세 정책이 정의론의 관점에서는 가장 매력적이다. 가장 급진적인 분배의 정의론을 기초로 재산소유민주주의를 주장하는 롤스가 최대 수혜

---

59 OCD, EQ5.1, *SAG*: "Public social spending by broad policy area and total net social spending, in 2007, in percentage of GDP"; "Income tax and social security contributions", in: *Tax Statistics*, Paris, 2010.

자에게는 재화와 담론 자본을 독점하지 못하도록 총소득(불로 소득+근로 소득)에서 불로 소득에 해당하는 상속과 증여에 대해서만 엄격하고 과중한 누진세를 적용하자고 제안한 것도 이 같은 맥락이다. 실제로 자유주의를 대표하는 미국은 사회복지를 위한 재원을 상속세, 증여세, 법인세에서 주로 조달하고 있다. 그러나 이처럼 적은 수의 사람이 많이 내는 체계는 복지의 기초인 사회적 연대를 확장하지 못한다.

실제로 미국은 사회적 연대가 약하기 때문에 사회복지를 위한 재원 조달에서 노동조합과 시민 단체로부터 합의를 이끌어 내지 못하는 것으로 알려져 있다. 그 때문에 소수의 부자에 의존하는 복지 재원의 조달 방식에서 벗어나지 못하고 있으며 그만큼 나눌 수 있는 빵의 크기도 작다. 반면에 사회적 연대 의식이 높은 북유럽 국가들은 상속세, 증여세, 법인세의 세율을 매우 낮게 책정하고 있음에도 불구하고 광범위한 사회적 합의를 통해 간접세를 높임으로써 수준 높은 사회복지국가를 실현하고 있다.[60] 이처럼 누진세율을 낮추고 비례세율을 높이는 것은 조세 정의나 사회 정의에 부합하지 않을 수 있지만 사회적 연대에 역행하는 것은 아니다. 정의만을 강조하면 연대의 가능성이 오히려 좁아질 수 있다. 내는 사람만이 아니라 받는 사람의 규모도 줄이는 정의보다 내고 받는 사람의 수를 늘리는 연대가 오히려 장기적으로는 더 정의로운 사회를 구현할 수 있다. 따라서 빈부의 차이를 기준으로 시민을 적과 동지로 나누는 담론보다 모두가 함께 많이 내고 공정하게 나눌 수 있는 사회복지, 곧 정의와 연대의 경계에서 사회복지를 확장하는 길을 찾아야 한다.

그 길을 찾기 위해 우리는 민주주의와 의사소통적 권력의 의미를 평가절하하거나 부정하는 평등주의와 기능주의를 동시에 극복해야만 한다. 특히 복지 수준이 자유주의국가보다 열악한 한국 상황에서 사회적 정의

---

60 가장 앞선 복지체계를 가지고 있는 북유럽 국가들의 조세 구조가 간접세와 소득세 중심인데 비해, 영미권 복지국가의 경우에는 직접세와 법인세에 의존하고 있다는 사실에 주목할 필요가 있다. 김윤태 외, 『한국 복지국가의 전망』, 한울, 2010, 32쪽 이하 참조.

제13장 인권과 복지의 경계와 상호 제약적 해명 587

와 연대를 승패(勝敗)나 패패(敗敗)가 아닌 승승(勝勝) 관계로 발전시키기 위해서는 한편으로 특수한 계층을 적대시하는 평등주의적 정의보다 중산층과 저소득층의 광범위한 연대를 우선시하는 시민민주주의, 나아가 사람이 아닌 체계의 기능보다 시민의 합리적 연대 가능성을 긍정하는 시민민주주의가 성장해야 하기 때문이다. 다원주의를 사실로서 인정할 수밖에 없는 현대 사회에서 사라져 가는 사회적 연대성의 회복은 오직 의사소통적 자기 결정이라는 입법자의 실천을 통해서만 가능하다.[61]

그런데 공정한 소득 재분배를 지향하는 복지 정책을 약자들의 복지병이나 원한 감정에 기초한 도적들의 갈취라고 폄하하는 관점들에 대해 수구 보수파들의 편집증이라고 무시하기는 쉽지만, 자유권과 사회권의 양자택일을 강요하는 분배의 정의론만으로는 사회적 연대에 기초한 복지를 구현할 수 없다. 특히 입법부의 전문화가 미약한 한국의 경우에 인권과 복지의 탈맥락적 최대화를 요구하는 도덕적 관점은 행정부로의 백지 위임 경향이 가속화할 위험이 많다. 실체적 정의관을 법체계에 삽입하려는 모든 시도는 루만의 법체계 이론이 제기하는 법적 안정성의 훼손이라는 문제를 극복해야만 한다. 이들에 따르면, 실체적 정의관이 요구하는 내용으로 형식적 법체계를 실질화(Materialisierung)하면 법치주의 혹은 자기 참조적인 법체계가 무너질 수 있다.[62] 물론, 법형식주의와 법체계 이론 역시 법적 안정성과 체계의 자기 참조 주장이 탈규범적인 합리성에 기초한 것이 아니라 공정한 분배를 위한 정의론이나 정치적 참여를 지향하는 민주주의 원칙과 실천적 담론에서 규범적 우선성을 놓고 경쟁해야만 하는 도덕적 요구라는 것을 인정해야만 한다.

법체계의 안정성이나 자기 참조를 사회적 정의와 양자택일의 대상으로 삼는 모든 담론은 사회적 연대 없이는 성취될 수 없는 민주주의 원칙

---

61 위르겐 하버마스, 『사실성과 타당성』, 236쪽.

62 Max Weber, *Wirtschaft und Gesellschaft*, Köln, 1964, p. 648; Niklas Luhmann, "Politische Theorie im Wohlfahrtsstaat", pp. 96ff. 참조.

에 부합하지 않는다. 기본권의 서열화와 배타적 우선성을 주장하는 관점들은 이 같은 딜레마를 극복할 수 없다. 모든 시민이 인간의 존엄성을 유지할 수 있는 필요조건을 다양한 형태의 차이나 사회적 기여, 능력과 상관없이 보장받아야 할 기본권으로 제도화하기 위해서는 무엇보다 자유권과 사회권을 양자의 경계에서 정치적 자율성을 가진 시민의 권리 찾기로 규정해야 한다. 인간이란 기표 자체가 사람과 사람 사이의 관계에서 생성된 사회 상태에서 만들어진 것이기 때문이다. 옳음과 그름(정의), 좋음과 나쁨(연대)의 구별은 사람들 사이의 관계 그물망이라고 할 수 있는 사회에서 비로소 생겨난다. 이처럼 정의와 연대는 올바르고 바람직한 사회적 관계를 설명하는 규범적 개념이다. 따라서 정의와 연대는 관계 바깥의 실체나 이념으로 존재하지 않으며 그런 방식으로 정당화할 수도 없다. 마찬가지로 권리도 관계에서 만들어지고 소멸할 수 있는 규범으로서 관계를 형성하는 사람들이 서로 뜻을 모으고 실천하는 과정에서 형성된다. 이런 맥락에서 정의와 연대, 그리고 권리는 관계가 사라지면 소멸하기 때문에 관계를 맺었던 개별자로 분할되거나 할당되지 않는다. 결국 권리는 분할과 분배를 통해 나누어 가질 수 있는 사물이나 재화가 아니라 바람직하고 올바른 관계를 확장하기 위해 사람들이 뜻을 모아 서로 인정하고 보장하는 '무엇을 할 수 있는 힘과 능력'을 가리킨다. 권리는 사물이 아니라 관계인 것이다. 이러한 맥락에서 인권과 복지를 정의와 연대의 경계에서 권리의 분배가 아니라 권리의 형성 문제로 보아야 한다.

기능주의적 관점이 차이에 둔감한 것은 자명한 것처럼 보인다. 그런데 ① 자유주의적 법 패러다임이나 ② 사회민주주의적 법 패러다임도 비록 기능주의가 아니라 평등주의를 채택한다고 할지라도 차이에 둔감할 가능성이 높다. ①은 사적 자율성 중심의 법적 평등에, ②는 사적 자율성을 보장할 수 있는 실질적 평등에 관심을 집중한다고 볼 때, 두 패러다임은 각기 다른 방식으로 차이에 둔감하다. ①은 사적 자율성을 행사하기 위해 요구되는 경제적 자원과 담론 자원의 소유에서의 차이, 곧 정치·경제적, 사회·문화적 불평등에 둔감하며, ②는 그러한 차이와 불평등을 해소하기 위해 특별한 혜택을 제공하지만 차별의 원인으로 작동하고 있는 차이를 동일성의 범주로 포섭·동화함으로써 차이를 동일성과 동일한 자격을 갖는 범주로 인정하지 않는다. 여기서 많은 사람은 ②가 차이에 둔감하다는 것에 대해 이견이 많을 것이다.

하버마스가 잘 지적하고 있듯이, 동일성의 관점에서 평등주의를 강화하기 위한 사회민주주의적 복지 패러다임은 "차이에 대해 특수한 법적 혜택을 제공하고 차이를 그대로 동결"한다.[63] 실제로 이제까지 구현된 사회복지는 정의뿐만 아니라 연대성의 관점에서도 '차이'를 부정함으로써 동일성을 회복하는 방식으로 정책을 추진해 왔다. 차별과 불평등을 해소하는 과정에서 차이도 해소되는 것이다. 이는 사적 자율성을 훼손하는 지점, 즉 인권(자유권)을 보장하기 위한 복지(사회권)가 오히려 사적 자율성을 훼손하는 임계 지점을 넘어서는 경우이다. 예를 들어 어떤 차이가 분배만이 아니라 여러 가지 권리 찾기의 영역에서 실제적인 차이와 차별을 동반할 경우에 동등하고 평등한 대우보다 차이를 인정하는 것이 더 우선할 수 있다. 또 다른 예로서 여성과 남성의 차이는 동등한 대우로는 차이를 무시하는 결과를 가져올 수 있다. 이 경우에 차이는 차별의 근거로만 지속적으로 생명력을 유지한다. 이는 다시 두 가지 방식으로 진행된다. 대부분의 경우에는 차이가 과소평가되지만 과대평가되는 경우도 적지 않다. 이런 문제를 극복하기 위해서는 무엇보다 복지를 인권의 지평에서 정당화를 시도할 때 관련 기본권을 사회권으로 축소하는 것을 경계해야 한다. 아직도 출구는 시민 스스로 토론과 심의에 적극적으로 참여하는 민주주의이다. 상호 주관적 참여만이 차이를 온전하게 인정하는 정의로운 연대를 형성할 수 있기 때문이다.

잘못된 방식으로 차이를 과소평가하거나 과대평가하는 것을 차단하기 위해서는 사회적 권력에 의해 왜곡·교란되지 않는 의사소통적 권력을 형성할 수 있는 공론장을 활성화해야만 한다. 사회적 정의와 연대를

---

63 위르겐 하버마스, 『사실성과 타당성』, 508쪽 참조.

형성하고 실천하는 과정으로서 민주주의적 공론장의 신장만이 사회적 감금과 배제의 굴레에 있는 사람들의 목소리로 더 나은 복지국가를 위한 새판 짜기를 할 수 있기 때문이다. 이처럼 최대의 민주주의가 최선의 인권과 복지라는 입장을 가진 사람은 현실적으로 담론 자원의 불평등이 쉽게 극복될 수 없다. 그 때문에 공적 담론과 심의가 공적 배제의 은폐 수단으로 광범위하게 활용되고 있다는 비판과 함께, 특히 공적 담론이 지식과 권력의 암묵적 협력 공간으로 왜곡되는 것을 차단하기 위해서는 공통성과 동등한 비중으로 차이를 찾아가는 과정이어야 한다는 요구를 진지하게 받아들여야 한다. 그래야만 민주주의가 담론만큼 투쟁에, 토론만큼 자기표현의 광장에서 성장할 수 있다. 그렇다고 담론이나 토론을 이론적으로 정당화된 이상으로 규정하면서 반대로 투쟁과 자기표현을 역사 진행의 과정에서 실천을 요구하는 현실로 분할하는 것은 옳지 않다. 정의로운 인권국가와 복지국가를 지향하는 시민민주주의자는 담론과 토론을 투쟁과 갈등의 외부에 정착시켜서는 안 된다. 이 경우에 인권국가와 복지국가를 구상하고 실천해야 할 시민은 주체가 아니라 대상으로 전락할 위험이 있다.

시민이 기획하고 형성하는 복지국가를 위한 정치적 담론과 토론은 '비공적'(nonpublic) 자기 고백과 표현을 갈망하는 시민의 갈등과 투쟁을 피해가기보다 끌어들여야 하고, 제거하기보다 오히려 활성화해야 한다. 갈등과 투쟁을 차단하기 위해 담론과 토론의 참여자를 일부 전문가나 대표자로 제한하는 것은 참여가 아니라 배제를 강화하는 것이다. 토론과 담론이 많아질수록 이견, 불일치, 갈등, 투쟁이 많아지지만 그만큼 협의와 합의의 가능성은 줄어들기보다는 늘어난다. 그렇다고 모든 토론과 담론에 모든 사람이 참여할 필요도 이유도 없다. 그보다는 공적으로 정당화될 수 없을 것처럼 보이는 다양한 관점이 교차하는 담론을 만들고 찾아가는 실천이 필요하다. '우리'의 이름으로 배제되고 감금된 '우리 안의 타자'들이 만들어 가는 담론이 어쩌면 부재의 실재, 곧 출구 없는 성의 유일한 출구일 수 있다.

제14장

민주적 법치국가의 권리로서 복지

복지 담론의 범람 속에서 우리는 현재 진보와 보수, 보편과 선별, 원칙과 기능, 자유주의와 사회민주주의의 경계에 서 있는 것처럼 보인다. 이처럼 양자택일을 강요하는 방식으로 진행되고 있는 복지 담론은 사회과학의 지평에서 '협의 없는 합의보다 합의 없는 협의'를 지향하는 방식으로 진행된다. 이 때문에 다양한 관점의 교차로에서 우리 현실에 적합한 최선의 복지 패러다임이 만들어지기보다는 고전적인 복지국가 유형(자유주의, 보수주의, 사회민주주의)을 둘러싼 정치적 대결이 지나치게 격화되고 있다.[1] 이 과정에서 복지국가와 민주주의의 상호 제약적 관계에 대한 해명이 담론의 주변부로 밀려나고 있다.

이러한 경향에 맞서 이 글의 주된 목적은 "최대의 민주주의가 현실 상황에 부합하는 가장 앞선 복지체계를 형성할 수 있다"라는 해명을 통해 민주적 법치국가의 권리로 복지를 실현하기 위한 법철학적 담론을 형성하는 것이다. 이를 위해 나는 정치적 복지 담론에서 일반적으로 수행되

---

1 박구용, 「복지국가 담론의 형성과정과 쟁점」 참조.

는 구별과 대립의 모형을 철학적 담론의 지평에서 재구성할 수 있는 가능성을 살펴보기 위해 복지 관련 담론을 ① 평등주의적 복지, ② 기능주의적 복지, ③ 절차주의적 복지 모형으로 구별하고, 각각의 모형을 대표하는 롤스, 루만, 하버마스의 관점을 ① 최대(最大)의 복지를 위한 정의론, ② 최적(最適)의 복지를 위한 정치체계, ③ 최선(最先)의 복지를 위한 법 패러다임으로 규정하면서 비판적 재해석을 하고자 한다. 이 과정에서 나는 사회복지를 민주적 법치국가의 권리체계로 제도화하기 위해 요구되는 복지 담론의 우선적 과제로서 기본권의 의회 유보와 위임의 경계에 대해 간략한 성찰을 추가하려고 한다.

1. 평등주의적 복지

세계화와 다원화의 압력이 거세지고 있는 상황에서 민주주의가 시장권력에 종속되는 것을 막기 위해 롤스는 입헌민주주의(constitutional democracy)를 재건축하려고 시도한다.[2] 이는 자본주의와 민주주의의 가치가 충돌할 때, 후자의 우선성을 확고히 하려는 전략이다. 롤스는 특히 『정치적 자유주의』에서 양립 불가능한 것처럼 보이는 포괄적 가치관들이 공존하기 위해 합의할 수 있는 공정으로서의 정의론을 제시한다.[3]

잘 알려진 것처럼 롤스는 입헌민주주의를 절차적 민주주의(procedural

---

2 "나는 공정으로서의 정의의 핵심적인 관념 및 목적을 입헌민주주의를 위한 철학적 입장의 관념 및 목적으로 간주한다." 존 롤즈, 황경식 옮김, 『정의론』, 이학사, 2003, 16쪽 (John Rawls, *A Theory of Justice*, 2003, p. xi). 이하에서 'TJ 번역본 쪽수/원본 쪽수'로 표기하되, 필요한 경우 내가 번역을 수정했다.

3 롤스는 "정치적 자유주의가 화해 불가능한 잠재적 갈등의 절대적 깊이를 인정함으로써 시작한다"라고 말한다. 존 롤즈, 장동진 옮김, 『정치적 자유주의』, 동명사, 1998, xxxiii쪽(John Rawls, *Political Liberalism*, 1993, p. xxvi). 이하에서 'PL 번역본 쪽수/원본 쪽수'로 본문에 표기하되, 필요한 경우 내가 번역을 수정했다.

democracy)와 차별화한다.[4] 그에 따르면, 절차적 민주주의는 그것을 제약할 수 있는 규범적 정의관을 전제하지 않기 때문에 다수결민주주의로 귀결되며 결과적으로 민주주의 자체를 위협할 수 있다. 절차적 민주주의는 "입법에 있어 어떠한 입헌적인 제한도 없어 적절한 절차를 …… 따른다면 다수(혹은 과반수)가 법령화하는 것은 무엇이든 법이 되는 민주주의",[5] 곧 시장공리주의와 쉽게 공조할 수 있는 다수결민주주의로 변질될 위험이 있다. 따라서 롤스가 구상하는 입헌민주주의는 공정으로서 정의의 원칙, 특히 제1원칙인 '평등한 기본적 자유의 원칙'이 입헌 절차를 통과한 법률의 타당성을 검증하는 '입헌적인 제한'(constitutional limits)으로 작용한다. 롤스는 사회 구성의 최종적인 준거점으로서 입헌민주주의에 적합하게 사회 제도와 법률을 구성하고 실현하기 위해 무엇보다 먼저 공리주의적 정의관을 공정으로서의 정의관으로 대체하고 이를 정당화해야만 했다.

이런 맥락에서 입헌민주주의는 또한 시장공리주의와 대결할 수밖에

---

4 롤스가 절차적 민주주의가 아닌 입헌민주주의를 옹호했다고 해서 그가 절차주의자가 아닌 것처럼 이해하는 것은 부적절하다. 다만 그는 절차적 정의관이 실체적 정의관에 의존할 수밖에 없다고 강변한다. 그에 따르면, "공정으로서의 정의는 절차적으로 중립적이지 않다. 공정으로서의 정의의 원칙들은 명백하게 실체적이며, 절차적 가치들보다 훨씬 많은 것을 표현하고 있으며, 그리고 원초적 입장 속에서 묘사된 그것의 정치적 사회관과 인간관 역시 실체적이다"(PL 237쪽/192). 이런 맥락에서 롤스의 정치적 자유주의는 그가 『정의론』에서 주장했던 것처럼 순수한 절차적 정의를 따르고 있는 것이 아니라 오히려 '비순수절차주의'(impure proceduralism)에 토대를 둔 실체적 정의관이라고 볼 수 있다. 이와 관련된 논의는 박구용, 「윤리적 다원주의와 도덕적 보편주의」, 『사회와 철학』 8, 2004, 247쪽; Jürgen Habermas, *Die Einbeziehung des Anderen*, 1996, 제2장; Thomas McCarthy, "Kantianischer Konstruktivismus und Rekonstruktivismus: Rawls und Habermas im Dialog", in: *Deutsche Zeitschrift für Philosophie* 44, 1996; James Bohman, *Public Deliberation*, Cambridge MA: MIT Press, 1977, p. 7 참조.

5 John Rawls, "Justice as Fairness: A Restatement", Erin Kelly (ed.), *Constitutional versus Procedural Democracy*, Cambridge/London: The Belknap Press, 2001, pp. 145ff. 참조. 이하에서는 본문에 JF로 표기했다.

없다. 시장공리주의에서는 경제적 효율성이 최종 심급의 역할을 수행하기 때문에 정의의 원칙은 그것에 부합할 때만 수용될 수 있다. 반면에 입헌민주주의에서는 정의의 원칙이 최종 준거점이기 때문에 효율성은 정의에 부합해야만 타당성을 획득한다. 경우에 따라 경제적 효율성을 공정으로서의 정의와 함께 고려할 수는 있다. 그렇지만 정의의 원칙, 특히 제1원칙은 마치 칸트의 정언명령처럼 어떤 경우에도 침범을 받지 않고 관철되어야 하는 배타적 타당성을 요구한다(TJ 341쪽/222). 여기서 우리는 롤스가 왜 정의의 제2원칙에는 시장공리주의에 맞서 배타적 타당성을 부여하지 않는지에 대해 의문을 제기할 수 있다. 이 의문에 대한 대답은『정의론』보다는『정치적 자유주의』에서 찾을 수 있을 것이다.『정의론』에서 제시된 정의의 두 원칙이『정치적 자유주의』에서는 다음과 같이 수정되고 있다.[6]

a. 각각의 모든 사람은 평등한 기본적 자유들의 완전히 적합한 도식(a fully adequate scheme)에 대해 평등한 권리를 가진다. 이 도식은 모든 사람의 자유를 위한 유사한 형태의 도식과 양립할 수 있어야 한다.

b. 사회적·경제적 불평등은 다음 두 조건을 만족시켜야 한다. 첫째, 사회적·경제적 불평등은 공정한 기회 평등의 조건 아래 모든 사람에게 개방된 직위와 직책에 결부되어야 한다. 둘째, 사회적·경제적 불평등은 사회의 최소 수혜자 성원들의 최대 이익을 위한 것이어야 한다(PL 359쪽/291).

『정의론』에서와 마찬가지로『정치적 자유주의』에서도 제1원칙은

---

6 『정의론』에서 정의의 원칙은 다음과 같다. "첫째, 각자는 모든 사람의 유사한 자유체계와 양립할 수 있는 평등한 기본적 자유의 가장 광범위한 총체적 체계에 대해 평등한 권리를 가져야 한다. 둘째, 사회적·경제적 불평등은 다음과 같은 두 조건을 만족시키도록, 즉 (a) 모든 사람의 이익이 되리라는 것이 합당하게 기대되고, (b) 모든 사람에게 개방된 직위와 직책이 결부되게끔 편성되어야 한다"(TJ 105쪽/53).

① '평등한 기본적 자유의 원칙'이며, 제2원칙은 ② '공정한 기회 균등의 원칙'과 ③ '차등의 원칙'(the difference principle)으로 구성되어 있다. 다만 제2원칙 안에서 ②와 ③의 순서가 바뀌었고, 『정의론』에서 사용된 '가장 광범위한 총체적 체계'(the most extensive total system)라는 단어가 『정치적 자유주의』에서는 '완전히 적합한 도식'으로 교체되었다. 다원주의에 대한 보다 예민한 감수성을 갖게 된 롤스는 이제 극대화 이념(idea of a maximum)에 기본적 자유의 체계를 조정할 수 있는 역할을 부여할 수 없다고 본다(PL 404쪽 이하/331f.). 그러나 평등주의적 자유주의(egalitarian liberalism)의 세 가지 원칙과 그것들 사이의 우선성 원칙은 그대로 고수되고 있다(PL 359쪽/291).

롤스는 원초적 입장에서 합의 당사자들이 제1원칙을 제2원칙보다 우선하는 데 동의할 것이라고 한다(PL 368쪽/299). 이를 위해 롤스는 자유주의적 인간관과 합리성에 기초한 사회 협력관을 가진 자율적인 시민 대표를 원초적 입장에 들어와 참여하고 합의할 수 있는 당사자로 제한한다. 시민 대표로서 "합의 당사자의 합리적 자율성이란 합당하고 합리적 존재로서의 완전한 인간관을 모델화하기 위하여 고안된 구성에 의존하는 인공적 행위자(artificial agent)의 개념"이다(PL 375쪽/306). 이들이 합의할 제1원칙의 우선성은 서열적 혹은 축자적 순서(serial or lexical oder)에 기초한다.

> (정의의) 이러한 원칙들은 제1원칙이 제2원칙보다 우선하는 서열적 순서로 배열되어야 한다. 이렇게 순위를 매기는 것은 제1원칙이 요구하는 평등한 기본적 자유에 대한 침해가 보다 큰 사회적·경제적 이득에 의해 정당화되거나 보상될 수 없다는 것을 뜻한다. 이 자유들은 다른 기본적 자유들과 상충할 때에만 그 내부에서 제한되며 조정될 수 있는 중심적인 적용 범위를 지니고 있다(TJ 106~07쪽/51f.).

축자적 서열의 원칙에 따르면, ① '평등한 기본적 자유의 원칙'이 ② '공정한 기회 균등의 원칙'보다, 그리고 ②가 ③ '차등의 원칙'보다 우선성을 갖는다. ①이 ②보다 우선하는 것은 무엇보다 정의의 원칙이 경제적 논리에 의해 침범될 수 있는 가능성을 차단하기 위한 조처라고 볼 수 있다. 나아가 개인의 자율성과 자존감이 ②와 ③에 의해 강화되고 지지받을 수는 있지만, 확고하게 보장되는 것은 ①을 통해 가능하기 때문이다(PL 389쪽/318). 롤스가 ③에 대한 ②의 우선성을 주장하는 것은 사회복지를 위한 기본적 재화의 극대화를 위한 것으로 보인다(PL 399쪽/326). ③에 대한 ①과 ②의 우선성을 인정하는 롤스의 관점이 결국 사회·경제적 불평등을 증대할 것이라는 비판을 제기할 수 있다. 더구나 일정한 재화와 능력을 갖추고 있지 않을 경우에 ①과 ②가 보장하는 권리를 행사할 수 없기 때문에 ③에 동등한 지위를 보장해야만 한다고 주장할 수도 있다.

그러나 롤스는 재화와 능력의 부재가 ①과 ②를 제한하는 것이 아니라 단지 그것의 유용성에 의문을 제기하는 것이라고 말한다. 물론, 유용성을 보증할 재화와 능력을 균등하게 분배하는 것은 불가능하며 바람직하지도 않다. 무엇보다 이는 경제적 효율성에 대한 고려를 이용할 수 없도록 할 뿐만 아니라 차등의 원칙에 비추어 볼 때에 최소 수혜자에게 유리한 것도 아니다(PL 402쪽/329). 오히려 ①과 ②의 우선성을 통해 그는 재화와 능력을 최대한 극대화할 수 있는 사회가 ③을 실현하는 데 더 우호적이라고 생각한다. 경제적 논리에 의해 침범받는 것을 강력하게 규제하고 동시에 재화와 능력의 극대화를 최대한 보장함으로써 최소 수혜자 계층이 이용할 수 있는 기본적 재화를 극대화하려는 전략인 것이다. 이런 맥락에서 볼 때, ①과 ②의 우선성은 최소 수혜자에게 실질적인 최대의 복지를 보장하기 위한 평등주의적 복지의 조건인 셈이다.

잘 알려진 것처럼 차등의 원칙이 지향하는 목표는 사회·경제적 불평등을 합당하게 조정하고, 이를 통해 최소 수혜자가 평등한 기본적 자유의 원칙과 공정한 기회 균등의 원칙이 보장하는 권리를 실질적으로 향유할 수 있도록 기본적 재화를 보장하는 것이다.[7] 이때 불평등을 조정하는 기준점은 최소 수혜자가 받은 재화의 상대적 크기이지만 동시에 절대적 크기를 무시할 수는 없다.

이런 맥락에서 우리는 롤스의 정의론을 최소 수혜자의 최대 복지를 위한 관점으로 해석할 수 있다. 그러나 이는 어디까지나 모든 조건에서가 아니라 합당한 우호적 조건에서만 가능할 것이다. 다시 말해 입헌민주주의가 어느 정도 정착된 사회에서만 정의의 원칙의 축자적 서열이 최대의 복지를 가능하게 할 것이다. 그의 관점을 적용하기 위해서는 최소한 정의의 원칙이 보장하는 권리의 행사가 무의미하지 않을 만큼의 충분한 재화를 생산할 수 있어야 한다.[8] 왜냐하면 사회적 조건이 우호적이지 않을 경우에 정의의 원칙들은 격렬하게 충돌할 수 있고, 이 경우에 축자적 서열은 최대 수혜자의 소득만을 극대화하는 이데올로기로 전락할 수 있기 때문이다.[9]

롤스는 복지국가자본주의가 정의의 원칙을 구현할 수 없다고 비판하면서 공정으로서의 정의에 부합하는 모델로 재산소유민주주의와 자유민주사회주의를 제시한다. 그리고 전자를 더 바람직한 입헌민주주의의 체계라고 말한다(JF 140).[10] 이 같이 다소 이례적인 구별을 통해 그는 평등주의적 사회복지를 위해 두 가지 입장을 분명하게 제시하는 것으로

---

7 정태창, 「롤즈의 공정으로서의 정의가 현대 입헌 민주주의의 위기에 대해 갖는 실천적 함의」, 『철학사상』 39, 2011, 185쪽 참조.

8 황경식, 「J. 롤즈의 자유주의적 평등주의」, 『철학』 22(1), 1984, 59쪽 이하 참조.

9 이런 맥락에서 나는 평등한 자유의 원칙의 우선성을 고착화하는 것에 반대한다. 이에 대해서는 박구용, 「윤리적 다원주의와 도덕적 보편주의」, 249쪽 이하 참조. 특히 공정한 기회 균등의 원칙이 정치와 경제뿐만 아니라 교육의 영역에서 적절하게 보장되지 않은 사회에서 반드시 축자적 서열을 주장하는 것이 최소 수혜자에게 최대의 복지를 보장하는 것은 아니다. 이럴 경우에 사회적 맥락에 따라 차등의 원칙이 공정한 기회 균등의 원칙보다 우선적으로 적용되는 것을 허용하는 것이 바람직할 것이다.

10 롤스는 자유방임적 자본주의도 그의 정의관에 부합하지 않는다고 말한다. "재산소유민주주의는 정의의 두 원칙에 의해 표현되는 모든 주요한 정치적 가치들을 실현하는 반면에, 자본주의복지국가는 그렇지 못하다. 나는 그러한 민주주의(재산소유민주주의)를 자본주의에 대한 대안으로 생각한다"(JF 135f.).

보인다. 첫째, 그는 공공 부조의 형식으로 최소 수혜자에게 일정 수준의 생활 수준만 보장하는 사회복지의 체계에 반대한다. 그는 복지국가자본주의가 최소 수혜자의 수급 단위를 높게 책정할 수는 있지만, 이는 어디까지나 공공 부조의 형식을 벗어날 수 없으며, 결국 최소 수혜자의 최소 복지로 귀결될 수밖에 없다고 본다. 둘째, 복지 문제를 경제체계에 종속시키거나 강하게 연동시키는 사회체계에 반대한다. 경제 성장을 보장하는 복지 확장만을 인정하는 복지국가자본주의는 상대적 빈곤율의 광범위한 확장을 용인함으로써 결과적으로 평등한 자유의 원칙과 공정한 기회 균등의 원칙이 보장하는 권리를 향유할 수 없다고 본 것이다. 그는 복지국가자본주의가 무엇보다 사회적 기회와 재화의 분배를 시장에 내주고, 불평등을 조정할 수 있는 제도적 장치조차 구축하지 못할 것이라고 판단한다(JF 137ff.).

롤스는 최소 수혜자에게 최대의 복지를 보장할 수 있는 입헌민주주의의 체제를 재산소유민주주의로 본다(TJ 22쪽/xiv~xvi). 그가 생각하는 재산소유민주주의는 최대 수혜자가 재화와 담론 자본을 독점하지 못하도록 지속적인 분산을 제도화한 체계이다. 특히 재산소유민주주의는 경쟁의 과정과 절차가 끝난 시점에서 그 결과를 일시적으로 교정하는 것이 아니라 과정과 절차가 시작하는 시점에서 최소 수혜자에게 최대의 복지를 보장한다. 과정과 절차, 그리고 그로부터 비롯되는 결과는 효율적 경쟁 시장의 체계를 갖추지만 출발점은 정의의 원칙에 따라 부의 편중을 차단하면서 재화를 지속적으로 분산한다. '비순수절차주의'를 차용한 재산소유민주주의를 위해 그는 총소득(불로 소득+근로 소득)에서 불로 소득에 해당하는 상속과 증여에 대해서만 엄격하고 과중한 누진세제(progressive tax system)를 적용하자고 제안한다. 근로 소득의 과세는 경제적 효율성에 따라, 불로 소득의 과세는 차등의 원칙에 따라 부과하자는 것이다(TJ 374쪽/245). 이 같은 맥락에서 볼 때, 재산소유민주주의는 경제체계의 효율성과 자율성을 인정하면서 동시에 사회민주주의를 실현하려는 전략을 가지고 있는 것으로 보인다. 따라서 재산소유민주주의는 경제와 시장의 민주주의적 확장보다는 민주적 법치주의에 바탕을 둔 공정 사회를 지향한다고 볼 수 있을 것이다.[11]

지금까지의 논의에 비추어 볼 때, 복지국가자본주의와 재산소유민주주의의 가장 큰 차이는 다음과 같이 두 가지로 정리할 수 있을 것이다. 먼저 전자가 사회복지 정책을 경제체계에 귀속시킨다면, 후자는 정의로운 정치체계를 기초로 한다. 나아가 최소 수혜자에게 전자가 최소의 복지를 제공한다면, 후자는 최대의 복지를 보장한다. 두 체계의 근본적 차이는 차등의 원칙을 복지 정책에 수용하는지의 여부이다. 만약 우리가 롤스의 정의론에 기초한 사회의 사회복지 현실을 분석한다면, '공정한 기회 균등의 원칙'과 '차등의 원칙'이 함께 기준이 되겠지만,[12] 최소 수혜자의 최대의 복지라는 관점에서는 차등의 원칙이 우선시한다. 비록 차등의 원칙이 다른 정의의 원칙보다 뒷줄에 서 있기는 하지만, 사회복지의 정책과 현실을 평가할 때는 가장 앞줄에 선다. 이를 위해 차등의 원칙은 경제체계가 아니라 정치체계와 법체계, 곧 입헌민주주의 혹은 민주적 법치국가의 원칙으로서 적용되어야 한다. 그렇다면 차등의 원칙은 정치체계와 법체계에서 어떤 위상을 갖는가?

롤스는 법체계에서 헌법과 법률의 요건을 구별한다. 그에 따르면, 헌법의 본질적 요건은 ① 입법, 사법, 행정의 권력 분립과 정치 과정, ② 시

---

11 재산소유민주주의를 경제적 민주주의로 해석하는 관점은 정태창, 「롤스의 공정으로서의 정의가 현대 입헌 민주주의의 위기에 대해 갖는 실천적 함의」, 190쪽 참조.

12 일반적으로 차등의 원칙을 가지고 사회복지 현실을 분석하려는 시도가 많으나, 이 경우에 주로 소득 재분배의 문제에만 관심을 집중하게 된다. 그러나 사회복지는 노동, 교육, 의료의 영역에서 공정한 기회를 보장하는 것이 무엇보다 중요하다. 따라서 두 가지 원칙을 동시에 고려해야만 한다. 차등의 원칙으로 한국의 사회복지 정책의 현실을 분석한 논문으로는 정현태·오윤수, 「한국의 사회복지 현실과 한국인의 복지의식: 롤스의 정의론 관점」, 『사회복지정책』 36, 2009, 335쪽 이하 참조. 이들의 분석에 따르면, 차등의 원칙에 비추어 볼 때 최소 수혜자에게 최대의 복지를 보장하는 지표라고 볼 수 있는 소득 이전과 재분배, 상대적 빈곤율, 지니계수 모두에서 한국은 미국보다 현저히 낮은 상황이다. 유럽의 사회복지국가와의 지표 비교는 우리 사회의 현실이 차등의 원칙에 대해 언급조차 할 수 없는 정도라는 것을 보여 준다.

민의 평등한 기본권과 자유권(투표권과 참여권, 자유권, 법치주의)만을 포함한다. 그렇지만 그는 정의의 제2원칙인 공정한 기회 균등의 원칙과 차등의 원칙이 그것의 중요성과 무관하게 헌법의 본질적 구성 요건은 아니라고 말한다(PL 282쪽 이하/227f.). 그런데 대부분의 현대 법치주의국가의 헌법은 ①과 ②만이 아니라 정의의 제2원칙과 관계한다고 볼 수 있는 사회권 보장에 관한 다양한 근거 규정을 포함하고 있다. 대한민국 헌법 제34조(제1항: '인간다운 생활을 할 권리', 제2항: '사회 보장과 사회복지 증진의 의무', 제3항: '여성의 복지와 권익 향상', 제4항: '노인과 청소년의 복지 향상', 제5항: '장애 등 생활 능력 없는 국민 보호'), 제35조(제1항: '정부의 환경 보전의 의무', 제2항: '정부의 주택 개발 정책의 의무') 등은 사회권과 함께 최소 수혜자의 복지에 관한 규정을 매우 전향적으로 제시한다.[13] 이런 정황을 고려할 때, 정의의 제2원칙 역시 선언적 수준이라고 할지라도 헌법의 단계에서 보장되고 있다고 볼 수 있다.

롤스는 차등의 원칙이 기본적 정의의 문제에 속하기 때문에 법률 단계에서 공적 이성(public reason)의 정치적 가치에 의해 결정되어야 한다고 말할 뿐(PL 283쪽/228f.), 어떻게 법률적으로 보장될 수 있는지에 대해서는 구체적으로 언급하지 않는다. 다만 법률 단계에서 입법의 주체가 의회라는 것을 간략하게 암시할 뿐이다(PL 414쪽/339). 특히 민주적 법치국가에서 사회복지를 제도화하는 데 법률과 법령의 관계가 매우 중요하지만, 이에 대해 그는 크게 고민하지 않는 것으로 보인다. 더구나 그는 입헌과 입법 과정에서 공적 이성을 지나치게 부각한 나머지 시민의 공공성과 의사소통적 권력 형성에 대해서는 어떤 이론적 기대도 표현하지 않는다.[14] 공적 이성을 가진 시민이 차등의 원칙을 입법 과정에 투입할

---

13 노대명, 「미완의 민주주의와 사회권의 위기: 정치의 위기와 "사회권의 악순환 고리"」, 민주화운동기념사업회, 『기억과 전망』 22, 2010, 67쪽 이하 참조.

14 공적 이성에 관한 롤스의 입장은 J. 롤스, 『만민법』, 207쪽 이하; 박구용, 「윤리적 다원주의와 도덕적 보편주의」, 260쪽 이하; 김명석, 「롤즈의 공적 이성과 심의민주주의」, 『철학연구』 65, 2004, 266쪽 이하 참조. 공적 이성 개념의 다양한 이해에 대해서는

수 있는 방법은 오직 '공적 정치 포럼'(public political forum)뿐이다.[15] 이런 이유 때문에 차등의 원칙을 통해 최소 수혜자에게 최대의 복지를 보장할 수 있는 입법 과정의 주체는 시민 전체로 확장할 수 있는 가능성이 매우 희박하다.[16]

이런 한계에도 불구하고 차등의 원칙이 법률 단계로 내려갔다고 해서 그것이 최대의 복지를 약화시키거나 불가능하게 만드는 것은 분명 아니다. 무엇보다 차등의 원칙은 엄밀한 의미에서 복지의 원칙이 아니라 정의의 원칙이다. 따라서 차등의 원칙은 비록 최대의 복지를 지향하지만 구체적인 입법과 법령을 제시하지 않으며, 나아가 다양한 복지 정책의 기획과 실행에 적극적으로 관여하지도 않는다. 오히려 차등의 원칙은 한 국가의 사회복지 관련의 법률과 제도, 나아가 현실을 비판할 수 있는 유효한 기준이고 근거일 수 있다. 예를 들어 OECD 회원국의 계층별 사회복지 수급 비율을 보면, 최소 수혜자에게 최소의 복지를 보장하는 국가와 최대의 복지를 보장하는 국가를 구별할 수 있으며, 그 구별에 근거한 비판을 구체적으로 제시할 수 있다.[17] 이처럼 차등의 원칙에 기초한 평등주의적 복지 담론은 미래 사회의 제도적 지향점이면서 현재의 사회 제도에 대한 비판 기준으로 작동할 수 있다. 그런데 이를 위해 공론장에서 뜻을 모으고 입법화를 강제할 수 있는 시민과 그들이 만들어야 할 민주주의가 정의론에서는 잘 보이지 않는다.

Samuel Freeman, "Deliberative Democracy: A Sympathetic Comment", *Philosophy & Public Affairs* 29(4), 2000, pp. 396ff. 참조.

15 J. 롤스, 『만민법』, 210쪽 참조.

16 장동진·송경호, 「심의민주주의의 주체에 대하여」, 『사회과학논집』 37(2), 2006, 49쪽 이하 참조. 이 경우에 정의로운 복지 사회를 위한 정치적 입법 절차 및 담론에서 실용적이고 문화적인 관점은 배제될 가능성이 높다. 이에 대한 비판과 반비판에 대해서는 김명석, 「롤즈의 공적 이성과 심의민주주의」, 276쪽 참조.

17 OECD, Equity Indicators 2.2, in: *Society at a Glance*, Paris, 2005 참조.

2. 기능주의적 복지

사회복지는 누구(무엇)에 의해, 어떻게 실현할 수 있는가? 보편적 사회
복지를 실현하기 위해 반드시 대답해야 할 이 물음은 사회복지가 경제
체계와 정치체계 혹은 법체계 가운데 어떤 체계를 통해 가능한 것인지,
나아가 체계가 어떤 원리에 의해 작동할 때 성취될 수 있는지를 묻는 것
이다. 그런데 루만의 체계 이론에서는 한편으로 이 물음 자체가 성립하
지 않고, 다른 한편으로는 너무 간단히 대답된다. 우선 물음이 성립하지
않는 이유는 체계 이론 안에서 사회 전체를 조정하거나 윤리적 책임을
지는 대표자로서의 체계인 체계들의 정점(Spitze)이나 중심(Zentrum), 곧
중심 기관(Zentralorgane)으로서 작용하는 체계가 없기 때문이다. 이런 관
점을 따를 때에는 어떤 체계도 사회복지 문제를 주관하는 최고의 중심
체계일 수 없다.[18] 또한 간단히 대답될 수 있는 이유는 체계 이론에서 사
회복지가 법체계이나 경제체계가 아니라 정치체계의 문제로만 국한되
기 때문이다.[19]

루만에 따르면, 사회복지는 정치라는 기능 영역에서 포괄성의 원리가
구현된 결과이다. 다시 말해 사회복지는 생계 유지와 같은 최저 수준의
요구뿐만 아니라 "일요일 요트 이용자들이 이용할 수 있는 안전한 보트
전용 다리의 건설", "공공 화장실 내의 자동 건조기 비치" 등의 공공 사
업처럼 사람들이 일상생활에서 겪을 수 있는 모든 특정한 문제를 해결

---

18 니클라스 루만, 김종길 옮김, 『복지국가의 정치이론』, 일신사, 2001, 29~30쪽 참조
(Niklas Luhmann, "Politische Theorie im Wohlfahrtsstaat", pp. 23ff. 참조). 이하
'PTW 번역본 쪽수/원본 쪽수'로 표기하되, 필요한 경우 내가 번역을 수정했다.
19 사회복지가 정치체계의 문제라는 것은 다음 두 가지 의미를 갖는다. 첫째, 사회복지는
정치체계 내부에서 논의되고 이해되어야 한다. 이유는 복지국가가 정치적 포괄성을
구현하려는 과정에서 등장한 것이며, 나아가 포괄성의 범위와 정도가 정치적으로 확
대되었기 때문이다. 둘째, 사회복지의 정치체계가 다른 체계를 조정하거나 대변해서
는 안 된다는 점이다. 루만에 따르면, 정치체계와 정치적 포용성, 그리고 사회복지의
확장은 다른 체계의 축소나 확장과 직접적인 인과 관계를 갖지 않는다.

하는 차원으로까지 포괄적으로 확대된다(PTW 36쪽/27).

이런 관점에 따를 때, 우리는 모든 사람이 사회·경제적 불평등과 이를 해소하기 위한 사회복지에 이해 관심을 갖는다고 가정할 수 없다. "복지국가의 가능성을 이해 관심을 갖는 국민을 부양하는 의미로 확대하려 한다면, 이는 과중한 요구이자 또한 명백한 과대평가이다"(PTW 41쪽/32). 그런데 그의 이러한 입장에 대해 되물어 볼 수 있다. 정치체계는 포괄성의 원리를 실현하는 과정에서 왜 이해 관심의 불평등을 해소하지 않을까? 이것은 자기 준거(Selbstreferenz)적이고 자동 생산(Autopoiesis)적인 체계의 당연한 귀결에 위배되는 것이 아닐까? 아마도 그의 비판은 정치적으로 복지를 확장하려는 목적을 염두에 둔 것이 아니라 '복지국가'라는 개념을 향해 있는 것으로 보인다.

루만은 두 가지 측면에서 유럽형 복지국가를 비판한다고 볼 수 있다. 첫째, 복지국가는 먼저 기술적으로 그 능력의 한계 지점에 이르렀다. 그에 따르면, 복지국가는 더 이상 '산업 사회가 낳은 결과들'을 자선의 성격을 갖는 부조를 통해 인간다운 삶을 위한 최소한의 조건을 구비해 주는 것이 아니다. 이런 형식의 정치적 포용을 받아들이는 것은 처음부터 배제를 감수하는 것으로 폄하된다. 따라서 20세기 들어 '부조'(Hilfe)나 '보상'(Kompensation)을 주장하던 사람들이 이제는 더 많은 것을 '요구'한다는 것이다(PTW 22쪽/10). "사람들은 '요구하고' 있으며, '만족하지 않는다'"(PTW 37쪽/29). 특수한 삶의 질서 때문에 발생하는 개인의 불이익을 '보상'하기 위한 부조로서의 복지가 '자조(自助)를 위한 부조(扶助)'를 거치면서 '요구'로 전환되면 새로운 결핍과 불만족이 끝없이 등장하게 되고, 결국 보상하는 것조차 보상해야만 하는 무능력 상태에 봉착한다는 것이다. 다시 말해 '자조를 위한 부조'가 자조까지 부조하게 되면서 '무능력을 보상하는 능력'(Inkompetenzkompensationskompetenz)의 문제가 야기된다. 모든 배제를 배제하기 위한 보상을 요구하는 복지국가는 그것이 지향했던 자율적 자기조차도 삼켜버린다는 것이다(PTW 14쪽 이하/9f.)[20]

둘째, 복지국가는 국가의 개입을 정당화할 수 있는 도덕적 근거를 상실했다. 루만의 체계 이론에서 볼 때, '최소의 복지'에 만족하던 시대는 확실히 지나갔다. 부조가 아니라 요구를 근거로 '최대의 복지'를 지향하는 복지국가는 사회의 모든 체계를 중앙에서 통제하고 개입할 수 있는 권한을 국가에 부여해야 하는데, 이는 현대 사회에서 더 이상 정당화될 수 없다는 것이다. '최대의 복지'를 실현하는 데 소요되는 비용 상승을 일관되게 지지하고 조정할 수 있는 최고의 체계는 더 이상 존재하지 않는다. 그에 따르면, 고도의 복합성과 우발성을 가진 체계들이 기능적으로 분화된 현대 사회에서 '최대의 복지'를 위해 국가가 다른 체계들의 우위에서 중앙 통제의 방식으로 그것을 조정하는 것은 불가능할 뿐만 아니라 바람직하지도 않다. 무엇보다 그런 방식으로 작동하는 복지국가는 오히려 그것이 지향하는 효과에 역행하는 결과를 낳는다.

루만에 따르면, 최대의 복지를 지향하는 정치체계로서의 복지국가는 그것의 기술적 작용과 확산의 매체로 법과 화폐를 활용한다. 실제로 법과 화폐는 중앙집권적인 처분권을 행사하며 정치적 포괄성과 자명성을 획득할 수 있다. 그는 복지국가의 정치체계가 두 가지 소통 매체를 조정하는 것은 결국 '중앙집권적 민주주의에의 욕구'(Bedürfnis nach Zentraldemokratie)(PTW 111쪽/96)에 부응하는 것이라고 말한다. 그에 따르면, 사람들은 최대의 복지와 그것의 수혜를 위해 혹은 불이익을 최소화하기 위해 국가가 중앙에서 강력한 통제와 조정을 하도록 요구한다. 이는 곧 법체계와 경제체계를 부당하게 통제하는 것이며, 결과적으로 두 체계에 초과 하중을 부과하는 역효과를 초래한다는 것이다. 그는 그 이

---

20 루만에 따르면, 복지국가의 이러한 무능력은 너무 많은 변화와 너무 적은 변화에 의해 야기되는 다음과 같은 불안정을 만들어 낸다. "정치가 자신이 만들어 놓고 지속적으로 키워 온 관료제와 대립한다든지, '교육 기획'이 학교나 대학에 체재하는 시간의 연장을 초래하고 그 부작용을 기간 단축에 진력함으로써 억제하려고 한다든지, 대학 관련 법령이 연구와 교수(敎授)를 위한 조건들에 신경을 쓰는 것이 아니라 자신에 의해 도입된 이러한 조건들의 '민주화'가 민주화로서 작용되지 않도록 통제하는 데 몰두한다든지 하는 등이 그 예가 될 수 있다"(PTW 86f.).

유에 대해 매우 상세하게 설명한다.

루만은 복지국가에서 민주주의는 최적의 복지가 아니라 최대의 복지를 지향할 수밖에 없다고 본다.[21] 그가 생각하기에 현대 사회에서 민주주의 정치는 "상대적으로 단기적인 계산과 시간 경계 및 목표 설정을 통해 자위책을 강구한다. 일반적으로 고도로 복잡한 사회에서 행위에 유의미한 시간 경계(Zeithorizonte)는 짧아지고 있다고 추정된다. 왜냐하면 관계들이 장기적인 계획을 하기에는 너무나 복잡하기 때문이다. 게다가 정치는 단기적으로 반복되는 선거를 통해 독자적인 시간 구조를 부여받게 된다"(PTW 17쪽/10).[22] 선거민주주의에서 정치는 단기간에 성과를 보여주어야 하기 때문에 최대의 복지를 과도하게 실현하려 한다는 생각은 분명 타당하다. 민주주의를 오래 경험한 나라일수록 더 많은 복지가 실

---

21 루만이 최적의 복지라는 표현을 사용하지는 않는다. 그렇지만 그는 "복지국가의 정치에 대한 확장적 독해와 제한적 독해를 구분"하고 후자의 관점을 수용할 것을 주문한다. 전자를 최대의 복지로 규정한다면, 후자는 최적의 복지로 불릴 수 있을 것이다. "확장적인 정치 독해에 따라 …… 정치는 모든 미해결된 문제의 마지막 수취인이자 일종의 사회 위계상의 정점이며, 최후 심급(審級)에 해당한다. …… 반면에 제한적인 정치 독해는 정치를 많은 다른 기능 가운데 하나의 특정 기능이라는 관점에서만 파악한다"(PTW 178쪽/155).

22 아마도 이 부분에서 루만은 슈미트의 논의를 따르고 있는 것으로 보인다. 만프레트 슈미트(Manfred Schmidt)에 따르면, 민주주의는 세 가지 측면에서 사회복지에 긍정적인 영향을 끼친다. 첫째, 민주주의국가에서는 보통 선거 때문에 선거인의 다수를 형성하는 상대적 빈곤층과 중산층이 사회복지의 수혜 욕구를 실현하기가 용이하다. 둘째, 민주주의국가에서 권력 쟁취를 목적으로 하는 정당들은 다수의 시민으로부터 선택받기 위해 사회복지 정책을 제시해야만 한다. 셋째, 민주주의국가에서 선거는 주기적·단기적으로 반복되기 때문에 선거에서의 승리를 원하는 정당들은 짧은 시간 안에 시민이 정책 효과를 체험할 수 있는 사회복지 정책을 구현할 가능성이 높다. 이처럼 슈미트는 선거민주주의가 복지 정책에 끼치는 영향을 긍정적으로 평가하고 있다면, 루만은 언뜻 가치 중립적으로 다시 말해 기능주의적으로 보고 있는 것처럼 보이지만 사실은 부정적으로 평가하고 있다. 이에 대해서는 Manfred Schmidt, "Wohlfahrtsstaatliche Politik in jungen Demokratie", 2004, p. 44 참조. 나는 이런 민주주의의 효과는 긍정적으로 평가하지만, 이것이 법치국가의 원칙을 통해 성취되지 않는다면 오히려 부정적인 역효과를 낼 수도 있다고 생각한다.

현되고 있다는 것은 통계를 통해서도 명확하게 드러나기 때문이다. 그러나 민주주의는 최대의 복지가 아니라 최적의 복지를 지향할 수도 있다.

루만에 따르면, 최대의 복지가 근거하고 있는 '자조를 위한 복지'는 법과 화폐라는 조정 매체를 통해 인간의 변화, 곧 타율적 인간이 자율적 인간으로 혹은 시장에 참여하지 못하는 인간이 자생 능력을 갖춘 경쟁력 있는 인간으로 변화할 것을 목표로 설정하지만 이는 불가능하고 위험한 목표이다. 그에 따르면, 인간은 어떤 결정이 자신에게 불이익을 가져오면 감성적으로 크게 저항하지만 그렇다고 변하지는 않는다. "법에 의해, 그리고 화폐에 의해 달성될 수 없는 것은 인간 자체의 변화이다. 사람들이 오늘날 인간 변화(Personenveränderung)의 관점에서 논의하고 있는 사회 정책의 영역 전반은 법과 화폐를 통해 인과 기술적으로 조종될 수 없다"(PTW 112쪽/97). 이 부분에서 그는 복지 급여의 전달 형식과 무관하게 그것이 인간의 변화를 기대하거나 유도하려는 복지 정책에 대해 비판적인 자세를 취하는 것으로 보인다.

복지 급여의 전달이 공공 부조나 사회 보험 혹은 사회권 중에서 어떤 방식을 선택하더라도 그로부터 개인의 자율성과 시장 참여 능력의 신장을 기대하는 것은 잘못됐다는 것이다.[23] 이런 맥락에서 신자유주의의 물결과 함께 등장한 복지의 다양한 변형 형태, 예를 들어 노동(근로) 연계의 복지, 노동력 향상을 위한 복지, 적극적 복지, 생산적 복지, 참여적 복지, 능동적 복지, 역동적 복지 등은 모두 인간의 변화와 개조를 목표로 하는 정책으로 비판할 수 있을 것이다. 그러나 이런 비판은 반비판도 가능하다. 무엇보다 경제체계의 논리에 따라 복지를 확장할 경우에 시장의 포괄성이 커지고 경쟁이 격화하면서 성공을 향한 욕망과 의지가 커지는 것은 사실이기 때문이다. 따라서 인간과 인간 사이의 소통 방식이 긍정

---

23 "'부조'를 밀어붙이기에 충분할 정도의 정당성이 존재하는 곳에서조차도 책임 의식과 성공 감각을 갖추고서 중심부에서 처분할 수 있는 기법들은 존재하지 않는다"(PTW 111쪽/97f.).

적으로든 부정적으로든 변화할 수 있다는 것을 처음부터 거부할 이유는 없다고 본다. 그럼에도 불구하고 인간의 변화를 정치체계의 목표로 설정하는 것이 여러 가지 방식으로 그것의 목적에 반하는 결과를 가져올 수 있다는 경고는 적절한 것으로 보인다. 무엇보다 복지를 통해 개인의 시장 경쟁력을 키우려고 생각하는 정치체계는 약자의 경쟁력을 키우기보다는 사회 전체를 무한 경쟁의 체계로 변형할 가능성이 더 높다. 이는 곧 정치체계에 의한 경제체계의 종속이 아니라 역으로 경제체계를 통해 사회 전체를 조정하는 결과를 가져올 수 있다. 체계 이론의 관점에서 볼 때, 경제체계를 조정하는 정치체계 혹은 경제체계에 종속되는 정치체계는 모두 복잡성의 증가와 함께 기능적으로 분화된 체계들의 자기 준거와 자동 생산의 원리에 역행하는 초과 하중을 다른 체계에 부과하는 역효과를 가져온다.

루만은 복지 정책을 자기 준거적 체계로서의 정치 안에서 스스로 생산하고 재생산하는 구성 요소로 제한할 것을 주문한다. 체계 이론의 관점에서 다른 체계들과 마찬가지로 정치체계도 폐쇄체계이자 동시에 개방체계여야만 한다. 현대 사회에서 기능적으로 분화된 체계는 그것의 구성 요소를 자신의 외부 환경이 아니라 자기 자신의 내부에서 스스로 구성한다. 이러한 자기 준거성의 맥락에서 하나의 부분체계로서의 정치체계는 폐쇄적이다. 동시에 정치체계는 외부의 환경 요인, 예를 들어 ① 사회의 다른 부분체계들(경제체계, 교육체계 등), ② 사회 내적인 환경(가정생활, 시장 지향의 생산 및 소비 경제, 학문 연구 활동, 종교 등), ③ 사회 외적인 환경(자연, 인간)에서 제기되는 문제들을 인지하고 수용하는 외부화(Externalisierung)를 위해 개방되어 있어야 한다.[24] 환경은 체계보다 복잡성이 크며 이런 복잡성의 낙차(Komplexitätsgefälle)로 인해 체계에 외부 자극으로 영향을 끼치는데, 환경으로부터 문제를 수용한 체계가 문제를

---

24 체계의 환경 연계성에 대해서는 Niklas Luhmann, "Politische Theorie im Wohlfahrtsstaat", pp. 68ff. 참조.

해결하는 방식은 자기 준거적이다.[25] 이런 방식으로 체계는 문제 인식의 지평에서는 개방적이지만 문제 풀이의 규범적 지평에서는 폐쇄적이다.

이처럼 개방성과 폐쇄성의 동시성 속에서 체계와 환경 사이의 복잡성 낙차가 유지된다. 인지적 차원에서 체계는 언제나 환경이 제공하는 자료나 정보에 의존함에도 불구하고, 문제를 선택하고 해결하는 과정에서는 체계의 논리에 따라 복잡성을 최대한 단순화한다. 그래야만 문제 해결 능력을 갖기 때문이다. 따라서 기능적으로 분화된 부분체계로서의 정치체계는 정보 수집과 문제 인식에서 환경의 자극을 받거나 다른 체계와 소통하지만, 문제 해결의 지평에서는 주로 정치체계 내부에서 만들어진 환경을 지향한다(PTW 55쪽 이하/45ff.). 루만에 따르면, 현대의 정치체계는 정치와 행정, 공중이라는 하위체계들로 삼중 분화하며, 그 분화 과정에서 다른 체계를 감시하거나 조정하고 통제할 수 있는 중심이 사라진다. 결국 체계들 사이의 소통은 역동적 순환의 형태로 전환되면서 체계의 내부적 소통과 자기 준거성이 유지된다(PTW 56쪽 이하/46ff.). 그렇다면 다시 정체체계는 외부의 다른 체계와는 어떤 방식으로 소통해야만 하는가?

루만에 따르면, 정치체계의 관점에서 다른 체계들은 일반적인 사회 내적인 환경이면서 동시에 정치체계와 동일하게 자기 준거적으로 작동하는 체계이다. 정치체계와 경제체계 혹은 법체계의 관계는 '체계-환경'과 '체계-체계'의 관계를 형성한다. 따라서 정치체계는 다른 체계, 곧 환경으로부터 해결을 요구하는 문제를 인식할 수 있다. 이때 정치체계와의 소통이나 개입을 요구하는 문제 인식은 다른 체계들의 자율성에 기초한다. 다시 말해 다른 체계가 환경으로서 정치적 문제 해결을 요구하는 것은 그 체계가 자기 준거적 체계이기 때문에 생겨난 것이다. 따라서 그는 "정치적 도전과 개입의 불가피성은 다름 아닌 바로 다른 체계들의 자율성에 기인하며, 이러한 자율성이 사전에 허용되는 한에서만 필요성

25 Niklas Luhmann, *Soziale System, Grundriß einer allgemeinen Theorie*, Frankfurt am Main: Suhrkamp, 1984, pp. 249ff. 참조.

(Bedarf)이 존재"한다고 단언한다(PTW 94쪽/84). 이런 맥락에서 그는 정치체계가 법과 화폐를 복지의 기술적 작용과 확산의 매체로 활용할 수 있다고 본다. 하지만 법과 화폐는 자기 준거적 경제체계와 법체계의 매체이기 때문에 이 두 체계의 보증을 전제로만 활용해야 한다고 말한다.

루만이 요구하는 것처럼 '체계-체계' 사이의 위계 관계나 배제 관계를 인정하지 않는다면, 체계 사이의 구조적 소통과 연결은 매체 사용에서 비롯되는 작용과 부작용을 통제할 수 있는 가능성의 범위에서 이루어져야 할 것이다. 다시 말해 법과 화폐의 활용으로부터 생겨날 수 있는 작용과 부작용에 대한 '업무 분석'(Aufgabenanalyse)의 능력 범위가 곧바로 정치적 처분 능력의 경계를 결정하는 것이다(PTW 115쪽/99). 이런 관점에서 정치체계가 지향할 만한 '최적의 복지'는 법체계와 경제체계의 자기 준거성이 존중되고, 그 안에서 작용과 부작용에 대한 보증을 받은 범위 안에서 법과 화폐를 활용하는 것이다. 그러나 그에 따르면, '최대의 복지'를 지향하는 사람들은 법과 화폐의 과다한 활용과 초과 하중, 그리고 그로부터 비롯되는 파생 결과에 대한 관심은 배제하고, 단지 ① 시민의 정치적 무관심이나 탈정치화 경향을 비판하거나, ② 진보와 보수 혹은 좌와 우의 전통적인 정치적 도식의 문제로 되돌아가거나, ③ 정치체계의 집합적 구속력을 강화하는 경향이 있다.

루만의 체계 이론에 따르면, 우리는 정치체계 안에서 기능적으로 최적의 사회복지를 찾아야 한다. 정치체계는 이 과정에서 경제체계나 법체계와 승패나 패패가 아닌 승승의 관계를 유지하기 위해 자기 준거적 폐쇄성과 환경에의 개방성을 기초로 기능적인 업무 분석과 분장에 따라 제한된 범위 안에서만 법과 화폐를 활용해야 한다. 그가 보기에 경제적 인센티브(Anreize)나 공공 예산의 확대, 사회적 권리의 광범위한 법제화와 법령 홍수를 통해 최대의 복지를 실현하려는 정치체계는 결국 복지국가의 환상만이 아니라 복지국가 자체를 파괴한다(PTW 173쪽 이하/156ff.). 이런 방식으로 최대의 복지를 부정하고 기능적으로 계산된 최적의 복지만을 주장하는 체계 이론에는 사람이 없다. 체계 이론에서 "사회는 인간들로 이루어진 것이 아니라 인간들 사이의 소통들(Kommunikationen)로 이루어져 있다"(PTW 27쪽/19). 소통은 체계의 절대적인 구성 요소이지만, 사람은 체계 바깥의 환경으로 밀려난다. 사람은 최대의 복지를 원하는 소유 중독자일 뿐 최적의 복지에 만족하지 않는다.

루만에 따르면, "예상컨대, 누구나 인간의 생활 수준이 매년 개선될 수 있다는 것을 알고 있다 해도, 사람들은 금고가 사실상 바닥이 나서 자신들이 제약을 강요받는 상황에 몰릴 때까지 기다린다". 그 때문에 패배자나 희생자 혹은 불이익을 받거나 배제된 사람들의 목소리에 귀를 기울이는 정치체계는 희생과 불이익의 원인 진단과 처방에 실패할 수밖에 없다. 따라서 최대가 아니라 최적의 복지를 위한 정치체계는 사람이 아니라 기능에 따라 제한된 법 위에서 복지를 실현해야 한다. 그는 사람이 아니라 기능에 기대는 복지 정책만이 정치체계의 자기 과잉 요구에서 벗어날 수 있다고 보는 것이다. 사람과 그들이 만들어 가는 민주주의에 대한 신뢰가 그에게는 없다. 이런 방식으로 최적의 복지를 옹호하는 그는, 복지를 사람이 아니라 기능이 주도하는 정치체계 안에 감금한다.

3. 절차주의적 복지

사회복지 담론에서 하버마스는 최대를 주장하는 롤스나 최적을 주장하는 루만과 마찬가지로 자국의 사회복지체계에 대해 비판적인 태도를 견지한다. 롤스가 미국이 최소의 복지만을 보장하는 사회라고 비판한다면, 루만은 독일이 정치체계 중심으로 최대의 복지를 지향한다고 비판한다. 하버마스 역시 독일을 비롯한 유럽 사회국가의 복지체계가 온정주의(Paternalismus)의 늪에 빠져 있다고 비판한다.[26] 하버마스가 보기에 롤스

---

26 "사실적 불평등에 대한 국가의 보완이 초래하는 자유 제약의 부작용에 대해 둔감하다면, 그것은 온정주의적이다." 위르겐 하버마스, 『사실성과 타당성』, 499쪽(Jürgen

나 루만의 기획은 사회복지의 주체에서 시민이 공론장에서 형성하는 의사소통적 권력을 평가 절하하거나 혹은 부정한다는 점에서 한계를 갖는다. 롤스와 루만은 각기 다른 방식으로 법치주의의 국가 조직이 갖는 민주주의적 의미를 시야에서 놓치고 있다는 것이다.

하버마스는 롤스와 달리, 정의와 복지 실현을 위한 독립적 원칙을 별도로 정당화하지 않는다. 하버마스는 무엇보다 권리의 평등한 분배가 서로를 자유롭고 평등한 시민으로 인정하는 상호 주관성을 전제하는 것이기 때문에 권리를 향유하는 데에서 뿐만 아니라 행사하는 데에서도 상호 주관적 패러다임이 견지되어야 한다고 주장한다(501쪽). 사회적 불평등과 배제에 관한 진단과 처방은 루만처럼 기능주의적으로 이루어져서도 안 되지만 롤스처럼 공적 이성으로 규제할 필요도 없다. 오히려 문제 진단과 처방, 권리 행사와 향유는 모두 배제된 사람의 목소리를 듣는 것에서부터 시작해야 한다. 다원화와 세계화의 압력이 거센 현대 사회에서 최선(最善)의 복지는 기회 균등이나 동등한 대우가 아니라 배제된 사람의 시선으로 평등과 균등을 인정하는 것이다(164쪽). 하버마스는 '페미니즘적 평등 정치'를 예로 들어 최선의 복지가 어떤 방향으로 나아가야 하는지 제시한다.

> 남성과 여성의 평등 대우라는 문제는 바람직한 해방을 단순히 공평한 사회적 몫이라는 의미의 복지 혜택이라는 측면에서만 이해해선 안 된다는 점을 잘 보여 준다. 여성이 스스로의 삶을 자율적으로 살아가는 데 권리가 도움이 된다면, 그것은 이 권리가 시민적 자기 결정 과정에의 평등한 참여를 촉진하는 한에서만 그러하다. 왜냐하면 여성 자신만이 해당 사안에 대해 평등과 불평등을 결정할 수 있는 '적합한 측면'을 규정할 수 있기 때문이다(502쪽).

Habermas, *Faktizität und Geltung*, p. 503). 이하에서 번역본 쪽수를 표기하되, 필요한 경우 내가 번역을 수정했다.

하버마스가 생각하는 최선의 사회복지는 할당과 배당 혹은 수급과 수혜의 범위와 양에 의해 결정되는 것이 아니라 자신의 처지와 관점을 가지고 결정 과정에 평등하게 참여하는 데서 시작된다. 이처럼 그는 차이에 대한 예민한 감수성을 요구하면서도 법치국가의 권리체계 구성에서는 보편주의적 관점을 유지한다. 무엇보다 그는 수신자(Adressaten) 관점에서는 기본권의 국지적 타당성만을 인정하지만, 담지자(Träger) 관점에서는 전 지구적 타당성을 주장한다. 더불어 그는 기본권에서 자유권과 참정권, 나아가 사회권의 위계적 정당화와 적용에 반대하면서 그것들의 상호 제약적 관계를 민주적 법치국가의 법 패러다임을 통해 정당화한다. 담론 이론을 통해 재구성된 그의 민주적 법치국가는 사적 자율성과 공적 자율성의 상호 제약적 관계 규명을 통해 자유권과 사회권의 갈등과 대결을 의사소통적 권리 혹은 참정권으로 극복할 수 있는 하나의 출구이다. 잘 알려진 것처럼 그는 먼저 담론 원칙(D)과 법 형식(Rechtsform)의 상호 침투에서 민주주의 원칙(Dm)을 이끌어 내고, 민주주의 원칙을 적법한 입법 절차로 규정한다.

민주주의 원칙은 서로를 자유의지에 따라 결성된 법 공동체의 자유롭고 평등한 구성원으로 인정하는 법 인격체들이 공동으로 내리는 자율적 결정의 수행적 의미를 설명해 준다(150쪽).

하버마스는 민주주의 원칙을 법 코드의 형식으로 제도화하는 과정에서 기본권의 정당화를 시도하는데,[27] 기본권에는 다음과 같이 다섯 가지의 권리가 포함된다. 먼저 의사소통적 권리에 해당하는 것으로 "(1) 가능한 최대의 평등한 주관적 행동 자유의 권리에 대한 정치적으로 자율적인 조형으로부터 생겨나는 기본권, …… (2) 법 동료들의 자유의지적 연

---

27 하버마스가 제안하는 기본권의 생성 과정과 내용에 대해서는 박구용, 「인권의 보편주의적 정당화와 해명」, 176쪽 이하 참조.

합체 속에서 그 구성원의 지위에 대한 정치적으로 자율적인 조형으로부터 생겨나는 기본권, (3) 권리의 소송 가능성으로부터 그리고 개인적 권리 보호에 대한 정치적으로 자율적인 조형으로부터 직접 생겨나는 기본권"(164쪽)이 있고, 나아가 법적 주체들에게 법질서의 저자(Autoren)라는 역할을 부여하는 권리로서 "(4) 시민이 자신들의 정치적 자율성을 행사하고 정당한 법을 제정하는 데 필수적인 의견 형성과 의지 형성의 과정에 동등하게 참여할 수 있는 기본권"과 마지막으로 "(5) 생활 조건의 보장에 관한 기본권(이것은 현재의 상황에서 (1)에서 (4)까지 언급한 시민적 권리를 균등한 기회를 갖고서 사용하는 데 반드시 요구되는 한에서 사회적·기술적·생태적으로 보장된다)"(165쪽)이 있다. 그런데 이런 방식으로 형성된 기본권은 정치적 입법자들에 의해 상황에 따라 해석되고 조형되기 전에는 추상적이며, 그 때문에 불포화 상태에 있을 뿐이다(170쪽).

이처럼 불포화 상태에 있는 기본권의 조형은 법치국가의 원리에 따라 이루어져야 한다. 권리란 자유롭고 평등한 법적 주체가 서로 인정하고 부여하는 법치국가의 권리체계로부터만 정당화될 수 있기 때문이다. 그런데 담론 이론적으로 이해된 법치국가는 사적 자율성과 공적 자율성뿐만 아니라 그것의 실제적 행사에 필요한 권리까지 동등하게 보장하는 것을 목적으로 한다. 이 점에서 하버마스는 차등의 원칙을 입헌 과정에서 제외하는 롤스뿐만 아니라 사회복지를 법체계와 분리할 것을 요구하는 루만과도 다른 길을 택한다. 롤스가 자유주의적 최소의 복지 유형에 반대하고 사회민주주의적 최대의 복지 유형을 지향한다면, 루만은 최소와 최대의 중간 지점에서 최적의 복지 유형을 지향한다. 하버마스 역시 최소와 최대를 자유주의와 사회국가의 이름으로 비판하지만 그것의 중간 지점을 택하는 대신에, 최대의 복지를 더 높은 반성 단계에서 계승하기 위해 절차주의적 법 패러다임을 제안한다.

하버마스는 사회복지국가의 발전이 막다른 골목에 다다랐다고 본다(490쪽).[28] 그에 따르면, 사회복지 모델은 부르주아 형식법과 사법체계에 대한 개혁주의적 도전과 비판으로부터 등장했으며(480쪽), 무엇보다 사적 권리의 실제적 향유가 가능하도록 사회적 권리를 추가하고 이를 국가의 적극적 개입에 의해 보장하려는 목적을 가졌다. 사회복지국가 패러다임은 국가라는 행동 주체와 사적 행동 주체 사이의 권한이 제로섬 관계에 있다는 자유주의 패러다임과 끝없는 경쟁 관계를 형성하며 발전한다(486쪽). 그런데 자유주의국가가 사적 자율성의 보장에 무관심했다면, 사회복지국가는 사적 자율성의 보장을 위한 온정주의가 오히려 그것을 억압하거나 위협할 수 있다는 점에 둔감했다.

> 사회국가적 온정주의는 …… 법적 자유의 원칙과 양립 가능한가라는 곤혹스러운 문제를 일으켰다. 이 문제는 국가 개입의 매체인 행정적 권력의 결코 중립적이지 않은 속성에서 비롯된 법제화의 부정적 결과들이 드러나면서 더욱 첨예화되었다. 서비스를 제공하고 삶의 기회를 배분하는 사회복지국가는 …… 처음으로 모든 사람에게 인간으로서 존엄한 삶을 영위할 수 있는 물질적 기초를 제공했다. 그러나 개인의 생활 속 깊이 침투하는 이러한 급부 때문에 사회복지국가는 개인의 자율성을 침해할 위험을 안고 있다. 하지만 이 자율성은 다름 아니라 그것이 소극적 자유를 사용할 수 있는 평등한 기회를 위한 실질적 전제 조건을 제공함으로써 보장하려고 했던 바로 그 자율성이다(486~87쪽).

이러한 위험성에 맞서 하버마스가 제안하는 절차주의적 법 패러다임은 사회복지와 관련된 기본권에 절대적 의미를 부여하는 것에 반대한다. 그는 법적 평등과 사실적 평등의 변증법적 관계를 인식하고 그에 따라 양자 사이의 상호 제약성을 인정하지만, 이를 최선의 복지체계로 제도화하기 위해서는 사회권을 상대화하고 오히려 민주적 법치국가를 절차주

---

28 Jürgen Habermas, *Die Neue Unübersichtlichkeit*, Frankfurt am Main: Suhrkamp, 1985, p. 157(국역본: 위르겐 하버마스, 홍기수 옮김, 『정치문화 현실과 의사소통적 사회 비판이론』, 문예마당, 1996, 266쪽) 참조.

의적으로 강화하는 것이 바람직하다고 본다. 사회권은 기본권으로서의 지위를 향유하지만, 그것의 내용은 차이에 대한 감수성의 기반 위에서 민주주의 시민의 의사소통적 권력과 법률을 통해 그때그때의 상황과 요구에 따라 달리 결정되어야 한다는 의미에서 상대적 권리이다.[29] 이는 롤스가 정의의 원칙들을 축자적 서열에 따라 배열하는 이유와는 근본적으로 다르다. 롤스가 사회권을 최소 수혜자의 최대의 복지를 위해 분배 가능한 재화 생산을 극대화하기 위한 것이었다면, 하버마스가 그것을 상대적 권리로 규정한 것은 민주주의를 극대화하기 위한 것이다.

사회복지국가 패러다임은 그것이 최대의 복지이든 최적의 복지이든 간에, 법적 인격체의 권리를 보장하기 위한 사실적 조건을 충족하는 데 관심을 집중한 나머지 그들에게 법의 저자가 아닌 수신자로서의 역할만을 부여하는 경향이 강하다(489쪽). 이는 특히 행정권력이 법제화를 주도하는 경향이 강해지면서 두드러진 현상이다.[30] 따라서 절차주의적 법 패러다임은 법적 인격체를 법질서의 수신자이자 저자로서 규정하는 최대의 민주주의를 지향한다. 그렇다면 법치국가에서 최선의 사회복지를 위해 민주주의를 극대화하는 것은 어떤 방식으로 가능한가? 하버마스에 따르면, "절차주의적 법 패러다임에서 무엇보다 보호되어야 할 것은 민

---

29 하버마스는 자유권의 근원성과 사회권의 절대성을 동시에 부정한다. 이는 그가 민주적 법치국가의 기본권을 시장이나 국가가 아니라 시민사회와 정치적 공론장에서 정당화와 적용의 동력을 끌어오기 위함이다. 이 과정에서 하버마스가 자유권이나 사회권과 비교해 의사소통적 참여권(참정권)을 지나치게 강조하는 것처럼 보일 수 있다. 그러나 하버마스의 관심은 사적 자율성과 공적 자율성의 동근원적이고 순환적인 관계 안에서 기본권 항목들 사이의 상호 관계를 해명하는 것이지 그들 사이의 위계적 우선성을 분석하는 것이 아니다. 이에 대해서는 박구용, 「인권의 보편주의적 정당화와 해명」, 183쪽 참조.

30 하버마스는 사회복지를 생활세계와 체계를 매개하는 전달 띠로서의 법체계에서 정당화와 적용의 가능성을 찾는다. 이를 통해 그는 사회복지를 정치체계 안으로 제한함으로써 법체계와 거리 두기를 시도하는 루만과 대결 구도를 형성한다. 그렇지만 하버마스는 사회국가의 과도한 법제화의 부정적 경향을 비판하는 지점에서 루만과 유사한 입장을 취하는 것으로 보인다. 그런데 인용문에서 볼 수 있는 것처럼 하버마스가 부정적으로 보는 법제화는 의회가 아니라 행정권력에 의해 이루어지는 법령화를 가리킨다.

주적 과정의 절차적 조건들이다"(525쪽). 따라서 최선의 복지를 지향하는 민주주의는 시장이나 국가에 의한 공정한 분배가 아니라 차이가 최대한 주장되고 인정받을 수 있는 의사소통적 권리와 권력의 제도화에서 시작된다.

잘 알려진 것처럼 하버마스는 아렌트의 정치적 권력 개념, 곧 '비강제적 의사소통을 통해 모인 공동의 의견과 의지가 갖는 잠재적 힘'을 의사소통적 권력으로 번역한다(188쪽 이하). 그러나 그는 시민사회와 정치적 공론장을 통해 형성된 의사소통적 권력이 곧바로 행정권력에 영향력을 행사하는 것의 위험성을 감지한다. "막강한 사회적 힘을 갖고 있는 조직 및 단체들이 정당한 이유 없이, 그리고 국가 기관이 통상적으로 지는 공적 책임을 지지도 않으면서 공적 권력의 행사에 관여한다면 그만큼 국가의 주권이 훼손된다"(519쪽). 이런 맥락에서 하버마스는 국가와 사회, 체계와 생활세계, 좀더 구체적으로는 행정권력과 사회적 권력을 구별하고 '법'에 양측을 매개하고 전달하는 역할을 부여한다.

사회적 권력과 의사소통적 권력을 구별하는 기준을 명확하게 제시하는 것은 불가능하다. 이익 단체에서 정당에 이르기까지 익명의 광범위한 조직과 단체들, 그리고 집단 행위자들이 있으며, 그들은 다양한 방식으로 영향력을 행사하며 동맹을 맺는 방식으로 의사소통적 권력 형성을 조정 또는 조작할 수 있다.[31] 따라서 의사소통적 권력으로 포장된 사회적 권력이 법이라는 필터를 통과하지 않으면 그만큼 국가는 이익 단체들의 자연 상태로 추락할 위험을 갖게 된다. 그 때문에 의사소통적 권력은 자신이 형성한 법을 통해 규범적 통제를 받아야 한다. 이런 맥락에서 하버마스는 "법을 의사소통적 권력이 행정권력으로 번역되는 매체(Medium)로 간주할 것을 제안한다"(194쪽). 법치국가에서 모든 권력은 시민의 의사소통적 권력에서 나온 것이라는 담론 이론적 법 해석에 따르면, 법의

---

31 Jürgen Habermas, *Die Neue Unübersichtlichkeit*, 1985, p. 159(위르겐 하버마스, 『정치 문화 현실과 의사소통적 사회 비판이론』, 269쪽) 참조.

원천 자체가 의사소통적 권력이다. 그렇다고 모든 의사소통적 권력이 정당성을 가질 수는 없기 때문에 자신이 형성한 법의 수문을 통과해야만 행정권력으로 전환되어 실제적 힘을 발휘할 수 있다는 것이다.

하버마스에 따르면, 현대 사회는 사회적 권력이 의사소통적 권력을 대체하는 경향이 강한데, 이를 수정하기 위해서는 사회적 권력에 휘둘리지 않는 정치적 공론장에 활기를 불어넣는 일이 무엇보다 중요하다고 말한다. 이는 파악하기 어려운, 그 때문에 배제된 사람들이 목소리를 찾는 것에서부터 시작될 것이다.[32] 이를 위해 사회적 권리와 복지를 강화하는 것이 전통적인 사회국가의 이념이다. 그러나 위기에 직면한 사회국가, 특히 과부하 상태에 빠진 사회복지국가[33]를 보다 높은 단계로 견인하기 위해서는 무엇보다 행정권력이 시민사회와 정치적 공론장으로부터 나와 민주적 절차를 통해 형성된 의사소통적 권력과의 연계를 회복해야만 한다. 이를 위해 그는 입법체계를 주변화하며 자립화를 극대화하고 있는 행정권력이 법치국가의 규제로부터 분리되는 것을 막아야 한다고 말한다(521쪽). 의사소통적 권력에서 길어 올린 법적 규범은 입법부에 권한을 부여하면서 동시에 행정의 조정 권한의 정당성 범위를 제한할 수 있어야 한다.

사람들은 최소의 부담과 최대의 복지를 지향한다. 그러나 최대의 복지가 실천적으로 최대의 비용을 요구하는 것처럼 이론적으로도 그만큼의 정당화 부담을 갖는다. 롤스처럼 실체적 정의관과 절차주의를 결합하는 방식으로 정의의 원칙을 규범적으로 정당화할 수 있을 경우, 최대의 복지는 현재의 복지 정책과 현실을 비판하거나 미래의 실천적 강령으

---

32 정치적 공론장은 단순히 의회의 앞뜰에 그치는 것이 아니라 정치적 중심을 둘러싸고 자극과 충격을 제공하는 주변부가 된다. 다양한 형태의 참여를 거쳐 여론은 의사소통적 권력으로 전화한다(528∼29쪽).

33 하버마스에 따르면, 국가는 질서 유지라는 고전적 과제에 정향된 법치국가에서 사회적 보상의 정의로운 분배를 지향했던 사회국가를 거쳐, 이제 위험 사회의 집합적 위험관리에 책임이 있는 보장국가로 전환되었다. 그만큼 국가가 수행해야만 하는 과제에 과부하가 걸린 것이다(520쪽).

로 작용할 수 있다. 그러나 이런 방식으로 정당화된 원칙을 법제화와 법령화를 통해 구체화하려고 하면 그만큼 입법과 행정에 과부하가 걸리게 되는데, 이 경우에 대부분의 현대 국가에서는 입법의 구속력은 약화되면서 행정에 의한 법령의 과밀화 현상이 나타난다. 이런 맥락에서 최대의 복지가 법치주의를 위협한다는 비판이 꾸준히 제기되고 있다. 특히 루만을 비롯한 체계 이론가들은 최대의 복지를 실현하기 위해서는 그만큼의 국가 개입이 요구되며 이를 위해 정치체계가 다른 체계들, 특히 자기 준거적 법체계를 교란한다고 비판한다. 결국 체계 이론은 정치체계 내부에서 최적의 사회복지에 만족해야 하며, 이를 위해서는 정치체계가 법체계에 개입해서는 안 된다고 주장한다. 그러나 이런 방식으로 정치체계에 감금된 최적의 사회복지는 최소의 복지로 귀결될 가능성이 높다. 따라서 하버마스는 법치국가의 위기를 극복할 탈출구를 폐쇄적 정치체계가 아니라 체계와 생활세계, 도구적 합리성과 의사소통적 합리성 사이에 다리를 놓고 서로의 교류를 증진할 수 있는 법체계 자체에서 찾는다. 더욱이 그가 제안한 절차주의적 법 패러다임은 정당성의 근거를 의사소통적 권력에서 찾고, 그 안에서 사회적 복잡성의 증가에도 불구하고 이질적인 것들 사이에 최선의 사회복지를 위한 공동의 의지가 형성될 것을 기대한다. 최대의 민주주의가 최선의 사회복지를 위한 출구인 것이다.

4. 유보(Vorbehalt)와 위임(Delegation)

사회체계와 환경의 복잡성 증가는 그만큼 사회적 불안을 키운다. 불안을 최소화하기 위해서는 경우에 따라 최대 혹은 최적의 복지가 요구된다. 그러나 최대와 최적의 경계에서 판단의 주체는 시민, 곧 민주적 시민일 수밖에 없다. 그런데 시민이 공론장에서 민주적 절차를 거쳐 형성한 의사소통적 권력이 사회복지와 관련된 법률과 법령을 직접적으로 만들어 낼 수는 없다. 그럼에도 불구하고 의사소통적 권력은 구체적인 사회적 맥락 속에서 형성된 문제 상황이 가감 없이 표출되고 토론되면서 형성되기 때문에 실천적으로 가장 앞선 복지, 곧 최선의 복지를 지향할 것이다. 그런데 최선의 복지는 최대의 복지 이론처럼 구체적 현실을 추상화한 독립적인 원칙이나 규범을 사전에 요구하지 않으며, 나아가 최적의 복지 이론처럼 기능적으로 분화된 체계들 사이에서 최적의 계산서를 제출할 것을 요구하지도 않는다. 최선의 복지 이론이 최대의 복지나 최적의 복지를 반대하기보다 오히려 최대의 복지를 최적의 복지로 만들어 갈 수 있는 민주적 법치국가를 지향한다.

최선의 복지는 공론장에서 형성된 의사소통적 권력을 법률로 번역해야 한다. 그러나 시민이 자신들의 권리와 권력을 직접 법률로 번역할 수는 없다. 시민은 번역 작업을 수행할 대표자를 선출해 유보할 수밖에 없다. 국민 주권과 민주주의를 기본 원리로 채택한 법치국가에서는 오직 시민만이 자신들의 권리를 법제화할 수 있는 주체이며, 이 권한의 유보 또한 오직 자신들이 선출한 대표에게만 부여할 수 있다. 다시 말해 오직 의회와 입법부만이 민주적 법치국가의 시민권을 법률의 형식으로 만들수 있다. 물론, 모든 법률과 그것의 세부적인 시행 방안을 모두 법률로 정할 수는 없다. 그러나 헌법상 기본권으로 보장된 권리, 예를 들어 자유권, 참정권, 사회권 같이 본질적인 내용에 대한 정책 형성 기능은 오직 의회가 법률로서 정해야만 한다.[34] 이런 맥락에서 대부분의 법치국가는 의회 유보와 법률 유보의 원칙을 채택하고 있다.

법률 유보를 보다 강조하는 의미를 갖는 의회 유보는 헌법의 본질적 규율, 특히 기본권 관련 규율은 반드시 법률로 정해야 하고 가능한 최대의 밀도와 명확성을 가져야 한다는 원칙을 가리킨다.[35] 이에 따라 행정부의 임무는 입법화된 정책을 집행하거나 적용하는 것으로 제한된다. 그

---

34 헌법재판소, 2000. 1. 27. 선고, 98헌가9 결정 참조.

35 Jürgen Staupe, *Parlamentsvorbehalt und Delegationsbefugnis. Zur "Wesentlichkeitstheorie" und zur Reichweite legislativer Regelungskompetenz inbesondere im Schulrecht*, Berlin: Dunker & Humblot, 1986, p. 30 참조.

런데 현대 사회에서는 복잡성과 변화 속도가 폭발적으로 증가하고 그만 큼 예견하지 못한 새로운 상황이 전개되기 때문에, 이에 신속하게 대처할 수 있도록 행정의 전문화를 강하게 추진해 왔다. 이 과정에서 오늘날 세계의 많은 나라가 행정 중심의 국가로 발전하는 경향이 있다. 여기에 더해 국가의 역할 확대에 따른 의회의 입법 요구가 지나치게 증가하면서 의회 유보가 흔들리고 행정부로의 위임 입법이 증가하고 있다. 따라서 오늘날 중요한 문제는 법률 유보와 위임의 경계를 명확히 정하는 것이다.

기본권과 관련된 규율은 위임을 금지하는 포괄적인 합의를 제외하면 유보와 위임의 경계를 명확히 나눌 수 있는 하나의 독립된 기준을 가지고 있지 않다. 그 때문에 이와 관련된 다양한 형태의 이론과 담론이 경쟁하고 있는 상황이다. 그렇지만 다음의 몇 가지 사항에 대해서는 대체로 이견이 크지 않은 것으로 보인다. ① 국가가 개인의 기본권을 제한하거나 침해할 가능성이 있는 경우에 이를 예방하는 차원, ② 국가가 기본권의 현실적 증진을 위해 개입해야 할 경우, ③ 권리의 담지자인 시민 상호 간의 기본권 충돌의 가능성이 있는 경우, 즉 기본권 영역 내부의 목적 충돌의 필수적 이해 조정과 결정을 규정해야 할 경우, ④ 다양한 사회적·정치적·문화적·경제적 배경과 세계관의 차이에서 발생할 수 있는 관점과 이해관계를 조정해야 할 경우는 위임 금지의 원칙을 철저히 지켜야 한다. 물론, 이 같은 법률 유보의 원칙이 반드시 '법률에 의한 규율'만을 요청하는 것이 아니라 '법률에 근거한 규율'을 요청하는 것이기 때문에, 앞의 사항의 경우에도 법률에 근거한 법령을 인정할 수 있다. 즉 기본권의 보호와 실현을 위한 법률은 의회가 정하고, 관련된 세부 규정은 행정 법령에 위임할 수 있다는 것을 의미한다.[36] 따라서 법률 유보는 또한 엄격한 법치 행정을 규제하는 원칙이기도 하다.

법률 유보와 법치 행정의 원칙은 행정 작용에 대한 법적 구속력과 통

---

36 헌법재판소, 2005. 3. 31. 선고, 2003헌마87 결정 참조.

제를 강화함으로써 시민의 권리를 실질적으로 보장하기 위함이다. 그런데 의회는 의사소통적 권력을 법률로 번역하는 과정에서 필요한 정보를 충분히 확보할 수 없으며, 나아가 관련 입법화로부터 생겨날 수 있는 작용과 부작용에 대해 정확한 예측을 할 수 있는 충분한 전문성을 갖추고 있지 않을 수 있다. 특히 대상 영역이 광범위하고 사회 변화가 빠를 경우에 의회는 법률 유보가 아니라 위임의 유혹에 빠질 수 있다. 더구나 우리나라의 경우처럼 실질적인 민주주의 경험이 짧은 경우에 권력과 정보를 독점하고 있는 행정부는 법적 구속에서 벗어나 자유롭게 행정권력의 의지를 실현하려는 경향이 있다. 따라서 위임이 부득이한 경우에도 그 내용과 범위를 명확하게 제한하는 것이 행정권력의 자의적 판단을 최소화할 수 있다.[37] 특히 기본권과 관련된 법률 위임은 어떤 경우에도 법률 유보의 범위 안에서 이루어져야 한다. 즉 어떤 경우에도 백지 위임을 인정해서는 안 된다.

백지 위임은 단순히 입법권의 포기가 아니라 민주적 법치국가의 기본 원리인 국민 주권을 부정하는 것이다. 이를 사회복지와 관련해 생각해 보면, 백지 위임은 복지의 주체를 대상으로 전락시키는 것이다. 사회복지가 행정부의 기능주의적 체계에 의해 이루어진다면 결국 기본권으로서 복지 관련 법률의 저자는 행정부가 되고, 진정한 주체이어야만 할 시민은 수신자 혹은 수혜자로 전락한다. 물론, 행정부가 법령으로 사회복지의 정책을 기획하고 실행할 경우에 의회 입법을 통해 이루어지는 경우보다 더 많은 사회복지를 실현할 수 있다. 즉 경우에 따라 행정부가 입법부보다 단기적으로 더 많은 복지를 실현할 수 있다.

그러나 기능적으로 분화된 체계 안에서 행정부는 최적의 복지를 최대의 복지라고 주장할 개연성이 높기 때문에, 장기적인 관점에서 보면 권리의 주체가 입법의 주체가 되는 것이 최대의 복지를 실현할 수 있다. 더구나 사회복지에 관한 광범위한 민주적 담론 과정에서 형성된 의사소통

---

37 헌법재판소, 1994. 5. 6. 선고, 89헌마35 결정 참조.

적 권력은 절대적인 원칙을 토대로 최대의 복지만을 주장하기보다 대상 영역에 대한 광범위한 정보와 의견 교환을 토대로 그 상황에서 최대의 복지, 다른 말로 하면 최적의 최대 복지, 곧 최선의 복지를 지향할 가능성이 높다. 사회복지를 실현하는 과정에서 생겨날 수 있는 작용과 부작용에 대해 의회보다 행정부가 더 많은 정보와 계산 능력을 가지고 있을 수도 있다. 하지만 행정부보다 의사소통적 권력이 형성되는 공론장에서 더 구체적이고 풍부한 정보와 의견이 교환되며, 작용과 부작용에 대한 다차원적 결과 분석도 더 섬세하게 이루어질 수 있다. 따라서 지금 우리나라에서 최선의 복지를 실현하려면 우선 백지 위임을 차단할 수 있는 의사소통적 권력을 형성하는 것부터 시작해야 한다. 최대의 행정과 최적의 시장이 아니라 최대의 민주주의와 최적의 법치국가가 최선의 복지를 위한 시작이자 끝이기 때문이다.

제15장
국가권력과 시민권

1. 힘(Kraft)과 권력(Macht)

힘을 내자는 격려와 위로는 많지만 실제로 자기 힘을 남에게 실어 주는 경우는 많지 않다. 큰일을 할 테니 힘을 달라는 호소만큼 모아 준 힘을 제대로 쓰는 이도 별로 없다. 작은 힘도 모으면 큰 힘을 발휘할 수 있지만, 그것을 가진 사람은 큰일을 하기보다 더 큰 힘을 갖는 데 힘을 쓴다. 힘을 키우지 못하면 힘을 빼앗기는 사회이기 때문에 힘을 가진 사람조차 누구나 항구적 긴장 상태에 빠진다. 긴장을 잃은 사람은 이미 힘이 없는 사람이며, 긴장을 감내할 수 없는 사람은 곧 힘이 빠진다. 긴장은 사람조차 아름답게 보이도록 하지만, 반대로 너무 강한 긴장은 불안이 되면서 쓸모없는 일에 힘쓰게 만든다. 그러니 불안 없는 긴장의 힘이 바르게 쓰인다.

힘이란 어떤 방식으로든 외부에 효력을 끼치거나 효과를 불러올 수 있는 어떤 것을 가리킨다.[1] 그래서 힘은 사람만의 것이 아니다. 동물이나 식물, 심지어 사물도 힘을 갖는다. 인간이 초월적 존재의 힘을 불신하기 시작하면서부터 자연은 인간을 지배했던 힘을 상실한 것처럼 보인다. 하지만 니체의 바람과는 달리, 자연의 힘인 중력은 여전히 인간을 압도한다.[2] 태양신을 섬기는 사람을 찾아보기는 어렵지만, 모든 생명은 태양의 힘으로 살아간다. 포세이돈이 사라졌다고 해도 해일은 작은 배만이 아니라 큰 도시도 파괴할 수 있다. 한갓 죽은 나무도 기둥이 되면 집을 받치는 힘을 갖게 되고, 약이 되는 물건은 생명을 살리기도 한다. 술은 사랑을 고백하도록 사람에게 용기를 주는 힘만이 아니라 개인과 집단을 파멸에 이르게 할 힘도 있다. 술의 힘을 빌려 쓸 수는 있지만, 같은 일이 반복되면 술의 힘이 그 힘을 빌린 사람을 파괴한다. 사물의 힘이 사람의 힘을 키우기도 하고 줄이기도 하는 것이다.

동·식물의 세계에서 힘의 크기는 경쟁의 결과를 좌우한다. 강한 놈이 약한 놈을 잡아먹는 동물들 사이의 힘의 역학 관계는 쉽게 역전되지 않는 사슬을 형성한다. 식물 경합의 지도가 바뀌는 경우는 찾아보기 어렵다. 하지만 어떤 동·식물의 힘도 독립적이지는 않다. 아무리 힘센 호랑이도 잡아먹을 허약한 동물이 없으면 무기력하다. 뿌리 발육이 왕성해 주변 식물과의 경합에서 우위를 보이는 여로(藜蘆)도 습지에서 멀어지

---

1 Volker Gerhardt, *Vom Willen zur Macht*, Berlin/New York: De Gruyter, 1996, pp. 7ff. 참조. 이 책의 저자는 힘과 권력을 구별하지 않는다.

2 니체는 중력의 은유를 통해 자기를 사랑할 수 없게 만드는 도덕의 힘으로부터 벗어날 것을 주문한다. "나 무엇보다도 저 무거운 중력의 정신(Geist der Schwere)에 적의를 품고 있는데, 그것만 보아서도 새의 천성임이 분명하다. 나 진정 중력의 정신에 대해 불구대천의 적의와 최대의 적 그리고 뿌리 깊은 적의를 품고 있으니! 나의 적의가 일찍이 날아보지 않은 곳이 어디 있으며 날아 헤매어보지 않은 곳이 어디 있던가! …… 날지도 못하는 사람은 대지와 삶이 무겁다고 말한다. 중력의 정신이 바라고 있는 것이 바로 그것이다! 그러나 가벼워지기를 바라고 새가 되기를 바라는 자는 먼저 자기 자신을 사랑할 줄을 알아야 한다. 그것이 나의 가르침이다." 프리드리히 니체, 정동호 옮김, 『차라투스트라는 이렇게 말했다』, 책세상, 2007, 320~21쪽. 정동호는 초판 번역에서는 'Geist der Schwere'를 '중력의 악령'으로 옮겼는데, 2020년 개정판(311~12쪽)에서는 '중력의 정령'으로 수정했다. 두 번역 모두 니체에게서 정신이 부정적인 의미를 담고 있다고 판단한 것으로 보인다. 하지만 나는 '중력의 정신'으로 옮겨도 니체의 의도를 충분히 알 수 있다고 보아 정동호의 번역을 일부 수정했다.

면 힘을 못 쓰고 죽는다. 이처럼 모든 동·식물의 힘이 다른 존재에 의존하고 있기 때문에 환경이 바뀌면 그들의 관계도 역전될 수 있다. 그래서 동·식물은 자기에게 유리한 환경을 찾아다니면서 동시에 주어진 환경에서 더 많은 힘을 쓸 수 있는 방향으로 진화한다. 하지만 어떤 동·식물도 다른 동·식물과의 힘의 역학 관계를 뒤집는 방식으로 진화하지는 않는다. 쥐는 고양이를 잡아먹을 만큼 진화하지 않는다.

동물의 하나인 인간은 문명을 개발함으로써 자연 상태에서 유지되던 힘의 체계를 근본적으로 해체한다. 문명화된 인간에게 호랑이나 사자 따위는 이제 위협은커녕 근심거리도 되지 못한다. 모든 동·식물은 인간이 편성한 도감에 따라 새로운 역할을 수행해야 한다. 초식 동물이었던 소는 동물 사료를 먹으며 부드러운 살코기를 생산해야 하고, 수컷으로 태어난 닭은 사료의 맛도 보지 못하고 죽어야 한다. 집을 지키던 개는 이제 인간의 외로움까지 덜어 주는 살아 있는 인형이 되어야 하며, 온갖 곡물과 식물은 다른 동·식물뿐만 아니라 자동차의 먹이도 되어야 한다. 인간은 더 이상 동물이 아니라 신(神)이다.

신도 죽었고 인간도 해변의 물거품처럼 곧 사라질 것이라고 말하지만 어불성설이다.[3] '인간'도 말이고 담론이니 사라질 수 없는 것이라고 고집할 필요는 없다. 하지만 인간의 힘이 몸도 마음도 아닌 말에서 비롯된

---

3 잘 알려진 것처럼 푸코는 '인간'과 관련된 담론의 조각들을 모아 그 배치와 힘의 계보를 밝히는 과정에서 '인간'을 형성하는 담론의 배치를 해체하면 인간도 사라진다고 말한다. "우리의 사고의 고고학이 잘 보여 주듯이, 인간은 최근의 산물이다. 그리고 아마도 인간은 종말에 가까워지고 있는 자일 것이다. 만일 그러한 배치가 나타날 때처럼 사라지게 된다면 …… 그때 우리는 인간이 마치 해변의 모래 사장에 그려진 얼굴이 파도에 씻기듯 이내 지워지게 되리라고 장담할 수 있다." 미셸 푸코, 이광래 옮김, 『말과 사물』, 민음사, 1994, 440쪽. 나는 인간이 만들어진 것처럼 사라질 수도 있다는 푸코의 진단에 많은 부분 동의한다. 무엇보다 그의 말처럼 인간이라는 형상의 출현은 사물과 사물의 질서에 관한 지식, 동일성과 차이, 등가성과 특이성의 새로운 배열과 관계한다. 그런데 나는 인간의 형상이 사물과 사건을 동일성의 체계로 동화시키는 말과 동시에 출현했다고 본다. 따라서 나에게 인간은 150년 전에 갑자기 출연했다가 이제 곧 사라질 형상이 아니라 말이 힘을 발휘하는 문명의 역사와 함께하는 지속적 담론이다.

것이니, 말이 없어지지 않는 한 인간도 사라지지 않는다. 오직 인간만이 말의 대상이면서 동시에 말의 주인이다. 말의 대상으로서 인간은 사라질 수 있지만, 주인으로서 인간은 말의 힘으로 모든 동·식물과 자연을 통제하고 지배한다. 더구나 인간은 말로 다른 인간을 지배한다. 호르크하이머가 바로 보았듯이, 자연의 지배에서 벗어나 자연을 지배하게 된 인간은 같은 방식으로 다른 인간을 지배한다. 말의 힘을 통해 다른 인간을 사물화할 수 있는 인간이 사물화된 인간을 지배하는 것이다. 그러나 이런 방식으로 인간에 의한 인간의 지배가 강화되면 될수록 사물화로부터 벗어날 수 있는 인간은 없으며, 결국 모든 지배자는 피지배자가 된다.[4]

말보다 생각이 먼저라고 할 수도 있지만 인간에게 최고의 힘을 준 것은 생각보다 말이다.[5] 동물과 다른 사람의 생각은 자기의식에 기반하고 있다. 사람의 생각이란 자기와 자기의 대화이니 대상 의식만으로는 온전한 생각이라 할 수 없다. 최근의 연구 결과에 비추어 보면, 동물에게도 자기의식이 있다. 하지만 동물의 자기의식이 자기 정체성을 확립하는 데에까지 발전한 것은 아니다. 무리를 이루고 살아가는 동물 역시 홀로 자기 자신일 수 없기 때문에 자기의식을 갖기는 하지만 동료와 정교한 언어적 대화를 해야 할 만큼 복잡한 사회 구조를 형성하지는 않는다. 이처럼 비언어적 자기의식을 가진 동물과 달리 인간은 대화할 수 있는 다른 인간, 곧 그도 역시 주체인 타인과의 관계 속에서만 자기의식을 갖는다. 따라서 인간의 자기의식과 자기 동일성은 말에 기초하고 있다고 할 수 있으며, 바로 이 말로부터 인간의 힘이 생긴다고 할 수 있다.

---

4 "인간은 자신이 해방되는 과정에서 나머지 세계와 운명을 공유한다. 자연 지배는 인간 지배를 포함한다. 모든 주체는 외적 자연, 즉 인간적이거나 비인간적인 외적 자연을 지배하는 데 가담할 뿐만 아니라 이를 수행하기 위해 자기 자신 안에 있는 자연을 지배한다. 지배는 지배를 위해 내면화된다." 막스 호르크하이머, 『도구적 이성 비판』, 151쪽.

5 "Daß der sprachliche Austausch in der einen oder anderen dieser Formen für uns unumgänglich ist, liegt an der Natur unserer Sprache und an der fundamentalen Abhängigkeit unseres Denkens von der Sprache." Charles Taylor, *Quellen des Selbst: Die Entstehung der neuzeitlichen Identität*, Frankfurt am Main: Suhrkamp, 1994, p. 77.

사람이 쓰는 말의 힘은 사회적 노동의 과정에서 사물과 사건의 질서를 부여하는 데서 생긴다. 말은 동일성의 원리에 기초하고 있다. 말은 처음에 사물이나 사건과 분리되지 않고 그것과 동일한 것으로 소통된다. 시간이 흐르면서 말과 사물(사건)의 동일성이 해체된 후에도 오랫동안 사람들은 말과 사물(사건)의 유사성에 붙잡혀 있다. 하지만 도구적 이성이 발전하면 말은 더 이상 사물(사건)과의 관계를 끊어버린다. 그림으로서 언어가 사라지고 기호로서 언어가 전면화된 것이다.[6]

사과라는 말 속에는 더 이상 사물(사건)로서의 사과와 아무런 동일성이나 유사성이 없다. 이제 말로서 사과는 더 이상 사물(사건)로서의 사과를 표현하는 도구가 아니다. 오히려 반대로 말로서의 사과가 주체가 되고 사물(사건)로서의 사과는 대상으로 추락한다. 사물(사건)과 어떤 것도 공유하지 않는 기호로서의 말이 그것이 지시하는 사물(사건)을 남김없이 포섭한다. 말로 환원되면서 말의 지배권에 들어간 사물(사건)만이 그나마 의미를 갖는다. 그렇지 못한 사물(사건)은 이제 통째로 말을 빼앗긴다. 이제 말은 사물과의 동일성이 아니라 자기 자신과의 동일성 속에서 절대적 힘을 행사한다.

말과 사물(사건)의 분리와 말의 자기 동일성 체계는 인간의 세계까지 깊숙이 파고든다. 이름은 더 이상 그 이름을 가진 사람과 아무런 상관 관계도 갖지 않는다. 박정희(朴正熙)는 바르지도 않았고 빛나서는 더욱 안 될 사람이지만 그의 이름은 정반대의 삶을 지시하고 있다. 전두환(全斗煥)이란 이름만으로 그가 살인자임을 알아볼 수는 없다. 이처럼 언제부터 사람의 이름과 그의 특성이 분리되었는지는 알 수 없지만, 바로 그 시점에 인간에 의한 인간의 지배가 말의 힘을 통해 정당화되었을 것이다. 말의 힘, 곧 현실을 바꾸는 말이 권력이다.[7] 이때의 권력은 다른 사람에게

---

6 "기호로서의 언어는 자연을 인식하기 위해 계산의 도구로 전락해야 하며, 자연과 유사해지려는 요구를 포기해야만 하는 것이다. 반면 형상으로서의 언어는 완전히 자연이 되기 위해 모상(模像)이 되는 데에 만족해야 하며, 자연을 인식할 수 있다는 요구는 단념해야 한다." 테오도르 아도르노·막스 호르크하이머, 『계몽의 변증법』, 44쪽.

행사할 수 있는 힘, 곧 타인이나 조직을 지배할 수 있는 힘을 가리킨다.[8]

  권력은 크게 세 가지 조건이 성립해야만 형성된다. 첫째, 권력은 욕망을 타고 움직인다. 욕망 자체가 권력을 향한 의지로 환원되지는 않지만, 권력은 욕망 없이는 작동하지 않는다.[9] 둘째, 권력은 관계를 규정하는 개념인 만큼 두 사람 이상이 노동과 놀이 혹은 그 밖의 것을 매개로 관계를 맺었을 때 생긴다. 이런 맥락에서 권력은 사회적이다. 셋째, 관계가 서로 다른 역할로 세분화할 수 있을 만큼 분화되어야 한다. 그 때문에 권력은 정치적이다. 이상과 같은 세 가지 조건이 충족된 곳에서의 모든 인간 관계는 권력 관계이다.[10]

---

7   언어와 권력이 내적으로 긴밀하게 연결된 만큼 언어는 폭력과도 떼려야 뗄 수 없는 관계를 맺고 있다고 볼 수 있다. 나탈리 블로흐(Natalie Bloch)는 특히 연극 대본의 분석을 통해 언어와 폭력의 관계를 네 가지, 즉 ① 언어 속의 폭력, ② 폭력 언어, ③ 언어폭력, ④ 구두폭력으로 나누어 서술한다. 그에 따르면, ①은 물리적 폭력 행위에 대한 이야기를, ②는 사회적 폭력 관계를 상징적 폭력 관계로 전환해 은폐하는 언어가 숨기고 있는 상징폭력을, ③은 폭력적으로 사용된 언어를, ④는 타인을 심리적으로 충격에 빠뜨리거나 무시하는 언어를 가리킨다. Natalie Bloch, *Legitimierte Gewalt: Zum Verhältnis von Sprache und Gewalt in Theatertexten von E. Jelinek und N. LaBute*, Bielefeld: transcript, 2011, pp. 71ff. 참조. 여기서 내가 생각하는 말과 권력 혹은 말과 폭력의 관계는 주로 ②와 관계한다. 하지만 동시에 말이 그것이 지시하는 대상을 동일성의 논리로 규정한다는 의미의 폭력도 함축한다.

8   니체는 권력을 조직과 연관해 해명하는 과정에서 지배와 동일한 개념으로 사용한다. Volker Gerhardt, "Macht und Herrschaft sind synonym", *Vom Willen zur Macht*, Berlin/New York: de Gruyter, 1996, p. 259.

9   "욕망이 있는 곳에는 이미 권력 관계가 있을지 모른다. …… 권력과 무관한 욕망을 찾아 나서는 것은 허사(虛事)일지 모른다." 미셸 푸코, 『성의 역사 1: 지식의 의지』, 96쪽.

10   권력과 무관한 관계가 있을 수는 있지만, 관계가 없는 곳에서는 권력도 없다. 이런 맥락에서 푸코는 권력을 힘의 관계(Kräfteverhältnis)로 파악한다. 권력을 이처럼 관계, 특히 힘의 관계로 규명하는 것은 권력을 실체적 존재나 소유의 대상으로 환원하는 것을 차단하고 기능을 중심으로 파악할 수 있는 강점이 있는 것으로 보인다. "Die Macht muss, wie ich glaube, als etwas analysiert werden, das zirkuliert, oder eher noch als etwas, das nur in einer Kette funktioniert; sie ist niemals lokalisiert hier oder da, sie ist niemals in den Händen einiger, sie ist niemals angeeignet wie ein Reichtum oder ein Gut." Michel Foucault, *Analytik der Macht*, Frankfurt am Main: Suhrkamp, 2005, p. 114; Ulla Klingovsky, *Transformationen der Macht in der Weiterbildung*, Bielefeld:

권력 관계는 관계를 형성하는 사람들 사이의 상호성에 기초하고 있다. 물론, 권력 관계의 상호성이 평등이나 공정 같은 호혜적 대칭성을 의미하지는 않는다. 오히려 권력 관계는 비대칭적인 경우가 더 많다. 그럼에도 불구하고 권력 관계는 관계 맺은 사람 모두에게 지대한 영향을 끼친다는 점에서 상호적이다. 서로 다른 역할을 수행하도록 규정하는 관계에서 각자에게 주어진 권력이 차이가 있을지라도 서로의 삶에 지대한 영향을 끼친다는 의미에서 상호적이다. 하지만 대부분의 사람은 더 많은 권력을 가지려는 의지와 욕망을 가지고 있다. 일반적으로 권력 체험이 가치 체험과 연계되기 때문이다.

권력 체험은 크게 세 가지 측면에서 만족감을 준다. 권력자는 ① 영향력 행사를 통해 자신감을 얻고, ② 타인의 인정을 통해 자부심을 갖고, ③ 자존심의 상승을 체험한다.[11] 하지만 역으로 권력 관계는 피지배자에게 자존심과 자부심, 자신감을 빼앗을 수 있다. 전자의 측면에서 볼 때, 권력은 선이지만 후자의 측면에서는 악이다. 따라서 권력 관계는 선악의 저편이 아니라 갈림길에 있다. 권력 관계가 악이 아니라 선이 되려면 관계를 맺는 사람들이 서로가 수행할 역할만이 아니라 그 역할에 부여된 권력의 정당성을 서로 인정(Anerkennung)해야만 한다.[12] 그렇지 않을 경우에 권력은 폭력이 된다.

2. 권력과 폭력(Gewalt)

폭력은 폭염, 폭우, 폭풍, 폭설, 폭음, 폭식, 폭주, 폭발, 폭락, 폭리, 폭등, 폭언, 폭로, 폭군, 폭압, 폭정, 폭도, 폭동, 폭거, 폭행 같은 유사 개념과

---

transcript, 2009, pp. 92ff. 참조.

11 Alfred Vierkandt, *Gesellschaftslehre*, Stuttgart: F. Enke, 1928, p. 34 참조.

12 Michel Foucault, *Analytik der Macht*, p. 246 참조.

의 비교를 통해 알 수 있듯이, '파괴를 동반하는 사나운 힘의 사용'을 가리킨다고 볼 수 있다. 하지만 폭력은 단순히 지시 대상을 통해 의미를 확정 지을 수 있는 사실 판단의 문제로 환원되지 않는다. 폭력은 단순한 파괴가 아니라 정당화되지 않은 파괴, 곧 부정적 파괴라는 가치 판단과 관계한다. 이런 맥락에서 나는 폭력을 주체와 주체, 인간과 인간의 관계를 주체와 대상, 인간과 사물의 관계로 왜곡하는 일련의 과정으로 한정하려고 한다.[13]

폭력은 그동안 개인적 폭력, 집단적 폭력, 구조적 폭력, 언어적 폭력, 문화적 폭력, 심리적 폭력, 실존적 폭력, 물리적 폭력, 가정폭력, 학교폭력, 국가폭력 등의 다양한 이름으로 연구되어 왔다. 이 과정에서 폭력은 다층적이고 다차원적인 입체 구조를 가지고 있는 것으로 밝혀졌다. 이런 연구 성과를 참고로 이 글은 모든 관계 형성과 유지 과정에서 ① 자율적 상호 인정이 결여된 경우, ② 타자를 도구화(대상화)하는 경우, ③ 차이를 존중하지 않는 힘의 행사를 폭력으로 간주한다. 반면에 ① 자율적 상호 인정의 기초 위에서, ② 타자를 관계의 주체로 승인하고, ③ 차이를 차이로 인정하고 존중하는 인간과 인간 사이의 힘의 역학 관계는 권력으로 간주한다. 물론, 이에 관한 세부적인 정당화 담론이 필요하지만, 이는 보다 체계적인 별도의 논의를 요구하기 때문에 여기서는 권력과 폭력을 규범적으로 구별하는 것에 만족하고자 한다. 다만 동일한 행위에 대해 발신자와 수신자의 입장에 따라 서로 다르게 판단할 경우에 수신자의 입장이 우선적으로 고려되어야만 한다는 점을 명백히 할 필요가 있다.

---

13 공진성, 『폭력』, 책세상, 2009, 25쪽 이하 참조. 나는 여기서 자연 상태를 가정하고 그로부터 폭력의 불가피성을 주장하는 홉스 유형의 사회계약론에 반대한다. 왜냐하면 자연 상태, 곧 인간과 인간의 관계 형성이 규범을 통해 규제되지 않는 상태에서는 선과 악의 구별이 없기 때문에 자기 보존을 위한 인간들 사이의 행위를 권력과 폭력으로 나누어 부르는 것 자체가 적합하기 않기 때문이다. 다시 말해 탈규범적 상태를 규범적으로 판단하는 것 자체가 자기모순이다. 따라서 나는 권력과 폭력의 구별이 자연 상태가 아니라 사회적 상황에서 인간 상호 간의 관계를 규율하는 규범(법과 도덕)에 따라 이루어져야 한다고 생각한다.

왜냐하면 권력자는 많은 경우에 자신의 폭력적 행위가 피권력자의 입장을 충분히 고려한 것이라고 웅변하기 때문이다.[14]

타인과의 관계 맺음에서 권력이 생성된 것임에도 불구하고, 권력자가 관계로부터 자유로운 자립적 권력을 향유하려고 하면서 다른 사람과 조직을 수단으로 사용할 위험이 발생한다.[15] 이 경우에 권력을 가진 사람은 자신의 권력 체험을 위해 다른 모든 것을 도구화하려는 경향을 보이기 때문에 악한 사람으로 비추어지는 경우가 대부분이다. 이처럼 권력이 폭력으로 둔갑하면 폭력적인 인정투쟁이 생겨날 가능성이 높아진다. 물론, 이런 과정을 당연시할 수도 있다. 폭력을 동원할 수 없는 권력은 무기력하다고 생각할 수 있기 때문이다.[16] 하지만 이런 방식으로 권력과 폭력의 친족성을 받아들일 경우에 부당한 권력 관계조차도 유용성의 이름으로 정당화될 위험이 있다.

어떤 이론가들은 지배자만이 아니라 피지배자에게도 이익을 가져다주는 권력은 선하다고 말한다.[17] 그러나 이 경우에 노예제를 비판할 수 있는 기준은 사라진다. 우선 노예에게 자신이 맺고 있는 주종 관계가 그에게 이익이 되는지를 묻는 것 자체가 폭력이다. 아리스토텔레스의 말처럼 열등한 여성이 비대칭적 지배 관계를 통해 남성의 보호를 받는 것이 자유 시민으로 사는 것보다 더 이익일 수도 있다면, 주인보다 열등한 노예도 피지배자로서 보호받는 것이 더 유리하다고 말할 수 있을 것이다.[18]

---

14 공진성, 『폭력』, 28쪽 이하 참조.
15 "극단적 형태의 권력은 모두가 하나에 대항하는 것이며, 극단적 형태의 폭력은 하나가 모두에 대항하는 것이다. 그리고 이 가운데 후자는 도구 없이는 결코 가능하지 않다." 한나 아렌트, 김선욱 옮김, 『공화국의 위기』, 한길사, 2011, 191쪽.
16 적어도 니콜로 마키아벨리(Niccolò Machiavelli)에게서 권력은 지속적인 물리적 폭력의 가능성을 의미했다. 그의 주장처럼 군주국가에서 권력은 사람들에게 행사할 수 있는 폭력의 크기에 따라 측정될 수도 있을 것이다. 마키아벨리의 군주는 인간만이 아니라 동시에 동물의 역할도 수행해야 하기 때문이다. Niccolò Machiavelli, *Der Fürst*, Stuttgart: Reclam, 1969, p. 104 참조.
17 이진우, 「권력과 권리」, 『가톨릭 신학과 사상』 23, 1998, 11쪽 참조.
18 "암컷에 대한 수컷의 관계에서는 수컷이 자연적으로 우월하고 암컷이 자연적으로 열

더구나 이런 논리가 반드시 주인 혹은 노예제를 변호하는 이론가들만의 것은 아니다. 비록 노예제는 없어졌지만 자발적으로 노예적 삶을 선택한 경우도 많다. 어떤 것이 정의롭기 때문에 유용한 것이 아니라 유용하기 때문에 정의롭다고 생각하는 해묵은 실용주의적 관점에 서면, 모든 권력 관계는 그것이 부당하더라도 당사자에게 더 많은 이익을 주면 언제나 정당성을 갖는 관계로 둔갑한다.

어떤 부당한 권력 관계도 나름의 이유와 이데올로기를 가지고 있다. 생산 관계가 생산력에 영향을 끼치지만 역으로 생산력에 따라 생산 관계가 규정되기도 한다. 주인과 노예, 지주와 소작인, 자본가와 노동자 사이의 생산 관계는 그 관계가 유지되던 시대의 생산력과 밀접하게 연관되어 있다. 그렇다고 이런 관계가 곧바로 정당화되는 것은 아니다. 현재의 상황에서 주인과 노예의 관계가 생산력 향상과 경쟁에서 가장 효율적이라고 해서 노예가 그 관계를 인정해야 할 이유는 없다. 그 때문에 주인은 주인과 노예의 비대칭적 위계 관계가 효율성을 넘어 필연적이며, 더구나 노예에게도 유리할 뿐만 아니라 운명이라고 가리킬 필요가 있다. 노예는 인격체라기보다 도구라는 이데올로기가 아직 완전히 사라진 것도 아니다.

도구들 중에 어떤 것들은 영혼이 없는 것이고, 다른 어떤 것들은 영혼이 있는 것이다. 예를 들어 조타수에게는 키가 영혼이 없는 것이고, 망보는 사람은 영혼이 있는 것이다. …… 이와 같이(houtō) 소유물은 또한 삶을 위한 도구이고, 또 재산은 이러한 도구들의 모음이다. 노예는 일종

등하며, 수컷은 지배하고 암컷은 지배를 받는다. 그리고 이와 동일한 방식이 필연적으로 인간 전체에게 적용되어야만 하는 것이다. 그러므로 신체가 영혼으로부터, 또한 짐승이 인간으로부터 떨어져 있는 그만큼의 차이를 가지고 있는 그러한 사람들, 그리고 그 기능(ergon)이 신체의 사용이어서 그럴 경우에 그들로부터 얻게 되는 최선의 것을 가져올 수 있는 그런 사람들이 이러한 상태에 놓여 있을 때, 이러한 사람들은 자연적인 노예이다. 그들에게는, …… 이 원칙(archē)에 복종하는 편이 더 나을 것이다." 아리스토텔레스, 『정치학』, 45쪽.

의 영혼을 가진 소유물이고, 모든 보조자는 도구들을 사용하기 위한 도구와 같은(hosper organon pro organōn) 것이다.[19]

주인의 권력이 노예와의 관계에서 성립된 것임에도 불구하고, 노예를 자기와 동등한 인격체가 아니라 소유 가능한 수단으로 취급하는 순간에 권력은 폭력이 된다. 인간을 도구로서 사물화하는 권력은 비록 유용성과 효율성의 측면에서는 정당화될 수 있을지라도 상호성과 공속성의 측면에서는 결코 인정될 수 없기 때문이다. 모든 관계는 ── 그것이 친구 관계이든 적대 관계이든 상관없이 ── 타자에 의존한다. 적대 관계에서조차도 나는 적인 타자 속에서나 나를 살피고 재보며 집착하는 방식으로 관계를 맺으며 서로를 구속하는 것이다. "친구여, 친구는 없다네!"라는 말만큼 "적이여, 적은 없다네!"라는 말도 진실이다.[20] 물론, 관계없이는 선악도 없다. 어떤 관계 맺음도 없는 사람은 선악의 저편에 있다. 그만큼 관계와 무관하게 인간의 본성을 선악으로 규정하려는 모든 시도는 불필요하거나 무의미할 뿐만 아니라 유해하다.

인간의 본성에 관한 염세주의와 마찬가지로 낙관주의도 적과 동지의 이분법으로 타자를 고착화하고 도구화한다는 점에서는 차이가 없다. 한쪽은 타자를 불안의 원천으로 고착화함으로써 모든 사회·정치적 관계를 적을 물리치기 위해 동지를 규합하는 과정으로 환원한다. 반면에 다른 한쪽은 타자를 조화에 대한 열망으로 이상화함으로써 사회·정치적 관계를 적을 포섭하고 동화시키는 과정으로 규율한다. 한쪽은 타자에 대한 적대감 때문에 불안과 불신을 일상화하고 이를 극복하기 위한 권력체계를 선호한다면, 다른 한쪽은 타자에 대한 동질감 때문에 조화와 동화를 항구화할 권력체계를 지향한다. 이런 방식으로 타자를 사물화하고

---

19 아리스토텔레스, 『정치학』, 40쪽.

20 Jacques Derrida, *Politik der Freundschaft*, Frankfurt am Main: Suhrkamp, 2000, pp. 17ff., 54ff. 참조.

도구화한다는 점에서 양쪽 모두의 권력체계는 폭력체계로 둔갑한다.

나와 우리를 위협하는 타자, 나와 우리에 동화되지 않는 타자와의 관계는 근본적으로 적과 동지의 관계이기 때문에 언제나 폭력이 유발될 수 있다. 이 잠재적 폭력을 제압할 수 있는 폭력, 곧 폭력에 대한 폭력이 필요하다. 따라서 공동체는 구성원을 폭력으로부터 보호하기 위한 권력, 곧 폭력에 대해 폭력을 가할 수 있는 권력체계를 요구한다. 이 경우에 공동체의 권력체계는 구성원의 안전만이 아니라 공동체 안팎에 숨어 있는 타자의 잠재적 폭력에서 정당성의 근거를 찾는다.

그런데 이처럼 폭력에 대한 폭력으로 정당화된 권력은 구성원의 공적 자율성에 의한 인정보다 사적 자율성의 보호를 공동체의 존립 근거로 내세울 가능성이 높다. 이 경우에 구성원은 권력 형성의 주체라기보다 권리 보호의 대상으로 추락할 위험성이 높다. 모든 관계에서 권력이 관련된 사람들로부터 인정받은 힘을 가리킨다고 할지라도 인정이 권력을 정당화할 수 있는 충분조건은 아니다. 구체적 인정 행위를 통해 정당화된 권력도 타인을 도구화할 수 있으며, 그 과정에서 폭력으로 둔갑할 수 있기 때문이다. 이런 맥락에서 구성원을 권력의 보호 대상으로 취급하는 공동체의 권력체계 역시 폭력체계일 가능성이 높다.

적과 동지의 이분법에 기초한 권력체계는 언제나 '우리'의 바깥을 부정적으로 규정한다. 폭력의 원천인 타자, 동화되지 않은 타자가 거주하는 바깥은 두려움의 상징이 된다. 그러나 폭력을 행사하거나 동화되지 않으려는 타자는 곧 나의 다른 이름이다. 타자의 폭력과 동화의 거부 때문에 내가 폭력을 행사할 수밖에 없는 것이 아니다. 오히려 나 역시 타자의 타자이기 때문에 나에게 타자가 폭력의 주체이듯이, 타자에게 나 역시 폭력의 주체로 등장한다. 그러므로 타자와 동일한 방식으로 나도 타자에게 폭력을 행사하며 동화를 거부하는 타자이다. 그 때문에 이런 방식으로 정당화된 권력체계는 바깥에 대한 두려움과 불안 때문에 항구적인 폭력체계가 된다.

따라서 폭력을 최소화하기 위한 권력체계는 타자의 도구화를 부추기는 적과 동지의 이분법을 벗어나야 한다. 이를 위해 무엇보다 개인과 집단이 행사할 수 있는 폭력을 포기함과 동시에 폭력을 강제할 수 있는 권력을 법에 이양해야 한다.[21] 그렇다고 국가의 구성원이 폭력을 포기한 대가로 사적 자율성이라는 권리를 얻는 것으로 단정해서는 안 된다. 폭력이 법으로 일원화되는 것이 아니라 권리에서 권력이 정당화되어야 하기 때문이다. 그 때문에 권리를 매개로 구성원들 사이의 관계를 재구성하는 공적 자율성을 행사하는 과정에서 권력체계를 형성해야 한다.[22] 그래야 법이 폭력에 대한 폭력이 아니라 관계에서 발생하는 권력을 권리로 전환하는 매체로서의 정당성을 갖기 때문이다. 이런 맥락에서 국가권력은 폭력의 최소화만이 아니라 자유(율)의 최대화에 기여해야 한다.[23]

3. 국가권력과 국가폭력

폭력의 최소화를 지향하는 국가 공동체에서 권력은 일반적으로 구

---

21 이 경우에 합법성이 폭력 비판의 규범적 기준으로 정당화될 수 있는 장점이 있지만, 동시에 법 혹은 국가의 폭력 가능성을 은폐할 위험도 있다. 경우에 따라서는 불법적 폭력보다 합법적 폭력이 개인의 삶을 더 잔인하게 파괴할 수 있다. 더구나 구성원의 공적 자율성에 기초하지 않은 법은 자신의 정당성을 '폭력에 대한 폭력'에서 가져오는데, 이 경우에 국가폭력에 대한 대항폭력조차 일반적인 파괴적 폭력으로 환원할 가능성이 높다. 나아가 국가적 지평의 안팎에서 정의와 인권, 평화 같은 목적으로 폭력 수단의 사용을 정당화하는 경우가 많은데, 이 경우에 목적이 상호 주관적 자율성을 토대로 정당화되지 않았을 경우 폭력을 은폐하는 또 다른 문화적(상징적) 폭력일 가능성이 높다. 따라서 나는 폭력 비판의 규범적 기준으로 자연권, 합법성, 올바른 목적, 성공적 자아실현 등을 제시하는 것에 반대하지 않지만, 그에 앞서 이들 기준이 상호 주관적 자율성의 토대 위에서 정당화되어야 한다고 생각한다. 이와 관련된 논의를 위해서는 문성훈, 「폭력 개념의 인정이론적 재구성」, 『사회와 철학』 20, 2010, 89쪽 이하 참조.
22 이런 맥락에서 공적 자율성과 사적 자율성을 위계 없는 농근원적·상보적 관계로 규정하기 위해서는 주관성에서 상호 주관성으로 패러다임을 전환해야 한다. 이런 입장에 대해서는 Jürgen Habermas, *Faktizität und Geltung*, pp. 112ff. 참조.
23 권력체계의 정당화는 권리 문제(quid iuris)이지 역사적 뿌리를 찾는 사실 문제(quid facti)가 아니다.

성원에게 긍정적 보수(당근)와 부정적 처벌(채찍)이라는 양방향의 제재 (Sanktion) 가능성을 통해 영향력을 행사할 수 있는 힘을 가리킨다. 물론, 양방향의 제재 가능성 중에서 후자가 더 우선적이다. 폭력에 대한 폭력으로서 물리적 폭력을 행사할 수 없는 국가권력은 사회적 영향력을 행사할 수 없게 되면 무력화되기 때문이다. 그렇다고 현대의 법치국가에서 정치권력이 물리적 폭력을 직접적으로 사용하는 경우는 많지 않다. 국가권력은 실제적 폭력보다는 오히려 구성원에게 폭력적 제재를 가할 수 있다는 위협을 통해 관철된다. 그러니 바람직한 정치권력은 구성원에게 실천적 위협을 가하지 않으면서도 제재 가능성을 명확하게 인지시켜야 한다. 하지만 이를 위해 정치권력은 권력을 관철하기 위한 수단으로서 막강한 물리적 폭력을 행사할 수 있는 권한을 가지고 있어야 한다.[24]

아마도 앞서와 같은 관점은 상식에 부합하는 만큼 통속적이다. 통속은 오랫동안 유지된 관념이라는 점에서는 정당화의 부담이 적지만 동시에 이데올로기인 한에서 정당화의 요구에 응답해야만 한다. 더구나 앞의 관점을 고수하는 사람은 폭력에 대한 폭력을 독점적으로 행사할 수 있는 국가권력을 폭력과 독립된 방식으로 정당화할 수 없다. 전통적인 사회계약론에서처럼 자연 상태에서 자연권을 유지할 수 없기 때문에 인간이 국가에 독점적 폭력 행사를 할 수 있는 권력을 부여했다고 하더라도 문제는 해결되지 않는다. 국가폭력이 자연권을 보호하기 위한 수단일 뿐이라고 말할 수 있지만, 국가권력의 형성을 위한 사회계약 자체가 폭력에 기초하고 있다고 말할 수 있기 때문이다. 법실증주의도 마찬가지의 어려움을 겪는다. 적법성을 기준으로 국가폭력의 정당화를 시도하는 실증법학은 순환 논증에 빠지지 않고 실정법의 불법적 형성 과정을 비판할 수 있는 기준을 제시할 수 없기 때문이다. 실정법 안에서 승인된 폭력과 승

---

24 "Unter all diesen Gesichtspunkten ist überlegene physische Gewalt das Machtmittel par excellence." Niklas Luhmann, *Die Politik der Gesellschaft*, Frankfurt am Main: Suhrkamp, 2002, p. 49. 이 같은 맥락에서 루만의 체계 이론은 마키아벨리와 홉스의 관점을 계승한다고 말할 수 있다.

인되지 않은 폭력의 구별이 실정법에 정당성을 부여하지는 않는다. 더구나 국가폭력의 승인 절차와 적법성의 획득 과정이 역사적으로 항상 적법했던 것도 아니다. 오히려 그 과정은 기존의 국가폭력에 대한 저항 과정에서 형성된 새로운 정치권력에 의해 지배된다. 이처럼 모든 국가권력은 국가폭력에 맞서 형성된 것이다.[25]

권력에서 폭력이 나오듯이, 폭력에서 권력이 나온다.[26] 칸트의 수사법으로 말하면 폭력 없는 권력은 공허하고 권력 없는 폭력은 맹목적이다. 권력과 폭력의 이러한 변증술은 국가폭력과 국가권력의 관계에도 깊숙이 스며들어 있다. 그렇다고 국가권력과 국가폭력을 구별할 수 있는 기준이 명확한 것은 아니다. 권력과 폭력은 관계 형성의 주체들 사이의 합의 여부를 가지고 나눌 수 있다. 그런데 개별 인격체들 사이의 관계에서 생성되는 권력과 달리, 국가권력은 국가 형성의 주체들 사이에서 권력 배분에 관한 합의나 협의를 이끌어 내기가 쉽지 않다. 그 때문에 합의나 협의의 과정 자체가 개인들 사이의 관계에서 보다 더 근본적인 의미를 갖는다. 따라서 국가권력은 단순히 개인의 사적 자율성을 보장한다는 이유로 정당화될 수 없다. 시민의 사적 자율성을 인정하면서도 공적 자율성을 무시하는 국가권력은 권력 형성의 주체를 대상이나 도구로 만드는 국가폭력이다.

이런 맥락에서 ① 사적 자율성과 ② 공적 자율성을 시민권의 이름으로

---

25 국가의 형성 과정만이 아니라 국가를 보존하고 번영시키기 위해 행사되는 모든 권력이 폭력에 기초하고 있다는 역사적 논증을 통해 국가권력과 국가폭력을 동일시하려는 입장이 있다. 김동춘, 「이제 '국가 범죄'를 학문적 논의의 장에 올리자」, 『경제와 사회』 90, 2011, 387쪽 참조. 그러나 역사적 사실이 이러한 관점을 정당화할 만큼 충분하다고 할지라도 국가권력과 국가폭력을 규범적으로 구별해야 한다. 무엇보다 '권력=폭력'이라는 등식은 ① 권력을 부정적으로만 규정함으로써 권력의 생산성을 규명할 수 없고, ② 모든 관계를 힘의 관계로 환원함으로써 국가폭력을 비판할 수 있는 규범적 근거를 상실할 위험이 있기 때문이다.

26 Mario A. Cattaneo, *Recht und Gewalt*, Münster: Lit, 2009, pp. 28ff. 참조; 발터 벤야민, 최성만 옮김, 「폭력비판을 위하여」, 『역사의 개념에 대하여/폭력비판을 위하여/초현실주의 외』(발터 벤야민 선집 5), 도서출판 길, 2008, 96쪽 이하 참조.

인정하고 증진하는 국가체계가 갖는 힘을 국가권력이라고 한다면, ①과 ② 가운데 하나를 무시한 경우를 국가폭력이라 부를 수 있을 것이다. 이는 국가권력과 국가폭력을 규범적으로 구별하는 것이다. 하지만 이 경우에도 시민 개개인이나 집단이 자신에게 부여된 권리로 그 권리를 부여한 법질서를 전복하려고 할 때, 국가가 이를 저지하기 위해 물리적 폭력을 사용할 경우에는 국가권력과 국가폭력의 경계가 불투명해진다. 그럼에도 불구하고 국가권력과 국가폭력의 규범적 구별은 국가권력이 적법하게 행사하는 폭력까지 국가폭력이라고 부르지 않을 수 있으면서 동시에 국가가 폭력의 주체일 수 있다는 것을 인정토록 할 수 있다.

국가권력과 국가폭력을 구별하는 기준의 정당화는 간단하지 않다.[27] 국가 자체가 목적과 수단 가운데 하나라면 그 구별은 쉬울 수도 있다. 하지만 현대 사회에서 국가는 최고선을 목적으로 성립된 독립적 정치 공동체라고 말할 수도 없지만,[28] 그렇다고 시민의 이해와 요구를 가장 충실하게 성취하기 위한 수단이나 도구라고 치부할 수도 없다. 목적으로서의 국가는 시민을 도구로 치부할 위험이 매우 크며, 그만큼 폭력적일 가능성도 높다. 반면에 수단으로서의 국가는 폭력과 멀어지는 만큼 시민의 권리와 이익의 보장이라는 목적에서 멀어진다. 이 때문에 국가를 목적이

---

27 국가폭력에 대한 사회과학적 정의는 다양하게 제시되었으며, 부분적 차이는 있지만 비교적 간명하다. 사회과학에서 국가폭력이란 국가가 자국민이나 타국인을 상대로 고문, 신체적 위해(危害), 집단 학살 같이 반인권적 폭력을 행사한 경우나 갖가지 권력 장치를 동원해 국민의 자유로운 의사 표현을 억압하는 경우, 그리고 국가의 묵인 아래 이루어지는 다양한 사회적 폭력 등을 가리킨다. 이에 대한 보다 상세한 설명은 조희연·조현연, 「국가폭력: 민주주의 투쟁·희생에 대한 총론적 이해」, 조희연 편, 『국가폭력, 민주주의 투쟁, 그리고 희생』, 함께읽는책, 2002, 58~59쪽 참조.
28 "우리는 모든 폴리스가 어떤 종류의 공동체(koinōnia)이고, 모든 공동체는 어떤 좋음을 위해서(heneken) 구성된다는 것을 관찰한다. 왜냐하면 모든 사람은 자신의 모든 행위에서 좋음이라고 여겨지는 것을 목표로 하기 때문이다. 그렇다면 분명히, 모든 공동체는 어떤 종류의 좋음을 목표로 하는 것이지만, 그 모든 공동체들 중에서 최고의 것(kuriōtatou)이면서 다른 모든 공동체들을 포괄하는 이 '공동체'는 가장 으뜸가는, 다시 말해 모든 좋음들 중에서 최고의 좋음을 목표로 한다." 아리스토텔레스, 『정치학』, 25~26쪽.

나 수단 가운데 하나로 해명할 수 없다. 국가는 목적이면서 수단이다. 권력 형성의 주체로서 시민을 목적으로 인정하는 국가가 목적이라면, 시민의 권리 보호를 위한 국가는 수단이다. 법의 수립 혹은 권리의 정립이라는 지평에서 국가가 목적이라면, 법과 권리를 유지·보존하는 국가는 수단이다. 두 경우 모두 국가의 권한 행사는 곧 국가권력이다. 반면에 시민을 국가의 보존과 부흥을 위한 수단으로 사용하는 국가의 권한 행사는 국가폭력이다. 따라서 국가권력이 국가폭력으로 둔갑하지 않으려면 먼저 시민을 수단으로 이용하는 사형제가 없어야 하고 나아가 국가의 목적과 시민의 목적이 일치하지 않을 경우에는 국가권력을 부정할 수 있는 저항권을 시민권으로 인정해야만 한다.[29] 다시 말해 국가가 폭력의 주체일 수 있다는 것을 인정하는 국가만이 정당한 권력을 가질 수 있다.

모든 공동체가 그러하듯이, 국가권력도 죽음을 관리한다. 가족묘가 가부장의 권력을 공고히 하는 장치이듯이, 국립묘지도 권위를 가진 인격체로 국가를 만들면서 동시에 국가권력에 정당성을 부여한다. 국립묘지에는 국가를 보존하고 번영시킨 인격체들인 독립 유공자나 전쟁 용사만이 아니라 민주화 유공자들도 있다. 더구나 전국 곳곳에 서 있는 위령비와 추모비, 기념비는 국가권력의 형성만이 아니라 보존을 위한 신체이고 장치이다. 무엇보다 흥미로운 것은 국가폭력에 대항하는 과정에서 희생된 사람들조차 국가권력의 장치로 포획된다는 점이다. 5·18국립묘지와 4·3평화공원에서 이름을 찾은 사람들은 모두 승인받지 않은 폭력을

---

29 사형제는 법 자체의 원천이 폭력이라는 것을 폭로하는 것으로서 시민을 법질서의 보전을 위해 수단으로 사용하는 것이다. 따라서 사형제의 비판은 폭력이 법 자체의 원천이라는 것을 폭로하는 과정이다. "원시적 법 상황에서 사형은 그것과 전혀 '관련'이 없는 것처럼 보이는 소유권 침해와 같은 범죄들에도 적용된다는 사실도 그 점과 상통한다. 그렇지 않아도 사형의 의미는 범법 행위를 처벌하는 데 있는 것이 아니라 새 법을 확립하는 데 있다. 왜냐하면 법은 그 어떤 다른 법 집행보다 생사여탈의 폭력을 행사하는 데에서 스스로를 확인하기 때문이다. 그러나 그와 동시에 바로 그러한 사형제에서 법 속의 부패한 무엇인가가, 섬세한 감정이라면 가장 분명하게 들을 수 있게, 전달되어 온다." 발터 벤야민, 「폭력비판을 위하여」, 94쪽.

행사한 폭도로 국가가 낙인을 찍은 사람들이다. 그러나 이제 국가는 이들의 저항과 이념조차 국가권력을 공고히 하기 위한 자양분으로 흡입한 것이다.[30]

국가를 독립된 인격체로 간주하지 않는 사람이라면 5·18국립묘지와 4·3평화공원에서 딜레마에 빠질 수밖에 없다. 국가폭력에 저항한 사람들의 죽음조차 관리하는 국가의 위력에 복종할 수도 없고, 그렇다고 희생자의 영혼과 뜻을 국가 밖에서 떠돌게 할 수도 없다. 국가폭력의 반복과 확대 재생산을 막으려면 끝없는 기억 투쟁이 있어야 한다.[31] 폭력이란 가해자와 피해자, 방관자만이 아니라 망각하는 자를 요구하기 때문이다. 하지만 기억 투쟁을 위해 반드시 국가가 인정하는 묘지와 공원이 필요한 것은 아니다. 오히려 묘지와 공원 안에서 기억은 사물화될 가능성이 높다. 그럼에도 불구하고 국가폭력의 재생산을 막으려면 '폭력 속임'(trompe-violence)이 필요한 것처럼 보인다. "폭력을 속이는 것은 폭력의 배출구를 막지 않으면서 간간이 먹이를 던져줄 때에만 가능하다."[32] 국가는 희생자들의 죽음을 재현함으로써 저항의 잠재력을 통제하고, 국민은 죽은 자들을 숭배하는 의례를 통해 그들을 노골적으로 기억의 저편으로 추방한다.[33] 이렇게 죽은 자들은 산 사람의 필요에 따라 호명되는

---

30 "5·18의 기억을 계승하는 데 있어서 가장 심각한 장벽은 관료제이다. …… 5·18의 제도화 이면에는 이러한 관료제의 문제가 동반되어 있었는데, 중요한 문제로 의식되지 못했다. 그 결과 5·18은 그동안 생명력을 불어넣었던 새로운 사회에 대한 상상력 및 운동 에너지와 분리된 궤도를 달려 왔고, 국가주의 내로 포섭되었다." 정호기, 「국가폭력에 대한 저항 기억과 제도화: 5·18민중항쟁」, 『실천문학』 79, 2005, 365쪽.

31 5·18과 4·3을 중심으로 한 국가폭력과 기억 투쟁의 관계에 대한 논의로는 이성우, 「국가폭력에 대한 기억투쟁」, 『Oughtopia』 26(1), 2011, 63쪽 이하 참조.

32 르네 지라르, 『폭력과 성스러움』, 14쪽.

33 "죽음은 산 사람이 당할 수 있는 최악의 폭력이다. 따라서 죽음은 지극히 해로운 것이다. 죽음과 함께 공동체 속으로 파고 들어오는 것은 전염성의 폭력인데, 산 사람들은 그것으로부터 자신을 보호해야 한다. 그들은 죽은 자를 격리시켜 놓음으로써 죽은 자 주위에 차단막을 만든다. 그들은 모든 종류의 예방책을 강구하는데, 특히 순화와 해로운 폭력의 추방을 목표로 하는 다른 제의들과 유사한 장례하는 제의를 행한다." 르네 지라르, 『폭력과 성스러움』, 385쪽.

제물이 된다.

이런 방식으로 저항의 모든 동력을 국가에 빼앗기지 않으려면 바깥으로 나아가야 한다는 강박이 생긴다. 기능적 연관 관계로 틈새 없이 짜인 국가라는 공간의 바깥으로 나아가지 않고는 국가의 폭력 속임의 희생물이 될 수밖에 없는 것처럼 보이기 때문이다. 아마도 국가의 바깥에서 동원할 수 있는 폭력만이 국가폭력에 가장 원천적으로 저항할 수도 있다.[34] 하지만 순수한 바깥은 없다. 국가의 바깥 역시 안의 바깥이며, 우리의 바깥으로 추방된 이들도 사실은 '우리 안의 타자'이다.[35] 그러니 우리의 바깥에서 또 다른 우리를 만들어 적대적 폭력 사이의 대결을 항구화하는 것보다 우리 안에 있으면서 바깥에 있는 '우리 안의 타자'의 시선으로 우리를 심문하고 탄핵하는 담론과 정치를 통해 국가폭력을 끝없이 부정하는 공공성(Öffentlichkeit)을 형성해야 한다. 폭력의 최소화만이 아니라 자유의 최대화를 위해서는 공공성에서 형성된 의사소통적 권력이 국가권력으로 전환되어야 한다. 그래야만 시민이 국가권력의 저자로서 확고한 지위를 가질 수 있다.[36]

---

34 아마도 지젝은 이런 맥락에서 급진적인 저항폭력을 신적 폭력이라 부르면서 그곳에서 희망을 찾는 것으로 보인다. "구조화된 사회적 공간 바깥에 있는 자들이 맹목적으로 폭력을 휘두르면서 즉각적인 정의/복수를 요구하고 실행에 옮기는 것, 바로 이것이 신적 폭력이다. 십수 년 전 브라질의 리우데자네이루에서 일어난 사태를 상기해 보자. 빈민가의 군중들이 도심의 부유층 거리로 가서 슈퍼마켓을 마구 약탈하고 방화하기 시작했다. 이런 것이 바로 신적 폭력이다." 슬라보예 지젝, 정일권·김희진·이현우 옮김, 『폭력이란 무엇인가』, 난장이, 2011, 278쪽. 지젝이 말하는 신적 폭력의 규범적 기준은 없다. 주체로서 폭력에 참여한 사람에게 신적 폭력인 것도 관찰자에게는 단순한 파괴적 폭력으로 보일 수 있기 때문이다. "그 신적 성격을 보증해 주는 대타자는 없으며, 그것을 신적 폭력으로 읽고 떠맡는 위험은 순전히 주체의 몫이다. 그런 면에서 신적 폭력은 주체가 만들어 낸 사랑의 역사인 셈이다." 슬라보예 지젝, 『폭력이란 무엇인가』, 279쪽.

35 박구용, 「에코의 비극: 우리 안의 타자 철학」, 『사회와 철학』 17, 2009, 172쪽 참조.

36 Jürgen Habermas, *Faktizität und Geltung*, pp. 161ff. 참조.

4. 시민권과 시민자치

국가가 권력을 독점적으로 소유할 수 있는 인격체가 아니라면 국가권력의 주체는 시민(市民)이어야 한다.[37] 시민은 물론 서민(庶民)이 아니다. 시민이 민주적 법치국가의 주권을 향유하는 주체로서 공적 의사 결정에 자율적으로 참여하는 사람을 가리킨다면, 서민은 특별히 많은 자본이나 권력을 갖지 못한 일반인을 포괄적으로 지칭한다. 시민이 정치적이라면, 서민은 비정치적인 것이다. 그러니 공공성은 서민이 아니라 시민이 뜻을 세우고 힘을 모아 더 나은 미래를 만들어 가는 것이다. 그런데 한국의 정치인들은 시민과 함께 소통하고 연대하기보다 서민을 대상으로 관리하고 설득하려 든다. 이런 방식으로 '정치를 부정하는 정치'는 국가권력을 행정권력에 백지 위임할 가능성이 매우 높다. 정치적 공공성이 없거나 무시되는 곳에서는 행정권력이 국가권력을 독점하기 때문이다.

서민과는 다른 방식이기는 하지만 국민(國民)도 국가권력의 주체일 수 없다. 국민이 국가권력을 형성하는 주체라면 국가를 대상화할 수 있어야 한다. 그러나 국민은 말 그대로 스스로를 국가의 대상으로 규정하는 개념이다. "국민은 국가에 자발적으로 복종해야 하는 대상이라면, 국가는 국민의 주인이고 주체이다."[38] 주체란 상호 주관적 자율성의 토대 위에서 자신이 인정한 권력에만 권위를 부여하는 사람을 가리킨다는 의미에서 국민은 국가권력의 주체가 아니라 대상인 것이다. 따라서 폭력의 최소화와 자유의 최대화에 기여할 수 있는 국가권력을 형성하는 주체는 서민이나 국민이 아닌 시민이라고 불러야 할 것이다. 서민, 국민, 시민은 모두 말뿐이니 내용을 바로 하면 된다고 이야기할 수 있다. 하지만 말이 곧 권력이니 말을 바로 잡지 않으면 권력과 폭력은 구별되지 않는다. 더

---

37 박구용, 「인권과 복지의 경계와 상호 제약적 해명」, 『동서철학연구』 64, 2012, 65쪽 참조.
38 박구용, 「시민자치와 절차주의」, 83쪽.

구나 서민이나 국민이란 말 속에 포함된 사람들 사이의 차이는 보이지 않는다. 차이가 없는 동일성의 집단으로서 국민이나 서민은 국가주의를 앞세우는 행정권력이나 자유지상주의가 지배하는 시장권력에 자신들의 권리를 빼앗긴 존재이다. 따라서 국민권이나 서민권이 아니라 시민권으로부터 시장권력과 행정권력을 비판하면서 시민권의 최대화에 기여할 수 있는 국가권력을 창출해야만 한다.

시민은 국가를 대상화할 수 있는 이질적 개인들의 사회 집합 혹은 집단을 가리킨다. 시민은 동질성에 기초한 공동체의 구성원이라기보다 이질성에 기초한 시민사회의 구성원이다. 물론, 시민이란 개념도 유럽의 정치철학과 정치사에서 다양한 변이를 겪어 왔다. 특히 자유주의자들에게 시민은 부르주아를 가리키거나 혹은 소수자나 타자를 모르는 중성적 개인을 지칭하는 말이다.[39] 하지만 한국에서의 시민 개념은 아직 국가주의나 자유주의에 의해 오염이 덜된 개념이기 때문에 '타자성을 가진 타자'나 '우리 안의 타자'를 포함한 시민사회의 이질적 구성원을 가리키는 용어로 사용할 수 있다. 더구나 한국에서 시민사회와 시민 단체는 아직 국가권력을 형성할 만큼 충분한 공공성을 획득하고 있지 못하지만, 역으로 보편적 의제 못지않게 사회적 약자의 주체성 확립을 지향하는 의제에 민감하다. 따라서 시민 개념을 가꾸고 보살피는 노력이 아직 충분한 가치가 있다.

국가주의자들에게 시민이 국민과 같은 개념이라면 자유주의자들에게는 인간과 동의어이다. 따라서 자유주의적 시민권은 고전적인 인권, 곧 자유권의 다른 말이다. 하지만 현대 사회에서 시민권은 인간의 보편적

---

39 유럽의 역사에서는 시민의 원형을 폴리스의 구성원에서 찾는 경우가 많다. 그러나 폴리스의 구성원으로서 시민은 자유인이면서 동시에 오이코스에서 노예를 지배하는 절대적 지배자였다. 하지만 노예를 거느린 자유인은 신분을 가리키는 말일 뿐, 보편적 자유를 향유하는 인간을 의미하지 않는다. 따라서 현대적 의미에서 시민의 원형은 신분 사회를 종결한 시민 혁명의 주체로 보아야 한다. 하지만 실제로 유럽에서의 시민은 한국의 국민처럼 근대 국가의 구성원을 가리키는 말이었다.

권리를 넘어 소외되고 배제된 사람들의 권리로 확장되어 왔다. 시민권은 초기의 '개별적·독립적 개인의 권리에서 집단적·관계적 권리'로, 나아가 정치적·경제적 권리에서 사회적·문화적 권리로 확장되고 있다.[40] 그만큼 시민권은 자유주의적 시민권, 정치적 시민권, 경제적 시민권, 사회적 시민권 혹은 문화적 시민권 등의 새로운 의미 지평을 갖게 되었다.[41] 그런데 이처럼 시민권이 자유권(civil rights)에서 정치권(political rights)과 사회권(social rights)으로 확장된 것처럼 인권 역시 동일한 방식으로 지평을 넓혀 왔다.[42] 먼저 1세대 인권이 방어권(자유), 정치적 참정권(참여), 사회적 성취권(평등)을 가리켰다면, 2세대 인권은 평화권, 환경권, 인도

---

40 장미경, 「시민권(citizenship) 개념의 의미 확장과 변화: 자유주의적 시민권 개념을 넘어서」, 『한국사회학』 35(6), 2001, 65쪽 이하 참조.

41 특히 최근 들어 사회적 시민권의 이름으로 사회복지뿐만 아니라 계급, 빈곤, 젠더, 가족, 다문화 등의 문제가 함께 논의되고 있다. 이에 대해서는 Peter Dwyer, *Understanding Social Citizenship* (2nd Revised Edition), Polity Press, 2010; Engin F. Isin·Patricia K. Wood, *Citizenship & Identity*, London: SAGE, 1999 참조.

42 자유권은 시민권에서 공민권으로 불리기도 한다. 시민 개념은 문화와 역사의 차이만큼 다양한 변이를 가지고 변형되어 왔다. 어떤 경우에 시민은 사적 개인(私民)을 가리키기도 하지만, 역으로 철저하게 공적 개인(公民)만을 의미하기도 한다. 하지만 나는 시민을 사민과 공민의 이분법을 토대로 규정하는 것에 반대한다. 이 경우에 시민은 ① 특수한 문화권의 정치사와 언어사에 결박되거나 혹은 ② 특수한 이데올로기에 의해 고정된 기능과 역할로 감금될 수 있기 때문이다. 더구나 한국에서 시민은 개념화의 과정을 풍부하게 겪지 않았다. 따라서 나는 시민 개념의 의미화가 다차원적으로 이루어질 수 있도록 정치적 교섭 지대에서 모호한 상태로 개념이 부유하는 것을 지켜보는 것이 필요하다고 생각한다. 한국에서 시민은 사민이나 공민만이 아니라 농·어민이나 서민도 아니며, 더구나 국민도 아니다. 현재 한국에서의 시민은 한편으로 담론 자원이 없거나 상실한 나머지 발언권을 행사할 수 없는 사람을 다시 한 번 개념적으로 배제할 수도 있지만, 거꾸로 모든 사람에게 실제적으로 발언권을 행사할 수 있도록 담론 자원의 재분배를 요구할 수도 있는 개념이다. 그러므로 지금 우리에게 중요한 것은 시민 개념을 어떻게 가꾸어 나가느냐이다. 이런 맥락에서 나는 시민권 담론의 출발점으로 자주 논의되는 토머스 T. 마셜(Thomas H. Marshall)의 입장을 문화상대주의가 아니라 보편주의로 해석할 필요가 있으며, 나아가 시민의 의무 충족을 시민권 향유의 전제 조건으로 설정하지 않는 것이 바람직하다고 생각한다. 이에 대해서는 서정희, 「시민권 담론의 두 얼굴」, 『한국사회복지연구』 39, 2008, 147쪽 이하 참조.

주의적 구제권을 포함한 전 지구적 연대의 권리가 되었으며, 3세대에 이르면 개인만이 아니라 집단의 권리까지 포괄하게 된다.[43] 그렇다면 시민권은 인권과 동일한 개념인가?

사회과학에서 시민권은 일반적으로 'citizenship/Bürgerschaft'의 번역어로 쓰인다. 이 경우에 시민권은 영주권보다 더 포괄적 의미의 국적을 가진 사람의 법적 지위를 가리키는 말로 이해할 수 있다.[44] 실제로 시민권은 국민국가의 역사와 깊은 내적 연관성을 가지고 발전해 왔다. 이는 오늘날 시민권 개념의 강점이라기보다 약점에 해당한다.[45] 무엇보다 국민의 권리와 동일한 의미로 이해된 시민권은 국가를 거대 주체 혹은 거대 인격으로 상정하고 거기에 개인을 포섭하고 동화시키는 낡은 이데올로기에 묶여 있다는 비판으로부터 자유로울 수 없다. 더구나 포섭과 동

---

43 박구용, 『우리 안의 타자』, 176쪽 이하 참조.

44 물론, 영어권에서 'citizenship'은 민주주의적 국가가 제도적으로 보장한 시민의 지위만이 아니라 공적 활동과 참여 능력 혹은 책임감까지 포함하는 개념이다. 최현, 「한국 시티즌쉽(citizenship)」, 『민주주의와 인권』 6(1), 2006, 174쪽 참조. 시민권 관련 논의에서 가장 많이 인용되고 있는 『시민권과 사회적 계급』(Citizenship and Social Class)에서 마셜은 다음과 같이 말하고 있다. "시민권은 공동체의 온전한 구성원에게 부여된 지위(status)이다. 이 지위를 부여받은 모든 사람은 지위와 결부된 권리와 의무를 동등하게 존중해야만 한다." Thomas H. Marshall, Bügerschaft und soziale Klassen, Frankfurt am Main/New York, 1992, p. 18. 마셜은 시민권을 개인의 정체성과 공동체의 구성원으로서 느끼는 공감이라는 두 기둥을 통해 정당화를 시도하기 때문에 국적과 구별할 수 없었던 것으로 보인다. John Crowley, "Die nationale Dimension der Staatsbürgerschaft bei Thomas H. Marshall", Heinz Kleger (Hg.), Transnationale Staatbürgerschaft, Campus, 1997, pp. 78ff. 참조. 하지만 마셜의 시민권은 보편적으로 확장되어야 하며, 그럴 수 있는 가능성도 찾아야 한다. 그런데 이때의 보편성은 국적을 가진 시민 혹은 국민의 범주로 축소되는 경향이 강한 것으로 보인다. 다시 말해 시민으로서의 의무 이행과 무관하게 누려야 할 권리라는 의미에서 보편성을 요구하는 것이다. 서정희, 「시민권 담론의 두 얼굴」, 151쪽 참조. 하지만 시민권이 의무 이행과 무관한 권리라면 이는 동시에 국적과도 무관한 권리로 확장될 수 있으며, 이 경우 처음에는 축소된 권리 조항을 인정하더라도 점진적으로 확대한다는 관점을 고수하면 된다. 이를 위해서는 마셜의 입장을 확장하면서 동시에 마셜을 넘어서야 한다.

45 John Crowley, "Die nationale Dimension der Staatsbürgerschaft bei Thomas H. Marshall", p. 67 참조.

화는 언제나 국적에 의한 배제의 논리를 함축하고 있다. 이런 맥락에서 시민권은 국가폭력을 부정하는 공공성을 형성하면서 동시에 국적이 없는 사람을 공공성에서 배제하는 국가폭력으로 발전할 수도 있다. 이런 맥락에서 시민권은 인간의 보편적 권리인 인권과 구별된다.

인권은 종교와 피부색, 문화만이 아니라 국적과도 무관한 인간의 권리이다. 다시 말해 인권은 인간이라는 단 하나의 이유 때문에 갖는 보편적 권리이다. 인권은 실제로 인류 역사에서 가장 많은 사람으로부터 동의를 받은 개념이다. 하지만 그만큼 인권은 추상적이고 도덕적이다. 그런데 도덕적으로 정당화된 인권의 무조건적 적용을 요구하는 것은 '인권= 도덕제국주의'라는 비판을 극복하기 어렵다.[46] 도덕적으로 이해된 인권은 실제로 20세기 후반 미국과 유럽이 감행한 전쟁의 정당화 기제로 악용되었을 뿐만 아니라 여전히 타국을 국제적으로 감금하거나 배제하기 위한 논리로 활용되고 있다. 이처럼 인권도 시민권과는 다른 방식으로 국가폭력에 동원될 수 있다. 그렇다고 인권의 타당성 범위를 시민권처럼 한 나라로 한정할 수는 없다. 이 경우에 인권은 아시아적 가치론 같은 인권 적대적인 문화론에 의해 좌초될 위험이 많다.

인권의 딜레마를 극복하기 위한 노력 중에서 그것의 정당화 담론과 적용 담론을 구별하는 하버마스의 입장이 국가폭력을 최소화할 수 있는 전략으로 보인다. 잘 알려진 것처럼 그는 인권을 도덕이 아니라 법적으로 정당화할 것을 주문한다. 법적으로 이해된 인권은 ① 타국민의 인권 보호를 명목으로 전쟁에 동원되는 것을 차단할 수 있으며, ② 각 나라별 공공성의 활성화 정도에 따라 권리 조항을 다양한 방식으로 확장할 수 있다. 그런데 이 경우에 앞에서 언급한 것처럼 인권은 국지적 타당성만을 갖는 시민권으로 축소될 수 있다. 이를 피하기 위해 그는 인권의 수혜자 범위를 국민이나 시민이 아니라 인간으로 확장한다. "인권이 비록 한 국가의 법질서의 틀 안에서만 집행된다고 하더라도, 그것의 효력 범위

---

46 박구용, 「인권의 보편주의적 정당화와 해명」, 160쪽 이하 참조.

안에서는 국민만을 위한 권리가 아니라 모든 인격체를 위한 권리를 정당화한다."[47]

법으로 이해된 인권이 다름 아닌 기본권(Grundrechte/fundamental rights) 혹은 시민권이다.[48] 기본권이나 시민권으로서의 인권은 효력 범위가 한 국가의 법질서로 한정된다는 단점이 있는 것처럼 보이지만, ① 권리의 수신자를 국민이나 시민이 아니라 인간으로 확장할 수 있으며, 동시에 ② 권리의 저자를 추상적 인간이 아니라 구체적 시민으로 세울 수 있다. 이런 맥락에서 인권과 시민권은 기본권의 이름으로 교류해야 한다. 기본권으로서의 시민권은 권리 수신자의 범위를 인권과 동일하게 확장하고, 기본권으로서의 인권은 권리 발신자를 시민권처럼 구체화해야 한다. 이처럼 인권과 시민권이 만나는 기본권의 토대 위에서 국가권력이 정당화될 경우에는 국가폭력을 최소화하면서 시민과 인간의 권리를 최대화할 수 있다.

공공성 역시 인권과 시민권이 만나는 장소이어야 한다. 공공성이 국적에 의한 배제의 논리를 극복하기 위해서는 시민권을 국적으로부터 분리하는 인권으로 나아가야 하며, 반대로 도덕제국주의를 넘어서기 위해서는 인권의 정당화를 시민권의 저자에게 넘겨야 한다.[49] 이런 방식으로 누구의 발언권도 박탈하지 않는 공공성을 확장하고 인권, 기본권, 시민권의 법적 질서를 권리의 지평에서 공고히 하려면 무엇보다 시민자치를 활성화해야만 한다. 민주적 공공성의 토대 위에서 시민자치는 "이질적 타자와의 만남과 소통, 그리고 투쟁을 통한 연대의 과정"이다.[50] 이러한 시민자치를 위해서는 그에 걸맞는 법질서가 전제되어야 하지만, 동시에

---

47 Jürgen Habermas, *Die Einbeziehung des Anderen*, p. 223.
48 전통적인 방식으로 인권을 도덕적·당위적·추상적 차원에서 논의된 인간의 권리로, 시민권을 제도적·법적·현실적으로 보장된 시민의 권리로 확정하는 것은 바람직하지 않다. 정해구, 「인권과 시민권은 어떻게 등장하고 발전해 왔나」, 『시민과 세계』 15, 2009, 440쪽 참조.
49 사이토 준이치, 윤대석·류수연·윤미란 옮김, 『민주적 공공성』, 이음, 2009, 32쪽 참조.
50 박구용, 「시민자치와 절차주의」, 82쪽.

법치주의는 시민자치 없이는 형성될 수 없다. 따라서 시민자치와 민주적 법질서는 상호 제약적 순환 관계를 형성하는 것으로 해석되어야 한다. 한편으로 인권, 기본권, 시민권의 법적 이념과 질서가 추상적 이론이 아니라 구체적 시민자치를 통해 확립되어야 하고, 다른 한편으로는 시민자치가 법적 제도를 통해 보장되어야 한다.[51]

시민자치는 의사소통적 권력을 형성하는 공공성이다. 시민자치가 시민권을 최대화하면서 국가폭력을 최소화하기 위해서는 시민자치의 과정에서 형성된 의사소통적 권력이 법제화되어야 한다. 그래야만 시민자치가 법을 통해 행정권력과 시장권력을 규제할 수 있기 때문이다. 더구나 광장에서 형성된 의사소통적 권력이 곧바로 선(善)은 아니다. 나치도 광장에서 자신들의 정당성을 획득했다.[52] 그러니 의사소통적 권력 또한 법치주의라는 필터를 통과해야만 한다. 이처럼 법질서의 저자가 행정권력이나 시장권력이 아니라 시민자치의 주체인 시민임을 명확히 하면서 동시에 의사소통적 권력의 외투를 쓰고 있지만, 사실은 구조적으로 왜곡된 사회적 권력을 규제하기 위해서는 의회 유보(Parlamentsvorbehalt)의 원칙이 철저하게 지켜져야 한다.[53]

시민자치의 과정에서 형성된 의사소통적 권력은 국가권력을 쟁취하는 것이 아니다. 국가권력의 문지기를 바꾸는 것도 중요하지만 그보다 그 문을 항상 열리도록 하는 것, 곧 문지기라는 직업 자체를 불필요하게 만들어야 한다. 따라서 의사소통적 권력은 인권, 기본권, 시민권과 관련

---

51 박구용, 「시민자치와 절차주의」, 88쪽 참조.
52 "어떤 한 민족 또는 다른 한 사회 집단이 역사적 사명을 갖는지 여부, 그리고 그 역사적인 순간이 도래했는지 여부를 판단하는 기준은 신화 속에만 존재한다. 추리 혹은 합목적적인 고려로부터가 아니라 참다운 생의 본능의 내면으로부터 위대한 열정, 위대한 도덕적 결단, 그리고 위대한 신화가 생겨난다. 열광한 대중은 직접적인 직관 속에서 신화적 상을 창조하는데, 이것은 대중의 에너지를 추동하고 대중에게 순교에 대한 힘뿐만 아니라 폭력 행사에 대한 용기도 준다." 카를 슈미트, 『현대 의회주의의 정신사적 상황』, 136쪽.
53 박구용, 「민주적 법치국가의 권리로서 복지」, 189쪽 이하 참조.

된 사항을 오직 의회를 통해 법률로서 명확하게 정하도록 강제해야만한다. 다시 말해 시민자치는 권리에 관련된 입법 권한을 오직 의회에만 위임해야 한다. 그런데 우리의 경우에는 의사소통적 권력을 법률로 번역하라고 위임받은 국회가 다시 권한을 행정부에 백지 위임하는 사태가 비일비재하게 벌어지고 있다. 최근 들어 헌법재판소가 다양한 판결문에서 백지 위임에 대해 위헌 판결하고 있지만, 그보다는 시민 스스로 이 문제에 대한 의식을 가져야만 국가폭력을 규제할 수 있는 국가권력을 바로 세우는 시민권의 온전한 저자가 될 수 있다.

제16장
시민자치와 상호 주관적 자유

자치 없이 자유를 향유할 수 있다. 일상생활에서 누구나 의지와 행동의 자유를 스스로 확인할 수 있다. 더구나 사적 영역에서 친밀성을 구성하고 조율하는 과정에서 자치와 무관한 자유를 누릴 수 있다. 자치와 무관한 자기 결정으로서의 자유는 자유 의식과 무관하게 인간의 보편적 능력에 해당한다.

사회적 맥락에서 개인의 자유는 매우 복잡한 관계 속에서 획득된다. 사회적 관계 속에서 실현되어야 할 개인의 자유는 타인의 인정 없이는 실현되기 어렵다. 타인의 인정 없이 개인의 자유를 실현하는 순간 폭력이 발생한다. 타인의 인정만이 아니라 타인을 향한 폭력을 수반하지 않는 개인의 자유는 사회적 맥락에서 실현되기 어렵다. 이런 자유 이념은 추상적이고 무기력하다.

자유의 최대화와 폭력의 최소화를 위해 개인의 자유는 타인의 인정과 더불어 공동의 합의가 수반되어야만 한다. 이 과정이 공적 자유의 실현으로서 자치이다. 전통적인 공동체는 대부분 자치를 통해 운영되었다. 이들의 자치는 민속적 동질성에 기반을 둔 체계이다. 반면에 고대 그리스에서 자치는 주권자인 자유 시민의 정치적 행위였다.

고대의 자유 시민은 자치를 통해 자신의 자유를 확인하고 향유했지만 사적 영역에서는 온전하게 자유를 누리지 못했다. 더구나 경제 문제는 그들의 자치 영역에서 다루어지지 않았다. 경제는 사적 영역에서 그들 스스로 해결해야 할 문제이다. 따라서 고대 그리스에서 자유 시민의 자치는 온전히 정치적인 담론에 참여해 국가의 중대한 사항을 결정하는 것이었다. 이 과정에서 그들은 사익을 추구할 수 없었다.

현대 사회에서 자치의 주체는 시민이다. 시민은 더 이상 특수한 신분이 아니다. 시민은 고대의 자유인도 아니고 현대의 부르주아도 아니다. 시민은 실정법을 통해 공동의 삶을 구성하고 조율하는 모든 사람이다. 시민은 고대 그리스의 자유 시민과 현대 부르주아의 특성을 모두 가지고 있다. 한편으로 시민은 부르주아처럼 사익을 추구하면서 동시에 자유 시민처럼 공익을 지향한다. 이처럼 현대 사회에서 자치의 주체인 시민은 사익과 공익 사이에서 의사소통을 통해 협의하고 합의하는 민주 시민이다.

현대 사회의 자치의 주체로서 시민은 더 이상 독단적 실천이성이 관장하는 진리의 전당에 기대지 않는다. 시민은 홀로 자유를 누리면서 동시에 서로 자유를 키우는 자치의 상호 주체이다. 이 맥락에서 나는 시민자치를 절차주의적 관점에서 철학적으로 재구성하고자 한다. 내가 생각하는 진정한 의미의 자치는 홀로주체이고자 하는 이질적 개인, 곧 타자성을 가진 타자들의 만남과 소통 그리고 인정투쟁의 과정에서 연대성을 형성하는 것이다. 사회적 연대성의 기초 위에서만 폭력 없는 상호 주관적 자유가 커질 수 있다. 이런 맥락에서 나는 현대 민주주의가 지향해야 할 시민자치를 '이질적 타자와의 만남과 소통, 그리고 투쟁을 통한 연대의 과정'으로 규정한다. 나아가 시민자치를 상호 주관적 자유의 구체적 실현으로 이해한다.

나는 먼저 인간과 자치, 현대 사회와 시민자치의 내적 관계를 서술한 다음에 이를 토대로 절차주의를 재규정할 것이다. 특히 나는 절차주의가 출발과 결과의 정의에 의존해서도 안 되지만, 그렇다고 무관심해서도 안

되는 근거를 밝힐 것이다. 나아가 롤스와 하버마스의 관점을 비교하면서 절차뿐만 아니라 출발과 결과의 공정한 정의를 위해 어떤 절차주의적 패러다임이 적합한지를 논의할 것이다. 이로부터 나는 서로주체성과 탈주체성의 틈 사이에서 정당화된 절차주의를 상호 주관적 자유를 키우는 시민자치에 적합한 모델로 제시한다.

1. 인간과 자치

인간은 존재하는가, 있다면 어떻게 존재하는가? 인간이란 무엇인가? 이 물음에 답하려는 현대 철학자는 반드시 자연, 사회, 개인, 자유, 권리 같은 개념을 필요로 할 것이다. 그러나 전통적 유교 문화권에는 본래 이런 개념도, 또한 그 개념에 상응하는 적절한 이념이나 현실도 없었다.

물론, 개념이 형성되지 않았다고 해서 낱말이 없었던 것은 아니다. 앞의 개념들 중에서 사회나 개인은 전적으로 새롭게 만들어진 조어이지만 인간, 자연, 자유, 권리는 이미 유교 문화권에서 사용되던 낱말이 번역 과정에서 새로운 의미를 획득한 개념이다. 따라서 인간, 자연, 자유, 권리는 신생 조어가 아니라 신생 개념인 것이다.

철학서를 번역한다는 것은 문학 작품을 번역하는 것과는 다르다. 문학이 낱말을 만들어 가는 과정이라면, 철학은 개념을 가꾸어 가는 과정이다. 낱말이 이념과 현실 사이에서 양자를 매개하는 기능을 가진다면, 개념은 스스로가 이념적 현실이면서 현실적 이념이다. 따라서 낱말의 번역은 유사 개념을 찾아가는 과정에 그치지만, 개념의 번역은 이념과 현실의 전환을 동반한다.

현실의 왜곡이 개념의 왜곡을 불러오듯이, 개념의 왜곡은 곧바로 현실을 왜곡한다. 그 사회의 현실과 이념에 없는 개념을 번역한다는 것은 이념과 현실을 변혁하는 동력이 될 수도 있다. 하지만 변혁을 동반하지 않는 번역은 현실과 이념, 그리고 개념을 모두 왜곡한다. 따라서 개념의 번역은 언제나 변혁과 왜곡의 경계에서 진행된다. 특히 철학적 개념의 번역은 변혁과 전복의 출발이면서 동시에 왜곡과 변질의 과정이다.

개념의 왜곡 없이 다른 문화권의 철학서를 번역한다는 것은 불가능하다. 사회와 문화가 다르면 개념도 다르다. 개념이 변하면 사회와 문화도 변화한다. 그러나 개념의 번역은 순간에 이루어질 수 있지만, 사회와 문화의 변화는 오랜 시간을 요구한다. 이 시간의 불협화음 때문에 다른 문화권의 철학적 개념을 번역하는 것은 일정한 왜곡 없이는 불가능하다.

'man'을 'Mensch'로 번역하는 것과 '사람'을 '人'으로 번역하는 것은 문화의 차이가 작은 만큼 왜곡도 작지만, 'man'이나 'Mensch'를 '사람'이나 '人'으로 번역하는 것은 불가피하게 큰 왜곡을 가져온다. 특히 18세기 유럽의 인문주의를 대표하는 개념으로서 'man'과 'Mensch'를 '사람'이나 '人'으로 번역하는 것은 왜곡의 차원을 넘어 'man'과 'Mensch'에 대한 이해를 불가능하게 만든다. 그 때문에 번역자는 유사한 개념을 찾거나 새로운 개념을 만들 수밖에 없다. 이렇게 해서 탄생한 개념이 '인간'(人間)이다.

낯선 개념을 이해하고 이를 새로운 개념을 만들어 번역하는 것은 쉬운 일이 아니다. 앞에서 언급한 것처럼 개념은 단순히 어떤 사물이나 사태를 가리키는 낱말이 아니다. 엄밀한 의미에서 사물이나 사태와 1대(對) 1로 조응하는 개념은 없다. 개념은 곧 하나의 세계이기 때문이다. 개념은 사태를 이해하는 수단이 아니라 사태의 형성 과정인 한에서 사태 자체이다. 그 때문에 낯선 개념의 이해는 낯선 세계에 대한 이해이며, 새로운 개념의 만듦은 새로운 세계의 만듦이다.

새로운 세계의 만듦은 낯선 세계와의 만남과 소통을 요구하는데, 만남과 소통의 과정은 인정투쟁의 과정이기도 하다. 만남과 소통이 진공 상태에서 이루어지는 것이 아니기 때문이다. 만남과 소통은 '나'와 '너'가 함께 하는 것이지, '나' 없는 '너'나 '너' 없는 '나'가 혼자 하는 것이 아니다. 문제는 '나'와 '너'의 만남에서 '너'가 '나'에게 지금까지의 방식으로는 전혀 이해할 수 없는 낯선 존재라고 할 때, '나'는 '너'를 이해하고 해석할 수 있는 새로운 개념을 찾아야 한다. '너'에 대한 이 같은 개념화 과정은 동시에 낯선 세계와 익숙한 세계의 인정투쟁의 과정이기도 하다.

새로운 개념과 세계의 만듦은 '나'와 '너', 그리고 '우리'와 '우리'의 인정투쟁 과정이다. 한·중·일 문화권의 공용어였던 '人'과 전적으로 낯선 개념이었던 'man'의 인정투쟁이 '인간'(人間)이라는 새로운 개념을 만들어 낸 것이다. 물론, '인간'이라는 낱말이 새로운 것은 아니었다. '인간'이란 낱말이 일상 용어로 널리 사용된 것은 아니지만, 적어도 불교 문헌에서는 어렵지 않게 발견할 수 있다.

불교 문헌에서 '人間'이란 낱말은 'man'도 아니고 그렇다고 '人'도 아니었다. 불교에서 '인간'은 대부분 윤회하는 세계들 가운데 하나, 즉 오도(五道) 혹은 육도(六道)¹ 가운데 하나인 '인간계'(人間界)를 의미하며, 드물게는 '사람이 사는 장소' 내지 '세간'(世間)이나 인류를 가리키는 개념이었다. 다시 말해 한역(韓譯) 불교 문헌에서 '인간'은 '사람'이나 '人'을 직접적으로 지칭하는 낱말이 아니라 사람이 사는 세상으로서 '인간계'를 가리키는 형이상학적 낱말이었다고 할 수 있다. 그 때문에 불교 안에서도 '인간'에 대한 철학적 개념화 작업이 활발하게 진행되지 않았으며, 그만큼 일상 용어로 자주 사용되지도 않았다. 그렇다면 왜 'man'을 번역할 때 '사람'이나 '人'이 아니라 '인간'으로 번역했을까? 실제로 'mam'에 가까운 말은 '인간'보다 '人'이라고 할 수 있다. 그럼에도 불구하고 만약 'man'을 '人'으로 번역했을 경우에 서구의 인간관은 유교와 불교의 '人'관으로 동화될 수밖에 없었을 것이다. 물론, '人'에는 서양의 전통 철학에서 이루어진 사람에 관한 논의에 상응하는 내용을 함축하고 있다. 그럼에도 불구하고 '人'에는 인문주의가 표방하는 보편주의적 인간의 관념을 가지고 있지 않다. 그러나 만약 당시의 동아시아가 제국주

---

1 '5도'는 지옥, 아귀(餓鬼), 축생(畜生), 인간, 천상을 말하며, '6도'는 여기에 수라(修羅)를 추가한 것이다. 중생이 업(業)에 따라 윤회하는 다섯 개 혹은 여섯 개의 세계를 의미한다.

의적 침략국가의 입장에 서 있었거나 탈맥락주의적 '모두의 철학'을 가지고 있었다면, 'man'은 쉽게 '人'으로 대치되었을 것이다. 그러나 자기 상실을 강요받은 당시 상황에서 동아시아의 지식인은 'man'을 '人'으로 포섭할 수 없었던 것만큼 '人'을 'man'으로 포섭할 수도 없었다. 이런 아포리아 속에서 'man'(보편적 'humanity'를 포함한 개념)과 '人'이 서로 만나 서로를 인정할 수 있는 개념으로 '인간'을 찾은 것이다.

그러므로 '인간'은 순전히 동양의 개념도, 그렇다고 서양의 개념도 아니다. '인간'은 동과 서가 만나 소통하면서 인정투쟁을 벌인 과정에서 새롭게 생성된 개념이자 세계이다. 마찬가지로 서구의 인간관을 해명하기 위해 반드시 필요한 개념들인 'society', 'individual', 'freedom', 'right'를 번역하면서 새롭게 만들어졌거나 새로운 의미를 획득한 '社會(사회)', '個人(개인)', '自由(자유)', '權利(권리)'도 동과 서가 만나 새롭게 만든 개념이자 세계인 것이다.

동서 철학의 소통과 투쟁의 결과인 '人間'은 사람(人) 사이(間)에서 사는 존재, 곧 사이 존재를 가리키는 개념으로 발전한다. 한자어 사이(間)는 문(門)을 통해 빛(日)이 들어오는 틈을 가리키는 말이며, 빛은 모든 생명체가 살아가기 위한 조건을 가리킨다. 따라서 '人間'은 사람과 사람, 사람과 자연의 사이에서 자기를 형성할 때에만 생명을 유지할 수 있는 존재를 가리키는 개념인 것이다. 다시 말하면 '인간(人間)'은 사람이 독단적으로 주체가 될 수 없으며, 상호 주관적 관계 속에서 형성되어 가는 존재라는 것을 의미한다.

'인간'이라는 개념이 이처럼 동서 철학의 만남에서 생성되었다는 것은 인간을 동양뿐만 아니라 서양의 개념으로 환원해서도 안 된다는 것을 의미한다. 잘 알려진 것처럼 현대 프랑스 철학을 대표하는 푸코에 따르면, 서양에서의 '인간'은 18세기 말에 만들어진 기형적 존재를 가리킨다.[2] 그에 따르면, 자연에 대한 앎을 토대로 자연적 존재로서의 자신에

---

2 Michel Foucault, *The order of things*, New York: Random House, 1973, p. 308(국역본:

관한 앎의 대상임과 동시에 주체인 '인간'은 현대성의 고유한 개념이다. 그는 고전주의 시대의 에피스테메에 있어서는 자연(nature)의 기능과 인간 본성(nature humaine)의 기능이 서로 대립하고 있으며, 바로 그 때문에 상호 제약적 관계를 형성한다고 말한다. 그런데 이러한 인간 이해는 서구의 고전주의적 에피스테메만의 고유한 특징이 아니다. 유교에서도 자연과 인간의 본성은 서로 대립적이지만, 동시에 한쪽이 없으면 다른 한쪽이 작용할 수 없는 상호 보완적 기능을 토대로 관계를 맺는다. 그런데 자연과의 이러한 관계 속에서 인간은 형이상학의 이상을 실현하는 주체이기는 하지만, 자연처럼 관찰의 일반적 대상은 아니다. 인식의 주체이면서 대상으로서의 인간의 출현은 형이상학의 종언을 의미한다.[3]

이처럼 서양의 현대성을 상징하는 '인간'이라는 개념이 앎(인식)의 대상이면서 주체였던 것은 동시에 다스림(지배)의 대상이면서 주체라는 것을 의미한다. 이런 방식으로 현대 사회에서 등장한 자치의 이념 속에서 다스림의 주체와 대상은 분리되지 않는다. 자기를 다스릴 수 있는 주체는 오직 자기뿐이다. 뒤집어 보면 자기를 대상화할 수 있는 주체도 오직 자기뿐이다. 누구도 나를 대상화할 수 없다. 탈속의 세계에서 인간이 신을 대상화할 수 없듯이, 세속화된 세계에서 타인은 나를 대상화할 수 없는 것이다. 타인이 나를 대상화해서는 안 된다는 점에서 현대적 자치의 이념은 타당하다고 볼 수 있지만, 그 과정에서 나는 출구 없는 성에 갇히고 만다. 누구도 타인의 수단 혹은 대상이 되기를 바라지 않는다. 그 때문에 나는 너를, 그리고 너는 나를 주체로서 인정해야만 한다. 그것이 유럽의 현대성에 숨 쉬고 있는 자치의 이념이다. "다른 사람을 수단으로 대하지 말고 목적으로 대하라"라는 칸트의 정언명령은 이 같은 자치의 이념을 도덕적으로 정당화한 것이다.[4] 그러나 엄밀한 의미에서 유럽의

미셸 푸코, 이광래 옮김, 『말과 사물』, 1994, 민음사) 참조.

3 Michel Foucault, *The order of things*, p. 318 참조.

4 칸트는 정언명령을 네 가지 형태로 정식화한다. 인용된 정언명령은 그 가운데 하나이다. "Handle so, daß du die Menschheit, sowohl in deiner Person als in der Person

현대성이 지향한 자치 이념이나 칸트의 도덕 명령 속에 타자성을 가진 타인은 없다.[5]

자치(自治)에서 '자'(自)가 무엇을 가리키느냐에 따라 자치의 의미는 달라진다. 일반적으로 유럽에서 선취한 것으로 평가하는 현대성은 '자'(自)를 자율적 주체로 규정한다. 여기서 자율성과 주체성은 상호 제약적이다. 주체성과 자율성은 서로에게 각각의 것이 가능하기 위한 조건인 규제적 이념이면서 동시에 서로에게 내재적인 구성적 이념이다. 이 점에서 유럽의 현대성이 지향하는 주체성과 자율성은 자기 완결성을 갖는 체계(System)의 본질이 된다.[6] 이런 맥락에서 볼 때, 홉스, 로크, 루소, 칸트의 철학을 통해 개념화된 자치(Autonomie, autonomy)에는 안팎의 경계가 없다. 자기 완결성은 바깥조차도 체계 속으로 흡수하기 때문이다. 이점에 인문주의가 지향했던 인간의 왕국은 신의 왕국과 차이가 없다.

이는 전통적 유학의 도덕적 규범 가운데 하나인 '역지사지'(易地思之)에서도 마찬가지이다. 이미 공자(孔子)는 기독교의 황금률과 칸트의 정언명법이 함축하고 있는 의식철학적 타자 존중을 강조하고 있다. "자기가 바라지 않은 것을 타인에게 시행하지 말라"는 공자의 도덕률은 주체의 독단적 이성이 타자에 대한 반성적 의식을 통해 보편성을 추구하도록 지시한다. 공자는 무엇보다 하나의 자기주장에 고정된 생각들로서 자의적 의도·기필·고집·아집(意必固我) 따위를 용납하지 않는다.[7]

---

eines jeden anderen, jederzeit zugleich als Zweck, niemals bloß als Mittel brauchst" (Immanuel Kant, *Grundlegung zur Metaphysik der Sitten*, Hamburg: Felix Meiner Verlag, 1994, p. 52). 칸트의 정언명령은 형식주의와 절차주의를 결합한 근대의 대표적 도덕 관점이다. 그럼에도 불구하고 칸트의 정식이 제시하는 절차에는 이질적 타자(인)가 없다. 모든 절차가 따로주체의 반성적 의식에서 어우러지기 때문이다.

5 이 문제에 대해서는 박구용, 『우리 안의 타자』, 121쪽 이하 참조.

6 현대 철학에서 바깥을 부정하는 총체성의 서술 형식인 체계와 현실에서 총체적으로 관리되는 세계는 서로 엉켜 있다. 테오도르 아도르노, 홍승용 옮김, 『부정변증법』, 한길사, 1999, 80쪽 이하 참조.

7 『논어』(論語), 「자한」(子罕), 제4장. 이처럼 전통 유학에 깃들어 있는 타자 존중의 이념에 주목한 것은 다산(茶山) 정약용(丁若鏞)이다. 그에 따르면, 유교의 도덕적 이념

그러나 서로를 대상화하지 말고 주체로 대하라는 도덕 명령이나 보편적 타인의 관점에서 행위의 정당성을 고려하라는 도덕의 원칙은 앞에서 언급한 것처럼 인간을 사이 존재로 이해한 상호 주체의 이념과는 거리가 있다. 타자와의 만남은 매개 혹은 매체 없이는 이루어지지 않는다. 다시 말하면 나의 내면이나 양심에서 만나는 타인은 타인이 아니라 내가 만든 가상적 타인이며, 엄밀한 의미에서 나의 복사품일 뿐 나와 이질적인 '너'가 아니다. 이질적인 '너', 그런 '너'에게 이질적인 '나'는 언제나 서로를 대상화하려고 한다. 대상화는 분석하는 것이며, 동시에 지배하는 것이다. 이런 맥락에서 볼 때, 대상화의 의지는 다름 아닌 '권력에의 의지'(Wille zur Macht)를 가리킨다. 따라서 인간에게 권력에의 의지가 있는 한, 타인을 대상화하려는 의지는 반성적 의식철학의 도덕적 규범을 통해 쉽게 제어될 수 없다.[8] 무엇보다 타인을 대상화하거나 분석하는 것이 지배권력의 의지만을 가리키는 것은 아니기 때문이다.

주체성과 자율성의 상실을 강요당한 노예 상태의 개인이나 집단이 그를 지배하는 권력의 주체를 대상화하고 분석하는 것은 지배의 의지가 아니라 해방에의 의지이다. 헤겔이 사고 실험을 통해 밝히고 있는 것처럼 노예는 참을 수 없는 고통(죽음의 공포) 앞에서 주인을 대상화하게 되며, 그 과정에서 자신이 주인의 주인이고 주인이 자신의 노예라는 것을 인식하게 된다.[9] 이런 맥락에서 볼 때, 타인을 대상화하는 의지는 지배뿐

의 핵심인 인(仁) 사상은 도덕을 두 사람의 관계 속에서 규정한다. 다산이 지향했던 유교는 사람을 뜻하는 한자인 '人'과 도덕적 이념의 상징인 '仁'을 동일시한다. 여기서 '仁'은 '人'(사람)과 '二'(둘)가 결합된 말이다. 이것은 사람이 두 사람 사이에서만 도덕적인 존재가 될 수 있으며, 도덕적 존재만이 온전한 인간이라는 관점을 내포한다고 볼 수 있다. 그러나 이처럼 '人=仁'이라는 규정에 주목한 다산의 철학에서도 타자는 어디까지나 반성적 의식을 통해 이해할 수 있는 존재만을 가리킬 뿐이다. 따라서 엄밀한 의미의 이질적 타자는 아직 고려되고 있지 않다. 丁若鏞, 『論語古今註』, 卷10, 24쪽; 『詩文集』, 卷19, 「答李汝弘」, 29~35쪽. 관련 논문은 장복동, 『다산의 실학적 인간학』, 전남대학교출판부, 2002, 166~68, 173쪽 참조.

8 이런 맥락에서 타자를 대상화하거나 분석하는 것을 단순히 권력에의 의지로만 환원해서는 안 된다.

만 아니라 해방(자유)을 지향하는 권력에의 의지이며, 따라서 반성적 도덕 관점을 통해 해소될 수 있는 것이 아니다. 엄밀한 의미에서 보면, 대상화의 의지는 선악의 저편에 있다. 따라서 자율적 상호 주체성에 기초한 개인과 공동체의 자치는 권력에의 의지를 통해 쟁취할 수 있는 것도, 그렇다고 도덕 관점을 통해 주어질 수 있는 것도 아니다. 진정한 의미의 자치는 따로주체이고자 하는 이질적 개인, 곧 타자성을 가진 타자들이 만남과 소통 그리고 인정투쟁의 과정에서 연대성을 형성하는 것이다.[10] 이런 맥락에서 나는 현대 민주주의사회가 지향해야 할 시민자치를 '이질적 타자와의 만남과 소통, 그리고 투쟁을 통한 연대의 과정'으로 규정하고자 한다.[11]

2. 현대 사회와 시민자치

전통 사회에서 자치의 주체는 가족과 씨족 공동체이다. 이때의 자치는 강한 윤리적과 문화적 동질성, 곧 실체적 진리관과 정의관에 기초하고 있다. 이 같은 자치 공동체에서 자치의 주체는 공동체이지 개인이 아니다. 설사 고대 그리스에서처럼 자유인으로 불리는 개인이 자치의 주체라

---

9 G. W. F. Hegel, *Phänomenologie des Geistes*, pp. 152ff. 참조. 주인과 노예의 변증법을 통해 우리는 현대 사회에서 홀로주체가 그들이 지배하고 있다고 믿는 이질적 타자(타인과 자연)에 지배당한다는 것을 생각할 수 있다.

10 이러한 맥락에서 한국 역사가 어떻게 자율적 상호 주체성을 형성했는지에 대해서는 박구용, 「서로주체의 형성사로서 동학농민전쟁과 5·18광주민중항쟁」, 『민주주의와 인권』 제7권 제2호, 2007 참조.

11 모두가 자치를 지향하지만, 근본적 의미에서 자치는 불가능하다. 왜냐하면 자치는 타자로부터 독립된 자기의 세계가 있는 것처럼 가정하지만, 실제로 그런 의미에서의 자기는 없다. 따라서 자치는 자기 스스로 자기를 다스리는 것이지만, 이때의 자기는 타자와의 관계 속에서 형성될 수밖에 없다. 따라서 정확히 말하면, 자치는 타자와의 관계 속에서 형성되는 자기와 타자와의 인정 과정 속에서 자기를 다스리는 것을 의미한다고 볼 수 있다.

고 할지라도, 그 당시 자유인은 타자성을 가진 이질적 개인이 아니다. 엄밀한 의미에서 폴리스의 자유인은 상호 주체가 아니라 따로주체였다. 자유인이 따로주체였다는 것은 그들 사이에 이질적 문화가 없었다는 사실에만 근거하는 것이 아니다. 오히려 폴리스라는 정치 공동체의 자치 주체인 자유인은 가문이나 가계를 의미하는 오이코스(Oikos)의 절대적 지배자였다는 점에서 자유인이 아니라 주인이었다. 그런데 노예가 몰주체라면 주인은 따로주체이다. 홀로주체는 언제나 진리와 정의의 기준과 원칙을 홀로 독점한다. 이런 관점을 인정한다면, 전통 사회에서 말하는 자치는 우리의 이름으로 따로주체가 몰주체를 지배하는 통치체제를 가리킬 뿐이다.

자치의 주체는 몰주체도 아니지만 따로주체도 아니다. 따로주체는 개인적인 차원뿐만 아니라 집단적인 차원에서도 자치의 주체가 아니라 통치와 지배의 주체일 뿐이다. 앞 절에서 살펴본 것처럼 따로주체가 비록 반성적 의식 안에서 자기뿐만 아니라 타자도 자치의 주체로 인정한다고 할지라도, 이때의 인정은 동화를 전제한다. 따라서 따로주체에 동화되거나 포섭되지 않는 타자는 지배의 대상일 뿐 주체가 될 수 없다. 이런 방식으로 따로주체는 지배의 주체와 대상을 분리하는데, 진정한 자치는 비록 주체와 대상을 구별하는 경우는 있지만 분리하지는 않는다. 이런 맥락에서 따로주체성은 자치를 가장한 통치의 이데올로기인 것이다. 그렇다면 통치가 아닌 자치의 상호 주체는 무엇인가?

먼저 국민은 진정한 자치의 상호 주체일 수 없다. 국민은 국가를 대상화하지 않는 구성원을 가리키는 말이다. 국민은 국가를 대상화하지 않는 대신에 스스로를 국가의 대상으로 규정한다. 국민은 국가에 자발적으로 복종해야 하는 대상이라면, 국가는 국민의 주인이고 주체이다. 자치는 자기 자신, 나아가 타자와 연대한 자기에게만 복종하는 것이라고 할 때, 국가에 복종하는 국민은 자치의 주체가 될 수 없는 것이다. 비록 국민을 주체로 인정한다고 할지라도, 그때의 국민은 서로 간에 차이가 없는 동질적 집단으로서의 따로주체일 뿐이다. 세계화의 도전 앞에서 무력해지고 있는 국민국가의 패러다임 안에서 국민은 폐쇄적 정체성을 매개로 규정될 뿐이다.[12] 이 점에서 민족도 자치의 주체일 수 없기는 마찬가지이다.

진정한 의미의 자치는 폐쇄적 공동체의 자치가 아니라 시민자치에서 시작된다. 시민자치는 시민이 있어야 하고, 시민은 사회가 있어야 한다. 다시 말하면 시민사회가 있어야 시민자치가 가능한 것이다. 여기서 우리는 시민사회가 무엇인지에 대해 살펴볼 필요가 있다. 헤겔은 시민사회를 오성국가(Not-und Verstandesstaat) 혹은 자본주의국가의 체계를 총체적으로 규정하는 개념으로 사용했다.[13] 따라서 헤겔의 시민사회는 체계(System)와 생활세계(Lebenswelt)가 구별되지 않은 사회를 총체적으로 가리키는 개념이다. 그런데 현대 사회에서 체계와 생활세계가 분화되었다는 하버마스의 진단에 동의한다면, 시민사회는 생활세계와 유사한 개념으로 사용하는 것이 적절할 것이다.[14]

잘 알려진 것처럼 비판이론의 1세대를 대표하는 호르크하이머와 아도르노가 도구적 이성의 전면화에서 현대 사회의 병리 현상과 위기를 찾았다면,[15] 2세대 철학자 하버마스는 좀더 구체적으로 체계에 의한 생활

---

12 이 문제에 대해서는 홍윤기, 「국민헌법에서 시민헌법으로」, 함께하는시민행동 엮음, 『헌법 다시보기』, 창비, 2007, 14쪽 이하 참조.

13 헤겔에 따르면, 시민사회는 현대에 만들어진 것이다. G. W. F. Hegel, *Grundlinien der Philosophie des Rechts*, §182~83 참조.

14 체계와 생활세계에 대한 하버마스의 관점에 대해서는 Jürgen Habermas, *Theorie des kommunikativen Handelns* Bd. 2, Frankfurt am Main: Suhrkamp, 1995, 제6장 참조. 나는 하버마스의 2단계 사회 이론이 규범적 성격을 가지고 있다고 본다. 다음에 지적하겠지만 생활세계는 상호 주체들이 상호 이해 지향적 의사소통의 장(場)일 뿐만 아니라 따로주체들이 인정투쟁을 벌이는 곳이기도 하다. 하버마스도 이 점을 인식하고 있지만, 사회 비판을 위한 규범적 기준을 마련하기 위해 규범적으로 두 사회를 구별하는 것이다. 이러한 재구성을 통해 그는 허무주의나 비관주의에 빠지지 않고 '체계에 의한 생활세계의 내적 식민지화'라는 진단을 할 수 있었다. 그러나 이 과정에서 그는 체계와 무관한 생활세계 내부의 병리 현상을 비판할 수 있는 기준을 상실했다는 비판도 가능할 것이다. 이런 관점에 대해서는 선우현, 「체계/생활세계 2단계 사회이론의 비판적 재구성」, 『사회와 철학』 14, 2007, 116쪽 이하 참조.

15 막스 호르크하이머, 『도구적 이성 비판』; 테오도르 아도르노·막스 호르크하이머, 『계

세계의 내적 식민지화를 문제삼는다.[16] 하버마스에 따르면, 체계를 구성하는 관료 행정과 경제에서는 도구적 이성이 주도적 역할을 수행한다면, 생활세계(언어, 문화)에서는 의사소통적 합리성이 관철되는 사회이다. 여기서 그는 도구적 이성과 의사소통적 합리성뿐만 아니라 체계와 생활세계의 관계를 상보적인 것으로 볼 것을 주문한다. 체계는 서로 다른 목적과 가치관을 가진 사람들이 만나는 곳이 아니다. 모두가 같은 목적을 가지고 있기 때문에 각자가 가진 관점의 질적 차이는 무의미하다. 그 때문에 체계에서 도구적 이성이 관철되는 것은 그 자체로 문제가 되는 것은 아니지만, 그만큼 체계는 동질적 따로주체성의 세계이다. 이 점을 고려하면 체계와 자치는 대립적 관계에 있다. 반면에 생활세계는 이질적 타자들이 의사소통할 수 있는 시민의 세계라고 할 수 있다. 따라서 시민자치는 체계로부터 자율적인 생활세계의 활성화에 의해 순환적으로 작동하는 이질적 시민의 소통과 연대의 흐름에 따라 성숙한다고 볼 수 있다. 그렇다면 시민이란 구체적으로 누구를 가리키는가?

일반적으로 시민은 국민이나 민족뿐만 아니라 인민이나 민중, 나아가 대중과도 구별되는 개념이다.[17] 여기서 우리는 각 개념의 형성사와 의미의 차이에 대해 자세하게 논의할 수 없다. 다만 나는 시민을 잠정적으로 '공적 자율성과 사적 자율성을 동시에 갖는 시민사회의 구성원'으로 규정하려고 한다. 이때 대중과 시민을 구별하는 가장 중요한 특징이 공적 자율성 혹은 공적 우리 의식의 유무라고 할 수 있을 것이다. 대중이 반드

몽의 변증법』 참조.

16 Jürgen Habermas, *Theorie des kommunikativen Handelns* Bd. 2, p. 293 참조.

17 행정학이나 자치 단체는 자치의 주체를 시민이 아니라 '주민'으로 규정한다. 주민은 민족처럼 혈통 공동체(Ethnos)가 아니라 거주 공동체(Demos)의 주체라는 의미에서 시민 개념과 친화성이 있다. 따라서 나는 주민을 시민과 같은 의미에서 사용하는 것에 반대하지는 않지만, 자치의 주체를 주민으로 규정하는 것에는 반대한다. 그럴 경우에는 마치 자치가 지역의 문제로 제한될 우려가 있기 때문이다. 비록 시민자치가 지역에서의 문제 찾기를 시작하는 것은 바람직하지만, 지역에 갇혀 있을 경우에 왜곡될 가능성도 있다. 따라서 나는 주민자치라는 표현은 매우 제한적으로 사용해야 한다고 본다.

시 몰주체성에 사로잡혀 있다고 볼 수는 없지만, 적어도 그들이 추구하는 주체성은 사적 자율성에 제한된다고 볼 수 있다. 이렇다고 내가 헤겔이나 루소처럼 시민을 공민(公民)으로 규정하는 것은 아니다.[18]

나는 앞에서 지적한 것처럼 몰주체성이나 따로주체성에 사로잡힌 사람이 자치의 주체일 수는 없으며, 오직 자율적 상호 주체만이 시민자치의 주체라고 생각한다. 그렇다고 현대 사회에서 어떤 시민이 상호 주체성만을 가지고 있다고 가정할 수는 없다. 그러한 가정은 불가능할 뿐만 아니라 불필요하다고 생각한다. 오히려 현대 사회에서 시민은 상호 주체성을 이념적으로 지향한다고 할지라도, 몰주체성에 사로잡혀 있거나 따로주체성을 강하게 지향하는 사인(私人)의 성격을 동시에 갖는 것이 일반적이다. 이는 두 가지 이유를 말할 수 있을 것이다. 첫째, 체계와 생활세계의 영역을 구별할 수는 있지만, 시민 개개인은 구별된 두 사회에 동시에 거주할 수밖에 없기 때문이다. 둘째, 하버마스가 진단한 것처럼 현대 사회는 체계에 의해 생활세계가 내적으로 식민화되어 있기 때문이다. 여기서 우리는 이 문제에 대해 섬세하게 논의할 수는 없다. 다만 우리가 비록 하버마스의 진단을 수용하지 않는다고 할지라도 체계와 생활세계의 범주적 분리가 불가능하다는 것을 분명히 할 필요가 있다. 이미 앞에

---

18 루소는 오늘날 일반적으로 시민을 지칭하는 'citoyen'을 '부르주아'(bourgeois)나 '옴무'(homme)와 구별해 '공민'(公民)을 지칭하는 의미로 사용한다. 헤겔은 독일어 'Bürger'가 시토앵(citoyen)과 부르주아의 의미를 동시에 가지고 있다는 전제 아래, 시민사회의 뷔르거가 부르주아라면, 국가의 뷔르거는 시토앵이라고 말한다. 이들에 따르면, 부르주아는 사적 이익의 관심에 몰두하는 사인(私人)을, 시토앵은 일반의지를 가지고 국가 속에서 공적 생활을 영위하는 공민(公民)을 가리킨다. 그러나 나는 현대 사회의 시민을 사인과 공민으로 구별하는 것이 불가능할 뿐만 아니라 불필요하다고 생각한다. 따라서 나는 공적 자율성과 사적 자율성, 홀로(몰)주체성과 상호 주체성, 사인과 공민의 긴장 위에서 소통하고 연대하는 세계시민 모두를 가리키는 개념으로 시민 개념을 사용하고자 한다. 부르주아와 시토앵의 구별에 대한 보다 상세한 논의는 Rudolf W. Meyer, "Der Mensch zwischen bourgeois und citoyen", *Hegel-Jahrbuch* 15, 1984/85, pp. 121~30; 정원규, 「민주주의의 기본원리」, 『철학』 71, 2002, 178쪽 참조. 정원규는 시민을 공민에 가깝게 해석하는 것으로 보인다.

서 지적한 것처럼 따로주체이고자 하는 주관적 권력의지는 지배에의 의지와 해방에의 의지를 동시에 함축한다. 이런 의미에서 따로주체성은 주체의 자기의식의 형성 과정에서 임의로 제거할 수 없는 필요조건이다. 시민자치가 상호 주체성을 지향하지만, 상호 주체들의 향연일 수는 없는 이유이다.[19] 따라서 우리는 시민자치의 주체가 상호 주체성, 따로주체성, 몰주체성을 동시에 가진 인격적 주체라는 가정에서 출발할 수밖에 없다. 이러한 출발은 현대 사회를 규정하고 있는 세계화와 다원화의 압력에 상응하는 것이다.

현대 사회의 거부할 수 없는 사실인 세계화와 다원화 자체는 재앙도 축복도 아니다.[20] 축복일 수도 있지만 재앙일 수도 있다. 먼저 세계화는 정치를 경제의 하부 변수로 종속시킴으로써 세계 전체를 위험 사회로 만들 수 있지만, 동시에 총체적 위험에 대한 공동의 인식을 통해 의사소통과 협력의 세계화로 발전할 수도 있다.[21] 다원화는 탈연대성을 가속화함으로써 도구적 이성의 전면화 혹은 체계에 의한 생활세계의 내적 식민지화로 귀착될 수 있지만, 동시에 차이와 이질성에 대한 상호 존중으로 발전할 수 있다. 이런 정황에서 세계화와 다원화가 적어도 재앙으로 치닫는 것을 막기 위해서는 양자를 제약할 수 있는 가능성이 제시되어야 한다. 세계화와 다원화의 제약 가능성은 국가 내부 혹은 국가 사이의 담론을 넘어 초국가적 담론을 요구한다. 법다원주의, 거버넌스(협치), 거점 논쟁과 위험 사회, 세계민주주의 등에 대한 담론이 여기에 속한다. 그러나 우리가 이 문제를 대한민국 내부로 제한할 때에는 민주주의와 권력의 정당성에 관한 담론으로 직접 연결된다.

---

19 엄밀하게 말해 상호 주체성을 따로주체성과 개념적으로 구별할 수는 있지만, 개인의 자기의식 형성 과정에서 두 개념은 분리된 채로 서술될 수 없다. 이런 맥락에서 나는 선험적으로 혹은 어떤 선험적 분류 방식을 가지고 상호 주체성과 몰주체성, 상호 주체성과 따로주체성을 분리하는 것보다 과정 속에서 서술하고자 한다.

20 박구용, 「법다원주의와 의사소통적 세계 민주주의」, 『사회와 철학』 10, 2005, 169쪽 이하 참조.

21 Jürgen Habermas, *Die Einbeziehung des Anderen*, p. 214 참조.

민주주의의 실체가 있는가, 있다면 무엇인가? 정치철학과 국가철학이 구별되지 않던 시대의 문제이자 이미 낡아 버린 문제를 되묻는 것은 규범적 민주주의가 해체되고 경험적 민주주의 모델이 기승을 부리는 시대에 익숙한 문법이다. 모든 형태의 규범주의가 패소한 시점에서 민주주의의 권력은 베버나 루만의 동공에 노출된 가시적 실체로 축소되어 가기 때문이다. 그만큼 물리적 실체로서 권력을 소유하려는 사람들은 많지만, 그것의 폭력성에 대한 감시는 낯설어만 간다.

거리에 흩어진 권력을 자기 주머니에 담으려는 정치인만 이름을 갖는 시대에, 이름 없는 사람들 사이에서 형성되고 소멸하는 민주주의의 권력은 너무 쉽게 폭력으로 전환된다. 잘 알려진 것처럼 아렌트는 의사소통 이론을 통해 권력과 폭력을 구별한다.[22] 그녀에게서 권력이 비강제적 의사소통에서 형성된 공동의지의 잠재력이라면, 폭력은 타인의 저항에도 불구하고 자신의 의지를 관철할 수 있는 개연성이다. 폭력이 한 인격체가 점유, 취득, 양도, 분할, 비축, 소유할 수 있는 것이라면, 권력은 두 인격체의 경계와 사이에서만 거주하기 때문에 누군가 이를 사적으로 소유하려는 순간 곧바로 사라진다.

탈형이상학적인 다원주의 시대에 정당화될 수 있는 두 사람 사이의 규범은 오직 한 가지이다. 각자가 다른 사람과의 관계에서 형성되는 사이 세계에서만 온전한 인격을 가진 주체가 된다는 규범이다. 이런 관점에서 볼 때, 사이 주체 혹은 상호 주체만이 주체성을 가진 인격일 수 있으며, 민주주의는 상호 주체가 형성해 가는 과정이 된다. 그렇다고 민주주의를 권력 형성의 과정으로 축소해서는 안 된다. 민주주의는 권력의 형성과 실현 과정의 이쪽저쪽을 들락거리는 절차와 결합하지 않으면 끝없는 풍파 속에서 좌초하게 된다. 거리의 의사소통적 권력과 국가 기구의 행정 권력이 민주주의적 절차라는 끈으로 연결되어야 하는 이유이다. 하버마스의 주장처럼 법은 두 권력을 연결하고 서로의 관심을 전달해 주는 건

---

22 Hannah Arendt, *Macht und Gewalt*, München: Piper, 1970, pp. 42ff. 참조.

실한 끈의 역할을 수행해야 한다. 이 끈이 튼튼하지 않을 때 거리의 권력은 바람과 함께 사라지는 반면에, 행정권력은 폭력으로 전복된다.[23]

따라서 의사소통적 권력의 형성 과정을 의미하는 시민자치는 법의 정당성의 기초가 되어야 할 뿐만 아니라 그 자체가 법에 의해 제약되어야 한다. 시민자치는 민주적 법치국가를 전제하지만 동시에 시민자치를 통해서만 민주적 법치국가가 실현된다. 이처럼 세계화와 다원화가 사실이 된 현대 사회에서 시민자치와 민주적 법치국가는 상호 제약적 순환 관계를 형성한다. 여기서 순환 관계가 의미하는 것은 두 가지로 정리할 수 있다. 첫째, 법적 이념과 규범, 그리고 그것의 실현 방식이 선험적 방식이나 실체적 정의관에 의해 미리 가정될 수 없고 오직 시민자치의 과정과 절차에 의해 비로소 규정되고 구체화되어야 한다. 둘째, 시민자치의 과정과 절차의 정당성 자체가 법적으로 제도화되어야 한다는 것을 의미한다. 여기서 우리는 어떤 시민자치의 절차가 정당한가에 관한 논의가 현재의 실정법으로 제도화되어 있는 시민자치 절차에 관한 제도의 정당성에 관한 논의를 동시에 함축한다는 것을 알 수 있다.

3. 절차주의의 유형들

자유주의와 공화주의는 시민자치를 규제하는 두 가지 전통적 법 패러다임이다. 일반적으로 자유주의가 시민의 사적 자율성에 주목한다면, 공화주의는 공적 자율성을 강조한다. 그 때문에 자유주의는 시민자치를 전략적으로 행동하는 사적 개인(사인)들의 이익 관심이 조정되는 과정으로 본다면, 공화주의는 상호 이해 지향적인 공민들의 의사소통적 의지 형성의 과정으로 본다.[24] 그런데 이처럼 자유주의가 시민자치를 이해관

---

23 이에 대한 자세한 논의는 Jürgen Habermas, *Faktizität und Geltung*, 제4장 참조.
24 이에 대해서는 Jürgen Habermas, *Die Einbeziehung des Anderen*, p. 282 참조.

계의 타협이라는 기능주의적 관점에서 바라본다면, 공화주의는 문화적으로 숙지된 배후적 합의에 기초한 윤리적 자기 이해로 축소하는 경향이 있다. 그 때문에 자유주의가 세계화를 제약할 수 없다면, 공화주의는 다원화의 압력에 대응하지 못한다는 비판을 할 수 있다.[25] 이러한 한계를 벗어나기 위해 제안된 것이 절차주의(proceduralism)적 법 패러다임이다.

앞에서 언급한 것처럼 절차주의적 법 패러다임은 자유주의와 공화주의의 법 패러다임과 구별될 뿐만 아니라 형식주의와 실증주의의 법 패러다임, 나아가 자유주의와 사회복지의 법 패러다임과도 구별되며, 세 가지 대립적 법 모델 사이에 존재하는 딜레마를 해소하기 위한 대안으로 제시되었다. 그렇지만 근본적인 의미에서 절차주의적 법 패러다임은 17세기 사회계약론에서부터 제시되었다고 볼 수 있다. 탈형이상학의 물결과 함께 전통적인 실체적 정의관이 무너지면서 홉스, 루소, 로크, 그리고 칸트는 사회계약이라는 절차를 통해 새로운 정의관을 기획했다고 볼 수 있다. 그러나 엄밀한 의미에서 홉스, 루소, 로크의 사회계약론은 국가 권력의 체계 정당화에 관심을 집중함으로써 권력체계의 정당성을 비판할 수 있는 규범적 근거를 절차주의를 통해 구축한 것이 아니었다.[26] 더구나 이들이 제시한 사회계약론은 사적 자율성과 공적 자율성의 상호 제약적 관계를 사소한 문제로 파악함으로써 자유주의나 공화주의의 패러다임으로 귀속되고 만다. 이 점에서 칸트도 예외는 아니다. 그 역시 자유의 법칙을 도덕뿐만 아니라 법 규칙의 전제로 가정하는 자연법론의 범주를 벗어나지 못하기 때문이다. 그에 따르면, 자연권은 역사와 무관한 선험적 법의 원천으로서 모든 사람의 이성을 통해 인식할 수 있는 것

---

25 박구용, 「법다원주의와 의사소통적 세계 민주주의」, 180쪽 이하 참조.

26 케르스팅에 따르면, 전통적 사회계약론이 지배의 정당화 이론이라면, 롤스, 노직, 제임스 M. 뷰케넌(James M. Buchanan)이 대표하는 현대적 사회계약론은 사회·정치적 정의의 원칙을 다루는 도덕 이론이다. 그런데 칸트는 전통과 현대의 사회계약론을 연결하는 중간에 있다. 이에 대한 상세한 내용은 Wolfgang Kersting, *Die politische Philosophie des Gesellschaftsvertrags*, p. 51 참조.

이다.[27] 그러나 칸트의 사회계약론은 국가체계의 정당화보다 법적 이념과 규범의 정당성을 시험할 수 있는 규범적 절차를 마련하려고 시도한다.[28] 오늘날 절차주의적 법 패러다임을 대표하는 롤스와 하버마스가 칸트로 회귀하는 이유도 바로 여기에 있다.[29]

하버마스와 롤스는 사적 자율성과 공적 자율성의 상호 제약적 관계에 대한 인식의 토대 위에서 절차주의 패러다임을 제시하는 대표적 현대 철학자들이다. 동시에 두 철학자는 다원화와 세계화를 사실로서 인정하면서 동시에 양자의 제약 가능성을 제시하려고 한다. 따라서 나처럼 시민자치를 "질적으로 서로 다른 삶의 목표와 형식을 가진 시민이 실정법에 준하는 정의로운 규범을 통해 서로 연대하는 공동의 삶이 가능하도록 하려고 할 때, 그 규범을 정하는 자율적 상호 주체로서 역할을 수행하는 과정"으로 정의하고 그 과정을 절차주의를 통해 해명하려는 학자들은 두 철학자의 관점에 관심을 가질 수밖에 없다. 그러나 여기서 우리는 그들 이론의 특징과 차이를 상세하게 설명할 수 없다. 따라서 나는 시민자치의 절차에 관한 근본적인 물음을 제기하고 그 과정에서 몇 가지 절차주의 유형을 설명함으로써 두 철학자 사이의 차이를 설명하고자 한다.

절차주의에 관한 담론에서 가장 핵심적 쟁점은 절차적 정의의 원칙이

---

27 Immanuel Kant, *Die Metaphysik der Sitten*, Frankfurt am Main: Suhrkamp, 1993, p. 296 참조.

28 Immanuel Kant, *Die Metaphysik der Sitten*, p. 318 참조. 여기서 칸트는 사회계약이 사고 실험이라는 것을 명확히 함으로써 그것이 규범적 근거를 마련하기 위한 것임을 시사한다.

29 체계 이론을 구축한 사회학자 루만도 절차주의 담론의 한 축을 형성한다고 평가할 수 있다. 실제로 그는 1969년 『절차를 통한 정당화』와 1993년 『사회의 법』이라는 저서를 통해 절차주의 담론에 관여했다. 그러나 그의 체계 이론적 절차주의는 참여자적 관점이 아닌 관찰자적 관점에서 기초함으로써 기능주의적 해석으로 전환한 것으로 보인다. 앞에서 다양한 방식으로 언급한 것처럼 여기서 내가 관심을 갖는 절차주의는 참여자적 관점을 전제한다. 따라서 루만의 입장은 고려되지 않았다. 루만의 입장에 대해서는 Niklas Luhmann, *Das Recht der Gesellschaft*, Frankfurt am Main: Suhrkamp, 1993; Niklas Luhmann, *Legitimation durch Verfahren*, Frankfurt am Main: Suhrkamp, 2001 참조.

나 규칙에 관한 합의의 과정과 절차가 또 다른 절차에 의해 정당화되어야 한다는 점이다. 이 경우에 절차주의는 무한 소급에 빠지게 된다. 정의로운 절차에 대한 합의 절차가 정의롭다는 것을 어떻게 보증할 수 있는가? 예를 들어 특정 법안의 심의 절차에 관한 법규의 정당성은 그 법률의 제정 절차의 정당성과 연관되며, 이는 또다시 법률의 제정 절차의 정당성으로 나아가 헌법의 정당성과 헌법 제정의 정당성으로까지 나아가며, 궁극적으로는 절차주의적 정의관의 정당화 절차의 문제로까지 소급된다.[30] 이와 관련된 논의를 단순화하면, 절차주의적 정의관이 절차의 공정성에만 관련된 것인지, 아니면 절차의 시작과 끝의 공정성까지 포함하는지의 문제와 관계된다.

일반적으로 절차주의는 문제 해결이나 결정의 정당성을 출발과 결과의 공정성이 아니라 과정의 공정성에서 찾는 관점을 가리킨다. 현대의 철학적 담론에서 절차주의는 문제 해결의 과정에서 출발과 결과의 차이에 대체적으로 무관심하다. 이런 입장은 다원주의 사회에서 각자가 자신들의 사회적·문화적·경제적 위치와 관점의 차이를 절차에 앞서 조정하거나 포기하도록 강요하지 않는다는 강점이 있다. 다원성 자체를 부정하지 않는 입장을 가진 사람이면 누구나 ① 자신의 문화적 관점과 이익 관심을 포기하지 않고도 문제 해결의 절차에 참여할 수 있으며, ② 더구나 절차를 통해 합의된 결과에 대해 내적 의지의 변화를 통해 수용할 것을 강요받지 않기 때문이다.[31] 이 같은 절차에 참여하고자 할 때, 유일한 전제 조건은 다원성의 인정이다.

일반적으로 절차주의를 비판하는 이론은 다원성의 인정 자체가 특수한 문화적 맥락과 연관되어 있기 때문에 절차주의가 요구하는 전제 자체가 보편적으로 인정될 수 없다고 주장한다. 특수한 문화적 특성을 마

---

30 이 때문에 절차주의는 근본적으로 순환 논증에 빠질 수밖에 없다는 비판도 가능하다. 이에 대해서는 Wolfgang Kersting, *John Rawls zur Einführung*, Hamburg: Junius, 1993, p. 228 참조.
31 정원규, 「민주주의의 기본원리」, 184쪽 참조.

치 보편적으로 정당화된 것처럼 요구하는 것 자체가 부당하다는 것이다. 이런 형태의 비판을 벗어나기 위해 절차주의자들은 절차의 출발점에서 문화적 차이뿐만 아니라 사회·경제적 차이와 차별이 없는 상태를 가정하려고 한다. 모두가 동일한 조건에서 출발한다는 전제를 통해 절차의 보편성을 획득하려는 전략인 것이다.

이러한 이론적 전략 아래에서 최초로 등장한 개념이 자연 상태이다. 출발점을 문화가 성립되지 않은 이전으로 돌려야 한다고 생각한 철학자들이 사고 실험을 통해 모두가 발가벗은 상태, 곧 자연 상태를 설정한 것이다. 모두가 발가벗은 자연 상태에서 가장 절실한 문제는 자기실현이 아니라 자기 보존일 수밖에 없으며, 생존을 위해 사회계약을 할 수밖에 없다는 17세기 사회계약론이 여기에 속한다. 그런데 자연 상태에서 출발하려는 시도는 현실의 자리를 가상으로 대체하는 것이다. 자연 상태는 사실이 아니라 가상이다. 물론, 이때의 가상은 허상이 아니다. 가상은 새로운 판짜기이며, 새로운 짜임 관계이다. 이 점에서 가상은 부정적 현실의 부정일 수 있으며, 강력한 비판일 수 있다. 그러나 자연 상태 같은 가상은 심미적 수준의 비판을 넘어 규범적 사회 비판의 기준으로 수용하기에는 지나치게 비현실적이다.

출발점을 철저하게 동질화한다는 것은 사고 실험으로는 가치가 있지만, 현실 속에서 설득력을 갖기는 어렵다. 문화의 질서를 자연에서 구할 수 없기 때문이다. 더구나 자연적 동일성에서 출발하는 절차에 문화적 이질성이 들어설 자리는 없다. 그 때문에 자연적 동일성에서 출발한 절차는 이미 특정한 결론을 예비하고 있다고 볼 수 있다. 엄밀한 의미에서 동일한 사람들이 참여하는 절차는 그 자체가 무의미하다. 그 때문에 앞서 지적한 것처럼 근대의 사회계약론은 절차주의와 구별된다.

이 같은 맥락에서 볼 때, 절차주의가 반드시 출발점에서의 차이를 무시하거나 사고 실험을 통해 차이가 없는 출발을 가정해야 할 필요는 없다고 본다. 여기서 우리는 출발의 차이를 어떻게 고려해야만 하는지의 문제와 만나게 된다. 그러나 이 문제에 관한 논의에 앞서 우리는 먼저 절차주의가 공정한 절차를 통해 도달한 결과의 차이나 차등에 대해서는 무관심해야 하는지에 대해 의문을 갖게 된다. 왜냐하면 절차주의에 반대 하는 사람들은 절차적 정의가 현실적 불의를 정당화하는 기제로 작동한 다고 말하기 때문이다.[32] 이들의 비판이 옳다면 결과적 차이를 무시하는 절차적 정의는 사회적 연대성을 훼손하는 결과를 가져올 수밖에 없다. 그렇다면 절차주의는 결과에 대해 어떤 입장을 가져야 하는가?

먼저 절차에 앞서 어떤 결과가 정의롭다는 결론을 내리거나 혹은 원하 는 결과를 이끌어 낼 수 있는 절차만을 정당하다고 말하는 입장은 이미 절차주의가 아니다. 실제로 현대 사회에서 이런 관점을 대변하는 철학적 관점은 찾아보기 힘들다.[33] 롤스는 이런 관점을 '완전한(perfect) 절차적 정의'로 명명하면서 유명한 케이크 분할의 정의를 예로 든다. 그에 따르 면, 완전한 절차적 정의관은 다음과 같은 두 가지 특징을 가진다.

> 첫째, 공정한 분할이 무엇인가에 대한 독립적인 기준이 있는데, 그 기 준은 따르게 될 절차와는 상관없이 그것에 선행해 정해진다는 것이다. 둘째, 분명히 그러한 바람직한 결과를 가져오게 될 절차를 고안할 수 있 다는 것이다. ······ 중요한 것은 어떤 결과가 정의로운지를 결정하는 독 립적인 기준과 그러한 결과를 보장하는 절차가 있다는 점이다.[34]

여기서 우리는 두 가지를 분명히 할 필요가 있다. 첫째, 이 같은 특징 을 갖는 완전한 절차적 정의관은 사회 정의론의 패러다임으로는 부적합 하다. 왜냐하면 총체적인 관점에서 파악할 수 없는 현대 사회의 복잡성 에 비추어 보았을 때, 어떤 결과가 정의로운지를 예견한다는 것은 예술

---

32 Charles Taylor, "Das Motiv einer Verfahrensethik", Wolfgang Kuhlmann (Hg.), *Moralität und Sittlichkeit*, Frankfurt am Main: Suhrkamp, 1986 참조.

33 롤스는 마치 마르크스주의가 이 같은 정의론을 가지고 있는 것처럼 주장하고 있지만, 충분한 근거를 제시하는 것으로 보이지는 않는다.

34 존 롤즈, 『정의론』, 135쪽.

작품을 통해 순간적으로 드러날 수는 있지만 사회적 담론을 통해서는 보편적 합의를 이끌어 낼 수 없다. 그것이 실제로 가능하다고 할지라도 불필요하고 위험한 일이다. 둘째, 이처럼 어떤 결과가 정의로운지를 결정하는 독립적 기준이 적극적으로 제시될 수는 없다고 할지라도, 특수한 경우에는 소극적(negative)으로라도 제시할 수 있어야 한다. 예를 들어 어떤 결과가 기본권의 손상을 가져와서는 안 된다는 기준이 제시될 수 있다. 이런 맥락에서 나는 절차주의가 어떤 결과가 정의롭지 못한가를 결정하는 소극적 기준이 있어야 한다고 본다. 물론, 소극적 기준이 특수한 결과를 예비하지 않는다는 전제 아래에서 말이다. 그런데 문제는 소극적 기준이 기본권과 관련을 맺는다고 할 때 고려해야 할 기본권의 범위를 정하는 것이 필요한데, 이는 또 다른 담론 절차를 요구한다. 따라서 나는 절차의 정의가 보장되었다고 해서 그것이 결과의 정의까지 보장하는 것은 아니라는 것을 분명히 해야 한다고 본다. 그래야만 결과의 정의에 관한 사회적 담론 자체가 가능하기 때문이다.

이제까지의 논의를 통해 우리는 절차주의가 출발과 결과의 정의에 의존해서도 안 되지만, 그렇다고 무관심해서도 안 된다는 결론을 내릴 수 있다. 문제는 절차주의가 절차뿐만 아니라 출발과 결과의 공정한 정의에 대해 어떤 방식으로 관여할 수 있는가이다. 먼저 문제를 단순화하기 위해 가능한 경우를 나열해 보자. 우리는 무엇보다 출발과 과정, 결과에서 실제적 차이의 고려 유무에 따라 다음과 같이 여덟 가지의 경우를 생각할 수 있을 것이다.

① 출발(o), 과정(o), 결과(o), ② 출발(o), 과정(x), 결과(o), ③ 출발(o), 과정(o), 결과(x), ④ 출발(o), 과정(x), 결과(x), ⑤ 출발(x), 과정(x), 결과(x), ⑥ 출발(x), 과정(o), 결과(o), ⑦ 출발(x), 과정(x), 결과(o), ⑧ 출발(x), 과정(o), 결과(x)

여기서 우리는 여덟 가지에 부합하는 이름을 붙이고 각각의 경우에 해당할 수 있는 예를 나열할 수 있을 것이다. 아울러 몇 가지는 그에 부합하는 정의론을 제시할 수도 있을 것이다. 그러나 문제는 그렇게 단순하지 않다. 왜냐하면 앞의 경우는 출발과 과정, 결과에서 실제적 차이의 고려 유무만을 가지고 분류했지만, 고려 방식에 따라 분류하면 수없이 많은 경우가 생겨날 수 있기 때문이다. 따라서 나는 출발의 차이를 고려할 수 있는 몇 가지 가능성을 논의하는 것에 만족하고자 한다. 이유는 크게 두 가지이다. 첫째, 이 문제가 절차적 정의에서 가장 중요한 물음이며, 그에 관한 다양한 응답이 있음에도 이를 명시적으로 논의하는 이론이 많지 않기 때문이다. 둘째, 여기서 나는 시민자치의 현실화 과정과 절차에 주로 관심을 가지고 있기 때문이다. 따라서 나는 보다 많은 시민의 적극적 참여를 가능하게 만드는 절차주의를 택하기 위해서는 절차 과정만큼 출발이 중요하다고 생각한다.

절차주의는 도덕적·문화적(윤리적)·실용적(경제적)·법적·정치적·사회적 문제 등의 해결 과정으로 이해할 수 있다. 나아가 각각의 담론은 정당화 절차와 적용 절차로 구별된다. 예를 들어 법 담론에는 한편으로 민주주의를 정당화할 수 있는 절차와 법 제도와 결정의 정당성을 판단할 수 있는 규범적 절차가 있는가 하면, 다른 한편으로 법 규범의 적용 과정에서 발생하는 대립과 갈등을 조정하는 기제로서의 절차도 있을 수 있다. 그런데 앞에서 언급한 것처럼 시민자치는 두 가지 문제에 동시에 개입하지만, 그 과정에서 두 가지 절차가 뚜렷하게 구별되지 않으며, 나아가 서로 다른 담론의 층위들이 서로 엉켜 있는 경우가 대부분이다. 따라서 나는 포괄적으로 시민자치의 활성화를 위해 갖가지 절차에 시민 참여를 최대화할 수 있는 출발점에 대해 논의하려고 한다.

일반적 의미에서 시민자치의 절차는 문제가 된 주제와 관련된 모든 권리 주체가 문제 해결을 위한 의견과 의지의 형성 과정에 참여할 수 있도록 구성되어야 한다. 그러나 나는 이처럼 시민자치의 절차를 문제 해결을 위한 형식적 절차로 한정하는 것에 반대한다. 나는 시민자치를 모든 공적 문제에 관해 의견과 의지를 형성하는 과정 자체라고 생각한다. 따라서 시민자치의 절차는 다수결이나 소수결 혹은 만장일치의 택일 문제로 환원될 수 없다. 왜냐하면 시민자치의 핵심이 문제 풀이보다는 문제 찾기에 있기 때문이다. 따라서 핵심은 시민이 어떻게 문제를 찾아가는 주체가 될 수 있느냐이다. 여기서 우리는 시민자치의 절차가 다원화되어야 함을 알 수 있다. 이는 시민자치의 목적과 관련된 중요한 문제이다.

시민자치의 목적은 시민이 사회의 자율적 상호 주체로 성장하는 것이다. 자율적 상호 주체가 된다는 것은 문제 찾기의 주인이 된다는 것을 의미한다.[35] 시민자치는 시민이 주인인 사회를 지향한다. 그런데 주인이 된다는 것은 과정이다. 그 과정의 절차가 어떠해야만 하는가의 문제이다. 갈등 조정의 문제가 단순히 다수결이나 만장일치로 결정된다는 것은 엄밀한 의미에서 시민자치가 아니다. 그것은 시민을 수동적으로 만들어 버리거나 주체성을 상실한 체계의 부속품으로 전락시킬 위험이 있다. 이런 맥락에서 나는 문제 풀이와 문제 찾기의 과정을 포괄하는 다원적 시민자치의 절차가 시작되는 출발점에 관해 논의하고자 한다.

앞에서 언급한 것처럼 출발의 공정성에 대한 입장은 크게 두 가지로 나눌 수 있을 것이다. 다시 말하면 출발점에서 문화, 경제, 사회의 각 영역에서 실제적으로 존재하는 차이와 차별을 고려하는 것이 공정하다는 입장과 고려하지 않는 것이 공정하다는 입장이 있을 수 있다. 이를 조금 세분화하면, 다음과 같이 다섯 가지 입장으로 다시 구분할 수 있다. ① 사실적 차이를 절차적 출발점에서 차별의 근거로 사용하는 경우, ② 사실적 차이를 절차적 출발점에서 역차별의 근거로 사용하는 경우, ③ 사실적 차이를 무시하고 동일한 출발선을 요구하는 경우, ④ 사실적

---

35 나는 몇몇 주민자치 활동가와 시민이 활동하고 있는 '마을 의제 찾기'가 바람직한 시민자치의 한 예라고 생각한다. 물론, 시민자치에서 문제 찾기는 사적 자율성보다 공적 자율성에 기초해야 한다. 예를 들어 한 시민이 불평불만을 자치 단체에 전달하는 것만으로 문제 찾기의 주체라고 할 수는 없다. 그럼에도 불구하고 이런 시민이 다양한 시민 단체를 통해 자기 문제를 전달하고, 다른 입장을 가진 사람과 의사소통하는 과정에서 의제를 선택하고 담론을 형성하는 것이 진정한 의미의 문제 찾기라고 할 수 있을 것이다.

차이의 실재를 인정하면서도 참여 주체들 사이의 차이가 절차에 영향을 끼칠 수 없도록 서로의 차이를 인식할 수 없는 가상적 상황에서 무차별적 출발점을 설정하는 경우, ⑤ 차이를 사실로서 인정하고 참여 주체가 비강제적으로 차이와 차별의 관계를 밝히고 지양할 수 있는 가능성을 보장받는 출발점을 재구성하는 경우가 그것들이다.

나는 현대 사회에서 이 같이 제시된 다섯 가지 경우가 모두 현실적으로 적용되고 있다고 본다. 예를 들어 처음 입사할 때 능력의 차이에 따라 임금에 차등을 두는 것은 ①의 입장에 따라 공정성을 정당화하는 경우이다. 지역 할당제나 여성 할당제는 ②의 경우에 속한다고 할 수 있다. 성폭력 아동 피해자에 관한 조사 과정이 다른 피해자와 상이한 조건에서 이루어지도록 배려하는 것도 여기에 속한다고 할 수 있을 것이다. ③의 경우는 이론적으로는 앞에서 언급한 서양 근대의 사회계약론적 관점에 부합하며, 출발뿐만 아니라 절차에서도 차이에 대한 감수성이 없기 때문에 절차주의의 이념에 부합하지 않는다. 그러나 자유주의적 법 패러다임이 작동하는 사회에서는 현실적으로 가장 많은 경우에 적용되는 관점이다.

④는 롤스가 제시한 원초적 입장(original position)의 장치인 무지의 베일과 연관해 이해할 수 있다. 차이에 대한 무지가 차이를 무시하거나 차별의 근거로 작용하기 위해서가 아니라 오히려 최소 수혜자에게 최대의 이익이 가는 불평등만이 공정하다는 '차등의 원칙'을 정당화하기 위한 가상적 출발점인 원초적 입장은, 시민자치의 절차와 관련해 볼 때, 매우 혁신적 설정이다.[36] 롤스의 입장은 출발의 공정성을 차이에 대한 감수성과 연관시키고 있다는 점에서 매우 혁신적이다. 실제로 시민사회에서 등

---

36 롤스가 제안한 차등의 원칙은 다음과 같다. "사회적·경제적 불평등은 다음 두 가지 조건을 만족시켜야만 한다. 첫째, 사회적·경제적 불평등은 공정한 기회 평등의 조건 하에서 모든 사람에게 개방된 직위와 직책에 결부되어야 한다. 둘째, 사회적·경제적 불평등은 사회의 최소 수혜자 계층의 최대의 이익과 결부되어야만 한다." 존 롤즈, 『정치적 자유주의』, 359쪽.

장하는 다양한 문제 풀이의 과정에서 그가 제안한 관점은 다양하게 적용될 수 있다.[37] 이해관계가 충돌하는 문제가 여기에 속한다고 할 수 있는데, 특히 사회복지와 정의를 기능주의적 관찰자 관점이 아니라 의사소통적 참여자 관점에서 이해할 때, 그가 설정한 절차의 출발점은 매우 설득력 있는 정당성의 기준이다.

그러나 롤스의 원초적 입장에 마련된 무지의 베일이라는 장치는 절차주의적으로 구성된 것이 아니라 실체적(substantial) 관점을 가지고 설계한 것이다. 근원적 차원에서 어떤 절차도 규범적 함축으로부터 자유로울 수 없다는 점에서 그의 실체적 관점이 그 자체로 부당하다고 말할 수는 없다.[38] 그러나 절차에 참여하는 모든 사람이 최소 수혜자의 입장에서 사유하도록 설계된 실체적 입장은 다원주의적 사회에서 수용하기에는 너무 강하다. 이 같은 그의 관점이 관철될 수 있는 경우는 강자가 약자의 도움 없이는 자기 이익을 관철할 수 없는 특수한 경우에만 적용 가능하다. 물론, 그의 실체적 관점이 다원주의를 심각하게 훼손하는 것은 아니다. 그럼에도 불구하고 그에 의해 가설적으로 설정된 절차는 참여를 확대하기보다는 축소할 가능성이 많다. 더구나 그의 관점은 무지의 베일 상태에서 합의한 내용을 베일이 없는 상태에서 수용하도록 강제할 수 있는 규범적 근거가 없다. 이런 맥락에서 하버마스는 차이를 인정하되 공적 담론의 민주적 절차를 재구성한 출발점을 제안한다. 이런 관점은 앞에서 제시한 ⑤의 경우에 해당한다고 할 수 있다.

하버마스의 담론 이론이 대표한다고 볼 수 있는 ⑤의 관점은 차이를 차별과 역차별의 근거로 사용하는 ①과 ②의 관점, 그리고 차이를 없게 만들거나 인식할 수 없게 하는 ③과 ④의 관점을 극복하면서도 ①, ②, ③, ④의 경우가 갖는 강점을 모두 선택할 수 있는 출발점을 제시하고자

---

37 나는 롤스가 제안한 절차주의가 문제 풀이의 과정에서는 설득력이 있지만 문제 찾기의 과정에서는 적절하지 않다고 본다.
38 존 롤즈, 『정치적 자유주의』, 128쪽 참조.

한다. 나는 ⑤가 적어도 시민자치의 활성화를 통해 의사소통적 권력을 최대화할 수 있는 절차주의적 관점이라고 생각한다. 시민의 비강제적 의사소통 과정에서 공동의지를 형성하고 이렇게 만들어진 의사소통적 권력을 통해 행정권력과 시장권력을 제약할 수 있는 절차에 보다 많은 시민이 참여하기 위해서는 차이에 민감하면서도 차이를 선험적 혹은 가상적 장치를 통해 제거하지 않아야 한다. 이런 관점에서 볼 때, ②나 ④의 관점은 비록 실체적 정의를 실현하는 데에는 ⑤보다 유리하지만 시민자치의 참여를 높이는 데에는 약점이 있다. "가능한 모든 관련 당사자가 합리적 담론의 참여자로서 동의할 수 있는 행동 규범만이 타당하다"[39]라는 하버마스의 담론 원칙은 관련된 모든 사람이 자신의 가치관과 이익관심을 유지하면서 담론의 장에 들어설 수 있도록 문을 활짝 열어 놓고 있다.

그러나 문이 열려 있다고 해서 모두가 문 안으로 들어갈 수는 없다. 문을 열고 들어갈 수 있는 사람도 있지만, 열린 문이 오히려 소외감과 상실감을 강화할 수도 있다. 그렇다면 어떻게 보다 많은 사람이 시민자치의 절차에 참여할 수 있는가? 그런데 이 문제를 형식적 절차주의는 해결할 수 없다. 공적 자율성을 실제적으로 행사할 수 있도록 사적 자율성이 보장되어야 한다는 주장으로도 이 문제는 해소되지 않는다. 사적 자율성과 공적 자율성의 상호 제약적 보완 관계의 성립 자체가 사회적 조건의 성숙을 전제하기 때문이다. 그렇다고 이 문제를 단순히 문화적인 문제로 환원할 수도 없다. 이 경우에 정치철학 자체가 무의미해지거나 기능주의적 계산으로 추락한다. 내가 보기에 이 문제는 상호 주체성의 이념이 갖는 근본적 한계와 연관된다.

---

39 Jürgen Habermas, *Faktizität und Geltung*, p. 138.

4. 홀로주체성, 따로주체성, 상호 주체성, 그리고 탈주체성

의사소통적 권력의 형성 과정을 의미하는 시민자치는 이질적 타자와의 만남과 소통, 투쟁을 통한 연대의 과정을 요구한다. 따라서 시민자치의 절차는 이질적 타자와의 만남에서 시작된다. 만남은 상호 주체성을 전제하면서 동시에 형성한다. 서로를 주체로 인정하지 않는 만남은 만남이 아니라 모임일 뿐이다. 비록 어떤 참여자가 몰주체성에 사로잡혀 있거나 따로주체를 꿈꾼다고 하더라도, 진정한 만남은 상호 주체성을 키워 간다. 이 점에서 시민자치의 출발은 상호 주체성의 향연일 수 없지만, 그것이 지향하는 연대는 상호 주체의 향연이다. 시민자치는 이질적인 사람들의 만남에서 시작되지만, 소통과 투쟁의 절차를 통해 형성된 연대에서 이질성은 어느덧 사소한 것이 된다. 비록 참여자가 절차가 진행되는 과정에서 자신의 가치관과 이익 관심을 포기하지 않는다고 하더라도, 상호 주체의 향연에서 일시적으로 도달한 연대성은 이질적 차이에 대한 감수성을 무디게 한다. 그 때문에 상호 주체들의 시민자치는 언제나 다수의 독재 가능성을 품고 있다.[40]

시민이 비록 공적인 우리 의식을 가지고 있다 하더라도, 이들의 우리 의식이 언제나 공적이거나 보편적인 것은 아니다. 나는 이들의 의식이 언제나 '우리'의 이름으로 '우리 안의 타자'를 배제하고 감금할 수 있다고 본다.[41] 시민자치의 과정에서 형성된 우리 의식이 실제로 어떤 형태의 배제와 감금의 논리도 가지고 있지 않고, 참여자가 공적 의지 형성 이외에 어떠한 차별적 행위를 하지 않았다고 할지라도, 시민자치가 현실적으로 존재하는 배제에 대해 침묵하는 것 자체가 배제의 논리이기 때문이다. 이런 이유 때문에 현대 사회에서 적지 않은 사람과 집단이 자율적 타

---

40 정원규, 「민주주의의 기본원리」, 182쪽 참조.
41 박구용, 『우리 안의 타자』, 108쪽 이하; 박구용, 「이주민과 문화다원주의」, 『범한철학』 46, 2007, 159쪽 이하 참조.

자로 남아 있고자 한다.

시민자치의 절차가 출발과 과정에서 모두 정의로운 것으로 정당화된다고 하더라도, 우리는 그 결과가 다수에 의한 소수의 억압을 수정하지 못하거나 '우리 안의 타자'를 지속적으로 양산할 가능성이 있다는 것을 알 수 있다. 절차주의는 출발과 과정의 정당성만으로 결과의 정당성을 입증할 수는 없다. 따라서 절차의 결과에서도 여전히 유지되고 있거나 새롭게 형성된 배제를 극복하기 위해서는 계속해서 새로운 시민자치의 절차가 요구된다. 따라서 시민자치는 일시적으로 문제를 해결하는 과정이 아니라 끝없이 문제를 찾아가는 과정인 것이다. 그러나 시민자치가 끝없는 문제 찾기의 과정이라고 해서 배제의 문제가 해결되는 것은 아니다.

시민사회가 체계에 의해 내적으로 식민화된 현대 사회에서 시민자치는 해방의 과정이지만 동시에 억압의 과정이기도 하다. 이런 이유 때문에 시민사회나 국가의 바깥으로 나가 새로운 자치체계를 건설하려는 사람들이 있다. 나는 이처럼 기꺼이 '우리 안의 타자'로 머물러 있고자 하는 사람들, 다시 말해 자율적 타자들을 탈주체로 규정하고자 한다. 이들은 비록 '우리 안의 타자'이기는 하지만 몰주체성에 사로잡힌 에코도 아니며, 따로주체성을 꿈꾸는 나르시스도 아니지만 동시에 '우리 안의 상호 주체'이기도 거부하는 탈주체들이다. 이들은 비록 타자이기는 하지만 자율적이라는 점에서 몰주체가 아니라 탈주체이다. 나는 시민자치가 탈주체들과의 만남과 소통을 통해서만 끝없이 새로운 상호 주체성을 형성할 수 있다고 생각한다. 건강한 시민사회를 위한 자치는 상호 주체성과 탈주체성의 경계에서 이루어져야 한다. 따라서 나는 절차주의적 시민자치가 국가와 시민사회의 바깥에서 형성된 탈주체들의 공동체를 억압할 것이 아니라 활성화해야 한다고 본다.[42] 바깥으로 나가지 않는 상호

---

42 정원규가 제안한 '정치 단위 구성권'은 이와 유사한 맥락에서 이해할 수 있을 것이다. 정원규, 「민주주의의 기본원리」, 190쪽 참조.

주체성은 언제나 따로주체성으로 전환될 위험이 있기 때문이다.

이런 맥락에서 나는 테일러가 제시하는 '인정의 정치'와 안토니오 네그리(Antonio Negri)의 '자율주의'(autonomia), 그리고 여기서 파생된 다양한 형태의 탈주체성 이론이 꿈꾸는 활력 공동체의 환대를 제안한다.[43] 그러나 나는 행정권력과 시장권력을 제약할 수 있는 시민자치의 상호 주체성을 원천적으로 거부하는 탈주체성 이론과 실천에는 반대한다.[44] 국가와 시장, 심지어 시민사회의 바깥에 소수자 코뮌을 형성하는 것은 급진적 비판이자 저항이며 새로운 시대를 형성하는 것이지만, 그저 바깥에 머무르는 것은 낡은 것의 반복이거나 도피일 뿐이다.[45]

상호 주체성은 탈주체성과의 긴장을 통해서만 건강함을 유지할 수 있다. 거꾸로 상호 주체성이 없는 탈주체성은 내부적으로는 따로주체성에 사로잡히게 된다. 나는 인정의 정치와 자율주의가 이런 위험성을 안고 있다고 본다. 내부적으로는 상호 주체성을 이념으로 하는 자율주의라고 할지라도, 바깥으로 나가지 않는 자율주의 내부는 상호 주체성을 가장한 따로주체일 뿐이기 때문이다. 이 같은 문제는 자율주의를 지향하는 작은 공동체에만 해당하지 않는다. 시민자치 공동체나 국가 공동체도 마찬가지이다. 어떤 국가 공동체의 이념이 상호 주체성에 입각한 절차를 통해 시민자치를 성공적으로 실현하고 있다 할지라도, 이런 국가 공동체가 공동체 내적으로 형성되는 탈주체적 공동체와의 긴장 관계를 상실하거나 공동체 바깥과의 상호 주체성을 상실한다면 소규모 자율주의 공동체와 다를 것이 없다.

바깥으로-바깥에서 나가고 들어오며, 우리 안에 있으면서 바깥에 있

---

43 안토니오 네그리·마이클 하트, 윤수종 옮김, 『제국』, 동녘, 1996; Charles Taylor, *Multikulturalismus und die Politik der Anerkennung*, 1997; 이진경, 『노마디즘』, 휴머니스트, 2002 참조.

44 유사한 관점은 김석수, 「21세기 사회와 시민자치」, 『사회와 철학』 14, 2007, 22쪽 이하 참조.

45 박구용, 「바깥으로/에서, 인문적 삶」, 『문학들』 9, 2007, 338쪽 이하 참조.

고 바깥에 있으면서 안에 있듯이, 상호 주체성과 탈주체성의 경계에서 이쪽저쪽을 들락거릴 수 있는 문, 출구이면서 입구인 그 문의 틈새에서만 사이 존재인 인간의 세계에 새로운 빛이 들어올 것이다. 시민사회에 빛은 다름 아닌 이질적인 것이다. "이질적인 것이 더 이상 추방되지 않는다면 소외도 더 이상 없을 것이다."[46] 따라서 진정한 시민자치는 새로운 빛이 들어올 틈을 만들어 가는 과정이다.

---

46 테오도르 아도르노, 『부정변증법』, 252쪽.

에필로그

엘리베이터와 주차장, 아파트 출입구를 거쳐 빵집과 은행, 주유소를 들른 다음에 순환 도로를 타고 학교 연구실에 오기까지 나는 일곱 차례 CCTV(Closed Circuit television)에 노출되었다. 돌아가는 길에는 순환 도로에서 추가로 하나의 카메라가 더 있으니 나는 오늘 불특정 만인의 시선에 적어도 열다섯 차례나 노출된 셈이다. 2009년 250만 대(공공 13만 대+민간 200만~300만 대)로 추정되던 CCTV가 2013년 추산 500만 대(공공 65만 대+민간 500만 대)를 넘어선 것으로 보인다. 매년 10퍼센트 이상 증가한다니, 현재는 최소 600만 대 이상의 카메라가 개개인의 일상을 매순간 녹화하고 있다. 여기에 자동차에 있는 블랙박스까지 합하면 소름 끼치는 상황이다. 한국은 이미 영국과 미국을 따돌리고 인구 대비 혹은 단위 면적 1제곱킬로미터당 세계에서 폐쇄 회로 텔레비전이 가장 많이 설치된 나라가 되었다. 더구나 예전에는 소수만 한정된 곳에서 관찰하던 체계가 지금은 인터넷을 통해 전송된 영상을 스마트폰이나 컴퓨터로 확인할 수 있는 네트워크형 CCTV가 대부분이니, 한국인은 그야말로 '만인에 의한 만인의 감시체계'에서 살아가고 있다고 할 수 있다.

홉스가 극복하려고 했던 자연 상태, 곧 만인에 의한 만인의 전쟁 상태

685

가 벤담이 구상한 이상 사회인 파놉티콘(panoption)으로 재생된 세상이 되어가고 있다. 조지 오웰(George Orwell)의 빅 브라더(Big Brother)에 대한 경고는 '안전한 자유'를 위한 보호적 감시로 둔갑한 지 오래이다. 더구나 시선과 정보의 권력이 다원화되었다는 진단은 파놉티콘에서 시놉티콘(synoption)으로의 전환을 알리며 사람들을 현혹한다. 이들의 주장처럼 소수에 의한 다수의 일방적 감시의 시대가 끝나고 다수에 의한 다수의 쌍방향 감시의 시대가 되었다면 위로가 될까?

내가 일방적으로 감시당하는 대상이 아니라 감시받으면서 동시에 감시하는 주체가 되었다는 것은 분명하다. 더구나 나를 감시하는 카메라와 나의 행동 하나하나를 기록하는 권력체계는 개개인에게 처벌보다 보상을 더 많이 경험하게 한다. 그뿐인가? CCTV가 설치된 밤거리를 걷는 사람은 더 많은 감시만큼 더 많은 자유를 누리고 있다고 생각한다. 잠정적 범죄와 범죄자로부터 보호받고 있다는 믿음에서 거리를 활보할 수 있는 자유가 커지는 것이다. 이는 마치 무료로 소프트웨어를 다운받기 위해 혹은 어떤 조직과의 관계 형성을 위해 언제든 자신의 개인 정보를 알려 줄 준비를 하고 있는 우리의 일상적 태도와 겹쳐진다. 이런 맥락에서 보면, 우리는 더 이상 감시와 처벌의 사회가 아니라 유혹과 향락의 사회에서 살아가는 듯하다. 모두가 발가벗고 살아가는 자유, 그야말로 자연 상태에서나 누렸던 최대의 자유가 실현된 것처럼 보인다.

페이스북과 인스타그램은 누구에게나 유혹과 향락의 극단을 경험할 수 있도록 열려 있다. 그곳에서 사람들은 더 이상 권력의 시선을 두려워하지 않는다. 탈중심화와 분산, 산종(散種)의 과정을 거치면서 시선의 출처에 장막이 드리워진 지도 오래이다. 이제 나를 지켜보는 타인의 시선에서 눈동자가 뿜어내던 공포는 사라졌다. 그러니 현대인이 두려워하는 것은 타자의 시선과 응시, 그리고 감시가 아니라 오히려 그것으로부터의 분리와 배제이다. 나를 지켜보는 타인이 없다는 것은 나의 존재 가치를 의심하도록 부추긴다. "타인의 시선은 지옥이다"라는 사르트르의 명제는 역전되었다. "타인의 시선은 천국이다." 타인의 시선에 더 많이 노출되는 사람일수록 천국에 가까이 있다고 믿는 세상이 된 것이다.

현대인에게 타인의 시선은 감시가 아니라 인정(Anerkennung/recognition)의 체계로 둔갑하고 있다. 노출을 꺼리는 사람은 이제 자폐증 환자 취급을 받기 일쑤이다. 물론, 예나 지금이나 자기 노출(self-disclosure)은 타인과의 소통을 위해 불가피한 선택일 수도 있다. 자기를 보여 주지 않는 사람에게 가까이 가기는 쉬운 일이 아니기 때문이다. 자신에게 유리하도록 가공하지 않은 비밀을 부담 없이 말할 수 있는 사람만이 진짜 친구라는 믿음은 아직도 널리 유포되어 있다. 친구 혹은 친구가 되고 싶은 사람에게 자신의 속내를 드러내는 것은 새로운 일이 아니다. 하지만 불특정 타인에게 자신의 가장 내밀한 공간까지 공개하는 문화는 분명 새롭고 그만큼 낯선 현상이다. 자신을 적극적으로 노출한다는 점에서 둘 사이의 차이는 없어 보인다. 친구에게 노출한 나의 비밀은 곧바로 친구의 비밀을 불러들여 서로를 단단하게 묶어 주는 연대의 방을 만든다. 그 방에서 나와 친구는 서로를 이해하고 존중하는 주체로 남아 있다. 그렇다면 불특정 타인에게 노출한 비밀의 방도 마찬가지 기능을 수행할까?

사르트르에 따르면, 타인의 시선에 노출된 나는 그에게 하나의 대상이자 사물로 전락한다. 타인의 시선을 사로잡기 위해 안달하는 세상에서 이해하기 힘든 주장이다. 이해를 돕기 위해 부끄러운 이야기를 꺼내 들고자 한다. 아주 오래전에 나는 운전을 하던 중 어떤 여인을 훑어보고 있었다. 그런데 나는 예나 지금이나 타인을 볼 때 가능하면 눈을 마주치는 것이 예의라고 생각하고 있다. 이런 내가 어떤 여인의 몸을 그녀의 허락 없이 욕망의 대상으로 취급한다고는 생각조차 하지 않았다. 하지만 이는 나의 착각이고 기만이었다. 자동차 안에서 어떤 여인을 훔쳐보고 있던 나는 나 자신을 인식하지 못하고 있었다. 나의 의식은 오직 내가 바로 보고 있는 여인의 몸에 거주하고 있었을 뿐이다. 대상에 몰입한 의식은 자기를 의식하지 못한다. 그런데 짤막한 순간, 나는 어디선가 나를 향해 갑자기 날아드는 시선을 느꼈다.

한 여인의 몸에 빠져 있었던 나의 의식은 갑자기 출몰한 타인의 시선 앞에 호출된다. 그 순간 타인은 보이는 자에서 보는 자로 승격되고, 나는 보는 자에서 보이는 자로 추락하고 말았다. 갑작스러운 타자의 시선을 통해 그제야 나는 스스로의 행동을 의식하게 되었다. 타인을 훔쳐보고 있는 나 자신에 대한 수치심이 밀려오면서 나의 의식은 나의 몸, 특히 나의 눈을 경멸하고 있었다. 아니 나의 의식은 나의 몸을 벗어던지고 싶었다. "인간 존재는 자기 밖에 존재한다!"라는 하이데거의 명제가 이토록 절실하게 밀려온 적은 일찍이 없었다. 그렇게 의식이 신체를 내동댕이치려는 순간에 타인은 나를 추궁한다. "그건 너의 몸이야!" '자기 밖으로의 도피' 행각은 결국 '자기 안으로의 도피'로 끝난다. 나의 몸과 마음은 이제 타인의 처분에 맡겨진 한낱 보잘것없는 물건, 곧 타인의 소유물이 되고 말았다.

이 사건이 있은 이후로 나는 나의 몸을 더 이상 믿지 않게 되었다. 지금도 여전히 나는 타인과 눈빛을 마주치려고 노력하지만 자연스럽게 이루어지는 법은 많지 않다. 나는 시선을 독점함으로써 타인을 사물로 취급하는 가운데 나의 자유를 극대화하려고 온갖 술수를 쓰곤 한다. 물론, 반성만으로 자신의 술수를 알아차리기는 어렵다. 타인의 시선에 의해 어쩔 수 없이 내가 사물로 전락하는 순간에 불현듯 나는 나의 몸을 자각하게 된다. 타인에 의해 강제로 자신이 대상으로 전락하는 경험을 통해서만 나는 나를 객관적 대상으로 취급하는 자기의식에 도달하게 된다. 그러니 타인의 시선은 나에게 지옥이지만 동시에 나를 유아론(唯我論)에서 구출하는 동아줄이다. 물론, 어떤 사람들은 기꺼이 타인의 시선에 붙잡혀 살기를 원하기도 한다. 이들은 자신이 자유롭다는 것을 부정함으로써 선악의 저편으로 도피하려는 술책을 쓴다. 이 술책의 내적 공식을 지배하는 것은 물론 이익 관심이다. 그러나 계산이 뒤틀리는 순간, 다시 말해 타인이 나의 세계를 송두리째 부정하는 순간에 나는 더 이상 타인의 우주에서 생존할 수 없다는 것을 자각한다.

나는 다시 나의 우주를 채우고 있는 모든 대상을 불러모으기 시작한다. 지구는 이제 나를 중심으로 돌아가기 시작한다. 내가 눈을 감는 순간에 세계는 정지한다. 그러다 내가 다시 눈을 뜨는 순간, 세계는 다시 나를 위한 교향곡을 연주하기 시작한다. 하지만 이 아름다운 교향곡은 '나로 있지 않은 나', 곧 타인의 출연과 함께 머뭇거리다가 이내 멈추고 만다. 나의 우주에 타인이 침범하는 바로 그 순간에 그토록 완전했던 우주가 산산조각이 난다. '나로 있지 않은 나'는 결코 나로 환원되지 않는다. 거꾸로 나는 그의 우주를 장식하는 자투리로 전락하지 않기 위해 그의 시선을 무시하려고 안간힘을 써야 한다. 물론, 나는 타인의 두 눈을 피할 수 있다. 불특정 타인의 시선조차 무시할 수 있다. 하지만 이런 방식으로 구축된 나의 우주 안에서 나는 결코 자유로울 수 없다. '자기 밖으로의 도피'가 '자기 안으로의 도피'로 끝나듯이, 그 역도 마찬가지이기 때문이다. 타인이 없는 나의 우주에는 나 역시 없다.

타인의 시선이 사라진 나의 우주 안에서 나는 최대의 자유를 만끽하고 있다고 생각하지만 이는 착각일 뿐이다. 자동차 안에서 밖에 서성이고 있는 한 여인의 몸을 마음껏 주무르는 자유를 누리는 순간에 나는 어디에도 없다. 나는 주체가 아니라 아무것도 아니다. 오직 타인의 시선이 나를 침범하는 순간, 그것이 부끄러움이든 자부심이든 간에 내 안에 내가 나타나게 된다. 다시 말해 무한(無限)의 자유와 무아(無我)의 자유가 제지받게 될 때, 비로소 나의 자유가 현실의 교차로에 씨를 뿌리기 시작하는 것이다. 그러니 '나로 있지 않은 나'인 너는 나의 자유를 제약하는 동시에 자각이 가능하도록 만드는 주체이다. 타인의 시선은 언제나 나를 송두리째 소유하려 든다. 그런데 나는 그 순간, 곧 타유화(他有化)가 시작되는 바로 그 순간에 나 자신을 되찾는다. 물론, 그 순간 수치심과 함께 심한 구토를 일으키며 나는 기절할 수도 있다. 타유화가 진행되는 과정으로부터 나를 빼내지 못한다면, 나는 결국 사물화를 극복하지 못하고 허물어질 수밖에 없다.

타인은 나를 독립적으로 자각하지 않는다. 느리게 달리는 자동차, 검은 필름으로 선팅된 창문, 여인의 짧은 치마와 하얀 피부에다가 나의 눈과 몸을 붙들어 맨다. 타인은 결코 나와 그것들의 분리를 쉽게 허가하지 않는다. 이 굴레에서 벗어나려면, 다시 말해 타자의 시선 속에서 고체화하는 자신을 구출하려면 '수치심' 앞에서 서로를 경멸하는 나의 몸과 마음이 서로를 받아들이도록 해야만 한다. 부끄러움의 주체로서 스스로를 자각할 때에만 나는 비로소 자유의 주체가 될 수 있기 때문이다. 그러나 수치심을 통해 자각된 주체의 자유는 여전히 독단적 의식의 섬에서만 활개를 칠 뿐이다. 구체적 행위의 주체로서 자유를 향유하기 위해 나는 너와 불가피하게 인정투쟁을 거쳐야 한다.

휴머니즘이 공표된 이후로 인류는 자유의 최대화를 이상으로 여겨 왔다. 그 누구보다 세계시민의 철학자 칸트는 자유의 최대화를 보편적 법이 지배하는 시민사회에서 찾았다. 그에게 최대의 자유는 타인의 저항을 통해 제한된 자유, 곧 타인의 자유와 함께하는 자유였다. 구속받지 않을 자유를 향유하기 위해 인간은 타인의 속박 속으로 들어갈 수밖에 없다는 것이다. 무엇보다 자연적인 자유, 곧 무제한의 자유 상태에서 인간은 오랫동안 함께 지낼 수가 없기 때문이다. 하지만 그는 자유의 최대화를 위한 시민사회가 그저 주어지는 것은 아니라는 것을 자각한다. 그에 따르면, 자연적 자유의 반(反)사회성이 인간으로 하여금 사회 속에서 최대의 자유를 지향하도록 훈련한다. 그러나 그가 꿈꾸었던 자유의 최대화는 성취되지 않았다. 자유가 커지는 만큼 폭력도 커졌기 때문이다.

'나로 있지 않은 나'에게 나 역시 '나로 있지 않은 나'이다. '나인 나'와 '너인 나'는 서로를 굴복시킴으로써 자유의 최대화를 갈구한다. 내가 너의 시선 속에서 나를 구출하듯이, 너 역시 나의 시선 속에서 너를 구출하려고 안간힘을 쓴다. 그리고 서로를 지배하기 위해 온 우주를 자신의 바람에 따라 재편하려 든다. 이 과정에서 더 많은 사물과 사람을 끌어들이기 위해 나는 기꺼이 내 우주 속의 은밀한 곳까지 화려하게 채색해 보여 준다. 타인을 지배하기 위해 자신을 타인의 시선에 맡기는 것이다. 이때 나는 타인의 시선에 지배당하는 물건이라고 생각하지 않는다. 내가 노출한 것은 내가 아니라 상품일 뿐이라고 생각하기 때문이다. 상품의 구매자가 많아질수록 나의 값은 높아지고, 그런 방식으로 나는 타인의 시선을 더 많이 붙잡아 통제할 수 있다고 믿는 것이다. 이런 방식으로 최대화된 자유는 사르트르의 말처럼 결국 화석처럼 굳어진 자유, 곧 사물을 통해 표현되는 자유일 것이다. 어쩌면 사물화된 인간에게 사물화된 자유는 축복일 것이다.

현대 사회에서 타인의 시선을 사로잡은 만큼 사물화된 자유가 커지는 것은 분명하다. 타인의 시선은 나의 자유를 최대화할 수 있는 가능성의 조건이 되었다. 페이스북과 인스타그램에서 자신을 드러내는 사람은 이제 타인의 감시에 대한 두려움보다 타인의 시선이 사라지는 것에 대한 두려움 때문에 불안해한다. 밤낮으로 블랙박스를 작동시키는 사람은 자신도 찍히는 대상이라는 사실에 대해 어떤 두려움도 갖지 않는다. 벌거벗은 삶과 찍히는 몸뚱이를 통해서만 추방을 면할 수 있게 된 것이다. 이처럼 자유가 자신의 사물화를 통해 실현되는 사회는 폭력에 둔감할 수밖에 없다. CCTV 아래에서 느끼는 자유는 잠재적 폭력을 감시하기도 하지만 동시에 그만큼의 폭력을 키우기도 한다. 어느 쪽을 더 확대해 보느냐에 따라 자유와 폭력은 비례와 반비례의 관계를 들락거리게 되는 것이다.

나는 나의 자유를 최대화하기 위해 기계에 노동을 떠넘긴다. 기계를 통해 생산력이 발전하고 그만큼 인간인 나에게는 자유 시간과 여가 시간이 많아질 것이라고 기대했다. 그런데 이런 방식으로 인간이 자신의 자유를 키우기 위해 만들어 낸 기계가 그것의 논리로 인간을 재생산하기 시작한다. 기계가 인간화되면서 인간이 기계화된다. 기계가 주체가 되고 인간이 기계의 대상으로 전락하는 순간, 최대화된 자유는 곧바로 폭력의 최대화로 둔갑한다. 인간을 물건 취급하는 자유는 폭력의 출발이고 과정이기 때문이다. 사람을 사람으로 인정하지 않는 것, 사람을 물건 취급하는 것, 이것이 바로 무시이고 폭력이다. 옛사람들의 폭력이 사람을 짐승처럼 다루는 데서 시작했다면, 지금 사람들의 폭력은 사람을 물건 취급하는 것이다.

현대 사회에서 주인과 노예를 신분의 형식으로 분리하는 제도의 정당화를 시도하는 담론은 찾아보기 어렵다. 하지만 주인 행세를 하는 사람과 노예 취급을 받는 사람은 여전히 넘쳐난다. 노예로 취급되는 사람은 단순히 잉여인간이 아니다. 일할 의지가 없는 사람, 일할 기회나 능력이 없는 사람, 그래서 쓸모가 없는 무가치한 사람으로, 곧 쓰레기로 처분되는 사람이 잉여인간이다. 잉여인간은 현대화의 불가피한 산물로 취급되든, 아니면 제거해야 할 부산물로 취급되든 상관없이 줄어들기보다 늘어날 수밖에 없다는 것은 분명하다. 그런데 이들은 쓸모가 없다는 측면에서 노예 취급을 받는 사람들과는 다르다. 주인에게 노예는 쓸모가 클 뿐만 아니라 주인을 주인이게끔 해 주는 가능성의 조건이다. 그렇다면 현대 사회에서 노예 취급을 받는 사람은 누구일까? 여기에 포함되는 여러 부류 속에 잠재적 범죄자들이 있다.

현대의 법이 범법자를 처벌하는 정당성의 근거는 그를 법 공동체의 일원으로 인정한다는 당위로부터 해명된다. 범법자는 처벌을 통해 인격을 훼손당하는 것이 아니라 오히려 반대로 온전하게 인정받는다는 논리가 뒤따른다. 그 때문에 범법자는 공동체로부터 추방되는 것이 아니라 잠시 유폐되어 있다가 되돌아오는 자유로운 인격체이다. 그러니 범법자는 법을 법이게끔 해 주는 역할을 수행한다. 그런데 고대 그리스 같은 노예 사회에서 노예는 법의 바깥에 머무른다. 이때의 법 공동체는 가족 공동체와 가족 공동체의 연합 혹은 공동체 내부의 유일한 자유인인 가장들 사이의 연합일 뿐이다. 따라서 가족 공동체 내부에 유폐된 유용한 존재로서의 노예는 법을 만드는 주체도 아니고 법에 의해 보호받는 대상도 아니다. 그럼에도 불구하고 노예는 가족 공동체만이 아니라 법 공동체를 먹여 살리는 실제적인 주인이다.

고대의 노예는 가족 공동체 내부로 감금됨과 동시에 법 공동체 바깥으로 배제된 존재이다. 개인과 개인의 연합으로서 현대의 법 공동체는 노예제를 부정한다. 그런데 최근 이런 정황이 근본적으로 흔들리고 있다. 경찰국가를 자임하는 미국이 항구적 비상 상황을 맞아 잠정적 범죄자 집단을 새롭게 구획하고 관리하기 시작하면서 새로운 상황이 연출되고 있는 것이다. 예외상태와 비상사태를 선포하는 권력자 혹은 주권자는 법이 통하는 정상 상태로 돌아가기 위해 법을 무력화하면서 법 위에 군림한다. 보다 엄밀히 말하면, 이들은 정상 상태와 예외상태가 구별되지 않는 공간에 거주하면서 잠재적 범죄자를 감시·색출하고 처벌한다. 이런 방식으로 노예 취급을 당하는 사람들이 흔히 말하면 불순 세력이다. 테러 방지법은 이들 불순 세력을 자연 상태로 몰아넣고 관리하려는 것이다. 이런저런 근거로 테러 방지법의 레이더에 걸린 사람은 대한민국이라는 법 공동체 외부의 자연 상태로 언제나 추방될 수 있는 예비군으로 분류되고, 기록되고, 관리될 것이다. 이런 방식으로 사람들은 살아 숨 쉬는 생명(zoe)을 유지하기는 하지만 자신만의 자유로운 삶을 구성하는 생명(bios)은 박탈된다. 이렇게 벌거벗은 생명, 알몸의 생명으로 전락한 사람들은 자신들에게 밀려오는 폭력을 인식하지 못한다. 나의 알몸을 보는 사람들이 많아지는 만큼 자유가 커지는 시대이기 때문이다.

어쩌면 현대는 자기 노출의 시대가 아니라 자기표현과 자기 디자인의 시대라고 할 수 있을 것이다. SNS를 통해 교환되고 소통되는 나는 다양한 방식으로 디자인된 나이다. 디자인을 통해 가공되었다고 해서 가짜는 아니다. 진짜가 따로 존재하지 않기 때문이다. 그렇다면 다양한 방식으로 재구성되어 가는 '나들'이 진짜 나인 것이다. 가짜들의 이 엉성한 모임이 진짜인 것이다. 그러니 가짜를 더 많이 만들어 유통시키는 만큼 진짜 나는 더 풍요로워진다. 그만큼 현대인으로서 나는 가볍고 유동적이다. 나는 여기서 데이비드 하비(David Harvey)가 말한 '창조적 파괴와 끊임없는 혁신'을 말하는 것이 아니다. 나는 다만 고체화된 견고한 체계가 무너지면서 끝없이 유동하는 개인들이 자기 디자인과 표현을 통해 자유의 최대화를 꿈꾸는 시대를 말하고 있는 것이다.

지그문트 바우만(Zygmunt Bauman)이 말했던 '액체 현대성'(Liquid Modernity)은 한국에서 그 표본을 찾은 것처럼 보인다. 이 나라처럼 모든 것을 액체화하는 나라는 많지 않다. 그런데 이 나라에서 추진되는 액체화는 주로 자본 시장과 행정권력의 체계에 의해 강화되고 있다. 언제부터인가 이 나라에서 견고하고 무거운 고체 상태에서 삶을 구성하고 조율하는 것이 불가능해졌다. 당장 내년 오늘 이 시간에 내가 어디서 어떤 모습을 하고 있을지 예측하기가 어려워지고 있다. 지속 가능성에 대한 담론이 넘쳐나는 이유이기도 하다. 현대의 끝없는 현대화, 계몽의 끝없는 계몽화, 혁명의 끝없는 혁명화를 통해 모든 것이 액체화하고 있는 것이다. 액체화를 완강하게 거부하는 사람은 거대한 홍수에 떠밀려 가는 고택(古宅)처럼 언제 파괴될지 모를 운명에 처해 있다.

지금의 액체화는 새로운 고체화를 위한 조직적 혹은 집단적 기획이 아니다. 지금 이 나라에서 진행되고 있는 액체화는 기체화로 치닫고 있다. 사회는 소멸되고 타인은 사물의 형태로 기체화된다. 개별화된 개인만이 끝없는 자기 디자인을 통해 액체화와 기체화를 추동하고 있다. 이런 방식으로 이해된 자기표현의 시대는 '좋아요'를 통해 인정투쟁을 마무리하는 것처럼 보인다. 더 이상 자유를 향한 참을 수 없는 열망을 저항의 동력으로 전환하는 사회 운동을 찾아보기 어려운 까닭이다. 사회로부터 이탈하면서 개인이 향유하는 자유의 최대화는 결국 탈규제화로 극대화된 자본의 유동성을 뒤따르는 좀비의 행렬로 뒤바뀌고 있다. 문제는 이런 변화를 관념적으로 부정할 수 없다는 것이다.

강한 결속력을 요구하는 결혼이 더 이상 불가능한 시대가 되어가고 있다. 개별화를 뿌리칠 수 없는 개인이 감내할 수 있는 결속은 더 적은 비용과 부담을 요구하는 관계, 곧 동거일 것이다. 머지않아 동거는 결혼을 약속한 사람들의 일시적이고 잠정적인 결합 형태라는 불명예에서 벗어날 것이다. 오히려 결혼이 동거의 한 형태로 변하게 될 것이다. 아무리 결혼 제도를 찬양하는 담론을 활성화한다고 해도 상황은 바뀌지 않을 것이다. 더 많은 자유를 향한 열망은 ─ 그 결과가 좋으냐 나쁘냐에 상관없이 ─ 결코 줄어들지 않는다. 자유의 최대화는 바른길을 따라가는 것이 아니라 길이 있는 곳이면 어디든 갈 것이다. 모든 것이 그렇듯 이런 변화에도 빛과 어둠이 있을 수밖에 없다. 그러니 찬반으로 갈라서는 격한 논쟁보다는 변화를 사실로 받아들인 다음에 빛과 어둠의 교차로에서 사유하고 소통하며 연대하는 것이 더 바람직할 것이다. 바로 이 현실의 교차로에서 무엇보다 먼저 검토해야 할 것은 체계가 개인에게 부당하게 떠넘긴 짐을 찾아 되돌려 주는 것이다. 이를 위해서는 체계에 의해 내적으로 식민화되지 않으면서 동시에 개인의 사적 이익 관심에 의해 초토화되지 않은 공공성의 영역을 확장해야만 한다. 그곳에서만 폭력을 키우지 않는 자유를 만들 수 있기 때문이다.

하지만 공공성의 영역은 쉽게 확장되지 않는다. 자치의 힘이 없이는 그 싹조차 틔우기가 어렵다. 그렇다고 앞서가는 정치인들에게 맡겨 둘 일도 아니다. 오직 자유로운 시민만이 개개인의 어깨를 은밀하게 짓누르는 폭력을 의식하고 제거할 수 있다. 골방에 틀어박혀 자기를 매질하면서 더 많은 인정을 받기 위해 자신을 불태우는 사람은 결코 골방을 벗어날 수 없다. 최고의 몸매를 뽐내며 골방에서 빠져나온 사람이 아예 없는 것은 아니다. 아주 적은 소수의 탈출 가능성은 아주 많은 다수를 골방에서 빠져나오지 못하도록 감금한다. 이를 위해 체계는 소수의 탈출자를, 그리고 다수가 아주 가까이 볼 수 있는 유흥의 문화 산업을 확대 유포한다. 텔레비전과 컴퓨터, 그리고 스마트폰이라는 골방은 어느덧 이 세상 모든 개인을 가두는 거대한 성(城), 입구만 있을 뿐 출구가 없는 성이 되었다. 새롭게 구축된 이 성은 더 이상 우리의 과거를 신문하고 현재를 감시하던 낡은 체계가 아니다. 이 성에서 불특정 타인과 홀로 인정투쟁을 벌이는 개인은 미래를 감시당하고 있는 것이다.

자유의 최대화를 위한 개인들 사이의 인정투쟁은 결코 자연 벌판에서 벌어지는 야만적 생존 투쟁이 아니다. 인정투쟁은 자연이 아니라 문화의 한복판에서 벌어진다. 인정투쟁은 자연인과 자연인과의 대결이 아니다. 인정투쟁은 부모와 자식, 아내와 남편, 자본가와 노동자, 정규직과 비정규직, 남자와 여자, 이성애자와 동성애자, 중앙과 지방, 서울과 지역, 강대국과 약소국, 선생과 학생 같은 수많은 사회적 관계에서 이루어지는 무시에 대한 저항이다. 그러니 인정투쟁은 폭력을 키우는 것이 아니라 줄이는 과정이면서 동시에 너의 자유만이 아니라 나의 자유도 키우는 과정이다.

인정투쟁 없이도 무시받는 사람이 없는 사회가 있다면 좋겠지만, 이를 기대하는 사람은 순진한 것이 아니라 무지한 것이다. 인정투쟁의 과정 없이 권력자가 미리 시혜를 베풀어 일시적으로 자유를 향유할 수는 있다. 이 경우에 폭력은 은밀하게 행사되기 때문에 줄어들거나 사라진 것처럼 보일 수 있다. 심지어 자발적으로 폭력을 감내하는 경우도 적지 않다. 어쨌거나 남이 베풀어 준 자유와 남이 허가한 자유는 언젠가 대가를 지불해야만 하는, 그렇지 않으면 회수될 수 있는 부자유이다. 스스로 사물화를 감내하면서 향유하는 자유와 불특정 타인의 총괄 개념인 카메라에 포획된 자유는 비상 상황 아래에서 언제나 나를 추방할 수 있도록 만드는 부자유, 곧 폭력의 전주곡이다. 너와 내가 서로를 무시하지 않고 존중하는 자유와 공공성의 영역에서 인정투쟁의 과정을 통해 축적한 자유만이 불가역적 보편성을 가질 수 있는 것이다. "최고의 인간 공동체가 바로 최고의 자유이다."

참고문헌

가라타니 고진(柄谷行人), 조영일 옮김, 『언어와 비극』, 도서출판 b, 2004.

공진성, 『폭력』, 책세상, 2009.

기형도, 『입 속의 검은 잎』, 문학과지성사, 1994.

김남두, 「사유 재산권과 삶의 평등한 기회: 로크를 중심으로」, 『철학연구』 27, 1990.

김대오, 「아리스토텔레스의 행복론」, 『서양고전학연구』 15, 2000.

김동춘, 「이제 '국가 범죄'를 학문적 논의의 장에 올리자」, 『경제와사회』 90, 2011.

김명석, 「롤즈의 공적 이성과 심의민주주의」, 『철학연구』 65, 2004.

김병재, 「"자유와 필연"에 관한 흄의 화해 프로젝트와 도덕적 책임의 문제」, 『철학논구』 38, 2010.

김비환, 「롤즈 정치철학의 두 가지 문제점: 완전주의와 정치 없는 정치철학」, 한국정치학회, 『한국정치학회보』 30(2), 1996.

김상돈, 「아리스토텔레스의 행복의 두 가지 개념」, 『윤리연구』 73, 2009.

김석수, 「세계화와 신자유주의, 그리고 새로운 시민 주체」, 『세계화와 자아 정체성』, 사회와 철학연구회, 이학사, 2001.

_____, 「실천철학에서 칸트와 롤즈의 관계에 대한 비교 분석」, 한국칸트학회 편, 『칸트와 현대 영미철학』, 철학과현실사, 2001.

_____, 「21세기 사회와 시민자치」, 『사회와 철학』 14, 2007.

김선욱, 「웰빙 라이프의 정치적 구조」, 『철학연구』 95, 2005.

_____, 『행복의 철학: 공적 행복을 찾아서』, 도서출판 길, 2011.

_____, 「한나 아렌트의 프라이버시 개념과 그 규범성」, 『철학』 143, 2020.

김수배, 「볼프의 경험심리학과 칸트의 인간학」, 『철학』 42, 1994.

김수영, 「장마 풍경」, 『김수영 전집: 2. 산문』, 민음사, 2003.

김수용,『예술의 자율성과 부정의 미학』, 연세대학교출판부, 1998.

김영국,「일반의지의 수학적 토대와 비관주의: 루소『사회계약론』 2권 3장의 해석 문제」, 『한국정치연구』 26(1), 2017.

김영래,「이기심과 정의, 흄의 정의론을 중심으로」,『범한철학』 77, 2015.

김영민,『동무론』, 한겨레출판, 2008.

김우영,「사유재산권과 로크의 단서들」,『철학연구』 16, 1991.

김윤태,「행복지수와 사회학적 접근법」,『한국사회학회 심포지움 논문집』, 2009.

김윤태 외,『한국 복지국가의 전망』, 한울아카데미, 2010.

김은희,「흄의 정치철학과 보수주의」,『철학』 109, 2011.

_____,「로크의 자유주의와 무산자 배제」,『철학연구』 114, 2016.

김종원,「로크에서의 행위, 의지 그리고 자유 개념」,『철학사상』 64, 2017.

김진석,「니체와 새로운 문화패러다임: 니체는 왜 민주주의를 비판했을까?」,『니체연구』 13, 2008.

김현철,「자연주의적 자연법 이론의 가능성」,『법철학연구』 20(1), 2017.

김효명,『영국경험론』, 아카넷, 2001.

김희강,「미국 독립선언문의 사상적 기원과 제퍼슨 공화주의」,『국제정치논총』 46(2), 2006.

나종석,「민족주의와 세계시민주의:자유주의적 민족주의를 중심으로」,『헤겔연구』 26, 2009.

네그리, 안토니오· 하트, 마이클, 윤수종 옮김,『제국』, 동녘, 1996.

노대명,「미완의 민주주의와 사회권의 위기: 정치의 위기와 "사회권의 악순환 고리"」, 민주화운동기념사업회,『기억과 전망』 22, 2010.

노양진,「번역은 비결정적인가?」,『철학』 48, 1996.

_____,「인식에서 경험으로: 인지과학과 철학적 자연주의」,『한국철학회 학술대회 발표문』, 2019.

노희천,「아리스토텔레스의 이상 국가의 정체에 관하여」,『범한철학』 84, 2017.

니체, 프리드리히, 정동호 옮김,『차라투스트라는 이렇게 말했다』, 책세상, 2007.

_____, 김정현 옮김,『선악의 저편·도덕의 계보』, 책세상, 2002.

_____, 이진우 옮김,『반시대적 고찰』, 책세상, 2005.

_____, 박찬국 옮김,『비극의 탄생』, 아카넷, 2007.

도승연,「'사회의 시선' 너머 사회 안의 탈주로」,『사회와 철학』 28, 2014.

뒤르케임, 에밀, 민문홍 옮김,『사회분업론』, 아카넷, 2012.

듀이, 존, 김진희 옮김,『자유주의와 사회적 실천』, 책세상, 2018.

랑시에르, 자크, 김상훈 외 옮김,「민주주의에 맞서는 민주주의 '들'」,『민주주의는 죽었는가?』, 난장, 2010.

러셀, 버트런드, 김영철 옮김,『결혼과 도덕에 관한 10가지 철학적 성찰』, 자작나무, 1999.

_____, 황문수 옮김,『행복의 정복』, 문예출판사, 2013.

레이코프, 조지, 나익주 옮김,『자유 전쟁: '자유' 개념을 두고 벌어지는 진보와 보수의 대격돌』, 프레시안북, 2009.

로스바드, 머리, 권기붕·정연교·정혜영·한학성 옮김, 『새로운 자유를 찾아서: 자유지상주의 선언』, 한국문화사, 2013.

로크, 존, 정병훈·이재영·양선숙 옮김, 『인간지성론 1』, 한길사, 2014.

_____, 강정인·문지영 옮김, 『통치론』, 까치, 1996.

_____, 박혜원 옮김, 『교육론』, 비봉출판사, 2015.

로티, 리처드, 「인권·이성·감성」, S. 슈트 엮음, 민주주의법학연구회 옮김, 『현대사상과 인권』, 사람생각, 2000.

롤스, 존, 장동진·김기호·김만권 옮김, 『만민법』, 이끌리오, 2000.

롤즈, 존, 황경식·이인탁 옮김, 「공정으로서의 정의: 형이상학적 입장이냐 정치적 입장이냐」, 『공정으로서의 정의』, 서광사, 1988.

_____, 『정치적 자유주의』, 장동진 옮김, 동명사, 1998.

_____, 정태욱 옮김, 「만민법」, 민주법학회 편역, 『현대사상과 인권』, 사람생각, 2000.

_____, 황경식 옮김, 『정의론』, 이학사, 2003.

루만, 니클라스, 김종길 옮김, 『복지국가의 정치이론』, 일신사, 2001.

루소, 장-자크, 주경복·고봉만 옮김, 『인간 불평등 기원론』, 책세상, 2003.

_____, 김영욱 옮김, 『사회계약론』, 후마니타스, 2018.

마르쿠제, H., 김인환 옮김, 『에로스와 문명』, 나남출판, 2009.

마르크스, 칼, 김문현 옮김, 『경제학·철학 초고/자본론/공산당선언/철학의 빈곤』, 동서문화사, 2014.

맑스, K.·엥겔스, F., 최인호 외 옮김, 『독일 이데올로기(저작 선집 1)』, 박종철출판사, 1991.

매킨타이어, 알래스데어, 이진우 옮김, 『덕의 상실』, 문예출판사, 1997.

맥밀런, 존, 이진수 옮김, 『시장의 탄생』, 민음사, 2007.

메를로-퐁티, 모리스, 남수인·최의영 옮김, 『보이는 것과 보이지 않는 것』, 동문선, 2004.

_____, 박현모·유영산·이병택 옮김, 『휴머니즘과 폭력』, 문학과지성사, 2004.

목광수, 「홉스의 이성 개념 고찰: 리바이어던의 어리석은 사람 논의를 중심으로」, 『철학논총』 68, 2012.

문성원, 『배제의 배제와 환대』, 동녘, 2000.

_____, 「자유주의와 정의의 문제」, 『시대와 철학』 12, 2001.

문성훈, 「폭력 개념의 인정이론적 재구성」, 『사회와 철학』 20, 2010.

미쉬라, 라메쉬, 남찬섭 옮김, 『복지국가의 사상과 이론』, 한울, 2011.

밀, 존 스튜어트, 서병훈 옮김, 『자유론』, 책세상, 2005.

_____, 서병훈 옮김, 『공리주의』, 책세상, 2007.

_____, 박동천 옮김, 『정치경제학 원리 2』, 나남, 2010.

_____, 서병훈 옮김, 『대의정부론』, 아카넷, 2012.

_____, 서병훈 옮김, 「사회주의론」, 『존 스튜어트 밀 선집』, 책세상, 2020.

바디우, 알랭, 김상운·양창렬·홍철기 옮김, 「민주주의라는 상징」, 『민주주의는 죽었는가?』, 난장, 2010.

박구용, 「하버마스 담론윤리학의 형식적 보편주의와 발화이행적 자기모순」, 『철학』 69, 2001.

_____, 「다원주의와 담론윤리학」, 『철학』 76, 2003.

_____, 「도덕의 원천으로서 '좋음'과 '옳음'」, 『철학』 74, 2003.

_____, 『우리 안의 타자』, 철학과현실사, 2003.

_____, 「윤리적 다원주의와 도덕적 보편주의: 제약된 다원주의로서 정치적 자유주의」, 『사회와 철학』 8, 2004.

_____, 「인권의 보편주의적 정당화와 해명」, 『사회와 철학』 7, 2004.

_____, 「'우리의 철학'과 '모두의 철학' 그리고 '우리 안의 타자' 철학」, 『시민과 세계』 7, 참여사회연구소, 2005.

_____, 「법다원주의와 의사소통적 세계 민주주의」, 『사회와 철학』 10, 2005.

_____, 「바깥으로/에서, 인문적 삶」, 『문학들』 9, 2007.

_____, 「서로주체의 형성사로서 동학농민전쟁과 5·18광주민중항쟁」, 『민주주의와 인권』 7(2), 5·18연구소, 2007.

_____, 「이주민과 문화다원주의」, 『범한철학』 46, 2007.

_____, 「시민자치와 절차주의」, 『철학연구』 106, 2008.

_____, 「헤겔 미학의 체계와 현재성」, 『민주주의와 인권』 8(2), 5·18연구소, 2008.

_____, 「에코의 비극: 우리 안의 타자 철학」, 『사회와 철학』 17, 2009.

_____, 「촛불과 지성」, 『사회와 철학』 16(1), 2009.

_____, 「민주적 법치국가의 권리로서 복지」, 『사회와 철학』 22, 2011.

_____, 「복지국가 담론의 형성과정과 쟁점」, 황경식 외, 『공정과 정의사회』, 조선뉴스프레스, 2011.

_____, 「인권과 복지의 경계와 상호 제약적 해명」, 『동서철학연구』 64, 2012.

_____, 「국가권력과 시민권」, 『철학』 114, 2013.

_____, 「행복의 그림자: 자유와 폭력의 경계에서」, 『동서철학연구』 70, 2013.

_____, 「사회의 시선」, 『사회와 철학』 28, 2014.

_____, 「경제민주주의의 상호주관적 정당화와 해명」, 『대동철학』 74, 2016.

_____, 「의사소통적 자유와 인정」, 『동서인문』 17, 2021.

_____, 「자유의 자연주의」, 『윤리학』 10(2), 2021.

_____, 「밀에서 자유와 사회의 관계」, 『철학·사상·문화』 38, 2022.

박동천, 「자유주의 정치사상의 지리적 기원에 관한 방법론적 성찰」, 『철학연구』 127, 2019.

박성효, 「로크의 정치철학, 자유주의와 사회계약론의 기초」, 『철학논총』 74, 2013.

박수인, 「플라톤이 법률에서 받아들인 정치적 자유의 의미: 아테네 민주정의 자유 개념에서 수용한 것과 거부한 것」, 『정치사상연구』 24(2), 2018.

박준상, 「환원 불가능한 (빈) 중심, 사이 또는 관계」, 『해석학연구』 19, 2007.

벌린, 이사야, 박동천 옮김, 『자유론』, 아카넷, 2006.

베른슈타인, 에두아르트, 송병헌 옮김, 『사회주의란 무엇인가 외』, 책세상, 2002.

베버, 막스, 김진욱 외 옮김, 『직업으로서의 학문·정치』, 범우사, 2002.

벤사이드, 다니엘, 김상운·양창렬·홍철기 옮김, 「영원한 스캔들」, 『민주주의는 죽었는가?』, 난장, 2010.

벤야민, 발터, 최성만 옮김, 「폭력비판을 위하여」, 『역사의 개념에 대하여/폭력비판을 위하여/초현실주의 외』(발터 벤야민 선집 5), 최성만 옮김, 도서출판 길, 2008.

벨쉬, 볼프강, 박민수 옮김,『우리의 포스트모던적 모던 1·2』, 책세상, 2001.

사르트르, 장 폴, 박정자·윤정임·변광배·장근상 옮김,『변증법적 이성비판 2: 실천적 총체
들의 이론』, 나남출판, 2009.

사이토 준이치(齋藤純一), 윤대석·류수연·윤미란 옮김,『민주적 공공성』, 이음, 2009.

서유석,「사회적 퇴행과 참여 민주주의: 박정희 신드롬과 한국 민주주의」,『건지인문학』 1,
2009.

_____,「'연대' 개념의 역사적 맥락과 현대적 의미」,『시대와 철학』 21(3), 2010.

서정희,「시민권 담론의 두 얼굴」,『한국사회복지연구』 39, 2008.

선우현,「체계/생활세계 2단계 사회이론의 비판적 재구성」,『사회와 철학』 14, 2007.

성염 외,『세계화의 철학적 기초』, 철학과현실사, 1999.

세넷, 리처드, 조용 옮김,『신자유주의와 인간성 파괴』, 문예출판사, 2002.

셀리그만, 마틴, 김인자 옮김,『긍정심리학』, 물푸레, 2020.

송규범,『존 로크의 정치사상』, 아카넷, 2015.

슈미트, 칼, 김효전 옮김,『로마 가톨릭주의와 정치형태/홉스 국가론에서의 리바이어던』,
교육과학사, 1992.

슈미트, 카를, 나종석 옮김,『현대 의회주의의 정신사적 상황』, 도서출판 길, 2012.

신석정,『신석정 전집 IV』, 국학자료원, 2009.

아도르노, 테오도르, 홍승용 옮김,『부정변증법』, 한길사, 1999.

_____, 홍승용 옮김,『미학 이론』, 문학과지성사, 2002.

아도르노, Th. W.·호르크하이머, M., 김유동 옮김,『계몽의 변증법』, 문학과지성사, 2001.

아렌트, 한나, 이진우·태정호 옮김,『인간의 조건』, 한길사, 1996.

_____, 김선욱 옮김,『공화국의 위기』, 한길사, 2011.

_____, 김정한 옮김,『폭력의 세기』, 이후, 1999.

아리스토텔레스, 천병희 옮김,『시학』, 문예출판사, 2002.

_____, 강상진·김재홍·이창우 옮김,『니코마코스 윤리학』, 도서출판 길, 2011.

_____, 김재홍 옮김,『정치학』, 도서출판 길, 2017.

양선이,「흄의 인과과학과 자유와 필연의 화해 프로젝트」,『철학』 113, 2012.

_____,「허치슨, 흄, 아담 스미스의 도덕감정론에 나타난 공감의 역할과 도덕의 규범성」,
『철학연구』 114, 2016.

_____,「자연주의와 도덕적 가치 그리고 규범성에 관하여: 흄의 자연주의와 현대 흄주의를
중심으로」,『철학』 139, 2019.

에피쿠로스, 오유석 옮김,『쾌락』, 문학과지성사, 1998.

염수균,『롤즈의 민주적 자유주의』, 천지, 2001.

염재호,「한국 시민단체의 성장과 뉴 거버넌스의 가능성」,『아세아연구』 45(3), 2002.

오비디우스, 이윤기 옮김,『변신이야기』, 민음사, 1994.

원상철,「자연법론의 흐름과 법실증주의 비교검토」,『법학연구』 17, 2004.

유현석,「글로벌 거버넌스와 주권, 지구 시민사회」, 한국정치학회 2005년 춘계 학술대회보,
『21세기 민주주의와 한국정치』, 한국정치학회, 2005.

윤노빈, 『新生哲學』, 학민사, 1989.

윤평중, 「탈현대의 정치철학」, 『철학』 56, 1998.

이병택, 「자유주의와 공공성: 데이비드 흄의 논의를 중심으로」, 『사회과학연구』 20(1), 2012.

이상돈·변종필·귄터, K., 「세계화에 따른 법문화의 변화와 법개혁의 과제」, 『법철학연구』 7(1), 한국법철학회, 2004.

이상섭, 「의지의 자유선택에 있어서 이성의 역할: 토마스 아퀴나스에게서 의지와 이성의 관계에 대한 하나의 고찰」, 『철학연구』 145, 대한철학회, 2018.

이상엽, 「놀이, 정치 그리고 해석: 니체와 "위대한 정치"」, 『니체연구』, 14, 2008.

이상이 편저, 『역동적 복지국가의 논리와 전략』, 밈, 2011.

이성우, 「국가폭력에 대한 기억투쟁」, 『Oughtopia』 26(1), 2011.

이재영, 「로크의 교육 철학: 습관의 제국과 자유의 역설」, 『근대철학』 15, 2020.

이진경, 『노마디즘』, 휴머니스트, 2002.

이진우, 「권력과 권리」, 『가톨릭 신학과 사상』 23, 1998.

임영진·고영건·신희천·조용래, 「정신적 웰빙 척도(MHC-SF)의 한국어판 타당화 연구」, 『한국심리학회지: 일반』 31(2), 한국심리학회, 2012.

임정아, 「심의민주주의의 이론적 보완 가능성에 대한 검토: 밀의 민주주의론을 중심으로」, 『철학논총』 79, 2015.

임채광, 「소외개념에 대한 프롬과 마르쿠제의 정신분석학적 해명」, 『동서철학연구』 67, 2013.

장동진, 「롤즈의 국제사회 정의관: 『만민법』을 중심으로」, 『국제정치논총』 41(4), 한국국제정치학회, 2001.

장동진·송경호, 「심의민주주의의 주체에 대하여」, 『사회과학논집』 37(2), 2006.

장미경, 「시민권(citizenship) 개념의 의미 확장과 변화: 자유주의적 시민권 개념을 넘어서」, 『한국사회학』 35(6), 2001.

장복동, 『다산의 실학적 인간학』, 전남대학교출판부, 2002.

장은주, 「복지국가, 하나의 시민적 기획: 분배정의를 넘어서는 한국 복지국가의 도덕적 기초의 모색」에 대한 토론을 위해 쓴 글, 2011.

전남대학교 감성인문학연구단, 『공감장이란 무엇인가』, 도서출판 길, 2017.

정동호, 「자연의 도덕화와 탈자연화」, 『니체 연구』 1, 1995.

정병석, 「맹자의 국가론」, 『동양철학연구』 63, 2010.

정연교, 「로크의 동의개념에 관한 소고」, 『사회계약론 연구』, 철학과현실사, 1993.

정원규, 「도덕합의론과 공화민주주의」, 서울대학교 박사학위논문, 2001.

_____, 「민주주의의 기본원리」, 『철학』 71, 2002.

정태창, 「롤즈의 공정으로서의 정의가 현대 입헌 민주주의의 위기에 대해 갖는 실천적 함의」, 『철학사상』 39, 2011.

정해구, 「인권과 시민권은 어떻게 등장하고 발전해 왔나」, 『시민과 세계』 15, 2009.

정현태·오윤수, 「한국의 사회복지 현실과 한국인의 복지의식: 롤즈의 정의론 관점」, 『사회복지정책』 36, 2009.

정호근, 「의사소통적 합리성과 권력 그리고 사회구성」, 장춘익 외, 『하버마스의 사상: 주요 주체와 쟁점들』, 나남출판, 1996.

정호기, 「국가폭력에 대한 저항 기억과 제도화: 5·18민중항쟁」, 『실천문학』 79, 2005.

조주현, 「'사회적인 것'의 위기와 페미니스트 정체성의 정치」, 『사회와 이론』 17, 2010.

조희연·조현연, 「국가폭력: 민주주의 투쟁·희생에 대한 총론적 이해」, 조희연 편, 『국가폭력, 민주주의 투쟁, 그리고 희생』, 함께읽는책, 2002.

지라르, 르네, 김진식·박무호 옮김, 『폭력과 성스러움』, 민음사, 1997.

지젝, 슬라보예, 이만우 옮김, 『향락의 전이』, 인간사랑, 2002.

_____, 정일권·김희진·이현우 옮김, 『폭력이란 무엇인가』, 난장이, 2011.

지젝, 슬라보이, 이서원 옮김, 『혁명이 다가온다: 레닌에 대한 13가지 연구』, 도서출판 길, 2006.

진태원, 「생명정치의 탄생: 미셸 푸코와 생명권력의 문제」, 『문학과 사회』 19(3), 2006.

최성민, 「자유와 필연의 화해: 흄 철학에서의 도덕, 책임, 그리고 자유의 연결」, 『근대철학』 13, 2019.

최종고, 「법과 다원주의」, 『법철학연구』, 제4권, 한국법철학학회, 2001.

최현, 「한국 시티즌쉽(citizenship)」, 『민주주의와 인권』 6(1), 2006.

최희봉, 「흄의 자연주의와 도덕론: 스코틀랜드 자연주의와의 관련을 중심으로」, 『철학연구』 36, 고려대학교 철학연구소, 2008.

카프카, 프란츠, 전영애 옮김, 「학술원에의 보고」, 『변신·시골의사』, 민음사, 1998.

칸트, 임마누엘, 이한구 편역, 『칸트의 역사철학』, 서광사, 1992.

_____, 이남원 옮김, 『실용적 관점에서 본 인간학』, 울산대학교출판부(UUP), 1998.

_____, 백종현 옮김, 『실천이성비판』, 아카넷, 2002.

_____, 백종현 옮김, 『윤리형이상학』, 아카넷, 2012.

키케로, 마르쿠스 툴리우스, 김창성 옮김, 『키케로의 최고선악론』, 서광사, 1999.

테일러, 찰스, 「인권에 대한 비강제적 합의의 조건」, 『계간 사상』, 사회과학원, 1996.

파농, 프란츠, 이석호 옮김, 『검은 피부, 하얀 가면』, 인간사랑, 1995.

퍼트넘, 힐러리, 원만희 옮김, 『과학주의 철학을 넘어서』, 철학과현실사, 1998.

폴라니, 칼, 홍기빈 옮김, 『거대한 전환』, 도서출판 길, 2009.

푸코, 미셸, 이광래 옮김, 『말과 사물』, 민음사, 1994.

_____, 정일준 편역, 『미셸 푸코의 권력이론』, 새물결, 1995.

_____, 박정자 옮김, 『사회를 보호해야 한다』, 동문선, 1998.

_____, 김상운 옮김, 『사회를 보호해야 한다』, 난장, 2015.

_____, 심세광·전혜리 옮김, 『비판이란 무엇인가?/자기 수양』, 동녘, 2016.

_____, 오생근 옮김, 『감시와 처벌』, 나남출판, 2016.

_____, 이규현 옮김, 『성의 역사 1: 지식의 의지』, 나남출판, 2019.

프로이트, 지그문트, 황보석 옮김, 『정신병리학의 문제들』, 열린책들, 2003.

프롬, 에리히, 송낙헌 옮김, 『인생론』, 문학출판사, 1981.

_____, 황문수 옮김, 『인간의 마음』, 문예출판사, 2002.

플라톤, 박종현 옮김, 『국가/정체』, 서광사, 1997.

_____, 박종현 옮김, 『법률』, 서광사, 2009.

하버마스, 위르겐, 이진우 옮김, 『현대성의 철학적 담론』, 문예출판사, 1994.
_____, 홍기수 옮김, 『정치문화 현실과 의사소통적 사회 비판이론』, 문예마당, 1996.
_____, 한상진·박영도 옮김, 『사실성과 타당성』, 나남출판, 1999.
_____, 황태연 옮김, 『이질성의 포용』, 나남출판, 2000.
_____, 한승완 옮김, 『공론장의 구조변동』, 나남출판, 2001.
_____, 장춘익 옮김, 『의사소통행위이론』(전2권), 나남출판, 2006.
하이데거, 마르틴, 이기상·신상희·박찬국 옮김, 『강연과 논문』, 이학사, 2008.
_____, 김재철 옮김, 『시간개념』, 도서출판 길, 2013.
하이에크, 프리드리히 A., 김이석 옮김, 『노예의 길: 사회주의 계획경제의 진실』, 나남출판, 2006.
한승완, 「통일 민족국가 형성을 위한 시론」, 『사회와 철학』 1, 2001.
함석헌, 『뜻으로 본 한국역사』, 한길사, 2007.
허완중, 「헌법의 기본원리로서 민족국가원리」, 『법학논총』 30(1), 2019.
허재훈, 「식민주의의 기초, 존 로크와 아메리카, 인디헤나의 수난사」, 『철학연구』 130, 2014.
헌법재판소, 1994. 5. 6. 선고, 89헌마35.
_____, 2000. 1. 27. 선고, 98헌가9.
_____, 2005. 3. 31. 선고, 2003헌마87.
헤겔, G. W. F., 박병기·박구용 옮김, 『정신철학』, 울산대학교출판부, 2000.
_____, 임석진 옮김, 『법철학』, 한길사, 2008.
호네트, 악셀, 문성훈·이현재·장은주·하주영 옮김, 『정의의 타자: 실천 철학 논문집』, 나남
    출판, 2009.
_____, 문성훈·이현재 옮김, 『인정투쟁』, 사월의책, 2011.
호르크하이머, 막스, 박구용 옮김, 『도구적 이성 비판』, 문예출판사, 2022.
홉스, 토머스, 진석용 옮김, 『리바이어던 1』, 나남출판, 2008.
홍사현, 「자기 생산하는 삶, 자연, 세계」, 『니체 연구』 13, 2008.
홍윤기, 「국민헌법에서 시민헌법으로」, 함께하는시민행동 엮음, 『헌법 다시 보기』, 창비, 2007.
황경식, 「J. 롤즈의 자유주의적 평등주의」, 『철학』 22(1), 1984.
_____, 『개방사회의 사회윤리』, 철학과현실사, 1996.
황태연, 「국제화와 '민족'국가의 딜레마」, 『국제문제연구』 19(1), 서울대학교 국제문제연구소,
    1995.
흄, 데이비드, 김성숙 옮김, 『인간이란 무엇인가』, 동서문화사, 1994.
_____, 이준호 옮김, 『인간 본성에 관한 논고 3: 도덕에 관하여』, 서광사, 1998.

Adorno, Theodor W., *Die musikalischen Monographien*, Frankfurt am Main: Suhrkamp, 1971.
_____, "Die Idee der Naturgeschichte", *Gesammelte Schriften* 1, Frankfurt am Main:
    Suhrkamp, 1973.
_____, "Die revidierte Psychoanalyse", in: (ders.), *Sozilologische Schriften* I, Frankfurt am
    Main: Suhrkamp, 1979.
_____, *Negative Dialektik*, Frankfurt am Main: Suhrkamp, 1975.
Apel, Karl-Otto, *Transformation der Philosophie*, Frankfurt am Main: Suhrkamp, 1973.

Aquinas, Thomas, *Summa Theologica*, New York: Benzinger Brothers, 1947.

Arendt, Hannah, *The Human Condition*, Chicago: The University of Chicago Press, 1958.

_____, *Macht und Gewalt*, München: Piper, 1970.

_____, *Vita activa oder Vom tätigen Leben*, München/Zürich: Piper, 2006.

Aristoteles, *Politik*, Hamburg: Felix Meiner, 1981.

Baudrillard, Jean, *In the Shadow of the Silent Majorities*, New York: Semiotexte, 2007.

Bäuerl, Carsten, *Zwischen Rausch und Kritik* 1, Bielefeld: Aisthesis, 2003.

Behrens, Peter, "Weltwirtschaftsverfassung", in: *Jahrbuch für Neue Politische Ökonomie*, 1999.

Bentham, Jeremy, "*Anarchical Fallacies. Being an Examination of the Declaration of Rights Issued During the French Revolution*", in: Bowring, J. (ed.), *The Works of Jeremy Bentham*, vol. II, Edinburgh: William Tait, 1853.

Bloch, Natalie, *Legitimierte Gewalt: Zum Verhältnis von Sprache und Gewalt in Theatertexten von E. Jelinek und N. LaBute*, Bielefeld: transcript, 2011.

Bohman, James, *Public Deliberation*, Cambridge MA: MIT Press, 1977.

Bourdieu, Pierre, "Rethinking the State: Genesis and Structure of the Bureaucratic Field", in: Steinmetz, George (ed.), *State/Culture*, Ithaca: Cornell Univeristy Press, 1999.

Cattaneo, Mario A., *Recht und Gewalt*, Münster: Lit, 2009.

Chwaszcza, Christine, "Anthropologie und Moralphilosophie im ersten Teil des *Leviathan*", in: Kersting Wolfgang (Hg.), *Leviathan oder Stoff, Form und Gewalt eines bürgerlichen und kirchlichen Staates*, Berlin: Akademie Verlag, 1996.

Cicero, Marcus Tullius, *De Republica: De Legibus*, Harvard University Press, 2000.

Constant, Benjamin, "The Liberty of the Ancients Compared with that of the Moderns", Bennett, Jonathan (trans.), https://earlymoderntexts.com/assets/pdfs/constant1819pdf., 2017.

Craig, William L. · Moreland. James P. (eds.), *Naturalism: A Critical Analysis*, London/New York, Routledge, 2002.

Crowley, John, "Die nationale Dimension der Staatsbügerschaft bei Thomas H. Marshall", Kleger, Heinz (Hg.), *Transnationale Staatbügerschaft*, Campus, 1997.

De Caro, Mario, · MacArthur, David (eds.), *Naturalism and Normativity*, Columbia University Press, 2010.

Derrida, Jacques, *Politik der Freundschaft*, Frankfurt am Main: Suhrkamp, 2000.

Duygu, K., "Analyzing the Concept of Citizenship and Freedom in Aristotle's Theory of Constitution", *SDU Journal of Social Sciences*, Issue 35, 2015.

Dwyer, Peter, *Understanding Social Citizenship* (2nd Revised Edition), Polity Press, 2010.

Elster, Jon, *Making Sense of Marx*, Cambridge University Press, 1985.

Esping-Andersen, Gøsta, *The three worlds of Welfare capitalism*, Harvard: Harvard University Press, 1990.

_____, *Social Foundations of Postindustrial Economies*, Oxford University Press, 1999.

Forschner, Maximilian, *Was ist wahre Freiheit?*, Tübingen: Mohr Siebeck, 2013.

Foucault, Michel, *The order of things*, New York: Random House, 1973(푸코, 미셸, 이광래 옮김, 『말과 사물』, 민음사, 1987).

_____, *Analytik der Macht*, Frankfurt am Main: Suhrkamp, 2005.

Freeman, Samuel, "Deliberative Democracy: A Sympathetic Comment", *Philosophy & Public Affairs* 29(4), 2000.

Frevert, Ute, (u.a.), *Gefühlswissen: Eine lexikalische Spurensuche in der Moderne*, Frankfurt am Main/New York: Campus Verlag, 2011.

Gallagher, David M., "Free Choice and Free Judgment in Thomas Aquinas", *Archiv für Geschichte der Philosophie* 76, 1994.

Galston, William A., "Pluralism and social unity", in: *Ethics* 99(4), 1989.

Gehlen, Arnold, *Moral und Hypermoral: Eine pluralistische Ethik*, Frankfurt am Main/ Bonn: Athenäum, 1969.

Gerhardt, Volker, *Vom Willen zur Macht*, Berlin/New York: de Gruyter, 1996.

Giddens, Anthony, *The Consequences of Modernity*, Polity Press, 1990.

Gooyong, Park, *Freiheit, Anerkennung, und Diskurs*, Wüzburg: K&N, 2001.

Günther, Klaus, "Alles richtig! Otfried Höffes Entwurf einer subsidiären und föderalen Weltrepublik auf der Basis des Allgemeinmenschlichen", in: *Rechtshistorisches Journal*, 2000.

_____, "Communicative Freedom, Communicative Power, and Jurisgenesis", *Cardozo Law Review*, vol. 17, no. Issues 4-5, 1995.

Habermas, Jürgen, *Theorie des kommunikativen Handelns*, Bd. 1-2, Frankfurt am Main: Suhrkamp, 1981/1995.

_____, *Die Neue Unübersichtlichkeit*, Frankfurt am Main: Suhrkamp, 1985(하버마스, 위르겐, 홍기수 옮김, 『정치문화 현실과 의사소통적 사회 비판이론』, 문예마당, 1996).

_____, *Nachmetaphysiches Denken*, Frankfurt am Main: Suhrkamp, 1989.

_____, "Vom pragmatischen, ethischen und moralischen Gebrauch der praktischen Vernunft," in: *Erläuterungen zur Diskursethik*, Frankfurt am Main: Suhrkamp, 1991.

_____, *Erläuterungen zur Diskursethik*, Frankfurt am Main: Suhrkamp, 1991.

_____, *Faktizität und Geltung: Beiträge zur Diskurstheorie des Rechts und des demokratischen Rechtsstaats*, Frankfurt am Main: Suhrkamp, 1992.

_____, *Die Einbeziehung des Anderen: Studien zur politischen Theorie*, Frankfurt am Main: Suhrkamp, 1996(하버마스, 위르겐, 황태연 옮김, 『이질성의 포용』, 나남출판, 2000).

_____, *Die postnationale Konstellation: Politische Essays*, Frankfurt am Main: Suhrkamp, 1998.

Habermas, Jürgen·Apel, Karl-Otto (ed.), "Was heißt Universalpragmatik?", *Sprachpragmatik und Philosophie*, Frankfurt am Main: Suhrkamp, 1976.

Heartfield, Colin, *Adorno and the Modern Ethos of Freedom*, Ashgste, 2004.

Hegel, G. W. F., *Grundlinien der Philosophie des Rechts*, in: *Werke* in zwanzig Bänden, BD 7, Frankfurt am Main: Suhrkamp, 1970.

_____, *Phänomenologie des Geistes*, in: *Werke* in zwanzig Wänden BD 3, Frankfurt am Main: Suhrkamp, 1986.

_____, *Wissenschaft der Logik I*, in: *Werke* in zwanzig Wänden BD 5, Frankfurt am Main: Suhrkamp, 1986.

_____, *Enzyklopädie der philosophischen Wissenschaften III*, in: Werke, in: zwanzig Bänden 10, Frankfurt am Main: Suhrkamp, 1970.

Herb, Karlfriedrich (et al.), "Im Schatten der Offentlichkeit", *Jahrbuch fur Recht und Ethik* 19, 2011.

Himmelfarb, Gertrude, *On Liberty and Liberalism*, New York: Knopf, 1974.

Hobbes, Thomas, *The Elements of Law, Natural and Politic*, Electronic Text Center/University of Virginia, 1640.

Höffe, Otfried, "Transzendentaler Tausch. Eine Legitimationsfigur für Menschenrechte?", Gosepath, Stefen · Lohmann, Georg (Hg.), *Philosophie der Menschenrechte*, Frankfurt am Main: Suhrkamp, 1998.

_____, *Demokratie im Zeitalter der Globalisierung*, München: C. H. Beck, 1999.

Honneth, Axel, *Kampf um Anerkennung: Zur moralischen Grammatik sozialer Konflikte*, Frankfurt am Main: Suhrkamp, 1944.

_____, *Leiden an Unbestimmtheit*, Stuttgart: Reclam, 2001.

_____, *Das Recht der Freiheit: Grundriss einer demokratischen Sittlichkeit*, Frankfurt am Main: Suhrkamp, 2011.

Horkheimer, Max, "Zur Kritik der gegenwärtigen Gesellschaft", in: *Gesammenlte Schriften* Bd. 8 (Vorträge und Aufzeichnungen 1949-1973), Frankfurt am Main: Fischer, 1985.

_____, "Egoismus udnd Freiheitsbewegung", in: *Gesammelte Schriften* Bd. 4, a.a.O., 1988.

_____, "Anfänge der bürgerlichen Geschichtsphilosophie", in: *Gesammelte Schriften* Bd. 2 (Philosophische Frühschriften 1922-1932), Frankfurt am Main: Fischer, 1988.

_____, "Materialismus und Moral", in: *Gesammelte Schriften* Bd. 3, a.a.O., 1988.

Hösle, Vittorio, *Moral und Politik*, München: C. H. Beck, 1997.

Hume, David, *A Treatise of Human Nature*, Selby-Bigge, Lewis A. (ed.), Oxford University Press, 1888.

_____, *Enquiries concerning the human understanding and concerning the principles of morals*, Selby-Bigge, Lewis A. (ed.), Oxford University Press, 1951.

_____, *Eine Untersuchung über den menschlichen Verstand*, Reclam: Stuttgart, 1982.

Hüning, Dieter, "Christian Wolffs 〈allgemeine Regel der menschlichen Handlungen〉", in: *Jahrbuch für Recht und Ethik* 12, Dunker & Humblot, 2004.

Isensee, Josef, "Weltpolizei für Menschenrechte", in: *Juristische Zeitung* 50, 1995.

Isin, Engin F. · Wood, Patricia K., *Citizenship&Identity*, London: SAGE, 1999.

Janouch, Gustav, *Gespräche mit Kafka, Erinnerung und Aufzeinung*, Frankfurt am Main: Suhrkamp, 1981.

Kant, Immanuel, *Kritik der praktischen Vernunft*, in: *Kants Werke* Bd. V, Akademie-Ausgabe,

Berlin: de Gruyter, 1912.

_____, "Idee zu einer allgemeinen Geschichte in weltbßürgerlicher Absicht", in: Weischedel, Wilhelm (Hg.), *Kants Werke* Bd. IX (*Schrifften zur Anthropologie Geschichtsphilosophie, Politik und Pädagogik*, Erster Teil), Darmstadt: WBG, 1983.

_____, *Die Metaphysik der Sitten*, Frankfurt am Main: Suhrkamp, 1993.

_____, *Grundlegung zur Metaphysik der Sitten*, Hamburg: Felix Meiner, 1994.

Kersting, Wolfgang, "Polizei und Korporation in Hegels Darstellung der Bürgerliche Gesellschaft", in: *Hegel-Jahrbuch* 16, 1986.

_____, *Thomas Hobbes zur Einführung*, Hamburg: Junius, 1992.

_____, *John Rawls zur Einführung*, Hamburg: Junius, 1993.

_____, "Einleitung: Die Begründung der poloitischen Philosophie der Neuzeit im *Leviathan*", in: Kersting, Wolfgang (Hg.), *Leviathan oder Stoff, Form und Gewalt eines bürgerlichen und kirchlichen Staates*, Berlin: Akademie Verlag, 1996.

_____, *Die politische Philosophie des Gesellschaftsvertrags*, Darmstadt: Primus, 1996.

Keyt, David, "Aristotle on Freedom and Equality", in: Anagnostopoulos, Georgios · Santas, Gerasimos (ed.), *Democracy, Justice, and Equality in Ancient Greece*, Springer, 2018.

Klingovsky, Ulla, *Transformationen der Macht in der Weiterbildung*, Bielefeld: transcript, 2009.

Knight, Andy, "Engineering Space in Global Governance: The emergence of Civil Society in Evolving 'New' Multilateralism", in: Schechter, Michael (ed.), *Future Multilateralism*, London: Macmillan, 1999.

Koller, Peter, "Der Geltungsbereich der Menschenrechte", Gosepath, Stefen · Lohmann, Georg (Hg.), *Philosophie der Menschenrechte*, Frankfurt am Main: Suhrkamp, 1998.

Locke, John, *The Second Treatise of Government*, Laslett, Peter (ed.), London: Cambridge University Press, 1970.

_____, *An Essay Concerning Human Understanding* II, Nidditch, Peter H. (ed.), Oxford: Clarendon, 1979.

_____, *Some Considerations of the Consequences of Lowering of Interest, and Raising the Value of Money* (In a Letter sent to a Member of Parliament, in the Year 1691), CreateSpace, 2015.

Lohmann, Georg, "Menschenrechte zwischen Moral und Recht", G. Stefen · G. Lohmann (Hg.), *Philosophie der Menschenrechte*, Frankfurt am Main: Suhrkamp, 1998.

Luhmann, Niklas, "Politische Theorie im Wohlfahrtsstaat", in: *Analysen und Perspektiven* Bd. 8/9, München: Olzog, 1981.

_____, *Soziale System, Grundriß einer allgemeinen Theorie*, Frankfurt am Main: Suhrkamp, 1984.

_____, *Das Recht der Gesellschaft*, Frankfurt am Main: Suhrkamp, 1993.

_____, *Legitimation durch Verfahen*, Frankfurt am Main: Suhrkamp, 2001.

_____, *Die Politik der Gesellschaft*, Frankfurt am Main: Suhrkamp, 2002.

Lukács, Georg, *Geschichte und Klassenbewußtsein*, Frankfurt am Main: Suhrkamp, 1968.

Lyotard, Jean-François, *Der Widerstreit*, 2. Auflage, München: Wilhelm Fink, 1989.

Machiavelli, Niccolò, *Der Fürst*, Stuttgart: Reclam, 1969.

MacIntyre, Alasdair, *Whose Justice? Which Rationality?*, Notre Dame: University of Notre Dame Press, 1988.

Macpherson, Crawford B., *The Political Theory of Possessive Individualism: Hobbes to Locke*, Oxford University Press, 1962.

Marcuse, Herbert, "Versuch über die Befreiung", *H. M. Schriften* 8, Frankfurt am Main: Suhrkamp, 1984.

Marshall, Thomas H., *Bügerschaft und soziale Klassen*, Frankfurt am Main/New York, 1992.

Marx, Karl, *Einleitung: Zur Kritik der Hegelschen Rechtsphilosophie*, MEGA I · 2, Berlin: Dietz, 1982.

Mauss, Marcel, *The Gift: the Form and Reason for Exchange in Archaic Societies*, New York: Routledge, 1990.

McCarthy, Thomas, "Kantianischer Konstruktivismus und Rekonstruktivismus: Rawls und Habermas im Dialog", in: *Deutsche Zeitschrift für Philosophie* 44, 1996.

_____, "On the Idea of a Reasonable Law of Peoples", in: Bohman, James · Lutz-Bachmann, Matthias (Hg.), *Perpetual Peace: Essays on Kant's Kosmopolitan Ideal*, Cambridge: The MIT Press, 1997.

Meyer, Rudolf W., "Der Mensch zwischen bourgeois und citoyen", *Hegel-Jahrbuch* 15, 1984/85.

Mill, John Stuart, *Autobiography*, Liberal Arts Press, 1957.

_____, *Cooperation: Intended Speech*, in: Collected Works 26, University of Toronto Press, 1988.

Mises, Ludwig von, *Liberalism: The Classical Tradition*, Liberty Fund, 2005.

Mouffe, Chantal, *The return of the political*, London: Verso, 1993.

_____, *The democratic paradox*, London: Verso, 2000.

Neuhouser, Frederick, *Foundations of Hegel's Social Theory: Actualizing Freedom*, Cambridge (MA): Harvard University Press, 2000.

Nozick, Robert, *Anarchy, State, and Utopia*, New York: Basic Books, 1974.

OECD, Equity Indicators 2.2, in: *Society at a Glance*(=SAG), Paris, 2005.

_____, EQ5.1, *SAG*: "Public social spending by broad policy area and total net social spending, in 2007, in percentage of GDP"; "Income tax and social security contributions" in: *OECD Tax Statistics*, Paris, 2010.

_____, *OECD Tax Statistics*, Paris, 2010.

_____, Equity Indicators 5.1, in: *Society at a Glance*(=SAG), Paris, 2011.

Opielka, Michael, *Gemeinschaft in Gesellschaft: Soziologie nach Hegel und Parsons*, Wiesbaden: VS, 2006.

Pettit, Philip · Lovett, Frank, "Neorepublicanism: A Normative and Institutional Research Program", in: *Annual Review of Political Science* 12, 2009.

Pohlenz, Max, *Griechische Freiheit*, Heidelberg: Quelle und Meyer, 1955.

Rawls, John, *Political Liberalism*, New York: Columbia University Press, 1993.

_____, *Die Idee des politischen Liberalismus*, Frankfurt am Main.: Suhrkamp, 1994.

_____, "Reply to Habermas", in: *The Journal of Philosophy* XCII, 1995.

_____, *Lectures on the History of Moral Philosophy*, Harvard University Press, 2000.

_____, *Justice as Fairness: A Restatement*, Kelly, Erin (ed.), Cambridge/London: The Belknap Press, 2001.

_____, *A Theory of Justice*. Revised Edition, Cambridge/London: Harvard University Press, 2003(*Theorie der Gerechtigkeit*, Frankfurt am Main.: Suhrkamp, 1975).

Richards, Robert J., "Christian Wolff's Prolegomena to empirical and rational Psychology: Translation and commentry", in: *Proceedings of the American philosophical Society*, 124(3), 1980.

Rommen, Heinrich A., *The Natural Law*, Liberty Fund, 1998.

Rose, Nikolas, "The Death of the Social? Re-figuring the Territory of Government", in: *Economy and Society* 25(3), 1996.

Sandel, Michael, *Liberalism and the Limits of Justice*, Cambridge: Cambridge University Press, 1982.

Schmidt, Manfred G., "Wohlfahrtsstaatliche Politik in jungen Demokratie", in: Croissant, Aurel etc. (Hg.), *Wohlfahrtsstaatliche Politik in jungen Demokratie*, Wiesbaden: VS, 2004.

Schmitt, Carl, *Politische Theologie*, Berlin: Duncker & Humblot, 2004(슈미트, 칼, 김항 옮김, 『정치신학』, 그린비, 2010).

_____, *Der Begriff des Politische*, Berlin: Dunker & Humblot, 1963.

Shue, Henry, *Basic Rights, Subsistence, Affluence, and US Foreign Policy*, Princeton University Press, 1996.

Spaemann, Robert, "Über den Begriff der Menschen würde", *Grenzen. Zur ethischen Dimension des Handelns*, Stuttgart: Klett-Cotta, 1987.

Staupe, Jürgen, *Parlamentsvorbehalt und Delegationsbefugnis. Zur "Wesentlichkeitstheorie" und zur Reichweite legislativer Regelungskompetenz inbesondere im Schulrecht*, Berlin: Dunker & Humblot, 1986.

Stevenson, Charles, "The Emotive Meaning of Ethical Terms", in: *Mind* 46, 1937.

Strauss, Leo, *Natural Right and History*, Chicago: The University of Chicago Press, 1953.

Strawson, Peter F., *Scepticism and Naturalism*, Routledge, 2008.

Taylor, Charles, "Das Motiv einer Verfahrensethik", Kuhlmann, Wolfgang (Hg.), *Moralität und Sittlichkeit*, Frankfurt am Main: Suhrkamp, 1986.

_____, *Quellen des Selbst: Die Entstehung der neuzeitlichen Identität*, Frankfurt am Main: Suhrkamp, 1994.

_____, *Multikulturalismus und die Politik der Anerkennung*, Frankfurt am Main: Fischer, 1997.

Tugendhat, Ernst, *Vorlesungen über Ethik*, Frankfurt am Main: Suhrkamp, 1993.

_____, "Die Kontroverse um die Menschenrechte", Stefen, Gosepath · Lohmann, Georg

(Hg.), *Philosophie der Menschenrechte*, Frankfurt am Main: Suhrkamp, 1998.

Ullrich, Carsten G., *Soziologie des Wohlfahrtsstaates*, Frankfurt am Main: Campus, 2005.

Vierkandt, Alfred, *Gesellschaftslehre*, Stuttgart: F. Enke, 1928.

Walsh, Moira M., "Aristotle's Conception of Freedom", *Journal of the History of Philosophy*, 2009.

Walzer, Michael, *Spheres of Justice: A Defense of Pluralism and Equality*, Basic Books, 1983.

Weber, Max, *Wirtschaftsgeschichte*, München/Leipzig, 1924.

_____, *Wirtschaft und Gesellschaft*, Köln, 1964.

_____, *Wirtschaft und Gesellschaft*, Tübingen: Mohr Siebeck, 1985.

Wildt, Andreas, "Menschenrechte und moralische Rechte", Stefen, Gosepath · Lohmann, Georg (Hg.), *Philosophie der Menschenrechte*, Frankfurt am Main: Suhrkamp, 1998.

Williams, Bernard, *Ethics and the Limits of Philosophy*, Cambridge, Mass: Harvard University Press, 1985.

_____, *Der Begriff der Moral*, Stuttgart: Reclam, 1986.

Wingert, Lutz, *Gemeinsinn und Moral*, Frankfurt am Main: Suhrkamp, 1993.

Wolff, Christian, *Psychologia empirica*, Francofurti et Lipsiae, 1732.

_____, *Vernünftige Gedancken von der Menschen Thun und Lassen, zu Beförderung ihrer Glückseligkiet, den Liebhabern der Wahrheit mitgetheilet (Deutsche Ethik)*, in: (ders.), *Gesammelte Werke* 3, Hildesheim/New York: G. Olms, 1983.

_____, *Vernünftige Gedancken von Gott, der Welt und der Seele des Menschen (Deutsche Metaphysik)*, Hildesheim/New York, 1752.

사항 찾아보기

인명 찾아보기